FAR FROM THE TREE

Parents, Children and the Search for Identity

背離親緣 (上)

那些與眾不同的孩子、他們的父母，以及他們尋找身分認同的故事

Andrew Solomon

安德魯・所羅門 — 著

謝忍翾 — 譯

獻給約翰。

為了他的異，

我甘願放棄這世上所有的同。

——安德魯．所羅門

不完美是我們的天堂，
看，在苦澀之中，有歡欣，
因著我們內在的不完美如此炙熱，
歡欣就在缺陷的文字與固執的聲音之中。

——華萊士．史蒂文斯〈時代氣象之詩〉

編輯及體例說明

本書原文共計十二章，中文版分上下冊各六章。上冊處理的主題為聽障、侏儒、自閉症、唐氏症及思覺失調，下冊處理主題為身心障礙、神童、遭姦成孕、罪犯及跨性別。

原書頁碼依序置於正文下緣。全書注解位於書末，注解句首的參照頁碼為原書頁碼，讀者可依此翻查書中正文下緣的原書頁碼。

〔推薦序〕擁抱差異，以愛原諒

擁有主流身分的那個我，能因閱讀而體驗書中種種痛苦卻深刻的差異，深化且拓寬生命；而作為少數、障礙與差異的那個我，更因閱讀而得到同理，療癒並昇華苦痛。

賴孟泉／精神科醫師，多倫多大學精神醫學系助理教授

此時此地廿一世紀的臺灣，我們仍然生活在一個崇尚「正常」的社會。身處主流被視為一種福氣，和多數人一樣往往比較安全。人們心中對於幸福的定義或許各有不同，但若是詢問人們為自己和親友向神明祈求什麼，十之八九包括「考上好學校、有穩定工作、賺大錢、身體健康、找到好對象、家庭幸福」。「理想人生」的藍圖，清楚地烙印在集體意識當中。

我們也不習慣面對差異，我們容忍，但不擁抱。輟學創業青年的故事值得稱頌，但別人可以不代表你也可以。我們不該歧視班上有學習障礙的孩子，但是我的小孩進度不能因此被拖慢。社會當然要照顧愛滋寶寶，只要不要住在我家隔壁就沒問題。「尊重多元」底下的意思往往是：你不一樣，你在那兒沒關係，只要我們不要有交集就好。別人可以跟大家不一樣，但若是發生在自己身上、或是自己家，仍然困難重重。

「背離親緣」是給當代臺灣社會的一帖苦口良藥。安德魯．所羅門談差異，但他不談「尊重多元」——他的筆觸所至遠遠超過。這部鉅著源自作者自身及三百多個家庭的故事，既是深度報導，又縱貫醫學、人類學、心理學、社會分析、健康政策、身心障礙研究、性別研究、與

倫理學。他用「垂直身分」（孩子和父母一樣的先天與後天性狀，以及伴隨而生的身分認同）和「水平身分」（孩子和父母不一樣的先天與後天性狀，因此必須由同儕獲得的身分認同）的架構，描繪出一幅幅艱辛又珍貴的親子圖像：他談聽障、侏儒、唐氏症、自閉症、思覺失調、嚴重身心障礙、神童、遭姦成孕的孩子、罪犯、跨性別，然後他談自己：他的父母，他的讀寫障礙與憂鬱，他的同性戀身分，他的丈夫、孩子們、以及家庭中傳遞的愛。他用十數年時間深刻而立體地刻畫親親子子，彷彿西斯汀禮拜堂中的米開朗基羅。

這是一本無法促讀、更無法略讀的書。安德魯．所羅門帶領讀者走出習以為常的「正常－異常」二分觀點，看見並觸摸差異，細緻刻畫差異作為疾病與障礙、卻也同時作為身分認同的複雜與兩難。相對於政令宣導般地淺談多元，這本書太誠懇直白，幾近冷酷，卻又無比溫柔，因而充滿深刻的真實同理。他毫不做作地呈現親子之間的垂直與水平身分衝突，及伴隨障礙與差異而生的困頓，但也直指愛的巨大力量：

> 父母往往把異常視為疾病，直到習慣和愛讓他們有能力面對奇異的、全新的現實，而這樣的轉變多半是因為認識了何謂『身分』。親近差異，便能適應差異。（上冊第一章）
>
> 想達到這個境界，並不能刻意追尋悲劇，你能做的，是以更包容的心，接納悲傷的豐富內涵，而不是一味深陷絕望。（下冊第六章）

崇尚正常的社會，恰巧證實了眾多異常必然存在。事實是，我們每個人或多或少享有主流價值，也都擁有不為主流所悅的差異。我們都有與父母共享的垂直身分，也都深知要歷經艱辛才能獲得並擁抱水平身分。正因如此，擁有主流身分的那個我，能因閱讀而體驗書中種種痛苦卻深刻的差異，深化且拓寬生命；而作為少數、障礙與差異的那個我，更因閱讀而得到同理，療癒並昇華苦痛。

反倒正是我們之間的差異、以及對差異的磨合，使我們團結。①

展開這項研究時，我滿腹委屈；結束時，我學會寬容。一開始我想了解的是自己，到最後我了解的是父母。不幸福就是時時怨尤，而在這一頁頁的書寫中，幸福激發了寬恕。父母總是以愛來原諒我，而我最後也以愛原諒了父母。（上冊第一章）

願這帖苦口良藥，能引領你我，在面對臺灣社會當下的變動與挑戰之時，真誠擁抱差異，以愛原諒。

1．出自二〇一三年作者的TED演講：「安德魯．所羅門：愛，沒有條件」，也是本書實際上最佳的導讀：http://www.ted.com/talks/andrew_solomon_love_no_matter_what?language=zh。

作者 TED 演講 QR code

CONTENTS
目錄

v　推薦序｜擁抱差異，以愛原諒 —— 賴孟泉

001　I｜兒子｜SON
孩子若像我們，就是我們最寶貴的仰慕者；若不像，就可能是最激烈的詆毀者。

053　II｜聽障｜DEAF
我們是有自己的語言、文化及傳承的少數族群。

125　III｜侏儒｜DWARFS
我不是只有身高可談。

185　IV｜唐氏症｜DOWN SYNDROME
妳希望看到的發展，妳都會看到，只是時程跟別人不一樣而已。

241　V｜自閉症｜AUTISM
我相信她的某個地方藏有野性的智慧，我擔心她的靈魂被困住了。

321　VI｜思覺失調症｜SCHIZOPHRENIA
兒子就像討厭的陌生人，我該怎麼繼續愛他？

389　注解｜NOTES

429　名詞對照｜GLOSSARY

I

第一章　兒子

SON

根本沒有所謂「複製」(reproduction)這回事①，兩個人一決定要生小孩，就開始投入「製 001
造」(production)。大家愛用複製一詞來指生小孩的活動，暗示著後代只是父母兩人相加後的結果，但這充其量不過是委婉的說法，用來安慰即將手忙腳亂的準父母。在人類潛意識的幻想裡，生育後代之所以難以抗拒，常是因為我們希望看到自己的生命永遠存在——是自己，而不是某個有獨特性格的人。我們預期身上的自私基因會大步往前邁進、代代傳承下去，若是生了個有陌生需求的孩子，許多人往往措手不及。當上父母，意味著突然和某個陌生人建立永遠割不斷的關係，而這個人越不像我們，我們就越難接受。我們都是在孩子的臉上尋求生命不死的保證，若孩子最突出的特質打破了這永生的幻想，我們會視為一種羞辱。愛孩子，就該愛孩子本身，而不是因為能在孩子身上看到最美好的自己。這一點很難做到。愛自己的孩子，其實是種想像力的練習。

然而，不論現代還是古代社會，血永遠濃於水。沒有什麼比孩子有成就又孝順更讓人心滿意足，也很少有什麼狀況比養子不肖或親子離棄更為不堪。但孩子不是我們，孩子身上有無數代的基因和隱性性狀，而且打從一開始（包含自受孕起）就受我們無法控制的環境所刺激。然而我們卻是我們的孩子，因為一旦勇敢歷經成為父母的蛻變，「為人父母」的現實就永遠抹不掉。英國心理分析師威尼科特說：「根本沒有新生兒這回事。意思是，如果要你描述某個新生兒，通常你描述的除了嬰兒之外，還有另一個人。」嬰兒無法獨立存在，在本質上，嬰兒就是某段關係的一部分。孩子若像我們，就是我們最寶貴的仰慕者；若不像，就可能是最激烈的詆毀者。從一開始，我們就哄著孩子模仿我們，滿心期望孩子遵循我們的價值體系而活，認為這就是對我們人生最大的肯定。雖然很多人會為自己不像父母而自豪，孩子不像自己卻是我們一生的痛。

身分會一代傳一代，大多數的孩子身上至少有部分性狀和父母一樣，這些是「垂直身分」。特質和價值觀一代代由父母傳給子女，不止是藉由ＤＮＡ鏈，還透過共同的文化規範，例如種族就是垂直身分。孩子若是有色人種，通常父母也是有色人種。膚色的基因代代相傳，身為有色人種的自我形象也是，雖然自我形象有時可能會隨世代流動而變。語言也通常是垂直身分。說希臘語的人撫育的孩子也講希臘語，雖然孩子的用語可能稍有不同，或大部分時候都說另一種語言。宗教是中度的垂直身分，雖說孩子最後可能不再信教，或是改信其他宗教，但信仰天主教的父母多半會養出天主教信徒。不考慮移民的話，國籍也是垂直身分。金髮和近視也常由父母遺傳給子女，但多半不會構成重要的身分基礎——金髮算不上重要特徵，而近視也很容易矯正。

然而，我們也常看到某些人身上的先天或後天性狀和父母不同。這時這個人就必須從同儕

1．英文中的生殖和複製是同一個字。——編注

獲得身分認同，也就是「水平身分」。水平身分反映了隱性基因、隨機突變、孕期影響，或是孩子和家中長輩相異的價值觀或喜好。同性戀就是一種水平身分。同性戀孩子的父母大多是異性戀，而雖然性向並非由同儕所決定，但同性戀的身分認同卻是藉由觀察、參與外界的次文化而獲得。肢體殘障傾向於水平身分，神童也是。病態人格也常是水平身分，罪犯很少由歹徒撫養長大，惡行都由自己首創。自閉症及智能障礙等症狀亦然。遭姦成孕所生的孩子，生下來就要面對情緒問題，雖然問題源於生母的傷痛，母親本人卻無從得知。

・・・

一九九三年我受《紐約時報》委託，調查聽障人士的文化。當時我原以為聽障不過就是缺乏某種能力。接下來幾個月，我發現自己沉迷在聽障的世界中。聽障孩童的父母大多是聽人，也常常認為教養的首要之務，是讓孩子在有聲世界中正常生活，因而投注大量精力在口語及唇語訓練上，可能忽略了其他方面的教育。雖然有些聽障人士善於讀唇語，說出的話別人也能聽懂，但也有許多聽障人士做不到這一點，卻年復一年坐在聽力師、語言治療師身邊，而不是把時間花在學習歷史、數學、哲學上。很多人在青少年時期無意間獲得聾人的身分認同，從此解脫。他們投入一個認可手語的世界，在那裡發現了自我。有些聽人父母願意接受如此重大的新進展，其他人則十分排斥。

我是同性戀，以上狀況我無比熟悉。同志族群通常在異性戀父母的教養下長大，這些父母往往認為，孩子如果是異性戀，人生會更順遂，有時還會逼孩子就範，讓孩子十分痛苦。同性戀往往從青春期開始發現同志的身分認同，從此解脫。我開始寫作聽障的相關內容時，人工耳蝸植入手術才剛問世。人工耳蝸能模擬部分聽覺，發明者認為這能如奇蹟般治癒可怕的缺陷，帶來奇蹟，聾人圈卻強烈譴責，認為這種手術是在對生氣勃發的聾人圈進行種族屠殺。此後兩方激烈的論調稍見緩和，但由於人工耳蝸最好及早植入，最理想的時候是在嬰幼兒期，因此父母通常在孩子還無法充分思考或還無法表達意見時，就先替孩子做了決定。我看著這些爭論，心知肚明，要是也有類似手術可以改變性向，我父母一定也會欣然同意讓我動手術。我毫不懷疑，這樣的技術即使在這個時代，也會消滅大部分同志文化。這樣的隱憂讓我十分難受，但隨著我越來越了解聾人文化，我發現，雖然我認為父母的態度蒙昧無知，但我若是生出聽障孩子，可能也有類似反應。我的第一個念頭可能就是竭盡所能矯正異常。

我有個朋友生下了侏儒。她不知道養育女兒時，是該讓她覺得自己和別人並無不同，只是矮了些？還是該替她找到侏儒的角色模範？要不要去了解骨骼延長手術？我聽她訴說自己的徬徨，從中看到了一個熟悉的模式。之前我注意到自己和聾人的共通點，感到十分驚訝，現在我又開始認同侏儒。我開始想，不知還有哪些人也等著加入我們這群洋洋自得的人。同性戀是種疾病，之後卻發展出同志的身分認同；聽障是種疾病，也發展出聾人的認同；侏儒症顯然是種障礙，卻也出現侏儒的身分認同。我心想，在這片夾縫地帶，一定還有許多身分類型。這個領悟令人變得激進。我一直以為自己屬於微不足道的少數，但突然間，我發現身邊有為數龐大的同伴。與眾不同讓我們成為一體。雖然這些經歷會把當事人孤立起來，但這些人集合起來就有數百萬之眾，並因彼此的奮鬥而緊密相連。「例外」無所不在，而所謂的「典型代表」，境況其實既罕見又孤寂。

我的父母當時並不理解我，同理，其他父母也一定常常誤解自己的孩子。很多父母都把孩子的水平認同視為羞辱。家中若有個明顯和家人不一樣的孩子，一般父母多半沒有能力，或至少一開始沒有能力提供相應的知識、能力和行動。這孩子也會明顯和大部分同儕不同，因此往往不受眾人理解或接納。暴虐的父親較少對長得像自己的孩子施暴。如果生父是個惡霸，祈禱自己長得像他吧。家庭多半會在孩子幼年就加強垂直身分，但許多家庭會打壓水平身分。垂直身分通常被尊為身分，水平身分則往往被斥為缺陷。

黑人在美國可說相當弱勢，卻少有人研究如何改變基因表現，讓黑人父母得以生出亞麻色直髮及乳白膚色的下一代。在現代美國，亞洲人、猶太人或女性的處境有時很艱難，但也不會有人因此認為，這些人若有機會變成白人男性基督徒卻拒絕，便是愚不可及的選擇。很多垂直身分讓人不安，但我們卻無意弭平這些差異。同志的劣勢不盡然多過這些垂直身分，但大部分父母卻不斷設法把同志孩子變成異性戀。畸形的身體常會嚇到旁人，身體的主人反而不覺得有那麼可怕，然而孩子的肢體若出現異常，父母卻會迫不及待地矯正，往往讓自己和孩子承受莫大的精神折磨。孩子一旦貼上心智不健全的標籤，不論那是自閉症、智能障礙還是跨性別，背後反映的更可能是父母本身感到不自在，而不是這些特徵讓孩子不自在。很多受到矯正的事情，也許一開始就該任其發展。

「缺陷」一詞向來被視為過於沉重，自由派論述往往避用，但取而代之的醫學術語如「疾病」、「症候群」、「症狀」，也可能各有輕蔑之意。同一種存在方式，我們常會一方面用「疾病」一詞來貶低，一方面又用「身分」一詞來認可。這是錯誤的二元對立。在物理學中，哥本哈根學派認為能量／物質的行為有時像波動，有時像粒子，這顯示了這兩種現象都存在，也指出人類的局限：無法同時看到兩者。英國諾貝爾物理獎得主狄拉克指出，在探討跟粒子有關的問題時，光看起來就像粒子；若探討跟波動有關的問題，光看起來就像波動。人的自我中也有類似的二元性。很多狀況既是疾病，也是身分，如果我們遮住其一，當然就只能看到另外那個。身分政治駁斥疾病說，而醫學則輕忽身分的價值。這種狹隘的態度同時貶低了兩者。

物理學家把能量視為波動，得到一些看法，把能量視為粒子，看出另一些端倪，然後再用量子力學把資訊整合起來。同理，我們也需要正視疾病和身分，並認知到，通常僅會在其中一個領域觀察得到，因此必須有一套方法來調和兩個領域。我們還需要一套詞彙，讓這兩個概念不是彼此對立，而是在同一狀況中相容互補。關鍵就在於改變我們評判個人價值及生命價值的方式，並用更全面的方式來看待健康。英國哲學家維根斯坦說：「我所知道的，僅是我可以用語言表述的。」沒有語言，也就沒有親近感，上面提到的經驗都亟需描述的語言，否則就會瀕危。

本書所描述的孩子，都擁有父母十分陌生的水平身分。他們是聽障或侏儒；是唐氏症、自閉症、思覺失調，或有多重嚴重障礙；有些是神童；有些是母親遭姦成孕所生，有些人犯了罪；有的是跨性別者。古諺有云：「蘋果落地，離樹不遠。」意思是孩子都像父母。但上述孩子卻落到別處，可能是幾座園子外，也可能落到世界的另一端。然而，世上有無數家庭學會包容、接納，最終以這個和原本想像不同的孩子為榮。這個轉變的過程會因身分政治和醫學進步而更加順遂，有時也可能變得更棘手。身分政治和醫學進步滲透家庭之深，即便只在二十年前都難以想像。

在父母眼中，所有子女都令人驚奇，前述例子縱然極端，也不過是一個普遍主題的變化式。想知道藥物的藥性，我們會看極高劑量的效果；想知道建築材料是否耐用，我們會將之曝露在不合常理的高溫中。檢視這些極端的例子，也可以讓我們了解家中有異類孩子這種普世現象。特異的孩子能凸顯父母的稟性，原本只是不稱職的父母變得糟糕透頂，原本稱職的父母則變得極為出色。我與托爾斯泰持相反見解：排斥特異子女的不幸家庭，家家相似；努力接納孩子的幸福家庭，各有各的幸福。

由於現下的準父母有越來越多選項，可以選擇不生下另有水平身分的後代，因此我們若想進一步了解差異，生下這類孩子的父母經歷了什麼事便顯得至關重要。父母一開始的反應、和孩子的互動，決定了孩子如何看待自己。這一切經歷也會深切改變父母。如果你有身心障礙的孩子，你就永遠是身心障礙者的父母，這是你生命的重要部分，強烈影響別人如何看待你、解讀你。這樣的父母往往把異常視為疾病，直到習慣和愛讓他們有能力面對奇異的、全新的現實，而這樣的轉變多半是因為認識了「身分」。親近差異，便能適應差異。

今日，前述身分認同都變得脆弱易滅，讓眾人知道這些父母如何學會快樂，成了延續身分認同的要務。這些故事為所有人指出一條路，告訴我們該如何擴大人類家庭的定義。自閉症者對自閉症有何感受，侏儒又是如何看待侏儒症？這些都十分重要。接納自我固然是理想狀況的一環，但若不受家人及社會接納，僅有自我接納，其實無法消除水平認同族群不斷面對的不公，也不會帶來足夠的變革。我們身處恐懼異己的時代，大多數人支持的法規剝奪女性、LGBT②、非法移民及窮人的權益。然而，縱使社會有這樣的同理心危機，家庭中卻滿溢關愛。我所記錄的雙親用愛跨越了鴻溝。如能了解父母如何珍視孩子，我們或許便有動力和智慧做一樣的事。深深望入孩子的眼睛，在孩子眼裡同時看到自己和全然陌生的事，然後慢慢生出一股熱切襟懷，親密接納孩子的每一面。做到這一點，為人父母便學會了既關注自己，又無私坦然接受。令人難以置信的是，竟然有這麼多人做到這樣的親密無間，有這麼多父母原本以為自己無法照顧特殊的孩子，卻發現自己做到了。愛是父母的天性，即便身陷最嚴峻的困境也能戰勝一切。世界上的想像力，其實比我們想像還要多。

· · ·

我小時候有讀寫障礙，其實現在也有，仍然必須全神貫注在一個個字母上，否則無法寫字。而且，即便如此，還是會拼錯或漏寫字母。我的母親很早就發現這一點，並在我兩歲時就開始陪我讀書。我坐在她腿上，花長長的下午唸出字彙，用奧運選手的規格學習發音。我們不斷練習寫字，彷彿世上最可愛的形狀便是字母。為了維持我的注意力，母親給了我一本筆記本，不織布封面上繡著小熊維尼和跳跳虎。我們做了閃示卡，還在車上用閃字卡玩遊戲。我沉醉在這樣關愛之中，而我母親用一種有趣的方式教導我，彷彿那是世上最厲害的謎題，是我們兩人的秘密遊戲。我六歲的時候，父母替我報了紐約市十一所學校，十一所學校都認為我永遠學不會讀寫，因此拒收。一年後，我進了某所學校，雖然之前的測驗成績預言我永遠無法識字，雖然校長極其不願，但我優異的閱讀能力讓他不得不推翻之前的預言。我的家庭立下極高標準，永不言敗，而早年戰勝讀寫障礙的經驗形塑出這樣的態度：靠著耐心、關愛、聰明以及意志力，我們徹底打敗某種神經障礙。可惜，這件事也為之後的折磨埋下伏筆。正是因為此次勝利，家人很難相信，另一件他們認定為異常的症狀竟然會無法扭轉：我是同志。

有人問我在何時知道自己是同志，我心想，到怎樣才算知道。認識自己的性欲花了我一些時間。我想要的事物很異常，和主流格格不入，這些我很早就知道，腦中也沒有在那之前的記憶。近期的研究顯示，早在兩歲時，長大會成為同志的男童就對某些打鬧遊戲十分反感，到了六歲，就大多不願按照一般的性別規範行事。由於我很早就知道自己有許多本能反應都很不具男性氣概，於是發明了一套自己的做法。一年級時，每個小朋友都要說出自己最喜歡的食物，其他人都說冰淇淋、漢堡或法國吐司，而我則自豪地選了土耳其糖汁海綿蛋糕配土耳其鮮奶油，我去東廿七街的亞美尼亞餐廳時總會點這一道。我從不交換棒球卡，卻在校車上講述歌劇劇情。這兩件事都讓我不受同學歡迎。

我在家則是寵兒，但舉止常受糾正。七歲那年，有回我母親帶著我和弟弟去鞋店。臨走時，店員問我們想要什麼顏色的氣球，我弟弟要紅色，我要粉紅色。母親反駁我，說我要的並不是粉紅色氣球，還提醒我，我最喜歡的顏色是藍色。我說我真的很想要粉紅色，但在她凌厲的注視之下，我選了藍色。現在我最喜歡的顏色是藍色，但我仍是同志，這兩者同時顯示了母親的影響，以及母親的局限。她有一次說：「你小時候不喜歡做跟別人一樣的事，而我也鼓勵你做自己。」她又苦笑地補了一句：「我有時覺得自己似乎太過放任了。」我有時想，她其實還不夠放任，但她鼓勵我忠於自己（雖然心情不無矛盾），這件事形塑了我的人生。

2．LGBT為女同性戀（lesbian）、男同性戀（gay）、雙性戀（bisexual）及跨性別者（transgender）的合稱。——編注

我的新學校還算自由派，對所有種族理當一視同仁，也就是，我們班上有幾個非裔和拉丁裔孩子，這些拿獎學金的學生多半會形成小圈圈。第一年時，黛比在哈林區辦了生日派對，她的父母還不熟悉紐約私校的潛規則，把時間定在校友返校日的那個週末。母親堅持要我出席，並問我，如果沒人參加我的生日派對，我會有何感受？我心想，即使沒有這麼方便的藉口，恐怕也不會有多少同學參加，事實上，班上四十人只去了兩個白人。到了那裡，我嚇壞了，壽星的堂兄弟姊妹試著帶我跳舞，每個人都說西班牙語，還有我沒見過的油炸食物，最後我突然慌了起來，掛著眼淚回家。

沒人去黛比的派對和我不受歡迎這兩件事，我當時並不覺得有任何類似之處。幾個月後，鮑比過生日邀了全班同學，獨獨漏了我。我母親認為其中必有差錯，打了電話給他母親。他母親說鮑比不喜歡我，不希望我出現在他的派對上。派對那天母親開車來學校接我，帶我去動物園，在「老派珍寧斯先生餐廳」吃了淋上熱巧克力的聖代。日後回想，我猜我母親為了我想必十分受傷，甚至超過我自己所受或察覺到的傷害。我當時並沒有意識到她那天如此溫柔，是希望彌補世界的粗魯無禮。當我思索我的同志身分讓父母不安，我能看出我的脆弱處境讓母親也變得十分脆弱，並明白她努力讓我確知我們一家人自己也能過得開心，希望藉此撫平我的難受。不讓我選粉紅色氣球，從某部分來說，也是種保護的姿態。

現在我很慶幸母親要我參加黛比的生日派對，因為我認為應該參加，也因為那件事啟發了我包容的態度（雖然我當時沒看出來），而正是因為這種態度，我成年後得以接受自己，並找到幸福。我確實很想把我和家人描繪成自由派、接納異己的楷模，但我們不是。我小學曾取笑一個非裔校友，說他很像社會課本裡某個住在非洲圓茅屋的部落小孩。我當時並不認為那是種族歧視，只覺得有趣又有幾分真實。等我年紀漸長，一想起此事就十分悔恨。後來這人在臉書上找到我，我連連道歉。我說，我無禮的唯一藉口，就是在學校身為同志並不好過，而我那麼做，是把自己所受的歧視轉變成對他人的歧視。他接受了我的道歉，還提到他也是同志。同志及非裔這兩種身分都備受歧視，但他並未被擊倒，令我自慚形穢。

學校暗潮洶湧，我在其中撲騰掙扎，但在家裡，偏見從來不帶有殘酷的色彩。我那些固執的毛病只顯得無傷大雅，家人也多半遷就我那些古怪的行為。十歲的時候，我迷上列支敦斯登小公國，一年後，父親去蘇黎世洽公，把我們也帶去。一天早上，母親宣布她已經安排好全家開車去列支敦斯登首都瓦都茲。我還記得其實只有我想去，但全家人都成全我的願望，這讓我十分激動。現在回想，我對列支敦斯登的執著實在莫名其妙，但那個不准我拿粉紅氣球的母親卻費心安排了整日行程：在迷人的咖啡館用午餐、參觀博物館、參觀製造該國獨特郵票的印刷廠。雖然不是每次都能得到認可，但我一直都覺得受到承認，怪癖也獲得足夠的包容。但這也有極限，粉紅色氣球就越過了極限。我們家的規矩，是在相同之中關切彼此的不同。我那時要的，是不再只從旁觀察廣闊的世界，而要棲息在世界的廣袤之中，我想要潛水撈珍珠、背誦莎士比亞的作品、打破音障、學習織毛線。從某個角度來看，我想要改變自己，是因為我不喜歡當時的我，所以想要掙脫桎梏，從另一個角度來看，那也是我在向本質的自己招手，並就此走向日後的我。

即使在幼稚園，我下課時間也總跟老師聊天，因為其他小朋友無法理解那些話題。老師可能也不理解，只是年紀大到懂得客套。到了七年級，我中午大多在小學部的校長秘書辦公室吃飯。我一直到高中畢業都沒去過學生餐廳。我若去了，應該會跟女生同桌，然後被嘲笑，或者跟男生一桌，然後也被嘲笑，說像我這樣的男生應該跟女生同桌。兒童期合群的本能從未出現在我身上。我開始思考性傾向這件事之後，同性欲望的不合規範讓我極為激動，我發現無論性對於青少年而言是何物，但我想要的東西肯定更不同、更禁忌。同性戀之於當時的我，就如同亞美尼亞餐廳的甜點，或列支敦斯登一日遊。不過，我也想到一旦有人發現我是同志，我會活不下去。

母親不希望我是同志，她覺得那條路不幸福，但同樣的，她也不喜歡自己身為男同志之母的形象。雖然她的確跟大部分的父母一樣，全心相信她所認為的幸福才是最好的幸福，但問題其實不在於她想控制我的生活，而在於她想控制自己的生活。她是同性戀的母親，而她想改變這一點。可惜，要解決她的問題，就一定會牽涉到我。

我很早就學會痛恨我的這個身分，因為這一卑微姿態反映了家族對某個垂直身分的反應。母親不情願當猶太人，這樣的觀點又是得自我外公。外公一直隱瞞自己的信仰，如此才能在不僱用猶太人的公司坐上高位。他還是市郊一家鄉村俱樂部的會員，而那裡並不歡迎猶太人。我母親二十多歲時曾跟一個德州人訂婚，但他的家人警告他，如果他娶了猶太人，就會喪失財產繼承權，婚事因而告吹。她終於認識自己，而這帶來了重創。直至那時，她從未想過自己注定是個猶太人，她一直認為自己表現出什麼樣子，便是怎樣的人。五年後，她選擇嫁給我的猶太父親，住在相當猶太的環境中，但內心還是有反猶太情結。每回她看到符合某些刻板印象的人，便會說：「就是這些人害我們背上汙名。」我九年級時，問她怎麼看我班上那個極受歡迎的班花，她說：「她看起來很猶太。」我用她的那一套自怨自疑來面對我的同志身分——我繼承了她不安的天賦。

脫離童年之後，有很長一段時間，我還緊抓著童年的事物不放，想藉此築起堤防阻擋性欲。這樣刻意的不成熟加上了維多利亞式的故作正經，目的不是為了遮掩欲望，而是為了抹去欲望。我曾經有過非常不切實際的想法，以為自己可以像《小熊維尼》的羅賓一樣，永遠住在百畝林裡。確實，《小熊維尼》的最後一章太像我的故事，雖然我總要父親為我唸這套書，所有章節他都唸過幾百次，除了最後一章，因為我實在不敢聽。《小熊維尼和老灰驢的家》最後是這樣寫的：「不管他們去哪兒，不管路上發生了什麼事，在森林高處那個充滿魔法的地方，永遠都會有個小男孩和他的熊在那裡玩耍。」我當時認定成長意味著會發生不堪羞辱的事，決定要當那個小男孩和那隻熊，把自己凍結在童真之中。十三歲的時候，我買了《花花公子》雜誌，研讀了幾個小時，想要解除女性身體帶給我的不安，但那過程比寫作業還難熬。到了高中，我知道自己遲早得和女人發生關係，但覺得做不到，常常想著自盡。一半的我打算要當羅賓，永遠在魔法之地玩耍，另一半則計畫效法安娜．卡列尼娜臥軌自殺。如此荒謬的二元性。

我在賀若思曼中學讀八年級時，有個高年級的學生給我取了個外號「娘炮」，以此簡述我的行為氣質。我們坐同一路線的校車，每天早上我一上車，他和同黨就會反覆喊：「娘炮！娘炮！娘炮！」我有時坐在一個害羞得不敢跟人說話的華裔學生旁邊（後來發現他也是同志），有時坐在一個幾乎全盲的女孩旁邊，那女孩也常遭欺負。有時，整車的人一路上都用最大的音量嚷著：「娘——炮！娘——炮！娘——炮！」就這麼嚷了四十五分鐘，一路順著第三大道而上，沿羅斯福東河公園大道往前，跨越威利斯大道橋，開完整條狄根少校高速公路，駛進河谷區的二四六街。盲眼女孩不斷叫我「別理他們」就得了，所以我就坐在那兒，假裝什麼都沒發生，只是裝得很失敗。

這件事開始之後四個月，有一天我回家，母親問我：「校車上怎麼了，其他學生是不是叫你娘炮？」原來我有個同學跟他母親說了這件事，他母親又轉告我母親。我承認確有此事，母親一把抱住我，抱了很久，問我為什麼不跟她說。我從來沒想過跟她說，部分是因為把這麼丟臉的事情說出來，似乎只會讓事情成真，部分則因為我認為說出來也於事無補，另一部分則是因為我覺得我是由於某些特質才飽受欺凌，這些特質也會令母親生厭，而我不想讓她失望。

之後校車都配了導護人員，沒人喊個不停了。我現在在校車上和學校裡只是被叫「死玻璃」而已，通常附近都有老師可以聽到，卻沒人出言阻止。同一年，我的科學老師告訴我們，同性戀最後都會因為肛門括約肌受損而排便失禁。一九七〇年代，恐同無所不在，但我們學校那種自命不凡的文化把恐同的「藝術」推向精緻。

二〇一二年六月，《紐約時報雜誌》刊登了一篇賀若思曼校友卡米爾的文章，文中提到某些男性教職員對男學生上下其手，時間就在我就學那段期間。該文也引述了某些學生的話，他們都因為這些遭遇而出現成癮問題或其他自殘行為。有個人在步入中年後因累積了太多絕望而——

012

自殺，他的家人認為源頭便是少年時期所受的欺負。這篇文章讓我極為難受，也很迷惘，因為有些受到指控的老師在我最徬徨無助的時期其實待我比其他人還好。我愛戴的歷史老師曾帶我出去用晚餐，還給了我一本《耶路撒冷聖經》，下課時沒有同學理我，只有他找我聊天。音樂老師推選我在音樂會上獨唱，還讓我直呼他的名字，去他辦公室打發時間。他所帶的合唱團校外教學是我最快樂的幾趟冒險之旅。這些人似乎都知道我是什麼樣的人，卻不輕視我。他們心照不宣地承認，而這救了我，我既未染上毒癮，也沒有自殺。

我九年級的時候，學校的美術老師（兼足球隊教練）一直想和我聊自慰問題。我嚇呆了，以為是陷阱，我一回應，他就會告訴所有人我是同志。我原本就已是笑柄，這下更是萬劫不復。其他的教職員都不曾對我做任何事，也許是因為我既瘦小又孤僻，還戴著眼鏡跟牙套，也許是因為我父母是出了名的謹慎護子，也許是因為我擺出自我隔離的孤高姿態，讓我不像其他人那麼容易下手。

我和美術老師聊過幾次後沒多久，就有人指控他，他因此遭撤職。歷史老師也被解僱，於一年後自殺。音樂老師那時已結婚，並熬過接踵而至的「恐怖統治」——日後有個同志教職員如此稱呼那段時間。恐怖統治逼走了許多同志老師。卡米爾寫信告訴我，校方之所以開除這麼多未曾對學生下手的男同志老師，是因為「想要根除戀童癖，卻誤以為戀童癖等於同性戀」。學生辱罵男同志老師，甚至當面口出惡言，是因為他們的偏見背後有校方撐腰。

戲劇科的主任麥凱是女同志，她也默默撐過這場控訴。我畢業二十年後開始跟她通電子郵件。十年後，我聽說她不久於世，開車去長島東部探望她。卡米爾蒐集他那篇文章的資料時聯絡過我們兩人，我們也都為他文中談到的指控而不安。麥凱一直是有智慧的良師，曾溫柔向我說明，我之所以被笑，是因為走路的方式，還為我示範如何走得更有自信。我高三的時候，她為了讓我演出王爾德《不可兒戲》的亞吉能，把這部劇作搬上舞臺。我那次去是為了感謝她，但她邀我，卻是為了道歉。

她向我表示，在前一份工作，她跟女性同居引起風言風語，遭父母投訴，她從此學會在職場上隱藏自己。此刻，她後悔自己一直保持距離，覺得自己原本可為同性戀學生指引方向，卻辜負了他們，雖然我和她都知道，她若不這麼防備，早已失去工作。我還是她的學生時，從未想過要擁有比當時師生關係更進一步的情誼，但數十年後和她聊起往事，我才明白那時我們有多孤寂。我多麼希望我倆能同年，哪怕只有短暫一段時間也好。如果四十五歲的我，能夠認識擔任我少年師長時的她，我們會成為摯交。在學校以外的地方，麥凱老師是同志運動分子，我現在也是。在我高中時，我倆都心知肚明彼此是同志，但也都被自己的同性戀取向所困，無法敞開心胸，於是都只能向對方付出善意，卻不說實話。多年以後再見到她，我昔日的孤獨感捲土重來，也提醒了我，特殊身分有多麼孤立，唯有把這化解為水平的力量，方可得解。

卡米爾發表那篇文章之後，賀若思曼的校友在網上有過一次聚會，過程令人坐立難安。有位男士寫道，他同時為受害者和加害者難過。談到加害者時，他說：「他們受過傷，迷失了方向。這個世界讓他們以為同性欲望是病態，而他們努力想找出如何在這樣的世界立足。學校反映了我們所處的世界。學校不可能是完美的。不是每個老師都心態健全，我們盡可宣判這些老師有罪，但這樣只能緩解症狀，無法治病。問題的根源在於褊狹的社會製造出自厭的人，而這些人做出了不適當的行為。」師生之間的性關係不為人所接受，是因為當中的權力差距令人分不清這樣的關係究竟是逼迫就範還是你情我願，也常造成無法彌補的創傷。卡米爾採訪、寫出的那些學生也的確深受傷害。我很疑惑，老師怎麼能做出這樣的事？並想到若一個人的核心自我被視為病態、不法，他可能難以區分這樣的自我和更嚴重的罪行有何差別。把身分認同視為疾病，會引來真正的病，讓它變得更加猖狂。

年輕人常有機會接觸性，在紐約的機會尤其多。我以前負責在每天睡前遛狗。十四歲那年，我在公寓附近發現了兩間同志酒吧：「查理叔叔的上城」及「大衛營」。我牽著家中的凱利藍㹴瑪莎散步時，都會繞到這兩家穿斜紋粗棉的肉體賣場，緩下腳步邊看著店內的男人客滿萊辛頓大道上任著瑪莎輕輕拉扯著身上的狗鍊。有個自稱杜懷特的人曾跟在我身後，把我拉進路邊門廊。我不能跟杜懷特或任何人回家，否則就會變成另一個人。我已不記得杜懷特的模樣，但一想起這個名字便覺得惆悵。之後，我終究在十七歲第一次和男人發生關係，感覺自己從此和正常世界斷了連結。回家後我把衣服放入沸水，花了一小時洗澡，不斷刷洗，彷彿這樣就能滌淨身上的罪。

十九歲那年，我在《紐約》雜誌上看到一則廣告，廣告宣稱能以代理療法為人解決性問題。那時我仍相信「我想要誰」的問題源於「我不想要誰」。我知道這類刊登在雜誌背面的療法很可疑，但我的狀況太可恥，無法向任何認識的人傾訴，於是我拿了存款，走入他們在地獄廚房③的辦公室，花了很長的時間談自己的性焦慮，但就是無法對自己或那個所謂的治療師坦承，我就是對女人沒有興趣，也沒提到當時我忙著和男人發生關係。我在那裡進行「諮商」，對方希望我稱他們為「醫生」，而醫生則會開處方，要我和「代理性伴侶」一起「練習」。那些女人不能說是妓女，但也不能說不是妓女。某次療程，我必須一絲不掛在地上爬，假裝自己是狗，而我的代理性伴侶則假裝自己是貓。這其實是在演出互厭種族之間的親密關係，但當時我並沒有注意到這麼深厚的隱喻。說也奇怪，我對這些女人很有好感，其中有一個來自很南的南方，她最後告訴我，她有戀屍癖。她原本在殯儀館工作，後來惹上麻煩，才轉到這行。接受療程的人必須不斷換小姐，這樣才能找到更多讓你感到自在的性伴侶。我記得有個波多黎各女人爬到我身上，開始上上下下地動，一面忘情地大喊：「你在我裡面！你在我裡面！」而我躺在那裡百無聊賴又焦躁地想，我是不是終於拿到獎牌，成為合格的異性戀？

除非是治療細菌感染，否則醫療很少迅速生效，也很少完全治癒，但由於社會及醫療現況不斷變動，要看清這點十分困難。我自己之所以痊癒，是因為看清了疾病。那家位於四十五街的辦公室現在還出現在我的夢中：戀屍癖女子覺得我蒼白、多汗的身體像足了屍體，讓她悠然自在；深具使命感的拉丁裔女子則懷著無上喜樂向我敞開身體。我的療程每週只有兩小時，大約為期六個月，結束後，我終於能夠自在面對女性的身體，這對於我日後的異性戀經驗十分重要，而我也很慶幸自己能有這些經驗。我和女性交往，也對其中某些人付出真愛，但我和她們在一起的時候，永遠也無法忘記我的「治癒」其實在本質上反映了我對自己的厭惡，而我之所以得努力做這麼不堪的事，都是外在環境的逼迫，對此，我永遠無法完全原諒。我的精神狀態在杜懷特和那些貓女之間拉扯，在剛成年的那段時期，根本無法戀愛。[014]

我特別關注親子間的巨大差異，主要是想找出自己的遺憾根源。雖然我想歸罪於父母，但我逐漸認為我的痛苦有很大一部分來自身邊的大環境，還有一部分來自我自己。有一次我和母親大吵，她對我說：「有一天你會去找治療師，跟他說你那糟糕的母親如何毀了你的一生。但你口中被毀掉的，是你的一生，所以，好好過你想要的生活吧，找到幸福，有人愛，也能愛人，這才是最重要的。」你可能很愛某個人，但無法接納他；也可能接納了某個人，但不愛他。我誤以為父母無法接納我，代表兩人不夠愛我。現在，我認為我父母最主要的經歷，是生了個孩子，而這孩子所說的語言，是兩人從未想過要學的。

父母要如何才能知道孩子的某項特質是該抹去還是鼓勵發展？我出生於一九六三年，那時

3．Hell's Kitchen，紐約西中城的別稱。——譯注

同性戀活動還不合法，在我童年時期也被視為病症。我兩歲時，《時代》雜誌寫道：「即使不考慮宗教觀點，同性戀也代表性功能的誤用。以這種次等的同性戀取代現實，實為可悲；從中逃離生活，實為可憐。由此而言，同性戀應公平視之、同情待之，應加以理解，若有可能則加以治療，但不應鼓勵、美化、合理化。不應扭曲，視之為少數的受難者；不該詭辯，稱其為簡單的喜好差異。尤為重要的是，不應假裝同性戀並非惡症。」

然而，我的成長過程中，家裡還是有很親密的同志友人，包括鄰居，還有幾位長輩。對我及哥哥而言，這些長輩都親得有如叔公，因為不受家人接納，節日都跟我們一起過。艾默還沒讀完醫學院就上西線戰場打二戰，回來後開了一家禮品店——這一點我一直想不通。多年來，我一直聽說他在戰爭中看了太多悲劇，性情大變，回來之後不再有興致讀醫學。直到他死後，和他廝守五十年的威利才向我吐露，一九四五年那個年代不會有人想向公開出櫃的同志醫生求診。戰爭的殘酷讓艾默變得勇敢忠於自己，而代價就是他一生都只能畫些逗人開心的酒吧高腳凳、賣賣陶瓷。艾默和威利從很多層面來看都很浪漫，但一生也可能都因為遺憾而染上淡淡的哀傷。無法從醫，只得改開禮品店；沒有家人，只能和我們過耶誕。我十分欽佩艾默的選擇，不僅不知道自己有沒有勇氣做出同樣的選擇，也不知道我若是選了，有沒有毅力不讓後悔侵蝕我的愛。雖然艾默和威利永遠也不會把自己當成運動分子，但若不是有他們那一輩人的心酸，我們這一輩的人也不會有今日的幸福。我越了解他們的故事，越明白我的父母並非杞人憂天。

我成年後，同志成了一種身分，我父母擔心的淒涼處境也不再是宿命。我現在十分幸福，這樣的幸福在我開口要粉紅氣球和土耳其蛋糕的時候，甚至是扮演亞吉能的時候，根本無法想像。然而抨擊同性戀是不法行為、是疾病、是罪惡的聲浪依然高昂。我有時甚至覺得，開口詢問別人家裡的身心障礙孩子、遭姦所生的孩子、犯了罪的孩子還比較容易，而要正視還有多少父母可以欣然接受像我這樣的孩子，其實更困難。十年前，《紐約客》雜誌做了一次民意調查，請父母二選一：願意生下同性戀孩子，且孩子有知心伴侶及後代，人生圓滿，還是願意生下異性戀孩子，但孩子未婚或婚姻破裂，也沒有後代。有三分之一的人選擇了後者。寧願希望孩子與眾相似卻不快樂，也不要他與眾不同而幸福。要表明對水平身分深惡痛絕，莫過於此。美國不斷有各類反同志的法律出現，規定千篇一律。二〇一一年十二月，密西根州訂定了《公務人員眷屬福利限制法》，雖然各城各郡的公務員都能替所有親人申請醫療補助，包括父母的兄弟、堂親、表親等，卻禁止同志公務員的伴侶申請醫療補助。在此同時，全球的大多數地方根本不敢想像我所認同的這種身分。二〇一一年，烏干達差一點通過一個法案，要將同性戀處以死刑。《紐約》雜誌上有篇文章報導伊拉克的同志，提到：「街上開始發現男同志的屍體，許多都沒有全屍，據信有數百人遭到殺害。男同志的直腸被黏死，還被強灌通便劑和水，直至內臟爆裂。」[016]

性別相關的法律引發的爭議大多膠著在一件事上：如果同性戀是自己的選擇，就不應獲得保護；如果同性戀是天生的，也許就該保護。小眾宗教的信徒之所以受到保護，並不是因為他們生下來就是該教信徒，別無選擇，而是因為我們認定他們有權去發現、宣告自己所認同的信仰，並在其中找到安身立命之道。一九七三年，在同志運動人士的爭取下，同性戀不再是官方認定的精神疾病，但是爭取同志權時，仍然必須主張同性戀是不由自主的，且無法改變。這種跛腳的性取向模式令人沮喪，但是只要一有人主張同性戀是種選擇，而且可以改變，立法者跟宗教領袖就想要治療轄下的同志，並剝奪其公民權。今天，仍有許多人走入宗教改造營、無良或搞不清楚狀況的精神科醫師診間，接受同性戀「治療」。福音派基督徒的「前同志」運動罔顧同志自身的經驗，想要說服同志用意志去控制欲望，數萬名同志因此精神錯亂。「麻州抵制」組織則認為，同志的性倒錯其實是出於自願，也因此應該要加以歧視。

有些人認為從生物角度解釋同志，就能夠改善同志的社會及政治地位。可惜，從新近科學研究發現所引發的回應可以看出，這些人錯了。美國性科學家布蘭查德曾提出「兄弟出生順序效應」的理論，表示母親每懷一次男胎，生出同志兒子的機率就會穩定增加。這份資料發表幾星期後，有個男人致電布蘭查德，說他原本請了個代理孕母，但因為她之前生了幾個男孩，所以決定不僱用她。男人對他說：「這實在不是我想要的……更何況我還花了錢。」治療風濕的藥物「地塞米松」除了用在仿單建議的適應症外，還有一項用途：如果孕婦懷的女嬰可能患有生殖器男性化的症狀，就能接受該藥物的治療。美國小兒科暨遺傳學教授鈕曾暗示懷孕初期服用地塞米松將有可能減少孩子長大後成為女同志的機率。確實，她說過，這種療法會使女孩更有興趣成家、生兒育女，比較溫順，也比較害羞。有人指出，也許這樣的療法可以用來抑制一般大眾中女同性戀的性傾向。在動物實驗中，胎兒若接觸地塞米松，很可能造成許多健康問題。但如果真的有什麼藥物能限制女同性戀，研究人員最終都會研究出安全的版本。像這樣的醫學發現將不斷對社會造成嚴重的潛在影響。如果我們發現了產前辨識同性戀的方法，很多夫妻都會把同性戀孩子拿掉；如果我們研發出有效的預防藥物，很多父母都會樂意嘗試。

不想生出同志孩子的父母，也不是非得生下不可，就像不想要孩子的人都可以不生育後代。然而，我每回想到布蘭查德和鈕的研究，總不免覺得自己就像世界上的最後一隻斑驢。我沒有宗教狂熱，也沒必要把自己的身分垂直傳給我的孩子，但不論是為了那些身分認同和我一致的人，或是為了其他人，我都不願意看到我的水平身分消失。儘管身屬多元一族有時讓人疲累不堪，但我還是不願意看到世界的多樣性變少。我並不期盼哪個人變成同性戀，但世上再也沒有同性戀的想法，卻讓我在當下就開始懷念自己。

所有人都既受歧視，也歧視別人。我們如能了解自己所受的歧視，就更能反省自己看到別人時的反應。然而，我們自己目睹承受的暴行也無法讓我們突破局限，看清歧視的全貌。因此，父母往往無法同理孩子的水平身分。我母親對猶太教的心結並沒有幫助她面對我的同志身分。我是同志，但在發現同志和聾人有相似經驗之前，我也無法勝任聽障孩子的養育之責。我訪問過一對女同志，兩人有一個跨性別的孩子。她們跟我說，墮胎醫師提勒被殺是罪有應得，因為聖經說墮胎是錯的，但她們和孩子的身分認同受到排擠時，卻又無比震驚、挫折。我們面對自己的苦難處境已經應接不暇，根本沒有餘力再和其他團體站在同一陣線。許多同志聽到有人把自己和身心障礙人士相提並論會很反感，就像很多非裔美國人反對同志運動採用民權的語言。但是，把身心障礙人士和同志相提並論，既不貶低同性戀，也不否定身心障礙。每個人都有缺陷和奇怪之處，但大部分的人也都有無畏的時刻。我們從酷兒的經驗推論出一個道理：每個人都有缺陷，每個人也都有身分，而且多半就是同一個。

我一想到若沒有母親不斷介入，我恐怕永遠也無法掌握文字，就覺得膽戰心驚。我每天都非常慶幸自己克服了讀寫障礙。相反的，雖然異性戀的生活更好過，但我現在堅信，若沒有那些掙扎，我就不會是現在的我，而我比較喜歡做自己，不想當別人。當別人是什麼樣子，我無法想像，也沒有機會選擇。然而，我常常想，如果沒有彩虹旗招展的同志遊行嘉年華，我有可能不厭惡自己的性向嗎？這本書正是同志驕傲的一種展現。我以前認為，等哪天我不再強調自己的性傾向，我就成熟了。但我現在並不認同這樣的觀點，部分原因是，對這世上的任何事，我都很難保持超然中立，但更重要的是，我把憎恨自己的那幾年視為一個巨大空洞，必須用歡慶來填滿，直到滿溢出來。即使我已不再需要處理自己的哀愁，外面的世界仍然仇恨異己、充滿歧視，有待修復。有一天，我希望同志的身分認同會變得理所當然，既不需要五彩繽紛的裝飾，也沒有譴責，但這一天還沒到。我有個朋友覺得「同志驕傲遊行日」有點得意忘形，建議我們改辦「同志自謙週」。這想法很好，但時機未到。「中立」看似介於羞恥和歡慶之間，但其實是終點，只有當我們不再需要權利運動的時候，才能達成。

我很意外，我竟然能喜歡自己。我曾替未來設想過各種可能，但喜歡自己從來沒出現過。我努力爭取來的滿足，也反映了簡單的事實：內心的平靜往往取決於外在的平靜。耶穌在靈知派的《多默福音》中說：「你內在的東西若能彰顯，內在的東西將能拯救你；你內在的東西若不能彰顯，內在的東西將毀滅你。」每回我碰上現代的宗教團體站出來反同性戀，我就時常希望聖多默的話能成為正典，因為他的話太符合許多水平身分的處境。把同性戀的性傾向鎖在盒子裡，這種態度差點毀了我，而展示它，則幾乎拯救了我。

019

・ ・ ・

雖然男性下手殺人時，受害者多半和他沒有關係，但殺人的女性中有四成殺的是自己的寶寶。把孩子丟到垃圾場的新聞，以及不堪負荷的寄養家庭，在在顯示人類割斷親緣的本領。更怪的是，嬰兒會被棄養，除了健康或性格問題，外表的影響也一樣大。孩子身上如果有可能危及生命的內部缺陷，父母通常還是會帶回家，但換成外表可見的缺陷，即便很小，父母也可能棄養。到了後期，甚至有父母無法接納孩子身上有嚴重燒燙疤。明顯可見的失能障礙，傷害了父母的自尊還有對於隱私的需求。由於所有人都能看出這孩子不是你想要的孩子，因此你要不就接受世界的憐憫，要不就昂首展現自尊。美國開放讓人領養的孩子當中，至少有一半有某種身心障礙，而這些孩子，也只是冰山的一角。

現代的愛有越來越多選擇。在人類歷史中，人類多半只跟異性結婚，雙方多半隸屬同一階級、種族、教派，並出身相同地域，今日這些界限已逐漸鬆動。同理，以前的人既無法選擇也無能改變孩子，因此都理應接受上天所賜予的孩子。避孕和生育科技切斷了性和生殖之間的關聯：性行為不見得會懷上孩子，想生出孩子也未必需要行房。胚胎植入之前可以先分析，加上產前篩檢的範圍越來越廣，父母可以事先得到大量資訊，再決定要不要懷孕，懷了要不要生。每一天，上述的選擇都不斷增加。有人認為人類有權選擇健康、正常的孩子，稱之為「選擇性墮胎」；有人則譴責這種作法，因而喚之為「商業優生學」，認為這種作法會導致一個被剝奪了變化和弱點的世界。兒童醫學這個龐大的產業暗示了任何稱職的父母都應該用各種方法修補自己的孩子，而父母也認為醫生應該矯正孩子身上的缺陷，太矮的就打生長激素讓他長高，有兔唇就縫合，性器官不明確的把他變正常。這些改造的手段算不上整容手術，但也非生存之

020

必需。這樣的現象促使福山等社會理論學家提出「後人類未來」，審視人類消弭所有差異的後果。

然而，醫學雖然會把我們變正常，但社會其實還是各種事物的集錦。大家都說現代化讓人變得更相似，不管是部落的頭飾還是西式的長大衣，現在全變成了T恤和牛仔褲。然而，現代化雖然讓我們在小地方變得一致，並因此感到安心，卻也讓我們的欲望還有滿足欲望的方式變得更百花齊放。社會流動性還有網路讓所有人都能找到同類。電子時代的新聚落，緊密的程度遠超過法國貴族或愛荷華農家子弟的小圈圈。疾病和身分的分野受到質疑，這時自我能否確立，網路支持的力量十分重要。現代人的生活在很多方面都是孤獨的，但每個人都能用電腦找到知音，也就是說，沒有人會被排拒在人際間惺惺相惜的情誼之外。如果你生長的地方（現實上及精神上）放棄你，還有無數的心靈歸所向你招手。眾所周知，垂直的家庭常因離婚而分崩離析，但水平的家庭卻不斷擴張。如果你能看清自己是誰，你就能找到同類。醫療進步讓身心障礙逐漸消失之際，社會進步也讓身心障礙者活得更輕鬆自然。這兩條河流交匯，激盪出悲劇的色彩，彷彿歌劇的男主角總要在女主角香消玉殞時才明白自己愛她。

· · ·

願意接受訪問的父母，就是一群已進行自我篩選的人。怨天尤人者，通常比較不可能說出自己的故事，而從自身經驗中找到價值，也希望能幫助有同樣遭遇的人找到價值的人，則比較願意傾訴。然而，沒有人能愛得毫無保留。如果我們能不責難父母的矛盾情緒，每個人都能過得更輕鬆愉快。佛洛伊德曾斷言，我們說愛的時候，多少都掩飾了一點恨，任何的恨，至少都含有一絲愛。孩子頂多只能要求父母做到一件事，那便是寬容自身那混亂的情緒光譜，既不堅持謊稱家庭幸福美滿，也不隨便殘忍地放棄。有個母親的孩子因為嚴重的障礙而夭折，她寫信給我，說她如果覺得解脫了，她的哀慟就不真心。愛一個人，又覺得對方是個負擔，這兩件事並不衝突。其實，愛往往會加重負擔。不論這些父母能否接受自己的矛盾心理，都應該留點空間給自己的矛盾。付出愛的時候，若感到筋疲力竭，甚至開始想像另一種生活，也不用覺得羞愧。

思覺失調症（舊譯：精神分裂症）或者唐氏症這類社會邊緣的症狀，一般都認定是完全由基因造成，而其他如跨性別等，則多半由環境造成。先天與後天往往被視為兩股反向的力量，但英國科普作家瑞德里則主張，兩者往往是「先天藉由後天展現」。我們都知道環境因素可能影響大腦，另一方面，大腦的化學物質及結構也多少決定了我們受外界影響的程度。一個字詞不僅是一個聲音、書頁上的一組符號，也是一則隱喻；同理，先天和後天也是同一組現象的不同概念框架。

話雖如此，如果症候群被認定是先天所引起，相較於後天引起的症候群，父母的歉疚較輕，也因此更能包容。如果妳的孩子有軟骨發育不良症，沒有人會指責妳懷孕期間行為不當，導致生出侏儒。然而，一個人能否適應侏儒症，並珍惜自己的人生，有很大一部分可能取決於後天。如果妳遭姦成孕，生下了孩子，可能會有人譴責妳，也許是說妳不該害自己遭到強姦，也許是責怪妳不選擇墮胎。如果你的孩子犯下重罪，通常大家都會認為是你教養無方，而那些孩子沒犯罪的父母也會因此自以為高你一等。但有越來越多證據顯示，有些犯罪傾向可能是天性，對於天生嗜血的孩子，再偉大的道德教化可能都無濟於事。正如美國名律師丹諾所言，此人的窮凶極惡「是血中帶來，源於某些先祖」。你有可能激發或抑制犯罪傾向，但都不保證有結果。

某個缺陷究竟是否為父母的錯，在這一點上，社會的看法會深切影響孩子和父母的感受。二十世紀中葉，美國心理學家貝特罕曾提出自閉症和思覺失調症都是父母教養失當所致。獲得諾貝爾獎的美國遺傳學家華生有個思覺失調的兒子，他曾跟我說，貝特罕是「繼希特勒之後，二十世紀最邪惡的人」。把責任全歸在父母身上，多半是出於無知，但也同時反映了我們的急切信念：認為命運應該掌握在自己手上。可惜，這樣的信念並沒有拯救任何人的孩子，反而拖垮了某些人的父母。這些父母不是被過度的社會公審壓垮，就是在別人還來不及責怪的時候，就急切地自責。有對父母的女兒死於遺傳疾病，兩人告訴我，他們很難受，並責怪自己當年竟然沒有做產前基因篩檢，但兩人的女兒出生的時候，根本還沒有產前基因篩檢。很多父母都這樣，用虛構的過失來處理內心的愧疚。某天下午，我跟某位受過良好教育的社會運動者用午餐，她的兒子有嚴重自閉症，她說：「都是因為我懷孕的時候去滑雪，高緯度不適合孩子發育。」我聽了很難過。自閉症的根源還是個謎，究竟是什麼因素讓孩子有這些症狀，也還有許多疑問有待解開，但緯度絕對不在致病清單上。這位聰明的女性吸收了一套太多自責的敘事言論，甚至不知道這只是一切都是她自己的想像。

歧視身心障礙人士及其家人，這件事其實令人啼笑皆非：同樣的境況，其實可能降臨在任何人身上。直男不太可能某天早上醒來就變成男同志，白人小孩也不會變成黑人，但是任何人都有可能在轉眼間變成殘障人士。身心障礙者是美國少數族群的最大宗，占總人口的十五％，不過當中只有十五％是天生障礙，還有大約三分之一的人已年逾六十五。全球大約五億五千萬人有身心障礙。美國身心障礙權益學者希伯斯寫道：「人生的週期其實就是從沒有能力到暫時有能力再回到沒有能力，而且你還得夠幸運才能經歷這個週期。」

一般的狀況是，等你年老昏瞶了，孩子又不願意照顧你，你就會變成悲慘的李爾王。身心障礙改變了父母與子女間的互惠方程式。其他成年人已經開始照顧雙親的時候，有嚴重障礙的成年人可能到了中年也還要人照顧。生了有特殊需求的孩子，前十年多半是最辛苦的階段，一切都剛發生，令人手足無措。到了第二個十年，身心障礙的青少年就像一般青少年，也進入了叛逆期。再來的十年，父母因年邁體衰而無法繼續照顧孩子，這時父母會開始擔心自己走了以後，孩子怎麼辦？其實，第一個十年雖辛苦，卻與一般狀況差不多，真正的差別出現在之後的日子。照顧無助的身心障礙寶寶和照顧無助的非身心障礙寶寶十分類似，但繼續照顧無法獨立的大人，就需要過人的勇氣。

美國復健諮詢專家歐宣斯基一九六二年寫了一篇文章，廣受引用。他直率地寫道：「不論是把孩子留在家裡，還是送走，生下心智不健全的孩子，父母幾乎都會痛苦一輩子。孩子有無窮無盡的需求，永遠都需要人照顧，父母一生都要背負這樣的重擔，生命也不再有什麼指望。各種悲痛，各種試煉，各種絕望的時刻，將會持續到父母去世或孩子去世那一天。要從這樣的無盡哀傷中解脫，或許只能經由死亡。」某位母親有個廿一歲重度障礙的孩子，她跟我說：「就像過去二十年我每年都生了個孩子——誰會選擇這種生活？」

這類家庭要面對的困境，外界多半都知道，但一直要到最近，大眾才開始討論他們的快樂之處。過去大家所認為的「堅忍」，現在流行的說法是「韌性」，韌性既是達成更大目標（發揮功能和享受幸福）的手段，但本身也是一種目標，這和韌性研究的先驅安東諾夫斯基所說的「生命凝聚感」密不可分。父母的期望被水平身分的孩子打亂，此時父母就需要韌性，才能不帶怨恨地重寫未來。這些孩子也需要韌性，最好由父母來鼓勵培養。二〇〇一年，美國兒童發展學教授梅斯頓在期刊《美國心理學家》中寫道：「研究韌性最令人意外的地方，在於這個現象竟如此平凡無奇。」以前大家都以為韌性是種異常的性狀，只有在海倫·凱勒之輩的身上才能看到，但最近有許多令人振奮的研究指出，我們大部分人都可能有潛在的韌性，而培養韌性是所有人成長中重要的一環。

即使如此，身心障礙兒的父母中，有三分之一的人表示，照顧孩子對自己的身心健康有負面影響。研究人員設計了一項研究去探討長期壓力對老化的影響，最後得出結論：照顧有特殊需求的孩子是普世公認的壓力來源。研究人員比較了有此經驗和無此經驗的婦女，發現要照顧這類孩子的人，體內的端粒較短。端粒位於染色體末端，能保護染色體。換言之，這些婦女的細胞會更快老化。照顧身心障礙的孩子，生理年齡增長速度將快過實際年齡，這可能導致提早罹患風濕性疾病、心臟衰竭，免疫功能也會下降，甚至可能因細胞衰老而提早死亡。有項研究發現，身負照顧重責的父親會比負擔較輕的父親還要早逝。

這些說法都沒錯，但反之亦然。有項研究發現，有九十四%的身心障礙者父母表示自己和孩子「相處融洽，就和其他家庭一樣」。另外有研究指出，受訪的父母多半認為，「他們因此與配偶、其他家人、朋友更加親近，也學到什麼是生命中重要的事，對人更有同理心，個人獲得成長。相較於孩子生來就很健康，他們現在更珍惜孩子。」還有一項研究發現，家有身心障礙兒的父母中，有八十八%的人一想到孩子就覺得幸福。有五分之四的人同意，身心障礙的孩子讓家人關係更親密，一〇〇%的人贊成「由於個人經驗，對別人更有同情心了」。

開朗不只讓事情看起來更好，也可能真的帶來好結果。孩子的母親如果是樂觀的人，和悲觀的母親相比，孩子兩歲時會有更強的技能。西班牙哲學家烏納穆諾寫道：「不是我們的想法決定我們是樂觀還是悲觀，而是我們的樂觀或悲觀決定了我們怎麼想。」身心障礙這項因素其實無法預測孩子和父母會不會幸福，這也反映了另一個謎：從長期來看，樂透得主平均只比截肢的人快樂一點。也就是說，任何類別的人都會很快步上常軌。

美國人生教練貝克曾以充滿熱情的筆調寫了一本書，講述照顧唐氏症兒子時不止一次感受到「美好的頓悟」。美國作家帕克在一九七〇年代談到自己的自閉症女兒，他說：「即使十五年後回顧，我大概也無法相信自己竟然能提筆寫下這件事：如果今天我有選擇，可以決定是要接受這些經驗以及伴隨而來的一切，還是要拒絕這苦澀的贈禮，那麼，我依然會伸出雙手。這是因為，我們所有人都得到了超乎想像的人生。我也不會更動故事的最後一個字。那個字仍然是，愛。」我訪問過的一位母親曾說，她原本不知人生有何目的，一直到生下重度障礙的兒子。她說：「突然間，我所有的精力都有了目標，他給了我活著的嶄新理由。」這樣的回應十分普遍。有位女性寫道：「我們的哀傷如一面墨黑的織毯，這樣的念頭像明亮的金線從中穿過。我們從孩子身上學到很多：耐心、謙卑，從前視為理所當然的恩賜，現在懂得感謝。我們學到很多包容，得到很多信念：相信並信任眼睛看不到的，也學會同情。沒錯，甚至獲得智慧，明白什麼是生命中永恆的價值。」在青少年看守所工作那段時間，我聽到一位資深矯正官勸誡她那幫重刑犯：「你們要面對自己的困境，從中得到訊息。」

雖然樂觀能讓日子更好過，正視現實卻能讓父母覺得自己可以掌控現在及未來，如此一來就會明白創傷其實沒有一開始以為的那麼重大。潛在的隱憂有：不切實際的幻想、自責、逃離現實、藥物濫用、迴避；有用的資源可能有：信念、幽默感、堅定的婚姻，還有旁人的支持。此外還有財力、身體健康以及高等教育。世間並不存在所謂的終極對策，但的確常有人提到「轉變」及「頓悟」。相關的研究常彼此嚴重矛盾，更像只是在反映了研究者的預設立場。例如有無數研究指出，身心障礙兒的父母離婚率較高，然而也有同樣數量的研究表示這樣的父母離婚率顯著較低，還有一些研究則發現離婚率和一般大眾一樣。有的父母窮於養育身心障礙兒而身心交瘁，也有父母應付有方，因此似乎變得更加堅強。兩種父母其實有個共同點：他們全都既身心交瘁，又更加堅強。許多案例都一再顯示參加團體的意義，苦難中生出的親密情誼有非常強大的救贖力量。在這個網路時代，所有難題或身心障礙都有相關的社群，也因此，不論孩子有何狀況，父母都能找到自己的水平社群。雖然多數家庭都能在困境中找到意義，但協助這些人的專業人士，卻只有不到十分之一的人相信這一點。某個母親曾氣惱地寫道：「我下定決心，任何認為我們很慘的人，我都不要和他們往來。可惜，這些人包括我的家人、大部分的專業人士，還差不多包括我認識的所有人。」如果醫生或社工只因這些父母的現實情況比他們預期的還要幸福，就加以否定，其實也是種辜負。

對身心障礙兒的父母而言，最難以面對的前景可能就是機構安置，這種做法現在有個比較委婉或說是彆扭的說法，叫做「家外安置」。以前，機構安置是常態，父母想把孩子留下來，還得和體制奮戰。直到一九七二年，有人揭露了啟智之家「威羅布克」有多慘無人道，制度才開始改變。這所位於紐約史泰頓島的機構不但在孩子身上進行違反倫理的醫學實驗，空間也擁擠不堪，衛生設施簡陋，員工還動輒拳腳相加。據《紐約時報》報導：「很多孩子都一絲不掛，無人照顧，有些人身上沾滿自己的糞便，而且所有孩子就這樣成天坐在病房裡。抵達現場的技術員聽到的唯一聲音，就是眾人共同發出的哭號，令人毛骨悚然。」這類病人可說患了「機構收容症」，症狀包括退縮、對事物失去興趣、順服、不主動、判斷力受損。此外，病人還不願意離開醫院的環境，有位研究人員將之喻為「心智褥瘡」。

威羅布克事件之後，社會對於安置孩子產生疑慮。現在，父母如果無法照顧孩子，想要找到合適的地方安置都非常困難，而且當前的制度往往讓父母覺得這樣安排很不負責任。鐘擺應該要落在適當的中庸位置上。這個問題並不容易解決，就像墮胎，我們應該要能夠做出適合自己的選擇，且不需要讓原本就難受的心情更不好過。現在，身心障礙的孩子應該要住在「限制最少的環境中」，這樣的目標值得讚賞，而且也應該適用於其他家庭成員。有研究人員指出：「為了讓重度殘障的孩童及青少年能生活在限制最少的環境中，反而讓其他家人的生活大為受限。」安置的決定，會深深影響孩子、父母還有兄弟姊妹。

• • •

我研究的對象，是接納孩子的家庭，以及這件事又如何影響孩子接納自己——所有人都一樣，接納自己的這條路，有部分得通過別人的心。接下來，我的研究還要探討整體社會的接納程度又如何影響這些孩子及其家庭。包容的社會讓父母的心變得柔軟，也有助於培養自尊，不過社會能變得更加包容，也是因為自重自愛的人揭發了偏見的謬誤本質。父母其實是我們自己的隱喻，我們一直努力接受自己，並把這樣的渴望轉嫁到父母身上，努力想讓父母接受我們。文化則是父母的隱喻，我們在外面的世界追求別人的尊重，其實很幽微地反映了我們最原始的願望：父母的愛。這樣的「三角測量」搞得我們頭暈目眩。

社會運動依次展開，一開始針對宗教自由、女性選舉權、種族權益，然後是同志解放和身心障礙者權益。最後一個領域成了許多運動的泛稱。女性運動和公民權運動的重點是垂直身分，因此率先獲得大量支持，而水平身分則要等到勢力較龐大的運動打開局面之後，才能乘勢而起。每一個運動都毫不客氣地借用了先輩的成果，而現在也有運動開始向後輩取經。

前工業社會對於異己十分殘酷，但並未加以隔離，照顧這些人是家人的責任。後工業社會替身心障礙者建立了慈善機構，一看到身心異常的人就立即帶走。這種泯滅人性的做法成為優生學的發展背景。希特勒殺害的身心障礙者逾廿七萬，理由是這些人是「人類形體和靈魂的劣質仿冒品」。身心障礙可以根除，這樣的想法是當時全世界的潮流。當時芬蘭、丹麥、瑞士、日本還有美國廿五個州的法律都容許非自願的絕育和墮胎。到了一九五八年，總共有超過六萬個美國人被迫絕育。一九一一年，芝加哥通過了一項法令，規定：「凡因病、傷殘或任何畸形問題而在本市公共道路或場所有礙觀瞻、令人反感者，不得出現於眾人之前。」這條法令一直到一九七三年才正式廢止。

身心障礙權益運動追求的是從根本的層面適應差異，而非加以抹除。此運動最重要的成就，在於了解孩子、父母和社會的利益並不盡然一致，而孩子是最沒有能力為自己挺身而出的一群人。許多和一般人有極大差異的人士主張，即便是在完善的療養院、醫院、住宿機構，病人的處境仍舊和「吉姆克勞法」時代的非裔美國人無異。這種隔離且不平等的處置，也反映在醫療診斷上。史奈德和米契都是障礙研究的學者，兩人認為訴諸治療和解方的人，往往「打壓了他們想要拯救的人」。今日，美國的身心障礙兒中，教育程度不到九年級的比例是其他人的四倍。英國的身心障礙人士有四十五％活在貧窮線以下，美國勞動年齡的身心障礙人士則有三十％左右。即便在二〇〇六年，倫敦的皇家婦產科學院仍指出，有醫生考慮不讓重度障礙的嬰兒活下去。

雖然遍地荊棘，但身心障礙權益運動仍有長足進展。一九七三年美國《復健法》雖遭尼克

028

森總統否決，仍由國會通過。該法禁止任何聯邦政府補助的計畫歧視身心障礙者。之後又於一九九〇年通過《美國身心障礙者法案》，以及幾個配套的法案。二〇〇九年副總統拜登在主持殘障奧運的開幕式時表示特殊需求者倡權是「民權運動」，也宣布未來總統將有一位負責身心障礙政策的特助。然而，法庭卻縮小了身心障礙相關法律的適用範圍，地方政府更往往忽視這些法律。

少數族群若想要保有自己的定位，在定義自己是誰的時候，就必須與主流對立。主流越願意接受他們，他們的立場就要越強硬，否則，一旦被主流收編，自身的獨立身分就會土崩瓦解。一九五〇年代，美國認為每個人都應該被吸納到一致的「美國性」之下，但多元文化主義反對這樣的觀點，反而選擇讓每個人都去標榜自己的珍貴特質。美國社會學家高夫曼在其經典著作《汙名》中主張，某些事會讓人身處邊緣，而以這些事為傲，將會獲得身分認同，從而忠於自己，並樹立政治威信。美國社會歷史學家柏奇稱此為「涵化的適得其反」：社會一旦企圖同化某個族群，往往讓這個族群變得更特立獨行。

一九八〇年代中期我讀大學的時候，社會的普遍用語是「能力有差」，而不是「失能」。我們當時還開玩笑，說還有「滿意度有差」，以及「討喜度有差」。而現在，如果你談到某個自閉症的孩子，你會說，他和「典型」的孩子不一樣，而侏儒症則和「平均」身高不一樣，絕不可以用「正常」一詞，當然更不能說「不正常」。關於身心障礙權益的文獻十分多，學者都強調要區分「損傷」和「障礙」，前者是某一症狀引發的生理後果，後者則是由社會環境所造成，比如說，腳不能動是損傷，但進不了公共圖書館就是障礙。

障礙的社會模式有個極端版本，可用英國學者奧利維的話來總結：「障礙是社會壓迫的結果，和身體無關。」這看似言之成理，卻不是真的，但也提出有力的質疑，修正了先前的設定：障礙只出現在身心障礙者的身體或心智上。「能力」，原本就是多數人的暴政。如果大部分的人揮揮手臂就能飛，那麼做不到的人就是「無能」，也就是障礙；如果大部分的人都是天才，智商中等的人就處於悲慘的劣勢。我們所謂的「健康」，並不帶著永恆真理的光環，而只是一種約定俗成的標準，而這標準在過去一世紀還不斷膨脹。一九一二年，美國人能活到五十五歲就算美滿長壽，而現在五十五歲過世則成了英年早逝。因為大部分的人都能走路，所以不能走路就是一種障礙。同理，聽不到，以及無法解讀社會訊號也都是障礙。這是一場投票，而身心障礙者質疑了這些多數決。

醫療進步讓父母得以避免生出某幾類障礙兒，也有機會矯正許多障礙，但要決定何時啟用這些選項，並不容易。賀伯德是哈佛生物學榮譽教授，她極力主張，準父母如果因為家族病史就去篩檢亨丁頓舞蹈症，其實是讓自己進退維谷，「如果父母決定墮胎，無異於表示，知道自己終將死於亨丁頓氏症的人根本不值得活。但這些父母和其他家人現在也知道自己身上有亨丁頓氏症的基因了，又該怎麼說呢？」英國哲學家基契爾把基因篩檢稱為「放任式優生學」。柏克萊大學講師薩克斯頓有脊柱裂，她曾寫道：「像我們這樣帶有可篩檢症狀的人，代表了沒有被拿掉的胚胎長大成年的樣子。我們不願看到『自己的後輩』被有系統地墮掉，而這樣的感受等於質疑了胚胎『不具為人的資格』的看法。」史奈德和米契說，身心障礙的全面滅除，代表「現代性這項文化計畫業已完竣」。

身心障礙權陣營裡的某些人鼓勵大眾，不管懷了什麼樣的孩子都要接受，彷彿不遵從生育的宿命就不道德。美國生物倫理學家魯迪克把這樣的想法稱為「女性好客論」，這種論點認為墮胎的人都沒有母愛、不慷慨、不近人情。其實，準父母都得憑空想像一件未來可能成真的事情，在做出選擇之前，從來不可能得到充分的資訊。在腦中假想的孩子或障礙，跟現實有天壤之別。女性主義強調合法墮胎，而身心障礙權運動則反對任何貶低差異價值的社會制度，這兩者的衝突很棘手。推動身心障礙權的運動人士赫胥如此寫道：「這些恐懼都很真實、理性，也讓人害怕。我們都可能面對這麼一天：墮不墮胎原本只是個人決定，卻可能成為消滅身心障礙人士的第一步。」她可能把動機想得太過天真，卻說中了結果。大部分的中國人不討厭女孩，也沒有人推動消滅女性的運動。但由於一九七八年以來，法律規定夫婦只能生一胎，而許多人想要男孩，於是女孩不是被拿掉就是被遺棄。準父母雖然不會試圖消滅身心障礙人士，但在醫學進步下卻有能力做出極端的決定，而這些決定無疑將大幅減少身心障礙人口。賀伯德寫道：「在這個講求自由和個人主義的社會，也許並不需要優生學的法規，醫生和科學家只要提供技術，把責任交給女性及父母，就能用個人選擇來貫徹社會偏見。」

有些運動分子反對整個「人類基因體計畫」，堅信此計畫的弦外之音是世界上有完美的基因體。這樣的評斷部分源於計畫發起人在尋求贊助時，曾表示此計畫將可用來治療疾病，卻沒有指出身心健康並無普世標準。身心障礙權益運動人士認為，在大自然中，唯有「變化」是不變的。哈洛威是女性主義和文化研究的教授，她將這項計畫形容為「封聖行動」，可能會被人用來制定極其狹隘的標準。傅柯在人類還無法建立基因圖譜之前就寫道：「知識和權力的正規網絡一建立，就會出現一套研究異常人的技術。」換句話說，當權者鞏固了自己的優勢後，「正常」的光譜就會變窄。在傅柯看來，所謂的正常，「聲稱要確保『社會體』的生理活力及道德純淨，也必定將消滅有缺陷的人、墮落及腐壞的族群。『正常』也以生物和歷史的迫切需求為名目，合理化國家的種族主義。」也因此，「正常」的概念會促使不正常的人把自己看得很無助、很不足。傅柯也說「生命即是有能力出錯者」，而錯誤本身就是「人類思考並創造歷史的根源」，於是，禁止犯錯就是終止演化。正是因為犯錯，人類才得以走出史前的泥沼。

先天視障的黛博拉出書寫下社會歧視所帶給她的痛苦。從她以下這番話表達的高度自我接納，是在身心障礙權運動開始之前從未聽聞的，她說，視障一事對她而言就像頭上的棕髮，是中性的特性。「我不渴望視力，就像我不渴望翅膀。失明偶爾會有一些不便，但我很少因為盲眼而對什麼事卻步。」二〇〇〇年時，她在一篇散文中如此寫道。後來她和丈夫迪克決定要生孩子，聽到丈夫說他想要看得見的孩子時，她十分震驚。「我相信，就算我看得到，也不會過得比現在更好。如果我的孩子看不見，我會想辦法確保他有充分的機會實現自我、貢獻社會。

迪克說他完全同意。但他其實很煩惱，只是不敢讓我知道。如果他能夠接受我視障，為什麼會無法承受我們的孩子也視障，即使只是瞬間的動搖？」黛博拉憂心忡忡地懷了孕。「我不知道如果孩子像我一樣視障，我能不能承受他的失望。」

女兒出生之後，黛博拉的母親也表示她對寶寶視力的擔憂。「我太震驚了，我的父母用關懷和堅定的愛養大三個孩子，包括視障的兄長和我，希望把我們培養成自信、有抱負、懂得自尊自重的人。然而他們從來不是對視障毫無芥蒂，迪克也是這樣。」之後，迪克讓寶寶的視線跟著自己的動作移動，發現寶寶並沒有視障，隨即致電岳父岳母。此後他常常回想女兒轉頭望向自己手指的那一天。「很久以前的那天早上，他的興奮和放心是如此鮮明，至今我都還能從他的聲音中聽到回音。每回我聽到這件事，舊傷就發出陣陣刺痛，有那麼些時候，我依舊是如此孤單的一個人。」黛博拉寫道。

她認為視障是種身分，而她丈夫認為視障是種疾病。她的孤寂感反映了兩者間的落差。她的觀點我既能同理，又感到憂心。我不免想，如果我哥哥宣布他滿心希望自己的兒子是異性戀，而且在得償所願的時候打電話要大家一起慶祝，我一定很受傷。視障和同志是兩回事，但兩者的自我都同樣不為他人所喜。不過，人決定要盡量追求健康（且不論這個詞所指涉的領域有多複雜），避免生病（同前），並不必然等同於貶低生病或與眾不同的人。我從對抗憂鬱症的經歷中獲得極具意義的身分，但如果我可以選擇我的孩子是憂鬱易感，還是完全不受憂鬱症之苦，我毫不猶豫就會選後者。即使這個疾病可能會讓我們變得無比親密，我還是不希望看到。

有水平認同的成年人，多半不希望受到憐憫或崇拜，只希望好好過自己的日子，不被盯著瞧。很多人不喜歡美國喜劇演員路易斯利用可憐的孩子來募集基因研究的經費。美國國家廣播公司的新聞記者霍肯貝瑞脊椎受損，他曾說：「路易斯找來的孩子都坐輪椅在電視上募款，募來的錢卻是要找出方法，讓他們這樣的人沒有機會生下來。」這樣的怒火隨處可見。邁查克是視障人士，他曾說：「大人看到我跟別人不一樣，反應是幫我，但學校有些同學的反應是辱罵我。很久以後我才明白，幫忙和辱罵，其實是同一回事。」梅爾森是身心障礙權的法律專家，她表示，從古至今，慈善和好意一直是身心障礙者最可怕的敵人。手腳健全的人可能是慷慨的自戀狂，覺得什麼是好事，就不顧對方的感受，急著送出。

反之，身心障礙的社會模式則要求社會調整行事的方法，讓身心障礙者更有能力自立。然而，唯有立法者相信弱勢族群的人生過得辛苦，我們才能看到這樣的調整。施捨的姿態有理由受到唾棄，但另一方面，要想獲得政治接納並促進改革，就需要更多的同理心。很多身心障礙人士表示，自己所經歷的社會不公比障礙本身造成的壓力還大。他們之所以痛苦，唯一的原因是惡劣的社會處境，但他們也表示自己的經驗十分獨特，因而顯得與眾不同，也就是說他們無比特別，同時也毫無差異。

曾經有份研究想確定金錢和幸福是否相關，結果發現貧窮和絕望有關，但一旦脫離貧窮，財富對幸福的影響就很小。真正和幸福感相關的，是一個人的錢和社交圈的其他人相比，是多還是少。比下有餘，而且總是綽綽有餘。財富和能力都是相對的概念。正如社經地位都有寬廣的光譜，身心健康也都有廣闊的灰色地帶。和身邊的人相比，有許多人都覺得自己很富有，或者很有能力。只要不把某種狀況汙名化，所謂的「比較」，就不那麼壓迫了。

然而，在身心障礙光譜的彼端，有一區對應的是貧窮，那裡的赤貧已無法以任何修辭美化。身心障礙的貧窮線會隨社群而變，但這條線確實存在。這些人必須面對現實的醫療問題，這點無可否認，就如同你不能否認貧民窟的孩子必須面對現實的經濟問題。這些人的身體及心智可能都有難忍的損傷。很多身心障礙者常因疼痛而備受折磨，因智能缺陷而艱難掙扎，而且永遠與死亡比鄰而居。

修補身體和修補社會根深柢固的偏見，這兩個目標跳的是棘手的華爾茲。不論修補的是哪一方，都可能帶來不樂見的結果。修好身體的代價可能是殘酷的創傷，而這麼做可能只為回應不公的社會壓力；偏見修好了，但伴隨偏見而來的權利也可能消失了。什麼樣的差異需要受到保護？這個問題的政治意涵很濃。保護身心障礙者的法律十分不穩固，如果外界判斷他們擁有的是身分，而不是疾病，可能就會取消對他們的法律保障。

各種狀況都可能減低一個人的能力。不識字、貧窮是障礙，愚笨、肥胖、無聊也是。太老和太小是障礙。信仰讓你不那麼關切自己的利益，也算是障礙；無神論讓你遠離希望，也是種障礙。我們甚至可以說權力也是種障礙，因為高處終將不勝寒。美國西加州法學院研究身心障礙的學者史密斯認為：「即使某種生存方式完全沒有痛苦，在大多數人眼中，似乎也有可能是種缺陷。」同理，上述的特性也可能展現力量，只是有些比較容易，有些比較難。每個人的能力都不同，而社會所建構的大環境往往決定了何者受到保護、何者受到縱容。同性戀在十九世紀是種障礙，現在卻不是；今日在某些地方同性戀也還是障礙，其他地方卻不是；我年少時覺得那是種障礙，此刻就不覺得。這件事不斷變動。五官不端正會影響個人和職業生涯，卻沒有人提議要以法律保障來加以彌補。有些人生來道德觀就搖擺不定，這也是障礙，但我們祭出的不是協助，而是監禁。

對於水平身分，我們目前還沒有一套一以貫之的理解，可以將之全部歸入同一類別中。也因此，努力爭取水平權利的人往往得憑藉身心障礙權益運動的那套方法，逐一駁斥疾病模式。目前這類權利的構想都跟身分有關，因此採用的是匿名戒酒會及其他「十二步驟團體」的模式。匿名戒酒會率先建議把疾病視為身分，藉此管理疾病問題，並找來同樣狀況的同儕彼此扶持。也就是說，他們認為，對問題賦予意義是解決問題的關鍵。從某方面來說，這種近乎矛盾的做法，可以用尼布爾〈寧靜禱文〉（復元運動奉之為教條）的最後一段來歸納：「天父，請賜我勇氣，改變應該改變的事物；賜我寧靜，接受無法改變的一切；賜我智慧，分辨兩者的不同。」

雖然近幾十年來，我們逐漸遠離疾病模式，走向身分模式，但這樣的轉變未必都能在道——

德上站得住腳。當我把聽障、侏儒症、自閉症、跨性別視為值得珍視的身分後，我也開始接觸「親厭食」和「親暴食」，這兩股運動的訴求是消除厭食症和暴食症的負面聯想，並宣揚這不是疾病，而是自由選擇的生活方式。親厭食和親暴食的網站都提供速效節食的「勵瘦」秘訣、催吐藥和瀉藥的使用評論，並認可減重競賽貼文。如果照這類網站的建議做，可能會導致死亡。在所有心理疾病中，厭食症的死亡率最高。如果說厭食者不過是在探索一種身分，就像是說幫派分子也是在追求一種身分，只是這種身分剛好涉及殺人，這種想法在道德上未免太鬆散。顯然，身分的概念也有明確界定，只不過這條邊際在哪裡很難說。以我而言，讀寫障礙是種疾病，身為同志卻是種身分。然而，有時我不免想，若我的父母沒能矯正我的讀寫障礙，卻成功改變了我的性向，這兩件事會不會顛倒過來？

• • •

把人治好的願望正反映了人們對這些人的狀況很悲觀，對修復的方法卻很樂觀。在《臉的自傳》中，葛雷莉記述童年時下巴的癌症使她永遠破相，她認定自己的下巴奇醜無比。我認識露西，雖然不是太熟。我並不覺得她醜。我總想，她那麼深重的自我厭惡究竟從何而來？即使她的個人魅力能讓人忘記她沒有下巴，她的一舉一動還是流露這樣的厭惡。她寫道，自己動過無數次重建手術，次次失敗，某次又要準備開刀時，她想，「也許這根本不是我真正的臉，而是某個入侵者的臉，一個醜陋的入侵者，而我『真正』的臉，我本來應該要有的臉，唾手可及。我開始想像自己『原本』的臉，那張沒有任何差池的臉，無瑕的臉。我相信如果這件事從未發生在我身上，我應該很美。」葛雷莉卅九歲死於用藥過度，某種程度上證實了異常者再三奮力修復自己得付出沉重的代價。

如果手術有效，葛雷莉也許能過上幸福的人生。如果她能對自己的外貌多點寬宥，也會一樣幸福。但她的臉終究無法修復，我們不禁揣測，她的心，是否也同樣難以修補？若她把精神都用在發揮聰明才智，用在那讓她寫出如此深刻絕望之紀實的靈慧上，不知會如何呢？換作是我，也會走和葛雷莉一樣的路，也許結果也一樣。我一向也是能修補便盡力修補，只有在避無可避時，才願意接受現實。她想要戰勝自己的問題，而幾十年來醫生都支持她的夢，最後她被擊倒了。最近的學術研究指出，知道自己的症狀無法扭轉的人，比相信自己的症狀可以改變的人還要快樂。在這樣案例中，「希望」反而可能是苦難的基石，十分諷刺。

二〇〇三年，英格蘭有個婦女懷了唇顎裂胎兒，醫生為她做了晚期墮胎，被告上法庭。若胎兒可能有嚴重的基因缺陷，為婦女做這樣的手術是合法的。問題在於，唇顎裂的缺陷是否符合這樣的定義？法院的卷宗引述了另一個母親的話，她的兒子天生有唇顎裂，她說：「即使這孩子有唇裂或是顎裂，我也不會墮胎。現在的手術水準非常高，這已經不算障礙。」嚴重唇顎裂如果未經治療，可能造成嚴重後果，毫無疑問是種障礙。但是有了治療方法之後，一個症狀是否還是障礙？這個問題並沒有一套簡單的等式。矯正症狀和防患於未然是兩回事。包爾是芝加哥兒童紀念醫院整容科的主任，專治面部畸形，他表示接受手術的孩子應該「有機會展現自己的真實面貌——和別人沒什麼不同的面貌。」但是，用手術來治療，究竟是讓他們變得「沒什麼不同」，還是永久掩飾了他們的不同？這問題意味深長，而且牽連甚廣。

新聞媒體不乏各種跟外科手術有關的感人報導，例如華萊士天生扁平足，現在打職業美式足球。他說：「我愛我的腳。」向外科手術求助的人，談的總是矯正。跨性別的人在談到變性手術時，總說得一副要改正天生錯誤的模樣。主張聽障人士植入人工耳蝸的人，也是同一套修辭。是美容手術（有些人稱之為『科技時尚』），還是矯正手術？兩者可能只有一線之隔。同樣的，變成最好的自己，跟服膺於社會準則的壓迫，也只有一線之隔。如果某個母親因為女兒在學校被嘲笑，就帶她去整掉「招風耳」，或某個男人希望用手術治好禿頭呢？這些人可能是在解決某個問題，或者，也可能只是屈從於同儕。

很多矯正手術，保險公司是不給付的，理由便是這些都屬於美容手術。但其實，唇顎裂可能造成面部畸形、進食困難、耳部感染導致的失聰，也可能造成嚴重牙齒問題、發音及語言障礙，而前述所有問題還可能導致嚴重心理問題。葛雷莉沒有下巴，很多人可能覺得這不是重大缺陷，可是對她而言卻很致命。另一方面，即使手術成功，父母心裡也不一定好過。[036]在某個供唇顎裂父母交流的網站上，格林就寫道：「醫生告訴妳，一切都很完美。那麼，為什麼妳看到孩子時，一切看起來一點也不完美？兩小時前妳可愛、笑呵呵、愛著妳、信任妳的快樂孩子，現在病懨懨，疼痛不堪。然後，妳瞧了瞧那張臉，不是看手術縫線，也不是腫脹的地方，而是臉本身。妳會因為寶寶的臉變了個樣而大吃一驚。很少有父母一開始就對手術結果感到開心。寶寶看起來幾乎就像另一個人。畢竟，妳愛的是原來的那個孩子！」

問題究竟有多緊急，解法又究竟有多麼不堪？這當中的比例值得深思。父母想要的是孩子不再受苦，還是自己不再受苦？兩者必須好好區分，但又不可能完全區分。懸在兩種生存方式之間，並不好受。骨骼延長手術是一種童年時期進行的手術，可以讓人達到平均身高，我曾問一個侏儒症對這個手術有何看法，她說，這樣也不過是讓她變成「高個子的侏儒」。醫學治療在最佳的情況下，能把人從邊緣移往較為人接納的中心位置；在最糟情況下，則徒然讓人更覺得委屈，且孤立依舊。美國生物倫理學家德雷格曾以跨性別和連體嬰為寫作主題，她斷言：「很多父母都覺得用矯正手術絕不意味著拒絕接受孩子，而是展現了自己全心全意、無條件的愛。但是父母之所以訴諸手術治療，也可能是因為他們覺得，自己比較知道要怎麼當屆時那個孩子的父母，而現在這個孩子，則常讓他們手足無措。」

社經地位較高的人，多半比較完美主義，也更難忍受外表的缺陷。有份法國的研究就大膽直言：「階級較低的人，較能包容嚴重殘障的孩子。」美國有份研究也發現，高收入的家庭「更會去強調獨立和個人發展」，而低收入的家庭則強調「家人相互扶持」，由此應證了法國研究的結論。教育程度較高、收入較豐厚的家庭比較可能替孩子找到安置機構，而白人家庭又比少數族裔家庭更常這麼做，只是，少數族裔家庭的孩子被帶走送養的，人數也高得嚇人。我曾前後訪問了一位富有的白人女性和一位貧窮的非裔女性。白人女性的兒子有低功能自閉症，而非裔女性的自閉症兒子也有很多類似的症狀。生活條件較好的那位女性花了多年時間改善兒子的狀況，但都徒勞無功，而條件比較差的那位，連自己的生活也無法改善，也因此從未想過可以改善兒子的狀況，但她並不因挫敗而深感苦惱。前一位女性覺得兒子很難照顧，她悲傷地說：「什麼東西他都要打破。」另一位女性和兒子生活得比較快樂，並表示：「能破的，很久以前就破光了。」修復，屬於疾病模式；而接納，則是身分模式。一個家庭走上哪一條路，反映了這個家庭的既有觀念及資源。

即使種種手段都用心良善，在孩子心中還是可能有如洪水猛獸。辛克萊是個自閉症雙性人，他寫道：「當父母說『我希望孩子沒有自閉症』的時候，實際上說的是『我希望那個自閉症的孩子不存在，而我有另一個不一樣（沒有自閉症）的孩子』。請再讀一次。當你為我們這些人而哀嘆時，聽在我們耳裡就是這個意思。當你告訴我們，你對我們最美好的希望和夢想時，我們的理解是，你最大的願望就是有一天我們不再存在，而你能夠愛的那個陌生人，將會用我們的臉代替我們存在。」大部分的病症都有加法和減法兩套模式：要不就是這個人被可移除的外來物入侵，例如受到感染；要不就是這個人因為病症而減損，例如某個器官失去功能。一個「正常」的人，身上可能疊了一層層的疾病或變異，遮住了原來的人，或成為這個人的一部分。如果我們讓某個聽障人士獲得了聽力，是讓他得到更完整的自我，還是犧牲了他的完整性？改造罪犯的心智，是給了他更真實的自我，還是更適合我們這些外人的自己？大部分的父母都假設自閉症者的心裡藏了一個沒有自閉症的真實自我，但辛克萊和很多人都不覺得自己內心深處還有另一個人，就像我也不覺得自己心裡困著一個異性戀，或是職棒選手。因強姦而生下的孩子，我們能否從他心裡釋放出一個因愛而計畫生下的孩子，這點也還是未知數。也許，即使是神童的過人智商，也能視為一種入侵的疾病。

037

慕琳一出生便缺了小腿腓骨，一歲時截去膝蓋以下的腿。現在，她是裝上義肢的時尚模特兒。她說：「我希望別人眼中的我，是因為肢障而美麗，而非雖有肢障，依然美麗。大家一直問我：『妳為什麼要進這一行，這行這麼要心眼，又如此注重外表完美？』這就是原因，這就是我想進這行的原因。」夏農天生就有髖部退化問題，他利用枴杖及滑板自創地板舞蹈的舞技，在前衛的舞蹈圈吸引了許多崇拜者，但他卻說這樣的舞蹈，是他為了保持行動能力而自然發展出的成果。太陽馬戲團曾經向他招手，但他不想成為拉斯維加斯的秀場表演者，於是答應訓練別人跳這套舞步。他教一位健全的表演者怎麼像自己一樣拄著枴杖移動。太陽馬戲團大受歡迎的「魔幻森林」就用了他的舞技和舞步。夏農的肢障不是可笑的奇觀，而是靈感的泉源，激發了一套原創、觸動人心的表演。最近的例子還有南非的皮斯托利斯，他的小腿是義肢，但他也是世上數一數二的四百公尺短跑選手，還參加了二〇〇二年的倫敦奧運。他是《時代》雜誌的百大最具影響力人物，也獲得耐吉和法國時尚品牌蒂埃里．穆勒的代言合約。如果每個人的髖部和小腿都用同樣的方式運作，這世上就會少了某些優雅。殘缺已經加入美的行列，成了爭取公平正義的助力而非阻力。社會也已經改變許多，能夠讚嘆拄枴杖的舞者、戴義肢的模特兒，還有用碳纖維小腿奔馳的運動員。

像慕琳、夏農，還有皮斯托利斯這樣公開炫耀用來彌補障礙的技術，可以讓使用者變得更強大。然而，很多人覺得去歌頌自己對機械的仰賴簡直匪夷所思。我深受憂鬱症之苦，花了十年時間找尋有效的療法。當時如果沒有精神科藥物，我的自理能力會大打折扣，因此我很清楚，要承認自己若沒有外力協助就會變成另一個人有多麼令人不安。我也很猶豫是否要改善自己的日常情緒，有時還覺得如果我孤僻退縮、躲在床上，會更忠於自己。我知道有些人為何選擇不接受藥物治療。大惑不解的醫師和無法諒解的父母常問身心障礙者為何拒絕接受最新的療法和裝置。然而這些身心障礙人士很可能是因為想到這些介入性治療雖可能讓他們更像一般人那樣活動，卻沒有減緩他們的嚴峻處境。有些人甚至咒罵讓自己活下去的精密發明：洗腎、藥

038

物、輪椅、義肢、聲音處理軟體。我開始吃精神科藥物的時候早已過了法定年齡，也覺得這算是我自己的決定。然而，很多介入性治療都必須在幼齡進行，而父母和醫生在為嬰兒動手術矯正、施行早期介入的時候，都認為不論在道德上或實務上，自己為孩子開啟的人生篇章都是正確的，但他們永遠也無法完全預測自己的決定最後會有何結果。

身心障礙權益運動假定活著的人多半都很高興自己是活著的，或者只要有足夠的協助就很願意活著，還假定，他們情願自己死去的念頭就跟一般人一樣，不過是種偏差。然而，曾有身心障礙人士被指名為原告，以不應出生為由，成功打贏官司。這類指控多半由父母代為提出。判決的推斷原則出自「不當致死」及「錯誤生育」，不當致死是源於醫療疏失，而當父母在產前沒有獲得充分諮詢時，便可主張「錯誤生育」。錯誤生育的案子由父母提告，只補償身為父母所負擔的費用，通常是孩子十八歲以前的看護和輔具開銷。「錯誤生命」的案子補償的則是身心障礙人士本身，而非父母，很可能會涵蓋一生的支出。錯誤生命的官司無異於主張，不是在補償「損失」，而在補償一種「得到」——某人因得到生命而需獲得補償。

二○○一年，法國最高上訴法庭判給某個唐氏症的孩子很大一筆錢，以賠償他「因出生所致的損害」。法院表示：「我們賠償的，是這孩子的殘疾，而非他的不快樂。」換言之，他活得很沒尊嚴，應獲得金錢賠償。同一個法庭之後又判決另一個十七歲少年應獲得賠償，他是天生的智能障礙、聽障，還幾乎全盲。法庭表示他母親的遺傳科醫師若在她懷孕期間診斷出德國麻疹，她會選擇墮胎，如此孩子也不用忍受一輩子的痛苦。這判決背後的意思是：死還比殘障好。法國的身心障礙人士為此勃然大怒。有位父親說：「我真心希望社會大眾並非用這種方式看待我的孩子，那樣太不堪了。」面對大規模的抗議活動，法國國會最後修法，禁止提出錯誤生命的訴訟。

在美國，錯誤生命的概念在四個州受到認可，不過其他廿七州都已經明文禁止否決。然而，戴薩克斯症、聽障、水腦症、脊柱分裂、德國麻疹症候群、唐氏症、多囊性腎病變仍有錯誤生命的案件，而法院也曾經判賠，其中又以「克蘭德夫婦對生物科學實驗室」一案最為引人注意。有一對夫婦接受了基因篩檢，卻未獲告知自己身上帶有戴薩克斯症的基因，結果生出戴薩克斯症的女兒。後來孩子於四歲過世。兩人主張：「『錯誤生命』的實際情況是，原告來到人世受苦。若非被告的疏失，原告根本不會出世。」兩人最後獲得照護費用、為人父母的痛苦等損害賠償。

雖然錯誤生命的案子回答了一個本體論的問題：什麼樣的生命值得活？但這問題很少是提告的動機。身心障礙會帶來龐大的開銷，而大部分提起錯誤生命告訴的父母，都是為了確保孩子能獲得照顧。善盡父母之責的方式，竟是在法律文書中表示自己希望孩子從未出生，實在殘酷。

有些人能忍受千般痛苦，同時還能感覺到萬般快樂；其他人也許實際上沒有那麼悲慘，但已經痛不欲生。某一個嬰兒能承受多少痛苦，我們無法知道，而等到父母終於明確看出來的時候，終止治療已由於社會的禁忌、法律的約束及醫院的政策而變得極為困難。即使在自覺很強的成人間，也有很多人處境淒涼仍堅持活著，有人身為天之驕子卻選擇自殺。

• • •

過去十年，我為了此書訪問了三百多個家庭，有些很簡短，有些很深入，最後的訪談紀錄將近四萬頁。我訪談過不信教的父母，孩子卻是基本教義派。有些受訪的父母，孩子有讀寫障礙等學習障礙，有肥胖或成癮問題，有馬凡氏症候群而長成巨人，有海豹症而沒有四肢，也有些是長大成人的「沙利竇邁寶寶」。我還訪問過早產兒、憂鬱症或雙極情感疾患孩子的父母，愛滋或癌症病童的父母。只是這些都沒寫出來。我還跟領養了身心障礙兒及海外異族兒童的父母、不知該用哪一個性別來養育雙性人孩子的父母，以及超級名模、暴徒還有盲人的父母談過。

如果只寫五種情況，這本書會好寫些。然而，我想探索差異的光譜，我想讓大家看到，養育能力超凡的孩子，從某些角度來說，就跟養育能力不足的孩子一樣；我還想讓大家看到，孩子令人心痛的出身（強姦）及令人痛苦的舉動（犯罪）和孩子的身（侏儒症、聽障）心（自閉症、思覺失調、天才）狀況可能出人意料地相似。我總共探討了十種類型，每種都問了一套獨特但又彼此相關的題目，全部加起來就呈現了孩子有水平身分時，父母所遭遇的一連串問題。每個主題我都發現已經有極佳的學術研究，有些集結了幾個較小的主題（一般談身心障礙、發展遲緩或天才的書籍），但從沒有哪本著作像本書這樣，討論包羅萬有的疾病與身分議題。

本書的每一章都提出了一套獨特的題目，所有題目加在一起，就指出了孩子有水平身分時，父母以及孩子所面對的各項問題。本章之後的六章探討的類型過去一直被歸類為疾病，而之後的四章④所討論的類型則比較由社會所建構。我的訪談對象主要是英美人士，但是也研究了峇里島北部村落的先天聾人——我們覺得異常的疾病，在這個非西方的環境中卻極為尋常。另外我還訪問了一九九四年種族大屠殺中遭姦成孕的盧安達婦女，這也是非西方的環境，我們覺得異常的身分，在當地同樣極為尋常。

雖然我也收集了數據，但主要還是仰賴小故事，畢竟數字隱含著趨勢，故事則承認其間充滿紛歧。跟某個家庭交談，你必須處理種種矛盾的說詞，想辦法統合各方的由衷真言，或是巧言操弄。我創造了一個心理動力的模型，根據此模型，在這個新聞中立的微觀世界中，人們和我的互動，也反映了他們和真實世界的互動。本書由頭至尾都直呼受訪家庭成員的名字，這麼做不是為了裝出親密的氛圍（自我成長的書常這樣），也因為一家人的姓氏都一樣，用名字比較容易掌握我指的是哪位受訪者。

我的受訪者有男有女，還有兒童，而為了讓自己有能力傾聽這些人說話，我必須做大量功課。第一次參加侏儒大會的第一天，我看到一名低聲抽泣的少女，走上前去幫忙。「我長得就是這樣子，這些人長得像我。」她抽抽答答地說道，又似乎像在笑。她母親就站在旁邊，說道：「你不知道這對我女兒有多重要。但這件事對我也很重要，我在這裡遇到了知道我在說什麼的父母。」她以為我一定也是某個侏儒症孩子的父母，一知道我不是，輕聲笑了出來。「那麼接下來幾天，你就是與眾不同的怪類。」我接觸的很多圈子都有這麼強的向心力，我感到椎心的忌妒。我無意把這些身分所遭遇的困難當作好玩，整個計畫開始前我就已領會他們的苦。然而讓我意外頓悟的，是他們滿心的喜悅。

養育子女會發怒、會疲累，否認這些情緒固然有害，陷在其中無法自拔也不對。我的許多受訪者都說，他們絕不拿自己的經驗去換任一種人生——有鑒於人生根本不可能交換，這樣想確實很明智。我們的人生雖然有種種難題、限制、小瑕疵，但忠於自己的人生仍然非常重要。而這個原則，也不該僅限於水平身分，而應該像家傳銀湯匙及古老的民間傳說一樣代代相傳。英國的批評家安德魯斯道：「若有何物或何人毫無效用，這表示斯人斯物神恩盈滿，尚在進步、演化，將能引來愛和同情。如果奏效管用，那不過是任務已成，而且可能已功成身死。」

家裡若有很難帶的孩子，生活會變得很極端，低潮總是很低盪，高潮有時極為激揚。要從失落中成長，需要意志力——意外狀況帶來的是成長的機會，而不是成長本身。孩子的障礙若十分嚴重，父母長期處於高壓之下，會更快老化，也因此變得更暴躁不安、更脆弱，但也有些人能發展出深厚而持久的韌性。即使生活的陰暗面令人身心俱疲，光明面也會持續給你動力。問題越艱鉅，這些正面因素也就越發重要。有個研究曾提到：「在照顧智能障礙的孩子時，母親若需要付出較多心力，會有更多個人成長，也更成熟。」加拿大學者索布希自己就有個身心障礙兒，他和同事斯科吉寫道：「孩子的障礙如果不嚴重，父母可能會用較輕微或較表面的改

042

4・本書中文版分上下兩冊發行，上冊為原文書一至六章，下冊為七至十二章。——編注

變來調整或適應。相反的，孩子如有嚴重障礙，父母可能就很難或根本不可能照以前的方式生活，也因此比較有可能大幅轉變。」一開始的不安定是痛苦但短暫的，之後人們會慢慢並持續重振精神，達到正面的改變。有句話說：擊不倒你的，會讓你更強壯，此言看來不假。

有些人認為自己因為照顧身心障礙兒，得到了本來不可能獲得的知識或希望，因此找到生命的價值。看不見這些機會的父母，往往達不到這一點。有些人看不出自己的痛苦有任何意義，而那些認為自己的受苦有其價值的人，則更能愛人。受苦不盡然隱含愛，但愛一定隱含受苦。苦難的樣貌會隨著這些孩子及其異常症狀而改變，並由此改變愛的樣貌，愛也被迫套上更辛苦的形式。究竟有沒有意義，其實不那麼重要，重要的是，有沒有人感受到意義。身體健康的錯覺可能只是錯覺，罹患鬱血性心衰竭的人，不論他相不相信自己有此一疾病，最後可能還是會死於心衰竭。心理健康的錯覺卻比較強大。如果你認為自己因為某些經歷而充滿活力，那就是了。活力是內在的狀態，只要感受到活力，這就成了事實。在某個研究中，母親若能找出生下早產兒的好處，心裡就比較不痛苦，也比較能回應寶寶的需求。反之，母親如果看不出任何好處，孩子兩歲時的表現也較差。還有人研究了各種有先天障礙的孩子，結論很簡單：「母親若努力追尋意義，孩子會發展得比較好。」

世界因為有形形色色的人而變得更有趣，這是社會的願景。我們應該竭盡所能減少每個人的痛苦，這是帶有醫學色彩的人道主義願景。有些人認為沒有苦難，世界會變得無趣；有些人則覺得沒有他們的苦難，世界會變得無趣。生命因受苦而豐富，愛則因為必須努力而深刻。我以前認為考驗的本質極為重要。我在上一本書寫道，我多少有那麼些愛自己的憂鬱症，畢竟憂鬱症考驗了我的勇氣，也讓我成為今日的樣子。我現在覺得，如果我養育了唐氏症兒或癌童，我同樣也能有豐富的收穫。珍貴的並不是苦難本身，而是我們對苦難如同珍珠般的包容。血淋淋的苦痛從來都源源不絕，即便是在最幸福的人生裡也無匱乏之虞，我們永遠都有功課可學，未來也是。人們比較容易同情納粹大屠殺的倖存者，而非不知足的天之驕子，但每個人都有黑暗的一面，而秘訣就是從黑暗中獲得某種超越。

我們說，人因奮鬥而高貴，卻不知道如果沒有奮鬥，自己會變成什麼樣子。也許我們還是一樣美好，我們最好的特質也許是天生的，而非環境造成的。然而，大多數人都眷念過去，甚至眷念過去的不幸福。我曾陪一位俄國藝術家回莫斯科探望他年邁的母親，抵達的時候，發現他母親正在看電視播出的一部一九四〇年代蘇維埃宣傳電影。我對她說：「娜齊妲．康斯坦丁諾夫，您那時候就是因為這部電影裡的思想被送到古拉格勞改營。現在您就這樣坐著當娛樂電影看？」她微微一笑，聳了聳肩，說：「可這就是我的青春。」

・・・

在這個計畫中，我最常被問的問題就是哪一種狀況最糟。在我看來，某些症狀似乎可以忍受，某些讓人有點心動，其他則極為艱苦。人各有偏好，我覺得很可怕的存在方式，其他人可能求之不得。我也因此了解，為什麼我存在的方式會嚇到某些人。差異和障礙，似乎總讓人忍不住退回安全的位置做出評判。父母評判什麼樣的人生值得活，也值得自己一起活。運動分子評判父母的這種作為。法學者判斷該由誰來評斷，醫生判斷什麼樣的命該救，政治人物判斷要為有特殊需求的人做多少調整，保險公司則判斷人命值多少錢。並不是只有自詡為主流的人才會做出負面的判斷。我的受訪者除了書中跟自身有關的那一章以外，聽了其他章節幾乎都有些不舒服。聽障者不希望別人把自己和思覺失調症患者相提並論，有些思覺失調症患者的父母覺得侏儒令人不自在，罪犯受不了自己居然跟跨性別者有共同點，神童及其家人不願意和重度障礙者出現在同一本書中，有些因強姦而出生的孩子則覺得如果把他們和同志運動分子混為一談，無異於小看了他們的心理煎熬，自閉症者則指出唐氏症者的智商都比他們低。

即便是這些人，即便這些人都深受階級之苦，也忍不住要分出你低我高。我訪問過一位跨

044

性別自閉症兒的母親，她可以很自在地和我聊她的孩子，但一直要到這本書寫到一半，才同意我稱她的孩子為男孩。原本這個母親要求我避談孩子的性別，原因是社會對跨性別者的歧視及可能的異樣眼光都讓她十分害怕。本書快寫完時，有個母親承認她的跨性別兒子其實有自閉症傾向。之前她不提，是因為她覺得一般人對自閉症的偏見太深了。什麼可以談，什麼要隱瞞，並沒有共識。美國英國文學教授西貝斯指出，我們往往輕視無法照顧自己的人，但背後的理由毫無道理，這說明了為何要有水平團結。他認為包容身心障礙人士，「從另一方面來說，讓我們看見人與人、國與國都是相互依存，也打破一個危險的迷思：以前大家以為人或國家是各別獨立的，如果有哪個人或哪個國家必須仰賴他者，就是低人一等。」

大熔爐式的融合主義，正需要繽紛的多元文化主義作為解藥。現在，各個小王國應該要找到團結的力量。「交織性」這種理論談的是各式的壓迫彼此助長勢力，你若想要消除性別歧視，就不能不處理種族歧視。「全國有色人種權益促進會」是全美歷史最悠久的民權團體，該會會長傑勒斯生長在白人小鎮，弟弟是養子，兄弟倆從小便因為黑皮膚而飽受嘲笑。他告訴我這種事有多傷人，但更讓人難受的是，有些人原本並沒有因為種族而輕視他們，卻因為他弟弟是同志而找他弟弟麻煩。他說道：「放任別人歧視某個族群，就等於放任他們歧視所有族群。人與人的關係，如果要以排除我弟弟或是任何人為前提，那我無法接受。我們打的是同一場仗，而我們追求的自由，也是同一種自由。」

二○○一年，在幾位共和黨參議員的支持之下，紐約州同性婚姻終於合法。其中一位參議員麥唐諾表示，他之所以改變立場同意同性婚姻，是因為自己有兩個自閉症孫子，讓他「重新思考了一些問題」。蘇貝克是成年的自閉症者，從小接受摩門教信仰，以為自己的種種怪異都是「罪惡的象徵」。當他讀到和同志摩門教徒有關的資料時，才發現他們經歷的事情和自己一樣。「我無法不去注意自閉症和同性戀的相似之處。一旦接受了一方，我就無法不接受另一方。」

在這本書的研究過程中，我接觸過所有類型的運動分子，即使有時覺得他們的說詞都是權宜之計，我仍然十分欽佩他們。若一個個看，他們追求的改變似乎都受限於各自的領域和經驗，但若將之視為一體，代表的其實是重新思考人性。很多父母之所以成為運動分子，是因為希望能刺激社會改變，但這股衝動從來就不是那麼純粹。有些人覺得投入運動是種解脫，因為可以走出家門、離開孩子，卻又不用感到內疚。有些人從事運動則是為了讓自己沒有時間傷心難過。孩子身上最讓父母感到遺憾的特質，父母往往也最大聲讚揚，如此方能對抗失望。但既然信念可以產生行動，行動也可以產生信念。你可能會漸漸愛上自己的孩子，然後愛屋及烏愛上孩子的障礙，再進一步愛上這世界各種美麗的缺陷。我遇過的很多運動分子都一心一意幫助別人，原因是他們無法幫助自己。投身運動，讓他們忘卻悲痛。見到別的父母在剛得知診斷結果而不知所措時，就去傳授他們學會的樂觀和堅強，這麼做也讓自己的家庭更樂觀、更堅強。

我了解這種做法，我自己也有切身經驗：因為動筆寫這本書，正巧幫我處理了內心的傷痛，而令我意外的是，我大部分的傷痛竟也獲得治癒。要克服水平身分的種種問題，最好的方式就是找到彼此一致的地方，而在聆聽了這些故事之後，我也重塑了自己的故事。我有身為同志的水平經驗，生養我的家庭則給了我垂直的經驗，兩者似乎不太融洽，但這似乎已不會減損任何一方。對我父母，我原本很氣憤，但怒火現在已煙消雲散，只剩下一絲灰燼。在傾聽了陌生人的寬厚故事後，我才明白，原來我一直要求父母接納我，自己卻不願意接納父母。而我一接納之後，就無比慶幸自己能有父母無微不至的陪伴。美國劇作家賴特曾說，家人割出最深的傷口，也給傷口最溫柔的救護。父母的干涉我無處可躲，明白這道理之後，我就學會把干涉看得比寂寞更重要，並將之稱為愛。展開這項研究時，我滿腹委屈；結束時，我學會寬容。一開始我想了解的是自己，到最後我了解的是父母。不幸福就是時時怨尤，而在這一頁頁的書寫中，幸福激發了寬恕。父母總是在愛中原諒我，而我最後也在愛中原諒了父母。

我知道，我的身分讓母親震驚，令父親憂心，我以前也氣憤父母不肯擁抱我水平的這一面，氣父母對早期跡象視而不見。寫作是門寬恕的課，在過程中，我看見了愛所需要的勇氣。我父親一直比母親更容易做到接納，而且不只是接納我，他也一向比母親更能接納自己。母親不斷在心中怪自己不夠好，父親卻在心中為自己高唱凱歌。讓我成為自己的內在勇氣是母親的贈禮，讓我展現自己的外在膽量則來自父親。

我多麼希望自己能獲得的接納，能來得早一點也更完整一點。年少時候，不被接納讓我十分憤怒，但我無意擺脫自己的過去。放逐了惡龍，就等於放逐了英雄，而我們漸漸愛上了個人經歷中的英雄魄力。我們選擇自己的人生，這話的意思不只是說，塑造我們經驗的行為，都出於我們的選擇，而更是說，即使有選擇，我們仍然寧願做自己。大部分的人都希望能更成功、更漂亮、更有錢，而大部分的人也都經歷了自信心低落甚至自我厭棄。我們一天要沮喪個一百次。但演化的指令是珍愛自己的存在，我們仍遵循如此驚人的指令，藉由這點薄弱的驕矜自喜，不斷挽救自己的缺陷。這些父母多少都選擇了愛自己的孩子，而且雖然世人多半認為他們的負擔是難以承受之重，他們也選擇了愛自己的人生。有水平身分的孩子會讓你經歷痛苦的改變，但也讓你更明白自己。孩子就像容器，裝著憤怒也裝著喜悅，甚至救贖。愛孩子，就會把實際存在的事物看得比想像中的事物還重要，因此得到無上喜樂。

達賴喇嘛有個信徒被中國監禁了數十年，有人問他在牢裡可曾感到害怕，他說，他怕的是自己不再對囚禁他的人慈悲。父母常覺得自己捕獲了某個很小、很脆弱的事物，但其實我所訪問的父母都是和孩子的瘋狂、天賦、畸形一起被俘虜，關了起來，而他們要追求的，就是永遠不忘記慈悲。有位佛教學者向我說過，很多西方人誤以為涅槃就是一切苦難結束，眼前只有永恆的幸福。這樣的境界雖好，卻永遠有過往悲傷的陰影，也因此並不完美。要達到涅槃，你不止要往前追求喜樂，更該回頭看看過去苦惱的時刻，從中找到歡喜的種子。你當下可能不覺得幸福，但回想起來，幸福卻無庸置疑。

孩子有水平身分，父母有時會以為自己是因為大失所望、天崩地裂而不得不被推著往前走，但其實他們已經漸漸愛上孩子，只是因為還不夠熟悉，所以覺得不想要。有些父母最後認清了這一點，這時接納就已完滿。此時，父母回頭一看，才發現過去愛孩子的每一個階段，都讓他們變得更富足。這是一段珍貴的過程，沒經歷過的人絕對無法想像。波斯詩人魯米曾說：光，總從包著繃帶的地方射入你體內。這本書的謎題，就是很多家庭原本會千方百計避免發生的事情，最後卻讓他們滿心感激。

II

第二章　聽障

DEAF

一九九四年四月廿二日星期五，我接到一個男人打來的電話。我與他素未謀面，不過他讀過我在《紐約時報》上所寫關於身分政治的文章，也聽說我的寫作計畫與聾人有關。他說：「萊辛頓中心有事情在醞釀，要是沒有解決，到了禮拜一，中心門口就會出事。」接下來他透露更多詳情。「我告訴你，現在情況很嚴重。」他頓了頓。「你沒從我這兒聽到什麼消息。而我，也沒聽過你這個人。」然後電話就掛斷了。

紐約皇后區的「萊辛頓聽障中心」是紐約聾人文化圈中舉足輕重的機構，轄下包含紐約州最大的聽障學校，從學前教育到高中共有三百五十名學生。中心才剛宣布新執行長的名字，但學生和校友並不滿意。之前中心的董事曾和一支小組合作尋找合適人選，小組的成員是萊辛頓社區的各界代表，包括許多聽障人士。董事會中有個董事古爾德是聽得見的「聽人」，他剛失去在花旗銀行的工作，便把自己的名字放上候選名單，最後以些微票數險勝。許多聽障成員都覺得自己的人生又一次被聽人掌控。當地的聾人運動分子、萊辛頓的學生領袖、教職員代表、校友立刻組織了核心委員會，請求會見董事長，並要求古爾德下臺，卻被董事長幾句話打發走。

我週一到萊辛頓的時候，學生正在學校外面遊行。有些人前胸後背掛著板子，上頭寫著「聽得見的董事會，聽不見我們的訴求」。其他人則穿上「以聾為榮」的T恤。舉目所見，到處都是寫著「古爾德下臺」的看板。一群群學生爬上中心前的矮牆，這樣他們一波波接力歡呼時，下面的人群才看得到。其他人則靜靜以手語回應，許多人的手一起反覆比著同一字詞。其中有個十六歲的學生會會長是非裔美國人，我問她是否參加過種族權利的示威抗議。她用手語比道：「我現在忙著當聾人，我的兄弟都不是聽障，黑人的事情，就交給他們負責。」有個聽障女士就站在附近，突然問道：「要是妳可以選擇不當聽障，或者不當黑人，妳選哪個？」那個學生突然害羞了，用手語回道：「很難選。」另外有個學生插話：「我是黑人，也是聽障，我感到很光榮。我不想當白人、聽人，不想和現在不一樣。」她的手語比得又大又清楚。前一位學生也跟著比了「光榮」的手語，把大拇指舉在胸前，往上一畫，然後兩人忍不住咯咯笑了起來，走回隊伍中。

抗議人士占了一間教室討論戰略。有人問「帝國聾人協會」的會長肯尼有沒有帶頭抗議的經驗。他聳聳肩，以手語回答道：「沒有，我可以說是瞎子給聾子帶路。」有些教職員請病假來參加遊行。萊辛頓的公關處主任告訴我，學生只是想找藉口蹺課，可是我看到的卻不是這樣。從教職員代表到核心委員會，所有人都繃緊了神經。「你覺得抗議會有效嗎？」我問其中一位老師。他的手語比得條理分明、鏗鏘有力。他比道：「壓力不斷累積，也許從一八六四年創校時就開始了。現在爆發了，誰也擋不住。」

學校在聽障孩童的生活中扮演異常重要的角色。九十%以上的聽障孩童都來自聽人家庭，家人不了解他們的處境，也往往驚惶失措，不知該如何面對。他們到了學校才開始接觸聾人的生活方式。在很多人的生命中，學校都是無邊孤單的終點。萊辛頓有個聽障女孩告訴我：「來到這裡之後，我才知道原來還有別人跟我一樣。我以為世上的人都寧願跟別人、跟聽得到的人說話。」美國除了三個州之外，各州都至少有一個聽障中心或寄宿學校。聾學是聾人自我認同的主要來源。我最早學會的手語單詞便包括「萊辛頓」中心和「高立德」大學。

「聾人」（Deaf，字首大寫）指的是一種文化，而「聽障」（deaf，全小寫）則是病理學名詞，兩者截然不同。這樣的差異和同志（gay）及同性戀（homosexual）相互呼應。越來越多的聽障人士表示，自己不會選擇當聽人。在他們看來，把聽障當成疾病來治療，令人嫌惡；將聽障當成障礙來適應，比較可以接受；把聽障當成文化來讚頌，才是王道。

保羅在聖經的〈羅馬書〉中稱：「信道是從聽道來的。」此話長期以來一直被誤解為聽不到的人便無法信道，羅馬教廷也不准無法告解的人繼承財產或頭銜。因此，從十五世紀開始，某些近親通婚的貴族就讓聽障的孩子學習口語，不過大部分聽障人士還是得依賴自己制定的基本手語生活。在都市環境中，這類基本手語發展出比較完整的系統。十八世紀中葉，德雷佩神父獻身為巴黎窮困的聽障人士服務，他也是最早學習這種手語的聽人之一。他用手語解釋法文，教導聽障人士讀書寫字，也揭開了解放的序幕：你不需要口語能力，也能學會口語世界的語言。德雷佩神父於一七五五年成立「巴黎聾校」。十九世紀初，康乃狄克州的高立德牧師對於聽障孩童的教育產生興趣，因此前往英格蘭，希望了解聽障教學法。英格蘭人告訴他，教導聾人口語的方法是不傳之秘，於是他又轉往法國，在巴黎聾校獲得盛情接待。之後他請了一位聽障的青年羅倫．克雷陪他回美國開辦學校。一八一七年，兩人在康乃狄克州的哈特佛建立「美國聾人教育庇護所」。此後五十年為黃金時期，法國的手語結合美國本土手語及瑪莎葡萄園島上的地方手語（當地有聽障遺傳的家族），成為「美國手語」。聽障人士開始寫書、站上公眾舞臺，有各式各樣的成就。一八五七年，華盛頓特區成立「高立德學院」，目的是讓聽障人士接受高等教育。林肯總統授權高立德學院頒發學位。聽障人士一具有表達能力，就有人要求他們出聲說話。加拿大發明家貝爾便發起十九世紀支持口語教育的運動，運動越演越烈，在

051

一八八〇年米蘭會議達到高峰——該會正式宣布禁止「比手畫腳」（manualism，手語的貶詞）。貝爾的母親和妻子都是聽障，但他貶抑手語，稱之為「默劇」。他也無法接受「聾人也是一支種族」的觀念，還創立了「美國聽障口語教學協會」，希望能禁止聽障人士通婚，也隔絕聽障學生和其他聽障學生的接觸。他要求聽障成人絕育，也說服部分聽人父母為聽障孩子結紮。愛迪生也跟隨這波潮流，推動完全的口語教育。萊辛頓成立的時候，聽人希望能教聽障人士說話、讀唇語，如此他們才能在「真實世界」中生活。這樣的夢想越走越偏，最後一發不可收拾，而現代的聾人文化就是在這樣的嚴重錯誤中孕育而生。

一戰之前，約有八十%的聽障兒童只能接受口語教學，此後半世紀一直如此。曾使用手語的聽障教師突然遭解僱。支持口語的人士認為手語會干擾孩子學習英語，孩子若在口語學校比手語，手上就要挨一記排尺。維迪茨是「美國全國聾人協會」的前任會長，他於一九一三年提出抗議，說：「『又一派不識約瑟的法老』①正逐漸掌握我國。與手語為敵的，便是與聽障者的福祉為敵。希望吾輩皆能愛護並捍衛自己美麗的手語，視之為神賜予聾人最高貴的禮物。」當時聽障人士被視為低能，也因此英文「dumb」（瘖啞）一詞也用來形容「愚蠢」——殊不知他們之所以處處受限，正是由於他們的語言受到打壓否定。聽障權利運動分子布德侯曾把口語教育比擬為將同性戀「變成正常人」的轉化療法，一種社會達爾文主義的醜惡暴力。不過，雖然有上述種種負面發展，校園仍然是聾人文化的搖籃。

亞里斯多德認為「生來便不具某種感官的人當中，盲人比聾啞者更為聰明」，理由是「理性的言論之所以能作為教學的依據，是因為能被人們聽到」，其實溝通表達即使不圍繞著聽，

1．典故出自聖經〈出埃及記〉一章八節，約瑟代表猶太人的後代，而當時埃及法老擔心猶太人勢力擴張，因而不斷打壓。此處用以比喻聾人使用手語遭受打壓的情形。——譯注

也依然具有交流功能。當時的學者絲毫沒想過，手語可能是種完整的語言，一直要到一九六〇年代語言學家斯多基出版了劃時代著作《手語語言結構》，世人才看到，這套大家原本以為只是在比手畫腳的粗糙溝通方式，其實也有複雜的深層文法、邏輯規則和系統。手語主要依賴大腦左半球（即語言半球）。不比手語的人，這部分處理的是聲音及書寫的資訊），較少用到右半球（處理視覺資訊及手勢所含的情緒），運用的腦部功能和英語、法語、漢語無異。中風後左腦病變的聽障人士仍有能力看懂、比出手勢，但無法看懂、比出手語，就像聽人左腦病變後失去聽說語言的能力，但仍能看懂臉部表情，也能做出表情。神經顯影顯示，幼年就開始學手語的人在比手語時，運用的幾乎都是大腦的語言區，而成年後才開始學的人，比較常使用大腦的視覺區，似乎他們在神經生理上還很難將手語視為語言。廿六週的胚胎就能感覺到聲音。新生兒會較為喜愛或較能忍受在子宮中大量接觸的聲音。某個相關研究採用了《彼得與狼》的音樂，另一個研究則是大阪機場飛機飛過的聲音。結果發現，大量到法語母親生下的嬰兒，才兩天大就對法語的音素有反應，對俄語音素則沒反應；兩天大的美國小孩比較喜歡美語的聲音，而非義大利語。嬰兒早在出生前幾個月就開始認識音素，而從落地到一歲前，辨音的能力會變得更為精細，但精細的意思也包括辨識範圍變小。某個研究發現，嬰兒六個月大的時候能分辨所有語言的音素，到了一歲大，成長於英語環境的嬰兒就再也無法分辨其他非西方語言的音素了。這些早期發育的現象十分驚人。

十八到卅六個月則是關鍵發展期，嬰兒主要在這個階段記下這些分類後的音素代表什麼意義。語言習得能力一般在十二歲以後漸漸減弱，不過仍有少數人例外，即使年紀已大上許多，還是能學會語言。語言學家夏勒就教過一名廿七歲的聽障人士手語，這位男士之前完全不會任何語言。在前述的關鍵發展時期中，大腦能內化文法以及表意的原則。只有接觸語言，才能學會語言，若是處於語言真空，大腦的語言中樞就會萎縮。語言學習階段的兒童可以學習任何語言，一旦具有語言能力，年紀變大也能再學其他語言。聽障兒童學會手語的過程，和一般孩子學習口語的第一語言毫無二致。大部分聽障兒童也能藉由書面形式學會口語，成為第二語言，但在他們許多人眼中，說話就像舌頭和喉嚨的神祕體操，而讀唇語則是猜謎遊戲。有些聽障兒童能逐漸學會這些技能，但若把說話及讀唇語視為溝通的必要條件，恐怕會適得其反。有些兒童過了語言習得的關鍵時期還未學會任何語言，就無法發展完整的認知能力，心智將永遠發展遲緩，而這種悲劇原本可以避開。

若無思想，則難以言語；同理，若無語言，又何來思想？無法溝通可能導致精神疾病及生活不便，而聽力問題常常導致語言能力不足，而且根據研究人員估計，有高達三分之一的囚犯是聽障或重聽。一個聽得見的兩歲孩童，詞彙量平均是三百個；一個父母聽得見的兩歲聽障孩 054
童，平均詞彙量是三十個。有些父母很積極，有些家庭會學習手語，扣除上述兩種情況以後，數字將更令人憂心。愛荷華大學的文化史學家貝恩頓寫道：「要一個重度聽障在幼年學會英語口語，就像一個聽得見的美國人想要學日語口語，卻被關在隔音的玻璃箱裡。」禁絕手語，不僅無法讓聽障孩童親近口語，反而讓他們離語言越來越遠。

父母若念念不忘口語教學，那麼，口語教學不僅會融入親子關係，更會變成全部的親子關係。曾有一支心理學團隊寫道，母親必須「強勢干涉孩子從遊戲中自然學習的模式，而且往往必須違背孩子的意願」。有些聽障孩子最後終於發展出口語能力，但其中也有很多人抱怨自己的課堂時間全用在培養單一能力上，花數千小時跟聽力師坐在一起，讓他們把自己的臉擠成特定形狀，照他們的意思以幾種模式移動舌頭，如此反覆練習，日復一日。賈姬．羅斯致力於捍衛聾人權利，她跟我談到以前在萊辛頓接受的口語教育，說道：「我們上歷史課的時候，花了兩週學著發『絞刑臺』一詞。這就是我們所學的法國大革命的所有內容。然後，你用聽障的發音跟別人說『絞刑臺』，對方根本聽不懂你想說什麼。通常你連在麥當勞說『可樂』都沒人聽得懂。我們覺得自己像智障。世上的一切都仰賴這項無聊透頂的技能，而我們每個人都做不好。」

一九九〇年頒布的《殘障人士教育法案》有時會被解讀為分開受教就等於不平等，所有人都應該上主流學校。若是輪椅人士，因為已有殘障坡道可使用，能上主流學校自然再好不過，但聽障人士先天就無法學會聽人的基本溝通方法，因此「主流化」可說是米蘭會議之後最大的噩耗。若說口語教育摧毀了啟聰寄宿學校的教學品質，主流化則直接宣判啟聰學校死刑。十九世紀末，美國共有八十七所專為聽障學生設置的寄宿學校，到了二十世紀末，已經關閉三分之一。二十世紀中葉，有八十%的聽障兒童上啟聰寄宿學校，到了二〇〇四年，比率已不到十四%。柯林頓政府中官階最高的身心障礙人士休曼表示，要殘障孩童接受隔離教育，並「不道德」。然而，休曼的鐵腕政策卻犯了一個錯誤：她忘了聽障應該例外。

一九八二年「教育局對羅利」一案中，美國最高法院表示，案中的聽障女孩既然課堂成績皆及格，表示現有教育已經足夠，無需再替她請通譯，但其實她的第一語言是手語，在交談中能讀懂的唇語也不到一半。藍奎斯特大法官寫道：「此法之目的，在於為殘障學童開啟公立教育之門時能於法有據，而非保證入學之後的學習成效。要求州政府提供殘障學童特殊教育，並不等於要求所提供之教育需足以讓各學童發揮最大潛能。」在啟聰學校，教學標準多半很低，而在主流學校，許多教學都將聽障學生拒於門外。不論上哪一種學校，聽障人士都無法接受良好教育。只有三分之一的聽障兒童讀完高中。上大學的聽障學生中，也只有五分之一完成學業。聽障成年人的收入比同輩聽人少了約三分之一。

聽障父母生下的聽障孩童，成就往往高過聽人父母生下的聽障孩子。這些孩子俗稱「聾父母的聾小孩」(deaf of deaf)。他們在家裡學手語，手語成為第一語言。雖然家裡不用口語，學校也用手語教學，但是跟父母是聽人、家裡說英語的聽障兒童相比，他們更有可能學會流暢的書面英文。聾父母的聾小孩在算術等學科也有較高成績，而且心智較成熟，責任感、獨立性、社交能力、與陌生人溝通的意願也都較高。

據說海倫·凱勒曾評論道：「失明讓我們與世隔絕，失聰卻讓我們與人隔絕。」對許多聽障人士而言，用手語溝通的意義還大於耳聾。比手語的人即便能使用聽人世界的語言，仍深愛自己的語言。作家戴維斯是「聾父母的聽小孩」，也是障礙研究的教授，他寫道：「直至今日，我用手語比出『牛奶』，仍比說出這個詞更能感受牛奶的質地。手語就像翩翩起舞的口語，是手指跟臉不斷跳著雙人芭蕾。不懂手語的人看著手語的動作，覺得十分隔閡、不細膩。懂手語的人，卻能看見每個手語中最細緻的意涵。有些聽人喜歡感受字詞之間的淡濃深淺，例如：乾、乾燥、乾旱、乾荒、脫水。同樣的差異，手語的動作也有，聽障人士也同樣能細細品味。賈姬曾說：「不論是公開或私下，我們總是打手語。沒有理論能讓我們的語言消失。」

根據定義，聽障是發生率很低的障礙。據統計，每千名新生兒當中有一名是重度聽障，聽力受損較輕微的人數則是兩倍。另外還有大約二到三‰會在十歲前失去聽力。推動聽障權利的帕頓和漢夫瑞斯寫道：「有了文化，聾人就能夠重新想像自己，不再只是想方設法適應現在，而是能夠繼承過去。有了文化，他們不再覺得自己是未完成的聽人，而是一群有語言、有文化的人，且住在共同的世界裡。有了文化，他們就有了理由，足以與他人一起生存在現代世界中。」

056

• • •

萊辛頓中心外的抗議者在示威一週後轉往紐約皇后區的區政廳。儘管這場抗議依舊有非常認真的訴求，卻處處帶有嘉年華的味道，吸引人們蹺班蹺課來參加。希爾巴克可能是萊辛頓最著名的校友，正準備發表演說。

此前六年，前高立德大學宣布新校長上任。學生原本一再請願，希望學校能出現首位聾人執行長，獲選的卻是聽人。接下來的那一週，聾人社群突然匯聚成一股政治力量。學運人士發起「此刻就要聾人校長」運動，其中希爾巴克顯然是領袖人物。這場運動之於聽障文化，就如同石牆事件之於同志文化，而希爾巴克之於聾人權利運動，就如同帕克斯之於黑人民權運動。一週內，大小抗議活動迫使學校關門，也引來媒體大幅報導。希爾巴克在華盛頓特區發起遊行，共有二千五百位支持者參加。最終他們獲得勝利，董事長辭職，由聽障人士布來汶接任。很快他就任命了高立德大學的第一任聽障校長：心理學家約登。

回到皇后區政廳，希爾巴克的演說撼動人心。美國手語並不怎麼象形，只有一小部分動作模仿了要描述的事物，可是精於手語的人總能混合手語和手勢，創造一幅幅畫面。希爾巴克將萊辛頓的董事會比喻為大人玩娃娃屋，把聽障學生當小玩具一樣挪來搬去。他彷彿在空中蓋了那幢娃娃屋，讓你覺得那棟房子歷歷在目，還能親眼看到董事會伸出干預的雙手，探了進去。學生忍不住喝彩，十指張開，高舉到頭上揮舞，用聾人的方式歡呼。

・・・

一週後，抗議人潮湧入麥迪遜大道及萊辛頓校董的辦公室。好幾位董事會成員加入遊行隊伍，包括布來汶。遊行結束之後，核心委員會的成員終於見到校董及一名外部調解人。董事會宣布召開了緊急會議，但就在會議前一天，古爾德辭職。又過了幾天，校董也辭職了。

聽障人士情緒激動時，會發出很大的聲響，音調多半極高或極低。他們用這種非語言的方式來表現大喜過望。在萊辛頓的大小穿堂，學生高聲歡呼，聽到的人都目瞪口呆。接任校董一職的是布來汶，他幾個月後向我說：「不論過程中蹺了多少課，最後的結果是學生夢寐以求的。有些學生的家人跟他們說：『你耳朵聽不到，眼光別放太高。』他們現在知道錯了。」一週後就是萊辛頓的畢業典禮，希爾巴克在典禮上說：「自神開天闢地以來，現在大概是身為聾人的最佳時機了。」

• • •

賈姬並不是在聾人的黃金時代中成長，但比起她父母，已經好多了。她父親沃特出生時異常好看，他母親開心極了，直到她發現孩子聽不到。賈姬說：「她覺得很丟臉。」沃特被送給外婆扶養。「我的曾外婆對聽障一無所知，可是她很慈祥。」老人家不知道該如何教育沃特，於是前後送他去十一所各式各樣的學校，有啟聰學校、聽人學校，也有特教學校，但沃特的讀寫能力從未超過小學三年級。雖然面臨種種困難，但他長得太好看，似乎總能一次次蒙混過關。後來他愛上了蘿絲。蘿絲大他十歲，第一次婚姻因她不孕而告終。沃特說反正他也不想要孩子，於是兩人結婚。兩個月後，蘿絲懷了賈姬。沃特的母親說，這種事真是家門不幸。

沃特跟蘿絲並不以聽障為榮。發現女兒也聽不見時，兩人都哭了。沃特的母親全然冷落剛出生的小孫女，只疼愛沃特姊姊的女兒——她聽得到。沃特的兄弟姊妹都找了好對象，在紐約市舉行奢華的婚禮，還照猶太規矩舉辦成年禮。而沃特因為沒受教育，所以在一家印刷廠當工人，和蘿絲的日子過得比較窮困。碰上前述場合，兩人只得坐在角落受人冷眼，還是得盡力假裝自己十分自在。

賈姬說道：「你一定會喜歡我爸爸，大家都愛他。可是他總欺騙我媽。他愛賭，為了弄到錢，什麼都敢做，可是我們家從來就沒錢。」然而沃特是溫暖、有想像力的人，蘿絲則不是。「我媽媽的文筆優美，爸爸幾乎不識字，但他總在吃飯時拿本字典，隨便選個字問我是什麼意思。我爸什麼專長都沒有，可是要我不斷學習的人，卻是他。我母親只要我結婚生子，找個能照顧我的人。」沃特總耳提面命做人要體面。「他總對我說：『妳走出家門的時候，不能看起來像窮人家的姑娘。心裡再苦，也不能讓別人看出來。妳走路就得抬頭挺胸。』」

賈姬不能在大庭廣眾之下比手語，她母親怕丟臉。可是她的父母沒有任何聽人朋友。她說：「我母親一直很在意其他聾人的眼光，就像整個聾人社群都是我的家人。有時我爸做了什麼事，她就會生氣，怕被她的聾人朋友看不起。我如果做錯事，她也會擔心我在其他聾人面前的形象。」很多聽障人士還有一點殘餘的聽力，聽得見較大的聲量，或是聲音的某一部分，可能是較高頻或較低頻的部分。賈姬的殘餘聽力就很不錯，而且在辨音和讀唇語方面天賦異秉。也就是，有了助聽器，她在外面的世界便可自理無虞。若有擴音設備，她甚至還能用電話。到了十七歲，她已經上過四所學校，一路都想要找出自己是誰。「我是聾人？還是聽人？我是什麼？我不知道。只知道自己很寂寞。」她在萊辛頓時，因為聾得不徹底，被同學捉弄，到了其他學校，又因為聽不到而受欺負。她妹妹艾倫完全聽不見，在萊辛頓住校。她的路在賈姬眼中便顯得順遂明暢許多。賈姬總在兩個世界間拉鋸，也因為口語技能而成為家人的通譯。「要去就醫的時候，他們就說『賈姬！過來！』要去找律師的時候，還是『賈姬！過來！』我看得太多，長得太多、太快。」她回憶道。

　　賈姬十三歲那年，某天晚上她伯母打電話來說：「賈姬，叫妳爸到醫院來找我們。他母親快不行了。」沃特流著眼淚趕到醫院。第二天早上五點他回到家裡，把電燈開上關上，開上關上，叫醒妻小。他看來有些手舞足蹈，一邊打著手語：「媽，聾了！媽，聾了！」為了治療致命的感染，醫生給沃特的母親開了強力抗生素，結果藥物破壞了她的聽覺神經。接下來幾個星期，沃特每天到醫院幫忙。「他想要贏得奶奶的愛，那是他第一次想要有個母親。但事與願違。她永遠不會要他的心得建議，甚至不要他的照料。」然而七年後，賈姬在她的葬禮上笑了出來，沃特卻打了她一耳光。賈姬說：「他就只打過我那麼一次，那時我才明白，無論如何，他都愛他的母親。」

　　賈姬十五歲時，沃特找到一份工作，在《華盛頓郵報》當印刷工人，每週末搭車回家陪家人。就在拿到工會會員證的前幾週，他出了一場大車禍，昏迷一星期，又住院幾個月，一年無法工作。他還未加入工會，也就沒有健保。家中經濟原本就拮据，現在更是被逼到破產。賈姬謊報年齡到超市當收銀員，偷店裡的食物。後來她被解僱，不得不承認這件事，嚇壞了蘿絲。第二天，蘿絲拉下臉向沃特家族要錢。「他們把她嘲弄了一番，然後一毛錢也沒給她。有這麼多親戚卻無依無靠，這比孤單一人還糟糕。這種事會慢慢在心裡發酵。」賈姬說道。

艾倫住校，遠離父母的婚姻衝突，可是賈姬卻分分秒秒活在那段黑暗的日子中。「因為我是父母的通譯，於是我也成了調解人。我的權力很大，太大了。每回談到這件事，聽起來都好心酸。但我不傷心。我有一對了不起的父母，只要有錢，一定花在我跟妹妹身上。他們想要多做一些，結果為此在我面前爭吵。我父親是夢想家。如果我說想當歌手，他一定不會說聾女辦不到，他只會告訴我，那就唱吧！」

一九七〇年，賈姬上了加州大學洛杉磯分校，「以聾為榮」運動也正如火如荼展開。蘿絲聽說學校居然有手語通譯，難以置信。「聽人為什麼要比手語？」她這麼問賈姬。既然已經遠遠躲開家人，賈姬讓自己重新開始。「大學的時候，我反而退化了。我花了很多時間才重新長大。」賈姬說。

一九八六年沃特去世，當時賈姬三十歲。蘿絲為丈夫哀悼，但喪夫後她卻過得比較開心，和賈姬的關係也改善了。後來蘿絲的健康惡化，賈姬要她到曼哈頓下城和自己住在一起。「她還記得兒時所受的屈辱，年復一年的心酸。我永遠也不想那樣。」賈姬說道。父親敦促賈姬，要她活在比父母更寬廣的世界中，她做到了，她演戲、仲介房地產、創業、選美、投入運動、當製片，而且沒有母親的滿懷怨氣。她既聰明又堅定，煥發耀眼的氣質及令人讚賞的強韌，但代價也很高。沃特因為聽不到而被母親拋棄，蘿絲因為聽不到而無法發揮才智，艾倫離家上學，與家人漸行漸遠，而賈姬，由於善於辨音，不得不早熟。「聽不見」是這家人的詛咒，但「聽得見」也是。

060

我認識賈姬的時候，她年近四十。一九九三年，她在五十多歲投身通訊業，開始開發線上服務，藉由通譯居間傳話，讓聾人和聽人溝通。她還加入某個基金會的董事會，基金會的工作是教父母手語，也教父母如何協助植入人工耳蝸的孩子。她的工作重心是當兩個文化間的橋樑，就如同她在家裡所做的事。五十五歲那年，她為自己辦了生日宴會，那是場浩大盛宴，所有她愛的人都受到盛情款待，並帶出所有人最美好的一面。「我這輩子彷彿活在兩個各自為政的世界，一個是聾人，一個是聽人。我有很多聽人朋友從未看過我聾人的一面，很多聾人朋友從未見識過我聽人的一面。那天能讓大家共聚一堂，真是太好了。我無法失去任何一個世界，我也終於了解自己究竟是誰。想想，以前這些問題讓我多焦慮，我確實是我母親的女兒。我竟然是在宴會上豁然省悟，這不是很棒嗎？這麼看來，我也確實是我父親的女兒。」

・・・

長久以來，聽障總伴隨著羞恥感。路易斯．默金是演員也是劇作家，他和賈姬一樣，童年時期也不斷和這種羞恥感角力。他說道：「從小到大，看到這些底層的聽障人士活在邊緣、無足輕重，只能相濡以沫。他們沒受過教育，覺得自己是次等人。我不斷退縮。一想到自己的耳聾，我就厭惡。我花了很久時間才明白當『聾人』是什麼意思，此後，一個新世界豁然展開。」路易斯也是同志。「我見過陰柔的變裝皇后，還有穿皮衣的男同志，我再次覺得，那不是我。我花了一段時間才找到真正的同志認同。」在高立德大學教授美國手語及聽障研究的比安維努教授告訴我：「我們的經驗實在太類似，如果你是聾人，你幾乎就能完全知道身為同性戀的感受，反之亦然。」

・・・

目前已經發現的聽障相關基因有一百多種，而且似乎每個月都會發現一種新基因。有些聽障並不是單一基因所造成，而是多種基因互動所導致。很多出生一段時間之後才出現的聽障問題，其實也是基因造成。人類身上至少有十%的基因可能影響聽力或耳朵的構造，其他基因及環境因素也可能決定聽障的程度。基因型聽障約有五分之一和顯性基因有關，其他則出現在兩個帶有隱性基因的人所生的後代身上。一九九七年，基因研究首次出現重大突破，發現非後天造成的聽力受損，有很大一部分都源於GJB2基因上的CX26連結蛋白變異。每卅一個美國人就有一人有GJB2基因，而且大部分的人都不知道。有一小部分的聽力障礙和X染色體有關，也就是這類聽力障礙只遺傳自父親。還有一小部分和粒線體有關，也就是這只來自母親。三分之一的聽障是症候群型，意即這類聽障是其他生理問題的症狀之一。非症候群的聽力障礙有些是調節障礙，肇因於DNA訊息處理受到干擾。有些則直接和耳蝸發育有關。最常見的干擾發生在細胞的隙型連接中，即鉀離子把聲音以電流脈衝的形式送到內耳的毛細胞時。 061

　貝爾曾經擔心將來會出現一支聽障種族，這點早已遭遺傳學家駁斥。但過去二百年來，與聽障有關的DFNB1基因在美國出現的比例加倍，原因可能是寄宿學校的體系讓聾人彼此認識、互結連理。聽障基因遍布全球，的確可能和過去聽障人士往往和同類結婚生子有關。盲人不見得會和盲人結婚，但因為語言的關係，聾人往往和聾人互許終身。最早的例子發生在三千五百年前，當時西臺帝國治下曾有一支繁盛的聽障族群，據信35delG變異便是從那時開始集中、擴散。GJB2基因一為世人所知，全國聾人協會的執行長布洛赫便受邀藉由電子郵件評論了《紐約時報》的一篇文章，她說：「基因辨識研究有如此長足的發展，值得慶賀，但我們不能任人把這樣的資訊用於優生學及相關目的。」褒曼是高立德大學的聽障研究教授，他寫道：「什麼樣的生命才值得活下去？過去納粹的T-4計畫掌握生死大權，現在則在醫生的診間裡決定。把所有人都變成『正常人』的力量似乎占了上風。」

　但另一方面，基因資訊也能告慰生下聽障孩子的聽人父母。遺傳學家帕瑪說，曾經有個痛苦的女人來找她，滿臉自責，一口咬定自己的小孩失聰是因為她懷孕時聽了搖滾演唱會。遺傳 062

學家找到CX26後，女人鬆了一口氣，嚶嚶哭了起來。我曾無意間看過一則徵友廣告，開場是這麼寫的：「單身白人男子想認識CX26伴侶」。這寫的是他的身分認同，也是未來的基因圖譜。伴侶雙方若都有CX26，生下的孩子就會是聽障。

聽人多半假定聽障就是聽「不」見，可是很多聾人感受到的聽障並不是「無」，而是「有」。聽障是文化，也是生活方式，是語言，也是美學，是真實的存在，也是與眾不同的親密關係。在這個文化中，身心分離的程度比其他文化要小，因為聽障的語言要運用身體的大肌群，而不只限於舌頭與喉頭的構造。「沙皮亞－沃爾福假說」是社會語言學的重要基石。根據這個假說，語言決定了人類了解世界的方式。二〇〇〇年，斯多基過世前不久跟我說：「為了讓手語獲得正統地位，我們花了很多時間反覆討論手語和口語有多類似。現在，世人既已普遍接受手語的正統地位，我們便可專注在有趣的部分，也就是手語和口語有何不同？以手語為母語的人和身邊的聽人相比，又會有什麼不同的人生體悟？」

聾人運動分子比安維努說：「我們不想也不需要為了自認正常，而把自己變成聽人。對我們而言，早期介入並不等於耳機、擴音機，也不等於讓孩子看起來盡可能像聽人。相反地，好的早療計畫應該讓聽障兒童和聽人父母能夠早點認識美國手語，並有很多機會和比手語的聽障人士接觸。我們是有自己的語言、文化及傳承的少數族群。」另一位聾人運動分子康納派爾寫道：「我深信『我的語言就是我』。否定美國手語就等於否定聽障人士。」帕頓及漢夫瑞斯寫道：「歷史上有大半時間，聽障人士的身體被貼上標籤、被隔離、被控制，而由人工耳蝸、基因工程等未來『發展』看來，這樣的歷史仍然是現在式。」這類以外科手術植入耳內及腦內的模擬聽覺裝置，在聾人間仍然是十分敏感的議題。

這種模式的聾人文化，其實也有人不遺餘力地反對。洛杉磯有家「約翰·崔西診所」便堅守口語教育。診所主任羅威爾說：「要我談手語在聽障孩童教育中的地位，就像是要牧羊人談野狼在他的羊群中的地位。」貝特林的回憶錄《被聾人文化犧牲的孩子》主要談的是他被送到寄宿學校學習手語，但手語的程度遠低於他的智力。他覺得美國手語不過是嬰兒牙牙學語，他卻要被迫接受。長大以後，他選擇使用英語。有個聽障人士跟我說：「我們就像以色列人和巴勒斯坦人。」社會評論家班德利則說這是一場「聖戰」。一九九〇年代末期，史密森尼學會宣布要舉辦一場聾人文化的展覽，有些父母大感震怒，認為鼓吹美國手語就是向口語教育宣戰，並表示自己應該有為孩子選擇口語教育的自由。聽障歷史學家哈蒙指出，這些人似乎覺得聾人族群偷偷抱走了自己的孩子。

然而孩子被聽障世界搶走的恐懼並不只是幽暗的想像。我遇過的很多聾人都將老一輩的聾人視為自己的父母。聾人的聾孩子成就較好，這也常被拿去當成「聽障的孩子應該由聽障的成人收養」的理由。就連某個支持聽障的聽人父母都說：「有時候我覺得聽障文化看起來就像統一教，『你的孩子會很快樂，只不過你別指望再見到他了，他快樂得沒時間理你。』」赫普娜是聽障人士，同時也是「北維吉尼亞資源中心」的常務理事，負責提供建議給聽障孩童的父母。她說：「聾人總覺得聽障的孩子屬於自己。這我承認，我也有這種感覺。我真的很努力不去干涉父母的權利，同時又知道他們也必須接受孩子不可能完全屬於他們。」

使用手語的人在爭取社會接納時有一大限制：反對者不懂自己所用的語言。在他們得到自己想要的東西之前，無法解釋自己想要什麼，也因此聾人政治總帶著濃濃的怒氣。聽障心理學家格里克曼談過聾人認同的四個階段，一開始假裝自己是聽人，同時又覺得自己格格不入，就像鄉村俱樂部裡唯一的猶太人，或是郊區社區裡唯一的黑人家庭。接著開始感到身處邊緣，覺得自己既不是聽障也不是聽人的一分子。然後他們融入聾人文化，愛上聾人文化，而且開始貶低聽人文化。最後，他們找到中庸之道，覺得聽障與聽人的經歷各有長處。

・ ・ ・

卡蘿．威爾森認為，教孩子說話非關政治，而是出於愛。卡蘿的兒子兩週大時，某天外祖母推著他的嬰兒車經過一部氣鑽，發現他竟然沒有反應。卡蘿在孩子六週大時注意到這個缺陷，醫生一直到湯姆八個月大才不再懷疑，而孩子的父親理察則要等到醫學檢測結果出來才相信。理察做的第一件事，是買下所有跟聽障有關的書，而卡蘿則是立即向所有人說明湯姆的狀況。威爾森一家住在英格蘭南部的某個小村莊。卡蘿回想道：「郵局局長說：『妳希望我跟大家說嗎？』我說：『對，我希望大家都知道。』因此我很快就找到盟友。」

卡蘿原本是老師，不過她和理察很快就講定以後家計全由理察負責，而卡蘿則專心照顧湯姆，還有之後生下的女兒艾美。卡蘿說道：「突然，你的房子就不再是你的，專業人士就這樣一個個走進來，彷彿你跟你那聽障的孩子都歸他們所有。我記得自己曾有個強烈的念頭：『湯姆，要是我能跟你一起逃走，逃到某座島上，我就教你說話，我們會過得很好。』」一九八○年代，湯姆裝了第一副助聽器，此時全家必須選擇教育方針。「某個有聽障孩子的人跟我說：『卡蘿，很簡單，他要是夠聰明，就能學會說話。』」三歲的時候，湯姆已經開始發展口語能力。他發的子音除了卡蘿和理察之外，其他人多半聽不懂，但他的確能運用聲音。他只要做任何嘗試，兩人都大加獎勵。用了助聽器之後，他能聽到較大的聲響，而卡蘿也日復一日陪他反覆練習，用最大的音量說上一千次「這是杯子」，然後遞給他杯子。

一開始，兩人一起看卡通。卡通的旁白簡單，適合作為學習句子的基礎。由於湯姆失聰，通俗文化便暫時成了學習用的高雅文化。年幼的湯姆很快就學會閱讀，而且讀得又快又好。理察很喜歡寇特曼－戴維斯所寫的一本聽障書籍，於是寫信給她，希望她能當湯姆的教師。她很嚴格，十分強調紀律，威爾森一家人在家裡都叫她「凶老師」。卡蘿說道：「她善於分析湯姆所說的話，例如她就注意到湯姆的話裡沒有副詞。我們大概一個月見她一次，然後她會出作業，我和湯姆每天晚上一起做。」湯姆五歲時想說個故事給卡蘿聽，故事裡有一句話：「於是媽媽就撿起一些木頭。」卡蘿一直沒聽懂媽媽究竟撿起什麼，要湯姆再說一次，並把東西畫出來，最後湯姆從地下室拿了一些木頭給她。「如果他可以這麼努力，我也可以。我一直擔心自己對他太鬆懈，尤其是在應對進退、待人處事方面，因為他比別人更需要知道這些。」卡蘿說道。

下一個問題是上學。湯姆六歲時，被分到一個大鬍子老師的普通班上。威爾森夫婦要求湯姆轉班，但學校回覆說：「我們認為，他最好學會如何讀難讀的唇語，這對他很重要。」卡蘿和理察則說：「他要學的，應該是九九乘法表。」情況不是很愉快，而且湯姆沒什麼朋友。有天他回到家，說起他上體育課時只能當球門的門柱。「於是我們把他送到一所很奇特的私立學校，學校很小，只有五十個學生。湯姆很聰明，這是我們的難題之一。」

再來便是中學了。兩人和當地中學的校長見了面，他說：「我認識像你們這樣的人。你們一定對這孩子有很高的期待，這對你們或對孩子都不公平，你們一定得降低期待。」卡蘿很不服氣，卻也大受打擊。她說：「我記得自己站在家裡，倚著藥櫃，跟理察說：『他永遠也讀不了《哈姆雷特》，也永遠說不出藥劑師櫃這幾個字。』」兩人開始找各種可能適合的學校，包括「瑪莉．海爾啟聰學校」，那是一所寄宿學校，位在柏克郡，雖然學生都有聽力障礙，但全國標準化測驗的成績卻優於全英國平均。理察念寄宿學校的經驗很不好，發誓再也不讓孩子重蹈覆轍，卡蘿則反對私立中學教育，而且一想到要把湯姆送到離家那麼遠的地方，就覺得害怕。然而最後湯姆還是去了，卡蘿則加入學校的管理委員會。她說：「前兩個學期，湯姆很想家，老是哭。我則非常非常想念湯姆。到了二、三、四年級，他變得很開心，六年級是他最快樂的時光。青少年時期就要交很多真正稱得上朋友的朋友，不然會不知道怎麼交朋友。他在那裡有朋友。」學校平時也比手語，但教學用的是口語，校方也鼓勵學生出聲說話。「有意思的是，學生有很大一部分來自聽障家庭，有些父母自己比手語，但要孩子從小學口語。那個地方

065

很好。很多聾人都討厭那個地方。」

湯姆一入學，理察便前去拜訪語言治療師，對他說：「別告訴我太太我來過，可是我希望你教我兒子說『藥櫃』。」語言治療師覺得這件事太荒謬，湯姆也覺得很荒謬。卡蘿說起這件事時哈哈一笑，「他會說『藥櫃』，也讀《哈姆雷特》。」湯姆熱愛閱讀，熱愛文字，這是他和母親的共同話題。我和她有天下午坐下來聊天，她一面翻看相簿，裡頭有數百張卡蘿和湯姆一起散步、坐著、玩耍、學習的照片。湯姆的妹妹只偶爾出現。卡蘿說道：「理察掌鏡，但艾美呢？艾美會說，絕大多數時候她的感覺就是這樣。我想湯姆十二歲去上寄宿學校也是好事，066
我跟艾美可以重新來過。」

湯姆離家之後，卡蘿獲選為「英國皇家聽障協會」的理事會成員。她力邀手語人士加入理事會，但是聽障政治的運動分子不喜歡聽障協會，說該會「對聽障人士漠不關心」②，因此她從未成功。卡蘿覺得對方的敵意不僅令她不解，也會產生反效果。「我總感覺有些用手語的聽障族群是在鼓吹晚一點脫離青春期，這樣也許很能忠實表現自己，但要在整個社會中立足，這種態度毫無用處。」湯姆也覺得具政治性的聽障族群很難相處，但是他認為聽障多少值得自傲——至少要以自己為傲，視聽障為自己的一部分。卡蘿說：「我記得湯姆告訴我，他們宿舍裡有個男孩，每晚都祈禱能把耳朵治好。然後湯姆說：『媽，這太可悲了，是吧？我永遠不會這樣。』我聽了以後就想：『我們的做法是對的』。」

湯姆的成績優異，從啟聰學校畢業後進入巴斯大學攻讀平面設計，也以「一等榮譽」的成績取得學位。他在平面設計公司上了兩年班，然後決定要出去看看世界。他花了一年時間周遊澳洲、紐西蘭、南非，之後又獨自穿越非洲。雖然如此，他的人生還是漫無目標，不時陷入憂鬱。卡蘿既憂心又無助。她回想道：「然後有一天，我聽見有腳步聲走上樓梯。是理察和湯姆。理察說：『湯姆有事情要說。』身為父母，你立刻就想『噢，他被起訴了』之類的。但他說：『我上了皇家藝術學院的碩士班。』我們甚至不知道他申請了研究所。」

皇家藝術學院是倫敦首屈一指的藝術學院，湯姆在那裡認識了許多志同道合的朋友。他把自己重新定位為藝術家，就此擺脫憂鬱，變得自信從容。不過他仍然保持獨來獨往的天性。有次他告訴卡蘿，要不是因為上帝，他還真適合當僧侶。「他進步很多，但我還是想幫他，可是卻不能再這麼做，這實在很難受。」卡蘿說。

湯姆從未參與聽障的政治運動，對自己的狀況並沒有特別強烈的感情。確實，他雖然十分樂見我訪談他的父母，自己卻避不出面，原因就在於我之所以關注他，主要是由於他的「缺陷」。他強調，聽障只是他身分的一小部分。卡蘿說：「我不認為湯姆從聽不見中得到了什麼，但我所得到的，卻是超乎想像的多。如果我得把所有時間花在游泳池或健身中心，才能處理兒子的障礙，那可能會很難熬，但我的領域是文學，能這樣認識語言真是萬分迷人。從小我身邊的人都很聰明、強硬，可是因為身心障礙，我第一次遇見良善的好人。以前我受的教育讓我瞧不起只是「良善」的人。但我交了很多朋友，做了很多公益。要是沒有湯姆，這些我都不會做，我這一輩子也會大不相同，不是嗎？」

卡蘿讚賞湯姆的自信，更讚賞他的勇氣。「他打造自己的靈魂，我們這個社會，大部分的人都只是爭名逐利。湯姆當然愛錢，也愛名，但這不是他的人生追求。他花了很長的時間慢慢長大，但人生就是條長路。」

• • •

一九九四年，萊辛頓的畢業典禮結束後不久，我參加了全國聾人協會在田納西州諾克斯維

2・原文為 Really Not Interested in the Deaf，跟英國皇家聽障協會（Royal National Institute for Deaf People）的縮寫同為RNID。——編注

爾舉行的大會，大約有兩千位聽障人士與會。我在萊辛頓抗爭事件中拜訪過聽障家庭，認識到聽障通訊是如何運作，見過懂手語的狗，討論過主流化、口語教育及視覺語言的重要性，也習慣了按下門鈴後聽不到鈴響，只看到閃燈。我注意到英、美兩國的聽障文化大異其趣，我還住過高立德大學的宿舍，但我完全沒料到，全國聾人協會所代表的聾人世界，竟讓我如此驚奇。

全國聾人協會自一八八〇年成立以來，一直是聽障人士實現自我及找尋力量的重鎮，最堅定的聽障人士都湧入協會的大會，齊聚一堂，尋求政治共識、推動社會變革。會長主持的迎賓會燈火通明，因為聽障人士無法在昏暗的燈光下交流。數千隻手用快得驚人的速度不停揮舞，以極富個人特色的音色和腔調比畫出空間文法，整個房間彷彿化為一片奇異人海，波浪起伏，在燈光下閃著粼粼波光。全場近乎無聲，你能聽見有人拍手，拍手是他們語言的一部分，還能聽見聽障人士比手語時嘖嘖作聲，並發出噗嗤的噴氣聲，偶爾還聽見他們不由自主大笑。聾人比聽人更常有肢體接觸，但我得注意友善及冒昧的擁抱究竟有何不同。眼前各種新狀況該如何應對進退，我全然不懂，只得處處留心。

我和當時分別在「聾星旅遊」和「聾樂旅遊」任職的路德納還有布魯貝克聊聽障旅遊業，布魯貝克正在規劃第一場聽障同志遊輪之旅。我也聽了討論美國手語、愛滋、家暴的講座。我還跟「紐約聽障劇院」的創辦人巴維列克談聾人戲劇與為聽障翻譯的戲劇有何不同。我被聽障喜劇演員逗得哈哈大笑。（格里克曼，也就是格里克教授說：「我去盲目約會（相親），對方都是些聽不到的人③。你有過這種「聽不到」的相親嗎？跟某人出去，之後就再也聽不到她的回音了。」）在晚宴上，著名的聽障演員布萊格表演了一段抒情詩手語，翻譯自威廉·布雷克的詩作。等表演完，他面前的義大利麵都涼了。聽障人士嘴巴就算塞滿食物仍能以手語交談，但一比起手語就無法拿刀叉進食。

全國聾人協會也主辦美國聽障小姐選美大賽，比賽辦在週五晚上。年輕佳麗個個盛裝打扮、斜披緞帶，是眾所矚目的焦點。「南方的手語竟然比得這麼含糊？我不敢相信有人真這樣比手語！」有人說，一面還指了指密蘇里州聽障小姐。（必須當心手語的地區差異：紐約俚語「蛋糕」的手語比法，在南方某些州卻是「衛生棉」。我手語比得很不準，本想請人一起享用午餐，卻比成享用女同志。）紐約聽障小姐葛姿的父母是俄國猶太移民，在她十歲那年移民美國。她比了一段精彩的獨白，談自己如何在美國尋得自由。她說在那個對身心障礙並不友善的母國，她和社會格格不入，但她現在可以是聾人又以自己為榮，而這也是美國自由的一部分。一個人可以既失聰又光采動人，這樣驚人而激進的想法似乎也是一種美國夢。

我每天不停跟人交談，到半夜兩點半還不入睡。我遇到一位聽障社會學家，他正在寫一篇論文，談聽障人士如何道別。一九六〇年代電傳打字機問世之後，聽障人士才能在那個還沒有網路的時代互送訊息。在那之前，聽障人士想要溝通，只能靠寫信、打電報或面對面。要邀請幾個人相聚可能要花上兩天。道別從來就不是容易的事。若是你突然想起來有什麼事情想說但忘了說，要再連絡上對方可能得花上一段時間，你自然會遲遲不走。

奈曼是「聽障機師協會」的會員，過去他經常全世界飛來飛去，但是二〇〇五年出了事，地勤人員忘記自己是在和聽障機師通訊，結果他受了重傷。我認識他的時候，他才剛從中國旅行回來。他說：「我第一天就碰到幾個中國聾人，於是到他們那兒去住。聾人從來不需要旅館，你總能找到地方和聾人同住。雖然我和中國聾人用的是不同的手語，卻可以了解對方的意思。我們來自不同國家，但共同的聾人文化將我們結合起來。那天晚上睡覺之前，我們聊了中國聾人的生活，也談了中國政治。」我點點頭。他繼續說：「在中國不能談政治，任何聽人都不能。這麼說來，失能的到底是誰呢？」這麼說也許令人不安，但在全國聾人協會的大會上，你很難不希望自己是聾人。我本來就知道有聾人文化，但我不知道這個文化竟如此熏人欲醉。

3．原文為 My blind dates are always deaf dates。Blind dates 即相親。——編注

這樣的聽障經驗和世界其他文化該如何和諧共處？比安維努教授為雙語——雙文化（簡稱Bi-Bi）的做法奠定了基礎。高立德大學校園內的示範小學和中學就採用雙語——雙文化教學，學生上課用手語，然後把英語當成第二語言來學。校方十分重視書面英文，許多學生的表現和同齡的聽人學生旗鼓相當。只採用口語教學的學校，學生十八歲畢業時的閱讀能力通常只有四年級程度，雙語－雙文化學校的學生卻有同年級的水準。這種教學制度把口語英語當成實用的工具，但不是教學的重心。

我剛認識比安維努時，她大約四十出頭，手語比得快又俐落，而且有法有度，彷彿她正在排列空氣，讓空氣的形狀變得比較可以入眼。她素來反對用「障礙」一詞，經常對此發表意見，而且言詞鏗鏘。「我是聾人。」她比出「聾人」的手語，伸出食指從下巴畫到耳際，彷彿正順著一個大大的微笑往上畫。「我把自己視為聾人，這跟我認同自己是女同志一樣，都是我的選擇。我有我的文化，我不會用『聽不到』或『不能怎樣』來定位自己。有些人被迫學習英語，也不能比手語，最後學會的語言不是兩種，而是半套，這些人有障礙。就像你不會認為不說英語的日本人有任何障礙，我們也一樣沒有什麼障礙。」她是聾人所生，姊妹也是聾人，對美國手語的醉心程度只有詩人對英文的熱愛可以比擬。她說：「在我們的語言獲得認可的那天，我們終於自由了。」自由，雙手握拳在身前交叉，然後往旁、往前快速畫開，在她手裡比起來，就像東西爆炸一樣。「我有很多體驗是你們無從獲得的。」

這事非常棘手。有些人認為，如果聽障不是一種障礙，聽障人士就不應該獲得《美國身心障礙者法案》的保障，也無權接受法律規定的許多服務：公眾服務場合的通譯、電話交換機的傳話服務、電視節目字幕。如果有某個住在美國的人只會說日語，他無法理所當然獲得上述服務。如果聽障不是一種障礙，那麼政府是基於何種理由設立特教學校？又是基於何種理由提供身心障礙社會安全保險？作家連恩在東北大學教授心理學，他曾說：「當前的兩難在於聽障人士想要參加公共活動、接受政府服務以及教育，身為民主社會的公民，他們也應有上述權利，

070

但他們一旦為了獲得這些權利而接受身心障礙的定義，為了爭取其他權益所做的努力就因此變得無力，包括讓聽障兒童用自己最擅長的語言受教，不再讓這些兒童植入人工耳蝸，也讓勸阻父母別生下聽障孩子的事情不再發生。」

我遇過的聽障人士中，有許多人都說聽障當然是種障礙，當政治正確的團體說他們的問題不是問題時，他們十分憤慨。我也遇過某些聽障人士，他們擺脫不掉古老的自卑自厭，若生出了聽障孩子，便又羞愧又傷心，還覺得自己永遠就只能是次等人。這些人的悲歌不該被人遺忘。從某些角度來說，他們的耳朵治不治得好，或是自我形象能否復原，都不是重點，重要的是這些人為數眾多，而且需要幫助。

・・・

路克．奧哈拉及瑪莉．奧哈拉這對夫婦都是聽人，很年輕就結婚，婚後搬到愛荷華州的農場，馬上就有了小孩。長女布莉姬生下來就患有蒙狄尼氏症。這種症狀的耳蝸發育不全，和退化性聽障以及其他神經傷害皆有關係，包含偏頭痛。另外，由於前庭系統遭到破壞，平衡感也很差。布莉姬兩歲時被診斷出失聰，至於蒙狄尼氏症則要到多年後才診斷出來。有人建議路克和瑪莉把布莉姬當成一般孩子來養育。布莉姬並未接受特殊教育，但拚命想學會唇語及口語溝通，她說：「我媽媽把家裡的東西都貼上標籤，這樣我一看到東西，就知道該配什麼字，而且她還要我說出完整的句子，所以相較於其他聾人，我的英語說得很好。但我永遠沒有自信，不管說什麼都會被糾正。」溝通方式有困難，而家人也不擅長某些方面。布莉姬說：「我不會表達自己的情緒，因為我父母和妹妹也都不會。」

布莉姬有三個妹妹。「妹妹們老是說：『連這都不會！妳真的很笨！』我父母的肢體語言也透露了相同的想法。不知道從什麼時候開始，我就完全不發問了。」布莉姬總是因為犯錯而被嘲笑，久而久之，就連自己的強烈本能也不敢相信，變得十分無助。她說：「我從小接受天主教教育，什麼都要靠大人告訴我，而我也相信他們所說的一切。」所有人都遵循社會慣習而活，沒了這些規則，我們對自己或別人都不知所措。布莉姬全心信任的，只有一個人，那就是小她兩歲的妹妹瑪蒂達。

布莉姬是學校裡唯一的聽障人士。既然她沒學過手語，也就沒必要為她請手語通譯，於是她整天讀唇語，放學回家總是筋疲力竭。她能流暢閱讀英文，常常拿本書窩在椅子上看。她母親會叫她把書放下，去找朋友玩。布莉姬若說她沒有朋友，她母親會說：「妳鬧什麼脾氣？」她回想道：「我當時並不知道有聾人文化，只覺得自己是全世界最笨的人。」

布莉姬的父親暴躁易怒，會拿皮帶抽女兒，她和三個妹妹都活在暴力的陰影下。比起在室內做家事，布莉姬更喜歡到戶外做雜務，時常在院子協助父親。有天兩人耙完地，布莉姬上樓洗澡。過了一會兒，父親一絲不掛走進浴室。她回想道：「我無法真正跟別人交流，很多事情都很天真無知。但不知為何，我就是知道這樣不對，可是我太害怕了。」接下來幾個月，路克開始碰觸她的身體，接著就霸王硬上弓。「一開始我還質問他，結果他下手更重，還拿皮帶抽我。其實我更怨母親，怨她什麼也不做。」差不多同一時期，布莉姬無意間撞見母親在廁所裡，手上拿著一瓶藥，她一見到布莉姬就把整瓶藥倒進馬桶。布莉姬說：「長大之後，我才明白她只差那麼一點就走上了絕路。」

布莉姬九年級時，祖父母帶孫女去迪士尼樂園玩，但她之前已經去過，這次輪到三個妹妹了。布莉姬的母親也跟著同行，家中只剩布莉姬跟她父親。布莉姬：「我現在一點也不記得那個星期發生了什麼事，但瑪蒂達從迪士尼回來以後，我想必跟她說了。後來她說因為爸爸對我做的那些事，她再也無法理會他。」我好奇這樣的虐待是否和她失聰有關。布莉姬說：「我最容易下手。」布莉姬有個朋友則認為：「她父親認為既然她聽不到，就一個字也不會跟人說。就這麼簡單。」

十年級的時候，布莉姬的成績開始下滑。學校有越來越多課程是以口頭教授，而非書面閱讀。她跟不上，在班上備受欺凌。每回她去廁所，就會被一幫女孩子打。有天晚上她回家時臉上受了傷，縫了好幾針。不久，那些女同學開始在下課時間把她拉到工友的儲物間，讓男同學吃她豆腐。她說道：「我最氣的其實是大人，我很努力跟他們說，但他們不相信。」某天她回家，小腿破了道大口，又得縫治，她父親為此打電話到學校去，但布莉姬聽不到他說了些什麼，也沒人告訴她。

布莉姬開始不時暈眩。「我現在知道那是蒙狄尼氏症的症狀，但總忍不住想，有幾成是恐懼所導致的？」有些人問布莉姬，她希不希望自己聽得到，她說真的不想，她比較想死。終於有一天，她放學回家後宣布自己再也不上學。當晚父母告訴她，離家四十五分鐘路程的地方有所啟聰學校。兩人之前不提，是希望她能接觸「真實世界」。布莉姬十五歲入學。「一個月內我的手語就十分流利，開始有了自信。」這所學校和其他啟聰學校一樣，對學業的要求不高，而布莉姬的成績遙遙領先同學。她在之前的學校不受歡迎，是因為大家把她當白痴；她在這所學校不受歡迎，是因為功課太好。「不過，我變得外向，也第一次交到朋友。我開始關心自己，照顧自己。」

布莉姬勸母親離開父親，但母親總是「打天主教牌」。不過布莉姬一離家到紐約大學念書，父母就宣布離婚了。「我母親一直覺得我需要雙親，我猜我一離開，她就覺得解脫了。」

接下來幾年，布莉姬的頭痛日益加劇，有幾次眼前一黑就昏了過去。後來她終於去求診，醫生告訴她，她的蒙狄尼氏症必須立刻開刀。她告訴醫生，自己的症狀可能是心因性，醫生告訴她：「不要這麼跟自己過不去。」他是第一個這麼對她說的人。布莉姬最後讀完大學，在金融業找到工作，病情卻繼續惡化。她的神經科醫生要她每週工作不超過二十小時。她回到學校，拿到醫院行政人員的資格，然後在紐約「哥倫比亞長老教會醫院」實習，可是很快又暈倒了。這次神經科醫生說她繼續工作太危險，「醫生說我這樣會毀了自己。」

三十多歲的時候，布莉姬開始出現視力問題。她戴的助聽器功率極大，能把聲量放得很高，卻也刺激了視神經，她的視覺開始模糊。醫生建議她植入人工耳蝸，認為這應該也能緩解偏頭痛。布莉姬動了手術，現在能聽懂一部分的話。「我愛這裝置。」她對我說道。她的頭痛從每天發作變成每週發作。視力也回復正常。她開始當志工，然而雇主要的是穩定性，她的症狀卻難以預測。她說道：「我真的很想要在工作中覺得有用的那種振奮的感覺，但我身體有障礙，要嘛就讓障礙毀了我，要嘛就學會享受人生。我很想要生孩子，但要是你知道自己的症狀隨時可能發作，隨時可能結束一切，又怎麼敢生孩子？」

一九九七年，布莉姬的母親瑪莉得了癌症，醫生宣判她的生命只剩十個禮拜。她病得太重，無法獨居，布莉姬的三個妹妹又都有家庭，無法照顧她，於是她就到紐約，住進布莉姬的小公寓。她活了一年半。布莉姬過去那些不曾說出口的事一直壓在心上，現在終於忍不住。布莉姬說：「我避開性侵的部分，但說了身體虐待的事情。她哭了，但仍無法承認自己也有責任。」後來照護的工作越來越重，布莉姬負荷不了，瑪蒂達便搬來幫忙。布莉姬回想道：「瑪蒂達跟我晚上會聊一些事，然後她談到了性侵。雖然這件事發生在我身上，但對她的打擊很大。」雖說瑪蒂達是為她抱不平，但見她如此憤怒，布莉姬也很震驚。

瑪莉死前不久，布莉姬的姨母打電話給瑪蒂達，說瑪莉在醫院胡思亂想，哭個不停，說布莉姬被父親侵犯，自己卻什麼也沒做。「就這樣，我母親從來沒跟我道歉，但她什麼都知道，而她也跟某個人道了歉。」布莉姬說。

一年後瑪蒂達離婚。布莉姬說道：「我有兩個月沒聽見她的消息，後來她到城裡來，我知道她很憂鬱。她說：『死的人應該是我』。」幾個星期後，布莉姬聽說瑪蒂達上吊自殺。她告訴我：「我覺得自己讓她失望了。我的各種問題、我聽不到、我被性侵，對她來說都是負擔。我說過很多次：『瑪蒂達，妳有任何問題，都告訴我。我知道我自己的問題很多，但我一定為妳加油打氣。』」

布莉姬還剩兩個妹妹，兩人都學過手語，也教自己的孩子手語。她們在家中裝了視訊電話，方便大家聯絡。後來，她的一個妹夫罹患白血病過世了，出殯那天妹妹還特意請了手語通譯。兩個妹妹每年都安排家庭旅遊，布莉姬和她父親也受邀參加。我問布莉姬怎麼有辦法忍受？她說：「他老了，害不了人。他對我做的一切都是很久以前的事了。」然後她靜靜落淚。「我要是不去，兩個妹妹就會想知道為什麼。以前的事，她們毫不知情。她們的年紀比我和瑪蒂達小得多。我要是跟妹妹說了，會發生什麼事？」她望著窗外，望了很久很久。「我跟瑪蒂達說了，結果呢？」她終於開口問我。她聳了聳窄小的肩膀。「反正每年去迪士尼一星期而已，代價也不高。」

074

・・・

布莉姬向我傾訴她的故事後不久，《紐約時報》披露了墨菲神父的新聞，該名神父承認他曾性侵威斯康辛州天主教寄宿學校的聽障男童，時間長達廿二年。《紐約時報》寫道：「過去三十多年，受害者不斷想讓他受到法律制裁。他們曾告訴其他神父，也向密爾瓦基的三位主教舉發，還向兩所警察局及地方檢察官報案。他們用手語、書面證詞及圖畫仔細描述墨菲神父對自己所做的事。可是他們的舉報，聽人卻充耳不聞。」諸如此類聽障孩童受虐的事件無所不在，而布莉姬是少數願意跟我談這件事的人。聽障的孩子很難說出自己的故事，這早已是公開的秘密。曾有個聾人劇團在西雅圖演了一齣戲，劇情跟亂倫及性侵有關。劇場八百個座位全數賣光，劇團還請了諮商師在劇場外面等候。表演還未結束，就有很多男男女女忍不住哭著跑出戲院。其中一位在場人士表示：「表演結束時，有一半的觀眾都抱著治療師哭泣。」

• • •

梅根．威廉斯和麥可．蕭柏格的故事則落在光譜的另一端。六十歲的梅根有種飄逸的美，還充滿自由主義的情懷，就像伍迪艾倫電影裡的安妮霍爾。她是理想主義者，但她的理想主義最後似乎都有成果。儘管她身處洛杉磯的商業電影界，卻拍出許多意義深遠的紀錄片。她與電影製作人麥可結髮多年。她務實，他好抽象；她精力充沛，他冷靜淡漠。兩人都是領袖型人物。聾人權利運動分子賈姬曾說：「梅根看見世上有太多令她不滿的事物，就自己動手解決。」

兩人的兒子雅各一九七九年出生，八個月大時，梅根開始懷疑他聽不到。小兒科醫師說他耳咽管阻塞，當晚梅根拿了鍋碗瓢盆在他耳邊敲打，雅各沒有反應。她又抱他回去看醫生，醫生說：「好，我現在吹幾個氣球，站在他身後，用針戳破。妳看著雅各的眼睛，看他的眼睛眨了沒。」梅根說：「他一戳氣球，反倒是我眨了眼睛。然後我說：『一定還有更精確的測試！』」雅各在洛杉磯兒童醫院正式被診斷出聽力障礙。

梅根在加州州立大學北嶺分校找了一門聽障教育的課程，該校有許多聽障學生。她回想道：「課堂請來一群聽障孩子的父母。那些母親一直哭，我後來聽說她們的孩子已經三十歲了。我心想，我才不要為這件事難過。我雖然希望事情不是現在這樣，但事已至此，我要做的，就是解決這件事。」於是夫婦倆開始尋找成年的聽障人士。「我們請這些人共進早午餐，問他們：『你們是怎麼長大的？喜歡哪些事？不喜歡哪些事？』」她在家和雅各一起發明了一套粗糙的手語，有次她請一位客人吃煎餅，就用兩手的食指和拇指比了個圓。那客人說：「妳真的該去上課，剛才妳說的是要請我吃屄。」

麥可說：「我們學到，原來成功的成年聽障人士並不自怨自艾，同時明白我們兩人也應該浸淫在聽障文化中，畢竟那是我們孩子的歸屬。」當時最迫切的問題是如何讓雅各發展出語言能力。雅各一歲時，梅根和麥可去了約翰．崔西診所。那是崔西專為他聽障的兒子設置的計畫，只發展口語能力，當時是西岸數一數二的聽障孩童機構。梅根說：「診所漆成廢棄醫院的綠色，牆上掛了幾幅崔西太太和尼克森總統的合照。」麥可說那個地方狂熱奉行口語教育。梅根會一點手語，有次到診所開會，對老師說：「這裡只有你、我、雅各，我們不如比手語吧！」老師推辭了一番，跟她說雅各很聰明，只要一年，就能學會說「蘋果」。梅根回道她女兒在那個年紀已經會說「媽媽，我做了噩夢」，她期待兒子也可以。老師說：「妳的期待太高了。」從此雅各再也沒去過崔西診所。

受邀到梅根家中共進早午餐的聽障人士，由於在家中無法流利溝通，很多人和父母都感情淡薄，這點讓梅根十分訝異。於是梅根和麥可請來一位女士教全家人比手語，老師還搬來同住，力求用最短時間教會這家人。梅根說道：「一開始我們用餐的時候總是打翻玻璃杯，有一天就開竅了。手語非常符合語言學，而且是立體的、身體的語言。」雅各兩歲半時，梅根替他穿衣服，雅各百般不願意，打手語道：「又刺又癢。」這時梅根才明白母子有共通語言有多麼重要。他看來像是在使性子，但其實事出有因。麥可精通指拼，另外還會一套只有他和雅各會用的混和手語。

為了全心教育雅各，梅根放下手邊工作，打電話向高立德大學求教。「我打到總機，說：「我想找人談談在洛杉磯怎麼教育幼兒。」總機建議她找基什內爾，他是聾父母的聽小孩，手語打得極順，才剛搬到西岸。梅根帶著雅各上門拜訪。「我一走進去，就看好多雙手不停飛舞，雅各瞪大眼睛，看傻了。」雅各看見基什內爾的兩個女兒，比出了「女孩」的手語。梅根說：「我們就馬不停蹄開始了。」卡爾在七〇年代曾經舉辦父母工作坊，取名「三腳架」。梅根提議用「三腳架」這個名字設置服務熱線。在沒有網路的時代，有人會打這支電話，說：「我孩子聽不到，我需要找牙醫，我在曼非斯。」梅根和基什內爾就會聯絡曼非斯的聾人家庭，找到當地會手語的牙醫。也可能有人說：「我的孩子聽不到，我擔心他會變成文盲，我在狄蒙。」兩人就幫忙找個對聽障友善的當地閱讀專家。這時雅各約莫五歲，有天他問梅根：「妳是聾人嗎？」她說不是。他又問：「我是聾人嗎？」梅根說是。他用手語比道：「我希望妳是聾人。」梅根說：「這種反應真健康。不是『我希望自己聽得到』，而是『我希望妳是聾人』。」

梅根開始四處走訪啟聰學校。在河濱市的啟聰學校，學生學習如何上街買食物。「那是職業訓練，或可說是復健訓練，不是學校。」洛杉磯的公立學校體系也有手語教育，但梅根旁聽了一堂課，並不滿意。「老師用手語上課，可是內容無聊透頂。我回去對麥可和基什內爾說：『我們不只需要服務熱線，還需要學校。』」他們找到另外三個感興趣的家庭，還找到一棟小小的托兒所建築，接著找到足夠的學生湊成一班，再來就需要一位教師。梅根想要同時受過密蘇里正規教育及聽障教育的人，全國只有三人合格，其中一個成為三腳學程的首位老師。

梅根常常撞上聾人文化的政治問題。有人告訴她，她不夠聾，不能做這些事情。「錯了，我一點也不聾！」雅各也被認為不夠聾，因為他的父母不是聾人。有個運動分子曾對梅根說：「妳的一切努力的確很高尚，可是妳最好還是把孩子送給聾人家庭，讓聾人撫養他。」這些冷言冷語，梅根一概不理。她發明了「反向回歸主流」的做法，讓沒有身心障礙的兒童去上專為身心障礙兒童設計的課程，像身心障礙的同學那樣上課學習。在三腳架學校，每個課堂都有兩位教師負責照顧十名聾人及二十名聽人學生，其中一位教師有聽障教育的教師證。所有人都比手語。梅根四處找父母也是聾人的聽障學生來就讀，希望能借重他們的手語能力。

辦學計畫需要大筆資金，而麥可自願接下籌措資金的任務。他才剛製作完電影《大寒》，所有演員都已接演其他影片，但他說動他們一同要求片廠把首映會辦在三腳架學校。「麥可負責財務及協助我，但他正在建立電影事業，而三腳架學校卻是我的所有心血。」梅根希望三腳架學校能進入公立學校體系，但洛杉磯學區對於有人質疑自己的聽障教育課程十分反彈，她於是移師柏本克。「因為我們在柏本克，大家也紛紛搬去柏本克，柏本克成為孕育聽障文化的溫床。直到今天，你走進麥當勞比手語，都會有人幫你翻譯。」她說。

不使用口語的人常常無法迅速掌握書面語的適切用法，那是由於書面語是另一種陌生語言系統的文字紀錄。梅根為三腳架學校規劃的課程卻史無前例地解決了這項難題，她說：「聽障所受的最大詛咒是不識字，但雅各的寫作比我還出色。」三腳架學校的兒童，考試成績一向和同年級生相當，甚至更好，而且這裡的學習環境獨一無二。「老師、聽人學生、兄弟姊妹，這麼多人比手語，學生在各個層面都能融為一體。他們參加學生會，也打球。」

雅各說：「三腳架學校是場革命。我有聽人朋友，也有聾人朋友，一點也不影響。但三腳架學校用聽障學生並沒有特殊需求的方式對待我們，但其實我們有。學校對我很有幫助，但從某些方面來說，學校是為我母親而設，而不是我。說句公道話，當時的啟聰學校都不行，三腳架學校比大部分的學校都好，但是師資不夠，經費不夠，通譯也不夠。我知道自己能生在這麼好的家庭非常幸運，但我還是有很多怨言。」

我重述這段話時，梅根嘆了口氣：「很多時候，我不得不做為學校課程好的事，而不是為我兒子好的事，真的很為難。」

梅根和麥可的關係日益緊張，最終在一九九一年離婚，對此，麥可有一套優雅的、哲學式的解釋，他說：「梅根變成了三腳架學校。第一，她真心想幫助我們的孩子。第二，那是她的天職。很值得，卻也很費心力。因為種種因素，我倆的關係終究會走不下去，但她一頭栽進這件事，而這件事也侵蝕了我們的婚姻。這間學校對她來說，有時似乎比雅各個人的教育還重要。我們原本可以不要這種開創先河的龐大計畫，有些私立的優良學校也配有通譯，我們只要找三四個負擔得起學費的父母組成團體就好。我寧願雅各有更多智性啟發。話雖如此，我也覺得雅各常把三腳架學校說得太恐怖了。」

雅各認為，從三腳架學校獲益最多的是聽人學生。可是雅各的聽人姐姐凱特琳從小就接受該校教育，卻十分羨慕全家的生活都圍繞著弟弟的語言和文化。她的手語比得比梅根和麥可更流暢，在四年級時有天放學回家說：「我們班的學期作業是幫一年級的小朋友上課。」梅根說：「真的啊，那妳要教什麼？」凱特琳說：「不教手語！」

雅各後來進入羅徹斯特理工學院的「國家聾人技術學院」，就讀一年以後，輟學到夏威夷的度假村工作，然後去了高立德大學。雅各說道：「我當時深為憂鬱所苦，而且坦白說，高立德真的不是好學校。但後來發生了一件重要的事。之前我很看不起聽障，我很討厭自己。在高立德，我認識了很多了不起的聽障朋友，這些人都和我有共同興趣。我並不以聾為榮，但我很珍惜聾人文化，也在那裡找到了力量。」雅各說，那是他第一次覺得自己很正常。對於這樣的進程，梅根十分自責：「他那時已經廿五、廿六歲了。我認為那都是我的錯。」

雅各廿八歲從紐約「視覺藝術學院」畢業，不久我和他碰了一面。他在紐約住下來，父母經常去探望他。雖然他接受了語言治療，但說的話還是無法次次都讓人聽懂。他說道：「我自怨自艾了很久，怨自己聽不到，去年我自殺未遂。倒也不是想死，只是覺得無法掌握自己的人生。我跟女友大吵一架，吃了一整瓶鎮定劑，只想放棄一切。我不省人事，在醫院住了三天，醒來第一個看到的就是我媽的臉，而她對我說的第一句話就是：『停住這世界，我要下車。』跟我的感受一模一樣。」他找精神醫師拿藥，兩人並肩坐下，你來我往地打字。但真正的解決之道，是找到會手語的治療師。雅各也許從父親那裡遺傳了抑鬱的性格。麥可成年後大半時間都為憂鬱所苦，他說：「然後加上失聰，不過雅各很堅強，若讓他遇上納粹大屠殺，他一定會憤怒反擊，找到方法度過。我希望他能找到方法過上正常的日子。」

梅根沒有麥可和雅各的抑鬱性格，她是行動派。不過，她也有憂傷的一面。她說：「我已經六十了，有時不免想，要是他聽得見，我現在會做些什麼。」麥可說他不讓自己想這些無益之事，他說：「我覺得，雅各聽不到，得拚命自己摸索，都是冥冥中自有安排，這是他的路。我曾經希望他聽得見，但另一方面，我從沒想過他要是聽得見，會是什麼樣子。我不知道他會不會更快樂，但我想我大概不會。畢竟他就是我兒子。」

我不明白，雅各有這麼多的包容和愛，為何還一直無所適從。雅各說：「三天前的晚上，我跟班上同學一起去喝酒，他們都是聽人，我們就用筆談。可是突然間，他們都開口聊起天來，我就只能一臉問號。他們很願意跟我在一起，我很幸運，但我仍是外人。我認識很多聽人，但好朋友？沒有。聾人文化教我如何看世界，但要是我聽得見，在這世上生存會容易得多。要是我發現自己的孩子有唐氏症，我想，我會拿掉孩子。但要是我媽懷孕時發現我聽不到，然後把我拿掉呢？我不想有種族歧視，但晚上一個人走在路上，看見不認識的黑人靠近，我還是覺得不自在，雖然我有黑人朋友。我很厭惡這種事。同樣的，大家也會因為我是聽障，就覺得不自在。這我也可以理解，但覺得厭惡。我就是很厭惡。」

• • •

胸懷遠見可能是一條孤寂的路，制定方略後若無他人響應，又如何能浩浩蕩蕩展開？梅根一開始對三腳架學校的設想，由追隨者進一步開疆闢土、修剪整飭。克里斯．蒙坦和芭芭拉．蒙坦的小兒子史賓賽比雅各小十歲，同樣生來就有聽障。芭芭拉說：「我從來沒遇過失聰的人，只能說那時的感覺就像自由落體，失去一切掌控。」克里斯是迪士尼音樂公司的總裁，一生都與聲音為伍。史賓賽被診斷出失聰的時候，克里斯「震驚，深受打擊」。他說他六神無主，「他該怎麼辦？我該怎麼保護他？該存多少錢？」芭芭拉打了電話到三腳架學校。

「學校說會馬上寄一包資料給我，可是我沒法再等一個週末。於是我去了三腳的辦公室。 080 麥可和梅根當年迫於情勢開創了一套網絡，而我，則有一張網絡在下方把我接住。」

她繼續說：「一開始是愁雲慘霧、哀痛恐懼。我母親說：『他最後會進收容所。』在她那一代，如果有人又聾又啞，就會被送走。但我的兒子長得這麼好看，雙眼湛藍，不停對著我微笑。很快我就開始問：『到底誰有問題？』因為他一點問題也沒有。」蒙坦夫婦可說是立刻就決定要學手語，芭芭拉說：「史賓賽會接受語言治療，但我們要學他的語言、他的文化。他要走的路，我得跟他一起走，不能讓他的認知發展有任何遲緩。」克里斯則擔心語言的鴻溝會讓他無法當個好父親。「他哥哥聽得見我聲音裡的抑揚頓挫，我很怕史賓賽無法像他哥哥那樣知道我是什麼樣的人。我對芭芭拉說：『不能讓史賓賽覺得全家都聽得見，只有他被忽略了。』」

兩人請來加州大學北嶺分校的聽障學生到家裡教史賓賽及全家人美國手語。芭芭拉邊回想邊比著手語說：「學生一把車開進我家車道，就開始打手語：『史賓賽，你好嗎？我看到你有一輛車！』我不知道史賓賽怎麼知道那是語言，可是他全神貫注。一週週過去。『哈囉，你好嗎？你準備好要開始了嗎？』」芭芭拉和克里斯就這樣創造了非常完備的手語環境，史賓賽一直要到四五歲才知道自己有聽力障礙。

芭芭拉有近乎照相機式的記憶力，學起手語彷彿天生。克里斯彈了多年鋼琴，手非常靈巧，指拼學得又順又好。史賓賽讀得懂父母的手語，還會全套的美國手語。克里斯說：「他出生的時候，我和卡辛堡及艾斯納正一起為公司打拚，每天瘋狂工作。我有時一天上班二十小時。芭芭拉一開始就對我說：『我覺得你這爸爸當得還可以，也知道你正在迪士尼開創個人事業，但我覺得還不夠，我希望你能更像個人，更有深度、更無私的人。』」克里斯告訴公司同事，他必須減少工時。蒙坦家的大兒子尼爾斯被診斷出有嚴重氣喘及注意力缺失症。芭芭拉說：「要我說，尼爾斯的成長過程更辛苦，史賓賽輕鬆多了。尼爾斯理性，而史賓賽感性，愛開玩笑，有層出不窮的幽默。他玩文字遊戲，也玩手語的文字遊戲。」

由於公立教育一直要到五歲才開始，因此三腳架學校為聽障和聽人兒童開設了自費的蒙特梭利幼稚園課程。史賓賽很快就學會美國手語，班上的聽人兒童也學得差不多快。芭芭拉說：「大部分有身心障礙的孩子總是受幫助的那一方，這對人的自尊有多大的影響？可是，如果有個聽人小女孩不會算術，史賓賽卻可以幫她。」她注意到一般人要到四年級才學閱讀，之後都是靠閱讀來學習。這樣的轉換在聽障兒童身上來得遲一些。「可是史賓賽一旦學會，就一鳴驚人了。」芭芭拉說道。

一九八二年，芭芭拉和友人合創了「三腳字幕組」，是第一個定期為電影加上完整非語言資訊字幕的團隊，從音樂、槍響、電話到門鈴，無所不包。史賓賽九歲時，當地的少棒教練盧教他投球。盧說：「我當了三十年教練，怎麼就沒碰過聽障的兒童呢？」盧和芭芭拉創立了「沉默騎士」球隊，日後成為南加州地區聽障棒球聯盟。克里斯說道：「他的手眼協調很驚人，看球看得比別的兒童清楚。」克里斯和史賓賽一起練習打棒球。「那是我們交談的一種方式，我偶爾也比手語，但大部分時候我們就是一起打球。他沉著自信，當投手的時候，全隊都繞著他轉。」

蒙坦夫婦考慮過人工耳蝸手術。克里斯說：「那是一九九一年，我還不確定這項科技會有什麼進展。如果今天史賓賽十三個月大，剛被診斷出來，那我可能會讓他動手術。即便我認識了這麼多了不起的聾人，自己也大力支持聾人文化，我還是會這麼做。時至今日，一切都不可同日而語了，不論在醫療上還是在政治上都是如此。」可是少年史賓賽若要接受植入手術，就得接受聽力訓練，才能理解人工耳蝸產出的資訊。芭芭拉說：「這樣他高中就得留級一年，但他的交友沒有問題，語言也很流利，我覺得動手術不值得。」

史賓賽對語言的態度卻是難得的開放，他說：「我知道自己的聲音是有用的，如果能開發，我會很高興。爸媽上了美國手語的課程，我們才能溝通。如果他們能學會美國手語，我也可以學會英語口語。我主要的語言是美國手語，但不斷練習以後，我說英語就不需要家教幫忙。我練習發聲，學校同學還有棒球隊的隊友則練習手語。我們想要活在同一個世界。」聾人文化圈反對口語，這件事讓芭芭拉很喪氣。「我比的手語，史賓賽沒有問題，克里斯比的手語，他也沒問題。他跟聽障朋友在一起時就用流利的美國手語。他會書面英文跟手語，完全是個雙語人士。」同時，芭芭拉也很清楚聾人社會有多重要。「每個文化都需要群聚效應，而他和聽障朋友在一起的時候就有群聚效應。每個人都需要自己人。」

芭芭拉後來成了三腳架學校的校長。她說：「昨晚有個媽媽走了進來，她的兒子今年四歲，她滿心憂慮。史賓賽正在寫化學作業——莫耳、碎形理論什麼的。我就把作業簿拿起來說：『妳兒子以後也會寫這個。』」史賓賽說：「聽障孩子的父母應該知道沒什麼好怕的，也不要讓孩子害怕。我的父母就從不讓我害怕。」

・・・

口語教育與手語教育孰優孰劣，各方仍然爭辯不休。至於手語教學應該用美國手語進行，還是要採用所謂的「綜合溝通」或「口手語並用」教學法，也就是同時混用英語和手語，讓老師一邊打手語一邊說話，各界也仍莫衷一是。這類方法的目的是讓兒童有多重的溝通管道，但是要結合兩套無關的文法和句構，可能有問題。英語和美國手語的結構並不相同，邊說英語邊比美國手語，就跟邊說英語邊寫中文一樣困難。英語是講究次序的語言，每個字詞都有特定的順序。聽的人靠短期記憶記住句子裡的字詞，然後根據字詞關係了解句意。美國手語則是一種同步的語言，個別手語交融成一組複合的動作。好比說，一個複雜流暢的動作可能就代表「他從東岸搬到西岸」。每個手語都包含一個手型，以及手型的位置（在身體上還是身體旁），再加上一個具有方向的動作。此外，臉部表情也不止用來表達情感，更是個別手語的一部分。這樣一氣呵成的做法很適合短期視覺記憶，原因在於短期視覺記憶能記住的單獨影像比聽覺記憶要少。如果先比「他」的手語，再比「搬」，再比「從」，一連串機械化的過程會非常累人，邏輯也會消失，而且這一團亂七八糟的手勢非常難懂，就像一個人必須同時說出好幾個字詞。「精確英語手語」、「混和英語手語」或者「精確語意英語手語」等用手語來轉譯英語的方法，就像是在說英語，是一詞接一詞比完一句話。喜歡這種手語的多半是學會語言後才失聰的人，他們失聰後還是習慣用口語來思考。然而，對於學習第一語言的兒童來說，根據口語來比手語既彆扭又容易困惑。不切合語言媒介的文法，使用者實在很難自然而然學會。

莫爾是國立聾人技術學院美國手語系的前任系主任，常常糾正家中孩子的美國手語文法和用法，他說：「有人問我，這些人的母語已經是手語，為什麼我還要教他們美國手語？已經會說英語的學生，又為什麼要教他們英語？很多人的語言用得並不好。」話雖如此，美國手語的使用者還是有形形色色的個人「聲音」：有些人動手、動臉的時候很精準，有些人很誇張，有些人俏皮，還有些人十分嚴肅。美國手語也不斷演變。二十世紀初的影片裡演員比的手語就不太一樣，也沒有那麼精細。

巴罕是高立德大學的美國手語及聽障研究教授，他的父母也是聾人。他曾經感傷地說，從小到大他都以為受過口語教育的母親比較聰明，受手語教育的父親比較愚鈍。之後他上了大學，學會美國手語，回家才發現父親「比得一手優美的美國手語，文法清晰，結構嚴謹」，母親的美國手語就明顯沒那麼流暢。美國手語的語法很精準，令人自豪。很多手語通譯常常只能譯出半數訊息，也常錯譯，或無法掌握對話的前後脈絡。這一點是我請通譯時注意到的。很多通譯一開始會對美國手語有興趣，是因為覺得美國手語很像表演，而非將之視為一種語言。手語的語法概念和口語大相逕庭，即使鑽研過的人，也常常難以掌握。精通這門手語的通譯，可能會覺得把某些手語結構重組為英語並不容易，反之亦然，結果譯得詞不達意，至於語調聲腔，更往往完全消失無蹤。

聽人常誤以為世上有全球通用的手語，但其實手語有很多種。由於克雷的關係，美國手語和法國手語有很深的淵源，和英國手語反而差異極大，很多使用美國手語的人士都認為英國手語較不成熟。「我們沒那麼多雙關語，也不會像你們那樣玩文字遊戲。英國手語比較直白，但也有自己的優點。」英國中蘭開夏郡大學聽障研究的講師丹馬克如是說。有些人擔心，美國手語若四處傳播，成為聽障人士的共通語，將導致其他手語消失。沒有人有辦法評估世上究竟有多少種手語，但目前知道泰國跟越南至少有七種，伊朗有「茶館手語」和「波斯手語」兩種。加拿大人使用美國手語，但也有人用「魁北克手語」。

・・・

聽障在多數社會中面臨的問題都是語言隔閡。什麼環境會讓手語成為通用語言？我對於這個問題很有興趣。峇里島北部有個小村莊叫本卡拉，先天性聽障在當地已盛行了二百五十多年，在任何年代都有約二％的耳聾人口。本卡拉的居民人人和聽障人士一起長大，所有人都會村裡的獨特手語，也因此聽人和聾人之間的隔閡可能比別的地方都小。

本卡拉有個別稱「德沙寇洛」，意思是聾人村。二〇〇八年我去參觀時，二千個左右的村民裡大約有四十六人失聰。聽障是由隱性基因造成，沒有人知道什麼時候會在家中出現。我在村中遇見生出聽障孩子的聽人父母，也見到產下聽人孩子的聽障父母。有些家庭兩代都是聽障，也有聽人或聽障父母家中同時有聽人孩子和聽障孩子。村莊很窮，整體教育程度不高，但聽障族群的程度更低。肯塔是聽人，也是村中教師，他在二〇〇七推出一項課程，要用本卡拉聽障者的語言「卡塔寇洛」來為聽障學生上課。由於之前他們都沒有受過正規教育，第一屆聾生班的學生從七歲到十四歲都有。

峇里島北部各村行氏族制，聽障人士可參加氏族事務，但也可在氏族間遊走。例如說，孩子過生日，他們可以邀同一氏族的人，也可以邀村裡的聽障人士，而聽人從不邀氏族以外的人。傳統上有幾種工作會由聽障人士來做。他們埋葬死者，也擔任警察，雖然村裡幾乎無人犯罪。他們也維修經常破裂的供水系統管線。大多數人務農，種樹薯、芋頭，還有餵牛的象草。本卡拉有傳統的村長，負責主持宗教儀式。峇里島中央政府還選了個行政村長，掌管政府運作。另外有個聽障村長，依慣例由年紀最長的聽障人士擔任。

我跟著峇里島的語言學家吉德一起抵達本卡拉村，他出生於鄰近村莊，對本卡拉的手語有很深的研究。我們攀下峽谷，陡峭岩壁下方六十公尺有一條急流奔騰而過，聽障村民就在河邊等候我們。那裡也是他們的田地，種有一叢紅毛丹樹、幾株象草，還有各種極辣的辣椒。接下來半小時，本卡拉的其他聽障村民也到了。我坐在大防水布一端的紅毯上，聽障村民則沿著毯子找位子坐下。大家都朝我比手語，滿心認為我一定看得懂。吉德幫忙翻譯，肯塔校長則提供進一步協助。但令我意外的是，我居然跟得不錯，而且很快就學會一些手語。我一現學現賣，整群人就露出微笑。他們的手語似乎分很多層次和種類，我之所以這麼說，是因為他們向我比手語的時候，看起來就像一群默劇演員，我可以清楚跟上他們的敘述，然而他們一朝彼此比手語，我就一頭霧水了。他們向吉德比的手語，則介於兩者之間。

當地手語中「傷心」是把食指和中指放在兩眼內眼角，然後往下比畫，像滑下的眼淚。「父親」的手語，是把一根食指橫放在上唇，表示鬍子。「母親」的手語，是在胸前張開手掌往上，像是托著假想的乳房。「耳聾」的手語，是把一根食指伸進耳朵裡轉一轉。「聽得見」的手語，是把整隻手湊近耳朵旁，然後手掌張開，朝外移開，有點像腦殼內有東西往外炸開。在當地手語中，正面的詞彙多半往上指，負面的詞彙多半往下指。有個村民出了趟遠門，回來後告訴其他人，往上比中指在西方是一句髒話，他們便翻轉了這個手語，用往下比中指來代表「糟透了」。他們的詞彙不斷發展，語法則相對固定。

第二代的語言多半比第一代精細且有條理。傳承了許多代的語言，都具有清楚的架構。峇里島北部農夫的口語詞彙並不豐富，卡塔寇洛也是。學者整理出來的手語詞彙大約有一千多個，不過本卡拉的聽障人士會的手語詞彙更多，而且能把已有的詞彙結合起來，表達新的意思。受過教育的西方人需要用語言揭開兩顆心的祕密，如此方能了解彼此，了解之後才能感到親近。可是有些人在表達心意時，用的卻主要是料理食物、綻放情欲以及分攤勞動，對這些人而言，詞彙所蘊含的字意並非表達愛意的管道，而是愛情的點綴。我走進的這個社會，不論聽人或聽障，在處世度日時，語言都不是主要媒介。

吃用完午餐後，十四個男人穿上沙龍，兩個女人套上花稍的蕾絲尼龍罩衫。這些人跟多數聽障人士一樣，都能感覺到鼓皮隆隆的震動，跳舞時，動作彷彿從默劇般的語言中流洩出來。他們為我們表演擔任村莊警衛所用的武術。他們把手腳當成武器，還把手語混入這套功夫中，我覺得非常有趣。有個年輕人叫蘇臘亞薩，原本不肯示範，被他母親一激，才終於露了兩手，比畫的同時他不斷比著手語：「看著我！」既豪氣又逗趣。女舞者走過來，給了每人一罐雪碧，然後男人提議去河裡游兩趟，於是我們就脫光衣服裸泳去。上方岩壁陡峭聳立，長長的藤蔓垂了下來，聽障村民抓著藤蔓擺盪。我在水裡做了後空翻，其他人倒立，然後我們放餌釣鰻魚。有時會有個人從水下游到我身邊，然後冷不防從水中竄出。他們不停向我比手語，這樣的交談感覺生氣勃勃，甚至歡快。雖然村民既貧困又耳聾，此時此地卻像一幅恬靜的田園畫。

第二天，肯塔把當地的手語譯成峇里島語，偶爾用他有限的英語和我交談。吉德則把肯塔的峇里島語譯成英語，偶爾而比比有限的手語。本卡拉的聽障村民則直接用活潑生動的手語跟我聊天。我們之所以能這樣亂七八糟地混用多種語言溝通，全靠大家展現共同意志。許多語法結構無法翻譯，能問的問題很有限。舉例來說，當地手語沒有條件語態，也沒有用來表示種類的詞彙（例如「動物」，或是「名稱」這抽象概念），只有具體的詞彙（例如「牛」，或是某人的名字），也沒有辦法問「為什麼」。

我和桑提亞的家人碰面。桑提亞是聽障，父母是聽人，太太蘇柯絲蒂還有岳父岳母都是聽障。兩人是青梅竹馬。桑提亞的反應有點慢，蘇柯絲蒂則聰明、活潑、開朗。蘇柯絲蒂選擇嫁給聽障男人，是因為這個男人的聽人父母有足夠的田地給兩人耕種。蘇柯絲蒂說：「我從不嫉妒聽人，他們的日子不會比較好過。我們只要辛勤工作，就會有錢。我照顧牛、播種、煮樹薯。我能跟所有人溝通。要是我住在別村，可能會希望聽得到，但我喜歡這裡。」

桑提亞和蘇柯絲蒂生了四個孩子，有三個是聽障。兒子索拉普查九個月大時，父母的聽人朋友說他聽得到。十一個月的時候他開始比手語，現在比得很流利，不過他覺得還是說話比較順暢。少年索拉普查時常替父母翻譯，他從沒想過放棄聽力，他說：「我會兩種，而大部分人只會一種。」不過他仍然表示他若聽不到，還是會一樣快樂。雖然如此，他又說：「我認為我父母喜歡有個聽人孩子，倒不是說父母比較愛我，而是我比較少喝酒，也不會一直要錢。可是我如果跟父母一樣，關係就不會那麼緊張了。」蘇柯絲蒂說索拉普查的手語比聽障的兄弟姊妹還要好，那是因為他會說口語，所以更習慣表達複雜的概念。

另外還有一對夫婦。桑迪和他太太柯比雅及兩個聽障兒子那格達和蘇達瑪同住。那格達的太太莫薩米是聽人，來自別村。他有四個聽人孩子，為此他很欣慰，鄭重地說：「這裡聽不到的人已經很多了。如果大家都聽不到，那不是好事。」蘇達瑪堅持絕不娶聽人為妻，他說：「聽不見的人應該要團結，我想跟聽不見的人住在一起，也希望孩子跟我一樣聽不見。」

在這樣一個聚落裡，大家談論聽得到和聽不到，就好像我們在比較熟悉的社會中討論高矮或種族，只是一種各有利弊的個人特色。他們並不貶低聽障的重要意義，也不淡化聽障對生命的影響。他們並未忘記自己是聽障或聽人，也不期待別人忘記。除了地理隔閡之外，本卡拉這個聽障同盟極為自由。他們之所以自由，是基於全村語言暢通。我去那裡的目的，是想考察社會建構論的身心障礙模式，結果發現當聽障不影響溝通，聽障就算不上障礙。

・・・

要在美國建立跟本卡拉一樣包容聽障兒的地方，無異於緣木求魚，然而艾普若·楚罕和拉吉·楚罕卻不斷克服各種人際往來問題，努力融入總是帶著異樣眼光看他們的文化之中。艾普若出身家境優渥的非裔美籍家庭，身邊都是藝術家，表達對她而言是自然而然的事情。她有意志、有毅力，還有令人激賞的堅韌氣質。拉吉則是印度及巴基斯坦混血，外表英俊，皮膚光滑，可以想像他步入老年看起來還是會這麼年輕。他服務於網路銷售業，談吐從容自信。我認識的很多聽障兒父母看來都很焦慮，可是楚罕夫婦卻很放鬆。其他父母覺得聾人世界拒人於千里之外，但兩人與生俱來的殷勤好客卻卸下聾人世界的心防。

二〇〇〇年，薩拉出生，當時這對夫婦還年輕，日子很辛苦，帶孩子的經驗也有限。女兒出生於洛杉磯一家沒有做新生兒聽力篩檢的醫院，三個月大時，楚罕家的那棟樓房失火，警鈴聲大作，艾普若衝到嬰兒房，卻發現薩拉睡得正香。小兒科醫師告訴艾普若，幼兒不管發生什麼事情都能睡。但在別的孩子都開始咿咿呀呀的年紀，薩拉卻只發出一點咕嚕咕嚕聲。艾普若和拉吉想辦法測試她，每當她轉過身去就在她身後拍手。艾普若說：「她有時有反應，有時沒有，現在回想，她可能是用眼角餘光瞄到我們。」二十個月大時，薩拉發出類似媽媽、爸爸的聲音，然後就沒有了。小兒科醫師說，很多兒童要到三歲才開始說話。

薩拉兩歲時，艾普若帶她去做定期檢查，平時看的小兒科醫師請病假，代班醫師立即說他們應該做個聽力檢查。艾普若悔不當初：「那兩年就這麼浪費了，我們本來可以用來學習相關知識，可以讓薩拉接觸語言，幫她裝助聽器。」聽到消息的時候，艾普若很悲痛，拉吉卻不然。他解釋道：「艾普若想度過空虛、害怕、難過、痛苦、不確定等等階段，可是我卻不需要這樣。我們要處理的事情很多，這只不過是又加了一件。」

洛杉磯郡的早療只提供給三歲以下的兒童，所以當時薩拉只能接受一年的免費服務。艾普若說：「我必須盡快吸收新知，才知道我們需要什麼。」聽力師說薩拉還有剩餘的低頻聽力可用，因此不急著植入人工耳蝸。艾普若說：「我希望她對自己有自信。要是哪天她想動手術，那很好。可是我無法幫她做決定。」薩拉裝了移頻助聽器，那能把所有高頻的聲音轉到低頻，也就是她殘存聽力的頻段。但艾普若知道，裝上助聽器也無法讓薩拉聽見。她說：「我失去兩年和女兒溝通的時間。我們一開始不停重複『蘋果，蘋果』。有人告訴我們，要說一千次，聽障兒童才學得會，於是我們每天反覆練習『水，水，書，書，鞋子，鞋子』。她偶爾會跟著說，可是我很快就感覺『這樣不夠』。不到一個月，我們就決定比手語。我當時確確實實感覺到頭腦的另一個部分在運作，因為我頭痛欲裂。」拉吉會說英語、印度語，還會一點西語和義語，他說：「我總是說，這就像上網搜尋『馬里布市，找，店，果汁』，一次全部輸入。」一開始艾普若和拉吉學得比薩拉快，足以教她手語，但薩拉很快就超前了。

雖然美國手語是薩拉的主要語言，但艾普若和拉吉仍然希望她能盡量說一口流暢的口語，於是安排她接受語言治療。到了五歲，她仍然毫無進展，兩人就找來一位新治療師。治療師問艾普若和拉吉，薩拉喜歡吃什麼，艾普若說她吃四種東西：穀片、花生醬、麵包、燕麥。治療師注意到那都是柔軟的食物，解釋道：「她也有口腔運動的問題，舌頭沒有力氣控制聲音。」艾普若和拉吉開始帶著薩拉做舌頭練習，過程就跟鍛鍊任何肌肉一樣，只不過富含肌纖維的舌頭若以每單位肌力而論，其實是全身上下最有力的肌肉。若舌頭有二頭肌的尺寸，你就能用舌頭搬起一輛車。在做舌頭練習時，常會用壓舌棒將舌頭推來推去，以建立舌頭的肌力。治療師還要薩拉盡量嚼口香糖。效果立竿見影。薩拉一直不願意吃肉，可是舌頭的肌力一強到足以咀嚼，就不介意吃肉了，發聲能力也有驚人進展。

這些進展都是千辛萬苦的成果。艾普若一直是全職媽媽，如此才能全心照顧薩拉。「就算只是告訴我們『我要去廁所』，她也必須停下來、轉身，先引起我們注意，那是全身的語言。我們不斷讓她接觸聲音。如果有隻鳥，拉吉就說：『妳聽到鳥叫了嗎？』飛機、直升機也都如此。有時候，她靠著助聽器也能聽出樂器的聲音，可能是號角、橫笛，也可能是鋼琴。嚴格說來，她聽到的聲音不該這麼多。」艾普若說道。

我在加州遇到的聾人似乎全去過艾普若和拉吉家的派對。艾普若說：「我們獲邀參加很多聾人文化的活動，也請過他們很多次。我聽說有個聽障人士在美國太空總署工作，是個了不起的科學家，我就請他到家裡來坐坐。聾人文化圈的人一向很樂意認識聽人父母，但你必須去找他們，他們不會自己來找你。」我所認識的很多父母都覺得成年聾人令人畏懼，我因此很好奇，為何艾普若和拉吉有勇氣闖入？拉吉解釋道，他從小生長在喬治亞的小鎮，週末時三K黨會在鎮上遊行。在學校餐廳，黑人小孩和白人小孩從不同桌用餐。「聾人文化、黑人文化、印度——人因此變得能屈能伸。」他說。艾普若的母親對非裔美國人的歷史深有感觸，因此她從小就是社運分子。「我有同志朋友，所以我們在學校設立同志團體。生了個聽障的孩子，感覺就像是，又有件我該投入的事情了。」她伸出雙手。「我這一生都在為進入聾人世界作準備，而我也會幫她準備好一切，讓她在非聾人的世界裡也能安然自得。我們這家人的公民身分很開放。」

・・・

一九七〇年，伏特發現以電流刺激聽覺系統可以模擬出聲音。他在雙耳放進鐵棒，再把鐵棒接上線圈，將自己電得很慘，還聽見「漿糊煮開」的聲音。一九五七年，喬荷諾及埃里耶斯在動腦部手術時用電線刺激病患的聽覺神經，結果病患聽見類似蟋蟀鳴叫的聲音。一九六〇年代，研究人員在耳蝸放上多電極。這些裝置和助聽器不同，作用不是將聲音放大，而是直接刺激大腦應該接收聲音的部位。這項技術幾經修正，在一九八四獲美國食品藥物管理局許可，後天失聰的成年人都可使用這項裝置。裝置採用單頻道傳輸，只能提供音量大小及出聲時間的訊息，無法傳送聲音的內容。到了一九九〇年，市面上推出了多頻道的裝置，可以刺激耳蝸的不同區域。今日有些裝置有廿四個頻道。裝置上有個麥克風能接收四周的聲音，然後傳送至語言處理器上，再由處理器選取、整理聲音。然後發射器以及接收／刺激器以訊號的形式接受資訊，再把訊號轉為電脈衝，接著脈衝通過頭骨內植入的裝置，由一排電極將脈衝送至聽覺神經的各個區域，而不需經過內耳受損的部分。

人工耳蝸無法讓你獲得聽力，卻可以模擬聽覺，整個過程（通常）充滿資訊，但（往往）

無法感受音樂。人工耳蝸若及早植入，可以成為發展口語的基礎，進入聽人世界會輕鬆些。但，那是聲音嗎？這就像是問哲學問題：空無一人的森林裡，一棵樹倒下會不會發出聲響？二○一○年年底，全球已有廿一萬九千人植入人工耳蝸，其中至少有五萬名孩童。三歲以下診斷出聽障的美國孩童中，五年前只有廿五％接受植入手術，現在則上升為四十％。其中有八十五％左右的孩童出生於白人家庭，家庭收入及教育程度都高於平均水準。以外科手術植入裝置之後，要由聽力師調頻，藉由一連串設定確保腦部能接收到訊號。

科利耳公司是人工耳蝸製造商的龍頭，該公司的主管二○○五年告訴《商業週刊》，目前的使用率只占潛在市場的十％。人工耳蝸現已在七十多個國家上市。有些反對者表示人工耳蝸有其限制，也有危險。根據美國食藥局的資料，接受植入的孩童中有四分之一出現不良反應和併發症，雖然多半會自行適應，但也有少部分需要進一步手術。有些人會因此顏面癱瘓，導致破相，而且人工耳蝸也會干擾核磁共振顯影等醫療檢驗，脖子旁邊有根電線露出來也會讓人看起來像《星艦奇航》的龍套演員，雖然還是可以把頭髮留長，蓋過電線。批評人工耳蝸很危險的言論多半是危言聳聽，然而某些說它能改變人生的宣傳辭令也是言過其實。

有個後天失聰的成年人因為植入手術而「重獲」聽力，他調侃道，人工耳蝸讓每個人聽起來就像星際大戰裡的R2-D2機器人，而且還得了嚴重的喉炎。人工耳蝸能模擬聲音，讓會口語的人理解聽到的內容。然而若是從小失聰，成年後才接受植入手術，往往會覺得人工耳蝸沒有效果，或只是平白添亂。這群人不習慣解讀聽覺的資訊，即使聽覺變得靈敏，也可能會覺得資訊很難解讀。大腦的發展以接受的訊息為中心，若是發展的過程中一直沒有聲音，大腦就不會產生處理聲音的能力。但人腦的可塑性有多強，也很難預料。最近就有位聽障女性接受訪問，她成年後不久，便接受她所謂的「仿生耳植入手術」，還說手術完成後，一開始她感到眩暈，然後覺得腦中有許多高爾夫球彈來彈去。「大概有五個小時，我覺得做這件事真是大錯特錯。」她說道。第二天早上，她出門散步，「我踩到一根樹枝，樹枝喀拉一響。樹葉窸窸窣窣。我樂得要飛上天了。」

在過去，聽障往往要到三歲以後才能診斷出來，今日則能在出生後幾小時內診斷，且幾乎都在三個月內發現。新生兒篩檢現在也獲得聯邦政府支持。全國聽障協會一開始支持這類篩選，理由是聽障嬰幼兒可以及早接觸手語，但現在這些人往往會被植入人工耳蝸。運動分子布德侯素來反對植入手術，他表示：「那令人痛心。一線處理人員不是聾人，而是遺傳學顧問和植入手術專科醫生。」雖然現在只核准兩歲以上幼兒植入，一歲以下的案例也不是沒有。聽人孩童在生命的第一年學習音素，滿一歲後，神經的可塑性就會開始下降。最近澳洲有項研究發現，七、八個月大接受植入手術的人確實有進步，但一歲前植入的優點相較於幼兒施打麻醉劑的風險，可能還是不值一試。另外還有項研究指出，兩歲植入的孩童，口語發展和同齡的孩子相當；四歲植入的孩童能有同等發展的，卻只有十六％。因麻疹、腦膜炎、發育遺傳症狀等問題而後天失聰的兒童，效果則視是否盡早植入裝置而定。一旦沒有聲音，腦皮質聽覺區的神經架構將會永久受到影響。

然而，這些數據都很新，因此也還有待釐清。七個月大時植入的幼兒到了十二歲，語言能力還有優勢嗎？這些早期的個案因為研究時間不夠長，所以還沒有人看過個案一生的發展。此外，現在植入的裝置跟十年前並不相同。也就是，要決定孩子應該多早接受手術，全憑揣測，而非經驗。

人工耳蝸手術案例日多，還導致始料未及的結果：聽障孩童的父母很可能因此疏忽孩子的語言習得。不幸，美國食藥局訂立的成功植入標準並不包含語言習得。接受手術的兒童幾乎都能有效感知聲音，但在早期植入的個案中，接收到的聲音常常太混亂扭曲，無法解讀為語言。在近期植入的案例中，這類問題已經減輕，但並未完全消失。有項研究顯示，接受手術的孩童中，幾乎有一半的人在開放式語詞辨識（無需視覺提示即可理解聲音）的表現達七十％以上，有三分之二達五十％以上，九十％的人達到四十％以上。高立德大學也做過研究，接受植入手術的兒童中，大約半數的父母認為孩子能「聽懂並了解大部分字詞」，只有五分之一的人認為孩子能「聽懂並了解的字詞」極少。

然而，有項研究審查了此主題的大量文獻，總結如下：接受植入手術後只能聽到粗略且不清晰的聲音，因此接受手術的兒童聽到的語音並沒有同齡聽人兒童精細。換言之，大家都認為植入人工耳蝸的兒童會發展出口語能力，因此沒有讓他們接觸手語，最後他們可能會變成一群主要語言嚴重不足的人，而這種令人心驚的缺陷，原本大可避免。科利耳公司表示，植入人工耳蝸的兒童，口語學得「更多更好」，但如果口語將是你唯一的溝通方式，「更多更好」的說法其實有點語焉不詳。父母往往太希望孩子一動完手術就能聽見，因此沒有為他們安排任何聽障特殊教育。魯本是「蒙提費歐里醫學中心」耳鼻喉部的前主任，他建議：「在確定孩子能發展出適當的口語能力之前，應該要用雙語來養育孩子。任何語言，不管是哪一種，都應該及早進入孩子的大腦。」

植入手術會毀去所有殘餘的聽力。雖然幼兒可以接受精確的聽力測試，但卻無法確定他們有沒有能力善加利用剩餘聽力。聽力損失若劣於九十分貝，屬於極重度聽損，然而我也遇過很能運用自己剩餘聽力的極重度聽損人士，跟他們說話的時候，彷彿在跟聽人說話。聽力損失的衡量，是把聲區的損失平均起來計算。同一個聲音多半同時包含多個頻率，因此失去一百分貝聽力的人可能仍能聽見高頻的聲音。就連嗓音低沉的音樂人湯姆．威茲和演員詹姆斯．瓊斯說話時也會帶高頻聲波。此外，察覺聲音跟分辨聲音是兩種獨立的能力，有些人無法察覺某些聲音，卻有辦法運用直覺、高頻的功能及其他天賦來分辨這些聲音。

全國聽障協會原本譴責植入手術，認為：「對無助的孩童行侵入性手術，而此不可逆的手術可能在生理、情緒、社會層面上長期影響兒童，改變他們的一生，而這些影響有多大尚待科學確認。」隨著植入裝置逐漸進化，使用越來越廣泛，全國聽障協會稍稍修改了立場，表示「一旦決定施行手術，代表將進行一連串長期甚至終身的聽力訓練、復健、口語及視覺語言技能習得、回診，且很可能需要額外手術」，並說「人工耳蝸植入術無法根治聽障」。

如果你並非住在峇里島北部人人都會手語的村莊裡，又選擇不讓孩子動手術，那麼你就得和孩子一起學習新的語言，而孩子的語言學習能力又比成人高。為聽障孩子選擇手語，在某些重大的人生層面上，就無異於將孩子交給聾人文化。讓出自己的孩子並非易事，孩子和父母也不見得都能適應。帕瑪表示：「這稱為聾人民族假說。若你來自聽人家庭，除非接觸聾人圈，並了解聾人社群，否則你學不到相關文化。」口語溝通讓家中的聽障成員備感壓力，但若決定要比手語，權力就會轉移，變成聽得見的家人承受壓力。實際上，父母可以選擇學習手語，然後彆彆扭扭地跟孩子說話，也可以要孩子接受口語教育，心知肚明孩子這一生都只能彆扭地跟自己說話。古諺向來告訴我們，父母當為孩子犧牲，而不是反其道而行。可是，若要奉手語為正統選擇，等於優先採取了片面看法，以為對邊緣族群與主流族群彼此了解的程度已有所掌握。

・・・

上述這場論戰的正反意見，南西・赫西和丹・赫西夫婦自從女兒艾瑪失聰後，都有過深刻的親身經歷，而且兩人不止展開醫療探索，也進行性靈探索。兩人都在成年後皈依佛教，並且在科羅拉多州圓石郡的佛法中心相識。幾年後南西動了子宮切除手術，變得極度憂鬱。後來南西有個同事宣布她和丈夫決定要領養一個亞洲寶寶，南西下定決心仿效。丹堅決反對：「事情可能會失控，孩子會支配妳的生活。」可是最終南西還是說服了丈夫。

一九九八年七月廿九日，丹和南西飛往河內，幾乎是一抵達就立刻前往孤兒院。丹說：「那裡簡直是太荒涼了，第三世界粗糙的建築，大幅的胡志明畫像。」孤兒院的副院長向這對夫妻說明，兩人要領養的孩子得了肺炎，體重掉了四分之一，而且抗生素治療結束前無法離開孤兒院。南西說要見見她。「他們把她放在我懷裡，她盯著我的眼睛直看，然後笑了。」南西說道。這名微笑的寶寶看起來十分憔悴，院長的女兒突然說：「我覺得妳應該馬上帶她去國際醫院。」

到了國際醫院，有人來照了胸部X光，說寶寶的肺炎已經好轉，並開了頭孢子菌素當抗生素。後來寶寶的臉開始發紅，南西知道她過敏了。她很快就開始吐血、下痢血便。接下來十天，丹和南西都住在醫院，最後終於搬回旅館。美國人領養越南寶寶的手續都必須在曼谷辦，於是丹去了泰國。南西則每天帶寶寶去醫院用噴霧器服藥。她在等候室看到一位以色列醫師的名片，上面寫著他的診所為美國大使館提供服務，於是把所有病歷拿給他看、他做了血液檢查，說孩子感染了巨細胞病毒和人體免疫缺陷病毒。他向南西保證會有人照顧寶寶，直到她離世為止，而她和丈夫可以再領養一個滿意的孩子。

丹怒不可抑。他對我說：「這是要我們怎麼樣？把她扔回去，當她是條不值得處理來吃的魚？」可是美國法律禁止人體免疫缺陷病毒陽性反應的兒童移民。赫西一家曾經因為機緣巧合，收留過地方佛教界一個患有愛滋的垂死教友，因此丹在「圓石郡愛滋計畫」有朋友可以幫忙。同時，南西則不斷等越南政府核准領養申請。憂心了兩個月之後，兩邊都通過了，這家人一起坐飛機回家。

兩人為寶寶取名艾瑪。一到美國，艾瑪就到丹佛的科羅拉多兒童醫院住院檢查，四天後醫生打電話報訊：艾瑪沒有人體免疫缺陷病毒陽性反應。南西說：「喜悅就像漣漪一般四處蕩漾。」兩週後，艾瑪除了砰聲巨響之外，什麼都聽不到。她很可能是因為接觸到胎盤裡的巨細胞病毒，導致聽力惡化，最後幾乎完全消失。

赫西夫婦住的社區有位聽障人士，他告訴兩人，聾孩子若是有聾父母，生活會美滿得多。南西和丹決定要向聾父母一樣教育子女。丹讀過聾人文化圈大肆非難人工耳蝸植入手術的文章，而他和南西決定要「尊重艾瑪本來的樣子，而不是修補她」。但是圓石郡沒有啟聰學校，兩人請的聽力師告訴他們應該要搬到波士頓、舊金山或奧斯汀，那裡的聽障教育很出色。於是，艾瑪十四歲時，全家搬到奧斯汀，替她在德州啟聰學校報名早療課程。艾瑪原本已經開始走路，但之後又停下，重心全放到手語上。丹和南西開始上美國手語的課程，但兩人都沒什麼天賦。丹說：「你常會聽到像這樣的故事：『某個聽障人士的父母從來沒學過手語，怎麼可以這樣？』但就算要學會手語才能保命，我也學不會啊！」南西說：「然後，我們參觀了公立學校的口語課程，看到學校不准孩子比手語，那太可怕了。當時我們心裡就明白，硬要聽障孩子說口語，是在虐待兒童。」

艾瑪在德州罹患嚴重氣喘，全家人每週都得跑急診室。丹和南西找不到工作，婚姻出現問題。丹說：「南西整顆心都放在艾瑪身上，只求她活下來，當時這也的確是真切的問題。但我覺得她不再和我攜手，我被降了級，成為背後默默幫忙的人。」丹宣布要回科羅拉多，南西不願一起回去，可是也不想老死德州。她去麻州弗雷明漢了解當地的聽障學習中心，和學校的校長一見如故，校長請她到中心上班。丹不想跟女兒相隔大半個美國，於是搬到鄰近的佛蒙特州。

南西開始在學校全職上班，希望丹按照時程分擔看顧艾瑪的責任。丹忿忿不平，也很怕獨自照顧艾瑪。他說道：「同情是能夠無條件地看顧另一個人，而不是滿足自己的期望，這個道理我很明白，可是後來標準一下子變得那麼高，我做不來，感覺很慚愧。」再者，兩人的手語都很拙劣。南西說道：「我的美國手語真是慘不忍睹，更何況這還是我工作的一部分。」她開始跟丹討論人工耳蝸植入手術。兩人願意為了讓孩子接受最好的手語教育而四處搬家，這件事本來讓這對夫妻成為聾人朋友間的英雄，可是現在，兩人已經預見自己正準備背叛聾人的價值觀。

艾瑪四歲時接受了七小時的手術，在一隻耳朵裝上人工耳蝸。手術後南西帶她回診，醫生說傷口嚴重感染，有致命之虞。艾瑪開始接受靜脈抗生素注射。她的氣喘和乳品、豆類、小麥等食物有關，限制飲食並採取吸入式類固醇後一直控制得很好。手術後她氣喘復發，而且做什麼似乎都不奏效。南西辭去工作。雖然兩人正在談離婚，但也都決定要搬回圓石。南西說：「就像一場循環，她來圓石的時候還聽得到，離開的時候失聰，再次回來的時候又開始有聽力。」

而此時，艾瑪夾在兩種文化和兩種語言之間，正是她父母不希望她陷入的處境。那年夏天，她每週有四天去耳蝸植入營接受聽力訓練。雖然南西對第一次植入手術有不好的回憶，但在丹的堅持下，艾瑪的另一隻耳朵也動了手術。這次一切順利。我認識艾瑪時，她已經九歲，語法和用法還不到同齡兒童的水準，可是話說得很流利，也毫不彆扭。南西說：「我們找來的專家都說從沒見過有人適應得這麼好，他們認為，這是因為在此之前她已經熟悉一種語言，也就是美國手語。」第二次手術後，艾瑪辨識開放式字詞的成績大為提升，從廿五%躍升至七十五%。

丹和南西發誓要讓艾瑪在雙文化的環境中成長，但這件事越來越難做到。兩人注意到，可以選擇手語或口語的時候，她總是選擇口語。艾瑪七歲多的時候，兩人讓她不再使用手語，同時也找出大致還算和睦的共同扶養模式。艾瑪對我說：「我們回家的路途很艱辛，但大家都很堅強又溫柔，最後還是做到了。」

丹說：「家有障礙兒，你或者說：『我人生有了新價值，我會又幸福，又以孩子為榮。』不然就是：『這孩子什麼都需要照顧，我得做牛做馬，哪天又老又累，就這樣死去。』其實，兩者皆有。佛教談的無非就是二元性。但二元性會讓你更好過嗎？不會。我現在必須抱一種「玩真的」的態度重新修佛。修佛本來是嗜好，現在不是了。」

植入的裝置、手術本身還有院方推薦的聽力訓練，大多數的醫療保險都有給付。費用加起來可能超過六萬美元，但是手術對於保險公司來說還是經濟實惠的選擇。約翰．霍普金斯大學以及加州大學聖地牙哥分校接受業界委託進行研究，發現相較於其他的聽障適應措施，植入手術可省下每名孩童五萬三千美元的開銷。但由於因素複雜，要估計開銷實在不易，很多人無法適應植入的裝置，導致開銷大增；反之，若及早學習手語，那麼相較於因為童年創傷而需要輔助措施的人，花費便較低。對大多數的聽人父母而言，該怎麼選擇似乎很簡單。有位母親說：「如果孩子要戴眼鏡，你就幫他配眼鏡；孩子缺條腿，就幫他配義肢。這也一樣。」另一位母親說：「要是桃樂絲到了二十歲決定不再開口說話，那沒問題。我希望她有選擇的餘地。」接受植入手術的人會被重新歸類為聽人，不能使用身心障礙人士的各項輔助措施。問題在於，那些不接受植入手術的人，可能會被視為明明有「治療方法」，卻「選擇」現況，因此「不配」獲得納稅人的「善心」。也因此，植入手術出現後，很可能會讓其他聽障人士失去身心障礙者的地位。

・・・

羅利．歐斯布林克生下來的時候聽得見，是熱情又好動的孩子。一九八一年十二月的某個星期五，就在剛過完三歲生日不久，羅利病倒了，看症狀似乎是流行感冒。他的父母鮑伯和瑪莉把他抱到床上，讓他多喝水，細心照護他。到了週六，他並未好轉，週日病況還突然惡化，於是兩人把他送去急診室。鮑伯和瑪莉坐著等醫師檢驗，最後有人走出來宣布：「我們認為他撐得過去。」鮑伯大吃一驚，問道：「他得的是流感，對吧？」醫院的人回說：「他得了急性腦膜炎，已經昏迷了。」羅利在氧氣帳裡待了五天，四十天內不斷進出醫院。鮑伯回想道：「他反覆接受脊髓穿刺，醫院也無法給他麻醉，否則會影響白血球數。做穿刺時他不斷尖叫，只有我能抱住他。直到現在，我聽到三歲孩子哭喊，都還會心驚膽跳。」

鮑伯是職業音樂人，以前他習慣晚上彈吉他唱歌給羅利聽。在醫院裡，羅利對鮑伯的歌聲不再有反應。為了不讓這家人雪上加霜，醫院的人都說羅利的聽力會恢復，但其實醫護人員都知道他的聽力已經永久喪失。鮑伯說：「給人虛假的希望實在太殘酷。」兩人帶羅利回家時正好趕上元旦，煙火一放，夫妻就跑上樓哄羅利，卻見他睡得正香。羅利身體漸漸恢復，到了能夠站起來的時候，卻總是跌倒，這是因為腦膜炎往往不只影響耳蝸，還影響內耳。羅利當時完全沒有平衡感。

從那時起，鮑伯就飽受內疚折磨。「要是我早點送他去醫院會怎麼樣？」他問道。「專家都告訴我：『我們也可能診斷他得的是流感，說他不必住院。』」對於這件事，鮑伯和瑪莉的反應有天壤之別。鮑伯積極到近乎狂熱，設法不讓羅利跟外界脫節，瑪莉則靜靜保護兒子。鮑伯回想道：「有一次她問我：『你一點都不為這件事煩心嗎？』我抓狂了，就說：『當然煩，我的心都要裂開了。妳就坐在那兒哭，我沒辦法只是坐在那兒，什麼都不做。』」鮑伯放棄了音樂，甚至一整年不聽收音機。

鮑伯和瑪莉都不知道該拿聽障的孩子怎麼辦。鮑伯說：「本來他就不是十分會說話的孩子，他哥哥口齒清晰、表達明確、滔滔不絕，三歲以前就很會說話。羅利沒有那麼快。」鮑伯的父母有個朋友認識豪斯醫生。豪斯醫生是「豪斯耳科」的創辦人，他向鮑伯介紹一項嶄新的科技，即人工耳蝸植入術，只是還未獲准用在兒童身上。「我們見了動過手術的成人聽障，發現他們的確能聽見聲音，也讀了相關研究，說有個小女孩植入了人工耳蝸，也看見她對父母的聲音有反應。但羅利已經在醫院住了這麼久，我們還要他繼續受罪嗎？」鮑伯也明白，由於孩童腦部還在發展，不確定對植入的異物會有何反應，因此美國食藥局尚未通過兒童使用。當時人工耳蝸只有單頻道，接受植入的成人也沒有人完全發展出口語能力。然後有一天，羅利走到街上，差點被響著警笛疾駛而過的消防車撞到，於是四歲的羅利成了史上第二個接受植入手術的兒童。「我們認為，能感知到聲音，羅利會更安全，對讀唇語也有幫助。羅利坐在測試間裡對聲音產生反應那天，我們都很激動。」但是羅利聽到的聲音極為粗糙，最後也發現不是很有用。

由於他內耳受損，因此依然站不穩。鮑伯希望能夠找回羅利的運動天分，為此展開長期的艱難訓練。羅利上的是主流學校，也參加學校校隊。鮑伯擔任羅利的小聯盟團隊教練，每天早上、下午還給他額外的練習。到了八歲，羅利已經是明星球員，開始比手語，還加入聽障球隊。鮑伯也是聽障球隊的教練。羅利會讀他的唇語，然後翻譯給其他球員聽。鮑伯說：「就算是國際足球隊，場上的人都說不同的語言，但玩起球來卻整齊劃一，比賽本身能把人凝聚起來，比賽有自己的語言。在比賽中，他是『那個足球好手』，而不是『那個聽不到的小子』。」鮑伯與大兒子分享音樂，而運動則維繫了他和小兒子的感情。

鮑伯對手語很有興趣，但並沒有刻意學，而羅利則要他繼續跟自己說話，甚至要他留鬍子。「爸，你是我的教練，也是最常跟我說話的人。如果我能讀懂你的唇語，我就能保持敏銳。」但是鮑伯後來發現，聽障人士真正吸收的外界訊息，並沒有看起來那麼多。「後來我才明白他錯失了多少東西。他代數不好，可是我知道他明明很聰明，於是我說：『讓我去教室旁聽。』原來老師背對著全班，一邊講解，一邊在黑板上寫公式。」

國中的時候，羅利開始認真學習美國手語，並在高中接觸到聾人身分認同。他拿到亞利桑那大學的棒球獎學金，到學校跟球隊的教練會面。鮑伯說：「我一次次打電話給他，跟他說羅利的狀況，說羅利很會讀唇語，你只要直直望著他的眼睛就好了。結果，那教練走了進去，眼睛卻看地上，羅利說：『教練，我的唇語讀得很好，如果你往上看，說慢一點，我就能懂。』教練拿出一本筆記本，扔到自己桌上，開始寫字，姿態還頗高。羅利把紙揉成一團，說：『我沒法替你打球。』當晚他開車離開，去了高立德。」

羅利再也不曾真的回到聽人世界。他在高立德主修聽障研究及哲學，在宿舍擔任舍長，還參加棒球隊。畢業時，洛杉磯道奇隊邀他參加選秀。他連絡到普萊德。普萊德打職業棒球，而且他重聽，但他卻說職業運動界沒有人會幫助「那個聾小子」。羅利拒絕了道奇隊，跑去攻讀教育碩士。鮑伯說：「其實每次都會回溯到跟亞利桑那大學那次的比賽。我們不時會去看球賽，欣賞某個人打球的樣子。這時他就會說：『爸，我以前打得跟那個人一樣好，對吧？』而我就會說：『那當然。』」

羅利後來結婚了，太太是家中第五代聽障。他關掉植入的裝置，再也沒有用過。他說，戴著裝置讓他覺得自己像「雞群裡的一隻鴨」。聾人世界成了他的家。羅利現在教五、六年級的聽障孩童。他不再打棒球，可是擔任一支聾人團隊的教練，帶著他們打出冠軍賽的水準，而且他還迷上單車。他重寫了加州聽障教育的課程設計。鮑伯說：「他告訴我聲音是什麼樣子，他還記得一點點，但記憶不是很鮮明。」羅利也大力勸阻父母替孩子動植入手術，寫道：「至於小兒人工耳蝸植入，由於完全忽略孩子的選擇權，根本不應該容許。」

鮑伯也談到自己的選擇：「我做了當時覺得對的事情。那跟選擇聾人文化或聽人世界的哲學討論無關，因為我當時對這件事一無所知。」羅利明白父母為何做那樣的決定，而鮑伯也明白兒子為何要推翻。鮑伯說：「我發現，他在口語環境能接收九十%的訊息，聽起來很多，但如果你真的關心別人（而他是非常有同理心的人），你就會想要知道全部。我完全接受，也尊重他的本質，還有他想要的一切。以前我都跟別人說，我有一個兒子聽不到，但有三個兒子不聽我說話。私心說來，我希望他能跟我一起唱歌彈吉他，而他則希望我能把手語比順。」

我不免想，在這些論戰中，最後贏的是否總是孩子？是不是有什麼聖旨規定父母的職責是迎向挑戰，而孩子只要做自己就好？跟我之前訪問過的人相比，鮑伯似乎更自豪，也更為沉鬱。羅利三歲失聰，在父子兩人的生命中，三年都是一段很長的時光。我好奇鮑伯的惆悵是否源於他失去和兒子的深切連結，而且不止失去一次，而是兩次：先是音樂，然後是運動。鮑伯說：「最讓我痛心的，是自己疏忽的那些事，例如我不知道有時他看起來像是懂了，其實並不懂。大家都在笑，他也跟著笑，但其實他並不知道笑話的內容。他所必須經歷的一切，都讓我難過。我心裡有一個地方會一直難受下去。但我認為他並不難過，而我當然也不會為他現在的樣子難過。」

100

生物倫理學家柏克說：「很少有人會為沒有失去的東西而哀傷。拿性別來作比喻吧，女性可能會想，當男人不知道是什麼感覺，反之亦然。可是這種好奇的感覺，不會用失落來表現。」倫敦「聾得純粹劇團」的藝術總監加菲和她的伴侶李奇發現女兒是聽障時非常高興，因為如此一來，她就有了「一本護照，能浸淫在豐富多元的文化中」。一般文化總感覺聽障兒童缺乏某種東西，即聽力；聾人文化卻覺得他們擁有某種東西，也就是這種美好文化的會員資格。聽人父母則被丟回去面對自己的二分法：他們是有了一個聽障孩子，還是缺了一個聽人孩子？

・・・

菲立克斯．費德曼也跟鮑伯一樣，認為在口語環境中的行為能力極具價值，也就是，文化適應既天經地義，且是唯一目標。他的女兒是聽障，當年還沒有植入手術，但當幾名聽障孫兒出生時，植入技術已經很發達，可是孩子卻不感興趣。菲立克斯是老派猶太人，總習慣在看見了曙光還忙著找烏雲。然而，他固然愛自己的後代，卻很難覺得有兩個聽障孩子是件足以稱道的事，接著又有三名聽障孫兒降生，更不能說是增添福分了。

菲立克斯和太太瑞秋的小女兒艾斯特生來就有腦性麻痺，裝上助聽器以後，辨音的能力足以發展語言能力。就在全家人正為她診斷出腦性麻痺而手忙腳亂之際，小兒科醫生又告訴兩人，大女兒米莉安失聰了。那是一九六一年，菲立克斯和瑞秋替米莉安及艾斯特選擇了口語教育。當時的正統觀念仍是接受口語教育的孩子不得接觸手語，因此他們家禁絕手語。「要是米莉安比了手語，我們會打斷她的手。」菲立克斯說道。他和瑞秋則雙雙去上課學習如何在家加強口語課程。兩人聽說聖塔莫尼卡有很好的語言治療師，便舉家搬去那裡。當時全家人的生活全圍繞著聽障。「我們和聽障人士有過接觸，但那些人全說口語。」菲立克斯說道。

雖然以腦性麻痺來說，艾斯特的表現相當不錯，但這一路走得漫長而艱辛。米莉安的聽力障礙更嚴重，但她卻是模範小孩，每天在學校接受語言治療，每週三天還上私人家教課。她熱愛競技花式溜冰，教練獲准向她比三個手勢：一個告訴她音樂開始了，另一個在中途提醒她該加速還是減慢，還有一個在最後時告訴她音樂結束了。她父親說：「她一個音符都聽不到，還是能上臺比賽。她在班上總是名列前茅，其他孩子都聽得到，就她全靠讀老師唇語。她從不覺得自己是殘障。」米莉安十五歲的時候，參加了一九七五年在紐約普萊西德湖舉辦的冬季聽障奧運，也是她第一次浸淫在以手語為主的環境當中。菲立克斯回想道：「她很快就學會了，我們也無計可施。」

米莉安跟我說：「學手語很難，要花很多年，那是因為我太晚學了，又很焦慮。我爸媽老是說：『別比手語，別比手語。』在聽障奧運會，大家都比手語，我卻不會，很丟臉。」看到米莉安比手語，菲立克斯雖承認她的口語能力還是很好，仍有種被背棄的感覺。米莉安在居住的加州小鎮開設猶太聾人社區中心，發行刊物，也在猶太節日前後舉辦活動。她還是社區的領袖。與人溝通時她大約八成用手語，二成用口語。「但要是我小時候可以比手語，所有語言都能學得更好。」

人工電子耳問世以後，菲立克斯試著要當時二十多歲的米莉安動手術，可是她深愛聾人文化，對這個主意深惡痛絕。菲立克斯說：「我們討論過、吵過、吼過。我輸了。裝的人年紀有大有小，我們也認識幾個。他們能聽見你說話，能用電話，能聽新聞、看電視。為什麼不裝？可惜她和她前夫覺得這是種族屠殺。」

米莉安的三個孩子都是聽障，我認識他們時，他們分別是十七、十五、十三歲。菲立克斯催他們接受口語教育，可是口語教學需要父母密集配合，這對聽不到的父母而言非常困難。菲立克斯說：「米莉安選擇了最容易走的路，孩子們要是不比手語，現在一定會說話。太令人傷心了。」雖然菲立克斯跟米莉安說話毫無問題，卻無法和孫兒交談。米莉安的長子現在就讀全球唯一一所正統猶太教聾人大學，正在學希伯來文和意第緒文。米莉安說：「我整天盯著別人的嘴唇看，不希望孩子重蹈覆轍。我的孩子很快樂，他們知道該怎麼拼字，也能跟我說他們的感覺，還有他們想要什麼。」我好奇他們在學校有沒有聽人朋友。「我女兒剛開始上學的時候，全年級都沒有別的聽障兒童。她怎麼辦？她教其他孩子手語，有些人到現在還是她最好的朋友。」

菲立克斯非常希望孫兒植入電子耳。米莉安說：「每次家族聚會，大家都只聊這些。」菲立克斯要給每個孫子一百萬元動手術，他對我說道：「我應該反過來，要是他們不動手術，我就從每人手上拿走一百萬，然後把錢給別人。」他故意做出壓低聲音的樣子，用極大的聲音耳語道：「其實，她就不希望我過得開心。」米莉安轉過來，對著我說：「我並不希望生下聽障孩子，這出乎我的意料。但既然生下來了，我還是很高興，因為他們屬於我的世界，也能理解我這一路是如何走過來。不過，如果我生出聽人孩子，家人會更喜歡我。」然後兩人都笑了。菲立克斯說：「好吧，我們的故事就是這樣。我覺得你的書應該要取名《聽爸爸的就對了》。」

103

也許還要再等一段時間，植入電子耳的人才能聆賞威爾第的音樂，或在一林子的烏鴉裡聽出一隻歐斑鳩，但若只是想讓植入者接收到夠多的聽覺資訊，以發展出流暢的語言能力，研發人員已經快要達成了。現在的障礙其實是觀念問題。菲立克斯先前也憤恨不平地指出，很多聾人運動分子總表示，植入人工耳蝸是種族屠殺，意圖摧毀、消滅聾人族群。有些人把小兒植入術比擬為侵入性手術，跟「矯正」雙性人的手術如出一轍——很多雙性的成年人都反對這種手術。英國的聾人運動分子賴德把植入手術視為「終極手段」，而布德侯則提到一場語言及文化滅絕運動。東北大學的藍恩寫道：「你覺得有人敢站起來說『幾年內我們就可以消滅黑人文化』嗎？」在他眼中，植入手術就是這樣的進攻。他說：「要是聽人把聾人視為一支有自己語言的民族，而非殘障，就不會有這麼深的誤會了。」動了手術以後，究竟是潛藏的那個聽人被釋放了出來，還是原本的聾人被徹底摧毀？雖然有運動分子要求，父母讓孩子動手術之前一定要先見過聽障人士，可惜聽力專家和醫院不太支持。很多醫師並未告訴父母如何聯絡聾人族群，也很少有父母在拿到聯絡方式之後真的動身拜訪。只有瑞典立法規定，父母必須先和聾人代表碰面，在了解他們的生活之後，才可以替孩子做如此重大的醫療決定。

問題確實在於我們如何定義親子關係。一百年前，孩子其實是財產，除了殺掉以外，父母幾乎可以為所欲為。今日的孩子擁有更多權利，但父母仍可以決定孩子該穿什麼、吃什麼、何時睡覺。跟身體完整性有關的決定，也是父母的職權嗎？有些反對植入手術的人主張孩子滿十八歲再讓他們自己做決定。因為牽涉到神經問題，這顯得不切實際，但即使不論這點，這個提議仍有問題。到了十八歲，你所選的不只是聽不聽得見，更要在熟悉的文化和未曾經歷的人生之間選擇。屆時你對世界的認知全來自身為聽障的經驗，要放棄，就等於完全否定當下的身分。

植入人工耳蝸的兒童多半都經歷過社交障礙，若說手術的目的是要孩子更有自信，那麼結果有好有壞。有些人成了加州大學伊凡斯口中的「文化遊民」，既非聽人，也不屬於聾人圈。大部分的人喜歡二元對立，不喜見二元思維遭到威脅挑戰，但二元對立會導致恐同、種族歧視、排外等排除異己的直覺反應，大部分的人都避之唯恐不及。聽人和聽障之間的牆已經因為各式各樣的科技而倒下：助聽器和人工電子耳創造了新的現象，有些運動分子稱之為「生化人混合體」，指身體功能以某種方式變強了。

雖然某些人到了青少年時期就把植入的裝置關掉，但大多數人還是認為手術極其有用。二○○二年有項研究指出，三分之二的父母表示孩子從未拒絕使用植入的人工耳蝸。相較之下，不肯繫安全帶的青少年恐怕還比較多。

• • •

芭芭拉·馬楚斯基跟丈夫羅夫·寇門戛說，如果他一定要有小孩，她就生。丈夫的回答是：他要。她當時還在工作，懷兒子尼可拉的時候，她甚至挺著九個月的身孕在寶僑公司西維吉尼亞州的倉庫開堆高機。當時是一九八七年，聽力學一詞她甚至都沒聽過。尼可拉六個月大的時候，她決定找專家檢查，心想也許孩子耳朵感染了病菌。她等了三個月才預約到時間，結果專家把這家人轉去約翰·霍普金斯醫院做進一步檢查，於是又等了三個月。她拿到檢查結果的時候，大家都以為她會陷入絕望，對此她很不悅。但她對我說：「你之前邀訪的時候，我說：『要是你想找的是因此大受打擊的人，就別來，我沒有那一類的故事。』但我現在可以告訴你，當時我晚上都睡不著，總是哭個不停。我常躺在床上想：『要是他聾了，以後想踢足球怎麼辦？』我把他未來可能做的事都想過一遍，每一件都想過。」

芭芭拉和羅夫一開始替尼可拉選擇了口語教育。芭芭拉說：「我最後選了一個老師，她跟我介紹她奇妙的療法，還說她的孩子成效非常好。我每天都想，『今天她就要創造奇蹟了』。奇蹟從未發生。」尼可拉很愛垃圾車，所以芭芭拉常帶他出去，花幾小時跟在垃圾車後面，一面努力教他看到的東西怎麼說，一面希望如果教的字詞都是他有興趣的東西，他就會對字詞本身產生興趣。「口語教育太可怕了，不管教什麼，目的都是要他們說出來。教法令人喘不過氣，而且完全不自然。簡直把我推到瘋狂的地步。」那個時候，人工耳蝸植入手術還是新技術，羅夫想考慮看看，可是芭芭拉不肯。「這個決定我不能做，我無法決定要不要把孩子的頭切開。你現在是要替成年以後的他做決定，可是他現在還只是個小寶寶。像這樣的決定，跟孩子將來會成為什麼樣的人有關，但他們都還只是嬰兒，未來會如何你無法預測。」

芭芭拉發現尼可拉太少和人接觸，決定再生一個，生個聽得見的弟弟妹妹，將來可以幫他翻譯。臨盆那天，芭芭拉把新生兒聽力測試的標準步驟告知院方。醫院的人宣布布萊妮的聽力正常。「她躺在搖籃哭，我則跟尼可拉玩，我還記得自己不耐煩大喊：『布萊妮，妳沒事，妳聽得到我說話。尼克需要我。』我當時並不知道，自己真正想要的是另一個聽障孩子。一知道她聽不見，那差不多是生下來一兩個月內，我就打電話給聽力師說：『幫我訂助聽器。』所以，三個月大的時候，她就戴了助聽器，還開始接觸手語，情況變得很不一樣。」後來有兩個老師被派來教芭芭拉手語，也讓布萊妮接觸更多語言。可是，芭芭拉卻覺得家裡有老師在，讓人喘不過氣。她回想道：「我不停說：『我孩子的進度剛剛好！』而他們則跟我說：『妳要是能早點開始，他們就會更聰明。』他們說得沒錯，但我不想聽。」

布萊妮能發出各式各樣的音素，專家認為她很適合接受口語教育。當時尼可拉已經開始接受口語教育，卻無法發出正確清楚的語音。「我實在不覺得這在他身上行得通，開始猶豫：『我是為了妹妹犧牲哥哥？還是為了哥哥犧牲妹妹？畢竟我們無法既學口語又學手語。』於是我做了決定，我們開始比手語。」

他們家離寄宿的馬里蘭啟聰學校有兩小時車程，她替兩個孩子都報了名。學校有雙語——雙文化的環境，但上課用手語。芭芭拉則在學校附近註冊了美國手語通譯訓練課程。羅夫只能在地區的高中上美國手語課。不過芭芭拉捨不得兄妹住校。「本來我不想要孩子，但後來我愛上我兩個孩子。」於是她每天開車載兄妹上下學。學校的聽障教職員都反對這樣的安排，可是芭芭拉心意已決。「這個部分我很厭惡：聾人的聾孩子就是寶，聽人的聾孩子則低人一等、沒那麼重要。我的孩子也能感受那種負面壓力。這一路上每一步我都質疑聾人族群的做法。我大可說：『好吧，把我的孩子帶走，讓他們住在宿舍。去吧，反正你們是專家。』我的兩個孩子會發展得更好嗎？我可以告訴你，那些等於失去父母的孩子，更跟不上。」手語通譯課程一結訓，她立刻去學校當志工，最後在學校擔任祕書。芭芭拉費盡心思要讓孩子有自信。「從小到大，我總說：『你們想做什麼都可以，這件事不會限制你們。』後來我才突然明白，跟他們無關，一切得看他們面試時，坐在對面的聽人怎麼想。」

最後，芭芭拉成了聾人文化的鬥士。她說：「我擁抱聾人文化的時間並不太長，現在我碰到父母，都說：『聽好，學美國手語會是你這輩子做過最難的事，你怎麼學都永遠不夠好，還是無法看懂孩子在比什麼，也永遠無法用手語暢所欲言。』事實就是如此，很難。」

我認識芭芭拉的時候，她在當地一所大學擔任主任，部門的工作是提供聽障學生家庭服務。尼可拉和布萊妮遠不如她那麼熱中聾人運動。尼可拉表示，自己能為聽障人士做的，就是走到外界，去工作、去做他自己。芭芭拉毫無異議，畢竟她之前努力了這麼久，就是為了讓孩子有這樣的自信。她抱怨道：「聾人圈總要成員以自己為榮，接著就不讓他們走了。孩子要在啟聰學校長大，然後上高立德大學，再回啟聰學校教書。他們對世界的認識就只有這樣，沒有帶來新意，也沒有多元的東西。」芭芭拉則讓兩個孩子念加州大學的北嶺分校，該校有堅實的聾人研究課程，聾人學生也多。

兩個孩子的英語寫作都很出色。尼可拉很少用口語，但布萊妮大學時卻決定再次接受語言治療，也考慮裝人工耳蝸。她希望能進入製片業，希望在聽人的世界裡也能悠然自得。芭芭拉說：「布萊妮希望能讓聽人越方便越好，她的口語詞彙很多，問題是她不敢說。她在大學有個通譯，通譯對她說：『妳不應該說話，因為聽障人士說起話來都很難聽。』於是她寫了封電子郵件給我先生，說：『我的聲音很難聽嗎？』這人是通譯，是布萊妮賴以溝通的求生索。我要是看見這女人，很可能會掐死她。」布萊妮很擔心，要是聾人圈的朋友知道自己要動手術，會有什麼反應？芭芭拉說：「她要怎麼做？要放棄夢想、接受現況？還是去動手術，讓自己更有可能找到理想工作？他們是活在聽人世界的聽障，這才是現實。」

芭芭拉雖然擔心孩子在聽人世界的處境，卻毫不後悔。她說：「我的孩子要是聽得見，我女兒跟我一定處不來。我們兩人的性格都很強硬，而我兒子則會惹出一堆麻煩。我的孩子要是聽得見，我就會去工作，也只好把孩子送給別人照顧。生下聽障的孩子，讓我成為更優秀的母親。我喜歡為目標而戰，也喜歡替別人找到能力。我們彼此處得很好，我們一家人，真的。我希望他們的孩子也是聽障，希望他們擁有跟他們一樣的孩子。」

• • •

在聽人的世界中，聽障人士往往處於弱勢。問題就在於，大家是想在主流世界當邊緣分子，還是在邊緣世界當主流分子？很多人選擇後者，這合情合理。同時，那些反對人工耳蝸植入手術，有時還反對助聽器等科技的人士，由於聲音比較大，所以讓人以為他們的想法代表普遍意見。可是，這些看法也可能構成限制。加拿大的聽障人士伍德考克寫道：「某些聾人似乎會給人隱約的壓力，要人放棄助聽器，這有點類似解放聾人版的燒胸罩運動。聾人社群歧視任何形式的聽力。我雖然聽力逐漸退化，但此時若是在安靜的房間裡，門上有人重重敲了幾下，我也還聽得見。這麼一來，就有人用懷疑的眼光看我，甚至公然質疑我為何出現在聽障人士中。這太荒謬了。」評論家李則寫道：「雖然我自認完全具備聾人的資格，也有能力參與聾人文化，但我也有能力和英語口語人士溝通，因此有時我會被人貼上標籤，說我的想法和聽人一樣，不是真正的聾人。」

史威勒有聽障，他在聽人世界長大，接受口語教育，很晚才找到聾人的身分認同，並以優美的文字寫了出來。他使用助聽器等裝置，對此他寫道：「基本上，一裝上助聽器，就等於每一句話都要在心中翻譯一遍。感覺就像高三學生拿假證件到大學的酒吧喝酒，裝裝樣子的確能騙過大家，但這種探索世界的方式，背後的根本立場是難以為繼的自欺欺人：一邊騙別人：我聽得見你們說話；一邊騙自己：只要其他人以為我聽得到，不管我漏聽多少，或是感覺多孤獨，都沒關係。這會把人逼瘋。但我一直這樣，也只會這樣。」喬許一路讀到高立德大學，他入學後不久，校刊進行民意調查，問學生若是有顆藥丸吃下去馬上可以獲得聽力，他們吃不[108]

吃？大部分的人都說不吃，因為他們以自己為榮。史威勒寫道：「但我們是誰？是誰從我們的眼裡向外看？」多年後他在自己的網站上貼出一篇簡短的自我介紹：「二〇〇五年，喬許植入人工耳蝸，手術大為成功。同時，他也深以使用美國手語為榮。聽障族群因防衛的心態與不信任而分崩離析，他不願接受這種態度，並深信人與人的共通之處應該可以，也將會戰勝差異。」

・・・

儘管人工耳蝸的爭論還沸沸揚揚，可植入的助聽器等各式輔具仍不斷發展、修正。同時，研究以生物、非輔具方式治療聽覺的研究也已開花結果。聽力受損有很多種，但原因多半是喪失耳蝸中的聽覺毛細胞。這些細胞接收聲音時，能將聲音轉換成神經可傳導的形式傳至大腦。細胞形成的時間為胚胎發育階段的前三個月，過了便無法再生——至少過去是這麼認為。一九八〇年代，現任職於維吉尼亞大學的柯爾文發現成年鯊魚的毛細胞遠多於幼年的鯊魚。之後的研究則證實，魚類和兩棲動物類終其一生都不斷產生毛細胞以取代死去的細胞。數年後，波士頓大學「細胞與分子聽力研究實驗室」的主任柯坦奇發現，雛雞的毛細胞若因耳毒性毒物或高音量而完全受損，之後仍能再生。經過測試，這些雛雞也的確恢復了聽力。這些新發現讓研究人員開始調查上述過程在人類身上是否也能實現。

一九九二年，柯爾文的實驗室研究人員以A酸餵養老鼠胚胎，生下來的老鼠有六或九排的毛細胞，一般的老鼠則僅有三排。以此研究為基礎，一九九三年愛因斯坦醫學中心的一支團隊在《科學》期刊上刊登一篇論文，描述團隊利用A酸混合胎牛血清治療成年老鼠受損的內耳，已經成功使毛細胞再生。然而由於大多聽覺障礙都屬於退化性（即使先天失聰，也多半是在子宮中失去聽覺毛細胞），新生的毛細胞究竟能否在內耳中存活，還是會像先前的細胞一樣死亡，仍是未定之數。

史代克是堪薩斯大學耳鼻喉學的教授，目前他正著手確認要如何讓神經幹依附在毛細胞上，而耳蝸的反應正是藉由依附的過程傳送到腦部。一九九〇年代末期，醫學界對幹細胞的認識越來越深，也因此有人開始問，如何讓幹細胞特化為聽覺毛細胞，再將其植入內耳？二〇〇三年，赫勒和同事成功從老鼠幹細胞中培養出聽覺毛細胞。六年後，英國雪菲爾大學有個團隊證明人類胚胎的聽覺幹細胞可在體外培養，然後再發育為可用的聽覺神經元或毛細胞，過程中對細胞使用Ａ酸可以幫助發育。

從基因角度研究聽障，因為涉及選擇性墮胎，讓聾人圈大感不滿，但其實這些基因研究的主要目的並非終止妊娠。科學家希望能發展出基因療法，幫助聽覺毛細胞在子宮中及出生後生長。由於已發現ＡＴＯＨ１基因是聽覺毛細胞發展的關鍵，研究人員目前把重心放在能引導、誘發動物體內ＡＴＯＨ１基因表現的療法，並防止氧化壓力等作用破壞現有細胞。老化會導致聽力問題，其中氧化壓力作用極可能是主因。另外，訊息必須經由傳導通道從毛細胞傳到腦部，控制此通道的基因也是目前的研究對象。

目前正在研究的科技包括：植入電極以刺激神經纖維、微型植入的技術、完全植入體內的耳蝸裝置、植入式助聽器等。

• • •

一九六〇年代初期，美國爆發德國麻疹，許多嬰兒因而失聰。這一代人又被稱為「德麻暴漲」，現在正值中年。目前美國已有疫苗讓大部分的準媽媽不致感染德國麻疹，大部分的孩子也不再感染德國麻疹或腦膜炎。聽障人口變少了，而人工耳蝸則代表有很大比例的聽障兒童能在聽人的世界裡生活。「自神開天闢地以來，現在大概是聾人最好的時光了。」希爾巴克在萊辛頓的畢業典禮上說過這麼一段話，然而現在也是聽障人口不斷凋零的時刻。聽障人士的生活越來越如意，但人數也越來越少。父母若想知道聽障孩子會有什麼未來，已經不能再問成年的聽障人士，因為這些人的成長背景已是明日黃花。今日的父母如果不幫孩子動植入手術，就等於選擇了一個日益縮小的世界。現代的聾人運動誕生於一九六〇年，那年斯多基率先從語言學的角度分析，確立美國手語是十分複雜精細的語言。至於這場運動的式微，有人認為是肇因於一九八四年美國食藥局通過了耳蝸植入術。布德侯表示：「我們仍在為自己尋找答案，例如說：我們是誰？語言對我們有何意義？這個世界如何與聽障人士互動？我們才剛開始有所發現，就要面對這些壓力。」帕瑪說：「優生學和多元文化是勁敵。」

二〇〇六年，一群聾人提出要在南達科達州建立一座聾人小鎮，並取名為「羅倫」，以紀念羅倫·克雷，預估最初人口將有二千五百人。幕後主導此計畫的人物是米勒，他說：「社會沒有把我們『融合』得很好。我的孩子找不到人生的榜樣：市長、廠長、郵差、企業家，都沒有。所以我們要建造這麼一個地方，來展示自己獨特的文化、獨特的社會。」然而當地的鄉鎮畫委員會拒絕此項提案，計畫失敗了。南達科達州的人聽到聽障鎮的反應，就跟一九五〇年代的白人社區聽到黑人社區的消息一樣。不過，即便是聽障人士，反應也十分兩極。《聽障週報網》寫道：「有些人質疑為何需要這樣的城鎮，他們說這種『孤立』早已過時。」

如果是本卡拉，恐怕就不會有人說出同樣的話，畢竟那樣的聚落已經過一代代的發展。主流社會可能會認為這是有缺陷的聚落，是遺傳問題的放大版。但那樣的聚落並非人為，而是垂直形成的。一般人認為垂直很自然，水平就不自然。在費德曼這些聽人眼中，植入手術比聽障更「自然」，反對手術，看來才是刻意而不自然。這樣的觀點深入人心，也有越來越多人選擇植入耳蝸，邊緣文化的人口更少了，帶來更多壓力，更多人想要動手術，如此循環，最後聾人世界僅存寥寥數人。失去聾人文化將讓人十分心痛，不讓任何孩子接受植入手術則可能會被視為殘酷。父母藉由限制孩子的選擇，將孩子定義為自己的延伸，而非獨立自主的個體。然而植入耳蝸以後，很可能就犧牲了孩子在聾人世界怡然自得的機會。任何身分只要成了選擇，就會發生不可逆轉的改變，即使是選擇此身分的人，也面臨同樣情形。

多年來，聽障人士的典型生活就是去聽障的社交場合跟人面對面交際，但現在聽障人士都能上網聊天，這些場合已經逐漸消失。聽障人士以前往往會聚在聽障劇院，但今日的電視、電影已配上字幕，上劇院的動力也逐漸消失了，現在的聾人文化，是否僅能定義為人與人當面交流時使用的某種共同語言？

正如聾人文化被迫融入主流，主流文化也吸收了聾人世界。懂美國手語的美國人，人數高達二百萬。廿一世紀初期的幾年，美國手語的課程就成長了四三二％，使得美國手語成為大學中最常教授的語言中排名第十五，也是全美最常教授的第五大語言。有許多人被手語迷住，是因為覺得這種肢體溝通系統極具詩意。在這個人工耳蝸的時代，聽障孩子學習手語已較不普遍，倒是有父母要聽得見的寶寶學習手語，如此一來，他們在控制口腔肌肉開口說話前，就能先使用手語。申請高立德大學的聽人也越來越多。聽障人士對此感到五味雜陳。他們注意到，現在語言已經和文化分流，很多學生學手語，卻絲毫不了解「聾人之道」。「聾人之道」這個時髦的用語，指的是深切體會聾人的價值觀。高立德的英文系教授榭爾斯認為：「美國手語大受歡迎，代價是手語成了一種手工藝或嗜好，由愛好者志願在教堂地下室開課傳授，就像拼布或有氧舞蹈。」她指的是學校教育以外的美國手語課程。

我完全相信世上有聾人文化，也認同這是支豐富的文化。要承認某個文化，會牽涉到哪些社會責任？我們可以賦予這個文化類似古蹟的地位，使其得以永久保存，不被摧毀嗎？只要父母和孩子同意，討論聾人文化傳承便不會有問題。可是我們的社會不可能把孩子從父母身邊帶走，交給另一群人扶養。聽人父母的孩子大約有九成仍會由親生父母以自認為適合的方式撫養。若人工耳蝸手術可以改善，若基因療法日益進步，能有效治癒孩子，這些療法就會橫掃一切。垂直的認同會永遠流傳下去，水平的認同卻不會。藍恩因此怒而寫道：「聽人父母和聽障幼童之間的關係，就是聽人社會和聽障族群之間關係的縮影，充滿了家長心態，迷信醫療，遵循種族中心主義。」確實如此，但藍恩似乎忘了，父母有絕對的權力抱持家長心態。雖然聽障人士要學口語很難，但是父母學習手語也不容易，這不是因為父母偷懶或輕視手語，而是因為他們的大腦完全根據口語表達來發展組織，到了為人父母的年紀，神經的彈性早已喪失了大半。父母替孩子選擇植入手術，部分原因是這樣孩子就能和他們溝通。這很可能是明智之舉，因為親子間的親密互動是雙方心理健康的基石。

人工耳蝸的辯論其實是一具支架，讓我們得以站在上面，討論另一個更大的主題：同化與異化——讓人類標準化到何種程度，是值得稱頌的進步指標，到怎樣的程度，又會成為戴著面具的優生學？惠勒是聽障研究基金會的執行長，他曾說：「我們可以戰勝美國新生兒聽障的問題，只要讓每個新生兒都接受測試，再將父母組織起來，形成政治力量，如此一來，不論父母有多少錢，孩子都能獲得需要的東西，那麼，每年出生的一萬二千名聽障寶寶，就會成為一萬二千名認同自己是聽人孩子的寶寶。」問題在於，大家想要這樣嗎？現在的情況就像一場你死我活的競賽。一個隊伍由醫師組成，他們能讓聽障變成聽人，深富人道精神，且能創造奇蹟；另一隊則是聾人文化的代表，個個是富有遠見的理想主義者。然而一方獲勝就會讓另一方失去意義。聾人文化變得強勁，同時卻也逐漸凋零。《聾人之眼》的導演加芮表示：「聾人文化大概只能維持一代。」有些學者則說聾人文化是「皈依者的文化」。

我在全國聽障協會認識了羅斯，他說：「若是世上到處都是兒童期的治療法，我可能就不會有聽障，也不會是同志。身為聽障人士和同志，我並不因此就覺得沒人愛我，也不會不愛自己，反而覺得事實就是如此。」如果在療法臻於完美之前，聾人文化就能變得像現在的同志文化一樣受到矚目、勢力龐大且十分自豪，也許光憑「德麻暴漲」這一輩運動分子的成就，就有辦法讓聽障文化長長久久。但如果在這一切發生之前，治療方法就先行問世，幾乎所有的聽人父母和底層的聽障父母都會把孩子送去治療，那麼高立德事件之後的驚人成就便將成為歷史的終點，而非起點。屆時，本章所說的一切都會變成巴比倫古文明的傳奇，遙遠而悲涼。蕭柏格曾參加高立德的大小抗議活動，他寫信告訴我：「雖然身上的障礙從未讓我不自在，我也不覺得人工耳蝸手術是意在摧毀聽障文化的邪惡力量，但我確實感覺滅絕正步步逼近。世界各地永遠還是會有聽障人士，可是在五十到一百年內，在已開發國家將會幾乎完全根除。之所以說『幾乎』，是因為總會有移民、無法醫治的症狀、固守文化的人等。但像我這樣的人，不會再有了。」

世界上如果有更多文化，會變得更好嗎？我相信會。人類哀悼物種消失，害怕生物多樣性減少將嚴重危害地球，同理，我們也應該害怕多樣文化凋零，因為世界之所以充滿朝氣，多元的思想、語言、意見功不可沒。阿滿都·漢帕帖·巴是馬利的民族學家，他說：「一位老人過世，就是一座圖書館燒毀。」然而現在發生在聾人族群間的事，過去也發生在貴格會教友、美國原住民、整個部族甚至國家上。我們住在文化的焚化爐中，據估計到了本世紀末，現存六千個語言將會有整整一半消失。巴別塔正逐漸崩毀。隨著這些語言消失，傳統的生活方式也將一併消失。澳洲語言學家伊凡斯曾寫過，當務之急是找出「一套保留語言及認知的新方法，讓多元性成為關注的焦點」，並指出所有物種中，唯有人類的「溝通系統在各個層面都是根本上可變的」。聾人文化將和許多種族一起消失，聾人的語言也將和許多語言一起湮滅。

上述的統計數字令人心涼，僅有的一絲希望，在於看見新文化一直在誕生。本書記錄的許多族群，若是沒有網路，或若是網路無法跨越地理、語言、年齡、收入的差異，把價值觀相同的人聚在一起，就不可能出現。書中有些族群本身就是文化。現在我的手指一動，一串串的字就出現在我眼睛盯著的螢幕上，背後的功臣正是電腦程式語言，那也是一種語言，而且這類語言發明得很快。保存歷史固然可貴，但也不應該因此阻攔創新。

我父親的文化十分貧瘠，他在紐約布朗克斯區的廉價公寓長大，一路奮鬥到專業階級，讓我及兄長在優渥的環境中成長。他有時會懷念自己當年離開的世界，也試著向我們說明他的心境。但那不是我們的現實，也恐怕不是任何人的現實。他出生的時候，近代東歐猶太移民剛來到美國，做的是勞力工作，說的是意第緒語，那樣的世界早已消失。毫無疑問，我們失去了某些東西，然而我卻比較喜歡自己從小經歷的美式繁華生活。賈姬和我談過今日最虔敬的哈西德派猶太人：「他們覺得跟自己人在一起很安心。週五晚上過安息日，上猶太教堂，有自己的學校，有自己的傳統，什麼東西都有自己的。為什麼要管外面的世界？聾人族群也是這樣，這個族群會越來越小，不與世人為伍的人會越來越邊緣化。我們不能再裝聾作啞了。」

我的第一本書描述一群蘇聯藝術家，他們昂首面對殘酷而壓迫的體制，展現出勇氣和才[114]氣。然後，冷戰結束了，這群人的驚人成就也成了歷史。雖然有些人打入西方的藝術市場和博物館，但很多人再也沒有創作出像樣的藝術作品。聾人文化一向是英勇的成就、美麗而精巧的奇蹟，而現在卻像蘇聯的異議分子或意第緒的劇場，漸漸變得微不足道。聾人文化發展出的某些東西會傳承下去，但是昂首闊步的時機已經過去。時代不斷進步，每進步一點，就毀去一些東西，但也把湮沒事物的源頭編寫入進步之中。我並不想經歷我父親昔日的生活，但我知道，若非有那樣特殊的逆境錘鍊出來的精神，便不可能有我。

權利運動分子帕頓眼見美國手語大受聽人歡迎，問道：「這兩種相互衝突的強烈欲望怎麼能並存呢？怎麼能既想消滅聽障，又去歌頌「創造並保存一種獨特的人類語言」這個由聽障帶來的最耀眼成就呢？但這兩件事互不相關。你可以欣賞聾人文化，但同時選擇不把孩子交給這種文化。喪失多樣性很可怕，但為了多樣性而多樣性，卻是自欺欺人。若人人都能擁有聽力，卻要保存純粹的聾人文化，就像在某些歷史小鎮裡人人都硬是過著十八世紀的生活。在未來，天生沒有聽力的人仍然會有共通之處嗎？他們的語言仍會有人使用嗎？當然會，就像電力時代蠟燭仍無所不在，化纖時代我們仍穿棉衣，有了電視大家仍然讀書。我們不會失去聾人文化帶給我們的贈禮，我們也應該要思考，聾人文化的哪一部分十分珍貴，又為什麼珍貴？但是任何想從水平方向推動的社會議程，最終都將敵不過追求醫療進展的垂直需求。

III

第三章　侏儒

DWARFS

我第一次參加的侏儒聚會，是二〇〇三年在麻州丹佛舉辦的「美國小個子」會議，在那之前，我完全不知道世界上竟有這麼多種侏儒症，也不知道這個分類中有這麼多種外型。侏儒症的發生率很低，原因通常都是隨機的基因變異。由於侏儒的父母多半身高正常，所以侏儒並沒有垂直族群。偶爾會有人談到要替「小個子」建造小人鎮，侏儒運動人士也大多住在幾個大都市裡，有幾型侏儒症極為罕見，但在阿米許教派的比例頗高。話雖如此，世上從未有矮人明顯集中在某片地區的紀錄。換言之，美國小個子組織的全國大會不只是上上課、和醫學專家聊一聊而已，在某些與會者心中，這是一年一次暫時擺脫孤寂的機會。在這些聚會中，眾人情緒激昂。我曾遇過一位侏儒，她告訴我，她「一年就快樂這麼一個禮拜」，不過其他人也強調，不論是生活在大人國，還是跟美國小個子的朋友相聚，兩種日子他們都喜歡。美國身材矮小的人有超過十％參加美國小個子，其他少數族群也有類似的團體，但角色都沒有這個組織在侏儒圈那麼吃重。

115

一到當年聚會的舉辦地點「希爾頓逸林度假中心」，舉目所見盡是小個子，我很驚訝自己看他們的眼光竟然變了。我看到的不再只是矮小的身材，反而看到某個人美貌出眾，某個人即使以侏儒而言也非常矮，有個人很愛笑，笑起來又很吵，有個人一臉無比聰明的模樣。我這才發現，自己平常面對小個子有多「一視同仁」，也領悟到此時終於沒人盯著他們的身高，他們想必個個鬆了口氣。當然，美國小個子大會讓人因身高而相聚，但所幸身高在這裡也變得無足輕重。

外人若對拉丁裔或穆斯林投以如此異樣的目光，他一定很難承認自己是這麼看。若有人因為某人的種族或信仰而很難欣賞這人的其他個人特質，即便只是一下子，恐怕也有歧視的嫌疑。然而，這樣的社會規矩，侏儒症似乎一向是例外。《侏儒生活及侏儒症》的作者貝蒂·阿德森表示：「在政治正確的美國，唯一允許的歧視就是侏儒歧視。」達爾頓是哥倫比亞大學產科及遺傳學的系主任，也是高風險懷孕的頂尖研究者，她告訴我：「要是你說孩子心臟有個洞，大家都會說：『可是妳治得好，對吧？』但每次我跟別人說，他們的孩子生下來會是侏儒，他們卻一臉嫌惡的表情。」

世上有許多我不曾聽過、不曾見過，甚至從未想過的侏儒症，但我在美國小個子聚會的第一天所認識的人當中，有很多人都能一眼認出這些症狀。第一天晚上我下樓前往大會的舞廳，看見一對「原基性侏儒症」兄妹，兩人發育健全、比例完美，身高只有大約七十五公分。兩人的父母就站在一旁，護衛著兩人不被別人踩到——即便在侏儒大會也有這類危險。我還知道女孩在學校樂隊擔任打擊，由一名同學替她推小小的輪椅，而鼓則放在她大腿上，根據另一個侏儒的說法，她看起來「就像小木偶」，而這人也不過九十一公分高。這場大會也舉辦了運動比賽，有一場馬拉松長度的才藝表演，從基督教音樂表演到地板舞，應有盡有。此外還有時裝展，從正式盛裝到休閒風格，款式眾多，都是為小小的身軀量身訂做。會議還讓許多人找到日思夜盼的約會機會。有個侏儒喜劇演員就打趣道：「假若妳在一週內交到的男友比過去一年都多，那妳應該是個青少女，還參加了美國小個子大會。」

活動第二天，我認識了瑪莉．柏格斯，她告訴我這個組織改變了她的一生。一九八八年，她的女兒小珊出生，婦產科醫生一開始以為她是由於早產，因此身形特別小。一個月後，小珊還在新生兒加護病房，醫生診斷出她有軟骨發育不全。瑪莉告訴我：「我們當時倒寧願生了個聽障或視障的孩子，只要不是侏儒都好。當你懷了孕，想像著可能會出什麼問題時，你絕不會想到這個。我們當時的想法是：『我們為什麼要懷這一胎？』」

小珊戴著氧氣罩和監測器回到父母位於華盛頓特區郊區的家。六個月後，醫師宣布小珊的身體很健康，瑪莉便帶著她第一次參加當地的小個子聚會。小珊一歲半時，為了減輕水腦症的問題，腦中裝了引流管。水腦症是腦脊髓液在腦中累積所造成。軟骨發育不全的人在成長期常會出現骨骼問題，小珊很幸運都沒發生。瑪莉和丈夫找來許多踏腳凳，放滿整棟屋子。兩人也買了電燈的延長開關，還改動了廚房水槽中水龍頭的位置。跟外界的重重難關比起來，調整家裡擺設容易多了。瑪莉說：「曾經有人在雜貨店的貨架間不停追著我們發問，我們後來學會了，要瞪回去，這樣可以把對方嚇跑。我也看到小珊不跟其他小朋友玩，因為她個子太小，沒法做一樣的事情。看了真是平添心酸。」

小珊上幼稚園之前，父母告訴她，同學可能會為她取不好聽的綽號。兩人事先整理了可能的綽號，一一教她該如何應對。瑪莉也到學校說明小珊有特殊需求，並給了老師一本有關侏儒的書，讓老師可以唸給全班聽。學校把水槽跟飲水機的高度都調低了，還裝設扶把，讓小珊可以扶著坐上馬桶。班上的同學都知道小珊的故事，可是每一年總有新生不知道，其中有些人就替她取了難聽的綽號，於是她決定到每個新入學的班級演講。她會說：「我個子很小，但是我已經八歲了，今年三年級。我是侏儒，我跟你們一樣，只是比較矮。」她小學時年年這麼做，之後就沒有人取笑她了。

小珊五歲那年，柏格斯一家人參加了第一場美國小個子組織的全國大會。瑪莉說：「我們走了進去，看見幾千個侏儒，小珊嚇壞了。我的另一個女兒身高正常，我當時還以為她要哭了。我們花了兩三天時間才適應。」接下來幾年，柏格斯說服親朋好友一起參加聚會，認識小珊以外的侏儒。瑪莉說：「祖父母見了成年的侏儒就能明白：『好吧，小珊長大後就會像這樣。』」她想了一下，又說：「我們參加是為了小珊本人，但也為了能更自在地和她相處，能用正確的方式愛她。」

中學的日子比小學辛苦。瑪莉說：「有些人原本是她多年的朋友，突然就不想跟她一起出去玩了。同學打電話約週五晚上去溜冰或看電影時，都不邀她。她們都假裝這件事跟她是侏儒無關，可是她知道有關。」學校體育組因為她擔任田徑隊的經理而表揚她。她也參加學生會，還當選班上的財務股長。但除此之外，她只有一兩個朋友。瑪莉說：「她有點寂寞，她暗戀過學校的男孩，但最終明白一般身高的男孩子沒興趣跟她交往。後來她開始注意美國小個子組織裡的帥哥，那是重要的轉捩點。」

我認識小珊的時候，她正深陷於初戀的酸甜苦澀。那時她十五六歲，很迷人，而且成熟得令人訝異，身高一一四公分，比一般軟骨發育不全的青少年要稍微矮一些。瑪莉對於未來十分樂觀，她對我說：「我倒寧願她找個小個子男友或丈夫，這樣她就不會那麼辛苦。這也算是某種門當戶對。我是說，你生下了侏儒孩子，但事情不會就這麼結束，我們可能還會有個侏儒女婿，然後有侏儒孫兒。以往我們是一般身高的家庭，但等我們都不在了，這就會是個侏儒家庭！我很難設想當初要是我剛懷孕就知道這件事，很可能就不生了。」

• • •

威廉·黑爾是侏儒，也是第一位以寫回憶錄聞名的身心障礙者，他在一七四五年記敘自己拜訪一位將軍的往事，寫道：「其手下勇士個個高大，戴上軍帽更顯魁梧。與將軍並肩行於士伍之間，更顯一己之渺。我竟覺自己並非人類，而是一蠕蟲，為此暗自神傷。吾亦有心為國為君報效帳前，奈何無力為之。」這種遺憾，夾雜著渴望超越不足的心情，常見於侏儒的筆端唇間。然而，雖有早年的黑爾寫下這篇可敬的文章，現代文學也書寫身為小個子的經驗，兩者間卻有很長一段空白——蠻橫粗劣的歧視壓得這樣的自尊自重難以抬頭。伍迪·艾倫有次就嘲諷道，「侏儒」（dwarf）是英語最逗趣的四個詞之一。若你的本質在別人眼中就是種笑料，負擔將何其沉重。我每回說到這本書的其他類別，聽眾總能意識到整個計畫的嚴肅性，一言不發，可是一提到侏儒，朋友都笑了出來。例如，我聊到某次大會有個侏儒流氓威脅要在早上八點放炸彈，結果飯店只得疏散所有賓客（大部分人前一晚都玩得很凶）。光想到有五百多個侏儒站在飯店的中庭，睡眼惺忪，很多人都還帶著宿醉，朋友便樂不可支。這一點讓我很有感觸。我知道不久以前，大家若想到五百個睡眼惺忪的同性戀，一定也會同樣覺得好笑。但是同性戀的身分可以隱瞞，一群同志站在一起也不會讓人看了忍俊不住。路人看到坐輪椅的人可能會世故圓滑地移開視線，可是卻會盯著侏儒直看。看得見的人嫁給視障人士讓人欽佩，但一般身高的人嫁給侏儒，卻會有人懷疑這女人有戀物癖。侏儒仍然出現在怪胎秀中，出現在拋擲侏儒比賽中，還出現在色情片中。在色情片中，侏儒性愛自成一類，滿足了物化他人的窺淫癖好。這再再證明了相較於其他身心障礙族群，社會對侏儒最麻木冷酷。芭芭拉·史匹格爾目前是美國小個子推廣宣導部的主任，她表示自己的祖母就說過：「妳是漂亮的姑娘，但沒人會娶妳，妳什麼都要學會自己來，因為這輩子妳都要一個人過。」她的繼母就曾經抱怨，說不想讓人看見自己和她一起走在街上。

八成以上的侏儒有骨骼發育異常，這是侏儒的主要症狀，其中又以軟骨異常最為常見，會導致四肢短小、大頭，但軀幹正常。這些人的父母往往身高正常，也沒有侏儒的家族史，之所以生下骨骼發育異常的孩子，可能是因為全新的基因變異，也可能因為雙方都帶有隱性基因。其他類型的侏儒症還包括「垂體性侏儒症」，原因是缺乏生長激素。另外還有「心理社會性侏儒症」，由嚴重肢體虐待所引起。

傳統上，母親得承受生下侏儒的所有責難，直至今日仍要面對這些壓力。在中世紀到十八世紀之間，社會普遍以為「生出怪胎」代表女性欲求不滿，滿心淫思邪念才導致嬰兒畸形。這種理論名喚「想像論」，數百年來不斷引發熱烈爭論。普林斯頓大學的歷史學家許特曾說：「十九世紀，胚胎學和遺傳學有了新發現，讓科學家找到新的方式來解釋外貌相似的問題。但即便醫學界不再認為母親心裡想像的事物將影響孩子，仍無法完全避免有人以此來解釋孩子的外貌。」莫利肯是小兒外科醫師，他曾經寫道，每個父母都想知道自己究竟做了什麼才導致今日的狀況。「大部分案例的答案都是『沒有』，但所有母親都備受指責。」

家長父母一開始接觸的醫生，多半沒有遇過侏儒症，父母也往往忘不了醫生談到這個症狀時有多傷人。阿德森記得有個醫生對新生兒的父母宣布剛剛檢查出的症狀，他說：「你們剛生了一個馬戲團侏儒！」另一個醫生的建議也同樣麻木不仁，他說孩子應該「送去安養院，或送到佛羅里達州的侏儒團」。有個母親則表示，大部分醫生都一副她女兒有瑕疵，因此沒有資格像「真正的」寶寶那樣受到妥善照顧的模樣。另一個人則描述自己在產房裡和侏儒丈夫在一起，醫生走過來對著兩人說：「很遺憾，你們的孩子是侏儒。」

醫生這樣的行為豈只無禮冒失。醫生以什麼方式將侏儒症的消息告知父母，可能深深影響父母有沒有辦法照顧、疼愛這個孩子。父母若能立刻知道孩子的壽命不會受到影響，之所以有侏儒症，也不是因為父母親在懷孕期間做了什麼事，而且這個孩子將能快樂、健康、獨立地度過一生，對父母將有很大的幫助。父母的態度則會影響親戚朋友；父母若覺得丟臉，朋友也跟著尷尬。除了美國小個子組織之外，「魔法基金會」及「人類成長基金會」都架設有資訊豐富的網站，也贊助線上聊天室以及各地的互助團體，讓生下侏儒孩子的一般父母有機會認識活得正向、充實的侏儒。不過，很多人一開始的反應還是難過、震驚、不願接受。侏儒薩金特在網路上寫道：「不管我們（侏儒）覺得活著有多棒，我還是忍不住想，我不舒服的時候，我母親

（比我）更痛苦……我的與眾不同帶給她多少沮喪、傷害、灰心、挫折。」

麥特・羅洛夫是美國小個子的前任會長，也是熱門電視節目《小個子，大世界》裡頭的父親。他說：「我父母從不想知道我想做什麼、娶什麼樣的太太、生多少孩子。他們在意的是我能靠什麼為生、娶不娶得到老婆、能不能生小孩。」他娶了愛咪，愛咪也是侏儒，兩人生了四個孩子。《小個子，大世界》在「學習頻道」播出已有四年時間，記錄了羅洛夫一家在奧勒岡州波特蘭市自家農場生活的點點滴滴。這個節目有偷窺之嫌，但毫不煽情，也幫助大眾以正常的眼光看待侏儒。

愛咪兒時住的房子沒為她做過什麼調整，登門拜訪的朋友都不明白電話為何要放那麼高，她得爬上凳子才拿得到。「我媽說：『如果愛咪得學習適應外面的世界，她在家裡也許就該先習慣、先學著適應。』幾乎沒什麼東西是根據我的需求設計的，這樣很好，讓我變得更獨立。」羅洛夫家有兩個身高正常的男孩，另一個孩子札克則有軟骨發育不全症。愛咪不希望屋子全配合家裡的小個子擺設，而使其他孩子覺得自己是外人，因此盡量讓家裡「保持正常」。她鼓勵札克以自己的侏儒症為榮，但也不要太把侏儒症放在心上。「有一天他說：『媽，我們剛剛在玩，其他小朋友有點太粗魯了。』我說：『札克，你應該感謝他們，也許他們沒有把你當小個子看，只是跟你一起玩、一起鬧？這樣很好。』」

這種一視同仁的精神也用在家中其他孩子身上。傑若米是老大，個子也最高。「我得提醒麥特，我們不能因為傑若米個兒高就占他便宜。我不希望他覺得自己在家裡唯一的用處就是他很高。」然而，就連《紐約時報》在評論她的孩子在電視上的樣子時，都說傑若米是「帥氣的年輕運動員，玩起足球優雅而慵懶」，而他的弟弟札克則「聰明而認真」。聰明認真沒什麼問題，有趣的地方在於社會的傳統觀點不認為某種身體是美的，而作者在描寫這樣的身體時，也很善意地用了不同的語詞。

• • •

麗莎．赫德立在「全國公共廣播電臺」主持節目，還是某家水療集團的執行長。她出身紐約望族，曾經是芭蕾舞者，現居紐約市和康乃狄克州兩地。她為ＨＢＯ製作執導的影片《侏儒：非童話》氣氛輕鬆歡樂，卻也清楚揭露鏡頭記錄的主角遭遇的種種困難。麗莎的女兒蘿絲有軟骨發育不全，她出生的時候，麗莎還沒有片中的那種智慧。麗莎分娩後住院時，「醫院的人給我一本小冊子，叫『我的孩子是侏儒』。還有其他資料，上面印了一張照片，照片中有個沒牙齒的男人在掃街。另一張照片則是好幾個侏儒在牧羊。」麗莎決定，她將竭盡所能讓蘿絲遠離這種異樣眼光。

蘿絲兩歲時，麗莎替《紐約時報雜誌》寫了一篇文章，提到：「為人父母本就有苦有樂，但只因為一個名詞，外子和我就不知不覺加入一個社群，社群成員的共通之處不只是為人父母的苦樂，還有深沉的傷心不解——對於隨機事件有新的理解，對於現實的體會開始偏斜。即使在我最荒誕不經的災難狂想中，我也從未想過，有天我竟會生出這麼一個與眾不同、招來側目的孩子，以致於我對上街購物或海灘散步都有了不同的想法。一開始我就知道，其他人對特異孩子的反應將影響你對世界的感受。但也許更重要的是，別人的反應和我給的訊息有關！如果我心情很好、很樂觀，大家也就樂於指出我女兒的特別之處：眼睛明亮、笑容迷人。」

蘿絲四歲時，開始留意到自己的狀況，麗莎帶她去看兒童心理師，希望她未來和世界打交道時，若遇到難題障礙，能夠有人傾吐。麗莎說道：「蘿絲放學後每週去一次，但她從進去的第一刻就討厭這件事。她不想談自己，幾乎是深惡痛絕。我知道，我們當時把她的症狀當成一種病，一種需要治療的東西，但其實她根本不需要治療。」

麗莎還有三個孩子，兩個年紀比蘿絲大，一個比較小。她也必須不斷調整自己和蘿絲及這三個孩子間的關係比重。麗莎說：「我對她的需求尤其敏感，近乎神經質，有次蘿絲的學校在卡內基音樂廳辦音樂會，她踏著侏儒特有的滑稽步子走了出來，走到她的座位上。我看著我先生，像是在說：『我們忘了她是侏儒嗎？』我總是一次次震驚，為這類處境心碎。」麗莎認為假裝沒這回事，對自己、對蘿絲，甚至對這個世界都很不誠實。「我非常疼蘿絲，無法想像沒了她，日子怎麼過。就算給我全世界，我也不會拿她交換。可是我個子很高、很瘦，還曾是芭蕾舞者。我曾經想像她也可以這樣。若妳的孩子無法分享妳的人生經歷，妳就會哀悼自己失去了那個想像的人生。但另一方面，我對於她是誰這件事，也有近乎狂暴的強烈感情。」

蘿絲不願自憐自艾。「她很堅強，奮不顧身，但她打這的場仗對她毫不留情。我不願受到矚目，所以不喜歡這樣。這就像你並不想出名，可是身不由己。我們走在街上，就會有人說：『嗨，蘿絲。』她總想逃避，可是沒辦法。」麗莎說道。

蘿絲並不認為自己和其他小個子是同一國人，也因此這家人並未參與美國小個子的活動。這樣的決定對人生態度有多少影響，又反映出多少人生態度，其實很難判斷。「互助團體和會議，那是我們一家人平常就會參加的嗎？我們會參加任何團體或組織嗎？答案是絕對不會。我問蘿絲說：『妳覺得認識其他小個子，生活會不會比較好？』她說：『不會，我想住在這兒，過我現在的生活。我有很多朋友。也知道自己是誰。』」麗莎有個朋友，女兒比蘿絲小一歲，也是小個子。這家人積極參加美國小個子組織的活動，每次聚會都帶回大量照片，上面都是「非常可愛的年輕小個子」，可是蘿絲毫無興趣。「這暗藏一個問題：這種否定的態度，有多少是我們培養出來的？」麗莎說道。

世人總千篇一律地說侏儒常很「勇狠」（一個特別討厭的字眼），也不斷有報導以「人小脾氣大」為標題。有些文章姿態很高，但有些也反映出一個永遠活在好奇目光下的人會發展出什麼樣的人格。麗莎說：「我其他孩子的脾氣都沒她硬，我丈夫和我也是。蘿絲總是氣呼呼的，這是因為她無時無刻都要面對這樣的事情。」

麗莎全家人的生活繞著蘿絲轉的程度，遠比麗莎所以為的還要高。這家人本有機會搬去倫敦，但因為不想讓蘿絲離開熟悉的生活，於是全家決定留在美國。蘿絲熱衷運動，對騎馬情有獨鍾。麗莎很以此為傲，說：「要是我作主，絕不會幫她選這活動。但我大兒子是非常出色的騎士，全國榜上有名的選手，這些光榮蘿絲都看在眼裡。她可以忍受走進賽馬場，站在評審前面。她和身高正常的孩子一起比賽，那些小女孩都很可愛，綁著馬尾，有一雙修長的腿，但蘿絲還是得了獎。她坐得直挺挺的，十分自豪的樣子。大家不停說：『太了不起了！』但她不希望自己因為是侏儒才了不起。她想要和別人公平競爭。」

麗莎常受邀去開導別人，並說服很多婦女生下肚中的侏儒孩子。她也會建議送養，並提起她碰過一戶驚慌失措的家庭，完全不知如何面對生下身心障礙兒的未來。「這家人的大女兒是啦啦隊員，覺得如果『妹妹是這樣的怪胎』，她一定會大受打擊。這就是那個母親當時的用詞。她最後把寶寶送走。她新生的寶寶永遠也不可能當威斯特徹斯特郡的啦啦隊員，所以她沒辦法愛她。」她碰到的另一個家庭已生下侏儒小孩，麗莎說：「那家人的經濟能力和家庭組成和我們很類似，於是我就想：『這太好了，兩個女孩可以一起長大。』」後來那對夫婦決定要讓女兒接受骨骼延長手術，她大吃一驚。這種手術會反覆打斷骨頭，延長肌肉，一向很有爭議。「那真是艱難的一課，原來雖然兩家的女兒都是小個子，也不代表我們有同樣的精神或情感。在輪椅上上下下五年。從醫學的角度看，骨骼延長術讓我不寒而慄，但我更害怕的是那個年紀的孩子正在不停培養自我認同、找出自己是誰。他們要怎麼活出最好的自我？像這樣不停東修西改，不可能做到。」

麗莎說，儘管自己心中仍有許多疑惑，但最初令她心驚膽跳的事，現在都已不成問題。「很久以前，我帶著她到約翰．霍普金斯醫院看病。我在電梯裡抱著她，有個母親帶著孩子走進來，孩子流著口水，顯然有重度唐氏症。我用非常憐憫的眼神看著她，像是說：『噢，我知道怎麼處理自己的孩子，但要是碰上妳的狀況，我就不知道該怎麼辦了。』而她也用一模一樣的眼神看著我。」

・・・

父母可以將侏儒症視為一種身分，並與這樣身分建立關係：參加侏儒大會，讓孩子在幼年時接觸其他侏儒，加裝矮個子也能輕鬆使用的電燈開關，改裝廚房，方便小個子下廚。然而這麼做有風險：若孩子從小到大都以身材矮小作為主要的身分認同，恐怕會覺得自己一直被困在非己所願的環境中。即使孩子沒有這種委屈感，仍得面對這個身分認同的先天限制。你可以選擇自己的交友圈，跟宗教信仰、種族、性向、政治理念、嗜好興趣、社經地位相同的人往來，但侏儒的人數不夠多，生活圈不可能只有侏儒。

父母可能寧願完全融入主流，同時說服孩子個子高矮並無差別，鼓勵他們和任何身高的孩子交朋友，告訴他高個子的世界就是世界真實的樣貌，他必須學著習慣。但如果別人不斷告訴你，你真的沒有什麼障礙，也可能造成壓力。芭芭拉就說過，她每回要父親幫她從碗櫥裡拿個玻璃杯，母親就會說：「妳自己就拿得到。」然後堅持要她從房間另一頭搬梯子過來，而不直接拿杯子給她。她說：「這有時會有點太極端。」跟大家一樣，只是矮一點，這叫「正常化」，但社會環境不見得總是支持正常化，而且避開小個子世界，代價可能是極端孤立。中學的日子通常不好過，身高正常的青少年很少會跟一〇六公分高的人交往。芭芭拉說：「我當時喜歡的人，我是指男人，多半非常高。那時我無法想像自己跟小個子在一起，也從未想過自己會嫁給一個——不，是兩個小個子。」

某個適合某位侏儒和家庭的做法，並不見得適合另一位侏儒和家庭。大部分家庭都多管齊下，多少接觸一些小個子的世界，也讓孩子能夠輕鬆在非小個子世界生活，並根據孩子的特殊需求和欲望尋求療法。三者如何平衡會因家庭而異。研究指出，個頭矮小的人，整體快樂指數普遍比父母高，換言之，撫養侏儒的壓力似乎比當侏儒還大。另一項研究則發現，軟骨發育不全者認為自己「狀況不嚴重」而非「嚴重」或「致命」的比例，是家人親戚的四倍。人的自我認同雖然可能有種種問題，但和別人的自我認同比起來，似乎還是比較容易堅守。當然，收入和教育程度也都有所影響，若孩子除了身材矮小之外，還有智能障礙或嚴重的骨骼及健康問題，養育起來顯然更為棘手。有趣的是，有些侏儒的近親認為侏儒本人會承受更多侏儒症的壓力，這樣的人，自己的各項快樂指數也比較低。

125

現在我們依然會用二分法把人分成兩種：有身心障礙和沒有身心障礙。經官方認定有身心障礙的人，我們就給予社會援助、法律保障、專屬車位。但障礙的疆界卻很難明確定出。一個一百五十公分的男人很可能想要變成一百八十公分，但他沒有障礙。一個一百二十公分的男人則要面對許多重大難題。很多侏儒都有嚴重的肢體障礙，但即使不討論疾病，身高矮小本身就有不利之處。《美國身心障礙者法案》將侏儒列為障礙，歸在骨頭病變之下，但是美國小個子組織卻一向反對把侏儒列為障礙，只不過今日的立場已經不同。沒有法律規定超市要提供方法讓人從高架子上拿到貨品，也沒有法律規定加油站油槍和提款機要裝設在小個子能使用的高度。聯邦政府也不會出錢補助改裝設備，讓身材矮小的人一償開車上路的宿願。米勒是軟骨發育不全的侏儒，他曾擔任公平就業機會委員會的委員，於在職的時候說：「持平而論，美國小個子組織在全國整體身心障礙運動中並不那麼活躍，但是我想我們已經往那個方向前進。」這也顯示美國小個子已經改變路線，開始投入定義不斷擴展的身心障礙運動，並爭取範圍更廣闊的身心障礙服務。這項改變由宣傳部主席史特拉蒙多和安諾德領軍，兩人都比米勒年輕一輩。

湯森則在她的著作《非凡的身體》中主張：「『肢體障礙』是由法律、醫療、政治、文化、文學共同交織而成的排外論述。」然而，很多時候極為矮小的人之所以無法做某些事，不是由於社會的態度，而是因為實際空間的安排都由主流決定，適合個子比較高的人使用。某些侏儒認為，圍繞著障礙一詞的論調表面上高潔動聽，但不過是存心搗亂。有個侏儒的母親就擔

126

心：「我不知道是否該申請殘障停車證。我女兒會因此覺得受到歧視嗎？在學校，我們應該申請廁所專用的踩腳凳嗎？的確有很多適應的問題，但這應該稱之為障礙嗎？」小個子演員琳達．杭特曾寫道：「畢竟，侏儒症和癌症、心臟病不同，既不致命，甚至也不是疾病，但確實影響肢體，也無法避免。這件事無法克服，侏儒症就是你的一部分，但你並不等於侏儒症，這個差別非常重大。」

用來稱呼小個子的詞彙有很多，而社會大眾並不理解這些詞彙的微妙差別。美國小個子的第一次聚會其實是一九五七年內華達州雷諾市的宣傳噱頭，當時聚會的名稱是「美國小矮子」(Midgets of America)，這個羽翼未豐的組織在一九六〇年改名為「美國小個子」(Little People of America)，希望能吸納各種狀況的小個子。原本的名稱用的是「midget」，該詞的原意是蚊、蠓、蚋一類惱人的小蟲，今日普遍認為極為無禮，就像小個子版的「黑鬼」、「拉丁佬」、「玻璃」。很多母親都跟我說過，很擔心自己的孩子會被冠上這樣的稱號，但是社會大眾仍然不清楚這個詞彙極為辱人，很多人用的時候其實並無惡意。若使用者沒有歧視之意，那麼這樣的用詞不當還能視為歧視嗎？巴納姆的馬戲團節目中，最受歡迎的小明星是「勻稱型侏儒」，這類侏儒的身材比例和身高正常的人相同。有些人身材矮小是因為腦下垂體異常而非骨骼發育異常，這些人就常被稱為midget。二〇〇九年《紐約時報》商業版有篇報導用了「小矮子」一詞，美國小個子組織發起嚴正抗議，該報為此修訂寫作指南。然而，「侏儒」這個詞彙也會引發沉重的聯想。芭芭拉生了兩個軟骨發育異常的孩子，她很努力要讓兩人在成長過程中以自己為榮。有次她女兒問她，要怎麼跟幼稚園的小朋友談自己的身高，芭芭拉說：「就說妳是侏儒。」女兒兩手往腰上一扠，說：「但我又不是故事裡的人。」

最近有位記者哈瑞斯問阿德森，個頭矮小的人希望別人怎麼叫自己，她回道：「大部分的人都希望別人叫他的名字就好。」

• • •

蕾貝卡．甘迺迪一九九二年生於波士頓，當時醫生都擔心她可能吸入了胎糞，立刻把她送進新生兒特殊照護病房。有個醫生注意到她頭大、四肢小，於是對蕾貝卡的父母丹和芭芭拉宣告，兩人剛出生的孩子「不是得了侏儒症，就是有腦部損傷」。腦部可能有損傷這件事實在太可怕，因此三天後 X 光檢查出蕾貝卡軟骨發育異常的時候，所有人都大鬆一口氣。院方對蕾貝卡的狀況很樂觀。丹說：「上一代的父母聽到的預測都很負面，但我們聽到的卻很正面——也許太正面了，大意是說：『一切都沒事，開開心心帶她回家吧。』」身心障礙人士一直致力於改變大眾的態度，從丹遇到的幾位醫生看來，他們確實做到了。然而，身心障礙也需要設法調整適應，如果醫生把未來的難題說得太輕鬆，對父母來說並無好處。

前五個月，一切似乎都很順利，但蕾貝卡隨即感染了呼吸道病毒，擴及整個脆弱的呼吸道系統，最後在加護病房住了一個多月，動了氣切手術。有兩年的時間，她都得吸補充氧氣，家裡也有一整支看護團隊長駐。蕾貝卡兩歲半的時候，氣管已經發展得夠成熟，可以把氣切口關上，此後她一直是還算健康的孩子。丹回憶道：「侏儒症不是什麼大問題，但其他狀況都很嚴重，我們總是在想，那兩年動了氣切手術，還請了夜間看護，對她之後的人格發展有什麼影響？但我想我們現在還不知道。」

蕾貝卡生病的時候，丹發現了美國小個子組織，還有人安排他認識露絲。「露絲有份好工作，後來發現她還跟我們讀同一所大學。她聰明又風趣，要是蕾貝卡長大以後跟她一樣，我會很高興。」他說。經由露絲介紹，他們全家開始參加地區的美國小個子活動。丹和露絲在網路剛興起的時候就創建了美國小個子的網站，之後丹也繼續管理、更新網站，做了好幾年。

蕾貝卡有學習問題，丹歸咎於聽力受損，這在軟骨發育不全者的身上不算少見。我訪問

127

丹的時候，蕾貝卡十歲半，她父親心想最難熬的青春期要來了。丹說：「蕾貝卡很喜歡鏡子裡的自己，但我不自欺欺人。我猜，她對侏儒症作最無情的批評日子未到。我跟很多成年侏儒談過，幾乎沒有例外，大家都說到了二十多歲，她們都以自己為榮，不想有任何改變，可是青春期每個人都活在地獄。她現在朋友就不多了，以後交朋友會變得越來越難。」

丹開始寫《小個子：從我女兒的眼睛看世界》一書。他說：「在我眼中，侏儒症是差異的一種隱喻：我們珍不珍視、害不害怕，若有機會會不會將之根除？」丹為了寫書做了些功課，從中獲得不少心得，對蕾貝卡很有幫助。他知道侏儒的脊椎受到壓迫，不能長時間走路，於是替車子申請了殘障車牌。丹說：「美國小個子組織的前會長奇權斯跟我說：『與其讓她三十歲時不得不騎殘障機車，不如現在就申請殘障車牌。』」丹在書中抱怨很多人覺得自己可以大搖大擺走過來詢問他女兒的事，這種行為顯示出「一種把蕾貝卡當成公有財產的心態，似乎她父母有責任跟全世界解釋她怎麼了」。不論喜不喜歡，侏儒孩子的父母常常覺得自己的家庭應該要成為多元的象徵，並向外展示。丹說：「我確實希望自己因為努力應付這些而成為更好的人，但我仍然不認為自己多有耐心。說真的，你的命運都掌握在外力的手裡，你只能順勢而為。我經歷的事情的確讓我更懂得順勢而為。」 128

• • •

有兩百多種基因問題會造成身材極為短小。大約有七十%左右的侏儒為軟骨發育不全，此外還有「假性軟骨發育不全」、「骨骼發育異常」、「畸形發育不良」，也都會造成侏儒症。美國小個子組織對侏儒的定義是「由於醫學因素，身高不滿一四七公分者」。這樣的正式定義並不包含身高超過一四七公分的侏儒症患者，也不適用於沒有基因變異，但由於營養不良、父母施虐或疏於照顧而導致身材矮小的孩子。話雖如此，美國小個子組織還是十分歡迎這些人。

軟骨發育不全的侏儒，女性的平均身高是一二二公分，男性是一三〇公分。美國約有二十萬人身材矮小。美國遺傳學家麥庫西克的專長是結締組織方面的疾病，他曾估計全球大約有數百萬個侏儒。這些人可能要長途跋涉才能找到專家協助，醫療費用可能高得嚇人，保險給付的金額卻可能只是杯水車薪。美國小個子的醫療顧問理事會有二十多人是醫生，會員在每次會議中都能獲得有利的專業建議。

「軟骨發育不全」的主因是某個基因過度活躍，同一基因也會讓一般人在青春期結束後不再長高。但若是某個核苷酸產生變異，這個過程就會提早加速進行。軟骨發育不全者的軀幹和一般人相近，但四肢短小，與軀幹不成比例，頭顱大，前額突出。「先天性脊椎骨骺發育不良」則會造成較多障礙，多半比軟骨發育不良者更為矮小，通常有內翻足、顎裂、兩眼間距寬、小嘴，由於肋骨生長得比脊椎快，也會造成桶狀胸。「畸形發育不良」的特色則是內翻足和顎裂，還有「搭便車拇指」：拇指位於手掌較低的位置，而且不容易彎曲。此外還有「花菜耳」，也就是耳朵因為鈣化而變形，常出現在拳擊選手身上。畸形發育不良的侏儒往往有嚴重駝背，無法行走。症狀的成因是隱性基因，換言之，雙親身上都帶有此基因，而且多半毫不知情。雖然統計數據不盡相同，但大抵而言，新生兒軟骨發育不全的案例約為兩萬分之一，所有侏儒症的發生率則為一萬分之一，有些可能致命。

新生兒的四肢相較於頭顱和軀幹原本就短，也因此侏儒症和聽障一樣，可能立即發現，也可能慢慢才察覺。侏儒多半在兩歲以前診斷出來，由於胸腔狹小，氣管可能也很狹窄，這有危險，將導致呼吸急促、阻塞、睡眠障礙。軟骨發育不全的嬰兒，腦幹受到壓迫的風險也較高，可能有生命危險。大腦下半區的壓力增加，也可能影響其功能。有項研究調查了軟骨發育不全的死亡率，發現一到四歲的死亡風險超過五十分之一。兒童、少年或青年夭折早逝的機率也大為增加。侏儒症新生兒的體溫略高於一般嬰兒，由於二氧化碳滯留，因此更容易出汗。耳朵由於顱顏外型變異而反覆感染，造成損傷，再加上腦水腫，都讓問題益發複雜。其他侏儒症的原因包括缺乏碘、子宮內發育受限、社會心理剝奪等，發生機率較低，但都和心智發展遲緩有關。雖然小個子的認知和智力發展多半會快速展開，但他們或因肺部發育不全導致發育早期缺乏氧氣，或因耳朵反覆感染而影響聽力，或需要花大量心力來因應社會的歧視，因此在學校可能十分辛苦。

及早診斷十分重要，若有適當的預防措施，可避免許多嚴重的併發症。軟骨發育不全的孩子應接受X光及掃描，以監控神經及骨骼的發育。若下顎太小無法容納牙齒，可能就得動複雜的牙科手術。有些人的脊柱太薄，神經受到壓迫，導致體弱無力、痠麻疼痛。由於氣管狹小，侏儒也較容易氣喘。若有脊椎側彎而未及早矯正，侏儒孩童很可能會變成駝背。骨骼發育異常的嬰兒，不應該扶他坐起來，因為他的頭太重，脊椎無法支撐。此外，也不應讓他坐在會讓他彎腰駝背的椅子上，若是汽車座椅，則應放上靠墊，避免他的下巴壓在胸前。

許多軟骨發育不全的幼童會由於頭顱太重，因此趴著的時候脖子無法撐起頭部，最後只有五分之一的人能學會爬行。孩子往往把頭放在地上當作支撐點，用腳推進，像在耙雪或倒退耙雪，此外還有蜘蛛爬、滾木、匍匐前進、臀部著地拖行。這些姿勢的名稱都生動地描繪了實際的動作。軟骨發育不全的孩子開始走路時，多半是用摺疊刀的姿勢站立，也就是頭抵地，同時伸直雙腿，然後撐起上身，最後完全站直。他們的肌張力可能很低，關節可能異常鬆弛或緊繃。許多侏儒孩子在做上述或其他動作時，方式往往很特異，或要等到發育後期才能完成。小個子也最好不要從事體操、高空跳水、雜技，並避開碰撞的運動，否則可能造成關節或骨骼問題。他們適合從事游泳、打高爾夫等低衝擊的運動。由於侏儒症孩童的適當食量是同齡兒童的一半，因此很多人都有體重問題。這一點，美國小個子協會也希望藉由宣導刊物及座談會來探討並解決。

成年以後，小個子可能會有慢性的背部問題、過敏、鼻竇問題、關節炎、風濕、聽力受損、脊椎變形、睡眠障礙、慢性頸部疼痛、癱瘓或上下肢無力等問題，終其一生可能會比一般人動更多手術。大多數侏儒成人最重大的問題是骨骼，而骨骼發育異常往往又跟脊柱腔狹窄、關節變形及退化、椎間盤問題有關。軟骨發育不全的人由於脊椎較為狹窄，往往需要開刀解決脊椎壓迫的問題，以減輕腿部抽痛、痠麻無力、刺痛的症狀。脊椎側彎則可能導致機械性或神經性的併發症，影響心肺還有行動能力。侏儒常要動手術，包括腰部手術，以解決脊椎狹窄的問題，避免癱瘓及疼痛。頸椎手術有助於改善四肢無力，膝外翻手術是以外科手術將骨頭分區截斷，腦水腫要植入引流管，阻塞型呼吸中止症則需要介入性治療。

131

・・・

萊絲莉・帕克在阿拉巴馬州的亨茨維爾讀高三的時候，開始和克里斯・凱利交往，她的父母很不高興，兩人從沒未想過女兒長大竟會和侏儒談戀愛，即使這位侏儒是地方上的名人，是廣播節目的ＤＪ。萊絲莉說：「我就是標準的家中老二，並不突出。總之我迷上他了。我當時在學生自治會，辦派對都請他當ＤＪ。一開始我父母的態度是：『當機立斷。他離過婚，還有孩子，還是侏儒，還是ＤＪ，一無是處。』萊絲莉覺得自己在跟明星談戀愛，可是父母不這麼認為，還於高三那年將她逐出家門，幾個月後萊絲莉和克里斯就結婚了。

克里斯小時候，父母為他試過市面上各種新「療法」，包含注射從猴子的腦下垂體取得的生長激素。或許是因為注射了這些激素，或許是因為注射了這些激素之後幸運沒出事，克里斯長到一四七公分，以一個軟骨發育不全者來說算高，而他也毫不認為自己身上的侏儒症是種需要治療的疾病。萊絲莉說：「他當ＤＪ、演出單人脫口秀，是因為需要大眾的認可，如此他才能對自己感到滿意。他其實並不特別需要一對一的關係。」克里斯在前一段婚姻生下兩個身高正常的孩子，因此萊絲莉在結婚幾個月後懷孕時，完全沒想過自己懷的孩子可能是侏儒。懷孕七個月時，她去照超音波。「醫院的人說：『以七個月來說，他的頭太大，大腿骨又太短。

這是怎麼回事？』」她心知肚明。「我傷心欲絕。還好提早發現，這樣等他出生的時候，最難過的時間也已經過去。」萊絲莉無法告訴丈夫，自己因為孩子可能像他而傷心欲絕。

萊絲莉從小就男孩子氣，青春期又來得早，因此自我形象有點扭曲。「小學三年級我已經開始發育，其他人都捉弄我。我一直很羞恥，覺得自己的身體很不對勁。」她認識克里斯時體重過重，婚後體型越來越大，懷傑克的時候變得極為臃腫，而且有些憂鬱。「我還記得把他從醫院抱回來的那天，我心想：『這是我所做過最糟的保母工作，他母親什麼時候要來接他？』」萊絲莉的父母知道孫子是侏儒時嚇壞了，但時間一久，態度也漸漸軟化。萊絲莉的母親是小兒科的護士，她介紹萊絲莉去「伯明罕兒童醫院」找一位神經外科醫師，這人有診治小個子的經驗。萊絲莉原本看的小兒科醫師告訴她，傑克常常嘔吐很正常，還有孩子睡覺如果拱背，可以把他拉直。「結果那個神經專科醫師說：『他晚上睡覺是不是頭往後仰，拱起脖子？這樣他們的呼吸才能順暢，不受阻礙。不要動他的頭。』我不知道這一點。」

克里斯跟地方醫生一樣，認為兒子的狀況並不嚴重，而萊絲莉的父母則顯然覺得她的生活很悲慘。萊絲莉和克里斯在處理這些狀況時，變得越來越疏遠，最後在傑克兩歲時離婚。傑克幼年有時會哭著說：「我不想要這麼小。」萊絲莉也想哭，她說：「要是讓他知道你也為他心碎，會有什麼問題？你不希望孩子認為你覺得他的狀況無可救藥，但你也不想否認他的感受。有幾次我說：『你跟爸爸說過這件事嗎？』『沒有，我哭是因為我不想像現在這樣，也就是說我不想跟他一樣。那會傷他的心。』」

傑克的學習有些遲緩，他一直把心思放在人際而不是課業上。到了三年級，萊絲莉擔心他學習落後，帶他去做自費檢查，發現他有學習障礙，於是把他轉到一所以特教為辦學特色的「磁力學校」。他很不喜歡。「傑克會演戲，他上電視表演過。他很外向。他能想、能說，但若要寫到紙上，他完全不行。侏儒兒童可以接受免費的職能治療，改善動作能力，但是要由小兒科醫師轉介。我不知道可以這樣要求。」萊絲莉說。

132

傑克幾歲大的時候，克里斯再婚，新任太太唐娜很快就懷孕。唐娜跟萊絲莉一樣，也以為自己會生個一般的寶寶，但剛出生的孩子有軟骨發育不全。唐娜大為震驚，打電話給萊絲莉尋求建議，萊絲莉非常憤怒。「感覺就像是：『妳這賤人，就是因為他把每一分錢都花在妳身上，我才得告他，向他要孩子的贍養費。現在妳還想要我讓妳的路好走一點？』」可是等萊絲莉親眼看到寶寶安迪的時候，她就知道自己的任務了。「我開始祈禱：『以後傑克就只有這一個兄弟，我需要學會放下。』我放下了。」萊絲莉很照顧唐娜，替她預約了伯明罕的醫生，還提醒她未來可能會遇到的骨科問題。萊絲莉告訴我：「幾年前克里斯跟唐娜來找我，說：『我們在擬遺囑。如果我們倆有什麼萬一，妳願意收留安迪嗎？我們希望由妳來照顧他。』我只是一直哭。『老天，願意，我非常願意。』」

萊絲莉和克里斯的育兒觀十分不同。傑克告訴我：「爸爸比較畏縮，而媽媽總是一副『這還用說？你當然要去玩樂樂棒球，你當然要去打棒球，你跟別人沒什麼兩樣。』」萊絲莉說：「他很黏人。『媽，妳去哪兒？』『我只是要去廁所，四十五秒就出來。』但是他一副驚恐的模樣。我說：『快從子宮出去！我已經把你生出來了！快走！』但他就是需要有人對他說：『沒問題，你做得到。』」萊絲莉提到傑克十二歲的時候，有次她外出參加家族聚會，每個人都責怪她讓孩子一個人在走廊上亂跑。「我說：『他已經國一了，你們這樣想不是因為他的年紀，而是因為他的身高。』」

最後，青春期的典型問題來了。傑克說：「除非有人當面提起，不然我不覺得自己是小個子。大家通常都會提。」萊絲莉補充道：「每個人都愛傑克，他很受歡迎。『好，我跟你去舞會，我們是朋友。』大家都愛他，傑克每次都是第一個出來跳舞的。過去兩年他的兩個心理師都說：『真希望所有孩子都有他這樣的自信。』可是我知道，很快我們就要進入痛苦的階段，他會開始想交女朋友。」

傑克十三歲時，萊絲莉決定帶他參加美國小個子的大會。萊絲莉說：「我們一個人也不認識。他都計畫好了，要認識那邊的所有朋友，要去舞會，要做這個做那個。他累壞了，我也累壞了。」後來傑克對我說：「平常我都用自己的身高當話題跟人搭訕、交朋友。第一次參加大會的時候，我就只是我自己而已。」那一週傑克只跟高個子交朋友，大部分都是侏儒的兄弟姊妹。萊絲莉跟他說：「你太崇尚主流了吧！為什麼不交一些小個子朋友呢？」但他還沒有做好心理準備。第二年就不同了。「他就像真正的青少年。我偷偷溜進舞會，整個人幾乎貼在牆上。我看見了，『他在跳舞！跳慢舞！』萊絲莉還抓到兒子對年紀較大的女孩子謊報年齡。要猜出侏儒的年齡有時並不容易，況且傑克的個子還算高。萊絲莉說：「我跟他說，我真該戳破你，你哪有十八歲。但另一方面，我又很高興他辦到了。」傑克很喜歡美國小個子，但他能在他所屬的世界裡自在開心，對萊絲莉而言也非常重要。就像傑克跟我說的：「我又不是只有身高可談。」

治療與接納的拉鋸，貫穿了本書，萊絲莉也對這個議題特別有共鳴。我認識她的時候，她才剛動過胃繞道手術，已經瘦了十四公斤，還想再瘦四十五公斤。她說：「胖是我最大的問題，矮，則是傑克的問題。我覺得自己這樣做是遺棄他，因此很內疚。我要怎麼對自己的孩子說：『你要學會接納自己，接受自己的樣子。』而我自己卻做不到？我的目標不是將他變高。可是，如果有可以控制那個基因的實驗，我會立刻衝過去。我太厭惡自己的身體，因此，可以為他做的任何事，我都毫不猶豫。但我不想把自己的問題加到他身上。不幸的是，要讓人明白這兩件事情，幾乎不可能。」

・・・

雖然大多數侏儒都深受社會大眾嘲弄之苦，也可能面臨重重限制及健康問題，但侏儒都跟小孩一樣樂天的老套說法似乎還是有其依據。最近的研究顯示，這很可能是一種對自身處境的補償心態，而不是這種症狀的生物性狀。然而，很多小個子都認為，這種看法輕忽了他們的人生困境。小個子早期的情緒發展似乎都算正面，在童年的整體快樂程度上，表現也比整體社會還要好。等孩子開始問自己為什麼跟別人不一樣的時候，父母的考驗就來了。粉飾太平跟過度強調一樣有害。在《與差異共處》一書中，人類學家亞布隆寫道：「大多數父母發現自己不時就會忍不住過度保護。」侏儒症的孩子常常抱怨自己被當成小嬰兒。克蘭德爾是加州「小個兒基金會」的創辦人，他在給侏儒兒父母的指南中就建議：「一過了正常使用嬰兒車的年齡，就要戒掉嬰兒車。沒錯，你走一步，孩子可能要走四步，逛街的時候可能會拖慢你的腳步。但是，你最好提早半小時到，配合孩子的步伐，和他一起走，而不要把他放進推車裡，當成小嬰兒。」「成長限制協會」是美國小人物組織的英國版，該會在二〇〇七年做了調查，最後總結道，以正常方式對待侏儒孩子，孩子多半會比較自信，成年後也較有成就。

到了青春期，侏儒和一般身高的兄弟姊妹相比，情緒會較為憂鬱，自信心也較為低落。另外，相較於父母也是侏儒的人，父母身高正常的侏儒會更加憂鬱。這可能也顯示，不論再怎麼努力，有相同親身經歷的父母仍然更能深切同理、體諒孩子的感受。更重要的是，這反映了成長過程中，水平認同還是不同於垂直認同。相較於家人的身高、比例都很正常的孩子，侏儒孩子成長的過程中，身邊的成人若有和他們類似的身形，則他們在內化「正常」的概念時，也比較能肯定自己。青少年的身高長足之後，侏儒和同儕的差異也變得一目了然。屆時，很多原本很習慣在一般人的世界中生活的侏儒，會突然覺得非常需要和其他侏儒接觸，因為只有他們才不會覺得自己的外表有種變態的肉欲。美國小人物之類的組織可能是道福音，也可能是場試煉。亞布隆就指出，有些人原本把一切不如意都怪到身高上，加入美國小人物之後，就必須面對自己的缺點，可能因此大受打擊。

侏儒發育成熟、看起來不再比實際年齡還小之後，受到的注目會越來越多。最近一項研究就發現，軟骨發育不全的成年人「自信心較低，教育程度較低，年收入低，找到配偶的機率也低」。收入統計的數據證明，體制的確對侏儒不公。該研究發現，雖然侏儒的家人在人口分類上應該和他們類似，但是侏儒的家人中，有四分之三的人年收入超過五萬美元，卻只有不到三分之一的侏儒有同樣的收入。參加美國小人物組織的侏儒，到了讀大學的年紀有一大半都進了大學，但是組織外的大學生比例恐怕就沒有這麼高了。艾因是軟骨不全症患者，現在是約翰·霍普金斯醫院的小兒骨外科醫師，他回憶自己申請醫學院的經驗，說道：「我本來以為這個領域的人最了解狀況，想不到他們偏見最深。很多醫生跟我說：『你沒辦法做醫生。別申請了！』第一個面試我的人跟我說，由於我的身高，我無法贏得病人的敬重。」歧視之深，著實令人吃驚。露絲是美國小人物的前會長，有次帶她的房客共進晚餐，結果服務生不斷問房客：「她要吃什麼？」露絲說：「找到好工作、受過好教育的人是我，公寓也是我的，她付房租給我，可是這些人的態度卻好像我什麼都做不來。」

有些侏儒認為自己不加入美國小個子其實是一種政治立場。沃林是《邁阿密先鋒報》的運動記者，也是名小個子，他談到美國小個子的問題，並總結道：「當一個人與眾不同，當你是什麼足以決定你是誰時，你總有起身抗拒的衝動。」《新聞日報》引述另一位小個子的話：「信不信由你，侏儒這輩子最難受的事，是第一次碰見另一個侏儒。平時照鏡子，你在鏡子裡看到的不是侏儒，而是自己想看到的樣子。可是上街看到另一個小個子，你就看到真相了。」美國小個子的會員常批評這些批評者根本是自厭，還未跟自己的侏儒身分和解。確實如此，沃林就談到有名年輕女孩帶他參觀美國小個子的聚會，他說：「她接受自己的程度，我這輩子都望塵莫及。」

・・・

貝弗莉・查爾斯生於一九七三年，出生那天醫生告訴她母親珍娜，她女兒將永遠是個小不點。但珍娜沒受過什麼教育，也沒有接觸過侏儒症，不明白小不點究竟有多小。她丈夫是終身都得坐輪椅的越戰老兵，她把消息轉述給他，他回道：「大個子小個子都沒關係，我們都會一樣愛她。」接下來的三個月，珍娜每週都帶貝弗莉去小兒科檢查成長狀況，但是貝弗莉不怎麼吃東西，體重也遲遲不增加。她回想道：「醫生說只要體重不掉，就不用擔心，可是她三個月大的時候開始掉體重，我真不知道該怎麼辦。」後來醫生才發現貝弗莉的鼻子完全阻塞，無法一邊呼吸一邊吃東西，所以吸奶對她來說是一大難題。

查爾斯一家人住在賓州的蘭開斯特，當地的醫生介紹他們去赫希爾看專科醫師，其中一位專科醫師又建議他們去德國的一間診所，還說他會協助募款，讓珍娜和貝弗莉過去。珍娜告訴我：「但我很怕，我怕他們見了我的孩子長得那麼小，會把她從我身邊搶走。」骨骼發育異常會造成肢體變形，但貝弗莉卻沒有這種特徵，因此她的侏儒症很可能是腦下垂體激素不足所造成，可是赫希爾的醫師說他們能做的都做了。沒有人告訴夫婦倆，在不到兩小時路程的地方，就有研究侏儒症的一流中心約翰・霍普金斯醫院，也沒人告訴兩人，若是及時注射成長激素，對貝弗莉這一類型的侏儒症可能有正面效果。

兩人很快發現，貝弗莉顯然有嚴重學習障礙。為了怕她寂寞，她母親每天陪她搭校車。她小學很孤單，中學更糟。貝弗莉跟我說：「他們一直笑我，一直笑我。」有個男孩不停欺負她。珍娜說：「我不主張暴力，但我那時跟貝弗莉說，下次他再煩妳，妳就使勁一拳往他鼻子揍過去。」男孩的父母找上珍娜，問：「妳女兒把我兒子打得流鼻血，她人呢？」珍娜指了指貝弗莉，一〇九公分的個子，正坐在沙發上。後來就沒人笑她了。

讀完高中後，貝弗莉還是住在家裡，她先到救世軍的商店工作，後來又進了印刷廠。二〇〇一年，貝弗莉廿七歲，珍娜在電視上看到有個組織叫美國小個子，她聞所未聞，也不知道世上竟然有小個子團體。她和貝弗莉唯一見過的小個子，是在蘭開斯特市中心一家雜貨店裡做事的老夫婦。珍娜打電話給當地美國小個子分會的會長，說：「我想跟你談談我女兒，你能到法蘭德利餐廳跟我們吃頓午飯嗎？」正如珍娜所說，從那一刻起，貝弗莉重生了。貝弗莉說：「我從此不再孤單。」他們參加了當地分會的聚會，而且總是母女一起去，隔年又第一次參加全國大會。

137

我認識查爾斯一家人時，貝弗莉再過幾天就滿三十歲，也還住在家裡。她孩子般的氣質打動了我，我們說話的同時，她就窩在母親的腿上。珍娜向我強調，除了上班以外，兩人從不分開。珍娜說：「不管去哪裡，我都不讓她落單。你看看史瑪特①是怎麼被綁架的，我一點險也不想冒。」

• • •

在一九五〇年代的新英格蘭，侏儒症是種恥辱。蕾思麗·施耐德的母親一知道自己生下侏儒，就情緒崩潰，在精神病院住了三年。蕾思麗說：「我母親當時三十歲，她體質本來就弱，而且她就是無法接受。所以她從來不見我、不抱我。我出生了，她也倒下了。」蕾思麗的父親並沒有比較好。「醫生告訴他，我生出來會是侏儒，母親則被送去麥克萊恩，那是最後一根稻草，之後他就搬回父母家，而我則在緬因州各地長大，有時跟著外婆，有時是幾位姨母。」

蕾思麗說，她母親出院回家後，「她已經盡了全力，但她從來沒有認真面對我是小個子這件事。我們出去買東西時，只要有人說了什麼，或看了一眼，我母親就會說：『老天，我為什麼要面對這種事？』」蕾思麗的父親仍然很疏遠。跟她最親的，反而是幾個臨時保母，多半是移民到當地的法裔加拿大人。「她們都出身溫暖慈愛的法裔天主教家庭。雖然我父母都是正統派的猶太教人，但我以前常常跟她們一起上教堂。我不敢想像，那時要是沒有她們，我的日子會怎麼樣。」

蕾思麗直到十一歲，都還未遇過別的小個子。那年她母親聽說了美國小個子組織，便帶著蕾思麗參加地區的聚會。蕾思麗第一次參加全國大會則是在十六歲。「全國總會不斷寄會刊過來，上面有很多年輕人興高采烈的照片。都是同一批人。美國小個子組織中，有些人只是旁觀，有些人默默參與，也有些人非常投入。不知道為什麼，我跟那群人特別投契。」蕾思麗高中生活過得很慘澹。「我覺得，如果我身高正常的話，高中生活應該就會像我在美國小個子那樣。」她積極尋找約會的機會，可是一星期的時間很難跟誰熟到可以長期交往。「很多人最後都交了男女朋友，但如果有更多時間思考，我們應該不會考慮交往。我最後找到一個很棒的人，但我們的興趣天差地別。」

很長一段時間都沒人告訴蕾思麗，她母親為什麼崩潰住院那麼久，但她一直略有所知。母親為了自己而發瘋這件事一直是她的沉痛心事，她說：「也因此，我對於兒童早期發展及客體關係理論非常有興趣，或許也是因為這樣，我沒有孩子，反而有很多還沒化解的怒氣。」

蕾思麗在美國小個子有很多摯友都來自加州，所以她申請了加州大學洛杉磯分校，也錄取了。她找了個治療師，開始吃抗憂鬱藥物，就這麼一直吃到現在。「我這才明白，原來這麼久以來，我的身心運作一直沒有達到正常水準。突然間，哇，原來正常是這種感覺？」

1．二〇〇二年，十四歲的伊莉莎白·史瑪特（Elizabeth Smart）某天晚上在自家房內被闖入的一對夫妻綁架，之後遭禁錮、虐待、性侵九個月，最後幸運獲救。翌年她的真實經歷改編為電視電影。她也於廿五歲出版回憶錄《我的故事》（My Story），獲得極大回響。——編注

我們認識的時候，蕾思麗已經快五十歲，也已經和生命達成和解。她說：「回顧過去，我一直覺得自己不會想過另一種人生。我因為是侏儒，才經歷了許多很棒的事。」她是達斯汀．霍夫曼的朋友，他拍過一部片，片中有個侏儒的角色，兩人便是在那時結識。她也和法學教授保羅．米勒談了九年戀愛，因而認識第一任柯林頓政府裡的很多人。「我見識到另一種人生。我之所以會回學校讀書，保羅功不可沒。」我剛認識蕾思麗的時候，她正負責推動阿布奎基市的「保護與倡導制」，這是地方政府的重要職務，與公民權利有關。她說：「我有時會想，對我的人生影響比較大的，究竟是什麼，是我有侏儒症？我有憂鬱症？還是我身邊那麼多憂鬱的案例？克服侏儒症比克服悲傷還容易。」

蕾思麗和保羅分手後，開始和布魯斯交往。布魯斯是藝術家，也是侏儒。「如果我個子不小，就不會和布魯斯在一起。身為小個子，我才能走到這一步，又有什麼好遺憾的？」布魯斯的家庭和蕾思麗恰恰相反，既開明又包容。他出生的時候，醫生建議他父母：「帶他回家，怎麼對別的寶寶，就怎麼對他。」他的父母奉行不渝。雖然如此，他也承認：「有時我看著另一個侏儒，都有種我們是小孩裝大人的感覺。說真的，接受自己的外貌，是一輩子的課題。」布魯斯有嚴重的肢體障礙。「要是可以重來，我不會想當侏儒。太辛苦了。我的併發症和動過的手術都比蕾思麗多，我太累了。在我看來，當侏儒最好的事情就是認識她，不過我無論如何都會愛上她。」

・・・

許多侏儒都大力反對拋侏儒這項「運動」，也就是把侏儒綁上安全帶，然後由某個身高正常（通常還醉醺醺）的人將他往墊子或鋪上軟墊的地方扔，扔得越遠越好。目前有立法禁止拋侏儒活動的，只有法國、佛羅里達州、密西根州、紐約州，以及伊利諾州的春田市。法國及佛羅里達州的禁令都有人提出法律上的質疑，不過仍然通過了。紐約的禁令於一九九〇年通過，之後有幾次必須強制執行。二〇〇二年三月，長島有家酒館舉辦拋侏儒比賽，警察對所有參賽者開出罰單。二〇〇八年二月，史泰頓島有間酒吧的老闆原本想舉辦「侏儒保齡球」聚會，這種變化版的拋侏儒活動是把侏儒放在滑板上，在球道上往前推，撞倒一整排球瓶。當地有家報社報導這項活動同樣違法，聚會因此取消。二〇〇五年，美國證券交易委員會調查證券交易員的福利是否過多、不適當，結果發現富達證券花了十六萬美元為旗下某個明星交易員舉辦了一場奢華的告別單身派對，派對上的各項慶祝活動就包括拋侏儒。

這種把人當成物品的活動至今竟然尚未絕跡，實在令人震驚。然而，這項活動最令人髮指之處，在於侏儒往往有骨骼問題，若是受到撞擊，就可能惡化。參加拋侏儒大賽的侏儒多半經濟拮据，參加比賽的話，一晚就能賺上一大筆。有些人抗議，說自己應該有權決定如何賺錢，並指出職業美式足球同樣也會損害身體。其他人則認為，容忍這種做法，傷害的不止是那些自願被丟來扔去的侏儒，還包括整個侏儒族群：社會大眾會認定侏儒是次等人，嘲弄的風氣因此難有禁絕的一天。反對拋侏儒活動的人表示，某些侏儒被拋，便暗示著所有侏儒都可以這樣被拋。他們也指出拋女人甚至拋狗的活動都不可能有人允許。

美國小個子組織裡有些人認為，侏儒在無線電城音樂廳的耶誕特別活動中扮演小精靈，其實也很羞辱人。但對很多侏儒來說，無線電城等表演廳的錢很好賺，而且侏儒演員也指出，很少有人請侏儒演出主流角色，除了少數例外，例如彼得．汀克萊傑演過《下一站，幸福》、《超完美告別》，還因為演出ＨＢＯ影集《冰與火之歌：權力遊戲》而獲得艾美獎。有個侏儒演員就對我說：「西班牙有句諺語：只要不受凍，哪管別人笑。」侏儒演員馬克．波維內利說：「一拿到劇本，我都會先翻一遍，看我是要咬人腳踝，還是揍人下體，還是跟某個高個兒打架。」二〇〇九年，美國小個子禁止受僱於無線電城的侏儒參加大會。有個侏儒的父母說：「我女兒在無線電城表演過，她很喜歡。她是小兒骨科的護士，這輩子從沒想過要靠扮小精靈維生。」史特拉蒙多是美國小個子宣傳委員會的主席，也是密西根州立大學的生物倫理學博士候選人，他說：「侏儒症者被人刻意醜化時，那些醜化的角色都是由真正的侏儒症患者來扮演，如此一來，事情就變得更複雜。」大眾對侏儒的刻板印象一成不變。美國國家廣播公司的節目《名人學徒》中，黑人美式足球跑衛沃克奉命為萬用清潔劑做一支病毒行銷廣告。他說道：「我們就找些小個子來，讓他們在浴缸裡用萬用清潔劑洗澡，然後你把他們拿出去晾，怎麼樣？」名嘴瑞佛斯回道：「還可以把他們晾在我家陽臺上。」吉米有個侏儒孩子，他表示這些名人是在鼓勵大家嘲笑他女兒。這種事對侏儒來說司空見慣，也讓他們窮於應付。吉米說：「如果我把沃克做的這件事用在黑人身上，你想會怎麼樣？」他於是向聯邦通訊委員會申訴。

印尼弗洛勒斯島曾發現疑似侏儒族的骨骸，當時錢思樂就在《衛報》上指出，有些報導的語調非常輕蔑，令人毛骨悚然。「媒體報導一開始介紹這些古代的侏儒屬於『人類』的一種，但接下來就想盡辦法拉開他們和我們現代人類的關係，說他們是『東西』、『生物』。他們明明就知道如何製造石器，沒有火柴也能生火，還會組織狩獵遠征，這些成就，比現今你在結帳櫃檯看到的大部分人都還要厲害。」在今日，中非的阿卡、埃非、穆布提等民族，身高多半都不到一四七公分。他們常常被稱為「俾格米人」，該詞有很深的貶意。然而，他們恐怕無暇在意這件事，非洲的俾格米人往往終生為奴，工作至死，不但是種族大屠殺的目標，甚至淪為食物，被希望獲得「魔力」的侵略者吃掉。

二〇〇九年，哈瑞絲在線上媒體《沙龍》上寫了一篇文章，鼓吹終結「小矮子」一詞。該雜誌的讀者多半受過良好教育，也很有教養，但是這篇文章卻引來不尋常的回應。有一個人說：「自己想辦法。臉皮厚一點——等等，厚臉皮的是侏儒，對吧？我猜小矮子的臉皮很薄。真可惜。鬼才想跟你們一樣。」另一個人說：「如果某個人或某群人告訴我，比較喜歡別人怎麼稱呼他們，我完全支持。可是如果這些人告訴我，『一定』只能用他們同意的字眼，我的回答是叫他們去吃屎。」

・・・

安娜．阿德森一九七四年生於紐約的貝斯以色列醫院，她的父母貝蒂和索爾第一眼見到她時滿心喜悅。貝蒂抱了抱安娜，幾分鐘後有人把安娜帶去擦洗。第二天早上過了，下午也過了，貝蒂不明白護士為什麼不把孩子抱給她。她一問再問，終於有個護士把安娜抱了過來，但看來十分不情願。當晚，索爾和四歲的兒子大衛回家後，骨科醫師走入病房。貝蒂回想道：「他跟我說，我想孩子有一半的機率可能有賀勒氏症，會導致智能遲緩及早夭。然後他就走了，我哭了一整晚。」

第二天，就在貝蒂和索爾帶安娜出院之前，醫院的神經科醫師告訴兩人，安娜得了「一種叫軟骨發育不全的症狀」。他問：「你們家族中有個子很矮的人嗎？」貝蒂說：「我們祖父母都來自東歐，很多親戚都很矮。」「有人頭顱很大嗎？」貝蒂說：「我，我都戴大帽子。」神經科醫師神情嚴肅地說道：「她的個子會很矮。」貝蒂問道：「多矮？」他回答道：「不到一百五十公分。」他沒有談到可能的併發症，也沒提軟骨發育不全的女性身高多半在一百二十公分上下，而非一百五十公分。貝蒂到紐約大學的醫學圖書館讀資料，還寫信給一位小兒內分泌科醫師的遠房表親，他回信道：「有相關的機構，像是人類成長基金會和美國小個子組織。這些團體中的很多人都過得很好。對於這件事，妳女兒日後或許不會像妳這麼不安。」

貝蒂和索爾每回出門到所住的布魯克林區散步，只要看到身心障礙人士，貝蒂就泫然欲泣。她說：「生活是場戰役，但門一關上就是舒適的天地，可是現在沒有門可以關了。我想見見有侏儒孩子的家庭，也想見見快樂的成人侏儒。我不停找，後來找到了，才終於喘一口氣。」安娜四個月大時，貝蒂家的人到約翰．霍普金斯醫院求診，並找到科彼茨醫生。「他會把孩子抱起來，用匈牙利口音說：『妳這孩子真漂亮！』他告訴妳所有妳該知道、該注意的事。他還會寫封長信給妳的小兒科醫生，幫妳掛號回診。每回去約翰．霍普金斯醫院，我都知道醫療問題一定可以解決。」科彼茨醫師二〇〇二年過世，有位畸形侏儒症者的母親寫道：「在他的葬禮上，我哭得比自己父親過世還難過。」一位軟骨發育不全侏儒的母親則寫道：「科彼茨醫師是我這輩子所遇過最偉大的人。」

一九七〇年代，約翰．霍普金斯的「莫爾門診」每年都會為小個子及其家人舉辦研討會。安娜十個月大時，貝蒂首次參加，她回憶道：「現場人潮洶湧，很多人的畸形問題我見都沒見過，大人小孩，高矮胖瘦都有，還穿著泳衣！我焦慮地盯著別人看，又覺得這樣盯著人看很不好意思，就把眼睛閉上。然後又看。後來就慢慢習慣了。到了那天結束前，他們都有了名字，成了我認識的人。三十年後，很多人成了我的朋友。我體會得更深，也更正面。」

貝蒂不久之後就踏上爭取權益的運動之路。安娜五歲時，莫爾門診有個社工邀請幾位侏儒兒父母參加週末座談會，協助院方輔導其他父母。貝蒂和索爾去了，很快就和東岸的幾十個家庭聯手成立一個團體，名叫「侏儒孩子的父母」。貝蒂和三個母親寫信給地方上的醫院、診所，如此一來，只要有侏儒孩子出生，她們就可以把那家人邀來家中，並伸出援手。「我們提供資訊，並介紹醫生，但最重要的，或許還是讓他們認識同一條路上的前輩。」貝蒂說道。

貝蒂幫了很多父母，但也有人並不領情。她談到自己曾跟一位懷胎七個月的女性聊天，對方才剛知道自己懷了侏儒。「我說：『聽著，未來不會事事如意，但很多時候其實沒那麼可怕。』她沒有打電話來，於是我第二天打給她。她說：『我們已經決定墮胎。』」貝蒂告訴她，美國小個子組織裡有許多人都很渴望領養侏儒孩子。女人說：『我跟我先生都是再婚。我們都長得很好看，喜歡滑雪。我們的過去都不如意，現在我們在一起，生活非常美滿，我們不想處理這些事。」貝蒂向我傾訴那段遭遇，之後我問道：「如果妳懷孕沒多久就知道懷了侏儒，妳會考慮拿掉嗎？」她熱淚盈眶，說道：「我希望不會，我真的希望自己不會。」

貝蒂當時已經非常清楚侏儒兒童的父母會遇到哪些阻礙，但家中的安娜倒是活潑又喜歡交朋友。貝蒂說：「我到學區的蒙特梭利學校去。她做了該做的所有事，抱了蒙特梭利的招牌沙鼠，也和沙鼠一起玩。她還可以和母親分開、會畫畫。」學校卻說他們沒辦法收安娜，怕她會掉下樓梯。在一次次的信件往返之後，校長投降了，但阿德森夫婦早已決定要讓安娜進入社區猶太會堂的附設幼稚園。在新生說明會上，校長說：「妳的孩子有任何特殊需求，都請告訴我們，我們才好幫忙！」安娜在那裡如魚得水。

安娜從十二歲開始吃素。她上街爭取過生育權，還到賓州挨家挨戶按門鈴為凱瑞和歐巴馬拉票。國中的時候，學校不讓她參加滑雪旅行，安娜就動員同學去校長室門口抗議。貝蒂想起這段往事，笑道：「這就是我們家安娜。有她，我怎麼能不感到欣慰？」

到了青春期，安娜雖然在各方面表現傑出，卻覺得自己無心於課業。後來她宣布自己是同志。貝蒂說：「她從大學打電話向我出櫃。第二天我寫了封長信給她，告訴她，對我來說，最重要的不是她愛男人或女人，而是她愛人，也被愛，是她感受到激情熱愛，也發現有人同等愛妳的美好驚喜。幸運，且全心付出。我知道自己的反應對她有多重要，也很慶幸自己能坦白告訴她，我認為同性相愛跟男女之間的愛情一樣真實，也一樣正當。」安娜的父親和兄長也一樣支持。

相較於性向，安娜花了更長時間接受自己的侏儒症。她在青春期初期就不再參加美國小個子的活動，覺得待在身高正常的家人和朋友間，她已經心滿意足。但廿五歲時，雖然有些猶豫，她又回去了。很快她便成為當地分會的會長，還在全國大會籌辦「差異中的差異」工作坊，讓小個子中的異數參加，這些人的種族、宗教、身心障礙、性向都與大多數小個子不同。二〇〇四年的舊金山大會中，她發起第一個供LGBT與會者參加的工作坊和歡迎會，對於保守的美國小個子組織是一大突破。自此之後，她在大多數的會議中都辦過類似活動。

安娜還是少女時，貝蒂就決定要寫兩本書，一本給一般大眾，另一本給學術界，藉此向自己所認識、所愛的侏儒致敬、喝采。安娜說只要那本書不是寫她，那就寫吧。數年後，安娜注

144

意到母親的書房裡堆滿了文件，就給她個驚喜：送她一具文件櫃，上面還繫了紅絲帶，附上一張紙條，上面寫著：「媽，整理一下吧！」到了定稿的時候，安娜已經快三十歲，也同意母親寫她的故事。貝蒂那本寶貴的《侏儒的生活》便在後記中提到她，筆觸圓融、充滿愛意。

那本書以及貝蒂所寫的無數學術文章，協助梳理了侏儒的歷史，指出哪些歷史人物可能是侏儒，並分析證據，證明侏儒從埃及王朝時期及古希臘至今所扮演的各類角色。這段歷史有很大一部分是苦難及虐待史。古往今來，特異的身體總被描述為罪惡的化身，是神諭，也是嘲笑、救濟、處罰的理由。聖經〈利未記〉規定，只有體格完美的男人可以成為祭司，這顯示了人類自古便不斷強調標準的體型。貝蒂說道：「我想找找有沒有前輩做跟我一樣的事情。早期的書，書名大多是『怪胎』或者『維多利亞怪談』或『人類奇聞』之類的。我心想，自有人類以來就有侏儒，但他們是什麼樣子？過的又是何等生活？美國小個子成立以前，侏儒多半互不相識，除非一起從事娛樂雜耍，或古時候被國王或女王選入宮廷。」

貝蒂長年來一直是美國小個子宣傳委員會的領袖。二〇〇九年，她深感年輕一輩的侏儒充滿熱誠，決定遞出手上的薪火。在美國小個子大會的晚宴上，理事會頒發給她二〇〇九年傑出服務獎。那時安娜已經和她的女友共度快樂生活，住的地方離貝蒂和索爾只隔了幾條街。她在頒獎典禮上的演講十分動人。

貝蒂說：「如我所願，她愛人，也被愛。如果安娜是一般人，我的世界會不會變得比較狹隘？會。我很清楚自己獲得了什麼禮物。若有人問我：『貝蒂，妳想生個女同志侏儒嗎？』我不會打勾說要。但她是安娜，是家裡的支柱。我希望她的人生之路不要那麼陡峭，卻也很高興她優雅地攀越了高峰。」

• • •

瑪莎．安德卡弗是個小個子，曾寫過一封電子郵件給 Yahoo! 新聞群組「小個子的雙親與侏儒症」，信裡說道：「我已經發展出一套安全又方便的方法，那就是用名片。正面寫道：『沒錯，我注意到你對我的態度。』（不知為何，社會大眾總以為我們不會注意到他們如何對待我們。）背面則寫道：『我明白你做的事、說的話可能沒有惡意，但仍然很傷人，我不喜歡，如果你想要更了解有侏儒症的人，請上 http://www.lpaonline.org。』」有個小個子在網路上寫道：「我買了一部小小的MP3播放器，拿來聽音樂，這樣就聽不到別人怎麼說我。我就這樣待在自己的小世界裡，想做什麼就做什麼。」網路對小個子而言是無價之寶。「現在這一輩的年輕侏儒能夠這樣互動，對當年的我們而言，是做夢都想不到的。」有位年長侏儒曾這麼跟我說。

哈利．韋德是侏儒界舉足輕重的運動人士。他有肢體障礙，必須靠枴杖才能走路。他是同志，幾乎失聰，經常失禁，父母是猶太屠殺的倖存者，他是家中獨子。他有時太過狂傲，讓人疲於應付，而他從事運動的方式也往往帶著怒氣，但他又有無窮的精力。他五十七歲那年在紐約被一輛計程車撞上，不幸喪命。有時我談完他所經歷的痛苦磨難，大家會開玩笑說他就像聖經裡的約伯。然而，他卻決定把自己的種種劣勢當成榮耀的王冠。他接受一切，因而變得英勇不羈。我還記得他說過，參加美國小個子組織的同志侏儒因為擔心歧視，不會說出自己的同志身分，但他從不在乎別人的意見。他也說：「大家會用『仙女』來稱呼男同性戀，如果我是仙女又是矮人，我就是自己的魔法童話故事。至於有沒有角色給茱蒂．嘉蘭②，我就不知道了。」

哈利抱怨道，大部分的侏儒滿腦子都是主張接納融入的政治訴求，所以不願承認自己有障礙。「如果他們不承認自己有障礙，你覺得他們會承認自己是同志嗎？」哈利從父母戰時的經歷中學到，忽視自己的身分其實無法保護自己。他在這個信念中成就了自己的尊嚴。在他的葬禮上，他八十七歲的母親夏綠蒂見到現場一片哀戚，還有這麼多公眾人物，包括紐約市議會議長、該州某個參議員等達官顯要都到了，嚇一大跳。夏綠蒂告訴記者，兒子的成就她無法居功，其實她還常想要他節制一點，部分是因為擔心他的健康，另一部分也是厭煩那些歧視。她說道：「雖然我非常想保護他，但我阻止不了他行義。」

侏儒在任何地方都躲不掉旁人的異樣眼光。他們還出現在童話故事裡，那種深入人心的靈界生物形象更加深別人的好奇。這種重負，是侏儒在身心障礙族群中獨有的。《紐約時報》就有篇文章談到「殘酷的民間故事」，故事裡的侏儒都是醜惡的「侏儒妖」。亞布隆寫道：「在歷史文化中，侏儒的地位特殊，甚至被視為具有魔力，這成了侏儒的包袱。社會大眾因此對侏儒無比好奇，偶遇時總盯著侏儒瞧，往往一副不可置信的模樣，有時甚至還想拍照留念。」這種敬畏侏儒的態度十分詭異，而且往往和蔑視一樣令侏儒十分不舒服。畢竟，這樣的反應強調了差異。安是英國的侏儒，她說她很少想到自己個子小這件事，就像她很少想到自己有牙齒。個子小只是她的一部分，不用特別留意。但她也承認，她認識的人，大多特別關注這件事。

•　•　•

泰勒．馮普登患有「柯茲洛斯基型」的脊柱幹骺端發育不良，世上只有百萬分之一的人患有此症，特徵是個子在侏儒中相對較高。此外，這種症狀也沒有軟骨發育不全者那種獨特的臉部輪廓。泰勒就是這樣，他身高一三七公分，出生時則有五十三公分，體重三．九公斤，光從數字看不出有侏儒症。他滿一歲時，身高排在前十%。然而他卻病痛不斷。每回泰勒的母親崔西替他換尿片時，只要動到腿，他就痛苦大叫。到了一歲大開始學走路時，他顯然非常不舒服，總是動不動就要別人抱著。「總之不太對勁。」泰勒的父親卡爾登說道。但內分泌科及骨科的醫師都找不出問題。到了泰勒兩歲半時，父母帶他去史丹佛大學找一位遺傳學家評估狀況，這人又介紹兩人去找加州大學洛杉磯分校的一位侏儒症專家，泰勒這才第一次真正診斷出問題。

我認識泰勒時他十六歲，已經動過四次拉直四肢的手術，有嚴重的背部問題，肋骨壓迫肺部，醫生還建議他換掉兩邊的髖骨。他說：「我打石膏的時間加起來有四十個星期，差不多就是我人生一年的時間。」他告訴我，自己逐漸明白這輩子只要活著，就多少要忍受痛苦。

泰勒的祖母出身北卡羅來納州的美國原住民切羅基族，有十個兄弟姊妹。她的家族選擇不加入印地安保留區，從此不見容於族人，又因為膚色而遭到白人族群排斥。她的老家沒有鋪地板，母親用尿水替家裡的泥地消毒。上大學的時候，她認識了泰勒的祖父，一個加勒比海的黑人。兩人一結婚，祖父就在加州找到工作，夫妻兩人從東岸搬到西岸，但一路上很多旅館都不讓兩人同住一房，就因為丈夫是黑人，而妻子不是。卡爾登說：「我父母的故事讓我知道怎麼撫育泰勒。我母親走進旅館，旅館的人覺得她是白人，但她覺得自己是黑人。有時我們怎麼看自己，跟世界怎麼看我們，中間有很大落差。」

夫婦兩人一獲知泰勒的診斷結果，便竭力安排一切，想讓他過正常生活。崔西說：「我們拚命讀正向思考的書，我的最大用意是建立他的自信，結果我們可能做得有點過火，因為他現在簡直稱得上狂妄。他不管去哪兒，都有朋友照顧，就像保鑣一樣。我原本以為他會被塞進置物櫃或垃圾桶，結果從來沒發生。」泰勒聽她這麼說，哈哈笑了起來：「我只有一次自願被人放進置物櫃，賺到了十塊錢，還滿值得的。」

這家人因為卡爾登的工作，再度回到東岸，泰勒則在波士頓一帶上小學。用他自己的話

2・茱蒂・嘉蘭（Judy Garland）為美國五〇、六〇年代知名演員，代表作品為《綠野仙蹤》，飾演主角桃樂絲。——譯注

說，他「全校知名」。他哥哥艾力克斯告訴我：「泰勒是國王。」泰勒長得異常帥，一直到十歲左右，他的身材比例看起來都不太像侏儒。他說：「那之後，就開始有人側目了，就像車禍時自然會有人慢下腳步看一眼，好奇有沒有人死去？有沒有血？人就是會想看一眼。」泰勒剛讀完五年級，馮普登一家便搬到聖地牙哥附近。升國中時他適應得不錯，但之後他們家在一段距離外的波威買了新房子，又得換學區。泰勒說：「那段時期我很憤怒，交友也不順利。到了七年級，大家都交了朋友，而我，我覺得『我為什麼還要重來一次？』就是在那時候，我開始瞪著鏡子說：『我真的很不喜歡，不喜歡這雙腿，又短、又粗、又彎，比例也怪。手臂、手掌、腳趾甲，全身上下我都不喜歡。』」

某次動完手術之後，醫生給泰勒開了強力止痛藥。他說：「我感覺很爽，很開心。我抽了很多大麻、嗑了很多搖頭丸、迷幻藥、迷幻蘑菇。」崔西很難過，但並不訝異。「他很氣我們，決定要懲罰我們。」她說。

「靈性」在泰勒的生活中一直占有一席之地。卡爾登是個虔誠的基督徒，每週都在自己的教會唱詩歌，還用卡爾登．大衛的藝名發行了一張宗教音樂的專輯。卡爾登說：「我相信有神，而且神不會亂造東西，泰勒不幸要背負這麼沉重的負擔，但我相信，若不是因為你應付得來，神不會要你承擔這麼多。」泰勒則說明道：「我從出生就去教會，現在也去。我在最憤怒的時期發現自己和基督教格格不入。如果萬物真有主宰，我不認為他可以百分之百慈愛、強大，但同時又任憑這麼多文明腐朽敗壞，還讓人類一生下來就忍受這種痛苦。」不過隨著時間過去，他的怒氣漸漸消退。「我的問題無法解決，但可以漸漸接受。我把毒給戒了，之後，就在去年，我上了高二，身邊全是我遇過最酷的人。我還修了四門大學先修課。」

泰勒後來說，他真正想要的，總是有辦法做到。「但總是比大部分人要多走上一兩步。身體其實很痛苦，尤其腿和腳踝。我做重訓、游泳，全是因為在意自己的健康和外表。和朋友一起健行時，我背部痛得像要裂開，屁股幾乎就要掉落，得留下來休息。『泰勒，嘿，老兄，怎麼啦？走吧！』我痛不欲生，我想這點大部分人都無法體會。要是有人拿『小矮子』來開玩笑，我還得故意發笑。我並不覺得好笑，但他們並不是真的存心傷人，而且我也不想成為那種看不慣『喜劇中心頻道』就大肆撻伐的激進分子。我小學時努力當班上的開心果，國中時默默坐在角落，現在則努力找出中庸之道。其他人並不知道身為我是什麼感受，但話說回來，我也不知道身為正常人是什麼感受。」

以前泰勒只想獨自度過餘生，但現在他希望能找到另一半。他以祖父為榜樣，再次想像自己的未來。他說：「看到他所面對、克服的事情，我頓悟了——我覺得那是種頓悟，我明白侏儒症會影響我做的每一件事，但我可以選擇不討厭侏儒症，不該受侏儒症限制的地方，就不要被侏儒症限制。」

・・・

有些侏儒創建了 datealittle.com、littlepeoplemeet.com、lpdate.org、shortpassions.com 等交友網站。有個小個子說：「別人在學基本相處規則的那幾年，大部分侏儒都錯過了。我們不經世事，看電影時不懂得要傾身輕輕把手放在女伴胸部上。首先，我們難得有約會。再者，我們的手也不夠長。」他們的難題不只是社會規範而已。沃林進一步解釋道：「很多人連上床都有困難。我們的四肢太短，要不就是太僵硬，沒辦法抱住伴侶。很多人又有脊髓損傷，可能很難勃起，或者不知道高潮何時才來。」侏儒也要決定，自己是喜歡和一般人在一起，還是想跟其他小個子在一起。美國小個子的網站上有個女人抱怨在和一般人做愛時很難接吻，也看不到他的眼睛。韋德曾說：「對身高相同的人而言，下半身非常神秘，必須伸手才能觸及，因此令人神魂蕩漾。對我而言則恰恰相反。我每天都看著別人的腰部以下，我覺得親密關係是有機會看著某人的臉。和一般人做愛時，我必須面對下半身，而不是上半身，這件事讓我很困擾。」

對很多小個子而言，要找另一個小個子還是要找一般人當伴侶，還牽涉到身分政治。有些人認為，和一般人結婚的侏儒並沒有接受自己是侏儒的事實，而且如此一來，希望另一半身高和自己相同的侏儒，選擇就變少了。小個子如果和不同身高的人結婚，憂鬱的比例似乎偏高。以前美國小個子的侏儒幾乎都跟另一個小個子結婚，但現在和一般人結婚的比例越來越高。以前和一般身高的人結婚在美國小個子組織中會被當成異端，但現在也漸漸有越來越多人接受。然而，在美國小個子以外的地方，大部分侏儒還是跟其他侏儒互結終身。

沃林寫道，在認識妻子之前：「我害怕自己永遠結不了婚——說害怕可能還無法形容我當時那種痛苦的感受。」我在收集這一章的資料時認識了一位母親，她的女兒是美麗的侏儒女孩。有一天，我提到我有個朋友可能會想認識她女兒，這位不輕易流露情感的母親一聽就熱淚盈眶。她說：「我女兒已經三十多歲，這幾年來你是第一個這樣說的人。我兒子身高正常，全世界的人都想把自己的女兒或朋友介紹給他，可是從來沒有人想過，我女兒並不是無性人。」

生孩子則是另一項難題。很多侏儒婦女的骨盆開口不夠大，無法讓胎兒通過，因此幾乎所有人臨盆時都得剖腹。要剖腹就得打麻醉藥，這對小個子來說是很大的風險。抱孩子對侏儒父母的身體可能也是很大的負擔。侏儒向來缺乏隱私，生孩子也是，總有人不斷問侏儒父母各種懷孕生產的問題。有位侏儒母親在網路上談到：「最奇怪的話通常出自成人之口。這孩子是妳的嗎？我若看到有人帶著孩子，根本不會問這個問題，可是我每個禮拜都要被人問好幾次。」阿德森寫道：「對於小個子夫婦而言，誕育後代的決定不但是對自己人生的肯定，更是抱著信心奮力一搏，對孩子的人生有所期待。」確實，也因為如此，很多小個子不論有沒有親生骨肉，都領養了被身高正常的父母遺棄的侏儒孩子。

• • •

但也有很多身高正常的父母，不論別人怎麼勸，仍不願把侏儒孩子送走。柯林頓．布朗出生時，「我一眼就看到他的兩隻手伸得直挺挺，兩條腿也直挺挺，身體很小。我幾乎要昏倒了。」他的父親老柯林頓如此回憶。雖然隔著布幕，小柯林頓的母親雪柔看不到他，但她聽得到。孩子沒哭，醫生和護士一言不發。雪柔終於大喊：「怎麼了？」這時醫生才壓低聲音回道：「出了點問題。」雖然雪柔說想看看孩子、抱抱他，但他卻很快被帶走。之後有醫生向她說明，她的孩子因為畸形發育不良，身體嚴重畸形，很可能夭折。醫生說，通常情況這麼嚴重的孩子會被送到安養院，他建議由院方來處理小柯林頓的安置問題，雪柔無需涉入，畢竟父母若是從未見過孩子，要放棄也比較容易。雪柔大怒，向醫生說：「那是我的寶寶，我要見我的寶寶。」醫生的預後診斷語焉不詳。當時全世界已知罹患畸形侏儒症的案例只有幾千人。雪柔回想道：「他們所知道的資訊就是那兩段話，我們接下來的日子會怎麼樣，就只有那兩段話。」

雪柔終於看到小柯林頓時，他躺在保溫箱裡，雪柔只能摸摸他的腳趾，但她一碰，孩子的眼睛就張開了，而她看見那雙眼睛又藍又漂亮。她還看到很多特徵，後來她會逐漸明白，那些都是畸形侏儒症的標記：拇指無法和其他手指合攏，從手掌底部伸出來，看起來就像搭便車的手勢，還有扁鼻子、花椰菜耳朵、唇顎裂。他還有脊椎側彎和內翻足，雙腳蜷縮在身下，就像飛機的降落架。頭顱無比巨大。雪柔說：「很多孩子的症狀比較輕微，但所有可能的症狀，他一應俱全，我都把他的狀況想成豪華綜合版。」老柯林頓說：「我們先回家，我還記得我開進我們住的那條街，看著雪柔，感覺一片空虛，你懂嗎？」兩人又回去上班，老柯林頓在有線電視公司當工程師，雪柔則在電話客服中心工作。小柯林頓兩週大時動了第一次手術，治療臍疝氣。一個月後，布朗夫婦帶他回家，他好小好小，老柯林頓用一隻手掌就能捧住。

兩人一帶他回家，雪柔就盡量把他當一般的寶寶照顧。「我年輕的時候，以為生命都是按表操課，上高中、找工作、結婚。可是生了柯林頓這樣的孩子，讓人不禁想問，自己以前仰賴的一切都怎麼了？」小柯林頓十一個月大時，雪柔找到了科彼茨醫生。雪柔說：「從那一刻起，柯林頓的一切都交給了他。要是沒有他，柯林頓不可能會走路。」老柯林頓說：「走進他的診所時你可能很沮喪，但走出來時你會豁然開朗，充滿新希望。」雪柔說：「在他心裡，他們不是病人，而是他的孩子。其他人從來沒辦法做到這種程度，以後也不會，因為世界上不可能再有像他一樣的天使。」

・・・

科彼茨醫生很出名的一點，就是他會替病人擬定長期的手術計畫，而非只動一次手術就希望能解決病人所有的問題。他動的手術，一路上都會看到益處，並為下一次手術鋪路。最後，他替小柯林頓動了廿九次刀。雪柔說：「我問我們家的小兒科醫師，柯林頓以後會變成什麼樣子，他給了我一本馬戲團團員的書。我去找科彼茨醫師，他說：『我跟妳說吧，他以後會是很帥的小夥子。』」眾所周知，在科彼茨的候診室一向得等很久。單純的定期回診往往要花上一天。「即使要等十小時我也完全沒問題，他會說：『抱歉，我一定得幫這個看一看。』我們都知道，如果是自己的孩子需要他，他也會這麼對別人說。」雪柔說道。

小柯林頓快滿三歲時已經做過六個月的頻繁手術，手術後科彼茨醫生為他指派一位物理治療師，之後他就開始走路。他的內翻足、脛骨、腓骨小頭、膝蓋、髖骨，科彼茨醫生全動過刀。小柯林頓動了十一次背部手術、唇顎裂手術、腹股溝疝氣手術。有六個月的時間，他全身打上石膏，只能躺平，頭上有一圈金屬用四根釘子固定在頭骨上，以免他移動頸椎和脊椎。雪柔說：「我陪他住院，一個月、兩個月，他要多久才能恢復我就陪多久。」雪柔工作的電話客服中心讓她多請了一段長假。為了柯林頓的手術計畫，布朗夫婦保了兩份親職保險，即便如此，保險未給付的費用仍是天價。「你聽過有部影集叫《價值六百萬的男人》嗎？」雪柔問我，一面指了指她兒子。「這兒就有個價值百萬的侏儒。」

由於畸形侏儒症是隱性基因的性狀，雪柔和老柯林頓生出的任何孩子，都有四分之一的遺傳機率，於是兩人決定不再生下一胎。老柯林頓說。「一開始，日子是半年、半年地過，生了我們家這樣的孩子，看事情不會長遠。」雪柔說：「最難的是走到外面，面對第一句難聽的話或異樣的眼光。我總是有股淡淡的念頭：遇到我跟柯林頓的人，應該把這當成學習的經驗。我們都拿這件事開玩笑：『好吧，媽，你看那個人。他們在看我！』然後柯林頓就會對他們揮揮手，笑一笑。」老柯林頓說：「有次我們去店裡，有個小孩一直在我們身邊晃來晃去。柯林頓那時十二歲，就跑到下一排貨架，等那孩子一經過，就跳到他面前嚇他。那孩子嚇壞了，放聲大哭。我跟柯林頓說：『你不應該這樣。』他說：『可是爸，感覺超好的。』我說：『我知道，好吧，讓你樂一次。』」

柯林頓說：「我小時候，很怨恨自己為什麼個子這麼小，很氣憤為什麼別人有的機會我都沒有。你或者正面迎戰，或者軟弱倒下。別人不懂如何面對，是他們的問題，但我不知道怎麼教他們面對，就是我的問題了。」老柯林頓補充道：「有次他說：『如果我的個子正常，我就會很棒，對吧？』他那時十一歲，住在醫院病房。我不得不離開，因為我哭了，感覺十分無助。我回去的時候，他說：『爸，沒關係，我知道答案了。』」

小柯林頓說：「我超迷運動，想當運動員。我們以前都在街上玩曲棍球，但大家的身材越來越壯，開始撞倒我，所以我沒法玩。我的童年因此錯失了很大一塊。」小柯林頓花了很長時間動手術，躺在床上不能動，那段時間他都在家自學。學習能讓他忘卻一切，而他也很用功。「我發現自己沒別的事可做，所以大部分進度都領先班上同學。我決定把書讀好，我至少得有一件事做得比別人好吧。」他畢業的時候被霍夫斯特拉大學錄取，是家中第一個讀大學的人。他決定主修財務金融，自願當輔導小老師，還協助舉辦新生訓練週。「我希望這輩子都像大學。我參加了強調男子氣概的兄弟會，跟學校所有的女孩都是朋友，我到處約會，過得很開心。」

柯林頓的手指無法合攏，扣鈕扣還是需要別人幫忙，但其他方面越來越獨立，也拿到了駕照，還有一輛為他量身改裝的車。老柯林頓說：「我還記得他是什麼時候告訴我們他正在開車。有個朋友告訴我，他在長島的高速公路上看到我兒子！我說：『你看到柯林頓開著一輛廂型車，還上了高速公路？』於是我查了他的課表，偷偷溜去學校。我不希望他知道我在那兒，就把車停在後面。我想，老師若不是喝醉了，就是聖人，因為竟然有人幫柯林頓改裝了陽春座椅還有方向盤。他咻地一下開出學校。我看得目瞪口呆，一個字都說不出來。」雪柔說：「他一進大學就認識了一群小夥子，之後四年一直混在一起，也常去酒吧之類的地方。我說：『那你要怎麼坐上酒吧的高腳椅？』他說：『媽，他們會把我抬上去。』我又說：『你只有九十公分高，你朋友一百八十公分高，你喝兩杯啤酒，就等於他們喝四杯。』我聽到他喝酒又開車，嚇壞了。有次我經過一家酒吧，看到他的車停在那裡——車子改裝成那樣，很好認。我覺得直接衝進去不太好，就傳了三封簡訊給他，然後回家等他的電話。後來我把這件事告訴柯林頓以前同窗的母親，她說：「他人在酒吧，是妳運氣好。」我就想：「是啊，如果妳在他出生的時候跟我說，他會和大學死黨喝酒，還酒後駕車，我大概會樂壞。」」

社會大眾似乎會因為小柯林頓的身高而忘了該有的禮儀，但他逐漸學會畫定他可容忍的界限。他說道：「以前我心情真的會變很差，我會哭，現在我就直接去找那個人。我媽總是說：『客氣一點，客氣一點！』但有時你就是客氣不起來。有次我從某個人座位旁邊走過，然後他跟朋友說：『噢，天啊，你看那個小矮子。』我說：『你再說一次！』然後打翻他的啤酒，酒灑上他的大腿。如果是小孩子，你不能吼。他們什麼都不懂。我會去找他們的父母：『聽好，你們為什麼不教孩子一些禮貌，也顯得自己有點教養？』但就算是在很有格調的地方，狀況也沒改善。」一年後我和小柯林頓在曼哈頓一家高級餐廳用午餐，我想起了這段對話。餐廳是他選的，在曼哈頓市中心，離他辦公室很近。我和他往座位走去，一路上原本正在聊天的人都不聊了，盯著我們看，只有少數幾人用眼角餘光偷瞄。即便我和環尾狐猴或瑪丹娜一起現身，也不可能引來更多注意。那些目光不帶有惡意，但還是讓人不自在。我從未領教過這種眼光，以前我曾推著多重障礙的孩子走在聖地牙哥的碼頭，但那感覺也完全不同。善意的同情有時會讓人煩不勝煩，但還是比看得目瞪口呆好一些。

十八歲那年，小柯林頓在金融業找到個暑期工讀的機會，每週有五天獨自通勤到美林證券的曼哈頓辦公室上班，騎機車、搭火車、搭地鐵，來回各一個半小時。「能學多少本事，我就要學多少本事。我父母為我操太多心了，但我想讓他們放寬心，就得經濟獨立，行動也獨立。我以前太常住院，於是父母成了我最好的朋友。但現在再沒有什麼困著我、阻攔我，我想做很多很多事。」

小柯林頓這一生最大的問題就是行動能力。路程遠的話，他就騎機車。他只要一走路就發疼，疼痛來得比泰勒這些人都快。「我的臀部、膝蓋、關節都很不好。骨頭和骨頭之間缺少軟骨。天氣一冷，狀況更糟。」話雖如此，柯林頓竟能如此輕鬆自如地轉動身體，還是讓我十分讚嘆。他的手指不能彎曲，但他能把刀叉卡在手指之間。「很多都是我自己摸索出來的。以前我常把披薩或三明治放在手背上。寫字的話，我用兩根手指寫。如果能夠改變一件事情，我希望能和正常人一樣走路。不過，我還是整晚跳舞，我什麼都能做。」其實，我第一次在美國小個子見到小柯林頓時，他就在跳舞，我都已經上床入睡，他還醒著。第二天，他渾身發疼，走路一跛一跛，但同時也樂得忘乎所以。他笑我是舞池裡唯一身高正常的人：「你就像小個子一樣顯眼。」

那年暑假，柯林頓在美林證券的法務部門打工，負責填表格，而他當時就下定決心，一定要獲得升遷。畢業後，他進入美國共同資本管理公司，為公司的技術分析師整理損益表、財務報告，蒐集即時股市行情，並幫助交易員找出某些網路股的趨勢。那段期間，他因為地鐵的友善設施不足而吃了許多苦頭。後來，他獲准在紐約大都會運輸署的下一場公開會議對理事會提出建言。會議那天，我在市中心的會議室看到他的親戚朋友組成了大隊人馬，前來為他加油助陣。柯林頓沉著而自信地開口說道：「我今天代表紐約所有身心障礙的市民站在各位面前。我所經歷的事情顯示了《美國身心障礙者法案》、公民權利受到侵犯，也顯示了坐輪椅的市民在使用大都會運輸署的地鐵及火車時會面臨的危險。我今天這段發言的目的，是要指出貴單位運輸系統的現況，讓各位知道這些狀況會如何影響使用者，並且找出解決方案。我希望在追求平等的道路上，各位能成為我的隊友，並努力解決問題。」之後吃早餐的時候，雪柔對我坦承，這種事如果是她，絕不可能辦到。

雪柔說，她常常思索自己究竟想不想過另一種生活。「他出生的時候，有個護士哭了，我說：『噢，我覺得好難過。為什麼是你們？你們人這麼好。』我說：『為什麼不是我們？』我會和人交換嗎？我現在絕對不會。」老柯林頓也附和道：「我上班的地方常有新人，當他們偷懶，或者說某些事情做不來的時候，我就說自己認識一個人，我也不說是我兒子，就說這人每天早上要花半小時穿衣服才能出門呼吸新鮮空氣。『你們這些人有手有頭腦，上帝給的工具你們都有，卻不懂珍惜。』」他頓了頓。「而且說實在的，我以前也不懂珍惜。是小柯林頓教會了我。」

雪柔和老柯林頓都多少有些敬畏自己的兒子，敬畏他的勇氣、學業及事業的成就，還有他開闊的心胸。雪柔說：「我覺得他今天的成就，我們沒有貢獻。我做了什麼？我愛他，就這樣。前兩天，有人打電話來，這些人社會地位比我們高，也受過更好的教育，他們打電話來說自己不知如何是好。他們是德州政治界人士，覺得這樣的汙名會對他們造成傷害，於是把寶寶送養。當時，他們就是打算這麼做，跟我一開始的決定正好相反。前兩天柯林頓回家，說：

『媽，我在曼哈頓看到一個盲人拄著枴杖。四周的人匆匆忙忙，只有他孤獨一個人。我很想哭，很替他難過，就過去幫他帶路。』柯林頓的心裡永遠有那道光，我們很幸運，能第一個看到。」

・・・

個子矮小還有許多不常見的類型，確切基因還有待發現，但主要類型的基因已經找到，這些基因很多都有密切關聯。例如軟骨發育不全多半是纖維母細胞生長因子第三型受體產生顯性突變。同一基因的另一種突變形式則會導致季肋發育不全，這是一種症狀比較輕微的侏儒症。同一基因位置的另一突變則會造成致死性畸胎，這種類型的骨骼發育不良足以致命。由於軟骨發育不全屬於顯性遺傳，因此兩個軟骨發育不全侏儒生出的孩子有五十%的機率是侏儒，身高正常的機率是廿五%，而雙顯性的機率也是廿五%，雙顯性就會導致死胎。還有很多骨骼發育不全也會導致死胎，或者出生不久即夭折。找出軟骨發育不全的基因，可以更了解此症狀背後的原理，並在產前診斷出雙隱性的案例，而由於雙隱性必然以悲劇收場，篩檢出來後，父母就能選擇是否終止懷孕。在這個過程中，父母也可以選擇拿掉軟骨發育不全的健康胎兒。

此基因由美國生物化學家瓦斯穆茲於一九九四年發現，此後，先天性脊椎骨骺發育不良、假性軟骨發育不全、畸形發育不良的基因也一一被找出。瓦斯穆茲對世人可能會如何利用他的發現十分憂慮。他在美國小個子幾位幹部的陪同下出席了記者會，宣布研究成果。蕾思麗當天就和他一起站在講臺上，她回憶當天，說瓦斯穆茲「對可能的影響心知肚明，而他想要這個世界在他宣布消息的同時也看到我們快樂、健康、滿足地和他一起站在講臺上」。他主張，這項檢測只應該用於找出雙顯性的案例。因為侏儒症並不常見，因此並不包含在一般的基因篩檢中，但人們仍然可以在做羊膜穿刺或絨毛取樣的時候要求檢驗軟骨發育不全，而人工受孕者也

156

可以在植入前要求額外篩檢。此外，有許多案例都是在懷孕後期照超音波時檢驗出來的。根據最近一項問卷調查，有四分之一的受測者表示，如果發現腹中的胎兒是侏儒，他們會選擇墮胎。更有甚者，醫療專業人員也有五十%以上的人在問卷中表示自己會這麼做。

從那時起，篩檢就成為小個子圈內爭辯不休的熱門話題。有些夫妻希望可以篩檢出身高正常的胎兒，確保生下的孩子是侏儒。麻州大學的桑哈維醫生支持侏儒人士的選擇權，他寫道：「許多父母都深信，孩子如果像自己，可以凝聚家人感情，強化社會連結。」貝蒂和史特拉蒙多曾以美國小個子宣傳委員會主席的身分投書《紐約時報》，表示如果醫師拒絕這項請求，就是「積極強制進行優生學」。有一對小個子夫婦就談到自己接受人工受孕前基因篩檢，只是為了避免雙重顯性，結果有好幾家診所都說他們支持「健康」懷孕，只願意植入非侏儒的胚胎。卡蘿和她先生都有軟骨發育不全症，她表示：「我想要孩子長得像我，你不能告訴我不行，否則也太專橫自大了！」很多小個子受夠了這一切，於是決定領養侏儒兒童，這些兒童往往不被原生家庭所接受，在開發中國家尤其如此。

金妮和她先生有兩個軟骨發育不全的孩子，一個是親生，一個是領養。金妮說：「我最怕哪天我親生兒子對我說：『都是妳的錯。』我跟我先生不能對父母這麼說，因為他們也沒料到。但我兒子卻大可以說：『妳知道我的基因，卻還是要生，害我變成侏儒。』」金妮和丈夫決定領養同樣也是侏儒的老二，她說那是因為「我覺得侏儒症改變了身體，也改變了靈魂。兩個小個子之間有種緊密的連結，也許是同性的朋友、一生的伴侶，或其他各種可能。我認識我先生的時候，我們的共同之處不只是身體外觀，還有生命經驗。我先生在內戰時期的黎巴嫩貝魯特長大，而我則生長於波士頓，所以我倆的出身有天壤之別，但因為都是侏儒，所以我們很相似」。

許多侏儒的生命都很充實、豐富，侏儒症對他們而言往往不是障礙，而只是些許不便。另一方面，種種醫療難題仍讓人卻步。產前篩檢趨勢的觀察者注意到，較富裕的家庭多半選擇高價的篩檢方案，而貧窮人家就只能把侏儒孩子生下來，這樣的人口變化令他們十分憂心。沙斯比亞是為軟骨發育不全症爭取權益的運動人士，他曾在ＢＢＣ的廣播訪談中提到這些議題，他說：「我對於殘缺的態度很矛盾。傳統覺得殘疾很悲慘，我並不這麼認為，但我也不同意激進人士的觀點，他們認為殘疾無關緊要，我覺得殘疾是一個困境。」他分別指出刻意要懷或不懷侏儒孩子的問題。提早知道自己懷了侏儒孩子的好處，在於可以提早適應。如果感到悲痛，可以在孩子出生前放下悲痛，或終止懷孕。不知道的好處則是你不用選擇，因此心裡沒有負擔。對於準父母而言，選擇可能很可怕，而且難以承受。

針對基因篩檢的議題，美國小個子組織曾經以一篇聲明回應，其中有部分寫道：「我們小個子對社會也有貢獻。我們必須告訴大眾，雖然我們面臨困難，但（跟大多數身心障礙人士一樣）很多困難都來自環境，而我們也很珍惜任何為社會多樣性提供獨特觀點的機會。接納自己、驕傲、歸屬、文化，是美國小個子成員的共同感受。」皮絲莉是侏儒，也是遺傳諮詢師，曾為美國小個子組織撰寫意見書。她強調，希望基因的新知不會被用於消滅人類的多樣性。她說：「若胎兒得了絕症，不可能存活下來，那麼讓這家人有機會及早決定，而不用經歷整個懷孕的過程，會非常好。可是，我們覺得患有軟骨發育不全或其他非致命型骨骼發育不全的人，可以活得很健康、有貢獻。我們並不質疑任何人選擇人工流產的權利，但仍想要呼籲各界，或許這不該變成終止懷孕的理由。」目前，基因篩檢多半用於診斷，讓家人知道日後會發生什麼事、該怎麼做。例如，孩子如果有第四型黏多醣症，就必須監控視力及聽力是否惡化。這樣的孩子有時會有頸椎不穩定的問題，若能對脊骨上端施以融合術，有助於避免嚴重脊髓損傷。軟骨發育不全是因為某個基因過早啟動，使骨骼停止生長。有些研究人員正在研究如何關閉此基因，這項研究不會消滅這個基因，但會改變基因的活動，根絕其表現型。

賀弗蘭曾形容侏儒症「代代相傳，受到珍視。這種性狀就如同聽障，同時被視為恥辱、殘疾，以及驕傲之源。它更是一張入門券，讓人得以加入一個複雜、迷人、極為排外的文化」。[158]

皮絲莉說：「從小到大，我並不覺得自己不想成為現在這樣子，只是不明白為什麼大家要用那種眼光看我。我不斷被刺傷。年紀較大之後，我脖子出了問題，導致慢性疼痛。我們現在知道，軟骨發育不全者壽命較短。有時你真想知道，世界多了這麼不同的小個子觀點，好處是否大於這個症狀所帶來真真切切的生活障礙和痛苦。有些人可能會說，如果只是身形較矮，但沒有手術、沒有痛苦，我們會樂於走上侏儒這條路，可是實際上，你只能全部接受，或全數拒絕。」

• • •

莫妮克．莒哈絲是旅居紐約的法國人。懷孕五個月時，她和俄籍伴侶奧列格．皮列戈夫一起去照超音波，以為一切都沒問題，應該五分鐘就會結束。「我們在那裡等著，想知道是男孩還是女孩，然後詢問醫院發生了什麼事，院方說：『醫生會寫入報告中。』」莫妮克回想道：「等我們終於見到醫生，他提到孩子的四肢和頭顱的大小不成比例。但當時聽起來不太嚴重。」莫妮克的產科醫生建議她到專科實驗室照超音波，那裡的醫生也證實胎兒的頭顱很大，但看到奧列格的頭顱也很大，就鼓勵兩人暑假找個地方好好玩。

等兩人回來，莫妮克已經七個月大，婦科醫生建議她再照一次超音波，這次由另一個醫生操作。那位醫生將兩人轉介給另一位遺傳諮詢師，諮詢師說，孩子很可能有骨骼發育不良的問題。莫妮克說：「她用了這麼一個醫學術語，我感覺有點冰冷、好遙遠。我突然開始擔心，像是有什麼東西壓在身上。」諮詢師說：「壞消息是胎兒確實有問題，好消息則是我們知道問題是什麼。軟骨發育不全是最常見的侏儒症，併發症也比其他侏儒症少。但還是可能會有水腦症、延髓頸髓壓迫、脊椎狹窄、限制性與阻塞性肺疾、中耳炎、脛骨彎曲等問題。」莫妮克幾乎昏倒。她向我解釋道：「我一點也不想面對，我當時懷孕快八個月，一面想著『我恨這些研究，真希望我們什麼都不知道』，同時又想『真希望我們早點知道』，我的產科醫師不想給任何建議，也就是說，她沒有給我任何支援。她要我去查美國小個子組織，除此之外什麼也沒說。」

莫妮克也跟她在法國認識的醫生談過。「他們都說可以避免的問題、麻煩、差異，就避開。他們都覺得應該拿掉。」紐約的遺傳諮詢師介紹兩人去看一位有遺傳學背景的心理師。「心理師說，不管怎麼選，未來都會有後悔的時刻。這些話對我有很大的負面影響。我當時想：『我不想要做出會後悔的決定。』就這麼簡單，這麼基本。」

至於墮胎的可能性，奧列格說：「對我家人而言，完全不可能。他們原本是俄國東正教，後來改信天主教，而且很虔誠。我母親從莫斯科傳真過來，要我們重新考慮，但我沒有告訴莫妮克。這件事，我母親沒有權利決定。」莫妮克說：「奧列格不想知道別人怎麼想，我卻想知道每個人的意見。我到處問，然後做出選擇。我做每件事都這樣。最後我們終於決定墮胎。在法國，不管懷孕到了哪個階段都能墮胎。我得離開紐約，跟家人在一起。他們不贊成我生下這個孩子，我需要家人的支持。」

於是奧列格和莫妮克去了法國，到莫妮克的家鄉里昂就診。當地有位資深的醫生，法國中部、東部複雜的產前傳遺案例都找她審閱。兩人預約好時間。莫妮克說：「她非常有經驗，讓她看過的人幾乎都選擇墮胎。我們坐下跟她談，有個助手拿著相關文件走了進來，開始例行的流程。我心想：『我在做什麼？』我渾身發抖。醫生說：『妳如果不想做，就別做。』我很驚恐。奧列格說：『如果妳把孩子留下來，也沒關係。』我得到最後一刻，才明白自己的真正心意。突然，我清楚知道自己想要這個孩子。」莫妮克流著淚跟我說這個故事，但最後她微微笑了起來。「突然，我就明白了。」她重複道。

莫妮克和奧列格回到紐約。「那時我們得跟時間賽跑，得盡快知道跟軟骨發育不全有關的一切。」後來兩人透過朋友認識了麗莎，以及她女兒蘿絲。莫妮克說：「我們既然決定要慎重面對，這件事也就不再可怕，就算當時我們已經知道骨科等各種併發症有多麼棘手，也不再恐懼。那個心理師說錯了，我從來不後悔。當時我希望自己不用做出選擇，但現在我很高興自己做了選擇。生下這孩子，是我主動做出的決定，而不只是聽天由命的結果。」

160

我剛認識莫妮克和奧列格時，阿納托爾四歲。莫妮克說道：「我們想替阿納托爾生個侏儒的弟弟或妹妹，但是沒辦法，他的症狀是機緣巧合。不過無論如何，我們一定不能讓他感到孤單、感到自己是異類。我們會安排和美國小個子組織接觸，如果覺得投緣，就繼續參加。」莫妮克非常以法國的醫療為榮，但她也同樣推崇美國的社會環境。她和奧列格帶阿納托爾去找約翰．霍普金斯醫院的侏儒骨科醫師艾因。她說：「我覺得如果阿納托爾能把他當成榜樣，會很好。」她也很喜歡艾因醫師的病人幾乎全是小個子，而且精通小個子可能需要的所有手術。她盡量找機會讓阿納托爾和同年齡小朋友一起玩，有障礙的、沒有障礙的，都接觸。

莫妮克說：「我很相信『塑造差異』。我想讓他知道：『好，你跟別人不一樣，那麼，你能從中獲得什麼益處？』我開始愛上阿納托爾的比例，他短小精悍的模樣。他說：『我想要像蜘蛛人那樣又高又壯。』我說：『阿納托爾，你不會長得像蜘蛛人或爸爸媽媽那麼高，但是你可以又小又強壯。』他說：「我不想跟別人不一樣！」我心想：『好，麻煩開始了！』」在歐洲大部分的地方，大家重視的身分仍然是集體、一致的身分：天主教徒、法國人、白人。大家都盡量避免差異，而且骨骼延長手術在南歐居然還很熱門。莫妮克說：「我前陣子看到一所優良學校的文宣，文宣最後說：『本校歡迎身心障礙的孩子就讀。』法國的學校看不到這樣的文宣。紐約真的是最適合居住的地方，現在也正是最適合的時候。幸好我不是在我祖父母的時代碰上這種事。」

莫妮克和法國家人的關係有許多層面。她說：「那裡遠比美國講究美感。我母親還是會想：『可憐的阿納托爾。』我知道她很愛外孫，但我的生活對她而言太過陌生。她尊重我的選擇，可是無法理解，於是我創造了一個家庭，讓這個家庭把我從創造我的家庭中帶走。」

幾年後我跟阿納托爾談到身為小個子的日子，那時他已將近七歲，弟弟的身高剛剛超過他。我問他，他會不會因此感到難過。他想了想，說：「不會，我很高興他可以幫我拿東西。」但他還是十分自豪地讓我看他的床，他和弟弟共用臥房，睡的是上鋪，還跟我詳細說明他在學校的表現比弟弟好上多少。莫妮克說：「阿納托爾自己摸索出各種做法，他很獨立。學校小朋友也比想像中友善，雖說嘲笑還是有。」她笑了出來，「不過他個性好，別人也自然而然對他好，所以也許他這輩子不會過得太辛苦。」[161]

· · ·

對侏儒而言，「功能追隨型式」，他們的身體外型決定了能力。侏儒要面對兩大問題：別人眼中的他們是什麼樣子，是其一；世界不為他們這樣的身材而設計，則是其二。然而，在應不應該接受骨骼延長手術的爭論上，這兩件事最是糾纏難分。這種手術通常在發育長高的年紀開始，大多是八、九歲。先打麻醉，然後在小腿骨每隔四公分打進一根鋼釘，鋼釘會穿透皮肉。每根小腿骨會大約有十處被打斷。由於小腿骨全都失去作用，因此外側要裝上大型支架，並與凸出的鋼釘相接。過了一個月左右，骨頭開始癒合，原本裂成一段段的骨頭開始相互接合生長。在幾乎接合的時候，調整支架，讓骨頭再次裂開，延長小腿，讓骨頭之間仍留有裂隙。如此反覆數次，長達兩年，骨頭不斷裂開，不斷恢復，韌帶、肌肉、神經不斷拉扯延伸。等到小腿完全康復，就換下手臂，然後是大腿，再換上手臂。一旦動了骨骼延長手術，就代表童年的尾聲一直到大部分青少年時期都得不斷忍受痛苦，肉體支離破碎，代表那些年你的身體都覆上金屬支架，手腳還有鋼釘凸出。但手術的確有用，可以增加卅五公分，也就是一二〇和一五五公分的差異，讓人從別人眼中的怪胎變成正常人。這樣的介入性治療要價大約在八萬到十三萬美元之間。

骨骼延長手術是種整形，也是功能性的介入性治療，只不過動手術的人多半避談整形的層面。懷疑這項手術的人認為手術很複雜、痛苦，還有很多麻煩的副作用，而且既然小個子不動手術也可以在社會中過得不錯，也就沒有必要接受。就像有些人反對人工耳蝸植入手術，反對骨骼延長手術的人也不認同手術隱含的辱意，暗示著這些症狀是需要矯正的。

想要政治歸政治、醫療歸醫療，向來都不容易。動過骨骼延長手術的人通常很肯定這種手術，研究也顯示，手術能增強自信。有個動過手術的小個子就說：「無時無刻抬頭往上看實在太辛苦了，不只脖子不舒服，心裡也不舒服。」這樣的回答有股自我應驗預言的味道：選擇動手術的人，想必需要提升自信心，而之後的人生花了這麼多年進行手術，要他說手術沒有什麼用處，想必也十分困難。不過，出現併發症的人往往最大力反對此手術。

二〇〇二年，美國小個子原本想邀請美國骨骼延長術的頂尖外科醫師帕里參加當年度的全國大會，結果因為成員反對而取消，從這次事件便能具體看出此項議題在該組織內部的爭議。穆勒在孩提時代動了骨骼延長手術，之後便毫無保留地支持這項手術，她說：「所有新手父母最重要的事情就是接納孩子，也讓孩子接納自己。孩子在成長過程中不應該認為自己身上有某種狀況，等他長大後，父母就會動手『解決』。」不過，她也表示手術能讓人免於經歷矮個子的種種不便。她很高興自己動了手術。美國小個子有位高層說：「應該要等到當事人的年紀大到能和你好好討論手術的時候再說，而且動手術必須真的是他們自己的決定。我們建議他們先去看心理師，坦誠長談一番後再做決定。」但這個論點和主張延後人工耳蝸手術一樣，都有嚴重瑕疵。這個手術只有在發育期，也就是兒童轉為青少年的時期施行才有效。比語言習得的時間要晚，但也遠比完全成熟還要早。

有些醫生宣稱，骨骼延長手術可能有助於預防脊椎問題等侏儒症常見的骨科問題。各方對這個議題激辯不休。甘迺迪決定不要讓自己的女兒動骨骼延長手術，他很坦白地寫道：「骨骼延長手術光是能使上手臂變長這一點，就給侏儒帶來莫大好處了。『有什麼優點比能夠自己擦

162

屁股更重要的？』」骨骼延長手術會因案例而異，風險和益處也無法一概而論，而且因為這還是種新技術，長期的結果也還無從得知。骨骼延長手術的併發症嚴重程度不一，可能很輕微，也可能很嚴重且造成永久影響，而且併發症的機率也高於其他骨科手術。但是此手術的目標族群即便不動手術，也會面臨許多骨科問題，如此一來，情勢就更難判斷。

有些孩子似乎輕而易舉就能擁抱自己的特點，但其他人則覺得差異難以忍受。同理，有些父母能忍受孩子與眾不同，有些則不行。九歲的時候，我願意為了改變性向放棄一切。如果當年的我有這樣的手術可選，我一定毫不猶豫。現在我四十八歲，卻很慶幸我沒有委屈自己的身體。關鍵在於釐清九歲時抱持的偏見有哪些會隨時間改變，又有哪些是內心真正在意，而且會一直延續到成年的。父母的態度往往會影響孩子的心態，而外科醫生一定要能透視這道朦朧的薄膜，才能看清哪種做法對當事人最有利。有位母親曾經告訴我：「我女兒恨透了當侏儒。我們請侏儒到家裡來作客，都是很好的人，她會指著這些人說：『我寧死也不要像這些人，這些人都是怪胎，我討厭他們。』她並不想加入他們的世界。我們很努力要讓她的日子好過一點。」她的女兒堅持動手術，動了以後也很開心。醫療倫理學家法蘭克在《哈斯汀中心報告》中提到選擇性的兒童手術，他說：「既然有可能矯正，也就無可避免要討論是否接受矯正。」

外科手術起源於切除術，進階版則是現代的介入性治療。雖說古希臘時代就有骨科手術的相關文獻，但最具現代手術雛形的案例，還是始於十八世紀的法國醫生安德里。安德里著有《骨科百科全書》（一七四三年），又名《矯正及預防兒童畸形之道》，傅柯在《規訓與懲罰》的開場便引用書中的一張圖片，圖中是一棵彎曲的樹，樹身綁上一根筆直的木樁。他以此作為迫害的象徵，十分有名。傅柯很可能會認為，骨骼延長手術是強調服從的社會加諸在人身上的酷刑。然而，儘管創造對侏儒友善的社會可能是更崇高的理想，但要求侏儒各別適應社會顯然更容易。問題在於，那些去適應社會的侏儒是否會助長社會的不公不義？他們又是否背負了道德的義務，要以拒絕接受手術來繼續催促世界去適應侏儒？有些侏儒一直努力想要過好自己的日子，對他們而言，這樣的要求很可能過於沉重。

雖然人類生長激素無法讓骨骼發育不全的人大幅增加身高，但很早就已獲得許可，可用於垂體性侏儒症。近年來，也有越來越多一般的年輕人使用人類生長激素，有些是個子不高的人，為了好看想要長高，有些是父母不想要孩子因為個子矮而吃虧。這種荷爾蒙療法就跟骨骼延長手術一樣，必須在發育期進行，多半是在十多歲使用。這種激素對腦垂體系統正常的人是否有效仍有待商榷，但有些研究指出此療法最多可增高十公分。美國食藥局最近通過以「優猛茁」來治療「原因不明的矮小」，男性身高最後若不足一六〇公分，女性若不足一五〇公分，皆可使用。當然，除非等到身形長足的那一天，否則根本無從知道一個人的最終身高，但那時要注射優猛茁也已經太遲，因此整個療程根據的都只是數據和猜測。在重要的發育期接受優猛茁治療，費用約在一萬二千到四萬美元之間。有些富裕的父母也會讓身高正常的孩子注射生長激素，原因是他們認為高大的孩子占有優勢。

身材高大有許多公認的優點。高個子在選舉時獲得的票數較多，最近還有研究顯示，一八三公分以上的男性，薪水平均比個子較矮的人多十二%。在電影、廣告，以及時尚伸展臺上，高個子都是美的象徵。從古至今，比例勻稱一向被推崇為美的精髓。維特魯威在耶穌的時代就寫到希臘雕刻家深諳此理，並展現出普世的理想。他在開場時說：「造物設計的人體中，人臉從下巴到額頂髮根的長度，恰好是身高的十分之一。」文中描述的是一種和侏儒大相逕庭的身形。語言中有大量讚美詞和高大有關，例如「昂然挺立」，也有很多貶詞和矮小有關，例如「短缺」、「短少」、「微不足道」、「弱小」。英文的侏儒一詞還能當動詞用（使……顯得矮小），使用時多半充滿貶意。這一切都無異於雪上加霜。專欄作家薩菲爾在《紐約時報》就撰文表示冥王星被重新分類為「矮行星」之後，所有語種的教科書都用了這個充滿貶意的形容詞。記者理察森曾經調查小個子的生活狀況，寫道：「侏儒永遠無法同化。只要電影明星還是瓜子臉、豐唇，只要女人的夢中情人還是『身材高大、皮膚黝黑、相貌英俊』，侏儒就會是永

164

不改變的差異。」

• • •

琦琦．佩克天生患有「克尼斯克發育不良」，這種隨機產生的變異會導致一種少見的侏儒症，最主要的特徵是缺乏「第二型膠原蛋白」。第二型膠原蛋白是人體軟骨以及眼球晶狀體的組成物質。這種侏儒症不只身材矮小，還關節粗大、扁鼻、近視、聽力受損，身體中主要由軟骨組成之處也都會扭曲變形。琦琦的軟骨看起來就像有洞的瑞士乾酪，導致類似關節炎的症狀、關節僵硬、桶狀胸，而且手掌大、腳掌寬。此外，有個醫生形容她的髖部「就像正在融化的冰」，而骨頭則異常細瘦，末端又異常寬大。她出生時醫生並未看出她的病症，但她滿月時，母親克莉西帶她去做定期檢查，發現她的體重竟不增反減。醫生要克莉西不要再親餵母乳，改用奶瓶，這樣才能嚴格記錄琦琦的喝奶習慣。接下來幾週的發展十分驚險，琦琦被診斷出成長遲緩，當時已命懸一線。她被送到密西根大學附設醫院，醫院就在佩克家開車可達的距離內，雖然那裡的醫生從未見過克尼斯克症（當時全球也只有兩百起案例），但他們從Ｘ光片中看到她奇特的骨骼形狀，做出了正確診斷。

接下來一個月，全家忙著向遺傳學等各科專科醫生求診。克莉西說：「我只想找到人告訴我，她以後會變成什麼樣子，但根本找不到。」琦琦檢查出有嚴重近視，兩個月大就配了眼鏡。克莉西回憶道：「我跑了四個地方，才找到她的小臉能戴的眼鏡。當小姐幫琦琦調整眼鏡時，琦琦一直叫、一直叫、一直叫。突然她不叫了，只是直勾勾盯著看。你可以從她的表情看出，她突然發現『我看得到了！』」但因為軟骨也是耳朵內部重要結構的一部分，所以琦琦還有嚴重的聽力缺陷，六個月大就裝了助聽器。克莉西說：「那是另一場精彩的經歷，你試試幫六個月大的孩子戴助聽器讓它不被抓下來看看。我們弄丟了好多副，這東西並不便宜，不能這樣浪費。」不過到那時，琪琪已經開始長高，雖然不如一般孩子快，但以她的症狀來說，速度算是很穩定。

克莉西的父母知道診斷結果後大受打擊。「我媽說，我告訴我爸後，他立刻走到高爾夫球場，狠狠打了一整籃的球，然後進屋開始研究，發現明尼蘇達州有個克尼斯克團體。」他們全家飛到當地拜訪這個團體。克莉西說：「我還記得自己因為擔心親眼見到患病的成人會太過震驚，先做好了心理建設。然後我就遇到她，她是很了不起的人，超級友善，適應得超級好，無所不知，無所不答。我和我父母都獲益匪淺。」但日子還是過得非常辛苦，克莉西在詩歌中找到抒發的管道。詩歌的格律代表掌控，無能為力的時候正適合追求這樣的掌控。她說：「我們當時不知道琪琪能不能活下來，也不知道她需要什麼樣的手術，不知道她的脊椎會怎麼樣——椎間盤是由軟骨構成。她一直要到兩歲才會走路，就連學著站起身的時候，看起來都像有關節炎，彷彿她已經八十歲。」有克尼斯克症的人都胸有成竹、意志堅強。「而且很聰明，也許是因為一出生就要開始解決問題。就連托兒所的老師都說琪琪總是知道自己要什麼，心裡也一直有很健康的自我形象。」她又補充道。

我認識琪琪的時候，她五年級，將滿十一歲。我們坐在客廳聊天，她身旁就擺著一對枴杖，那時她才剛裝上讓背部保持挺直的矯正器。克莉西和我穿著牛仔褲，她卻穿著一襲小禮服和一雙大靴子，散發一種無可救藥的歡樂氣息，那是無法矯正的。她說：「早上起床，我全身僵硬，無法握拳，然後去學校的時候，手指也還沒辦法寫字。」她在建築物內都以三輪車代步。之後，她向我宣布，她計畫長大要當獸醫及搖滾明星。克莉西說：「我相信只要是她真正想做的，有一天她一定可以做到。」琪琪曾經想養吉娃娃當寵物，這樣她跟小狗就可以一起當小不點。但家中經濟並不寬裕，最後她養了倉鼠。

我去佩克家的時候，琪琪和哥哥喬許剛剛吵了一架。琪琪用腳踢開某個東西，結果東西打到喬許。琪琪說：「我得把它移開。」喬許問：「妳為什麼不彎腰移走？」琪琪說：「我不想，這樣要再起身會很難。」喬許的憤怒有理，但琦琦卻一副「人在遠方」的樣子，我在很多身心障礙兒的臉上都曾看到這樣的表情，他們都知道自己因為與眾不同而享有特權，卻不知道界線在哪裡。她說道：「有時我哥哥覺得大家太關心我，我一直跟他說，這不是我的錯。」喬許說：「不，就是妳的錯。」琦琦毫不諱言：「有時候我們會真的說很討厭對方。」然後她頓了一下，環抱雙臂，斬釘截鐵地說：「其實我們真的很愛對方。」

琦琦二年級的時候，克莉西跟琦琦的父親迦勒離婚。克莉西說：「琦琦的父親覺得她不需要那麼多醫療照護，我們意見不同。她動手術的時候，迦勒都不在醫院。我覺得他是害怕。過去十年，我也只不過是勉強浮在水上，掙扎著呼吸而已。我所有的假期都在密西根大學的醫院度過。」克莉西向我描述不斷循環的行程：骨科醫生，一年看四到六次。眼科醫生，一年一到兩次。聽力師、耳鼻喉科醫生，一年至少各兩次。風濕病醫師，定期回診。琦琦得定期接受物理治療，而克莉西則每天陪她伸展。克莉西說：「有好多決定要做。她身上痛，如果能做人工髖骨會有幫助，但太早做又會阻礙其他部位的生長。那麼，到底什麼時候做比較好？因為是罕見疾病，所以沒什麼資訊，說真的，這才是最麻煩的。」克莉西嘆了口氣。「以前我常跑馬拉松，有個人告訴我，如果全程保持微笑，就不會覺得痛苦。這方法很管用。我現在也是這麼面對這件事。」

養育琦琦讓克莉西突然明白了很多事情。克莉西後來寫道：「我從小就很害羞，少女時期擔心自己是不是超重幾公斤，要不就擔心髮型、化妝適不適合。然後她走進我的生命，突然我覺得：『我為什麼一定得是某個樣子？她就永遠不會成為那種樣子。』我為什麼要執著於那些事情？我們都會發脾氣，但即使在我快要失控時，我也能看到她的優點。我一直都很害羞，很在意自己的外表，也沒什麼自信。可是我的這個孩子，在最極端的情況下卻能成為自信心的化身，讓我無比驚奇。我想到『勇敢』這個詞，我必須把它說出來，當成座右銘，當成音節、節奏。而她，她比我勇敢。」

克莉西和迦勒離婚幾年後，琦琦的腿動了一次大手術。幾個月後，克莉西診斷出乳癌，需要動手術，還得接受化療及放射線治療。克莉西說：「有段時間我和琦琦常互開玩笑，說看誰比較常去看醫生。生下琦琦這麼久，癌症也變得比較容易面對。我只覺得，這不過是另外一件要處理、要克服的事情罷了。往前走就對了。我沒有瞞著孩子。喬許比較害怕，琦琦則直接面對。她的反應是：『一直都是媽媽帶我去看醫生，現在換我帶媽媽去看。』我切除乳房腫塊之後，躺在沙發上休息，她把濕毛巾放在我頭上，還切了柳橙餵我。」

琦琦聽說母親要剃掉頭髮才能接受化療，就提議由她來剃。剃好之後，琦琦宣布自己也要剃髮。克莉西想阻止她，可是她態度十分堅決。她說：「媽媽為我的手術付出太多，我希望她不是因此才罹患癌症。我常常覺得自己跟別人不一樣，也知道這件事有多難受。所以我希望有人陪著母親，不要只有她一個人跟別人不一樣。」

IV

第四章　唐氏症

DOWN SYNDROME

任何接觸過身心障礙議題的人，都一定讀過〈歡迎來到荷蘭〉，這是艾蜜莉．金斯利於[169]一九八七年所寫的現代寓言。事實上，這些人自我開始撰寫本書以來，已有數百人將文章轉寄給我。Google顯示，網路上轉貼這篇文章的次數超過五千次，牽涉的主題各異，從白血病到頭顱異常都有。讀者投書專欄「親愛的艾比」每年十月都會重刊此文。這是治療醫師必會送給身心障礙新生兒父母的讀物，還改寫成歌曲，有鄉村民謠，也有清唱劇。這篇文章還是會議的主題，也收錄在某集《心靈雞湯》中。甚至有人以此為自己的身心障礙兒命名，例如荷蘭．亞比該。該文在身心障礙界的地位，就如同〈我是如何愛你〉一詩在情詩界的地位。許多人告訴我，這篇文章帶來了希望和力量，讓他們得以扮演好父母的角色。也有人告訴我，這篇文章過於美化現實，讓人懷抱錯誤的期待。還有人說，有特殊需求的孩子帶來的是特殊的快樂，而這篇文章對這點承認得還不夠深。以下是全文：

人們常請我談扶養身心障礙兒的經驗，讓沒有這類獨特經驗的人了解這件事，幫助他們想像當事人的感受。那感覺就如同……

懷著孩子，就像在計畫一趟美好的旅行——就說去義大利吧，妳買了一堆旅遊書，擬出完美的旅遊計畫：羅馬競技場、米開朗基羅的大衛像、威尼斯的貢多拉。也許妳還學了幾句實用的義大利語。一切都令人興奮不已。

熱切期待了數個月之後，那一天終於來了。妳整理好行囊，踏出家門。幾個小時後，飛機著陸了。空姐走了進來，說：「歡迎來到荷蘭。」

妳說：「荷蘭!?怎麼會是荷蘭？我訂的是義大利的機票啊！我應該要到義大利，我這輩子的夢想，就是去義大利啊。」

但飛機的航程改了，降落在荷蘭，妳也只得留在荷蘭。

重要的是，飛機並沒有載妳到一個恐怖、噁心、髒亂，而且充滿瘟疫、饑荒、疾病的地方。妳只是到了不一樣的地方。

現在妳只得出去買新的旅遊書，重新學習另一種語言，還會遇到一群妳原本不會遇到的人。

只是個不一樣的地方罷了。那裡的步調比義大利慢，沒有義大利那麼光鮮亮麗。但是等妳待上一陣子，調勻了呼吸，向四周張望……妳會開始注意到荷蘭有風車……荷蘭還有鬱金香。荷蘭甚至有林布蘭。

但是妳認識的人都去義大利……總是炫耀那裡有多好玩，而妳後半生都會不停地說：「是啊，我原本也要去那裡。那是我本來的計畫。」

因此妳感到痛苦，而且痛苦永遠永遠不會消失……因為那個夢想無法實現，是很大很大的打擊。

但是……如果妳後半生都在哀嘆自己無法前往義大利，妳就無法全心享受眼前非常獨特、非常美好的事物……無法享受荷蘭的一切。

全美有七到八百萬人有智力障礙，有十分之一的美國家庭直接受到心智遲緩的影響。唐氏症的病因是第廿一對染色體變成三條，這是最常見的智力障礙，美國每八百個新生兒會有一例，換算成全美總人數則在四十萬以上。由於唐氏症胎兒流產或死胎的比例超過四十%，所以實際懷了唐寶寶的案例要遠高於前述的數字。唐氏症除了心智遲緩，還可能伴隨心臟問題（案例超過四十%）、關節鬆弛、甲狀腺功能不足、消化道畸形、白血病、早發性阿茲海默症（至少有四分之一的人有此問題，六十歲以上的比例更高）、乳糜瀉、身材矮小、肥胖、聽力及視力問題、不孕症、免疫系統疾病、癲癇、小嘴、舌頭外突。唐寶寶的肌肉張力低，因此影響行動力和協調力發展，而口腔肌肉張力不足更影響了語言能力。但每個唐氏症個案的特徵不盡相同，唯一共通的是心智發展緩慢。唐氏症者罹癌的機率極低，而且動脈不會硬化。他們的腦部較小，大部分區塊的面積都減少，皮質的神經元也較少。此外，他們的突觸密度也較低、髓鞘形成（包覆神經元軸突外部的過程）較慢。他們出現憂鬱症、精神疾病、干擾行為、焦慮、自閉症的機率也較高。世界各地自古以來一直都有唐氏症的案例，黑猩猩和大猩猩身上也曾出現相同症狀。

要篩檢唐氏症，最可靠也最早發展出來的方式是羊膜穿刺。醫師利用針筒抽取廿八公克左右的羊水，檢查羊水中少許的胚胎細胞是否有某幾種症狀。由於羊膜穿刺可能導致流產，對胚胎而言也像是種入侵，因此有些人不願進行。至於絨毛取樣，可以做的時間比羊膜穿刺早，但流產的機率更大。第二孕期所做的三指標篩檢會檢查孕婦血液中是否有和唐氏症相關的蛋白及荷爾蒙。這種檢查於一九八八年推出，能夠篩檢出三分之二到四分之三的個案。若再檢測另一種荷爾蒙，便成為四指標篩檢，篩檢率可增加為五分之四。

醫院從一九七○年代開始用超音波檢查先天缺陷，隨著顯影科技及解讀掃描影像的能力越來越進步，唐氏症的診斷率也越來越高。懷孕初期（約在絨毛取樣的同一時期）也有頸部透明帶超音波，檢查胎兒頸部的皮下積水。如果胎兒有唐氏症等不正常情形，該處的積水會增加。懷孕末期，利用立體超音波能知道更精確的資訊。現在還有幾種新型的非侵入性血液檢查，若準確度相去不遠，就有可能取代上述檢測技術。其中一種檢驗的是經胎盤流到孕婦血液中的胎盤信使核糖核酸，另一種檢查的則是血液中的第廿一對染色體碎片。不過，目前還沒有技術能確認心智或生理障礙的嚴重程度。

・・・

艾蜜莉懷孕期間，由於覺得羊膜穿刺極可能傷害胎兒，和丈夫查爾斯決定不做。艾蜜莉說：「我當時要是做了羊膜穿刺，就會把孩子拿掉，也就錯過了人生中最辛苦卻也最充實的經驗。」傑森．金斯利一九七四年出生於紐約市北部的威斯特徹斯特郡。醫生告訴查爾斯，這樣的孩子應該送到專門機構，還建議金斯利夫婦不要去看孩子。他說這個「蒙古症」的孩子永遠學不會說話、思考、走路，也無法與人交談。院方一直假定艾蜜莉不會帶寶寶回家，因此一直為她注射鎮靜劑，並開藥讓她停止分泌乳汁。艾蜜莉回想道：「他們說他永遠也無法分辨我們和其他大人的不同。永遠不可能具備創意，永遠不可能具備想像力。我當時收集了路易斯．卡羅的首版作品，也熱愛喜歌劇作家吉伯特與沙利文，但這些我都收了起來。我有一整箱東西想跟孩子分享，都是很精緻、很棒的東西。然後，我打開電視，突然發現大家看起來都跟我不一樣。大家都很完美！我呢，我消失了。我整整哭了五天。」

當時威羅布克州立學校虐待院生的醜聞剛剛爆發，艾蜜莉和查爾斯不忍心把孩子送到收容機構。不過，那是一九七〇年代，後天教養論正席捲社會，孩子若出了嚴重問題，很多人都希望用不一樣的思維及無比的關愛來改善。傑森出生時，醫院的某位社工提到名為「早期療育」

的實驗性新計畫，或許能幫助唐氏症兒習得基本技能。艾蜜莉說：「我們至少要放手一試，要是最後發現這麼做不過是徒增心酸，我們再把他送去專門機構。這樣，至少我們是根據自己的經驗做決定，而不是道聽塗說。」於是艾蜜莉和查爾斯把傑森帶回家。到了他十天大的時候，全家去了「心智遲緩機構」。艾蜜莉回憶：「我站在停車場，懷裡抱著十天大的孩子，可是門上寫著那幾個大字，讓我舉步維艱。我站在門口，渾身無力。查爾斯停好車，見我呆呆站著，便一把抓住我的手肘，連拖帶拉把我帶進屋內。」

機構醫生的說法和兩人在產房裡聽到的完全相反：應該盡量給傑森各種刺激，尤其要刺激他的感官，畢竟誰也不知道孩子一旦接收了足夠的外界刺激，可能會發生什麼事。家裡的嬰兒房原本全是優雅柔和的顏色，夫妻倆把布置全拆了，漆上鮮明的紅色，印上綠色和紫色的花朵。艾蜜莉跟當地超市要來耶誕節用過的大型雪花裝飾，也放到牆上。兩人還從天花板以彈簧垂吊物件，如此一來，掛飾就會不停搖擺彈跳。艾蜜莉說：「一走進去可能會覺得暈眩。」房內也放了收音機和唱片播放機，無時無刻都有音樂。兩人日夜不斷跟傑森說話，藉由伸展和運動盡量活動他的四肢，好增加肌肉張力。艾蜜莉整整哭了六個月。她回憶道：「我為他掉的眼淚，都能把他淹沒。我還突發奇想，說不定我可以發明一種非常小的鑷子，伸入他體內，把每個細胞多餘的染色體給挑掉。」

傑森四個月大的某一天，艾蜜莉第八百次對他說：「看到那朵花了沒有？」這時傑森伸出手來指了指那朵花。艾蜜莉說：「他也可能只是在伸懶腰，但當時我覺得他是在說：『好喔，媽媽，我知道了。』傳給我這個訊息：『我不是一團馬鈴薯泥，我是個人。』」艾蜜莉立刻叫來查爾斯，歡呼道：「他的人真的在這副身體裡面！」下一個階段的發展讓人欣喜若狂。艾蜜莉和查爾斯幾乎每天都設法為傑森尋找新體驗。艾蜜莉縫了一塊毯子，每隔幾吋就換一種布料，有毛巾布、天鵝絨、人工草皮等等，這樣傑森只要一動，就能體驗新的觸感。六個月大的時候，夫妻倆拿了一個超大烤盤，在裡面裝滿四十包果凍粉，把傑森放進去，這樣他就可以扭來扭去，感覺果凍奇妙的質地，順便吃一點。兩人還用刷子刷他的腳底板，讓他蜷起腳趾。他的學習狀況很好，遠遠超出艾蜜莉和查爾斯的期望。雖然他和一般智力障礙者一樣，說起話來十分含糊，但已足以和人溝通。艾蜜莉教他字母，他自己自然而然學會數字，並在看《芝蔴街》的時候學會幾個西班牙詞彙。艾蜜莉從一九七〇年代開始便是《芝蔴街》的編劇。

傑森從四歲開始閱讀，比大部分的同齡孩子還早。有一天他用字母積木排出新聞頭條：Son of Sam（山姆之子）。六歲時他已有四年級的閱讀能力，還能算簡單的數學。金斯利夫婦也開始輔導唐寶寶新手父母。「我們覺得，不應該有人聽到『孩子已經沒有希望』這種說法，於是我們滿懷熱情，踏上這條聖戰的征途。我們會在孩子出生後的廿四小時內與他們會面，跟他們說：『你們絕對需要加倍努力，但別聽別人說這不可能。』傑森七歲就能用十二種語言從一數到十，他當時還學了手語及英語，也很快就能分辨巴哈、莫札特和史特拉汶斯基。艾蜜莉帶傑森四處巡迴演講，聽眾有婦科醫生、護士、心理師，還有唐寶寶的父母。傑森七歲那年，兩人已經演講了一百零四場。艾蜜莉覺得自己打敗了唐氏症，這場仗她是贏家。

艾蜜莉安排傑森成為《芝蔴街》的固定來賓，他和其他小朋友玩，大家知道他的症狀，卻不歧視，這樣做可以讓下一代的孩子自然而然學會包容。過去電視上從未有唐氏症演員，但她還是根據兩人的經驗寫了一部劇本，要求製片一定要找唐寶寶演出。戲中以傑森為原型的角色，最後也由傑森來配音。知名主持人珍．波莉製作了一集特集，邀請傑森和他另一個也接受早療的唐氏症朋友上節目。兩個孩子最後寫了一本書《算我們一份》，書中傑森寫到當年那個婦產科醫生告訴父母，自己永遠無法知道父母是誰，甚至無法說話。他寫道：「給身心障礙兒一次機會，讓他們能夠完整成長，讓他們感覺自己有一杯半滿的水，而不是半空的杯子；讓他們想想自己有什麼能力，而不是有什麼障礙。」傑森成了第一位唐氏症名人，也因為他如此知名，唐氏症開始成為水平的身分認同。艾蜜莉則因推動身心障礙人士走入主流媒體，三十年後獲頒美國衛生及公共服務部的特別獎。

174

有人曾經告訴艾蜜莉，她的孩子是次等人。事實證明這種想法是錯的，也因此，社會應當開始質疑過去對唐氏症的所有假設。傑森不但打破了紀錄，也破除了各種不看好他的預言。不過，雖然他的學習狀況遠高於其他唐氏症者，依舊有所局限，還是有很多小地方超出他的能力。他能讀，但不見得總能理解自己讀到的東西。艾蜜莉說：「我知道我無法挑掉那個染色體。但我真心認為，也許大家都不知道這些孩子能做什麼。傑森做到的事情，以前沒人做到。然後到他八歲左右，外面的世界追上來了，甚至超前，這時我才明白哪些事情傑森做不到，而且永遠也無法做到。那些訓練出來的技能全都很棒，但在真實世界裡，能用多種語言計數，還是沒有應對進退的能力重要，但他就是學不來。我並沒有讓唐氏症消失。」

傑森可能會一把抱住陌生人，渾然不覺兩人並非朋友。他想參加過夜的營隊，但住了一週之後，艾蜜莉接到電話，得知其他小朋友不喜歡他，也不喜歡他動不動就抱人。有些父母說，如果傑森不走，他們就要把自己的孩子帶回家。踢足球時，他會忘記甚至不知道自己屬於哪一隊。他有一些非唐氏寶寶的朋友，後來也開始訕笑他。他還是玩幼兒玩具，看的卡通也都是給幼兒看，設定的觀眾年齡只有他的一半。奇蹟似乎正逐漸瓦解。傑森可以當電視明星、成功的作家，但最平凡無奇的事情他卻做不好。艾蜜莉說：「他得重新適應，對他來說，那實在太可怕了，可怕得超乎想像。」傑森也非常痛苦。某天晚上，艾蜜莉替他蓋被子，他說：「我恨這張臉，妳能幫我找家店弄張新的臉，一張正常的臉嗎？」又有一天晚上，他說：「我真的受夠了唐氏症。它什麼時候會走開？」艾蜜莉只能在他的頭上親一下，要他快睡。

艾蜜莉開始重新構思演講的內容。她還是希望大家不要把孩子送到收容機構，她想傳達自己很愛兒子，兒子也愛她，但她不想過度美化。就在此時，她寫了〈歡迎來到荷蘭〉。傑森出生時，有人告訴她，養育他的這段路有如地獄。雖然事實並非如此，但那段路也絕對不在義大利。傑森因打破模式而出名，但很難說究竟是拉著他不斷前進比較好，還是讓他舒舒服服留在原地比較好。有更多成就，他這輩子是否就會過得比較開心？還是，成就也只不過是虛榮心的投射？

傑森踏入青春期後，同學開始辦派對，但他從來不曾獲邀，所以週六晚上總是待在家裡看電視、自怨自艾。艾蜜莉打電話給其他唐氏症青少年的父母，問道：「你家孩子週六晚上也跟我兒子一樣孤單嗎？」於是，傑森十四歲時，金斯利家開始辦派對，每個月一場，有食物、有汽水，還可以跳舞。艾蜜莉說：「這讓他們覺得自己很正常，他們很喜歡這樣。」父母則坐在樓上，聊聊共同的經驗，所以這其實是兩場聚會。我認識艾蜜莉的時候，每月聚會的活動已邁入第十五年。她買了一部卡拉OK機，而這些孩子（很多都已經不是孩子了）則玩得不亦樂乎。艾蜜莉說：「我總是說：『要致力融入社會，但一定要在唐氏症的社群中留一點根。』你家孩子最後的朋友都來自那裡。」

傑森一直都上特教班，但還是通過考試，拿到高中證書。艾蜜莉在紐約阿米尼亞找到高中畢業後的進修課程，有學習障礙的年輕人（多半沒有其他身心困難）在此學習管理金錢及時間，學習烹飪、做家事，以及文書處理等工作技能。傑森的經歷及考試成績都遠高於大部分申請人，但艾蜜莉說：「其他父母看到傑森要申請那所學校都嚇壞了，他們覺得學校會變成『啟智學校』。於是我去找校長，問：『這所學校的入學資格是什麼？是眼睛的形狀嗎？還是可不可愛？是的話，我們去川堂，我讓你看看哪幾個學生應該開除。』」一直到艾蜜莉威脅要告上法庭，傑森才終於獲准入學。後來校方說他是「模範學生」。

然而，難以克服的事仍然很多。傑森想開車。他在《算我們一份》中寫道：「男生覺得好玩，女生覺得好帥。會開車就能吸引女孩。」他早就昭告天下，等他年紀一到，他就要一輛紅色的紳寶渦輪敞篷車。說到這兒，艾蜜莉停了下來，顯得十分沮喪。「妳要怎麼跟孩子說，他永遠也開不了車？我跟他說：『你的反應時間比別人長。』我盡量說得像是生理差異。他又不笨。他不應該開車，他沒有開車所需的判斷力，但這要怎麼跟他說？」傑森的處境很孤單。和其他唐氏症者相比，他太聰明，他說話其他人跟不上，聽不懂他的雙關語，不會玩他的遊戲。

然而，和一般人相比，他又不夠聰明。「他沒有同儕。」艾蜜莉說這句話的時候，又是自豪，又是悔恨，五味雜陳。

傑森如此介紹自己：他有家人，有隻狗，還有一道白色的木柵欄。他算有個女友，女友也有唐氏症。艾蜜莉帶他去切除輸精管。雖然很多唐氏症的男性都不孕，但偶有例外。艾蜜莉說：「只要有一個精子就會中獎。我們不知道那女孩有多少能力避孕，不想把責任留給她。如果他想結婚成家，我會替他辦場世紀婚禮。但如果他想為人父母，我無法想像他要如何辦到。」

查爾斯的夢想是看到兒子獨立生活，於是替傑森找了一間公寓，讓他一個人住。傑森在邦諾書店找到第一份工作，負責把不要的雜誌封面拆掉，拿去回收。傑森覺得這件事無聊透頂，就設法找有趣的事做。後來上司跟他說，那些事並非他的工作內容，他回道：「我是獨立的成人，會自己做決定。」——完全展現查爾斯和艾蜜莉致力培養的精神，只是用錯地方。不久之後他被開除。下一份工作則是白原市公共圖書館。他發明一種自成一格的錄影帶上架法，而圖書館館員自然希望他按照館方的方式做事。傑森和他們爭辯，最後館員也只好請他離開。

艾蜜莉解釋：「他希望能開家店，告訴大家每部迪士尼卡通的主旨。你來店裡排隊，他會說：『下一位！』你就走上前說：『傑森，請你說說《鐘樓怪人》的主旨好嗎？』他就會說：『這部戲是要告訴我們，看一個人，要看他的內在。看他是不是好人，比看他們長得好不好更重要。總共五十元，謝謝。下一位！』你跟他說，這些大家早就知道了，而且也不是在店裡得知的，他聽不懂。在某些非常基本的地方，他真的很無知。」艾蜜莉兩手一攤，一臉哀戚地跟我說：「大多數父母最重要的任務，是讓孩子覺得自己無所不能，我最重要的任務則是潑他冷水。一言以蔽之，就是『你想做的事，你的腦袋不夠聰明，沒法做』。你知道我有多痛恨說這些話嗎？」

傑森二十歲時，父親診斷出癌症，三年後過世。傑森重度憂鬱，艾蜜莉也開始憂鬱。她替——

傑森找了個治療師，並向威斯特徹斯特郡的智障公民協會Arc求助。查爾斯曾在該組織擔任理事長。她想申請居家復健，由支援人員到申請者的家中提供服務，並指導獨立生活的技能。但官僚作業繁複費時，最後她終於忍不住在委員會面前落淚說：「我孩子這樣下去會害死自己。我一個人實在撐不下去。」終於，協會安排了個案輔導員給傑森，一週來二十小時。艾蜜莉說：「這幫助很大。但我漸漸明白這樣還不夠。我得咬牙承認，他再聰明，也需要更多規矩及監督。他就是無法按時吃飯，吃得也不夠營養。他還不準時起床上班。」

艾蜜莉認為傑森需要住進團體之家。她說：「這感覺非常挫敗。我們這麼努力，就是想讓他變成不需要團體之家的唐氏症兒。但我必須找出對他最有利的路，而不是只望著我們為他建構的理想。」艾蜜莉替傑森報名當地機構，卻發現得排隊等上八年。她說：「扶養像傑森這樣的孩子，孩子帶來的問題還是最小的。官僚制度快讓我活不下去的時候，是傑森伸出手抱著我。」沒有資源對抗機關制度的人，常常無法獲得服務。要想對抗，需要教育、時間、金錢。說來諷刺，這些服務原本是為缺少這三者的人而設，這實在令人鼻酸。

有一天，艾蜜莉無意間看到紐約哈茲戴爾有間房子出售，覺得那裡非常適合設立團體之家。房子有三間臥室，剛好夠傑森和兩個朋友一起住，距離大公車站也近，對街就有超市、銀行、藥局。艾蜜莉買下房子，請Arc經營。現在房子由紐約州心智遲緩及發展障礙處向她承租，租金則是她的貸款還款金額。傑森和兩個最要好的朋友一起搬了進去，他們都是在艾蜜莉的派對上認識的。三人定期收到身心障礙者社福津貼，這筆錢會直接匯給Arc，協會再拿這筆錢支付團體之家的維護費及員工薪水。

艾蜜莉說：「他們相親相愛，自稱『三劍客』。」傑森在當地的廣播電臺工作，做得很愉快。艾蜜莉說：「我現在逐漸稍微放手，最終的任務是讓他欣賞自己——他也真的很棒！他的任何成就，都是他用執著達成的。任何事對他而言都不容易。」她頓了頓。「他很尊嚴地面對這一切。我真的非常非常讚賞，但也很為他難過，因為他夠聰明，知道他做不到的事情，別人都做得到，也知道自己的人生和別人不同。」

即使孩子從未學會獨立生活所需的技能，也還是能累積經驗和故事。艾蜜莉說：「他跟我說想看某部影片，而我告訴他，他這麼聰明，應該看更好的影片。我以前常想，如果我不斷推他，他在這世上的日子就可以過得更好。可是現在我想：『好吧，如果他喜歡這樣，我有什麼資格干涉？』所以我不會幫他買《小麵包機歷險記》的卡通，但如果他想買給自己，我也不阻止。你可能會看到一堆荷蘭鬱金香和風車，但你永遠也到不了義大利的烏菲茲美術館，就這麼簡單。」幾年後，傑森又開始憂鬱，艾蜜莉有些憂心，開始反思自己決定讓傑森成為史上最高功能的唐氏症孩子，究竟對不對。她說：「若重來一次，我會做出不一樣的選擇嗎？他的才能豐富了我們的親子關係，我不想放棄，但我也承認能力沒那麼好的唐氏症孩子比較快樂，不會整天想著一切有多不公平。從很多方面來說，他們的日子比較好過，但這樣比較好嗎？畢竟傑森也從語言文字、從動腦中獲得很多快樂。」傑森和朋友的書再版之時，我參加了兩人在邦諾書店的朗讀會，傑森現場回答觀眾的提問，應對如流、台風穩健。艾蜜莉容光煥發，傑森也神采飛揚，兩人都為傑森的才能而開心。台下的唐氏兒父母也一臉興奮，人人滿懷希望。簽書時，大家都帶著敬意走向傑森。他和艾蜜莉是英雄，而傑森也喜歡當英雄。我明白他很孤獨，但他的自豪寫在臉上。

有一次我去艾蜜莉家，她打電話給傑森，說要帶他跟室友一起去看《班戰斯的海盜》。一陣靜默之後，我聽見她幽幽地說：「喔，好吧，那我自己去好了。」世人總說唐氏症者心地善良，事實的確如此，但他們的腦筋也很直，而傑森絲毫沒察覺艾蜜莉略帶失望的反應，不像六七歲的孩子已能察言觀色。艾蜜莉說：「他不是很會內省。他連自己的情緒是從何而來都不太清楚，要他觀察別人、猜測我的想法，就更不可能了。」幾年後她說：「其實，從某些方面來說，他是第一個能真正內省的唐氏症孩子。罹患了唐氏症，還會內省，這沒什麼好處，因為你內省的時候，看到的只有各種不足。他就是能自察到這麼深。前幾天傑森談到，他如果沒有唐

179

氏症就可以做哪些事。我從來不敢這樣異想天開，會走火入魔的。」

• • •

晚近把唐氏症比作「到風車及鬱金香花叢間度假」這一比喻，是自有歷史記錄以來頭一次出現。認為「白痴」有可能得以改善，這想法最早由十九世紀法國醫生伊塔爾所提出。當時他想教育阿韋龍省的野男孩，他的理論其後由學生賽岡加以發揚。賽岡是巴黎「不治者安養院」的院長，他設計了一套評估智力障礙的制度，也是第一個肯定早療優點的人。他寫道：「如果白痴無法於幼時受教，則年歲又有何神奇之力於日後啟迪其智？」十九世紀中期，賽岡僑居美國，為身心障礙者建立照護及教育機構，協助他們融入一般生活，之後這些人多半都能靠勞力自力更生。

即便賽岡帶來如此偌大改變，其他人仍認為心智障礙者不止笨，還心性邪惡、道德敗壞。這種道德批判不免讓人想到想像論，這項理論認為女性之所以生下侏儒，是由於生性放蕩。換言之，畸形和殘障都被當成品行不佳的證據。一八四八年，醫生豪威寫了多篇文章給麻州州議會，在那優生學尚未問世的年代，他的文章就顯示出這種不具人性的主張：「這種人永遠是社會的負擔。這種人遊手好閒，且往往心懷不軌，是國家繁榮昌盛的重擔。他們不僅無用，更可怕的是，每個人都像箭毒木，一一毒化四周的道德空氣。」

唐氏症最早出現於一八六六年約翰．唐醫師的筆下。由於這些人的眼睛較細較小，很像蒙古人，他便根據面部特徵稱他們為蒙古人或蒙古痴呆。唐醫師主張，人類演化始於黑人，再到亞洲人，再到白人，而生來便有蒙古症的白種人其實是返回較原始的亞洲人狀態。這樣的主張承認了進化論，在當時被認為相當進步。

賽岡訓練的心智遲緩人士原本都有工作可做，到了一九〇〇年，這些工作由大批湧入的移民接手——移民的工作效率更高。原本教育智力障礙人士的機構，在效率取向的工業社會中，也轉變成將他們隔離起來的場所。當時的醫療文獻也記載了如何區分輕度、中度及重度智障。優生學家提出偽科學的證據，證明心智遲緩與犯罪率的關聯，絕育的法律也於此時制定。

一直到一九二四年，還有一位英國科學家發表文章，說這些孩子生理上就屬於蒙古族。這樣的觀點終於在一九三〇年代受到質疑，當時英國醫生潘洛斯利用抽血檢查，證明與唐氏症白人基因較相近的，是其他白人而非亞洲人。潘洛斯也推斷出，和唐氏症最相關的因素是母親的生育年齡，他發現卅五歲是分水嶺，之後寶寶的罹病風險會大幅攀升。一九二七年，美國著名法學家霍姆斯在最高法院判決書寫道：「與其等後代因為墮落而犯罪再加以處決，或任由這些人因智能低落而挨餓，不如在證明這些人無法適應社會的時候，就讓社會斷絕他們傳下血脈的機會，這才是全世界之福。三代都智能低落，委實夠了。」強制節育的法案適用於許多身心障礙的弱勢族群，但該法特別側重智力障礙，且直到五十年後才廢止。一九五八年，法國遺傳學者勒瓊在國際遺傳學大會中發表他發現的證據，證明唐氏症是第廿一號染色體多了一條所致（原本應該只有兩條），因此唐氏症在科學界又稱為「三染色體21症」。

一九四四年，精神分析師艾瑞克森（他發明了「身分認同危機」一詞）在朋友米德的力勸下，將出世數日的兒子送到收容所，而且不讓其他孩子知道家中有這麼一個弟弟，以免外界知道他生了個「智障」，有損他的名望。旁人告訴他，這兒子活不過兩歲，但其實尼爾活了二十年。在當時，生下身心障礙兒會被視為人間悲劇，歐宣斯基筆下的父母長期處於「慢性悲傷」，便完全反映了這種想法。提出如此描述的，不止歐宣斯基一人。一九六一年，精神分析師索爾尼特和史塔克就主張剛生下唐氏兒的母親應獲得以下協助：「休養身體。有機會好好審視原本期盼孩子的想法及情緒。至於那個不想要的、令人害怕的孩子，醫生和護士應提供實際的解釋及安排。依她力所能及，主動參與為新生兒安排計畫並提供照顧。藉由上述做法，這位母親才能盡量減少或得以克服生下遲緩兒的創傷。」

一九六六年，劇作家米勒和攝影家妻子莫拉絲將兩人的唐氏症孩子送到收容機構，且從不 181
對外透露自己有這個孩子。一九六八年，倫理學家佛萊徹在《大西洋月刊》寫下：「將唐氏症寶寶送走，無論送走指的是藏在療養院，還是更盡責、更一了百了，都無需為此歉疚。很令人難過，沒錯。很可怕。但毫不罪惡。傷害一個人才需要歉疚，而唐氏兒不是人。」一九六〇到七〇年代初期會出現威羅布克州立學校如此慘絕人寰的地方，其實其來有自。有些父母便是聽信了遲緩兒不是人的說詞，將他們丟在那麼不堪的環境中。

然而，即便歧視智力障礙者的現象越演越烈，同一時間，幫助障礙人士的運動也正逐漸展開。善待障礙人士的主張，正切合後啟蒙主義時期對整體早期教育看法的轉變。自古以來，幼兒教育一直是母親的領域，十九世紀初德國創建第一所幼稚園，大家才開始同意專家也有置喙餘地。到了十九世紀末，蒙特梭利把她在羅馬照顧智能不足者的心得用於一般兒童。很快，托兒所便如雨後春筍在歐洲各地成立。在美國，羅斯福總統的新政補助教職，托兒所開始出現，接著二戰期間鼓勵婦女就業，規模又進一步擴大。同時間，降低兒童死亡率的做法也一一推出，並特別鎖定貧民。新興的行為主義科學大唱優生學的反調，主張後天的影響凌駕先天，透過教育及形塑，一個人可以有無限可能。在此同時，甫萌芽的心理分析領域也正如火如荼地研究幼年創傷如何防礙健康發育，某些門生開始質疑窮人、身心障礙人士的諸多缺陷是否可能肇因於幼年的匱乏，而非先天的不足。

一九三五年的《社會安全法》納入一項條款：聯邦政府應撥出經費補助治療身心障礙人士。之後調查人員立即展開研究，想知道環境提供的刺激和機會能否讓貧童超越現有的限制。「依附理論」的創始人鮑爾讓世人看到母親妥善的照護對健康孩子的發育無比重要。在今日看來，這一切都是理所當然，因此我們很容易忘記六十年前這種觀念有多麼基進。

優生學日後成為納粹屠殺猶太人的藉口，也因此喪失了公信力。同時，二戰結束後大量 182
傷兵也稍稍減緩了社會對殘障人士的整體歧視。一九四六年，美國教育局建立了特殊兒童科，針對特殊需求人士設計的教育課程因此有了改善，但這些兒童仍與外界相隔。一九四九年，一個唐氏症兒的母親格林伯格在《紐約郵報》上刊登廣告，想尋找和她有相同煩惱的父母。一年後，這群人成立了啟智公民協會，今日名為Arc。這個協會至今仍是該領域最重要的組織。許多父母只從先天的角度思考唐氏症：孩子有基因變異，所以無計可施。可是格林伯格和其他發起運動的父母卻主張後天教養：孩子有基因變異，所以要做很多事。

約翰·甘迺迪當選總統後成立了一個委員會，專責研究心智遲緩及可能的解決辦法。他的妹妹尤妮絲是推動身心障礙人士融入社會的一大先鋒。一九六二年，她為姊姊蘿絲瑪麗寫了篇文章，登上《週六晚間郵報》。該文強調即便是顯赫又聰明的家庭，也可能生出遲緩兒。她發現大多數心智遲緩者都被送到惡劣的環境中，令人鼻酸。當時，反思社會不平等的民權運動已席捲美國，她改變障礙人士處境的理想更顯得意義非凡。一直以來，黑人都被視為先天低下，當他們終於挺身戰勝這樣的分類，也無異於打開一扇大門，其他弱勢團體從此得以踵步其後。一九六五年，「先鋒計畫」開始實施，主張窮人並不是因為先天缺陷而陷入困境，而是因為沒有及早接受合適、有益的刺激。先鋒計畫結合健康、教育、社會服務，並訓練父母積極配合，參與孩子的治療過程。

到了一九六〇年代末期，先鋒計畫的觀念已經開始運用在智力障礙者，尤其是唐氏症兒。當時已經發現，唐氏症者的自理能力會因人而有極大差異，而光憑診斷就斷定新生兒有多少能力，是很荒謬的事。當時的趨勢似乎認為，在出生時就報廢某些人非常不公平，反之，社會應該盡量強化他們的能力，好讓他們過更好的生活，也避免之後付出更大的代價。早期療育比事後彌補更為划算。一九七三年，儘管尼克森總統否決，國會仍通過《復健法》，明文規定「美國所有符合殘障資格者，皆不該因殘障之故，被排拒於聯邦政府所補助之計畫或活動之外，或無法從中受惠，或遭受歧視」。即便雷根總統的時代削減了不少預算，身心障礙兒的計畫仍發展得十分蓬勃。身心障礙兒獲得了保障，也得到社會大眾普遍的同情。這場運動在一九九〇年

《美國殘障人士法》通過時到達勝利頂峰，該法擴大了一九七三年版本的保障範圍，不再僅限於聯邦補助的計畫。「人道」的觀念已漸漸改變，而父母在殘障人士的支持下，也從這樣的想法中獲得更多能量。有些人的生命一直被認定一無是處，而這些新觀念則肯定這些人的價值。如果少數民族和窮人應該獲得協助和尊重，唐氏症等患者也應該如此；如果給其他族群的協助應及早送出，給智力障礙者的協助也不該拖延。

早期療育現在是一項聯邦計畫，嬰兒只要有問題便可適用，範圍很廣，包含出生體重過低、腦性麻痺、唐氏症、自閉症等等，而計畫也大幅提高了這些社群的生活能力。孩子三歲之前可接受早期療育，治療內容可能包含物理治療、職能治療、營養諮詢、聽力及視力服務、托育協助、語言發音治療、輔助科技使用教學，並為適應困難的父母提供支持與訓練。此計畫十分著重孩子的各類感官刺激，醫院則必須告知父母有上述服務。任何社經地位的人都能接受早期療育，有時到府服務，有時在特殊中心進行。這些早療服務也是一種訓練父母的方式，可能還可以讓父母放心把孩子留在家中。各州提供給同一種障礙兒的服務品質常有天壤之別，例如紐約的唐氏症早療就非常優良，據說有人還為此舉家搬到紐約州。

早期療育徹底展現了後天比先天重要的論點，心理分析、民權及同理心最終戰勝了優生學、絕育及隔離。聯邦政治、父母發起的權益運動、心理學，這三者構成奇異的組合孕育出了早期療育。同時，社會對一般兒童及整體早期教育新理論有另一番認識，這也促成了早期療育。今日早療一詞無所不在，不但包含許多類型的工作，而且也還在不斷演進。

然而，推動唐氏症新療法，並讓更多人接納康氏症的，仍然是父母。父母要求醫生用治療一般兒童的態度治療唐氏兒的生理疾病，結果唐氏症者的預期壽命竟有長足的進展。早期療育或許是個抽象且不斷變動的名詞，涵蓋各種做法，但也有系統地代表了以基進的思維重新思考身心障礙者的人生。科學和生物療法無法突破的障礙，改用社會模式切入，結果大獲全勝。在解決特殊需求時，很多特定技巧都十分有用，但一言以蔽之，身心障礙兒就如同一般孩子，給

184

予關愛、鼓勵參與、加以刺激、寄予希望，他才能成長茁壯。

・・・

伊蓮．格萊格里的女兒琳生於一九七〇年，比傑森要早上幾年。她出生的時候，產科醫生對她父親說：「你女兒有蒙古痴呆症。」那年伊蓮才廿三歲，大兒子喬兩歲半，她決定從此不再生育。伊蓮從未聽過早期療育，她說：「琳的嬰兒期很長，一直要到十二個月才能坐起，將近兩歲才會走路。」在YAI這個機構，醫生建議她和琳一起做些簡單運動。兩年後，她回到機構，工作人員說院方收了一個不時會痙攣發作的重度障礙小女孩，需要護士，問她願不願意在那裡兼職工作。伊蓮說：「於是琳參加了布魯克林區的第一個學前課程，每週兩次，每次兩小時，而我就在旁邊盡量跟著學。」她對早療這個新興領域越來越感興趣，之後琳的學校還請她協助主持早療計畫。

當時早療運動剛萌芽，而琳跟傑森一樣從中獲益良多。她參加特殊奧運的體操和溜冰比賽。她的運動能力一直比認知能力好，因此伊蓮把她放在主流系統的課外活動班，但沒有接受主流課程。她參加一般的女童軍團，也和一般的孩子一起上游泳課。伊蓮說：「她一直和年紀較小的孩子一起活動，十歲時身邊都是六歲的孩子。哪裡有成效，就讓她待在哪裡。」

伊蓮回想，有時她需要有人提醒她，兒子也同樣需要別人的讚美。琳一直要到將近兩歲才會走路，但她個子太小，看起來遠比實際年齡還小。伊蓮回憶道：「每個人到我家都會說：『她會走了！』有天我兒子走到我面前說：『媽，妳看！』然後在我面前走來走去。他說：『我也會走路。』之後我就跟大家說：『到我家來的時候，兩個孩子都要看，也都要讚美。』」

儘管琳格外需要人照顧，但喬和妹妹的關係大致還不錯。伊蓮記得，有次學校同學跟喬說，他妹妹是弱智。同學的原意是侮辱，喬卻沒注意到，只說：「她是啊。」然後開始談起妹——

妹的狀況。伊蓮說：「我原本希望能親自教喬那個字，這樣他聽到的時候才不會受到驚嚇，誰知他竟然早就知道，而且不以為忤，就像聽到有人說他妹妹的頭髮跟眼睛都是棕色的。」多年後，喬和妻子的幾個兒子出生前，產科醫生都建議兩人去找遺傳學家。喬都答應了，但每次都說即使胎兒有唐氏症，他也要留下來。伊蓮說：「我聽了很驚訝。那時我才知道，原來喬從來沒把妹妹當成負擔。」

琳成年後在學生餐廳工作，賺的是最低工資，住在專門給身心障礙人士居住的社區住宅。我認識這家人的時候，她已經在那裡住了十年。她有小一的閱讀程度，能用計算機做簡單的運算。伊蓮說她常忍不住想，若是琳接受了今日的早期療育，能力會增加多少？我認識伊蓮的時候，她和琳才剛從迪士尼世界回來，同行的還有喬、他太太及兩個小孩。伊蓮說：「琳是個好姑姑，她帶著他們坐遊樂器材，為他們買衣服。她做得很好，兩個姪子都很愛她。他們跟她一起玩，她也跟他們玩，她真的很喜歡跟兩個姪子在一起。我希望琳能當老師或醫生，而她現在是學生餐廳的員工。但對她來說，這樣好極了。她很喜歡領到薪水支票，然後去銀行兌現，再把錢存入支票戶頭。自己開支票，這對她來說可是件大事。所以我也學會喜歡這件事。」

伊蓮在二〇〇八年退休，在那之前一直是ＹＡＩ／全國身心障礙人士協會的助理主任，這也是她在琳兩歲時前往拜訪的協會。伊蓮在ＹＡＩ的工作之一，就是向其他父母介紹早期療育。「就算再窮，甚至有毒癮，所有父母還是想幫助自己的孩子。早療既然是免費的，他們就會去做，而且社工離開之後，他們多半還會帶著孩子反覆做。」ＹＡＩ為身心障礙人士的家庭提供心理諮詢及喘息照護，一天服務兩萬人。伊蓮也為產檢驗出唐氏症的父母提供諮詢。她說：「有人懷孕四個月了，必須在一兩週內就決定是否拿掉。我一一說出美好的一面及困難的一面。父母或許永遠無法接受發生在自己身上的事，卻會接納自己的孩子，那是不同的兩回事。身為父母或有所失，但來到世間那個活生生的孩子，父母最後幾乎都會愛上。」

結束早療之後，教育身心障礙兒的兩個關鍵運動是「主流化」跟「融合」。這兩種教育——

186

也會影響一般的孩子，這一點不同於早療。一九七〇、八〇年代，父母提倡主流化，如此一來，身心障礙學生才能進入一般公立學校附設的特教班。一九九〇年代，教育潮流開始轉向融合，讓身心障礙兒和一般孩子在同一間教室上課，通常有專門的輔導人員在一旁協助。最近一次通過的重大法案就是一九九〇年的《身心障礙者教育法案》，所有身心障礙兒從此都能依法在不受限制的環境中接受免費、適宜的公共教育。身心障礙兒融入了一般的學校，也改變了美國課堂的面貌。除非狀況太嚴重，否則智力障礙的學生多半會同時上普通班和特教班的課程，只有在可行的方法都試過，仍然無法創造不受限制的環境時，才可能上特教學校。在討論這些原則是否適當時，背後有兩個根本的問題：什麼做法對有障礙的孩子有利？什麼做法又對一般（沒有診斷出障礙）的孩子有利？有些父母抱怨兒女班上有身心障礙兒會讓人分心，還會拖慢全班的進度。賓州州立大學障礙研究學程的共同主持人貝呂比有個唐氏症的兒子，他則認為融入式教育的好處是「對所有人都好」：一般人在面對殘疾者時，往往感到不信任，也不自在。教室裡如果有身心障礙者，有助於打破這樣的感覺，也讓身體健全的人更具人道關懷精神。唐氏症兒如果能融入一般教育，就有語言發展、常規學習的榜樣，相較之下，若學習環境一直指出他們的局限，便較難激發他們的潛能。融入式教育讓唐寶寶做好進入職場的準備，之後就能在有人監督的情況下工作，而非只能在庇護工場工作，或無所事事。許多唐氏症者都在這樣的教育下學得更自立。公立學校常必須按規定實施融入式教育，但要把私立學校也納入，還尚待努力。

這麼做也有缺點，參加融入式課程的唐氏症孩童多半不會接觸到同類，而沒有唐氏症的人在和唐氏症兒交往時，多半會保持距離。全國唐氏症協會的創辦人之一莫爾頓說：「如果學校的長官、校長、老師全部都相信這套，也以此教育自己，我想融入式教育會做得很好。但這也得看孩子本身。有些孩子不適合進入融合式課程，就像有些孩子也不適合讀耶魯。」協會的共同創辦人古德溫則表示：「過於堅持只會養出孤獨的孩子。青春期已經夠棘手了，你不可能期待正常的青少年成為障礙兒的摯友。事實就是如此。」

・・・

貝琪的女兒一九七八年出生於紐約。當時貝琪年輕、健康，從未想過孩子會有併發症，結果女兒卡森生下來有唐氏症。那個時代，私人執業的醫生多半會建議父母把孩子送去收容機構，門診醫生則多半建議父母將孩子帶回家。貝琪認為，這是因為如果醫生和病人有私交，多半會歸咎自己，覺得很羞恥。她的產科醫生說：「妳為什麼不再生一個健康的孩子？至於這一個，我們就忘了吧？」丈夫巴頓擔心貝琪從此栽入身心障礙的世界，自己會失去她，也曾考慮過「忘了」這個選項。貝琪也很害怕，但更怕拋棄孩子。她打電話給兒時好友雅頓，跟她說醫生要她把孩子送去收容機構。雅頓是社工，她說貝琪絕對不該把孩子送走。然而，很快大家就發現唐寶寶和家人的資源非常匱乏。貝琪原本是室內設計師，過了幾個月，她決定要為同樣處境的父母創辦一個組織，並請雅頓來幫忙。雅頓回憶道：「這是我本行，而她則能用父母的眼光看事情。」一九七九年，全美唐氏症協會於焉成立。有鑒於先前從來沒有唐氏症的科學會議，科學研究的成果十分零散，因此協會第一個執行的計畫，就是為研究唐氏症（三染色體21症）的科學家舉辦會議。當時全美唐氏症計畫的年度經費共約兩百萬美元，而如今則已將近一千兩百萬，但以此症影響的人數而言，這樣的金額仍舊太少。貝琪到華盛頓拜會國立衛生研究院的院長，院長告訴她，有了羊膜穿刺，很快就不會再有唐氏症兒。廿五年後，貝琪半開玩笑地說：「不知道他有沒有遇過天主教徒？」

卡森兩歲時，貝琪再度懷孕，這次她考慮做羊膜穿刺。她不確定如果當初知道卡森有唐氏症，自己會不會墮胎。她說：「我不知道自己為什麼要這麼做。把孩子拿掉？我不敢說。但至少我想知道。然而不知為什麼，胎兒一直擋住針頭，測不出清楚的結果。羊膜穿刺到第廿二週還在做，但胎兒滿廿四週生下就可活命，所以我覺得非常不安。最後我跟巴頓說：「就算你明天就跟我離婚也沒關係，總之我不做了。是我懷的，我就要生下來。」結果貝琪生下正常的兒子，幾年後又生了一個同樣正常的男孩。貝琪說：「我的三個孩子感情很好。當初產科醫生還警告我，說我的婚姻會因此破碎，後面生的孩子也會跟著受苦。但我真心覺得，唐氏症兒的兄弟姊妹長大之後，都會變得溫暖又體貼，也許生活會比別人還完滿。」

188

古德溫一家人很喜歡紐約市，但卡森十一歲時，貝琪覺得她無法發展出成人的判斷力，因此不適合在紐約這種城市培養獨立性。「於是我想到康乃狄克州的格林威治，那裡每個角落都有警察。我對那座小鎮的印象是很安全，很適合她這樣的年輕女孩四處晃。卡森個性很熱情，也很喜歡認識人。弟弟上高中的時候，她愛上跳舞。貝琪說：「我常看到她從房裡伸出手，抓住弟弟的朋友陪她跳舞。這些人現在都成年了，有些人到今天還說：『要不是卡森，我不可能知道這個舞步。』」

我認識卡森的時候，她原本在全食超市上班，剛剛失去工作，原因是她似乎總是把番茄放在袋子的最下層。貝琪說：「她不喜歡番茄。我敢保證，如果是甜甜圈，一定會放在最上層。」卡森無法理解其他人有不同的想法和感覺，她母親喜歡爵士樂手約翰·柯川而不是小甜甜布蘭妮，她就覺得很奇怪。她知道唐氏症讓自己跟別人不一樣，但她不明白究竟哪裡不一樣。貝琪說，正因如此，跳舞讓她非常開心：「她喜歡跟別人做一樣的事情。」

過去三十年來，全國唐氏症協會陪著唐氏症孩子一起成長。卡森出生以來，協會核發了數百萬元的科學補助，也支持社會科學家針對智力障礙人士研究更好的教育方針。協會的年度會議是由科學家向父母發表研究成果，協會還創辦每年一度的「好夥伴健走活動」，在全美兩百個地方舉行。唐氏症者和朋友一起健走募款，也喚醒大家的注意。現在健走活動每年能替協會募到大約五十萬美元，也幫助各地的唐氏症者和家人融入這個大家庭。

全美唐氏症協會一路走來幾經風雨。有些父母擔心，像這樣研究唐氏症治療方法與減緩方法的組織，並沒有給予唐氏症者所需要的肯定。反墮胎的身心障礙運動人士一直不認同選擇性的終止懷孕，認為那貶低了身心障礙人士的生命價值。有些人也勸協會高層以更強硬的立場反對墮胎。然而，協會雖然希望看到更多人把唐寶寶留下來，卻不樂見法律如此強迫父母。

・・・

一九八四年，雷根總統簽署了《無名寶寶修正案》，將忽視或延宕治療身心障礙兒的行為認定為虐童，但在此之前，父母和醫師若不想讓這樣的嬰兒活下去，基本上不會有問題。普林斯頓大學的倫理學教授辛格支持女性在懷孕期間可隨時墮胎，也有權終結新生兒性命。他為這個立場辯護時採取效益主義，認為女性若終結了一個不想要的孩子，便會再生出一個想要的，雖然這個孩子夭逝會讓母親不快樂（而且即便生下來，一生也無法盡如人意），但之後生下健康孩子所得到的快樂會更多。雖然辛格的立場十分極端，卻也反映了常見的態度：大眾總認為唐氏症者的生命較無價值，並假定他們的人生會讓他人不快樂，也讓自己不快樂。有個母親說，曾有精神科醫生問她和唐氏症兒子的相處情形，她回答好極了，醫生卻說不用那麼語帶防衛。布里斯托是全國身心障礙者協會的會長，他說：「辛格的中心思想不啻為種族屠殺的辯詞。」

二〇〇〇年，反對產前篩檢的聲音已經匯聚成一股力量，共同為身心障礙者爭取生存權。研究身心障礙的學者亞許和帕仁斯從生殖觀點討論此問題，並寫道：「產前診斷強化的醫療模式，把問題的核心放在身心障礙本身，而非社會對身心障礙者的歧視。產前進行基因檢查，之後再選擇性地墮胎，不但有道德上的疑慮，而且據以判斷的資訊還是錯誤的。」幾年後，亞許寫道：「研究人員、醫界人士、政策制定者，這些人盲目支持基因檢測，結果是人們依據錯誤的身心障礙資訊選擇墮胎，而他們所表達的觀點也會讓現在及未來的身心障礙人士更難在社會立足。」凱斯是小布希任內總統生命倫理委員會的主席，他主張在產前診斷出來的疾病，應該用「致死」的方式來「治療」，而不是照顧這些罹病的孩子。

阻止某種類型的人出生，就是在貶抑這類人的價值。如果某個社會經常把唐氏症胎兒拿掉，顯然就是認為罹患唐氏症十分不幸。這不是說有人對唐氏症者恨之入骨或想要趕盡殺絕，畢竟，很多可能選擇墮胎的人若遇見唐氏症者，還是會付出善意。但根據我的經驗，善意的同情也可能是一種歧視，並帶來負面影響。若有人同情我是同性戀，即使這反映了他有一顆寬容的心，而且他的態度也無比客氣，我還是不想與他為伍。亞許表示，女性懷了身心障礙兒，往往會擔心處境淒涼，並因此選擇墮胎，而處境之所以淒涼，則是沙文主義之故。但這種沙文主義是可以消弭的。新堡大學的麥克勞林寫道：「哀憐女性被迫做出某項決定，並不代表我們認為她做錯了，或認為她讓自己成為歧視的共犯。反之，這是在指出她也是受害者。」但這些女性的作為不僅反映了社會現象，更創造了社會現象。現在已有越多人選擇墮胎，之後類似的案例可能更多。誰適應誰，取決於人口數，只有當身心障礙很常見的時候，大家才會去討論身心障礙者的權利。某個族群的人口不斷減少，就表示越少人會想去適應他們的需求。

190

美國每年有五千五百個唐寶寶出生，其中約有六百二十五個出生前就已經診斷出來，但母親選擇不終止懷孕。費爾查德就做了產前檢查，當時有個醫師向她保證：「妳希望看到的發展，妳都會看到，只是時程跟別人不一樣。」這不是事實。很多事情永遠也不會在唐寶寶身上看到，但這段話還是有助於這家人留下寶寶，而費爾查德之後的幾胎也都沒做羊膜穿刺。她寫道：「我可以選擇，而我選擇了生命。如此一來，我支持的是選擇權本身，還是尊重生命？政黨往往說政策無法兩全其美。我選擇了生命，而我也很高興我當時作了這個選擇。」

唐氏症和聽障、侏儒症一樣，可能是當事人的身分認同，也可能是悲慘的疾病，但也可能二者兼具。可能值得珍惜，也可能應該消滅。有這些症狀的人以及照顧他們的人，可能覺得充實而豐盛，也可能覺得處境淒涼、身心俱疲。也可能以上皆是。伊蓮說：「我還沒見過哪戶家庭選擇把孩子留下來，結果卻很後悔。」待產的孕婦如果診斷出唐寶寶，也會有人積極鼓勵她們和有扶養唐寶寶經驗的家庭連絡。許多父母都寫過回憶錄，告訴大家養大唐寶寶的心得及收穫，並表示相較於唐氏症本身，這世界對唐氏症的態度更棘手。當然，不喜歡家中唐氏症兒的人，多半不會寫回憶錄。社經地位低的人也不會寫，他們想要獲得良好的治療便已困難重重，光想到就可能卻步。

就我個人觀察，有些父母雖然絕望，卻對孩子的身心障礙強作樂觀，有些人則在照顧的過程中感到由衷的快樂，而有時，第一種也可能轉變成第二種。我遇過的某些身心障礙運動人士堅稱每個人的喜悅都是真切的，我也遇過心理師認為沒有人真心感到快樂。實情是，雖然有些人落在光譜的兩端，但大多數人都散落在這廣大光譜的各處。

191

・・・

迪德麗・斐瑟斯通並不想生小孩，所以得知自己不孕時十分開心。然而，她卻在一九八八年發現自己懷孕了，頓時進退維谷，於是決定順其自然。她當年卅八歲，但並不打算做羊膜穿刺。她說：「我認為有些事情就是不歸妳管，如果那個孩子就應該在肚子裡獨自待上九個月，就不要去煩他，不要拿什麼東西在他身旁戳來戳去。」她丈夫威爾森・麥頓希望做羊膜穿刺。迪德麗說：「他喜歡做事有計畫，所以我想，那就為他做吧。可是前一晚我問他：『萬一發現不對勁，怎麼辦？』他說：『我不覺得那有任何差別。』我說：『要是發現有什麼問題，我會把孩子拿掉。你也知道，我不想當任何人的母親，我連當正常孩子的母親都沒勇氣。若是出了什麼問題，我隨時都能墮胎。但你做不到，所以最好別再逼我做羊膜穿刺。』」

兩人後來沒去做檢查。迪德麗說：「謝天謝地，要是去了，那會是我人生最嚴重的錯誤。不知道的事情，妳就無法去評估。」迪德麗是珠寶商，也是設計師，女兒凱薩琳出生的前一天，她原本要為時裝秀搭配配件。當天下午她去工作，看了衣服，回家，吃了點泰式料理，當晚就不停嘔吐。威爾森知道她要臨盆了，但她堅持是外帶的餐點有問題。第二天早上十點，產婆一替她接生，就要她立刻去找小兒科醫生。醫生確認凱薩琳有唐氏症。迪德麗說：「我那時就已經知道，凱薩琳會是我見過最好的人。威爾森比較難接受，因為他和女兒沒有懷胎九月的那種血肉相連。」醫生安排兩人第二天去做基因篩檢，確認診斷結果。迪德麗說：「當時眼淚從我眼裡流下來，而她則往上伸出手來。一滴眼淚從她一隻眼睛滾了出來，她伸手擦了擦我的臉，那時她才出生廿三小時。」

琳和卡森出生時還沒有早療，而凱薩琳降臨人世的時候，世界已經變了。威爾森認為他們應該要窮盡所有可能的療法。迪德麗說：「在嬰幼兒時期，最辛苦的地方是她一週要做三次語言治療，然後是職能治療，還要做顱薦椎治療。她行程很滿，我想要出門一趟都很難。這應該是最辛苦的部分，另外，有人要靠妳才能活下去，這件事也很難適應。我跟威爾森說：『如果你應付不來，你可以走，沒關係。我不會為此跟你吵架，也不會認為你很糟糕。但你不能一直這麼沮喪。』」威爾森解釋道：「我從沒想過要走，但我不像迪德麗那麼快進入狀況。」

迪德麗自己也很吃驚。她說：「我原本很篤定，以為自己如果當了母親，會完全無法應付那種差異太大的孩子。但我發現我很愛她，這讓我鬆了口氣。她非常可愛。我朋友生養孩子的過程都是從完美的原點開始，然後才漸漸學著面對孩子的局限和問題。我生的這個寶寶，每個人都覺得是個麻煩，但我這一路走來，卻不斷發現她有多麼了不起。我一開始就知道她的缺陷，之後發現的就全是驚喜。我從沒遇過像她這麼善良、溫柔、貼心、善感的人。她很有趣。她總是突出光明的一面。我不知道這有多少是她的個性，又有多少是唐氏症的特性。她一旦決定不做某件事，就不會做那件事。這也是唐氏症者的典型性格。」

生下有特殊需求的孩子後，母親免不了要充當算命者。迪德麗說：「有個朋友打電話給我，哭著說：『我剛剛發現孩子有唐氏症，怎麼辦？』我說：『妳想要怎麼辦？』她說：『那是我的寶寶，我想要生下來。』我說：『這麼說吧，這是我這輩子遇過最好的事，當初要是提早知道，我一定不會生下來，然後犯下大錯。妳也見過我孩子，我們很開心。』」說著迪德麗又加上一句：「唐氏症還不算太麻煩，至少凱薩琳不算太麻煩。自閉症可能就不太一樣。我會不會想辦法讓她的日子好過些？會，我會想盡辦法。我會不會想把她變成正常人？我不會。也許哪一天她會改變主意，想去動整容手術，或者看她長大後有哪些方法可用，想要把自己變正常一點。我會不會支持她？如果有那麼一天，我會，但我希望自己把她養育得更堅強、更有自信，我希望她能喜歡自己的樣子。」

艾蜜莉早年遇到的各種偏見傷害，迪德麗倒是從未遇過。迪德麗說：「還是有人不要自己的孩子，還是有人在發現時選擇墮胎。我沒資格評論。你討厭吃皇帝豆，我喜歡吃皇帝豆。現在有很多政治正確的問題我覺得荒謬不已。但我會用盡一切辦法，讓嘲笑不同的孩子這件事無法為大眾接受。相較於別的時代、別的地方，我們現在對歧視的容忍度是最低的。」

她說她有一次去凱薩琳在紐約翠貝卡區的公立小學，有個五歲的小女孩對她說：「我聽說凱薩琳在妳肚子裡的時候，妳的卵子破了，她才會變得那麼奇怪。」迪德麗說：「如果卵子破了，就不會有小寶寶了。」小女孩說：「妳的意思是說，她沒有壞掉？」迪德麗說：「沒有，她沒有壞。她只是有一點不同。」迪德麗環顧操場，說：「看那邊的小女生，她有紅色的、捲捲的頭髮，而妳有金色的頭髮。這個小男生是黑人，但他的爸爸媽媽都是白人，是義大利人。他妹妹是他妹妹沒錯，但跟他沒有血緣關係。」附近有對父母就說：「我是韓國人，但我丈夫是白人。」另一人說：「我沒有跟男人結婚，我的伴侶是女人，所以我的小孩也不一樣。」世界上不同的事物無窮無盡，不正常才是正常，凱薩琳不過是其中一種變化。迪德麗又說：「有時我看見父母帶著唐氏症兒，我會說：『我女兒也是這樣，她今年八歲了。』對方十之八九都會說：『恭喜，歡迎成為我們的一份子。』我想我們很多人都覺得自己很幸運。」

迪德麗是相當有耐心的母親。我不止一次看到她在凱薩琳反抗時循循善誘。她總能轉個彎，避免直接衝突。凱薩琳常喜歡穿不合適的衣服，有時天氣很冷，她卻堅持穿夏天的連身裙。「我說：『妳何不在裙子下穿件褲子？或穿在裙子外面？』有時她的打扮看起來像遊民，這點她很擅長。我該說什麼？我要做的應該是建立她的自信，而不是摧毀自信。」

但她終究得和體制奮戰，這時就無法保持同樣的幽默感了。威爾森說：「一定不能讓她成為班上學得最慢的孩子。也許百分百的融合式教學並非最佳選擇。我們正在考慮一個專門照顧特殊孩子的營隊。」只要是跟女兒教育有關的事，迪德麗就有股母虎的本能。「她的第一家幼稚園一點也不適合，我第二天就要求轉學。她的教育太重要了，比呼吸還重要。我去過教育局，來回跑了幾趟，最後索性找一位保母照顧凱薩琳七天，接著打包電腦、備用電源、電線、手機、充電器、幾天份的衣物、書，然後去了教育局，說：『我要找負責特教的人。』『抱歉她現在不在，妳可以之後再來嗎？』『不行，我就在這裡等，沒關係，我帶了七天份的東西，我就坐在這兒，看她什麼時候有時間。我不想催她。』我就坐在那裡，把各種東西從皮箱拿出來，務求每個人都能看到，先是內衣褲，下面有充電器，我把充電器拿出來，再把內衣褲放回去。過了四個半小時，有人過來說：『需要幫忙嗎？』」到了二月底，凱薩琳轉去另一所學校。迪德麗說：「我的態度一直很好，但我也表達得很清楚，妳一定要回應我的需求。」

五年後，我向迪德麗詢問卡薩琳的學習狀況，她說：「我問她在學校學了哪些生詞，她說學了『機會』和『缺乏』。我問她缺乏的定義是什麼，她想了想，最後說：『媽，是妳。』」迪德麗爆出大笑。「我不怕別人知道，我根本不知道該怎麼當母親，這我早就承認了。問題是妳怎麼自學。有時我覺得自己是好母親，有時覺得自己很糟。我從沒說過我知道怎麼當母親，我連怎麼當妻子都不太確定。」

・・・

唐寶寶發育緩慢，智力也無法達到成年人標準，但發育過程多半十分穩定。對一般孩子的眾多發育階段能夠體會的人，就能對唐寶寶感同身受。在凝視他人的眼睛、維持眼神接觸、模仿行為，唐氏症兒都學得很慢。唐寶寶要到兩三歲才開始說話，到三四歲才能造出有兩三個字詞的句子，且往往無法了解文法的基本原則。我有次問了一位工作上要接觸唐氏症的人，在唐氏症者中，為什麼有些人比較聰明？她回答：「在非唐氏症者中，為什麼有些人比較聰明？」這樣比擬雖然可行，但有些人的唐氏症確實比另一些人「嚴重」。派特森是研究三染色體21症的遺傳學家，他寫道：「幾乎可以確定，我們所知的唐氏症種種症狀，並不單由第廿一號染色體造成，其他染色體上的基因也有影響。唐氏症的差異很大，這是一個很可能的原因。」

唐氏症者多半熱情、喜愛交友、希望討別人喜歡，而且不懂嘲諷。較大型的研究顯示，很多唐寶寶也很固執、好反抗、咄咄逼人，有時出現情緒困擾。除了生理問題，許多患者也有大量行為問題，包括過動與「對立性反抗症」。症狀比較輕微的人，往往有憂鬱症和嚴重焦慮。社會對唐氏症的印象並非毫無根據，只是不夠全面。有唐氏症很辛苦。根據近期一項大型研究，唐氏症兒往往「對自己的看法較負面」，而且「常經歷失敗，因而導致不確定感及『習得無助感』，這又和憂鬱症等問題有關聯」。

有唐氏症的人多半較不好動，行為也多半穩定，也就是說，相較於罹患雙極情感疾患、自閉症等好動而行為脫序的人，照顧者的壓力較小。唐氏症者不論大人小孩都容易受到肢體虐待或性虐待。有行為問題的唐氏症者常會被家人送走，但他們往往也讓機構的輔導人員心力交瘁，且不容易帶到公共場所，因此不太可能適應機構的環境。上述種種當然又加重了潛藏在行為背後的症狀。

唐氏症的許多症狀都有治療方法，但沒有任何方法能減緩唐氏症本身。雖然現在已有基因療法的初步研究，但多出來的那個染色體既無法壓抑，也無法移除。不過，已有人以此為目標展開基因療法的初步研究。從一九四〇年代起，維生素療法就一直用在治療唐氏症上，還有人使用抗組織胺藥物及利尿劑（藥品仿單上的適應症並不包含唐氏症），不過上述療法都還看不出任何效果，有些還有輕微的負面影響。此外，整形手術可以把唐氏症者的外形變得更像一般人。其中，縮短舌長的手術有時會有實質益幫助，據說可減少口水流出、改善發音，並讓呼吸更順暢。此外還有各式美容手術，包含隆鼻、脖子抽脂、改變眼形使眼睛變大。全美唐氏症協會等團體反對上述做法，認為不僅徒增痛苦，甚至可說是殘酷，還認為這是唐氏症版的骨骼延長術。他們對這類歧視唐氏症樣貌的行為十分憤怒。這些組織希望能用公共教育來改變大眾對唐氏症者長相的反應，而不是改變患者的長相。

• • •

蜜雪兒．史密斯在美聯銀行擔任財務顧問，是個完美主義者。完美主義者若生下身心障礙兒，多半會十分辛苦。她把完美主義化入母職，而如果世上真有照顧身心障礙兒的完美方法，蜜雪兒已經找到了。就連放棄完美這件事，她都做得如此完美。

蜜雪兒在懷孕約三個半月時抽血檢驗甲胎蛋白。產科醫生說她的檢驗結果顯示唐氏症的風險很高，建議她做羊膜穿刺。她回憶道：「我甚至沒告訴我丈夫有這個選項。我只想逃避。以前的我一定會變成那種極端好勝的紐約媽媽：衣服、髮型師、工作，全完美無瑕。我若看到身心障礙人士，會不知如何是好，乾脆別過頭去。但我懷孕時奇怪的事開始發生。我打看電視隨便轉，就轉到《與天使有約》其中一集，裡面有個角色有唐氏症。懷孕八個月的時候，我去家德寶賣場，有個唐氏症小女孩直直朝我走來，她父母不在身邊，接著她把手放在我的肚子上。我當時想，顯然有人要我好好照顧這一胎。

助產士幫蜜雪兒的兒子狄倫接生時，覺得他的脖子有點粗，於是查了蜜雪兒的抽血檢驗報告。一小時後，她告訴蜜雪兒，她兒子有唐氏症。蜜雪兒說：「醫院的人把他放在我肚子上，他對我做了個古怪的表情，當時我甚至覺得他是個智者，而我只是個孩子。我被他嚇到了，但卻是以一種很美的方式。」

蜜雪兒下定決心不用畏懼的態度面對一切，但一開始很難。孩子挑起她所有的恐懼和不安。她帶狄倫出院回家時，因為擔心警衛可能會說些什麼，只敢從後門走進公寓大樓。每回她抱著狄倫走進電梯，都會忍不住脫口告訴別人狄倫的症狀。她說：「我總覺得大家都盯著我們看，但那其實是我自己的評判在作祟。」

蜜雪兒說，她丈夫傑夫無法接受生了個唐寶寶。她說：「婚前通常會談到孩子，有時談錢，有時談宗教信仰，但很少有人談懷了特殊寶寶該怎麼辦。」傑夫說，若蜜雪兒當初做了羊膜穿刺，就不會有今天的局面。蜜雪兒說：「還是會，他還是會出生。」傑夫憂鬱了八個月，等他走出來時，蜜雪兒已經決定要離婚。

狄倫出生不久，蜜雪兒就開始研究治療唐寶寶的方法。她讀了〈歡迎來到荷蘭〉，對她幫助很大。她說：「最開始的那兩週，我讀了十一本書。後來我遇到其他媽媽，幸好有她們。我們有個四人團體，自封為『唐媽媽』，而且以她們的個性，我們原本就會成為朋友。」這幾位母親教她如何洽談早療，以及之後的種種事務。

蜜雪兒在世貿中心找到一門早療課程，但狄倫三個月大時九一一事件爆發，世貿中心也走入歷史。就在蜜雪兒思考下一步時，她覺得自己心中的那位戰士又冒了出來。「服務協調人一直很謹慎，不斷拿捏依法該給妳什麼，又如何為政府省錢。」某次結束申請後，我很不開心，其中一個媽媽就說：『噢，妳這個可憐的新兵。來吧，打起精神來。』於是下一次申請時，我就請了一位專攻特教的律師同行。我真不知道，窮困的人或沒受過教育的人生下唐氏症兒該怎麼辦，妳可能連自己不知道哪些事情都不知道。」

很快大家就發現，狄倫有些問題無法用早療解決。他的腸子常出狀況，得不斷跑醫院。蜜雪兒說：「我都有急診室的常客卡了。我常打電話過去，然後就自己去辦入院。」狄倫需要動三個大型手術，哥倫比亞醫院的醫生評估他的存活率是二％。傑夫和蜜雪兒在加護病房陪他連住九週。蜜雪兒回想道：「他身上接了十四種儀器，然後醫院的人又拿來第十五種，是洗腎機。我坐在那裡，看著他，心裡想著：『你就走吧，沒關係。我自己也做不到。』但我覺得非常內疚，我無法眼睜睜看著孩子死去。神父過來做了四次臨終祝禱。醫院二樓有幾位女士被我兒子的情況打動，每天上樓拿著玫瑰念珠幫他祈禱。」在狄倫與死神搏鬥的時候，唐氏症反而變成次要，這時傑夫也已經克服他一開始的負面反應。雖然以婚姻而言，他的轉變來得太晚，但對他兒子卻不算太晚。蜜雪兒說：「一直要到我們快失去他，傑夫才明白自己有多愛他。現在兩人已無法分開，傑夫很疼孩子。」

一歲大的時候，狄倫出院了，大腸截去五十六公分，心臟也動過刀，但之後的健康狀況一直相當良好。蜜雪兒說：「他常放屁，很臭，但這又有什麼關係？」狄倫的早療成效很好。蜜雪兒又說：「如果是我發現兒子的班上有特殊兒童拖累了全班進度，我也會很厭惡，於是我向其他母親施展渾身解數。經營這家托兒所的女士認為融合是生活的一部分。上學第二週她打電話告訴我：『他放屁很嚴重——不要誤會，我的意思是，他已經跟別人不一樣了，如果這個小朋友有唐氏症又很臭，別人會不想跟他玩。』這話說得很直，卻也很對。於是我們找到一種酵素『無屁豆』，這能控制體內的氣體。」不過蜜雪兒仍然希望狄倫的好脾氣能讓他贏得其他人的心。「我外婆有一隻小狗，他對這隻小狗很好奇，手裡也正好拿著他最喜歡的一塊積木，就把積木給了小狗。他把自己最喜歡的東西送給別人，他就是這麼善良。」

中途省悟的人總是更熱切投入，蜜雪兒就是如此。「以前我的人生就像是用AM收音機收聽FM頻道。說來也怪，這件事會發生，彷彿就是要我看清自己有什麼能耐。以前我缺乏的能力，現在都被他磨了出來。過去我很膚淺，自尊心很強，注意物質和形象。我很愛評判人、動不動就批評，現在我能評判什麼？我們應該要分享自己的才能和天賦，但首先得知道自己有什麼才能和天賦。現在我應該要幫助別人，而不只是用我的才能來賺錢。」

蜜雪兒輔導新手父母，鼓勵她們把唐氏症兒留下來。有一次，有對夫婦把孩子送人領養，她大受打擊。我問她，若別人沒有她的這種熱情、信念、責任感，怎麼辦？她回道：「她們都會有。特殊孩子的父母自然而然就會流露出來。我在這些母親身上感受到無比的堅強和勇氣。我總是這樣告訴她們：『我知道妳不確定自己要做什麼。相信我，妳是最適合這孩子的母親。』」她停了一秒，然後微笑。「其實她們大概很想打我。」

・・・

唐氏症有九十五%的案例都是自發突變所引起，而不是基因遺傳，有唐氏症的人也很少能夠生育。產前檢查最初是為了要檢查某些重大的基因異常，唐氏症就是其一。也因為唐氏症是最容易篩檢出來的基因問題，所以一直是墮胎與否的辯論重點。雖然數據各有差異，但目前在產前檢驗出唐氏症的孕婦，約有七〇%選擇墮胎。諷刺的是，過去四十年來，唐寶寶的發展比其他異常寶寶都要好上許多。過去唐寶寶都在收容機構中一天天衰弱，十歲即夭折，現在他們可以讀書寫字，還能工作。有了充足的教育和醫療照護，很多人都可以活到六十歲以上。美國唐氏症者的平均壽命大約五十歲，這個數字是一九八三年的兩倍。世界也為有特殊需求的人做了不少調整，因此唐氏症者和世界有了更多互動。輔導就業協助高功能唐氏症者找到工作。社會變得更包容異己，唐氏症者和家人一起去餐廳或商家，更可能得到親切的服務。加拿大近期有一項研究詢問唐氏症者的父母，如果有方法可以治好唐氏症，他們會不會採用。有四分之一以上的人說不會，三分之一的人說不確定。

世人原先以為，針對性的墮胎應該會讓唐氏症幾近絕跡，但自從產檢發明以來，每年唐氏症新生兒的比例卻不減反增，或至少持平。這些兒童在人口中的分布並不平均。生下唐寶寶的母親中，有八〇%是未做產檢的卅五歲以下女性，經濟狀況也多半不好，畢竟經濟狀況較佳的人，即使不是高風險群，也比較可能做產檢。研究顯示，在唐寶寶的父母中，物質條件較差的人可能比較不苛求完美，也不那麼望子成龍，因此較快接受唐寶寶得永遠仰賴父母的事實。有些機構專責辦理收養唐寶寶的業務，其中一家的主任告訴我：「真希望我能讓你看看把小孩送來的都是些什麼人，那張名單簡直就是美國名人榜。」越來越多婦女選擇做產檢，若發現有唐氏症，就把胎兒墮掉，但同時間，也有越來越多懷了唐寶寶的高齡產婦選擇把孩子養大。過去唐氏症患者多半活不過十歲，現在可活到六十歲，因此世界上唐氏症人口不斷增加。預計二〇〇〇年到二〇二五年，美國的唐氏症人口可能增長一倍，達到八十萬人之多。

二〇〇七年，美國婦產科醫師學會建議孕婦在第一孕期接受頸部透明帶檢查，檢查結果為高風險者，可選擇在第二孕期接受基因諮詢及羊膜穿刺或絨毛膜採樣。身心障礙權利團體反對這套做法。保守派的專欄作家威爾有個唐氏症兒子，他認為這種做法不啻為越戰中的「搜尋與殲滅任務」。中間派則希望大家能更了解扶養唐氏症兒的感受。史丹佛大學教授奎克發明了抽血檢驗唐氏症的最新方法，他說：「這些檢驗將導致唐氏症新生兒絕跡的假設實在過於簡化事實。我妻子的表哥就有唐氏症，而他是很棒的人。在孕期檢查出來，並不等於就不生了。」不過，運動人士擔心，當產檢變得更加容易，想把唐寶寶留下來的婦女可能會被迫墮胎。同時，由於沒有買健康保險的人會較難做產檢，因此有些人擔心這會使唐氏症成為窮人專屬的病症。

不過，貝呂比卻指出，若產前篩檢變得普及，而保險又不再給付唐寶寶的醫療及教育費，唐氏症反而可能變成富人專屬。有了檢查，人們就會想做，並根據結果行事。有個研究顯示，人們往往認為，相較於無法做檢查的人，若是有婦女選擇不做產檢，或決定留下有障礙的孩子，「這些人應該要負更多責任，受到更多責備，而且也不那麼值得同情或接受社會幫助。」這些和人口分布有關的討論似乎相互矛盾，也顯示唐氏症這類病症多麼令人迷惑，它既可視為負擔，也可視為奢侈，有時候連同一個人都可能這麼想。貝呂比寫道：「有很多事情都要看是科技順應人性，還是人性適應科技。」他也在報紙專訪中說道：「美國國家兒童健康與人類發展中心為這項新檢驗花了一千五百萬美元。但這筆錢大可用來研究唐氏症人士體內的生物化學狀態，這是目前更迫切的研究。」

產前篩檢和支持唐氏症者，這兩件事並不衝突，就像耳蝸植入手術並不必然導致手語絕跡，也像發明了傳染病疫苗並不等於我們就不治療傳染病患者。然而，現代醫學講求經濟，主張一分預防通常抵得上十分治療。當產前檢驗唐氏症的技術越來越普及，這個領域的研究經費也變得越來越少。以往覺得無法治療的唐氏症主要症狀，現在已勝利在望，卻又面臨上述經費問題，令人格外心痛。二〇〇六年，柯斯塔證明，出現類似唐氏症症狀的老鼠使用百憂解後，原本受到壓抑的海馬回就變得正常。他之後又發現，治療阿茲海默症的藥物億必佳用在具有類似症狀的老鼠身上，能改善記憶力，最可能的原因是因為該藥能讓神經傳導物質安定下來，而他認為唐寶寶的學習之所以出現障礙，就是因為受到神經傳導系統的干擾。二〇〇九年，加州大學聖地牙哥分校神經科學主任莫布里指出，此類老鼠的正腎上腺素增加後，學習水準可追上一般老鼠。二〇一〇年，洛克斐勒大學的格林加德藉由降低乙型澱粉樣蛋白的含量，使此類老鼠的學習和記憶恢復正常。乙型澱粉樣蛋白也和阿茲海默症有關。莫布里表示：「我們更了解也更能治療唐氏症，相關資訊也大增。二〇〇〇年以前，沒有任何公司想為唐氏症開發新療法，現在至少有四家公司和我聯絡。」加納是史丹佛大學唐氏症研究與治療中心的副主任，他表示：「過去人們認為這個問題沒有希望、無法治療，只會想何必浪費時間，但過去十年神經科學有了革命性的發展，我們才知道原來大腦非常有可塑性、很有彈性，各個系統也都有望修復。」

一如聽障人士的耳蝸植入手術和侏儒的骨骼延長術，唐氏症有個迫切目標，只是這次無關身分認同，而要力求科學解方。如果唐氏症者能變得像一般人一樣，我們是否應更謹慎看待墮胎這件事？柯斯塔表示：「遺傳學家認為唐氏症將會消失，既然如此，為何要補助治療？我們彷彿是在跟那些鼓吹早期篩檢的人賽跑。如果不快點找到替代方案，這個領域就可能瓦解。」

• • •

安潔莉卡．拉蒙-希梅內斯在廿七歲生下女兒艾瑞卡，那一年是一九九二年。艾瑞卡是第一胎，她產前從未想過羊膜穿刺。但孩子出生後，安潔莉卡立刻察覺不太對勁。「我還記得我拉著醫生的手臂，說：『求你告訴我。』我丈夫的眼神告訴我出事了。」醫生告訴安潔莉卡，寶寶有「輕微唐氏症」，但唐氏症的輕重程度在新生兒階段其實無法看出。

醫生建議送養，安潔莉卡不願意，不過她也思考該如何告知眾人。「我打電話給我父母，說：『孩子有……』然後就說不下去了。我父親說：『她十根手指都有嗎？十根腳趾也都有嗎？』我說：『有，有。』他說：『不管是什麼問題，我們會處理。』世人常說父母對孩子的愛是沒有條件的，我父母就是這樣。」她的神父說：「神賜給妳這個孩子，自有祂的道理。過去妳每回遇到阻礙都能克服，這次也一樣。」

但不是每個人的反應都如此鎮定。安潔莉卡說：「很多朋友的反應都像有人過世一樣。我忍不住問為什麼。『為什麼會發生在我們身上？』然後突然想通了：『等等，她是活生生的人，也需要我們愛她、關注她。』我還是想跟大家宣布我們家的寶寶出生了，於是我寫了封長信，宣告我們現在的生活。」

安潔莉卡是天主教徒，不過她在曼哈頓下城的聖公會聖三一堂擔任文書工作，有個同事的朋友也生了唐氏症孩子。「她跟我在電話中聊了一個多小時，告訴我該讀哪幾本書，說八〇年代以前的不要看，還要加入父母互助團體。我那時才終於走出『為什麼』的階段。」艾瑞卡出生的時候，正是波莉為傑森做專題節目的那一年，此後唐寶寶的影像畫面越來越常出現，和前幾年有天壤之別。

孩子六週大時，安潔莉卡為艾瑞卡報名早療課程。「孩子生下來若有身心障礙，原有的高期望和夢想全都破碎了。她一歲的時候，我總是想看看她能否跟上早療中心的其他孩子。她連抓東西都很吃力，大小肌肉的運動能力都不好。有一天她的協調能力居然能撿起一片穀片，我高興得想要跳起來。幾年後，她需要動手術裝中耳通氣管。我們當然想盡力而為，如果聽不到，語言要怎麼發展？結果醫生說：『她不會達到完美。』我心想，他怎麼敢說這句話，他自己也永遠無法達到完美啊。」

孩子的語言能力會不斷發展。「她會指著自己想要的東西，我們就鼓勵她：『跟爸爸媽媽說妳想要什麼？』有一次她去接受評估，看適不適合上學。心理師問我，艾瑞卡早上會不會自己摺被子。我說：『這個嘛，不會，我們都很趕，我乾脆幫她摺好，然後帶她出門。』心理師在表格中勾了『沒有給予機會』這一項。現在我總是盡量給她機會，不管是拉外套拉鍊、綁鞋帶，都盡量讓她自己做。她會寫自己的名字、地址還有電話號碼。」

艾瑞卡和許多唐寶寶一樣，判斷力很差。安潔莉卡說：「我們設法教她：『這很危險，這不危險。』她毫不怕生。我們教她，第一次跟人見面的時候，應該要握手。我們必須向她解釋：『不是每個人妳都能抱，不是每個人都是好人。』」安潔莉卡的神色肅穆起來。「沒人打電話給她，也沒什麼人邀她去派對。我們讓她跟身心障礙兒一起上課，芭蕾舞課、音樂課之類的。我覺得這些有特殊需要的孩子是她的同儕，我希望她的好友擁有跟她一樣的經歷。我為特殊的孩子成立了女童軍團，裡面的女孩有自閉症、有唐氏症，也有人坐輪椅。」

這項工作占去安潔莉卡很多時間。「我還有個小女兒莉亞，她即將踏入青春期，很在意別人對她的看法。『如果姊姊是有特殊需求的人，別人會不會就不跟我玩了？』我們告訴莉亞：『不用為此感到難堪，是上帝把她賜給我們。』」至於艾瑞卡，目前沒有跡象顯示她知道旁人可能為她感到難堪。「她明白自己跑得沒有別的孩子快，也沒辦法像別人那樣跳繩，但她從來不問為什麼。艾瑞卡是那種『妳對我好，我就對妳好』的人。我一方面希望她能察覺，另一方面我又覺得，如果她察覺了，就不會快樂了。」

從一開始，安潔莉卡就非常努力想從自己的經歷中找到意義，而她也逐漸把艾瑞卡的身心障礙當成修身養性的機會。艾瑞卡九歲時，安潔莉卡得了乳癌。她說：「生了艾瑞卡之後，我變得更堅強，因此能面對這件事。因為她，我成了更堅強的人。」三一會堂跟九一一的事發地點僅隔幾條街，飛機撞上的時候，安潔莉卡就在會堂裡。她在一片混亂中仍能保持冷靜，而她認為這件事也是艾瑞卡的功勞。她說：「神讓我們早一點經歷這些事，也許是因為我們的經驗能幫助別人，自己也能從中成長。我認為我現在的使命就是讓別人知道我們的經歷，並邀請他們到我家裡來聊聊。我無法阻止飛機飛過來。我無法阻止自己的病或她的狀況。沒人能阻止未來。」

・・・

貝克在回憶錄《等待亞當》中寫道：「大家若努力回想高中生物學了什麼，可能會想起來，物種的特性有一部分是靠個體中的染色體數量來決定。亞當多了一條染色體，因此他和我很不一樣，就像騾子和驢子也很不一樣。亞當能做的事比『正常』的同齡孩子少，但他不止如此，他也做不一樣的事。事情的先後、喜歡的東西、看事情的角度，都不一樣。」貝克描述兒子改變了她的人生。「他把握當下，過得十分快樂。相較之下，爭名逐利、哈佛人的行事，看來就像安靜的絕望。亞當讓我的步調慢了下來，讓我注意到眼前的事物有多神祕，有多美，而不只是跌跌撞撞在各種困難的要求中摸索，追求頭銜和成就，這些東西本身絲毫沒有樂趣。」

唐寶寶有一張專家口中的「娃娃臉」，多半不會隨著長大改變。這些孩子「小小的朝天鼻，鼻樑低，五官小，額頭大，脖子短，兩頰較圓潤，下巴也圓，因此臉看起來也比較圓」。近來有項研究發現，父母對家中的唐氏症孩子說話時，不論是用字遣詞或語調變化，都像是在對嬰幼兒說話。也就是，父母或許無法意識到孩子臉部生理特徵所含的意義，卻不知不覺回應——[204]

了這些特徵。智能發展差異會限制孩子和父母的親密程度，但研究顯示，唐氏症兒的父親陪伴孩子的時間，遠遠比一般孩子的父親還要多。

其他研究也顯示，一般而言，孩子對唐氏症同胞多半較親切慷慨，也比較沒有敵意。這些孩子也比較有同情心，比較成熟。即便心智遲緩兒的同胞可能會遭外界排斥，有情緒或心理問題的機率也較高，但不影響上述研究的發現。唐氏症孩子和非唐氏症同胞的關係溫暖祥和，沒有一般兄弟姊妹那種吵吵鬧鬧。非唐氏症孩子和唐氏症同胞一起玩的時候，可能比較講究禮讓，笑聲也可能比較少。然而，黎敏在《新聞週刊》寫到他弟弟的時候說：「我弟弟並不等於他的障礙問題，他是熱愛運動和線上遊戲的青少年。他太在意自己的頭髮，有時有點自負。他對每個人都很好，還能讓你笑到肚痛。他是個普通男孩，就跟大家一樣。凱文沒有『特殊需求』，他只需要機會。」

盡量減少障礙，或擁抱障礙，或二者兼具，這些做法都會影響兄弟姊妹的態度。採用哪種方式，跟家中的互動有關，也跟唐氏症的嚴重程度有關。社會常特別關注高功能唐氏症孩子戰勝自己的傳奇，他們比病友聰明、成功，也讓父母喜不自勝。然而，這些孩子的能力還是遠遠不及一般孩子，因此若是以一般水準的聰明和成就來衡量一個人的存在價值，多少也否定了唐氏症孩子。他們不是那麼靈光，以一般人的標準而言也做不了太多事，但他們有真正的美德，也能夠成就自我。許多唐氏症者的父母跟我聊天時，一開場總要說自己的孩子有多高功能，我於是納悶自己為何剛好都探訪到有高功能孩子的父母。等我開始跟孩子說話，我發現有些孩子以唐氏症而言確實極為聰明、程度很好，不少人還有幾樣專長，然而這些父母如此興高采烈地用「高功能」一詞來概括，反而忽略了孩子真正的成就水準。

這些父母無一例外，都說孩子十分貼心。唐寶寶很固執，一旦認定某件事，就怎麼也說不動，但他們卻往往熱切地取悅身邊人，讓父母非常感動，這點在本書討論的其他病症中十分少見。很多人都知道唐寶寶天性善良，但他們其實還很任勞任怨，這點就比較少人討論了。

• • •

亞當・德里-波菲屬於比較低功能的唐寶寶，而且還診斷出有自閉症。他廿六歲的時候，心智年齡只有四到五歲。看過傑森在邦諾書店的演講後再見到亞當，會很難想像兩人都是唐氏症者。

亞當的母親蘇珊住在紐約州綺色佳，廿二歲那年發現自己懷孕了。「那時是七〇年代末期，大家想要過另一種生活。我知道自己想要孩子，既然我當時也沒別的事好做，我就順其自然。」她的父母連忙幫她安排婚禮。他的丈夫楊有個唐氏症姪子，但兩人從沒想過基因篩檢。亞當出生第二天被診斷出有唐氏症。蘇珊說：「我一分一秒都沒有考慮過把他送養。我很快就開始思考要如何把危機化為轉機，根本沒時間傷心。我父母覺得這件事太悲慘了，所以我一定得把事情扭轉過來。我當時只有廿二歲，還非常年輕。」蘇珊替亞當申請了「補充保障收入」，第一張支票一到，她就註冊了康乃爾大學「學習與孩子」這門研究所課程。她還在日間照護中心擔任志工，並開始接觸早療。

蘇珊的研究及學習至關重要。她說：「一般孩子會自動自發學習，不論你做什麼，他們自己就會開始學習。但亞當，妳得把學習這件事放在他面前，而他也許只能做到妳期望的四分之一。」在他第一次微笑之後，物理治療師注意到他有奇怪的痙攣現象，於是蘇珊帶他去做腦部掃描，結果發現他持續發生肌陣攣，可能導致嚴重遲緩。蘇珊和楊讓亞當打了六週的腎上腺皮質刺激素，這是一種和壓力有關的荷爾蒙。打針似乎讓亞當十分痛苦，於是他們帶他去看神經科醫師。醫師說：「如果會好，那也得靠亞當自己好起來，你們能做的只有祈禱。」

蘇珊還記得：「當時鎮上有個『一家人』公社，成員的名字都是社長取的，有自由、感激、追尋、海洋及旅居等。他們圍成一圈，為我們治療。公社有一片很美的土地及一座很美的池塘，每天我們都一絲不掛帶著寶寶在那兒玩，大家就在池塘裡游泳、聊天。他們想出一套說法，說孩子的靈魂正在考慮是否要留在這世上。就算是剛出生的孩子，也要很努力才能融入世界，而他剛來的時候，似乎還沒下定決心。」

蘇珊帶亞當回診的時候，痙攣停了。不過亞當一直有上呼吸道感染的問題，左耳也幾乎聽不到。他的視力很差，還有單眼斜視，戴了一陣子眼罩，之後改戴度數很深的眼鏡。亞當一歲生日那天，外婆送他一隻狗玩偶，那變成他最喜歡的東西。蘇珊說：「然後他開始出現一些奇怪的行為。他很喜歡把東西拿起來，盯著看。我就狠下心來，把玩偶放到大廳的另一邊，結果他竟然爬過去抓。我再把玩偶拿開，他又去找。然後我把玩偶放進透明盒子裡，這樣他就能看到玩偶，接著想辦法把玩偶拿出來。」

蘇珊和楊又生了個孩子，蘇珊說：「這樣亞當就有伴了。」孩子叫蒂格，話少、多疑、漂亮、專注，對哥哥非常有義氣。亞當小時候上公立學校，蒂格常護著他。她說：「要是老師聽不懂他要什麼，我就想辦法讓他們聽懂。我以前早上常去他的教室，一直待到自己上課快遲到才走。他被嘲笑，我比他難受。很多時候，我想他根本不知道別人是在笑他。」蒂格總是帶朋友回家看哥哥。「我用他們跟我哥哥相處的方式來評估他們是什麼樣的人。」

當時蘇珊和楊已經分居，而蘇珊努力想把亞當轉到新學校。她說：「早療也有負面影響，讓人有期待，也有壓力。你常看到那些天才兒童，像傑森，還有演影集《日子照樣過》的那個。今天我覺得亞當已經發揮他最大的潛能，但當時我覺得他做得不如別人，而原因則是我做的不如別人的父母。在綺色佳這一小群唐氏症孩子裡，他的進展最慢。」大家都選擇融入式教育，蘇珊也就跟著選，但亞當知道自己格格不入，有一天他上數學課，把身上的衣服全脫了下來。蘇珊說：「孩子需要待在有成就感的地方，要有同儕。沒錯，他們需要榜樣，但他們自己也要成為榜樣。」蘇珊的父母為中度到重度心智遲緩的孩子創辦了夏令營，亞當自一開始便年年都去，在那裡亞當的能力足以幫助其他孩子。

207

蘇珊在猶太大家庭中長大，但家人不信教。她覺得猶太文化很親切，但對猶太信仰所知十分有限。有一天，蒂格說她想多了解猶太教，蘇珊就到最近的猶太教會堂幫蒂格報名宗教教育課程，也帶兩個孩子參加聚會。蘇珊說：「他喜歡固定的行程。他喜歡照表操課、儀式、吟唱。猶太教很適合我們，因為這個宗教的核心裡就有很多苦難、很多神祕事物。」她常引用猶太思想的片段，其中她最喜歡的是猶太法典裡「神在對話中」的概念，這個概念出自〈出埃及記〉卅七章九節。她說：「摩西五經寫到他們在曠野中建了一個極大的會幕，並在用來抬十誡石板的約櫃上造了兩個天使，彼此相對，因為神就在那裡，在人與人之間。亞當出生的那天，我的生命開始有了意義，直到今天仍然如此。神在我們之間，我在他出生後不久就知道這件事，可是猶太教讓我有了可以描述的語言。」

亞當記下一些希伯來文，剛好夠他舉辦猶太教傳統的十三歲成年禮。那之後不久，蘇珊認識了威廉，他是白人盎格魯薩克遜新教徒，在某座古老教堂的錄音室中擔任音響工程師。威廉看見蘇珊和亞當互動的情景，立刻愛上她。威廉還記得：「蘇珊說：『我是兩個孩子的母親，其中一個有唐氏症，這輩子都要跟著我。未來不可能只有我們兩人在一起。』」六個月後，蘇珊和威廉結婚了。威廉說：「亞當很早就開始學我打扮，對我而言，這是莫大的讚美，但出去外面就很尷尬了。例如說，我現在穿著牛仔褲、咖啡色皮帶、牛津襯衫，他就穿得跟我一模一樣。我猜我應該很潮吧。」

蘇珊和威廉結婚時，亞當正進入青春期。任何十四歲的男孩進入青春期都很麻煩，但對一個很多方面都只有四歲半的人來說，事情更棘手。蘇珊說：「威廉經歷過亞當荷爾蒙旺盛的那個時期。有時亞當會突然決定把某個地方搞得一團亂，例如有時會去拉火警警報。」威廉說：「亞當在試探他的權力有多大。一個四歲的孩子不乖，把他扔回房間就好了。至於亞當，蘇珊已經抱不動了，所以她就找出一種說話的方式，以無比的耐心，苦口婆心對他循循善誘。有一次，他又踢又吐口水，我從他後面溫柔地壓制住他，把他拎起來，帶回他樓上房間。我還記得他臉上的表情，像在問『怎麼了？』他很快就不再出現那樣的行為。」

蘇珊熱愛舞蹈，後來她學了即興舞，這種舞蹈背後的理念是，舞蹈是一種溝通方式。「舞動新英格蘭」這個舞團每週舉辦一次課程，大家可以在無酒精、友善的環境中光著腳隨心所欲跳舞。蘇珊很早就發現，自己和亞當溝通的方式大多是非語言的溝通，所以她對這個團體很有共鳴。蘇珊說：「其他唐氏症者都熱愛交友、很外向。亞當不太一樣。我之所以喜歡那種舞蹈形式，有很大一部分原因是不必說話就能和別人互動、接觸。」每年夏天，舞團都在緬因州一座湖畔租下一塊地，團員可以自行選擇穿不穿衣服，然後跳上整整兩週的舞，活動非常強調團體營造和志願精神。亞當每天在廚房幫忙兩小時。蘇珊說：「大家都穿紫色。那個地方對我們很友善，也肯定我們。亞當在那裡一口氣用上他那一年學到的所有事情，也做好準備，迎接隔年的到來。」

蒂格在國三那年感染了淋巴腺熱，在家待了好長一段時間，由母親照顧。蘇珊回憶道：「有一天，她沒來由地突然對我說：『以後我不管住在哪裡，都會替亞當留個地方。』聽她這麼一說，我開始思考圍繞在亞當身邊的支援團隊，蒂格是自願加入的，沒人要求過她。」對蒂格而言，這一切都是理所當然。她說：「從某些角度來說，我一直是姊姊。有時我覺得很煩，晚上還要照顧他，但我從來不希望生命裡沒有他。他道謝的時候從來不止是表達感激，他還表達了愛。我知道他愛我，這就夠了。拿全世界來跟我換我都不要。」

有時威廉很不適應家中的互動方式。他說：「最重要的二人組永遠是蘇珊和亞當。蘇珊跟我說話時，亞當一插嘴，我們就不聊了，有時我會很火。」威廉加入這個家庭時，最大的衝突來源是聲音。亞當最喜歡做的事是聽百老匯音樂劇。我認識亞當不久，他就說要唱歌給我聽。他唱起歌來像是非常起勁地用單音哼歌，彷彿一部擴大音量的冰箱。他常跟著自己最喜歡的錄音一起唱，把音量開到最大，一遍又一遍地聽。威廉是音響工程師，靠耳朵賺錢。亞當最後答應，威廉開車的時候，他不在車裡唱歌。而面對家中的聲響，威廉也找出應付之道。我請蒂格聊聊跟亞當一起生活是什麼情況，她說：「慢。」威廉附和。「我們過的是亞當的時間，就像是在跟四歲的小孩一起玩，你得把自己的行程放下。我學會一件事，螺帽不一定要在三十秒內拴緊，如果在五分鐘內拴緊，也一樣拴緊了。亞當是我的禪學師父。」

亞當讀完職業學校後參加了產學合作，負責黏貼標籤和郵票，然後把信封封口。後來那份工作不是很順利，他開始自願到慈善廚房幫忙，在桌上擺鹽罐和胡椒罐，把刀叉用餐巾紙包起來。蘇珊說：「喜歡幫忙是他的一項優點。其實，有另一個唐氏症兒的母親跟我說，她告訴兒子，如果他跟亞當一樣，就帶他出去玩。她說：『亞當總是面帶微笑，而且很聽媽媽的話，如果你像亞當一樣，我就帶你一起去。』之後那孩子一開始胡鬧，他母親就說：『你這樣是跟亞當一樣嗎？』這法子很有效。亞當成了模範生，連比他聰明的孩子都得拿他當榜樣。」

一到安息日，亞當就不能看電視或影片，所以他改用耳機聽百老匯音樂劇光碟。週五晚餐他負責做餐前祝謝。他也會進行洗手的潔淨儀式，然後慢慢泡浴鹽澡。他喜歡泡澡，但由於體質容易感染黴菌皮膚病，所以在其他日子都不能泡澡。蘇珊說：「他的排泄還是有問題，所以我們要他定時上廁所。我希望能讓他更常傾聽自己身體的聲音，有時他還是會出狀況。我們得跟他的心智年齡打交道。」

我問心智年齡是什麼意思。蘇珊說：「你就想，一個六歲的孩子你要怎麼看顧他，或想想六歲的孩子能做什麼，那差不多就是亞當需要的東西。可能更像五歲，在某些地方更像四歲。因為六歲孩子能認的字多半比他多，也會打電話，還知道發生緊急狀況時該怎麼辦。但要是房子著火了，而亞當在看電視，他會不知道要跑，也許燒到很熱很熱的時候會吧。他知道紅綠燈說『走』的時候就要走，可是他不懂得看看左右有沒有車子轉過來。我們請別人照顧亞當時，我總跟對方說：『你就想像有個人十年來一直都是五歲。』在家他是小幫手，做了很多五歲孩子可以學得來的事，只不過一般五歲小孩還沒等學會，就又已長大了。蒂格補充道：「一群六歲的孩子聚在一起，能做的事情加起來會比任何一個六歲孩子都還要多。有些人可能從小住在城裡，父母是專業人士，所以懂點電腦。另一個住在鄉下，認識各種野生植物，入了森林不會迷路。如果有哪個人一直都是六歲，他的能力會朝橫向發展。亞當就是這樣。」

生了亞當之後，蘇珊面對許多矛盾，但她現在已經不打算解決了。「他出生的時候，我最關心的是讓他學會溝通。現在我知道，一個人就算不說話，也能溝通。」某次生日，蘇珊幫亞當買了一頂毛氈帽，像《屋頂上的提琴手》的那種鴨舌帽，還買了一張百老匯選集給他，其中亞當最喜歡的歌是《歌舞線上》的〈獨一無二〉。我在綺色佳的某一天晚上，亞當說有東西要給我看，於是我在客廳坐下。他要蘇珊拿她的帽子，他自己放了光碟，然後兩人就跳了一小段舞，類似《歌舞線上》編導麥可·班尼所作的表演。兩人舉起帽子、轉圈圈，在該踢的時候踢腿。亞當竟然學會了舞步，而且蘇珊只提示了他一點，他就跳完了整段舞，雖然有些笨手笨腳，但有其迷人之處。看著這段我個人專屬的歌舞表演，我突然想到蘇珊如此堅持以舞蹈作為溝通方式，也想到這個家成功創造出親密感。蘇珊堅信快樂是個有彈性的概念，似乎也正因如此，這個家才充滿了愛。

210

・・・

美國的智力障礙人士大約有四分之三與父母同住。有份研究寫道：「父母養育孩子，是受天性驅使，而若孩子每次只能進步幾公分，父母更應妥善發揮這種天性。」又說：「若有家庭認為無法再承受照護的重擔，應提供安置的協助。在培養身心障礙者能力的同時，也不能忽視每日照護者的需求。」年紀較小的唐寶寶是否該送到收容機構，取決於症狀的嚴重程度，唐寶寶的行為是否干擾全家，也取決於父母有多少能耐承受扶養身心障礙兒的壓力。若父母把心思全放在更需要照顧的孩子身上，可能就無心顧及其他兒女所需要的關愛。但若把孩子送去收容機構，也可能嚴重影響同胞的心情，他們會覺得自己也可能被送走。

有份研究顯示，把孩子送到安置機構之後，有七十五%的父母表示很內疚，有一半的人表示「經常」或「每天」感到內疚。有很多人覺得安置這個舉動顯示自己是不稱職的父母。當孩子回家探望他們，他們多半覺得開心，但也感到壓力；當孩子返回安置機構，他們覺得難過，卻又鬆了一口氣。小型的安置機構往往較有人性，但父母心裡反而會更難受，那是由於小機構更有家的感覺，而父母往往忍不住反覆思量，把孩子送走的選擇究竟對不對。若負責照護的職員人數不多，有些父母還會出現競爭意識。父母多半表示，孩子送到安置機構之後，日常生活變得較為輕鬆，但心裡並沒有比較好過。話雖如此，他們也很少把孩子接回家，多半還是維持原本的決定。研究人員注意到，把孩子送去安置後，父母的心情往往比較好，但他們同樣也注意到，選擇留下孩子的父母，心情也比較好。由此多少可以推論，安置孩子後日子過得比較開心的人，多半比較可能選擇安置，而把孩子留在家裡比較開心的人，也多半選擇留下孩子。這終究也是一個解決認知差異的問題：為了避免內在衝突，大家會調整心態，順應自己所做的決定。

安置不是一個晚上就能完成的決定，而是一段過程，一開始藉由喘息照護及白天或週末方案將孩子和父母暫時分開，讓父母摸索一下屆時感受。同樣，父母也可能因為減輕了部分負擔而暫緩安置。除了逐漸調整心態、適應安置，父母在尋找合適的機構並研究申請方法時，也會遇到許多實際上的困難。有個研究這項議題的人談到，有位母親告訴他：「要我把孩子送到這些地方，我辦不到！」兩年後，她將孩子送到她曾經如此厭惡的地方。這位母親說：「打電話到地區中心的時候，我害怕極了。」很多唐氏症者都在十八到廿一歲之間住進安置機構，正好是一般年輕人離家生活的年紀。有些專家認為，按照一般人的人生階段設計人生的路，對唐氏症者有好處。

安置機構中的兒童及青少年比例已經下降了四分之三，但由於平均壽命變長，因此機構中的整體人數仍不斷增加。雖然目前仍有卅九州有大型的州立安置機構，但大部分都已被各式小型、人際關係較為親密的社區型照護機構取代。超過半數的父母只參觀了一家機構，就將孩子送進去，有時是因為地利之便，但往往忽略了照護機構的品質參差不齊。二〇一一年，《紐約時報》報導紐約州各處住宿型機構暗藏嚴重的虐待。報上寫道：「有職員性侵、毆打或挑釁院民，即使是慣犯，也很少遭到開除。」又說：「州政府紀錄顯示，二〇〇九年，州立且有營業許可的安置之家有一萬三千起通報遭虐的案件，只有不到五%的案件轉介至執法單位。」若想起訴被控虐待的照護員工，往往得面對一大困難：受害者多半不會說話，或認知嚴重受損。

當地的執法者指出，由於上述原因，案例很少遭到起訴。但除此之外，似乎還有另一項原因。很多案例中，有發展障礙的當事人並沒有家人積極關心他們的生活，也因此無人為他們發聲。有些家庭為了是否送安置已經焦頭爛額，這些虐待事件更是雪上加霜。儘管美國平均補助每位智力障礙人士每天三八〇．八一美元的住房及治療費，但實際數字在各州甚至各郡之間都有極大差異。

212

在過去，若有家庭將孩子送去安置，總會有人建議他們不要太牽掛孩子，但今日仍有許多人投入大量感情。離家安置並不等於脫離家庭。很多人至少一個月會去探視一次，通電話的次數就更頻繁了。許多父母都希望能到場協助孩子慢慢轉換環境，以免造成「遷徙創傷」。伊蓮建議道：「要讓年輕人進團體之家，最好得趁你還在世的時候。我聽過很多恐怖故事，有的父母家裡有四、五十歲的患者，哪天過世了，這些患者就會被送到新的環境中，在那裡，院方要求他們做的事，他們根本就沒受過訓練，不知道該怎麼做。」很多父母退休後仍然照顧家中的唐氏症兒，他們都說，在與世隔絕、失去人生意義的老人世界中，孩子是一大慰藉。不過，除非父母能活得比孩子久，或有兄姊弟妹或朋友接替，否則大部分唐氏症者最終都需要外界的照護，很少能完全自立。一直住在家中的唐氏症者，父母過世時，大約有四分之三會搬到住宿型安置中心。

有些唐氏症者適合住在家裡，有些則適合住在外面，這反映了唐氏症者本身的個性，以及這家人的特質。住在家裡，環境十分熟悉，也會得到更多關愛。然而，成年後的唐氏症患者如果和父母同住，可能就缺乏與同儕接觸的機會，因而相當寂寞。隨著年齡漸長，這些人離家能做的事會比別人少，多半也缺乏交友能力。有個父親在賓州鄉下當建築工人，他說女兒高中時非常快樂，是學校啦啦隊長，還是校友返校活動的核心成員，天天跟朋友膩在一起。可是一畢業，同學都離家讀大學去，或有自己的事要忙，最後他只能讓女兒每天陪著自己坐在卡車上。女兒每週在超市打幾小時的工，完全沒有社交生活。Arc協會一年兩場的舞會是她生活的動力。近來有份研究顯示，住在家中的成年唐氏症者中，在父母人際網絡以外還有朋友的，只有四分之一。

除了父母所寫的回憶錄，現在也有越來越多唐氏症者親撰的回憶錄，這些都構成了相當重要的自我倡權運動。光是美國，現在就有八百多個自我倡權團體向議員、社會工作者及父母表達訴求。許多團體都隸屬在「以人為先」這個大旗幟之下。「以人為先」是一九六八年從瑞典發起的國際自我倡權組織，一九七三年在溫哥華舉辦北美第一場會議。在「請讓我們有選擇」的會議中，有許多「心智障礙」人士到場參加。以人為先組織在全球四十三個國家活動，會員約有一萬七千名。組織的網站上寫道：「我們認為，如果我們能在會議中談談，能跟彼此談談，我們就能跟所有人談談我們認為重要的事情。我們跟父母、社福機構、社工、市議會和市長談；跟州議員、州議會、州長甚至跟總統談。也許有時很難聽懂我們在說什麼，但大家還是聽我們說話，因為他們知道，我們知道自己在說什麼。」智力障礙人士能夠以如此規模動員組織，即便有人在旁協助，仍然令人讚歎，尤其想到數十年前醫學界是如何預測這群人的未來，更讓人覺得了不起。

唐氏症者一直要到一九六〇年代末期才開始出現名人，但在那之後，演員、運動人士、作家、藝術家都紛紛出現了。第一本由唐氏症者所寫的重要著作是《奈傑爾·杭特的世界：一名蒙古症青年的日記》，一九六七年於英國出版。奈傑爾的父親是校長，他和妻子希望用教育其

213

他孩子的方式教育奈傑爾，並把他放在自己學校的普通班上。奈傑爾的日記記錄了他每天的生活，還提到母親生病過世的事情，十分動人。傑森和米契合著的《算我們一份》則用歡快時而帶點幽默的文筆寫下生活點滴，並以過來人的角度記敘兩人遭遇的某些困難。二〇〇〇年，唐氏症者溫蒂・史密斯在費城共和黨全國代表大會上朗讀自己寫給小布希總統的信，之後她到美國衛生及公共服務部旗下的智力障礙人士總統委員會服務。布希是否為了選舉而消費身心障礙人士，各方眾說紛紜，一名批評者說，這是「我看過最醜陋的政治作秀」。

曾經有很長一段時間，唐氏症者中最家喻戶曉的人物莫過於出演電視節目《日子照樣過》的演員克里斯・柏克，但之後又出了很多人：二〇〇五年過世的織品藝術家史考特，還有年輕演員齊默爾曼，他演過電視劇《青春密語》，同時還參加比佛利山莊高中的足球校隊。德國演員柏得羅有不少影迷，波特則在福斯電視的《歡樂合唱團》一劇中演出唐氏症啦啦隊隊員，她還有自己的臉書粉絲專頁。雅頓曾記敘她和柏克走在一起，常有陌生人走過來要簽名。她說：「真的難以置信。他主要的身分是明星，然後才是身心障礙人士。」日子一久，如此潛移默化的影響十分深遠。曾有個沉著泰然的年輕女孩向我自我介紹時說：「我有唐氏症，就像克里斯・柏克。」研究顯示，唐氏症者的學習模式和一般孩子可能不同，而新的研究則要探究能否利用唐氏症者的長處（例如極佳的短期視覺記憶）來幫助他們學得更多、更快、更好。由於他們對視覺資訊掌握得比聽覺資訊更好，因此盡早讓他們讀書識字特別重要，這對他們語言發展的影響可能超過一般孩子。貝呂比和貝克等人都在回憶錄中提到孩子有靈光一閃的敏銳觀察和能力，甚至有信手捻來的智慧，這類才智在智力測驗中是無法找到的。

格瑞・帕瑪在描述兒子奈德的回憶錄中提到，兒子很喜歡和沒有障礙的人互動、聊天。格瑞認為把奈德困在心智遲緩人士之間是種詛咒。多年來，帕瑪夫婦都沒有告訴兒子他有唐氏症，最後當他們說出來時，兒子說：「我覺得這件事有點難相信。」他無法理解自己的不足之處，正顯示他還沒有準備好踏入外面的世界。他和很多唐氏症者一樣，有許多長處，例如他能

214

演奏好幾種樂器，還寫得一手好詩，但他從城的這一頭搭公車到另一頭一定會迷路。他集強大的「能」與極端的「不能」於一身，有如謎團。格瑞承認，有時他把奈德當成小嬰兒，對此他深自檢討，但也同樣批判外界不斷把奈德視為嬰兒。有時奈德想和他人有更深入的接觸，可是其他人卻只認為他很可愛、很好玩，對此格瑞不無抱怨。奈德寫詩，他的詩反映了他的語言的深度、他的天真，還有他的想望：

女孩
女孩乾淨。女孩甜。
是我想遇見的一群人。
年輕女孩是我所愛。
女孩是天使來自天。
我瘋，為女孩；我狂，為了愛。
女孩是鴿子的羽尖。
長大以後我變老，
我想擁抱的女孩，我會把妳們找到。
我想親吻所有的女孩，
若沒有女孩，我將萬分思念。

唐氏症者也會動心，也有性慾。唐氏症的男性多半不孕，女性則和一般人一樣有生育能力。很多父母擔心孩子的性行為可能導致懷孕，生下孩子後又無法照顧。唐氏症者下一個有待開拓的領域是婚姻。在《日子照樣過》中，柏克扮演的角色娶了一個唐氏症女子，兩人住在父母家車庫上方隔出的小公寓裡。

• • •

湯姆．羅巴茲和凱倫．羅巴茲都是事業心很強的華爾街人士，在就讀哈佛商學院時認識對方。一九八〇年代中期，兩人結婚滿六年，決定生個孩子。凱倫懷孕過程十分順利，夫妻倆完全沒想到孩子會有唐氏症。湯姆大受打擊，但凱倫說：「我們會像愛其他孩子一樣愛大衛。別人若不知道該說些什麼，我們就請他們恭喜我們。」

湯姆說：「我常忍不住落淚。後來有個陌生人打電話到醫院來，說：『你們並不孤獨。』那是我們第一次看到希望。」打電話來的人是芭芭拉．錢德勒，曼哈頓父母互助團體的主任。凱倫說：「我還記得我問：『把唐氏症孩子養大，會有快樂的時候嗎？』她說：『有，有快樂的時候。也有心碎的時候。』這麼坦白的回答讓凱倫有了動力。兩人向上西城的某個小兒科醫生求助。醫生說：「你們沒什麼可做的。」兩人大為吃驚。湯姆問：「這話的意思是，我們連要考慮的事情都沒有嗎？」夫妻倆後來找到某個專攻基因缺陷的專科醫生，她告訴他們，要盡量給嬰兒各種刺激。紐約州的早療計畫安排物理治療師到他們家訪視，語言治療師則利用餵食和咀嚼來訓練大衛的口腔運動能力。羅巴茲夫婦也加入了互助團體。凱倫說：「我們有些最親密的好友就來自這個團體。我們決定動手寫一份小冊子，介紹早療之後有哪些選擇。我們是律師、是投資銀行家，知道該如何做功課。我們只要打電話給各個公、私立和教會學校，然後整理資訊就好了。結果並沒那麼簡單。公立學校的官僚體系困難重重。我曾打電話給一個私立學校，說：『聽說你們收有特殊需求的孩子。』對方說：『沒錯。』我說：『那，我想談談我的孩子。他有唐氏症。』對方說：『啊，不收那麼特別的。』然後我們又試了教會學校，還是不行。我們到底該怎麼辦？」

於是凱倫和父母互助團體募集了四萬美元，創建了庫克基金會，也就是現在的庫克中心，紐約市推動身心障礙兒融入式教育最大的機構。自成立以來，該機構就開放給任何社經背景的學童。這個學校沒有宗教派別的色彩，但由於當年凱倫說動天主教紐約總教區特殊教育部門的主任提供空間，所以一開始和該教會走得較近。教會提供的空間是兩個大型公共廁所，後來由互助團體的一個成員改建成兩間教室，他用成本價承包了這個工程。凱倫說：「如果以前有人告訴我，接下來的二十年我都花在建設庫克中心上，我大概會說他們有毛病。可是後來我們遇見了其他人，大家有了感情，有了共同的使命。一旦心裡有了一把火，就能處理一直否認、難受的情緒。至於從那裡展開的事情……越做就越投入了。」

他們請來兩名特教老師，凱倫說：「一人一間廁所。」這對夫婦的原則從一開始就是孩子應該接觸一般的學生，因此兩人為孩子註冊了公立學校，上某些科目，其他科目則在庫克上。大衛上庫克的課，也上公立學校的課，成為紐約市第一個融入普通班課堂的身心障礙兒。凱倫說：「在兩個世界你都要能立足。傑森和他的父母開啟了很多扇門，我們才能夠走出門外。年紀小一點的時候，我們的孩子比較能完全融入班上，因為那時大家上課學的，不過是顏色還有應對進退的能力。可是之後差距會越來越大，而我們的孩子最需要學的是生活技能。要怎麼加入健身房？要怎麼從自動提款機領錢？別的孩子自然而然就會的，我們的孩子要費點工夫。於是我們不斷培養他們這些能力，這樣他們才能在融入教育環境之餘，也融入生活環境。」

大衛七歲那年，羅巴茲夫婦生下第二胎。克里斯多福開朗、活蹦亂跳，但十三個月大就開始痙攣發作，最後演變成重積性癲癇。痙攣會反覆發作，而且幾乎停不下來，通常會有生命危險。凱倫說：「我當時一直想：『好吧，如果只是痙攣，我們連唐氏症都碰過了，痙攣我們能處理。』可是那不止是痙攣而已。」克里斯多福還有認知發展遲滯、心智遲緩，語言能力比別人慢，運動能力也有問題。凱倫說：「我從不曾為大衛掉淚，卻為克里斯多福哭個不停。這樣的事，一個家庭怎麼會出現兩次？」之後克里斯多夫還診斷出胼胝體部分發育不全。胼胝體是左右腦的神經連結，一般人的胼胝體是克里斯多福的一萬倍大。他之所以有這個症狀，很可能是因為凱倫在第一孕期感染了某種病毒。

凱倫說：「如果是唐氏症，有很多孩子都經歷過，至少已經知道有條路可以走。」克里斯多福有非常擅長的事情，但也有很明顯的缺陷。我認識羅巴茲一家人的時候，克里斯多福剛憑摸索自行學會電腦上的接龍遊戲，這件事大衛不可能做到。但大衛的情感十分豐富，克里斯多福則從未對任何人表現出什麼興趣，甚至可能過完聖誕節也沒注意到那天是特別的日子。凱倫說：「有大概五年左右，他每週都會痙攣發作，每回我們外出都要擔心會發生什麼事。」

克里斯多福的問題開始浮現的時候，凱倫再度懷孕。他十八個月大時，妹妹凱特出生了，沒有任何身心障礙。凱特小時候覺得跟克里斯多福不親，而她跟大衛雖然差了九歲，卻更加親密。凱倫說：「大衛注意到妹妹超越他的時候，心裡很不服氣，有時對她不是很客氣。」全家人正為家庭互動苦惱的同時，庫克中心則不斷成長茁壯。我去參觀的時候，中心已成立二十年，有一百八十六名員工。湯姆談到融入時說道：「要想學會如何在人類社會中生存，就不能脫離社會。從同儕身上可以學到的東西，和老師教導的一樣多。」凱倫說：「特殊教育是一套服務，無數的地方都能提供——但你得提供，不能只是隨便把孩子丟在普通班上，不訓練老師，也不給額外的協助。我們在庫克的精神標語就是：『人人都融入，人人有收穫。』一般孩子學到的是同理心，是懂得欣賞多元。」庫克現在幫助特許學校設計特教課程，在公部門開課，然後訓練輔助性專業人員，讓他們更了解融入式教學。庫克也和企業合作，輔導身心障礙的孩子就業。

我認識羅巴茲一家人的時候，大衛廿三歲，曾協助國際唐氏症協會募款。他在新聞集團和《運動畫刊》完成了實習。湯姆說：「雜誌送印之後，他負責把雜誌歸檔。其他人都不想做，可是他很喜歡。」他在有人監護的情況下過著半獨立生活，也和傑森一樣，位在唐氏症圈子裡高處不勝寒的一端。凱倫說：「能力比較強的孩子，比較能察覺自己和別人不同。大衛說他想找個工作，想有房子，想結婚，說了很久。我們說前兩樣我們都能幫他，第三樣他只能靠自己。」

大衛的個性是他最大的魅力。凱倫說：「我總說，大衛這麼討人喜歡，一定能走得很遠。每回他用那雙藍眼睛看著你……」她搖搖頭，笑了出來。「他要是見了某個人，知道他家有人生病，下次就會說：『你爸爸還好嗎？』他打電話的時候，總想知道：『誰誰誰還好嗎？』他會問我妹妹：『表妹們好不好？』他心裡充滿了愛。」湯姆附和道：「智力測驗測量兩個層面：數學推理和語言能力。但人還有情緒智商及同理心智商。大衛總能同理別人的感受。他也許不知道他們在想什麼，但他知道他們的感受。我們都知道，每個人都有擅長跟不擅長的事情。我永遠也打不了籃球。知道自己跟別人不同會令人難受嗎？還是只是漸漸接受自己的身分？」

大衛高中畢業後，就沒有公立的特殊教育可讀了。凱倫說：「中學後的課程很少。」最後他們終於在賓州找到一所大衛能讀的學校。大衛廿一歲那年第一次離家，這對他和父母而言都不是件容易的事。我認識羅巴茲一家人的時候，大衛因為戀愛出了問題而大受打擊，開始吃抗憂鬱的速悅。他很喜歡學校裡的某個唐氏症女孩，女孩也鼓勵他追求，但其實她已經有男朋友，男友還是大衛的朋友。兩人後來跟大衛絕交，他焦慮得什麼事都無法做。大衛朋友太多，套用湯姆的話，他朋友「多得像名片架上的名片」。凱倫說：「大衛是講手機專家，而且喜歡跟人保持聯絡，但他也喜歡有條有理。所以你，你可能是週二晚上。每週二晚上他都會打電話給你。我們是週日和週三。『大衛，你可以改天晚上再打給我們嗎？』『不行，你們是週日和週三。』我想，他要這樣一板一眼心情才能穩定。我喜歡知道自己哪一天要做什麼，他也是。」

聊著聊著，我們談到治療。湯姆說：「如果你跟唐氏症圈子裡的人談過，你會發現，大家對唐氏症該不該治療莫衷一是。這個話題有些人連談都不談，因為談治療就等於抹殺唐氏症者存在的價值。有些人甚至會說，就算有仙女棒，一揮就能讓孩子變得正常，他們也不會這麼做。」我問湯姆，如果他有仙女棒，他會怎麼做。他問道：「如果大衛還是大衛，只是沒有唐氏症，那麼我會立刻動手。我會這麼做是因為，我覺得大衛帶著唐氏症在這世界生活太辛苦了，我希望他的日子能過得快樂、輕鬆一些。因此為了大衛，我會動手。但世界有各色各樣的人才能變得更美好，如果每個唐氏症者都治好了，那會是一大損失。個人的心願和社會的心願正好背道而馳，問題就在於我們集體學到的東西是否多過我們造成的傷害。」

凱倫搖搖頭：「我贊成湯姆的意見。如果我可以把大衛治好，我也會為大衛這麼做。但我覺得，處理這件事讓我們成長了許多，有了很多人生目標。廿三年前他出生的時候，我一定無法相信自己能走到今天這一步，但我做到了。為了大衛，我會馬上把他治好，但我們自己呢，這些經驗不管拿什麼來換，我都不要。這些經驗造就了今天的我們。我們原本可能是另一個樣子，而那絕對遠遠比不上現在的我們。」

V

第五章　自閉症

AUTISM

抑制疾病，是進步的里程碑。現在有無數的傳染病都可以用疫苗來預防，或用抗生素來治癒。抗反轉錄病毒療法可以控制許多人的愛滋病毒，致命的癌症也能永久緩解。母體接觸病毒很可能導致胎兒失聰，這件事揭露之後，聽人父母生下的聽障孩子就減少了，而人工耳蝸手術也降低了聽不見的人數。垂體性侏儒症的療法問世之後，小個子的數量也下降了。唐氏症能事前篩檢，因此有些準父母選擇墮胎，另一方面，治療方式也更為有效。精神抑制劑減輕了思覺失調的症狀。天才和罪犯出現的頻率依舊。但，令人不解的是，自閉症的案例似乎增加了。

有些專家認為，這只是因為現在更常診斷出自閉症，但診斷技術改善，並無法充分解釋為何自閉症從一九六〇年代每二千五百名新生兒一個案例，增長到今天每八十八名新生兒就有一例。我們不知道自閉症人數為何逐漸成長，其實，我們根本不知道什麼是自閉症。自閉症不是某種已知的生物實體，而是很多行為的組合，因此，與其說自閉症是一種疾病，不如說是種症候群。這種症候群包含了多種殊異的症狀和行為，而我們對於自閉症發生於大腦何處、為什麼會出現、由什麼引發，所知十分有限。唯一能用來檢核自閉症的，只有外顯的表現。諾貝爾生理醫學獎得主坎德爾說：「如果我們能了解自閉症，就能了解大腦。」這話的言外之意是，只有等我們了解了大腦，才能了解自閉症。

許多自閉兒的父母都投身權利運動。自從愛滋危機的高峰之後，還沒有哪項運動如此積極要求資金挹注和相關研究。今日已有大量組織（很多都取了簡短響亮的名字，例如「心安」）不斷探究自閉症成因的理論，發展行為療法，推動合適的學校教育、身心障礙津貼、支援服務以及有人照看的居家環境。二〇〇六年，父母組成的團體「立即治療自閉症」推動國會通過《戰勝自閉症法案》，在五年內提撥十億元補助自閉症及相關病症的研究。因賽爾是美國國家心理衛生研究院的主任，他說：「白宮打來關切自閉症問題的電話，比其他事務加起來都多。」一九九七年到二〇一一年之間，每年出版的自閉症相關書籍文章成長了六倍以上。

一般認為自閉症是一種廣泛性的失調，影響了行為的各個層面，也影響感官感受、運動功能、平衡、對於身體的感知，還有內在意識。自閉症本身並不影響智力，這種症候群的根本問題在於社會功能失調。自閉症者的主要症狀包括缺乏語言能力或語言發展遲緩、非口語溝通能力低弱、出現重複動作（包括如不斷擺動手臂等自我刺激的行為）、很少眼神接觸、對於結交朋友興趣缺缺，缺少自發性遊戲或想像性遊戲，同理心、察覺力和社交能力較為不足，欠缺與他人情緒交流的能力，固執、興趣範圍狹窄，對於像轉動的輪子或亮晶晶的東西等物品十分著迷，但以上症狀不盡然會出現在每個自閉症者身上。自閉症孩童或成人的思考方式多半非常具象，可能難以理解譬喻、幽默、諷刺及挖苦。他們常有強迫、刻板的行為，對於某些物品非常依戀，但選擇何種物品似乎又沒有規則可言，而且他們不玩玩具，而是按照大小或顏色排列。自閉症者可能會有咬手、撞頭等自殘行為，也可能有感覺動作方面的缺陷。許多自閉兒可能沒有發展出用手指東西的能力，必須直接把別人帶到他想要指出的東西旁邊。有些人會出現「鸚鵡式仿說」，也就是重複別人所說的詞句，但往往不明白話中之意。自閉症者說話可能沒有語

222

調起伏，而且交談時可能會滔滔不絕，且不斷反覆談論自己著迷的事物。進食往往有固定儀式，吃的種類也極為有限。他們的感官無法承受過於擁擠的空間、人與人的肢體接觸、霓虹燈或閃爍的燈光還有噪音，對此異常敏感。像衣服上的標籤這類微微刺激的東西，許多自閉症者往往難以忍受。大部分人喜歡的東西，自閉症者常常覺得難以理解。雖然大部分自閉兒很早就顯現出徵兆（不過不一定有人發現），但是大約有三分之一的人原本發育正常，然後多半在一歲四個月到一歲八個月之間開始退化。由於上述症狀的輕重程度有高有低，因此自閉症被認定是種光譜，光譜上有各類症狀，程度不一。

〈歡迎來到荷蘭〉一文將身心障礙描寫成一處陌生但美麗的所在，洋溢著恬靜的幸福，對此，有名自閉兒的母親提筆回了一篇挖苦的文章〈歡迎來到貝魯特〉，把養育自閉兒比喻為哪個人冒冒失失把你丟進戰區中心。父母的煎熬，一部分是由於自閉兒有些症狀十分極端，包括常把糞便塗在牆上、很多天不睡、過度亢奮、無法與他人建立情感或交談，還時常冷不防出現暴力行為。目前還沒有方法治療自閉症的非典型神經狀態，但我們可以透過教育自閉兒、投藥，或者調整飲食和生活方式來減輕孩子的憂鬱、焦慮或生理及感官問題。有的療法對某一個人的效果比其他方法都好，但原因為何，目前也還無人解開。更令人挫折的是，許多孩子對任何療法都沒有反應，不過要發現這件事，卻得先經歷漫長的治療，然後才放棄。目前所知最為有效的療法不僅耗費人力，而且極其昂貴，但無數「走出自閉症」的故事卻讓父母奮不顧身追逐這渺茫的奇蹟。於是，父母很可能把自己逼到瘋狂、破產邊緣，但孩子的行為問題還是沒有解決。大部分的父母最終接受了無法治療的症狀，轉而把心力投注在能夠治療的症狀上，然而，自閉症卻違背了〈寧靜禱文〉，不容把世事劃分得此般俐落。

世人總說自閉症者無法愛人，而我一開始研究時，就很想知道既然孩子無法回應父母的愛，父母又有什麼方法可以繼續愛孩子？自閉兒往往像是住在自己的世界裡，不太回應外界的訊息。孩子對父母的安慰似乎沒什麼反應，不大和父母互動，也沒有討父母歡心的動機。由於無法分辨自閉兒的狀況究竟是情緒缺陷，還是表達缺陷，因此照顧這樣的孩子可能讓人心力交瘁。重度自閉症究竟是能聽懂一切，只是無法表達，還是對某些事物就是渾然不覺？這一點我們幾乎一無所知。究竟該如何愛自閉症者，這其實是巴斯卡賭注：如果他們感受得到愛，卻沒有人給他們愛，他們必然十分痛苦；如果他們無法感受愛，卻有人給他們很多愛，愛就徒然浪[224]費了——兩害相權，後者似乎輕一些。問題是情緒並非免費的禮物，愛孩子，孩子卻無法回應你的愛，這樣的愛，成本極為驚人。不過，雖然大家都說自閉症患者情感冷漠，多數的自閉兒至少最後還是能發展出一定程度的依戀。

其實還可以用另一種眼光來看待自閉症。一些人（許多都落在自閉症光譜上）高舉「神經多樣性」的大旗，宣稱自閉症即使是種障礙，也仍是內涵豐富的身分認同。本書討論的症狀大多都在身分與疾病之間拉扯，但自閉症的衝突是最極端的。跟心力交瘁的父母大談自閉症的命運並不差，聽來可能極為無禮。不過，其他父母則用比較正面的角度看待孩子與眾不同之處。主張神經多樣性的運動分子為了自身的尊嚴而遊說政府，有些人認為自己是替整個自閉症族群發聲，也不願接受可能會消滅自閉症的療法。由於目前沒有這樣的治療方法，因此這樣的說法還只是抽象的哲學概念，不過其論點卻足以影響我們思考，何時及如何使用手上可用但有限的介入療法。

• • •

貝琪．伯恩斯和傑夫．韓森原本打算只生一個孩子，但女兒西西兩歲時，貝琪決定再生一個，然後幾乎就立即懷孕了。貝琪回想自己在做羊膜穿刺時跟傑夫說：「要是發現了什麼問題，該怎麼辦？」他說：「愛孩子就對了。」貝琪說：「於是當時我們下定決心要愛有特殊需求的孩子，完全不知道自己早已生了一個。」

西西一直是乖寶寶，總是自己玩得很開心，只不過以嬰兒來說，她睡得太少了。剛出生的茉莉比較不好照顧，但跟人的互動比較多。隨著時間過去，傑夫和貝琪開始擔心西西不會說話。她從來不說「牛奶」，只會遞出杯子。醫生要貝琪放心，說她只是新手媽媽太過緊張。傑夫是英文老師，後來他在明尼蘇達的一所高中找到教職，於是舉家搬到明尼亞波里斯城外的聖路易斯園。西西三歲的時候，貝琪參加一個媽媽團體，在那裡聽其他母親談論自己的孩子。「我心都涼了。一定出了什麼大問題。」貝琪說道。她到當地的醫療單位要求做早療評估。評估人員說：「很奇怪，她對我的首飾比較有興趣，對我的臉沒興趣。」然後她說道：「希望妳不要覺得這件事跟妳或妳丈夫做錯了什麼，希望我用『自閉症』這個詞，不會嚇到妳。」傑夫到當地圖書館借來自閉症的書，他說：「我把那一大落書砰地一聲放到櫃檯上，圖書館員那驚嚇的表情，我永遠都忘不了。」

處理自閉症，早療是關鍵策略之一。貝琪立刻帶西西去一所公立托兒所，那裡也有幾個兒童同樣有特殊需求。西西接受了語言治療、職能治療、物理治療還有音樂治療。然而，她卻顯得越來越孤僻，還開始自殘，也不睡覺。西西四歲時，家人帶她去看當地一個神經科醫師，他說：「如果做了這麼高品質的早療都還不說話，那麼她永遠也不會說話。你們應該學著習慣。她有重度自閉症。」

其實西西這輩子開口說過四次話，每一次都切合情境。西西三歲時，貝琪給了她一片餅乾，她把餅乾推了回去，說：「媽媽，妳吃。」傑夫和貝琪互看了幾眼，等著世界馬上要有所改變。但西西再也沒說話，就這麼過了一年，之後有一天，貝琪起身去關電視，西西說：「我要看我的電視。」三年後某天在學校，她開了燈，然後說：「誰沒關燈？」然後某天，有個偶戲師傅到西西班上，他問道：「小朋友，這個簾子是什麼顏色？」西西回道：「紫色。」她能夠組織這些句子並且說出來，顯示沉默的背後還是有清晰的思考，讓人不免有所期待。貝琪說：「我覺得對她而言，說話就像塞車，而裡頭的線路讓她的思緒無法走到嘴邊。」要是生了個完全沒有語言能力的孩子，雖然也讓人心痛，但情況畢竟簡單多了。可是生了個說過四次話的孩子，那是每天都在可怕的渾沌中煎熬。既然偶爾有那麼幾次，交通能順暢到讓她開口說話，說不定只要找到對的介入性療法，就能讓交通完全暢通？和西西說話時你得像個未知論者，時時提醒自己，她可能聽進你說的每一句話，但你說的話也可能對她毫無意義。

貝琪說道：「我想她恐怕不會有語文，我相信她的某個地方藏有野性的智慧，我擔心她的靈魂被困住了。」孩提時期，西西檢測出來的智商是五十，而她最近看的治療師則認為她沒有智能障礙。我認識西西的時候，她十歲，最喜歡拿著一大把蠟筆畫過一面桌子和一張紙，這樣她就能感覺到蠟筆滑過紙和桌子的相交處時，手上的觸感有何改變。但有那麼一刻，她突然畫起一張臉，橢圓形的長臉，有眼睛、嘴巴，還戴著帽子。然後，她又不畫了。「剛剛有條線通了。就像她開口說話，也是因為有條線通了。」貝琪說道。

西西第一次接受麻醉，是在很小的時候動牙齒手術。貝琪想，如果她當時死於麻醉，會不會好些？她回憶道：「我母親說：『妳只是不想要她再受苦。』可是西西通常並不苦，苦的是我，我都瘋了。她麻醉醒來的時候，我看著她蒼白的臉色、淡金色的頭髮、高高的顴骨，突然明白過來，就某方面而言，我倆的關係不一樣了，因為她會一直在我身邊。」西西究竟能不能認出旁人，或者別人在她身旁時她在不在意，都還是個謎。貝琪說道：「有時妳覺得自己像個家具，就算她依偎在妳身邊，很可能也只是因為她需要感受大力的按壓。不是『喔，我好愛妳』，而是『這東西暖暖的，我可以推一推、壓一壓』。我不知道她認不認識我。」

貝琪替生命的這段歷程寫了一本小說《傾斜》，記敘了和西西共度的日子。「她站在廚房櫃子旁用手腕敲木板，我們就知道她想要食物，但行為專家說，如果她一使性子，我們就拿食物給她，等於是獎勵她使性子，還賄賂她，好讓她靜下來。但世界如此令人慌亂無措，哪個女人不想要食物？這孩子現在快變成一顆球了。」另一章中，貝琪寫道：「她在洗澡，我回去一看，發現她開開心心地在浴缸裡漂著，把身邊一些棕色小玩意推過來又推過去。那些棕色小玩意慢慢四分五裂。那些棕色小玩意是屎。喔，天哪，誰來幫幫我。出來出來，我大叫。我竟然以為她能聽懂？她還是在微笑。我一把將她拽出來，她沉重的身軀從浴缸一側滑了下去，結果她頭髮上沾了屎，我手上也沾了屎，而她哈哈大笑。我沒辦法讓她坐回浴缸，得先把裡頭的屎沖進排水管，可是我又不能在水槽裡替她清洗，她坐不下，於是我在地上鋪了幾條毛巾，把抹布放在水槽裡泡濕，拎到她頭上擠，一面看著水從她身體兩側流下，然後看到她腿上好幾道還未癒合的傷口，心想：好極了，這是在傷口上撒屎！」

傑夫和貝琪必須依照西西的行為來布置居家。所有櫃子都有一百八十三公分高，這樣她才搆不到。冰箱則用掛鎖鎖上，以免她拿食物來做些奇怪的事。西西常常因為不睡覺或四處衝撞而進醫院。醫生不斷建議兩人把西西送走安置。貝琪得了嚴重憂鬱症，因此住了院。「我真希望生不如死的是別人，不是我。」她後來說道。貝琪快出院的時候，傑夫發現西西想要掐死茉莉。社工替西西安排了一個地方，讓她去那裡住三個月。「他們知道我一定受不了，沒跟我說她會永遠住在那裡。」貝琪說道。「二〇〇〇年一月一日，她永遠離開我們的家。」當時她七歲。

安置機構的醫生建議貝琪和傑夫至少等一個月再去探視，讓西西先適應新環境。雖然西西似乎適應得不錯，貝琪卻承受不住，幾個星期後，西西生日那天，她又住進醫院。她說：「丟棄跟她有關的東西，感覺就像是丟棄她。我們留下掛鎖跟高櫃子，聊表紀念西西跟我們同住的時光。」她參加了一個身心障礙兒之母的互助團體，成員正爭取在社區設置團體之家。我第一次去看西西的時候，她已經在團體之家住了兩年。那裡有一個有腦性麻痺的女孩，每次母親離開的時候，她總會哭出來。貝琪說：「我有次跟我妹妹聊天，我說：『我走的時候，西西從來不哭。』我妹妹說：『妳想，她要是哭了，妳心裡什麼感受？』」父母若生下西西這樣的孩子，總害怕自己對孩子的愛根本沒有用，又擔心自己愛得不夠，傷了孩子。很難說父母比較怕前者還是後者。西西被送走安置三年之後，貝琪說：「我終於願意正視自己不喜歡去探視她。

大家出版 讀者回函卡

感謝您支持大家出版！

填妥本張回函卡，除了可成為大家讀友，獲得最新出版資訊，還有機會獲得精美小禮。

購買書名 ______________________________ 姓名 __________________________________

性別 □男 □女 E-MAIL ____

聯絡地址 □□□ ____

年齡 □15－20歲 □21－30歲 □31－40歲 □41－50歲 □51－60歲 □60歲以上

職業 □生產／製造 □金融／商業 □資訊／科技 □傳播／廣告 □軍警／公職

□教育／文化 □餐飲／旅遊 □醫療／保健 □仲介／服務 □自由／家管

□設計／文創 □學生 □其他__________

您從何處得知本書訊息？（可複選）

□書店 □網路 □電台 □電視 □雜誌／報紙 □廣告DM □親友推薦 □書展

□圖書館 □其他 ______________________

您以何種方式購買本書？

□實體書店 □網路書店 □學校團購 □大賣場 □活動展覽 □其他________________

吸引您購買本書的原因是？（可複選）

□書名 □主題 □作者 □文案 □贈品 □裝幀設計 □文宣（DM、海報、網頁）

□媒體推薦（媒體名稱）________________________ □書店強打（書店名稱）____________________

□親友力推 □其他 ______________________________

本書定價您認為？

□恰到好處 □合理 □尚可接受 □可再降低些 □太貴了

您喜歡閱讀的類型？（可複選）

□文學小說 □商業理財 □藝術設計 □人文史地 □社會科學 □自然科普

□心靈勵志 □醫療保健 □飲食 □生活風格 □旅遊 □語言學習

您一年平均購買幾本書？

□1－5本 □5－10本 □11－20本 □數不盡幾本

您想對這本書或大家出版說：

如果沒在排定的時間去看她，我會真的很歉疚。我參加的媽媽團體裡有個女人說：『因為妳怕妳要是哪天沒去，就再也不會去。』」

我和貝琪約了共進午餐，她很抱歉地說：「我得把手機開著，西西在醫院，我怕醫院的人找我。」我向她安慰致意，說這時候她一定很難受。「恰恰相反，只有這時候，我才知道我這個母親對她還有點用。大部分的時候，任何曲線相似的物體都可以取代我。」

然後，西西偶爾像是暫時走出了自閉症。「有一天我要走了，我說：『親我一下！』然後她把臉向我的臉湊了過來。有個工作人員說：『西西在親她媽媽！』我那時並不知道，原來她不對別人這麼做。當然她做的也不是我們平常說的那種親一下，可是當時她給人的感覺真柔軟，所以那一下也算是親吻吧。親親她的臉頰就像是在吻一種非常柔軟、惹人憐愛的東西，甜蜜得彷彿不存在。有點像她本人吧。」

貝琪有次說明道：「對西西而言，聲音和感官刺激很可能就像是收音機被轉到兩個電臺的中間。我是說，世界有很多噪音嗡嗡作響，很多的要求，很多讓人不舒服的地方，還有電話響，汽油的味道，有內衣褲，還有計畫和選擇。世界給人的感覺就像那樣。西西喜歡穿把腳好好包住的鞋子。有時，即使是春天，她也會穿上靴子，只為了感受靴子裹著腳。她喜歡玩非洲人的頭髮。她喜歡吃薯條，喜歡那種酥脆、鹹鹹的口感。誰不喜歡呢？她喜歡莎莎醬這類在嘴裡很刺激的東西。她覺得鑽到東西底下很好玩。她喜歡動態，喜歡坐車看著窗外。她以前還喜歡手肘後面的軟皮，會跟在別人身後，伸手抓那裡的皮膚。其實，她這些跟感官有關的問題，只要把程度減輕一點，就會變成我的問題。我喜歡走路時踩碎腳下的樹葉。同樣我也喜歡把薄冰踩得喀啦響。有些東西，我擔心一旦靠得太近，我會忍不住一直摸，像是母親以前那件河狸皮的外套，又軟又舒服。還有，我對很多東西都敬而遠之。加長型轎車總讓我覺得毛骨悚然，越長我越害怕。我總是想要排列字詞，總是在想字是如何組合起來，又是如何分開、各自溢散。她則拒絕字詞。她不讓智識插手。你得退回到直覺階段，只有這樣才能讀懂她。」

雖然西西不說話，但她懂一些手語，偶爾會比出「還要」、「請」、「該走了」、「外面」、「水」，還有「果汁」，但也沒什麼規律。貝琪去看她的時候，西西會拿出自己的外套和靴子，表示想出去。如果她不想出去，她就會拿走貝琪的外套，態度堅決地放在地上。貝琪說：「她會做某些動作，也知道動作是有意義的，我們必須學會她的語言，我們可能覺得很難懂，但我們的語言對她而言也一樣難懂。」

和西西相處的親密時光，幾乎一刻也不能放鬆。貝琪最喜歡和西西一起待在游泳池。然而，這代表要到游泳池這樣的公共場所去，而西西沒有辦法在公共場所調整自己的行為。我跟她們見面之後的某一天，貝琪和西西去了聖路易斯園育樂中心的游泳池。兩人在關門前一小時到達，那個時間有很多人帶著小孩。西西一到那兒，就脫掉泳衣的下半身，在水裡上大號，還玩自己的糞便，接著光溜溜地跑來跑去，沒人抓得住她。有個母親大喊：「有汙染！有汙染！」然後所有人動手把孩子拉出水。救生員吹起哨子、大吼大叫，一片混亂之中，西西就站在那兒捧腹大笑不止。

西西十歲生日那天，我和傑夫、貝琪、茉莉一起去團體之家看她。我們帶了個蛋糕，但為了安全沒帶蠟燭。禮物放在一個購物袋裡，拿出來之後，西西就爬進購物袋，待在裡頭。她唯一喜歡的另一樣東西是緞帶，不斷盤繞拆開，拆開再盤繞。傑夫說道：「這個派對打亂了作息，可能讓西西很痛苦，我不知道我們這麼做究竟是為了誰。」實際上，兩人這麼做，是為了讓工作人員看到西西的父母很愛她，讓他們知道應該要照顧她。傑夫很好奇，「她看到我們走進來的時候，腦子裡想的是什麼？——『啊，又是這些人。』」

貝琪說常有人不停用各種療法轟炸他們。「他們問：『試過維他命療法嗎？』『試過聽能訓練嗎？』『說不定是食物過敏？』我們試過聽覺統合訓練，買了那些亂七八糟的維他命，也做了感覺統合，還試過排除過敏原的飲食法：不吃小麥、玉米，然後又試了無麩質和無牛奶飲食，不吃酪蛋白，不吃花生醬。你希望能看到改變，但其實你是在虐待孩子。最後我覺得自己放棄了她，我都還沒試過所有可能。不如我去俄國吧。把我的頭砍下來吧。受鞭刑好了，自焚好了。去露德聖地求聖母顯靈好了！我讀過一篇文章，說有些特殊兒童的父母設了一個研究中心，每週進行四十小時的療程，但是這對負擔不起的人、懷疑即使做了這一切孩子也無法變得正常的人而言，實在強人所難。她就是她，我看得出她有一套自己的規範，也想辦法要知道什麼事物讓她覺得舒服。我只能做到這麼多。」

每隔一陣子，西西會突然變得暴力，不但朝團體之家的工作人員扔東西，滿地亂滾，還會咬自己。醫生想藉藥物解決這個問題。我認識她九年了，她吃過安立復、妥泰、思樂康、百憂解、安定文、帝拔癲、妥解鬱、理思必妥、安納福寧、樂命達、苯海拉明、褪黑激素，還有順勢療法的解壓舒眠錠。我每回見到她，她的藥都調整過。我們第一次見面幾年之後，西西的破壞行為不知為何突然變激烈，連團體之家的工作人員都覺得無法處理。貝琪和一位工作人員把西西帶到急診室，護士說要等精神科住院醫師來了才能完成住院手續。貝琪說：「好吧，但她不會乖乖待在這兒。」一個半小時後，西西開始對著販賣機亂搥。兩個小時後，終於輪到貝琪和治療師會談，兩人談到一半就聽到候診室傳來一聲哀號。西西想砸破玻璃，結果被一個警衛帶進鋪上軟墊的房間。她不停撞門，而剛才的護士、警衛還有一名看護工全想盡辦法要她待在房裡。後來他們叫來兩名持槍警衛坐在門外。貝琪說道：「哇，太好了。手槍！我們正需要這玩意。」西西在醫院待了八天，醫生不停試各種藥物，可是能試的都早已試過，醫院能做的也不多。有次他們打電話給團體之家，說：「給她吃早餐穀片沒問題吧？她好像想要一天吃十碗。」她出院的時候胖了四公斤半，行為卻沒有什麼實質改變。

同時，這家人還得面對傑夫的雙極情感疾患①。他偶爾發病，呈現多種精神紊亂症狀。貝

1．舊稱「躁鬱症」。——編注

琪不得不警告團體之家的員工，要他們注意傑夫可能隨時失去理智。「我不是想要貶低他或讓他難堪。我愛他。但我不得不決定這麼做。我這麼做是為了西西，不是為了傑夫。他覺得要是西西沒有診斷出自閉症，他可能就不會得雙極情感疾患。太天真了，但我也是這樣看待自己的憂鬱症。我們對西西的愛，讓我們變成這副模樣。」西西送去安置之後的前三年，傑夫因躁症發作而住院兩次，貝琪則因憂鬱症而住院三次。傑夫說：「也許有些人的大腦結構不一樣，可以應付這一切，但我倆最後都進了精神病房。」

貝琪不願意讓西西穿時下的青少年衣物，牛仔吊帶褲是她多年來每天的制服。在團體之家，西西和一個重度自閉的男孩艾密特變成朋友。艾密特和西西一樣長期心情低落，不睡覺，偶爾有暴力行為，而且吃非常多藥。貝琪有次走進西西的房間，發現艾密特和她在一起，但褲子和尿布都脫了下來——「算是在探索吧」，而西西則在窗邊跑來跑去。看護本來不應該讓兩人單獨在一起，可是就那麼湊巧，有人叫她去別的地方處理緊急狀況。「西西和艾密特永遠也不會有談戀愛的念頭，但可能想要親密感，想要歡愉。兩人這輩子都太苦了，也許這樣能找到一點快樂。」不過團體之家的員工不可能容忍這種事，而且所有人都擔心萬一西西懷孕了怎麼辦。

貝琪說：「大家總說：『真不知道妳怎麼辦到的！』但這又不是說我可以在哪天早上醒來說我不玩了。」我回答說有些人確實決定不玩了，就把責任交給國家。貝琪說：「每次聽到別人這麼說，我的腸子就像被人拿著鐵耙耙過。」一天晚上茉莉回家說：「如果上帝是萬能的，為什麼上帝不把西西的自閉症拿走？」傑夫說：「也許西西本來就應該要是這樣子。」茉莉聲明道：「好吧，那麼上帝是你跟你，是這張桌子，是一切。」貝琪接著補上一句：「上帝也是西西。」之後貝琪跟我說，「狀況好的時候，我在她身上看到上帝的光；狀況不好的時候，我祈求上帝體諒。自閉症就是這樣，自閉症就是自閉症。西西就是一門禪學。為什麼西西有自閉症？因為西西有自閉症。變成西西是什麼感覺？就是西西的感覺。別人都不是西西，而我們永——

遠也不會知道那是什麼感覺。這件事就是這件事，不是別的事。也許你永遠也不可能改變這件事，也許你不應該再試。」

・・・

自閉症的英文是「autism」，這個詞由瑞士精神科醫師布魯勒於一九一二年首次提出，用來形容一種「思考不符合邏輯，也不基於現實」的狀態。至於現在稱為自閉症的症狀，過去很多年曾被歸類為「兒童思覺失調」。一九四三年，從澳洲移民美國的精神科醫師肯納指出自閉症是一種獨特的病症。他選擇用autism一詞，是因為這個詞的原意是「自我」，能表現出他所研究的孩童那種極度與外界隔離的孤獨。肯納認為自閉症是「缺乏母愛的溫暖」所引起，這樣的想法之後又被匈牙利精神分析大師馬勒發揚光大。「想像論」認為，母親若有不可告人的欲望，將會導致孩童畸形或有心理問題。在討論侏儒症等肢體畸形時，早已揚棄這樣的想法，然而卻繼續沿用在精神病患身上，而且還相當符合佛洛伊德提出的早期人格形成論。肯納說父母不愛孩子，導致孩子自閉，這個理論之後衍生出「冰箱母親」的概念。不過，他後來又承認，自閉症可能是先天的。而說出「嬰幼兒之所以自閉，是因為父母不想要這孩子」這段話的，正是二十世紀中葉極具影響力也備受爭議的奧地利裔美國心理學家貝特罕。

神經內科暨小兒科醫學博士瑞賓從一九五四年開始研究自閉症，她告訴我：「我們那時認為，這是非常神秘而少見的精神病症。得自閉症的兒童都極為聰明，但有精神障礙。自閉症由母親造成，要採用精神分析的那套方法治療，目的則是打破與外界相隔的玻璃球，讓球內的蝴蝶飛出來。當時沒人相信有高功能自閉症。」心理學家林蘭德有個自閉症的兒子，他寫了《嬰幼兒自閉症：自閉症症候群及其對行為神經學理論的意義》一書，以純生理理論解釋自閉症成因。一九六五年，一群美國父母創建了「全國自閉症兒童協會」。第一次開會時，據說成員都戴上小冰箱形狀的名牌。「應該要有人跟我們這些母親道歉。這是我們應得的，也是父親應得的。」尤絲塔西亞如此說道。她是知名自閉症學者天寶．葛蘭汀的母親。

奧地利小兒科醫師亞斯伯格一九四四年發表了一份個案研究，研究中的四個兒童狀況和肯納觀察的兒童十分類似。然而，肯納變成英語世界最有影響力的精神科專家，而亞斯伯格的研究卻一直沒沒無聞，而且到一九八一年以前還只有德文版本。亞斯伯格和肯納一樣，認為自己的病人有能力改善許多狀況。他也看出他們的優點，包括有創意、藝術品味甚佳，洞察力也超過同齡兒童。亞斯伯格認為他所記錄的症狀都是源於中上階層給孩子太大的壓力，而當孩子讓他們失望時又撒手不管。

232

亞斯伯格症的兒童在年幼時都很會說話，只是使用語言的方式往往異於常人。這些兒童的認知發展大多正常，對人際互動很有興趣，只不過多半不太擅長。有個亞斯伯格的年輕人架了個網站，並把同理心解釋為「成功猜中別人的感受」。他們通常缺乏基本的社交能力，亞斯伯格醫師創了一詞，稱他的病人為「小教授」。和典型的自閉症者相比，這些人多半較有病識感，而這也導致許多人罹患憂鬱症。比起主動發起話題，他們回應別人的時候比較自在。美國精神醫學學會正著手取消「亞斯伯格症」一詞，改將亞斯伯格症者納入自閉症光譜。此後這道光譜將包括極為嚴重的自閉症者，以及其他相關診斷，例如兒童期崩解症。也就是，這樣的改變承認了我們幾乎無法清楚區分與診斷這些症狀。

雖然有些人認為，高功能自閉症者具有語言能力，但對於有重度社交障礙的人，詞彙豐富並不見得幫得上什麼忙。自閉症者大多看來冷漠無情，而亞斯伯格症者看來又過度熱心，可能站得太近，又不停大談非常冷僻的話題。有個研究人員就提到，她訪問過一位亞斯伯格症者，當時她覺得對方沒什麼問題，兩人聊得也很愉快。下一週兩人聊了同樣的事情。再下一週，還是同樣的對話。有位臨床醫師跟我說，他有個病人十歲的時候闖入街上的車流，差點被車撞到，還導致車禍。他母親說：「我不是告訴你，過馬路要看左右兩邊嗎？」他說：「我看了左右兩邊了啊。」我還遇過一個精神科醫師，他說他有個病人是數學天才，智商一四〇，語言能力完全沒問題，但有社交障礙。當麥當勞櫃檯的美女店員問他今天想來點什麼時，他說：「我想摸妳的胯下，謝謝。」對方叫來警察的時候他一頭霧水，他明明就回答了問題，還說了「謝謝」。

在自閉症光譜上有些名人，例如葛蘭汀，她是作家、教授，還設計了處理牛隻的設備。又例如創建「自閉症自我倡權網路」的尼爾曼，這些人都很能打理自己的生活，也足以應付人際關係。然而，兩人都跟我說，這項技能是學來的，這些良好的社交互動，其實都靠不斷的學習。葛蘭汀寫道：「我的大腦就像網路搜尋引擎，設定好只搜尋圖片。我在大腦的網路裡放越多圖片，就有越多模版告訴我遇到新的情境時該怎麼做。」自閉症光譜上許多人最初都是像在揣摩演戲一樣來學著哭或笑。羅賓斯著有自傳《看我的眼睛》，寫到自己花了無數時間記下人類的表情，如此他才能解讀或做出這些表情。「以前我根本不懂看別人的眼睛代表什麼。我覺得很丟臉，因為大家都覺得我該這麼做，我也知道該這麼做，但就是做不到。長大後，我教自己要表現得很『正常』。我現在很厲害了，唬一般人的話，一整晚沒有問題，說不定還可以更久。」每個自閉症者都有獨特的強項和弱項。某個人可能非常擅長某個領域，但其他方面都不太行。另一方面，自閉症雖然一直被喻為光譜，但光譜上障礙最嚴重和最不嚴重的這兩群人差異實在太大，讓人很難接受老是用光譜結構做比喻。

233

我二十多歲時，和一個自閉症者交上朋友。他一直到七歲才開始說話，總是為不好笑的事哈哈大笑，也完全不顧微妙的應對進退細節。他很理性、一板一眼，而且心算飛快，靠短線股票交易賺到許多錢。他有照相記憶，收藏了一批非常好的藝術品。我有個週末去拜訪他，他都在音響放同一張菲利普．格拉斯的專輯，彷彿格拉斯的音樂還不夠重複似的，就這樣重複放上一整個週末。又有一次，我提到我要去洛杉磯，他自願替我詳細列出我每一個目的地該怎麼走。他告訴我，他很迷這個城市，曾花四個月開車到處跑，每天開上十小時。後來他做了一件很傷人的事，但不願意承認自己錯了，我倆因此鬧翻。我一直以為他不按照社會規範做事是在裝模作樣，後來才明白破壞我倆友誼的，其實是種無法修復的腦神經症狀。

・・・

詩人珍妮佛．法蘭克林那重度自閉的女兒安娜是她創作的繆思。她在以安娜為主題的詩作中，引用了希臘神話中大地女神狄蜜特失去女兒貝瑟芬妮的典故：狄蜜特的生命中有一半的時間看不到貝瑟芬妮，也因此她把冬天帶到人間，藉此表達她失去女兒的無限悲痛。詩人寫道：

我最後一個聽見妳尖叫。
因為我不希望那是真的。
妳受盡苦楚痛喊，
而太陽仍從樹葉間閃耀。
不該那樣。
每個不是妳母親的人都想安慰我。
我矢言不笑。
即便經歷如此椎心而前所未有的打擊，
我當時仍不知道，
信守承諾，
竟如此容易做到。

安娜玩玩具的方式十分奇怪，每回拿到新玩具總要仔細端詳一番，彷彿在為玩具分類，

234

然後就把玩具丟開。她會在搖籃裡起身，自顧自發出吱吱啾啾的聲音。她從來不指東西。珍妮不停打電話給她的小兒科醫生，醫生則不斷告訴她不要擔心。安娜快兩歲的時候，珍妮參加媽媽寶寶班，上課第一天她就注意到其他兒童和她的互動比安娜以前和她的互動都還要多。珍妮說：「我突然明白，原來我一直都在使出渾身解數吸引她注意。」她又帶安娜回去看小兒科，醫生又一次說安娜看來沒問題，但珍妮說：「她現在的話比以前要少。」醫生一聽，態度就變了，立刻送安娜去看小兒神經科醫師。康乃爾大學醫學中心的臨床醫師表示安娜和人已經很親近，算不上自閉症患者，最後將她診斷為「PDD-NOS」，未分類廣泛性發展障礙——批評者說該詞的意思是「醫生沒有決定是什麼病」。那位醫師說：「不要離開了這裡，又回頭查自閉症的資料。這不是自閉症。」珍妮佛說，這種半吊子的診斷真是「大幫倒忙」。

珍妮的丈夫蓋瑞特是腫瘤科醫生，看慣了生死。珍妮則一向以為所有事情都會照著計畫走，因此完全不知所措。她在一首詩中寫道：「我並不只是／一瞬間失去了妳；／還放棄了無盡的可能／不再想像妳可能會變成什麼樣子。」她開始研究自閉症教育，並替安娜申請早療服務。此外，她和蓋瑞特還自費以每小時兩百美元的鐘點費請諮商師每週上四小時的行為治療課，安娜的公費治療師也接受了這位諮商師的訓練。珍妮和蓋瑞特賣掉麻州的度假小屋，每一分錢都給了治療師。珍妮每週花二十小時和治療師一起上課。安娜的脾氣可能一發就是四十五分鐘，珍妮的手臂上布滿了瘀青和抓痕。

這些密集且有系統的行為早療，在安娜身上似乎有作用。當時紐約市還沒有學校採取這套制度，但四歲時安娜申請到里德學院。這所學校位於紐澤西加菲市，總共只有廿四名學生和廿六位老師。蓋瑞特得留在紐約工作，但珍妮為了讓安娜可以去上學，搬到紐澤西。里德採用「應用行為分析」（ABA），這套教學法最早由加州大學洛杉磯分校的神經心理學家羅法斯所研發，既有正向鼓勵，也有嚴厲的體罰，十分類似動物訓練。現在大部分的ABA課程都只保留激勵，孩子做了該做的事，就會得到獎勵。如果做了不該做的事，例如撞頭、擺動手臂或發出高頻噪音等「固著行為」，則會被制止，然後被引導做出該做的行為。每次表現得好，孩子就能在點數板上多加一張貼紙，累積某個數量的貼紙以後，孩子就能選擇獎品。安娜七歲時已有一些語言能力，但很少用。每回她一開始像幼兒那樣咿咿呀呀，老師就會命令她拍手、轉圈、摸自己的頭，藉此打斷她。若她能適當回應，咿呀的內部機制似乎就會斷掉，這時她就能得到一張貼紙。然後她必須回答問題，例如：「妳住哪裡？」「妳幾歲？」「妳怎麼來學校？」有時老師會要她唸書、唱歌，或者上一個單元的課，做到都能得到獎勵。集滿貼紙後，她就有五分鐘可以做自己想做的事，但前提是不能回到那些固著行為。有時她會要點心吃，有時要人家背她。

珍妮在家也維持這套方法，「只有在她的房間裡，在睡前我跟她說過晚安、唸完十本書給她聽之後，如果她又咿咿呀呀，就隨她去吧。」我認識珍妮的時候，安娜在里德快念完三年級，進步很多，不再自殘，還能忍受逛超市。之前她每天抓珍妮、拉她頭髮，現在一個月大概只發生一次。要她開口說話也容易多了。看到安娜似乎很喜歡這樣的進展，珍妮鬆了口氣。「剛開始，她對著家裡那套陽春版的ABA又哭又鬧，那是世上最讓我難受的事，但是她在學校從來不哭。只要用對方法，這套教學法並不嚴苛。」

安娜四點放學回家，珍妮用集點板和獎勵制陪她練習到九點。安娜上床睡覺後，珍妮總是太過亢奮，無法入睡，於是就讀讀書、寫寫東西、看看電影，讓自己靜下來。「我幾乎整晚醒著，在黑暗裡做點獨自一人能做的事。這時候我也不用眼巴巴看著別人從事正常活動，而我卻無法參與。」珍妮凌晨五點起床替女兒做早餐，然後陪她反覆練習，一直到校車來為止。這時珍妮也累壞了，於是爬回床上，直到四點鐘的鐘聲再次響起。「一開始我覺得很可恥，但現在也接受了，只有這樣我才能撐過去。」

珍妮憂鬱過、崩潰過，甚至想過自殺。「但我不能放棄孩子。她不是自願被生下來的，這個問題也不是她自願要有的。她這麼脆弱無助，我如果不照顧她，誰來照顧？」安娜剛到里德上課的時候，珍妮希望她會變得「和同儕沒有差別」，能夠融入主流，但現在看來似乎不可能。「沒有差別」這個口號讓父母一次次燃起希望，卻很少成真。安娜因為和別人不一樣而被嘲笑，而諷刺的是，正是因為她被笑也無動於衷，讓她還不足以接受一般的學校教育。珍妮說：「我希望安娜有一天能進步到知道自己被嘲笑。」

珍妮剛懷孕的時候，每天早上嚴重害喜，一度考慮要墮胎。她說：「雖然不是很想承認，但有時我的確想過，這樣說不定對大家都好？」她說她去法國玩的時候，曾參觀萊塞齊耶德泰阿克的史前博物館，「我看見一個母親抱著小寶寶的骨骸，兩人下葬的姿勢十分奇怪，大概難倒了人類學家，但卻沒有難倒我。我心想，『要是出了什麼事，要是安娜和我能就這樣消失，該有多好？』但我絕對不會傷害她。」

・・・

自閉症常連帶出現許多行為能力缺乏的問題，有時這些問題會讓人痛苦萬分——自閉症者痛苦，想要照顧他們的人也痛苦。史考特有個自閉症的孩子，他在《石板》雜誌寫過相關經歷：「看到地上那一團褲子和尿布的時候，你知道來不及了。一道鮮紅直直畫在門上、牆上、牆壁的飾板上。走過轉角，臥房就像犯罪現場。斧頭殺人案？其實，只是你女兒，現在是她狀況最差的時候。到處都是糞便。一抹抹鮮血如油漆般發亮，黑色血塊、黃棕色糞便，還有一池直徑九十公分的嘔吐物。你女兒就站在池中，一手拿著破破爛爛的《家族》雜誌，另一手伸向電視。她一絲不掛，只有雙腳穿著長襪，血浸到腳踝。她兩手不停滴血，滿臉血汙，像食人族，臉上的表情則十分迷惑。你替她脫下濕透了的長襪，她搖搖晃晃想站穩，在你後背印上一個血手印。淋浴的水如溫暖的雨降下，她在雨中繼續用力，想把硬得有如法國麵包的阻塞糞便擠出來。行為學家、腸胃科醫生、生活技能專家，都提供了策略、療法、影片、飲食法、油、日程表。她當然知道你要什麼——好好上廁所。有時她就這麼做了。進去、坐好、上完。這樣的事情，機率大概是五％。你在馬桶裡發現了幾個大如壘球的糞便。每一個，你都哇地一聲叫老伴快來看，兩個人用讚歎的眼神凝視，彷彿望著彩虹或流星。你就是這麼興奮。」

馮克瑪是耶魯兒童研究中心的主任，他說他有個病人，廿五歲，是數學天才，他的成就有很大一部分得歸功於他母親無微不至的照顧。他對母親說：「人為什麼需要母親？人為什麼需要家庭？我不懂。」他母親後來說：「他每一件事都用理性來思考，他不懂我聽了會有什麼感受。」英國的精神分析師米契發現：「在極端的案例中，『你不存在』這件事殘酷得讓你喘不過氣。這不是指你被抹去了，而是你從來就不存在，根本不必被抹去。兩方的靈魂毫不對等：你認得對方，但對方並不認得你。」

在愛爾蘭傳說中，孩子出生時可能會被偷走，留下一個妖精的孩子作為交換。這個孩子長得和原本的孩子一模一樣，但沒心沒肺，只想一個人獨處，總是緊抓著一片木頭，因為木頭讓他想起妖精的故鄉。他不說話，只唧唧呱呱嗯嗯啊啊。如果母親想摸摸他、想愛他，他會哈哈大笑、吐口水，還會做出奇怪的舉動來報復。唯一的解決辦法，就是把他丟到篝火中。馬丁·路德曾寫道：「這樣的交換之子沒有靈魂，只是一團肉。」

麥基爾大學流行病學教授史匹哲曾在國會前針對自閉症議題作證。二○○一年他形容自閉症者是「身體活著，靈魂已死」，看來像是重述了以上傳說。可想而知，自閉症的倡權人士對這樣的比喻十分反感。知名自閉症倡權者巴格斯說：「有人視你為原本那個好好的人的鬼魂，就拿這個不存在的標準來看你，這對很多身心障礙者而言都是種情緒暴力。」巴格斯等追求神經多樣性的運動分子可能會說，有些孩子看起來像是「迷失」在另一個世界中，但也許他在那個世界十分滿足。當然，提出這種主張的人，本身都有溝通能力，而既然自閉症的核心特徵就是缺乏同理心，那麼自閉症自我倡權者的主張能否代表其他人，就有待商榷了。不過，自我倡權者的確說中一件事：父母多半只能揣測孩子想要什麼，並據此替孩子選擇療法。父母可能很努力要幫助孩子走出自閉症，但事與願違。同樣，父母也可能在幫助孩子改掉自閉症的部分習性之後，發現孩子變得較不快樂，也討厭「被治療」。

• • •

南西．柯基生下兩個自閉症孩子，命運待她不能說是十分溫厚。但她完全負起教養之責，沉著冷靜，只是代價十分高昂。她說：「十九年來，我不停為這些孩子爭取權益、挺身抗爭，性格因此大變，隨時都能和人吵起來，很好辯。最好別惹我。該做的事我一定要做，想要的東西我一定要拿到。以前我從來不是這樣。」我遇過的家庭有很多都想盡辦法在極糟的狀況中看到光明的一面，但南西卻斬釘截鐵說生活很悲慘、很令人憎惡，甚至說若她知道孩子生下來會這樣，她一定不生，這反倒讓我覺得很新鮮。

南西的母親在費歐娜一歲半的時候，注意到她有些古怪。有一天她去理髮廳，和一個女人聊了起來。女人有個自閉症兒，狀況聽起來就跟外孫女一樣。她打電話給南西，說道：「我掛了一個小兒神經科醫生的號，希望妳能帶費歐娜去看。」南西當時正懷著第二胎，四個半月大，她決定順母親的意。醫生看了費歐娜一眼，說：「她是ＰＤＤ。」南西嚇到了。「這不是一週就能解決、能治好的事情。」她回憶道。費歐娜有典型的自閉症特徵，和其他人完全沒有互動，也看不出任何語言發展的跡象。她很討厭別人摸她，也不肯穿衣服。南西說：「我們家所有食物都鎖在地下室裡，不然會被丟到牆上。而且，她還可能把房子都燒了。」兩歲八個月大時，費歐娜開始到麻州大學接受早療。「三點鐘左右，我全身就開始發抖，因為我知道她差不多三點半回來。我不想要她回家。有人來幫忙照顧孩子時，我就把自己鎖在房裡。我只想坐在最黑的衣櫃深處，沒有光、沒有燈、沒有人。」

南西的老二路克兩歲那年夏天，南西和姊姊坐在鱈魚角的沙灘上，姊姊說：「妳又有麻煩了。」南西大吃一驚。「和我女兒打交道的經驗，讓我以為兒子是完全正常的。」然而，南西和姊姊不一樣，她完全沒有照顧一般孩子的經驗。「突然，我整個人生就是不斷的檢驗、檢驗、檢驗。」南西說道。她先生馬可士是會計師。「他每天跟國稅局打交道，很習慣官僚古板又荒謬的那一套。對付保險公司、申請給付、學校的總務制度，他很有耐心，也知道該怎麼辦，這部分由他負責，孩子的部分一律由我負責。我倆開車走麻州收費公路去波士頓兒童醫院檢驗，來來回回已經幾年了？我孩子一個十七歲，一個十九歲了，我還在做這件事。」

雖然兩個孩子經診斷都在自閉症光譜上，但兩人表現出的自閉症症狀十分不同。費歐娜八歲時從二樓的窗戶跳下去，因為她想做馬鈴薯泥，而她知道如果能在車庫找到前門的鑰匙，就可以拿到馬鈴薯來煮。經過指導，費歐娜終於發展出語言能力，只是她的語法和表達的感情都很奇怪。「如果我在飯桌上和某個人說話，而我女兒也在，她會自言自語。我聽交響樂、聽歌劇，也和幾個女性朋友搞劇場。每次我都替費歐娜買張票，因為她喜歡盛裝打扮，也喜歡音樂。她會喃喃自語，很古怪，也不懂得同理別人的感受，但她不會打斷妳，也不煩妳。」路克在年幼時脾氣很好，但青春期對他影響很大。他從幼稚園開始吃安拿芬尼，但青春期時症狀嚴重加劇，於是改吃理思必妥和克憂果。「他很抑鬱，說真的也不是很敏捷。他只談自己有興趣的事情：影片、電影、動物。沒有任何常識。如果有四歲小孩咒罵他，他可能會把他揍飛。他會發怒，但兩分鐘後又變得很討人喜愛。非常麻煩。」費歐娜從一年級到八年級都在輔導員陪同下上主流學校。路克則由於智能不足，加上行為問題，因此無法接受主流教育。

南西不吝於表達憤怒，但也會感到絕望。孩子小的時候，那種絕望的感覺幾乎要滿出來。「我會在清晨三點起床，然後發現一切並不是噩夢。早上我會看著馬可士說：『你昨晚竟然還敢睡？』比起剛結婚的時候，我倆已經沒什麼話題了。」馬可士的工作時間很長，就南西看來，已經長到超出實際所需。她母親就住在幾條街外，有時會問起她過得如何，但很少探望她，而她婆婆則完全事不關己。「沒人捲起袖子幫忙，沒人喜歡我的孩子。我的孩子是不可愛，但如果有人裝一下，也許我會好過些。」南西說道。

南西和馬可士保了麻州醫療保險，這是一種津貼型的保險，如果要為孩子找兼職看護，就可以申請補助。後來麻州醫療保險刪減預算，南西一家人不再符合投保資格，只得自己支付看護費，但金額非常龐大。費歐娜十四歲時，南西決定替她報名寄宿學校。南西和馬可士為了讓她進那所學校，使盡渾身解數。「我丈夫崩潰哭了，他說：『我不知道我們還要怎麼樣，你們才能看到她需要的是什麼。』我這輩子只看過他哭兩次，那是其中一次。」路克十五歲時，兩人也把他送進去。「這兩個孩子需要的看管，就和三歲幼兒一樣多，所以兩人一年有兩百八十一天待在學校。」

路克很喜歡漂亮女孩，但他搭訕的方式太拙劣，往往被拒絕。這些經歷讓他難受，南西得不斷解釋，他才好過些。他還很難控制，力氣大得嚇人。南西和馬可士有次參加婚禮，把孩子留給以前也照顧過路克的姊姊，結果路克把姊姊的兩歲孩子抱起來甩到房間另一頭。「他去年打了我母親，還叫我父親閉嘴。」南西說。南西家是鱈魚角海灘俱樂部的會員，南西從小就在那裡游泳。我認識這家人的那一年，俱樂部告訴南西，路克在泳池旁朝一個女孩子做出不雅的動作，他們不再歡迎他。其實，他只是想搭訕，結果搞砸了。南西去信解釋，說路克因腦部的生理問題，不太能自我控制。沒有用，路克仍然不能回去。「我們已經習慣住在痲瘋病區了，對吧？」南西說道。

雖然南西總是憤憤不平，說起孩子還是十分溫柔。「我的孩子都感情豐富，討人喜歡，也貼心。費歐娜小時候不太有反應，但現在我們會坐在沙發上，我會拍拍她、抱抱她。我以前常替她蓋棉被，然後親她一下，告訴她我愛她。我會說：『說我愛你』，她就跟著我說：『我愛你。』」最後她明白了這句話的意思，還會主動跟我說。有一次我在沙發上睡著了，她拿來了毯子替我蓋上，還親了我一下。費歐娜的自理能力超出我們的期望。外人說：『你們應該感到自豪！』確實如此。」但南西總擔心有人占費歐娜便宜，一直想讓兩個孩子動絕育手術。 241

「我們此生能指望的最好狀況，竟然就是永遠沒有孫子。」南西哀傷道。「我先生有時會說：『妳會再嫁給我嗎？』我說：『會啊，但不要有這兩個小孩。』我們若早知道這一切，絕對不會生。我愛我的孩子嗎？愛。我什麼都會幫孩子做嗎？會。我生了孩子，做了這一切，也愛孩子。但我不會再做一次。我覺得，要是有哪個人說他會，一定是在說謊。」

• • •

有些不說話的自閉症者似乎完全沒有語言能力，既無法接收也無法表達。有些人難以控制發音所需的口腔顏面肌群，如果有鍵盤讓他們打字，可能會有幫助。人的思緒以一連串的字詞出現，這是種無意識的過程，但有些人做不到。有些人有嚴重智能障礙，無法發展語言能力。語言能力和智能障礙的關係是難解的謎。不說話的背後究竟藏著什麼原因，沒人真的知道。艾莉森是「自閉症之聲」的前任副會長，也是「自閉症科學基金會」的創辦人暨會長。她告訴我，她十一歲的女兒終於有語言能力了，但「意思是她會說『我要果汁』，而不是『我感覺妳不了解我在想什麼』。」

米琪則談到解開她兒子的溝通密碼有多難。雖然他孩提時期的詞彙很少，但每回一哭，就會反覆說「機器人」。於是她買了玩具機器人給他，還帶他去看機器人電影，但他難過時還是哭喊著「機器人」。兩年過去了，換了幾個治療師，米琪終於發現，孩子是因為背部動手術矯正駝背時，脊椎旁放了金屬柱，覺得自己變成了機器人。米琪說：「他無法表達，而我無法搞懂他。他的智商測驗成績在正常範圍內，但自理能力很差。如果他無法自己穿衣服，卻是個天才，這代表什麼？這代表他無法自己穿衣服。」她兒子的口語能力有限，而且偶爾才開口說話。「他急了才會說話，這是神經的問題。他會越來越焦急，彷彿唯有這樣，他才說得出話來。小時候還好，現在這情況越來越讓人難過。他不會結婚生子、當爺爺、買房子。一個人成年以後所做的這些事情，會讓生命具有質地。從這裡望向未來，什麼也沒有。」另一位母親談到自己十三歲的兒子，說：「要是他聽不見，得用手語，我會去學手語。但我卻沒辦法學他的語言，因為連他自己都不會。」

有個名喚卡莉的加拿大女孩，從未使用語言，卻在二〇〇八年十三歲的時候開始打字。父母不知道她原來識字，還能聽懂人們的談話。她父親說：「我們目瞪口呆，這才發現，原來裡面藏了個文思清晰、聰明、有感情的人，而我們從來沒見過。即使專家都把她歸為中度到重度認知受損。」她最早寫的幾句話是：「如果我能跟大家談談自閉症，我會說我不想這樣，但我就是這樣。所以，別生氣。請體諒。」後來她又寫道：「自閉症很辛苦，因為沒有人了解我。大家看到我不會說話或舉止異常，都以為我很笨。我覺得人們只要碰到看起來或感覺起來不一樣的東西，就會害怕。」有個父親寫信給卡莉，問她，他的自閉症兒子會希望他明白哪些事，卡莉回信道：「我想，他會希望你明白，他知道的事情比你以為的更多。」卡莉的父母問她為什麼突然走出自閉症，她說：「我覺得行為治療幫了我。我相信行為治療幫我整理了思緒，可惜不能把我變正常。保持信念也有幫助。然後奇蹟發生了，你們看見我打字，然後幫助我忘記我有自閉症。」

• • •

哈利．史拉特金和蘿拉．史拉特金住在曼哈頓上東區一棟別致的房子裡。哈利是調香師，交遊廣闊，也懂得享受，替歌手艾爾頓．強、主持人歐普拉等人設計個人香氛。蘿拉則經營香氛蠟燭，事業有成。富裕家境讓夫妻獲得其他人得費盡千辛萬苦才能爭取到的服務。兩人也是舉足輕重的自閉症運動分子和慈善家。這對夫婦一九九九年生下一對雙胞胎，亞歷珊卓看來發育十分正常，但大衛十四個月大時開始在走廊上跑來跑去，還不停咯咯傻笑，母親覺得十分古怪，轉診幾次都沒用，最後醫生診斷他有「廣泛性發展遲緩」。醫生用這個詞，往往是為了讓事情聽起來沒那麼嚇人，而蘿拉聽了也的確放寬了心。她回想道：「聽起來不算太可怕，發展遲緩的意思像是還會發展，只是得花點時間。」但後來她打電話給另一位醫生，得知大衛很可能有自閉症。「就像有人拿把刀插進我心臟，我們的世界也從此不同。」

早療中心派了位治療師到家裡幫大衛治療，蘿拉則一頭鑽進書堆。她說：「我們不知道自己要面對什麼，只能馬不停蹄。有一晚，我在日記寫下心事。他有可能說話嗎？上學？交朋友？結婚？大衛會怎樣？我忍不住哭了起來。哈利說：『蘿拉，別哭，這幫不了大衛，也幫不了我們。妳得把所有精力都拿來做有建設性的事。』第二天早上，我們就開始動手。」 243

這對夫妻著手創立「紐約自閉症中心」，從事教育、社區推廣和醫學研究，把所有能用的人脈都用上了。兩人發現紐約沒有學校採用應用行為分析教學，於是去會見紐約教育局長，說他們想成立一所採用這種教學的學校。兩人認為人人都應享有受教的機會，所以希望這所學校能納入公立學校體制。自閉症特許學校紐約中心於二〇〇五年在哈林區成立，和一所普通的公立學校「第五十號公立學校」共用校舍。紐約中心的校長和教職員都由哈利、蘿拉及另一個自閉兒的母親艾琳親自挑選。市政府每年平均補助該校學生每人八萬一千美元，平均每個學生就有一位老師照顧。這裡布置活潑、光線明亮，是公立學校制度的綠洲。該校校長傑米替第五十號公立學校八年級的學生設計了一項活動，讓他們和特許學校的兒童一起學習，而現在已有越來越多兒童吵著要參加，特許學校的名額供不應求。此外，還有一千多個家庭排隊等著入學。

蘿拉和哈利捐了五十萬美元給紐約的杭特學院，讓學校創辦一個課程，教導教育人員如何與自閉症兒童相處。這對夫妻希望有夠多受過訓練的教職員，如此才能有更多類似的學校構成網絡，讓紐約每個自閉兒都有機會接受這樣的課程。蘿拉說道：「一個課程是優良還是糟糕，差別就在於能不能使你獨立生活。」除此之外，兩人還和康乃爾大學及哥倫比亞大學合作創建最先進的中心，提供高品質的早期療育，自閉症者還能在那裡不斷接受臨床照護。兩人也創建了一個智庫，名為「長大成人」，希望能研究出該如何為自閉症成人改善住宿機構，並提供合適的職業訓練。

史拉特金夫婦推動上述計畫的同時，也不斷幫助大衛。蘿拉說：「第一年還懷抱著希望。當時你當然不這麼覺得，第一年你總還想像孩子的症狀很輕微，他一定會走出來。」到了那一年年底，蘿拉對大衛的治療師說：「我想知道，和你治療過的孩子相比，大衛的程度大概在哪裡？」他回答說：「要我說，妳兒子可能是我見過最嚴重的孩子。」蘿拉告訴我：「他並不明白我還沒認清這件事。那天，我失去了希望，那是我這輩子最難受的一天。我還以為我們有進步，以為他可能會開始說話，也許會上一般的學校，以為我每件事都做對了。我很早就找人協助，找了世界上最好的醫師，找來最好的教育人員，一週讓他接受四十小時的治療，從沒有人接受過那麼多治療。有這麼出色的教育課程，大部分的孩子都能有驚人的進展，我們在特許學校每天都能看到這樣的例子。可是大衛卻不可能跟他們一樣。我輸了。過去的日子結束了。從那天起，我得開始使用『重度自閉症』這個詞，必須擁抱這樣的未來，與它和平共處。」

244

史拉特金夫婦試過各種介入性治療。某次，有個治療師告訴兩人，大衛喜歡做什麼，就跟他一起做。蘿拉說：「大衛以前喜歡繞著家裡的餐桌跑，於是她就說：『跟他一起跑。』這些人要你進去他們的世界，但我希望能把他們帶出那個世界。」之後的狀況十分低迷，大衛從未發展出任何語言，看起來似乎也毫無理解能力。多數的自閉兒能用手語或圖片溝通，但他卻沒有辦法。蘿拉和艾琳創立特許學校時，都以為自己的兒子會去那兒上學，但是以公立學校的制度，學生入學靠的是抽籤，而兩個孩子都沒抽中。艾琳極為失落，但史拉特金夫婦知道，大衛即使去世界上最好的學校，成果也非常有限。

大衛每晚會在兩點半醒來，然後滿房間亂跳。蘿拉回想道：「有天晚上，他對著牆四處撞來撞去，我轉身看著我先生，說：『我們得好好考慮，這世上有地方可以收容大衛這樣的孩子。我們不能再這樣下去了。』哈利的反應非常激烈，他說：『不准再說這種話，我孩子哪兒都不去。』我知道將來有一天，哈利一定會無法再忍受這一切，所以就對他說：『我會去了解。』」大衛永遠坐不住，蘿拉說：「他一直吃理思必妥，這種藥應該有非常強的鎮靜效果，卻完全沒有影響他的超好動行為。我想，他的侵略行為確實減少了，這點很有幫助，但他吃這種藥很久了，我也不知道一旦不吃會如何。我們有一次試過讓他停藥，結果就像是要某人戒掉海洛英。哈利建議我們去弄來一些射野豬的飛鏢，射他屁股，把他射昏。」

大衛年紀大一些之後，變得更加暴力，破壞力也更強。紀錄片《自閉兒的一天》中，哈利眼泛淚光地說他得把週末小屋的門全都上鎖，「以免大衛跑進水池。但有的時候，你又希望他真的跑進去，因為你不想他這輩子再這樣受苦了。」大衛的雙胞胎妹妹一度忍不住說：「我放學不想回家，我不想走進那個屋子，我再也不想聽了。」哈利說：「我們說的這個小男孩，他吃自己的糞便，要不就抹在牆上。他可以連續六天不睡覺，把蘿拉捏得要去看醫生。他還曾經用手扯下一把他妹妹的頭髮。」

蘿拉開始認真尋找住宿型安置機構。「一定會非常非常痛苦，但我知道他最後一定會去那兒，這只是遲早的問題而已。」她坐在第五大道旁家中的客廳裡，低著頭，說著這無可避免的一切，語氣既平靜又哀傷。她說：「我每天替他做早餐、午餐。我用愛替他做早餐。我很擔心機構的環境，而且，不會有人知道他喜歡吃脆一些的培根，還有義大利麵他只喜歡加一點奶油，不要太多。」

投入運動能讓一個人免於自省，但蘿拉選擇投身運動時，十分清楚自己這麼做，是為了轉移部分哀傷。她說：「我忙著學校的事，但我兒子不讀這所學校。我贊助研究計畫，但研究大概幫不上他。我還有個智庫，這個智庫設計出來的機構，大概永遠也不會照護到他。正因為我能為他做的太少，如果知道我至少能幫某些家庭實現願望，我會好受些。我也有過那些願望，但在我們身上不曾實現。」

自閉症無以名狀，某些醫生說某些症狀代表自閉症，而這些症狀就是我們描述自閉症的唯一方法。我們不知道自閉症的成因，也不明白它的機制。醫學常用「原發性」一詞形容自閉症，其實這代表自閉症目前還無法解釋。研究人員發展出「核心缺陷」的無數假說，將所有症狀都歸咎於這個核心缺陷。其中一個流行的理論是「心盲」，指無法了解別人的想法和自己不一樣。將一個糖果袋拿給一個兒童看，問他認為裡頭有什麼。他認為裡面有糖果。打開袋子，只有一支鉛筆。然後再問他，另一個兒童會認為闔上的袋子裡有什麼？非自閉症的兒童認為另一個兒童也會像自己一樣被騙，而自閉症的兒童則預期另一個兒童會知道裡頭有一支鉛筆。人在觀察或從事某件事的時候，鏡像神經元通常會變得活躍。最近有不少醫學顯影的研究顯示，自閉症者只有自己做事時，鏡像神經元才會活絡起來，觀察別人做事則沒有反應。這符合心盲的定義。倫敦大學學院的福瑞斯提出一個理論，主張自閉症者缺乏核心統整的能力，這種能力讓人得以整理外界資訊，並從中學習。其他人則談到不夠靈活。還有人提出，自閉症者的核心問題是注意力過度反應和反應不足。這些主張很可能都對，卻無一可好好解釋其餘的。

自閉症者納希爾在回憶錄《把智障送進來》寫道：「自閉症者最大的難題，在於連自己的腦袋都讓他沒法招架。他們注意到的細節比別人更多。就我所知，有人只要到一棟大樓走一圈，就能憑記憶把所有細節畫出來，不只是房間，從電梯扶手、走廊到樓梯井，統統能畫出來。」他還提到另一位女性，只要聽過一遍，就能把一首曲子由頭至尾彈出來。他也寫道：「但同時，自閉症者分類、處理這些資訊的能力就很有限。高輸入加上低輸出，最後一定會阻塞。於是，自閉症者只得設法做些不用牽涉到他人的簡單事物。」約翰被診斷出有亞斯伯格症，他回憶道：「機器從來不會欺負我，從來不耍我，不傷我的心。機器由我掌控，在機器附近我覺得很安心。」雖然腦部顯影技術並未揭露太多自閉症的機制，卻發現這些外顯現象背後的有機作用物。耶魯大學做了一項研究，發現有自閉症或亞斯伯格症的成人處理人臉的資訊時，腦部活躍的區域，是非自閉症者處理物體資訊時所用的腦部區域。不過，有固著行為的自閉症者在處理自己著迷的事物時，動用的可能是大部分人用來辨識臉部的區域。因此，自閉兒看到母親和茶杯時，腦部有反應的區域可能一樣。但他很迷日本動漫《數碼寶貝》，看到數碼寶貝時，腦中的另一區可能突然有了反應，而這一區卻是我們大部分人用於處理親密關係的區塊。

・　・　・

鮑伯．里爾與蘇．里爾原本並未打算領養身心障礙兒。不過，一九七三年鮑伯在猶他州擔任客座教授，兩人聽說當地有個混血的孩子無人領養，於是決定接納他成為一家人，他們家已經有一個白種的親生兒子，還有一個領養的混血女兒。猶他州的法律規定，提出申請後必須等候一年方能完成領養程序，但里爾夫婦的律師卻說兩人可以跳過這套制度。蘇跟我說：「我們那時就是沒把這些蛛絲馬跡拼在一起。」

這家人回到紐約上州塔利的家，發現剛領養的孩子班恩顯然不太對勁。鮑伯說道：「他軟趴趴的一團，我們把他舉起來，他也不會全身緊繃。」里爾夫婦致電猶他州兒童及家庭服務處，要求調閱班恩的病例。過了幾個月都沒回應，里爾夫婦於是請律師去信服務處，對方說可以把班恩送回猶他州。蘇說道：「什麼，我難道要把他當成毛衣退貨？說：『嗯，這個，我兒子有瑕疵，我打算把他送回去。』」小兒科醫師替班恩做了一連串測試，最後建議蘇和鮑伯把兒子帶回家，好好愛他。鮑伯是實驗心理學家，之後也一直待在該領域，但照顧班恩成為他最牽掛的事。蘇原本是體育老師，之後回到雪城大學攻讀特殊教育博士。

當地的學校不願收留班恩，讓班恩受盡了苦，里爾夫婦為此把區政府告上法庭。蘇告訴當局：「你不能因為他的膚色深，就不讓他進學校，那麼你告訴我，你因為他有自閉症就把他擋在門外，依據的是什麼法條？」學校的功課為他特別調整過，但他還是得寫作業，只不過他的字彙很少，也無法開口說話。有些無法言語的人能用書寫溝通。有些人控制肌肉的能力不足以手寫，就改為打字。連打字都無法掌控的人，就得想別的辦法。班恩學了「促進性溝通」，在他打字時，由一個人扶住他的手臂，但不引導他的動作。促進性溝通所表達出的意思，是否真為障礙者自己的言辭，抑或是輔助者的意思，一直以來都很有爭議。班恩的父母確信他透過促進性溝通所表達的，都是自己的意見。

班恩長大後常會用頭撞地板、用刀子割自己，還會把頭伸出窗外。蘇說道：「他的行為就是一種溝通方式，不是最好的方式，但是也有其他孩子用藥物或者酒醉駕駛雪上摩托車來溝通。」班恩十多歲的時候，鮑伯和蘇帶他去睿俠電器行，那是他最喜歡的一家店。他在電扶梯上突然恐慌起來，盤腿坐在地上，開始用手猛力捶頭，不停尖叫。四周的人全圍了上來。蘇一向隨身攜帶促進性溝通鍵盤，她把鍵盤拿出來，班恩在上頭打道：「打我。」蘇說：「我心想：『噢，這下可好，這裡是購物中心的正中央，還有警衛，你是黑人，我是白人。』然後他又打出一樣的字，就像黑膠唱片機一樣。」蘇的腦海突然閃過一根唱針卡住的樣子，然後伸出手，用手背在班恩的肩側敲了一下，說：「抬高。」班恩站了起來，然後三人平靜地走到購物中心的另一端。

班恩在高中出現極為嚴重的行為問題。蘇說道：「我不喜歡他的輔導員威利，他又胖又邋遢，老是穿著運動褲，但我又覺得自己可能太以貌取人。後來他因為強暴自己的三歲女兒而被逮捕。那段時間，班恩不停打字說威利傷害他，而且對他的語言治療師說得非常詳盡，詳盡到治療師不得不請校長報警。威利會說：『班恩心情不好，我們去重訓室舉重。』他就是在重訓室強暴班恩，另一個人則在旁邊觀看。於是我們把班恩帶回家，輔導他，確保他不要覺得一切是自己的錯。」班恩回到學校之後，和同班同學建立起正面的關係，這次也碰上很合得來的輔導員。高三的時候，他用促進性溝通為校刊寫了一篇專欄文章。他還邀請一位沒有身心障礙的女孩參加舞會，而她也答應了（女孩的男友確實有些氣惱）。他在舞會被選入舞會國王候選小組。畢業典禮時，他走向前領取證書，全場都站了起來。蘇說起這件事的時候，她和鮑伯都忍

248

不住哭了。「畢業典禮有幾千人參加，而這些人全都起立為班恩鼓掌。」

里爾夫婦很早就決定要幫助班恩，而不是「治好」他，這讓我大感詫異。蘇說道：「他姊姊有次問我：『妳有沒有想過，要是班恩是正常人，會是什麼樣子？』我說：『我覺得對他自己而言，他很正常。』我會不會希望他沒有這些行為問題？當然。我會不會希望他有更好的語言能力？當然。」很多時候他打出來的句子就像神諭一樣難解。有一次他不斷地打「你可以哭」，沒有人明白他究竟想表達什麼。有一天他打「我想要停止，那些愚蠢的感覺，愚蠢的傷害。我很生氣，然後顯得很笨」。鮑伯談到他去參加會議，身旁的父母全都恨不得找到治療的方法，「他們會說『明年會更好』這類自欺欺人的話。我們家則很前衛，我們說：『不，現在就會更好。我們要為他做到最好。』」

班恩讀完高中後，鮑伯和蘇在十三公里外為他找了棟房子，付了頭期款。他領到的社福津貼則用來支付貸款以及大部分水電費。他以做木桌維生，作品都在手工藝展出售。一直有人陪著他，有時是受過訓練的輔導人員，有時是房客，用照顧來交換住宿。班恩熱愛水，里爾夫婦為他找到游泳的地方，還替他買了按摩浴缸。十年後，蘇的母親死了，里爾全家用分到的遺產赴歐洲露營三個月。蘇說道：「家裡每個人都可以選一件想做的事情，班恩選了要在任何有水的地方游泳。於是他去了地中海、愛琴海，在泳池、湖裡、溪裡游泳。我們還有一張他在雅典的照片，他就坐在雅典最高處的石牆上，手裡拿著他的小鼓棒敲打石牆，臉上是純粹的喜悅。」

從歐洲回來後，鮑伯診斷出得了阿茲海默症，我為這本書採訪他的時候，病情已經十分嚴重。鮑伯有整整兩年不希望蘇以外的人知道這件事，但班恩卻打出「爸爸生病了」。他也發現蘇十分難過，打出「媽媽心碎了」。終於，鮑伯坐下來說明，說班恩是對的，爸爸生病了，但他不會馬上死去。這次的診斷讓里爾家的人明白，原來班恩對全家的影響竟然如此深遠。鮑伯說道：「要是沒有班恩，我處理這個消息的方式絕對完全不同。」蘇說道：「我覺得自己從班恩身上學到很多解讀別人的方法，要想辦法了解他們說不出來的想法或感覺。即使某人的想法或感覺很混亂，也應該把他當人看。我們要如何做才能讓你覺得安全、被愛、一切沒問題？因為有了班恩，我才找到方法做到這一切。等鮑伯有需要的時候，我已經準備好了。」

・・・

自閉症和大腦兩個半球之間連結不足而半球內部又連結過多有關。神經元修剪有助於避免大腦負荷過重，但自閉症者似乎缺乏這種機制。許多自閉兒的頭一生下來便比一般人還小，但是到了六個月至一歲兩個月大時，很多人的頭已經大於一般人。自閉兒的大腦多半比一般人大十至十五%，這樣的狀況似乎會隨著成長而減輕。人類的大腦由灰質和白質組成，灰質產生想法，白質則將想法從一區傳到另一區。有人曾在自閉症者腦內製造白質的區域發現發炎現象。太多東西太快產生，就造成了嚴重的噪音，這很像你每次拿起電話，聽到的不止是你要找的人發出的聲音，還有幾百個人的談話聲。雖然你跟對方都口齒清晰，還是會淹沒在雜音中。有人還曾在自閉症者的小腦、大腦皮質、邊緣系統觀測到神經喪失。自閉症的基因很可能在成長發育的重要階段改變了腦內神經傳導物質的量。

自閉症很可能只是一個泛稱。也許未來我們會發現，自閉症的行為只是症狀，而背後的成因有很多種。就像癲癇的病因可能是大腦結構出現基因缺陷、頭部損傷、感染、腫瘤、中風等，失智也許是由阿茲海默症、腦血管退化、亨丁頓舞蹈症或帕金森氏症所造成。雖然人類已經辨識出來的基因中，很多的功能都彼此相關，並在腦中形成一個網絡，但自閉症的症候群並非由某一基因或某一組基因造成。目前我們也不清楚，與自閉症有關的基因是否總是或有時需要環境觸發才會活化？若需要，哪些因素會造成觸發？研究人員研究了許多可能的影響：懷孕期的荷爾蒙、德國麻疹等病毒、塑膠及殺蟲劑等環境毒素疫苗、代謝失衡、沙利竇邁及帝拔癲

250

等藥物。自閉症或許是由基因造成，可能由於自發的變異，也可能是遺傳所導致。自閉症和父親的年齡高度相關，很可能是因為父親年紀較大，精子自發性出現了生殖系的新突變。在近期的一項研究中，研究人員比較了二十多歲與三十多歲的父親，發現後者生出自閉兒的機率增長為四倍，且父親的年紀越大，情況似乎越嚴重。研究人員還提出另一個假說，認為自閉症可能是妊娠期間母子基因不親和所導致。還有人提出選型配種的理論，認為在這個手機掛帥的網路時代，人們更容易找到性格相同的人，也因此有輕微自閉傾向的人——所謂「過度系統化者」——更容易結合生下後代，凸顯自閉症性狀。

如果我們能知道自閉症者的大腦如何運作，就能推論出是哪些基因受到影響；又或者如果我們知道自閉症涉及哪些基因，就能發現自閉症者的大腦如何運作。如果我們對兩方面都只有片段的了解，兩個目標都會很渺茫。自閉症牽涉到的基因可能多達兩百種，有些證據顯示，要同時擁有其中的幾個基因，症候群才會顯現。有時候，上位基因（又名修飾基因）會影響主基因的表現，有些時候，環境因素也影響了這些基因的表現。「基因型」（你所擁有的基因）和「表現型」（你所顯現的行為或症狀）的關係越緊密，就越容易看出其中關連。至於自閉症，有些人有相同的基因型，表現型卻不同；有些人有同樣的表現型，基因型卻相異。基因研究顯示，自閉症的「外顯率差距極大」。換言之，有人的身上可能帶有已知的風險基因，卻沒有自閉症；也可能恰恰相反，有人得到自閉症，身上卻沒有任何已知的風險基因。

同卵雙胞胎的其中一人若有自閉症，另一人也有的機率高達六十至九十%，只是症狀可能更重或更輕，這顯示自閉症的遺傳基礎很強。雖然同卵雙胞胎有些特徵如眼睛的顏色、唐氏症症狀永遠都一樣，但其他特徵則不一定，而在認知疾患中，相關性最高的是自閉症，比思覺失調、憂鬱症或強迫症都高。

至於異卵雙胞胎，若一人有自閉症，另一人也有的機率是二十至三十%。異卵雙胞胎的基因並非完全相同，但有幾乎一模一樣的環境。若家裡某個孩子有自閉症，兄弟姊妹也有的機率是一般人的二十倍。自閉症者的近親即使沒有自閉症，也可能有某些亞臨床型的社交障礙。以上情形在在顯示自閉症有強烈的基因因素，但光是基因，並不足以完全解釋自閉症的所有案例。

某些常見的病症可能由單一異常的基因所引起。罹患亨丁頓舞蹈症的人，身上都帶有異常的亨丁頓基因。就這一點而言，自閉症和亨丁頓舞蹈症相反。有數百種的基因異常都可能使某人較容易得自閉症。任一種罕見的基因變異不會出現在很多人身上，但大多數人身上都有某種基因變異。基因組充滿了熱點，也就是比較容易、比較常發生突變的區域。有些疾病如乳癌，就和幾種特定的基因突變有關，每種都出現在某個染色體的某一段。有這類突變的女性多會懷孕生子，因此突變易於追蹤，自閉症基因則比較難掌握全貌，原因就在於，許多和自閉症相關的罕見基因突變似乎與遺傳無關。這類變異散落在基因組各處。史戴特是耶魯「神經基因學計畫」的共同主持人，他表示：「說你在手上正在研究的部分基因組裡面找到一個自閉症關聯峰，就像是說你家離星巴克很近——誰家附近沒有星巴克？」美國國家精神衛生研究院的主任因賽爾說：「正常的腦部要長成，需要五千個基因，理論上，任何一個都可能出錯，導致自閉症。」冷泉港實驗室的偉格勒表示，不論是哪一種突變，與之相關的自閉症案例都不超過全體自閉症的一%，而且牽涉的許多基因都還有待辨識。目前也不清楚自閉症的複雜症狀是由數個各自分開的遺傳效應所導致（例如語言和社會行為由不同的效應所導致），還是多種基因導致了某種遺傳效應，連帶影響了腦部多個區域，造成自閉症症候群的種種特徵。和自閉症有關的基因多半具有多效性，能造成多種效應。有些效應和過動、癲癇、腸胃問題等常與自閉症同時發生的症狀有關。這些基因的效應值大都很小，如果你有某個基因，得自閉症的機率可能會增加十至二十%，相較之下，有其他疾病風險的對偶基因，很多都會使得病機率增為十倍。

許多基因疾病之所以產生，是因為某個基因的結構不正常。有些疾病是因為某個基因完全消失，還有些疾病則是因為同樣的基因多出好幾個。這樣說吧，假如「我很快樂」這個句子代表基因組的序列，最常見的疾病模式是這個句子變成「我很樂快」或「我恨快樂」之類的。不過在極少的情況下，這個句子可能變成「我艮幺夬」，又或者變成「我很很很快樂樂」。偉格勒和同事賽巴特主要研究的，就是這類的拷貝數變異。基因學的基本規則是人的基因都是成對的，一半來自母親，一半來自父親。但有時候，有些人的某個基因或基因群組會有三個、四個甚至多達十二個拷貝數。如果是基因缺失的狀況，則可能只有單拷貝，或者完全沒有。一般人的身上平均有至少十多個拷貝數變異，大致上是無害的。基因組的某些位置似乎和認知障礙有關，這些位置一旦重複，就比較容易得思覺失調、雙極情感疾患、自閉症。然而，這些位置如果有基因缺失，卻只和自閉症有關。偉格勒發現，他的自閉症受試者當中，許多人的基因都有大量缺失，最多可能少了廿七個基因。他正在研究基因重複和基因缺失的自閉症者，是否會有相同的症候群。他發現其中有顯著相關性，例如患者若有基因缺失，這個人的頭就比在同樣位置有基因重複的人來得大。

最終的目標，是繪出這些基因的圖譜，描述每個基因的功能，再發展出模式系統，釐清分子及細胞的機制，最後將發現的成果做實際的運用。我們現在仍在找出罕見的變異，目前了解的只是冰山的一小角。偉格勒指出，即使我們掌握了所有的資訊，也必須承認，基因間的相互作用並不完全符合數學計算出來的基因圖譜。「個性和缺陷很可能互相影響，你跟我可能有類似的缺陷，但我們會做出不同的抉擇。說一個兩歲孩子會決定自己能做什麼、不能做什麼，聽起來很怪，但他們很可能真的會做決定。兩個孩子，同樣生長於貧困的環境，一個當上牧師，另一個變成小偷，有可能對吧？我覺得這樣的選擇也可能出現在體內。」

格斯溫德是加州大學洛杉磯分校神經行為學中心的副主任，他說：「我們現在的狀況就像廿五年前的癌症基因學，認識的基因大概有二十％，如果考慮到這項研究開始的時間比思覺失調和憂鬱症晚了許多，這樣的進展其實相當驚人。」自閉症其實是一個概略的分類，涵蓋的症狀多如繁星。我們一發現某種自閉症亞型的獨特機制，就不再以自閉症稱之，而會另取一個診斷名詞。雷特氏症也會造成自閉症的症狀。苯酮尿症、結節性硬化症、神經纖維瘤、腦皮質發育不良併隨局部癲癇、提摩西症候群、X 染色體脆折症、朱伯特氏症候群往往也會。我們常會說這些病患有「自閉症型的行為」，但他們並沒有自閉症。然而，如果自閉症是以行為來定義，那麼，只是因為找出這些自閉症的行為源頭，就說這些人「沒有自閉症」，似乎只會適得其反。

過去研究人員很少投注心力在上述罕見症候群上，但近期已經有些人開始注意，認為如果我們能夠了解這些症狀為何會導致自閉症行為，也許我們就能更全面掌握自閉症的機制。

雷帕黴素是一種在器官移植時常用的免疫抑制劑，研究發現若用於結節性硬化症的成鼠身上，也能壓抑痙攣發作，並且扭轉學習障礙以及記憶問題。若用在同樣有硬化症的人類身上，或許也有類似的效果。席爾瓦博士在談到該項研究時說：「記憶不止是儲存有用資訊，也需要丟掉瑣碎無用的細節。我們的研究顯示，基因突變的老鼠無法區分重要和不重要的資料。我們懷疑這些老鼠的腦部有太多無意義的雜訊，干擾了學習。」這番話讓人想起許多自閉症者自述的感受，「雜訊」很可能是此症候群的一大機制。

X 染色體脆折症及雷特氏症都是單一基因突變。有 X 染色體脆折症的人，會因基因突變而製造某種蛋白質，進而阻斷大腦合成蛋白。雖然我們還未找出這種基因突變造成智力和行為缺陷的機制，但現在有個理論：這些症狀都是由於蛋白質製造過多所引起。有人用人工培育出有 X 染色體脆折症基因突變的老鼠，發現這些老鼠會生產過多蛋白質，也會出現學習問題和社交障礙。X 染色體脆折症有個療法：阻斷 mGluR5 受體，這是造成大腦合成蛋白質的主要刺激物。以藥物阻斷此受體後，可以有效減少過多的蛋白質，抑制痙攣，患有 X 染色體脆折症的老鼠行為也因此變得正常。雷特氏症的相關基因與致病機制都跟 X 染色體脆折症不同，但也有人針對該病的基因突變所影響的路徑開發出藥物，用在人工育種的雷特氏症老鼠上，也緩解了症狀。

不論是X染色體脆折症還是雷特氏症，研究結果都發現，即使是成年老鼠，投藥之後症狀都出現驚人的反轉。此兩種症候群的藥物都已進入人體臨床測試的初期，而極初步的資料顯示，至少有一種化合物可以改善X染色體脆折症孩子的社交能力。最近的生物醫學研究有好多令人興奮的發現，但都是在老鼠身上的成效良好，無法複製在人類身上。話雖如此，上述發現仍有重大意義，告訴我們，發展障礙未必是先天的腦部問題，也未必無法反轉。如果發展障礙是因為分子路徑功能不全所導致，也許不必改變基因就能解決自閉症的某些症狀。換句話說，自閉症的症狀反映的不是大腦的發育狀況（大腦的發育通常不可逆），而是大腦的功能，而大腦功能是可以調整的。然而，如果某人的大腦並未發展出某一功能，那麼我們顯然無法透過外力激發出這項功能，藉此完全解決症狀。自閉症之聲的首席科學官道森曾說：「你把他們車上壞掉的引擎修好了，還是得教他們如何開車。」

二○一二年，偉格勒和冷泉港實驗室的幾位科學家發現，X染色體脆折症影響的基因和原發性自閉症兒的異常基因有關。這似乎表示，有望用來治療X染色體脆折症的藥物，或許也可幫助更廣大的自閉症者。偉格勒和賽巴特認為，我們最後會更了解罕見基因變異造成的作用，有些可能會使酵素失效，或複製過多酵素，而藥物或許可以模仿或抑制此一影響。其他作用則可能影響神經傳導物的數量，或者改變突觸的pH值或環境，而這些影響或許也可以扭轉。偉格勒說道：「如果未來沒有出現更多藥理療法，我會很驚訝。我們永遠無法認識所有基因，也不可能找出適合所有人的療法，但我們是能找出方法治療某一種子分類病患。」

拜倫科恩是劍橋大學的研究員，專研自閉症，他認為女性同理心強，天生擅長了解他人；男性則偏重系統思考，天生擅長整理事實和一板一眼的資訊。從這個角度看來，自閉症可說是過度表現了男性氣質，導致同理心不足，又太過系統化。出生前若睪固酮含量異常的高，會不會影響大腦結構並導致自閉症？拜倫科恩一直在調查此事的可能性。母親若懷的是男孩，子宮內本來就有較多男性荷爾蒙流動，也因此睪固酮只要稍稍超標，男嬰得自閉症的機率就比女性

255

高。這可能部分解釋了為何自閉症的男性人數是女性的兩倍。

確實，自閉症者往往擅長系統化思考，許多人有某種超乎常人的技能。有些人是專才，生活中很多事情都無法自理，但在某個領域卻有超強的能力。有時這項能力比較平凡，可能是立刻列出每一年復活節的日期；有時這項能力相當實用，例如畫出分毫不差的圖，或是記住精細的設計，或者從羅馬上空飛過一次就能畫出完美的羅馬地圖。這些能力是否和出生前的睪固酮量有關，還有待討論，但這些表現確實帶有男性色彩。

極度嚴重的創傷也可能激發類似自閉症的行為。有些人出生不久後受傷就出現了自閉症。羅馬尼亞的希奧塞古執政時期，孤兒院那些幾乎自生自滅的兒童也常出現類似自閉症的行為。不過檢查之後發現，這些兒童不只不和人打交道，對於物質世界也沒什麼反應。貝特罕是猶太大屠殺的倖存者，曾經看過達豪集中營的同伴出現類似自閉症的退縮人格，並據此誤認為所有自閉症都和虐待有關。不過，虐待確實有可能加劇與自閉症有關的種種症狀。

自閉症往往讓父母和醫生不知如何是好，因此未能發現其他疾病，或不去處理。哈佛醫學院的褒曼曾說，她有個自閉症病人總會間歇性扭動翻轉身體，大家一直以為這些也是自閉症的症狀，因此沒去檢查。後來她被轉診到胃腸科，醫生發現這個病人有食道潰瘍，經過治療之後，她就不再扭動身體了。耶魯大學的福克瑪說從前有個九歲小男孩，動作能力出了嚴重問題，連筆都無法拿。這孩子三年級時，全班都在學字母草寫，福克瑪建議給這孩子一部筆記型電腦，老師拒絕了，說不該給這孩子「柺杖」。福克瑪說：「如果你少了一條腿，我給你柺杖，那是一樁善舉。」

自閉症者當中，大約有三分之一的人診斷出至少一項精神問題，相較之下，一般大眾只有十%。這些使情況更複雜的精神問題很少有人治療。大約有五分之一的人有臨床憂鬱症，約十八%的人有焦慮問題。那席爾有個自閉症朋友伊莉莎白，她從沒有自閉症的父母身上遺傳了憂[256]鬱傾向。他哀戚地寫道：「醫生都不太願意開抗憂鬱藥，或者是在診斷中明確指出憂鬱症——

所有症狀不都是她的自閉症造成的嗎？」最後她自殺了。

謝斯塔克和伊弗森創辦了「立即治療自閉症基金會」，一直是自閉症研究的最大私人贊助者，後來和自閉症之聲合併。兩人成立了「自閉症基因研究交換計畫」，是世界上最大的開放資源基因銀行，招募了許多一流的自閉症基因學者。「過去相信，自閉症是父母管教不當所導致。這種說法意味著過去五十年來的研究都只是白忙一場。」伊弗森說道：「我們的兒子杜夫出生時，自閉症並不受關注，也沒人仔細研究。我覺得我並不擅長科學，但如果你家著火了，你人在三樓，你非跳不可。我就是這樣獲得自閉症的科學知識。」她希望自閉症學者能更常接觸自閉症家庭。「我們能做的事情中，最有效的就是成為研究資料的一部分。」

杜夫和卡莉一樣走出了自閉症，而且智力正常，顯示過去多年一直有個心智完全被困在無聲世界中。他九歲時，伊弗森要他用手指出字母S，他做到了，她立即發現這孩子識字。「我嚇一大跳。你原本以為他們無法思考，也不認為他們能讀書識字。」她發現杜夫能夠表達自己的意思之後，就問他，這麼多年來他都做些什麼。他答道：「聽。」他的教育仍有許多問題，需要一對一的協助，但他的認知能力正常。伊弗森說道：「很多人認為，一個人如果一副智能障礙的樣子，就不可能聰明。其實這是可能的。」

伊弗森一直研究自閉症最難解的謎：自閉症者的外在表現和內心世界的關係為何？「有些自閉症者看起來似乎毫無意願溝通。我無法確定，但看來如此。還有些人極度渴望別人的了解。我就注意到，我兒子的障礙和他的個性有極大的鴻溝。他做的事大多不是他想做的事，行為也不是出於情願。早上常常見他發出哼哼哈哈的聲音，還不斷擺動雙手，就像有一場化學風暴逼得他不得不這麼做。但即使如此，我現在知道他這是在說話，他的心情還是比之前好多了。即使是有限的溝通，一切卻變得完全不同了。」

自閉症的症狀繁多，又很少同時出現在單一案例中，診斷時要非常精細小心，再加上自閉症光譜的一端和正常的界線非常模糊，診斷起來就更為困難。格斯溫德指出：「這有點類似智商、體重，或是身高。有最合適的體重，超重幾公斤可能大家覺得沒那麼好看，但也有嚴重的肥胖問題，會影響健康。」每個人都有思緒失控的時候，如果這道光譜和正常僅有一線之隔，卻要用來做明確的診斷，實在不容易。瑞賓說道：「孩子的差異其實並非黑白分明，而我們把他們分門別類的唯一理由，是教室需要二分法，如此才能把學生分到適合的班級或中心。這是政策問題，不是生物問題。」

我們有無數的診斷問卷和清單，不過很少能完全滿足診斷的需求，其中包含：「自閉症行為檢核表」、「兒童期自閉症評量表」、廣為使用的「幼兒自閉症檢查表」、長達七小時的「社會與溝通疾患的診斷訪談」、「自閉症診斷性訪談（修訂版）」，以及頗受推崇的「自閉症診斷觀察量表（一般通用）」。幾乎沒有一套工具能夠同時用來診斷會說話和不說話的人，而所有診斷也可能因為施測者不同而得到不同的結果。舉自閉症診斷觀察量表為例，施測者要看的是他能不能哄勸兒童，讓他發揮想像力玩角色扮演。我觀察過的施測者中，有些人非常活潑有想像力，有些人則或假笑，或專橫傲慢，或興致索然，無法激發兒童的想像。此外，施測者還要能區分兒童是做不出來（自閉症）或不想做（個性或心情的問題）。任何人的自閉症症狀都會隨著時間而有高低起伏，就像每個人每天的行為表現也會有所不同。現在有越來越多成年人想接受診斷，因此這些測驗也應該要能適用於各種年齡層。然而，由於自閉症是一種發展障礙，如果三歲前沒有顯現出任何症狀，就不會被診斷為自閉症。三歲之後若出現類似自閉症的行為，並不會被認為跟發展有關。

醫學界往往太急於否定父母的直覺。畢爾是二十世紀初期的內科醫生，他曾說：「聰明的母親往往比蹩腳的醫生更會診斷。」父母和孩子朝夕相處，觀察到的東西可能和醫生的專業觀察一樣重要。兩者對立，對大家都是損失。但如果父母的觀點不符合醫學的疾病模型，醫界往往不願意接受。很多父母都覺得診斷就像是跨越冥河進入冥府，但其他人，例如賽德卻覺得診斷是一種天啟。賽德是為障礙人士爭取權益的運動分子，創立了神經多樣網 Neurodiversity.——

258

com，家裡那個十歲時診斷出亞斯伯格症的孩子現在已經是青年。她說道：「我認為，診斷能幫我們認清生活裡出現的模式。之前覺得莫名其妙的事，現在已經可以理解，也覺得受到認可。同時，知道診斷結果之後，我也可以感覺到期待降低了——這樣想似乎不太對、不太健康。上帝有很多方法打造大腦。克雷公司的超級電腦是用在非常複雜密集的運算上，處理的資料極其龐大，運作時的溫度非常高，得放在液體冷卻槽中。這種電腦還需要某種特別的三階儲存單元。要讓克雷電腦運作，就需要這樣特殊的保護環境，這能算電腦的缺陷嗎？不算！這電腦超強的！我孩子就是這樣。他需要協助，需要關注，他非常了不起！」

・・・

馬文・布朗的母親艾索達把自己能影響的、不能影響的事情詳詳細細分得一清二楚。若是遇到無法改善的事物，她也不怨怪。我們很容易以高姿態輕視別人經歷困境後體會到的「平凡智慧」，以糖衣來裹覆困境，或簡化其樣貌，或使其智慧看似更高妙。然而我認識的母親之中，艾索達似乎最能平心靜氣看待孩子的狀況。她一生都沒什麼選擇，也因此格外隨遇而安。她要求給孩子最好的服務，但並不期待這些服務能讓他脫胎換骨。自閉兒生在中產家庭，受父母百般呵護，這樣的故事就像英雄史詩，是唐吉軻德不斷向風車挑戰。相反的，艾索達默默接受一切，當然也因此而得到快樂，這兩點我都十分欣賞。

艾索達生長於南卡羅萊納州一戶窮困的非裔美國農家，父母生下十個孩子。一九六〇年代她來到紐約，找了一份打掃房子的工作。她早早嫁人，三十歲已經是五個孩子的母親。馬文排行第二小，艾索達說，兩歲時他已經跟別人不一樣。「他三歲大開始說話，然後就停了，一直到五歲都沒再試過開口說話。」一九七六年他快四歲時診斷出有自閉症。艾索達回憶道：「他從不哭，只是很開心地玩，跑來跑去。他起得很早，每天凌晨兩點就醒來。他一起床，我就跟著起床。他坐不住。我也習慣了。」打掃房子不是輕鬆的工作，而艾索達做了很多年，每天更因為馬文而只有三到四小時的睡眠時間。她說：「我總是祈禱不要太累，我祈求指引，幫助我做對的事，也祈求力量，讓我能夠包容他，因為我每天都需要這些。」

艾索達替馬文報名雅可比醫院的自閉兒方案，醫院位於紐約布朗克斯區附近，離她家有一 259
小時路程，其他案童多半就讀雅可比附近的公立小學。馬文不喜歡通勤，艾索達就帶著全家人搬到學校附近。馬文喜歡揮動雙手，還有很多重複的行為，語言能力也有限。雖然艾索達的丈夫在馬文十歲時離開，但他有個堅毅、細心關愛的母親，他也一直上同一所學校，住同一棟公寓。只要艾索達能夠維持不變的，她都盡最大努力做到。「他快樂的時候，就開開心心的。他難過的時候，會說：『我很難過！』生氣時會說：『我很生氣！』我就喝阻他，拍拍他。我會說：『你坐著，放鬆一下。』我能讓他冷靜下來。艾索達是耶和華見證人教派的虔誠信徒，教友給她很多力量。「我們教會是我最大的安慰，一直都是。每個人都非常非常幫忙。所有人都認識他，他也認識所有人。」

馬文漸漸大了，某些部分也變得比較容易照顧。他睡得更多，比較能夠獨處。但他對自己的狀況也更有自覺。馬文二十歲以後，艾索達不再替人打掃房子，改在紐約州的弗農山找到工作照顧老人家，變得輕鬆些。專家建議她，馬文去團體之家可能有幫助，於是她把馬文安排進去。在帶馬文去團體之家之前，她說：「你想留在那裡才留。」她答應每週末帶他回家。一開始馬文說他不喜歡那裡，但艾索達堅持要他試一試再說。一年過去了，他並沒有比較開心，於是艾索達帶他回家。五年後，馬文去上布朗克斯區的日間課程，有一天他突然發起脾氣，在場的其他人後來說有個老師激怒了他。雖然馬文沒有暴力史，但日間課程的工作人員還是報了警，警察制服了他，將他送去精神病院。艾索達聽說兒子被關了起來，立刻到醫院接他。馬文非常害怕，完全不懂發生了什麼事。艾索達氣壞了。「我寫信給市長，給警察局長，給所有人。我請以前僱我打掃房子的人幫我寫信。他們把全州搞得灰頭土臉，整個計畫都要接受調查。」計畫負責人是個女人，由於還有其他受到驚嚇的人也有同樣的經歷，她最後被撤職。艾索達把馬文轉到另一個日間計畫接受就業輔導。他在有人督導的狀況下任職書店和郵政公司，也學會清潔工作。

我認識艾索達的時候，她已經六十二歲，照顧嬰兒照顧了四十三年。「他需要有人時時看著，可是他叫我『我的朋友』。」她說這句話的時候有種家常的自負，一臉滿足，又帶著羞澀的微笑。艾索達成為社群的資訊來源，和數百名父母碰過面，也替馬文製作影片，拿到曾經幫助過他的中心播放。「我會說：『你們看過我兒子現在的樣子，現在看看你們的孩子到處亂跑、不說話的樣子。我兒子以前就是這樣。你們如果放棄，孩子就不會有機會。』」她停下來，開懷笑了出來。「我回頭看看過去，我對主說：『謝謝祢領我走了這麼遠的路。』」

260

• • •

美國自閉症協會估計，全美大約有一百五十萬人位於自閉症光譜上。美國疾病管制中心表示，全美廿一歲以下的人，有自閉症的人數為五十六萬人。美國教育部指出自閉症每年增長的速率是十至十七%，未來十年美國的自閉症人數可能達四百萬人。近來的研究顯示，世界上可能有一%的人屬於自閉症光譜，這個數字之所以驟升，部分是因為自閉症範圍變廣，過去可能被歸類為分裂病型或心智遲緩的人、表現得很古怪卻沒有接受診斷的人，現在都可能被歸到自閉症光譜上。父母的積極倡導已經幫助自閉兒建置了比其他疾病更好的服務。如果某個診斷類型有更好的服務，某些醫生就會如此診斷孩子，好讓他獲得那些服務，即使那診斷不完全適合孩子。過去父母可能對自閉症的標籤避之唯恐不及，以免有人把孩子的障礙怪在自己頭上，現在父母為了符合特教服務的規定，反而希望孩子貼上這個標籤。加州的診斷結果就大為改變：根據該州資料，過去二十年間自閉症的服務成長了十二倍，同一時間診斷出心智遲緩的案例恰好也不斷減少。研究自閉症的學者施賴布曼預估，自閉症一生要花費五百萬美元，即便保了全險的父母都要面臨每年極龐大的花費。應用行為分析其實是一種教育方法而不是醫療方法，且需要大量人力，許多保險公司拒絕給付。許多父母因此控告保險公司、學校理事會、地方政府，或者三者一起告。重度缺陷的孩子幾乎如同無底洞，再加上這些法律程序，父母往往疲於奔命，瀕臨崩潰邊緣。

自閉症本身究竟有沒有增加？為了回答此問題，許多人投注了無數的時間心力，仍然沒有共識。不過，若說診斷例及發病率都增加了，應該無人質疑。在我寫作此書的十年間，聽過我的章節目錄而想介紹朋友跟我聊自閉症處理經驗的人，是其他症狀的十倍以上。美國國家精神衛生研究院的主任因賽爾就記得，一九七〇年代波士頓兒童醫院收了個自閉症的孩子，主任醫師把所有住院醫師都叫去觀察，原因是他們很可能再也不會見到自閉兒。今天，因賽爾住的那條路上住著九戶人家，裡頭就有兩個自閉症兒。海曼是美國國家精神衛生研究院的前主任，也是哈佛大學的前教務長，他說：「診斷出自閉症光譜的案例增加，反映了自閉症已除去汙名，教育也更普及。這代表自閉症的發病率並未增加嗎？不，但這讓我們無法判斷有沒有增加。」許多研究發現，若運用現在的診斷標準，許多過去被認為不是自閉症的人，都會被認定為自閉症，當然這樣的研究多少有推斷猜測的成分。

261

許多科學家認為，退化性自閉症並非退化，而是身上帶有某些基因型的兒童發育到了某個階段之後，症狀就開始顯現出來。自閉症就像牙齒或體毛，時間到了就出現。然而很多退化性自閉兒的父母卻持相反主張，認為退化是由環境的某種刺激所引起。由於退化發生的時期正好是兒童接種疫苗的時期，因此很多父母把孩子的自閉症歸咎於注射疫苗，尤其是麻疹、腮腺炎、德國麻疹三合一疫苗，還有以硫柳汞這種含汞物質為防腐劑的疫苗。三合一疫苗於一九七〇年代在美國推出，到了一九八〇年代已經很普遍。但出生後一年內，由於來自母體的抗體會使疫苗無法發揮作用，因此第一劑多半於十三個月時施打。一九九八年，英國皇家自由醫院的腸胃科醫生韋克菲爾德在《刺胳針》期刊發表了一篇論文，文中提出三合一疫苗和自閉兒的腸胃問題可能有關。韋克菲爾德及同事只提出十二個案例，但記者仍大幅報導，而很多父母也不再讓孩子接打疫苗。英國的麻疹疫苗注射比率從九十二％跌至不到八十％，罹患麻疹的病例則大幅攀升。一九九八年英格蘭與威爾斯地區只有五十六個兒童感染麻疹，且無人死亡。二〇〇八年英國卻有五〇八八起通報病例，還導致兩個兒童死亡。

無數的人口統計都一直無法證實疫苗和自閉症有關。美國疾病管制中心的一項研究追蹤了十四萬名孩童，最後並沒有發現關聯。而一項日本的研究甚至發現，沒有注射疫苗的兒童得自閉症的比例還比較高。後來，有人發現韋克菲爾德受僱於一名律師，而這名律師正在和幾家疫苗製造商打官司，韋克菲爾德研究的十二名受試者有十一名涉入這場官司，而且英國法律援助公司還曾經支付韋克菲爾德酬勞。整件事爆發之後，前述研究的十三位作者有十人正式宣布不再掛名，《刺絡針》期刊的編輯之後也出來為刊登論文道歉，說這件事真是「錯得離譜」。二〇一〇年英國醫學總會針對此事調查之後，該期刊完全撤銷了這份研究。越來越多新證據宣告疫苗無罪，韋克菲爾德的信徒開始主張這一切都是粉飾太平，並且提出其他論點，仍然把焦點放在疫苗上。定期向孩童施打的各類疫苗都已不再使用硫柳汞，然而自閉症的診斷比例並沒有減少，有些人便改口說自閉症是因為混合注射數種疫苗，會攻擊免疫系統，或單純就是因為注射了太多疫苗。

看到孩子出現退化性自閉症，父母的打擊似乎比孩子一出生就發現有問題更大。父母滿心認為，他們能夠再找回那個曾經和他們一起歡笑遊戲的孩子。我們對於退化性自閉症的了解，很多都來自父母對於孩子發育狀況的描述。一般而言，父母多半在孩子十六個月大時注意到孩子失去語言能力。我認識一個孩子，他因為有個自閉症哥哥，算高危險群，所以被帶去接受評估。六個月大時，他會咯咯笑、玩耍，和負責診斷的醫生開心互動。到了一歲多一點，這孩子似乎不再認得同一位診斷醫師，也不再發笑，不再微笑，身旁有人他也沒有反應，看起來渾身無力、兩眼無神。很難相信他和先前那孩子竟然是同一人。有些研究者質疑，這樣的退化現象是否源於功能喪失？或者，嬰兒時期顯現出的社交能力可能來自另一個腦區，有別於成熟時期社交能力所屬的腦區。研究人員統計，自閉症個案中，大約有二十至五十％和退化有關。

記者科比所寫的〈傷害的證據〉一文記敘了「自閉症疫苗說」的發展史，並且報導了兩派分歧意見：一派是深信疫苗害了自己孩子的父母，另一派則是參與研發疫苗的科學家及制訂研發政策的政治人物。兩方都認為另一方的動機是金錢上的利益衝突，拿出來的參考科學資料也都經過刻意扭曲。美國的「國家疫苗傷害賠償計畫」提到，許多原告的律師無法提出足夠的科學證據證明他們所主張的因果關係，也因此五千多起宣稱疫苗造成兒童罹患自閉症的索賠案，目前都一一遭到駁回。這兩派人馬常常隔空交火。凱蒂是自閉症之聲的共同創辦人鮑伯和蘇的女兒，她就表示自己的兒子接打了疫苗之後，立刻就顯現出自閉症的症狀，而他後來之所以能恢復，部分是因為治好了疫苗造成的傷害。她力勸父母及父母支持的科學家放棄「失靈的策略」，改為支持她的看法。鮑伯和蘇在自閉症之聲的網站上貼出澄清聲明，表示女兒的「個人觀點和我們不同」。前《花花公子》女郎及喜劇演員珍妮．麥卡錫也大力擁護「疫苗說」。批評者則認為她靠著這一路抨擊打開了知名度，還賺到可觀的演講費。

二〇〇八年三月，亞特蘭大聯邦索賠法院在韓娜．保玲一案中讓步，表示水痘疫苗或許加劇了某個兒童潛在的粒線體異常，使其出現自閉症類型的症狀。反疫苗人士皆視此案為遲來的正義。有些人將自己的行動比擬為早期的反菸草運動。謝弗是「謝弗自閉症報告」的創始人，收養了一名自閉症青少年，他就表示：「五〇、六〇年代肺癌和心臟病大為流行，而那些菸草公司手上那麼多的科學報告竟都顯示菸草與之沒有任何關係。」

很多主張神經多樣性以及自閉症權益的運動分子則恰恰相反，對疫苗論非常憤怒，覺得這些論調毫無科學基礎，也汙辱了自閉症者。賽德就說：「陪審團和法官聽了這些故事，就憑感覺行事。可是憑感覺行事，得到的不一定是正義。」

263

流行病學研究顯示，預防接種和自閉症並無相關性。這是否表示沒有一個兒童是因為疫苗而出現狀況？有個孩子出現退化症狀的母親告訴我：「小兒科醫生給他打了疫苗，廿四小時之內他的白血球數就變成三萬一。他人在醫院，院方說是敗血症。回來以後他對外界的反應就變差了，變差很多。那就像我帶著一個孩子進醫院，卻帶著另一個出來。」伊弗森說：「你無法用大量證據反駁某人的經驗。」因賽爾主任說：「在我看來，該受矚目的是是案例持續增加的食物過敏、氣喘、糖尿病、自閉症，還有過去十年就激增為四十倍的小兒雙極情感疾患。我在想，有沒有什麼更開闊的理論可以解釋這個現象。我不知道。但我覺得這一切聽起來像是環境因素。」可惜，現代生活可以列出太多環境變數：手機、坐飛機、電視、維他命藥片、食品添加物。很多人認為環境重金屬使小孩生病，也有人則把矛頭指向其他物質，尤其是雙酚A。雙酚A是一種人造的高分子聚合物，含有雌激素，用於塑膠，每年的產量超過三百萬噸。基因學家大多承認，上述問題都還沒有徹底解開，而且要解開可能還要很多年。

不過，史丹佛的精神科醫師郝邁爾和同事卻在二○一一年扭轉了深入人心的科學知識。他們調查了同卵及異卵雙胞胎的自閉症狀況，建立數學模型後發現，研究的個案中只有卅八%是由基因導致，而在五十八%的個案當中，共同的環境因素似乎才是主因。同卵雙胞胎都有自閉症的比例比預期要低，顯示基因並非唯一因素；異卵雙胞胎的比例則比預期要高，顯示環境（也許是子宮環境）扮演重要角色。瑞許是加州大學舊金山分校人類基因研究院的主任，也是前述研究的設計者，他表示：「我們並不是否定基因的影響，恰恰相反。但對於有自閉症光譜障礙的人而言，基因不是唯一的成因。」《一般精神病學檔案》的編輯科爾說這項研究「開拓了新局面」。同一時間，另一群人在同一本期刊發表了一項研究，發現母親若於懷孕前或懷孕期間服用選擇性血清回收抑制劑這一類抗憂鬱劑，孩子得自閉症的機率比較高。這些都只是初步資料，而目前研究較充分的資料仍顯示自閉症有七十%的遺傳可能，不過主流科學也必須重新思考環境因素是否可能造成重大影響。

• • •

馬克·布萊希畢業於普林斯頓大學，精明練達，創辦了一家商業顧問公司。他也大力支持預防注射會導致自閉症的說法，對此議題的了解比其他支持者都要深入。他和妻子伊莉絲經歷十次人工受孕、十次流產、兩次子宮外孕，終於生下兩個女兒。小女兒米凱拉一歲前發育似乎都很正常，但是到了快兩歲時，伊莉絲開始覺得不對勁。兩歲九個月大時，醫生診斷出孩子有自閉症。馬克說：「我沒有放心上，工作太重要，米凱拉又好帶。我面對悲痛的方法就是拚命學，什麼都學，幾乎要去念神經科學的在職學校，整個心思都被這件事占滿。」

我認識馬克的時候，米凱拉已經十二歲，而且有了長足的進展。馬克列出十個照顧過她的人：治療師、保母，醫生，都照顧過體弱多病的她。馬克很清楚，能負擔這一切的人少之又少。不過，他還是十分沮喪。「米凱拉一開始診斷出有全類型自閉症，話也不會說。現在她很忙、很可愛、喜歡交朋友。語言雖然還沒達到亞斯伯格的水準，但很接近了。但是她只想談小木偶和蟋蟀吉米尼。我們現在的任務，就是把她的心思移開。我只希望她能談談蟋蟀吉米尼以外的事情。」

馬克全心投入他的權利運動。他對我說：「我覺得自閉症就像腦部長疹子，可是，如果你的想法政治不正確，例如你認為自閉症是由疫苗和汞所引起，就會有人指責你阻礙科學探索真相。真蠢，我們認為自閉症這個流行病才是重點，而且跟環境有關。我對現在的解決方案很不滿，對科學很不滿，對制度很不滿。基因研究錯得一塌糊塗。疾病管制中心的工作是管理疫苗安全，於是他們就做出一大堆狗屁報告，裡頭只有自己想要的結果。」馬克談到一份研究（他是共同作者），研究顯示自閉兒剪下的胎毛汞含量較低，證明相較於其他兒童，自閉兒把汞排出體外的能力較差。他也在如《神經毒物學》等名望甚高的期刊發表數篇論文，都經過同儕審

265

查。看著他充滿熱誠的樣子，很難不被說動，唯一的問題就是他引用的科學研究都已有人徹底推翻，而他駁斥的科學研究則多半有極強的實證基礎。當然，科學永遠可以再修正，但是冷泉港實驗室的主任斯帝爾曼指出科學不該別有居心，但顯然這門科學有。

馬克說：「我以前是美式足球隊的隊長，當過學生會的會長，拿過全國績優獎學金，從小就讓父母很欣慰。推動自閉症權利這件事關乎使命，不是贏別人，不是賺比別人更多的錢，也不是拿更好的成績。一旦你做了我決定做的這件事情，就等於把自己放逐到受人敬重的圈子邊緣。這是種解放。我才不管《紐約時報》怎麼想，我只想要做對的事情，影響這個世界。」

・・・

美國的法律保證受教權，卻沒有保證同等的醫療權。教育是政府的責任，醫療照護卻是個人的責任，大多由保險公司掌控。也因此，有些倡權人士寧願將治療自閉症的議題留在教育界而非醫療界。目前以教育方式介入似乎也比醫療更為有效，因此目前的療法多半以學校教育為主。自閉症和唐氏症及其他障礙一樣，最好及早發現、及早處理。

早發現才能進行早療。柯林和耶魯的同事做了一項實驗，讓有自閉症和沒有自閉症的兒童看《靈欲春宵》。研究人員利用電腦追蹤，發現兩個主角在吵架時，自閉症者的目光並沒有來來回回跟著兩人，這點和沒有自閉症的受試者不同。以此研究為基礎，他們又讓嬰幼兒看其他孩子和母親的影片，發育正常的嬰幼兒盯著眼睛看，可能有自閉症的嬰兒則盯著物品或嘴巴。雖然一般認為早期診斷十分重要，因為早療是有效的，但大家對於早療該做些什麼，卻莫衷一是。席格是加州大學舊金山校區的心理學家，她於《幫助自閉症孩童學習》一書中寫道：「對於治療，大家各持己見，發展、行為、教育、認知、醫療等各種切入角度的差異又大，使自閉症治療變得非常複雜。看法相異的實務工作者往往不懂對方的語言。」

費斯特是美國的行為心理學家，他提出人類和動物一樣，都能透過制約來學習。這個想法促成了一九六〇年代的行為干預法，現在則用來治療自閉症，尤其用於應用行為分析法。這類療法背後的原則是觀察兒童，找出負面或強迫行為，並訓練他們發展正面的替代做法。若表現良好，就得到正面增強，例如兒童一開口說話就可以獲得自己想要的東西。負面行為則不會得到強化，鬧脾氣絕對不予獎勵。世上的行為療法有很多種，大多數教法對兒童而言都很勉強，必須不斷維持，但很多父母認為這非常重要，就像很多聽人父母也得勉強自己學另一種語言，好跟聽障的孩子溝通。

其他有效的自閉症療法則注重了解自閉症者的行為。格林斯潘的「發展取向、注重個別差異、以關係為基礎的治療模式」（「地板時間」）要人們坐下來，和自閉兒一起在地板上建立連結。這套方法讓他聲名大噪。「聽覺統合訓練」和「感覺統合治療」則試圖處理自閉兒感官過於敏感的問題。語言治療則讓他們認識語言，並改善發音。印度的慕哈帕德海完全沒有專業背景，她發明了「迅速激勵法」來治療自己的兒子。她兒子以前無法說話，現在則能用鍵盤寫詩。

267

治療犬類似導盲犬，對自閉症的大人小孩往往極為有用，不但在恐慌發作時能夠穩定情緒、提供定向，也是自閉症者和外在社會的情感橋樑。有個母親在看到家裡多了一隻治療犬之後兒子凱勒伯的改變，大感欣慰。「他似乎比以前更有安全感，頭腦更清醒，處理事情的能力好像也好多了。凱勒伯和咬咬每天廿四小時都在一起。知道對方會永遠陪伴自己，對他們很重要。」一篇簡述凱勒伯能否帶狗去上學的案件摘要中提到：「有了咬咬之後，凱勒伯情緒低落的時間減短了。他可以完成作業，每晚睡六到八小時，從家中換到學校等公共場所時，他也更能適應環境的轉換。」

有傳聞說，自閉症的人不能吃麩質、酪蛋白等許多食物中含有的物質，因此有些父母會調整孩子的飲食。有些自閉症者有焦慮的症狀，因此會服用百憂解、樂復得、帕羅西汀等選擇性血清素回收抑制劑的抗憂鬱劑，用藥結果似乎好壞參半，大約有五分之一到三分之一的人會得癲癇，得靠抗痙攣藥來改善。常用於治療過動症的興奮劑有時也會開給自閉症者，幫助他們鎮定情緒。除此之外，還有各類鎮定劑、好度液以及美立廉等抗精神病藥物。

上述療法不見得人人有效，而治療所花的時間及費用也極為可觀。即使自閉症者發展出語言及自理能力，有一定程度的社會認知，也能維持這些能力，仍然不會變成非自閉症者，兩者的認知差距還是十分顯著。納希爾就曾談到，他到成年後才發現一件多數孩子都視為理所當然的事，「我這才逐漸明白。交談是種表演，只是一連串的並列。我對你說了些什麼，裡頭的某個句子、主題或看法和你這個人有關，也可能完全無關。於是你就回了點什麼，然後我們就這樣，一直談下去。」明白這些事情，有助於解決自閉症者的某些難題，但無法消除自閉症。

• • •

布魯斯．斯貝德在倫敦當攝影師已經有廿七年，他總能看見不同尋常的美，這一點從他這一生為自閉症兒子羅賓拍攝的照片就能看出。影像拍得十分深刻，照片中人有時受盡折磨，有時生氣蓬勃，有時對著相機怒目而視，有時又如痴如醉。羅賓可以無比貼心。布魯斯說：「他以前常做一個動作，我跟我太太海莉特稱之為『學小鷺』。不知道你有沒有看過鳳頭鷿鷈跳求偶舞？這種鳥會站在水面，搖頭晃腦發出高頻的聲音。羅賓則會看著你的眼睛，搖頭晃腦，有時他會說：『看我！看我！』這是個信號，表示他接受你了。」但同時，羅賓也精力無窮，讓人筋疲力竭。他長大後變得更加強壯，怒氣爆發時也變得越來越可怕。他有時會在街上鬧脾氣，布魯斯和海莉特就得坐在他身上，等他平靜下來。夫妻倆想再生孩子，用布魯斯的話說，是想生個「懂得玩耍」的孩子，但兩人身心俱疲，無暇多想。

羅賓九歲時去了寄宿學校。布魯斯說道：「否則我會無法工作，只能領失業救濟金照顧他。」隔年羅賓回家過暑假，他老是肚子餓，而她母親不忍心拒絕他。「她不停拿東西給羅賓，車子的後座丟滿包裝袋。」羅賓吃得很開心，但增胖的速度也快得嚇人，很快就逼近一百卅六公斤。「我和他母親的婚姻差點破裂。」羅賓因為體型變得太大，開始害怕走路，很快所有腳趾甲就開始內生。哈莉特有了外遇。「我們太常吵，吵得無法挽回，哈莉特總說該離婚了，但我們都無法獨自面對這一切，總是離不了。」

後來，羅賓的學校有個兒童偷溜出校，死於校外，揭露學校有督導不周的問題。任何父母看到這種事都會憂心忡忡，學校也因此關門。羅賓的暴力傾向太嚴重，全英國只有兩所學校願意收。布魯斯和海莉特選了約克郡的海斯立莊園暨學院，這是占地近廿二公頃的農場，有自己的小旅館、草地、酒吧、小酒館、理髮廳、郵局、烘焙坊，供校內七十名自閉症學生使用。羅賓到校的那天，他的新護理者建議大家一起四處走走，結果羅賓衝向他，給了他一記頭槌，跳到他身上將他撞暈。接下來他自殘了幾個月，也時常用頭大力撞東西，把門都撞破了，還因為撞得太過頻繁照了一次頭部Ｘ光。他用手不停抓皮膚，抓到出血。之後他習慣了這地方的節奏，暴力行為才漸漸消退。

羅賓的性欲十分旺盛。布魯斯說：「他常常自慰。他會盡所能看你的鼻子，一看性致就來。我猜是因為有洞的關係，他性欲就是那麼強。他想看我的鼻孔，我就讓他看，只看一下，讓他發洩一下性欲。我不想掃他興，他這輩子沒什麼開心的事，這是我能為他做的，只要不去想那是我兒子，還有這件事跟性有關，其實也不算太難。但我不希望他滿腦子想著鼻孔，所以盡量不要太常讓他看。學校裡有個女孩，每回羅賓見了她就會加快腳步。雖然她很吵，而羅賓很怕吵，但如果她在同間教室裡，羅賓整個人都害羞起來。」現在羅賓在學校似乎變得快樂多了，但行為仍然很不穩定。我認識布魯斯的幾個月前，羅賓放假回家後無法入眠。他連續四天沒睡，後來布魯斯和海莉特找醫生開了一些安眠藥，吃藥後他睡了三小時，但一醒來就到處亂碰亂撞，看起來很煩躁的樣子，於是海莉特就坐到他床邊，想讓他靜下來。羅賓一把抓住她的手，對著肌腱咬了下去。「她不得不去醫院。她嚇壞了，全身發抖，差點昏了過去。那天晚上真是太慘了。」兩人把羅賓送回學校，心想回家這件事是否對他造成太大壓力。「但他上上週回來的時侯，又乖又討人喜歡。我們過得很開心，他把自己的髒盤子放到洗碗機，那可是很大的進步。我們好驕傲，就像別人家裡有孩子以優異成績從劍橋畢業那樣自豪。」

契訶夫在劇作《櫻桃園》中說：「一種病，若有千萬種療法都說能治好，這大概是不治之症。」自閉症的療法千奇百怪，從保持樂觀到江湖騙術都有。這些療法中，效果可疑的列出來可能比有效的方法還要長，有些父母一心幻想有完美的特效藥，聽了吹噓的夢想家把各種奇怪的療程說成是突破以後，就任人擺布。考夫曼夫婦於一九八〇年代開發出「選擇療法」以及相關的「愛子起身計畫」，用以治療自己的兒子，還說孩子的自閉症最後完全治癒了。其實，有個評論家就提出治療過這孩子的醫生都懷疑他可能根本沒有自閉症。這套療法的首次諮詢費是二千美元，之後孩子上一週的課程要價一萬一千五。紐約有個精神科醫師設計了「擁抱治療法」，孩子出現問題行為的時候，父母就用肢體制住，但這樣似乎會加大孩子和父母的衝突。書店裡則充斥著《遠山遠處》一類的書，描述蒙古的巫師如何引領孩子走出自閉症。看來，如果孩子表現出色，所有父母都覺得有必要寫一本書，書名倒不如都叫《我做對的事》算了。很多父母採用的方法也許只是剛好矇對時間，恰好在孩子「走出來」時用上了，但他們卻以為人人適用。

這類行為或概念療法測試根本不夠，還是有人投入可觀的時間與金錢，不過大抵而言，這些療法並不會危害兒童身體。然而，「螯合療法」卻可能造成長遠傷害，甚至在短期內就可能讓人白白受苦。這個療程一開始是設計來排出一戰傷兵體內的重金屬。方法是將合成化合物注入人體內，多半透過靜脈注射，有時也採肌肉注射或口服，使化合物與體內金屬結合，然後排放至血液、尿液與毛髮中。有一派人士主張自閉症肇因於某些疫苗採用的含汞防腐劑，這些人多半會建議螯合療法。此療法雖然有大量研究，但都無法證實有效，然而估計美國還是有多達十二分之一的自閉兒接受過螯合療法，至少有一個兒童死於低血鈣（鈣含量過低導致心臟衰竭），還有更多人出現頭疼、反胃、憂鬱。有些父母宣稱孩子採用螯合療法後進步神速。正因為有這些人誠心背書，為自閉兒進行化學「排毒」的生意欣欣向榮，很多都未經法規管制，也往往是地下經濟。「柳菩林」是一種去勢藥物，造成身體重大改變的效果之強，在藥療法中數一數二。現在有一種正在申請專利的診療程序就使用了柳菩林。出生前的睪固酮量對於自閉症的發展可能有影響，這種治療程序則將此一影響和青春期的正常發育混為一談。雖然沒有可驗證的證據證明該法療效，有對父子卻大力提倡。馬里蘭醫學委員會及其他至少六州的主管機關已經吊銷父親的執照，至於兒子，因為不是醫師，因此便以無照行醫的罪名起訴。其他的生理干預療法，例如把兒童放到高壓充氧的房間中，或把他們和海豚一起放進水箱裡，或讓他們攝取藍藻，或大量攝取維生素，多半沒有壞處，但也沒有成效，不過這些療法仍可能有危險，而且當然會誤導人，還所費不貲。

• • •

我第一次見到艾美・吳爾芙時，她談到女兒安琪拉。「她不會說話，時常失禁，住在廿四小時照護的機構中，非常美，很愛我們，而且一分鐘都不能沒人照顧。她喜歡走路。她不會扣釦子。她能夠把餐具分類，能用叉子用餐，湯匙就有點難了。她沒法切東西，常常要用吸管。她很少害怕，也沒什麼覺知，你一不留意，她就跑到大街上，站在車陣中央。她的理解力大於表達力，但沒人知道她理解了多少東西。有些東西能讓她開心。有時她顯得漠不關心。有時她很開朗，和人的互動很多。有時她一看到我就欣喜若狂，她能這樣，真好。她很喜歡人，只是不要一次出現太多人。她討厭醫生，討厭牙醫，討厭鞋店，討厭理髮師，討厭大場面，討厭出乎意料的事。現在她的生活大致上還算平靜。出生後的那十四年簡直是地獄。」

271

一九七二年，艾美二十歲，決定離開從小生長的紐約，搬到新墨西哥州陶斯的一個非主流聚落。她嫁給治療師兼針灸師，一九七九年懷孕。安琪拉出生了，很快大家就發現她顯然有問題。由於骨架不正、髖骨位移，疑似有內翻足，因此她必須穿上全身支架。安琪拉的肌肉張力很低，肌肉鬆弛，無法維持姿勢，看起來就像布娃娃。她一直要到兩歲才會走路。能說話，但學得非常慢，而且瘦得可憐。陶斯當地的協助十分有限。「那兒沒有抗憂鬱藥，沒有服務、沒有網路、沒有治療師。有的是茅廁、正在晾曬的杏桃、印地安土屋、蒙古包、嬉皮、拉美古文化，還有美國原住民的儀式。這個聚落曾讓我十分心儀，但當時不知為何，我和安琪拉卻離其他人十分遙遠。」她的丈夫雖然自稱是治療師，卻不知該如何面對身心障礙兒，於是一走了之。

安琪拉三歲時，艾美離了婚，把她帶回紐約重新開始。那時安琪拉還有一些語言能力，背得出「一閃一閃亮晶晶」，在街上能認出哪一輛是家裡的車，也開始練習上廁所。然後，這些能力一點一點消失了。她變得不會說話，開始失禁，肌肉張力也沒有改善。艾美有長期的藥物濫用史，那時她整個失控。「她四歲左右，我酒醉駕車，她在後座，我把伏特加倒進她嘴裡。當時覺得只要這麼一路開過海堤，開進長島海灣，我和她就一了百了。」

但她沒這麼做，反而加入匿名戒酒會，從此再也沒喝醉。有了父母的支持，她開始尋求治療方法。

安琪拉從不攻擊人，但她常常自殘。不過，通常她只是「失控，有時候情緒極為低落，大部分的時候則教人無法猜透」。安琪拉七歲時，有同事告訴艾美，有個日本女人北原喜代對自閉兒很有一套。她在日本東京近郊的吉祥寺建立了一所學校。艾美和她在波士頓見了一面。她的翻譯說：「北原女士說：『把妳的重擔交到我們肩上。』北原女士能在六個月內讓安琪拉說話，但妳得把她帶到日本去。」於是艾美和她母親把安琪拉帶去日本，讓她進入武藏野東學園。學校不准艾美進入校區，她只能在安琪拉出來運動時透過鐵絲網圍籬看著她。「我留在東京，每天都隔著圍籬看她，她看起來還可以。學校常常讓她溜輪鞋。我們後來發現，為了訓練她上廁所，學校不給她水喝。一切變得很黑暗、很奇怪。我們在那裡待了五個月，後來我帶著心愛的孩子匆忙逃離了那個鬼地方。」後來波士頓也開了一所武藏野東學園，但一直有人指控校方對身心障礙的學生施以肢體暴力。

艾美一直夢想有個健康的孩子。「我渴望另一個寶寶，後來就生了一個。一直到諾亞出生前，我一直十分痛苦。後來我決定要生他，這幫助我撫平了原來的傷痕。」她當時覺得懷孕很可怕，而且「不停做檢驗，做到只剩一口氣」。艾美的父母出資成立了團體之家，由納蘇郡精神健康醫學協會負責經營。諾亞出生前不久，十一歲的安琪拉就搬了進去。我認識諾亞時，他就讀高中，義務擔任自閉兒的音樂治療師。「從六歲開始，他在路上一看到對街有盲人，就會走過去幫忙。他心胸開闊，沒有我還放不下的那種憤怒。」諾亞附和道：「我從中學到很多包容和接納。如果有人在我媽旁邊提到『智障』，天啊，她的反應！其實沒必要，就算五秒鐘前她才認識那個人，她也要拚了。」

「我如果夢到她，夢裡的她還是會跟我說話。語言能力消失這件事太難接受了。到今年我才終於放下，接受她就是沒辦法好好上廁所。放下是一個連續不斷的過程，永遠沒有盡頭。我得努力控制怒氣，我得努力保持清醒。曾經有很親的家族成員暗示我了結她的生命，說他們會幫忙。也有人建議最白癡的療法，什麼可以放在浴缸裡的東西啦，寶寶用的神仙水啦，我這兒還有好幾本別人給的《當好人遇上壞事》，各種狗屁。我也親眼見到薪資結構不公的問題，第一線的工作人員非常有熱誠，也往往是專家，很有心得，但賺的錢卻和餐廳服務生差不多。要看一個社會好不好，看病人受到什麼照顧是很有效的方法。我們的社會太可惡了。」艾美這番話說得跟候選人一樣慷慨激昂。「我的故事有超越一切的悲痛，無休無止。感覺不到時間，一切只是不變再不變。我沒辦法靠日子的變化感覺歲月流逝，都忘記自己幾歲了。」

雖然自閉症的缺陷人盡皆知，但一般大眾卻不太清楚自閉症者可能有我們所欠缺的長才。自閉症的受試者在某些認知測驗中表現得比其他人要好，例如空間思考評量。喬伊絲在美國國家精神研究院擔任自閉症的協調人，她有個自閉症女兒，她說：「如果移走某些能力，讓某人不再有自閉症，會不會也移走了某些事，而人類也從此不再那麼有趣？自閉症的基因結構或許也帶來了創意和多樣性。」托基爾是丹麥一家電信公司的主管，有個自閉症兒子，他在哥本哈根設立了一家專業人員經紀公司，安排自閉症者加入企業的專案計畫。在他的公司，這些人可不是能力不足的人，只能等待善心人僱用，而是有特殊技能的人。

但是「怪才」這樣的想法，也可能讓人忘了自閉症者也是人。羅賓斯就寫道：「身為專才有好有壞，雷射般的專注力是有代價的，不擅長的領域，能力就十分有限。我所設計的東西，有些兼具簡約和功能，確實是天才之作，很多人跟我說那些設計都是創意天才的手筆。但這些東西，今天我完全看不懂了。這倒不令人傷心，我的心智並沒有消退，也沒有消失，只是經過重新設定。我確信我腦力還是和以前一樣好，只是現在的設定能注意更多事情。」我聽葛蘭汀說過同樣的事情，而我那個喜歡播格拉斯專輯的朋友也告訴過我，隨著他的社交能力逐漸變好，他的純數學能力也跟著變差。治療本身就可能是種疾病，拿走了大家認為有問題的東西，可能也就拿走了這個人的天賦。

我第一次遇到天寶．葛蘭汀的時候，她六十歲。她最廣為人知的地方，就是能夠把自己的自閉症意識說給沒有自閉症的人聽。她是馴牛師，也設計家畜設施，美國大多數屠宰場都使用她的設備。葛蘭汀表示，恐懼是她的主要情緒。動物為了避開獵食者，都有極高的驚跳反射能力，而她過度發達的驚跳反射就像那些動物。「我用圖像思考，我明白這應該能幫助我了解動物，因為我的思考方式就像動物。」她覺得牛隻養殖業既無效率又不人道。改善動物的處境是她向來的目標，而她認為最有效的方式就是改造屠宰動物的地方。

她在一九五〇年代早期確診，那時她還是孩子，自閉症症狀一應俱全。有人告訴她母親尤絲塔西亞，說那是因為她對女兒太過冷淡。尤絲塔西亞受得了天寶的古怪行為，卻無法承受女兒的冷淡無感。尤絲塔西亞在回憶錄中寫道：「鬧脾氣很難處理，大便亂抹很難聞，但拒人於千里之外傷透人心。神在人的耳畔悄聲說：『你們要生養眾多。』然後留了這樣的爛攤子給我們收。」天寶則回憶道：「我兩歲半的時候，會坐在一個地方聞四周的味道，吃地毯起的毛毬，大聲尖叫，都是很典型的行為。」她母親發明了一套自己的行為系統來幫助天寶，還請來了奶媽，兩人不斷和天寶互動。我後來遇見尤絲塔西亞，她說：「她們沉溺在自己的世界中，那是地獄的邊界，你要把她們拖出來。」後來天寶上美術課，展露出對透視圖的天分。她母親竭盡所能鼓勵她發展這項能力。天寶回憶道：「妳做了別人希望妳做的事，一定會希望獲得讚美。孩子很小的時候，一定要有人一週花卅八小時陪那個孩子，讓孩子一直有事可做。我覺得方法倒不是那麼重要。」

她對自己所獲的關愛相當感激。「當時的人會把我這樣的孩子送去安置機構。有十五年的時間我常恐慌發作，所有人的日子都不好過。要不是我三十多歲時發現了抗憂鬱藥，大概會被如結腸炎等壓力相關的健康問題擊垮。上大學後我很幸運，找到幾個非常好的良師益友。」她頓了一下，看著我，彷彿剛才她自己都嚇了一跳。「我是說，如果我母親把我送走，我會怎麼樣？我想都不敢想。」尤絲塔西亞發現，她什麼都得自己發明。我們聊天時她不禁問道：「為什麼醫生知道的還沒有我多？」天寶青春期時跟母親說：「我沒辦法愛人。」尤絲塔西亞寫道：「青春期對任何孩子而言都不好過，但自閉症兒童的青春期，簡直就像惡魔的詭計。」不過，天寶的寄宿學校有很多校長低價買來的受虐馬匹，而天寶在照顧馬匹中而找到自己的快樂。

多年後，尤絲塔西亞已能欣賞天寶長成的樣子。「她沒有天生的概念，也不能依靠直覺，全靠自己的一點智慧，即使這樣有時仍不夠踏實。這些年她就這樣慢慢摸索出一套方式去『面對你眼前的面孔』。她只有自制的、脆弱的面具保護自己，卻還想面對我們，多麼聰明勇敢。自閉症只是我們身上某些特質的加強版。而研究自閉症就是我的驅魔儀式。」這麼說，並不表示整件事就沒有令人失望的地方。「雖然她的成就驚人，但她也知道我稱為『人生』的那個夢想，有一部分她永遠也無法實現，這也解釋了她為何那麼希望我了解她的夢：不被遺忘。她希望能獲得認可，這件事既明顯且真切，彷彿愛太不穩固、太神祕，難以依靠。」

275

天寶從父母那裡收到數千封信件，每次都很快給予建議。「這些兒童，有些你得把他們拉出來。如果手段不強硬一些，無法讓他們有什麼進展。」天寶主張行為治療及醫學治療，還有任何能夠讓人識字的方法。「你的孩子在超市大哭大鬧，那是因為他感覺自己像是塞在搖滾演唱會的麥克風內。他看出去是一片萬花筒，聽力時強時弱，而且充滿電流干擾。我覺得有些兒童看到的，就像是收訊不清楚的HBO電影臺，但收訊不清楚的HBO偶爾也會收到一點影像。」天寶堅信，如果能讓一個人有越高的功能，他就可能越快樂。自閉症的兒童應該要配合自己的能力發展技能。「你有個孩子很喜歡地理，可是父母、老師、治療師卻不幫助他把興趣發展成專業，反而念念不忘社交能力訓練。社交能力訓練的確很重要，但不能只在意這件事，卻忽略了他的天賦。」天寶把自己的成就歸功於自閉症。她向我解釋道：「天才也是種不正常。」她沒有自吹自擂，而是把全世界都稱為疾病的事物變成她耀眼成就的基石。

• • •

談到這，就要提到神經多樣性運動，以及這項運動如何讚頌自閉症的某些層面。過去有家數一數二的自閉症慈善機構名喚「立即治療自閉症」，後來與「自閉症之聲」合併。雖然反對自閉症的療法有一些像反對星際旅行，但神經多樣性提出的抗爭口號之中，有一個就是「不要立即治療自閉症」。所有身分政治都是這樣，這種態度因為反歧視而出現、引人注目，並遊走於「揭露根本真相」和「試圖創造此一真相」之間微妙的界線。保守派的人不滿地表示，要求整個社會接受自閉症者的非典型社會邏輯，無異於破壞了社會之所以為社會的基本原則。「自閉症的行為和社會扞格不入」的說法讓神經多樣性運動分子大感不滿，他們強調自閉症行為自成一格，雖然不同，但同樣正當。他們為了自己所定義的公民正義而奮戰。因賽爾曾說：「我們應該要把思覺失調、雙極情感疾患、自閉症都當成某人碰上了一些事，而世上仍然有人可以對抗這些疾病。」辛克萊是成年的自閉症者，也是「自閉症國際網路」的共同創辦人，他寫道：「自閉症不是有人罹患了什麼東西，也不是有人被困在一個『殼』裡。自閉症的背後並沒有躲著一個正常的孩子。自閉症是一種存在方式，它滲透一切，為各種體驗、所感、所知、所想、各種情緒、遭遇、生存的各個層面染上色彩。我們不可能把自閉症跟自閉症者區分開，即使可以，那麼留下來的那個人，就不是原先那個人了。」在大多數身心障礙的世界中，政治正確的修辭是強調人，而非症狀，例如「有聽覺障礙的人」，而不是「聾子」，或者說「有侏儒症的人」，而不是「侏儒」。有些自閉症倡權者對這種看法很不滿，反對把他們看成「身上附有什麼東西的人」，他們偏好「自閉症者」一詞，而非「有自閉症的人」。辛克萊就曾說，「有自閉症的人」這樣的說法就像在形容一個男人是「有男性特徵的人」，或說天主教徒是「有天主教信仰的人」。

很多神經多樣性運動分子質疑，現有的療法究竟是為自閉症者的利益著想，還是為了讓父母的日子更好過。自閉兒的某些特質可能讓人不得安寧，但逼一個孩子放棄這些特質，他得受多少苦？瑞賓在談到自己的成年病人時說道：「我們不應該把自己追求成功的價值觀強加在別人身上，這些人的需求真的不同。」喬伊絲有個自閉症女兒，她說：「最辛苦的地方，就是盡量不要把孩子的症狀當成自戀傷痕。」換句話說，自閉症是發生在孩子身上，而不是父母身上。艾力克斯有亞斯伯格症，他架的網站「錯誤星球」是鼓勵自閉症者及其家人的論壇，共有四萬五千名用戶。他說：「連結最緊密的組織，都由自閉症者的父母所創立，注重的事情也都跟自閉症者不一樣，尤其如果父母認為所謂成功就是把孩子變成兒時的自己，更是如此。」尼爾曼有亞斯伯格症，大學時代就已是重要的自我倡權者，都以亞斯伯格的俗名「亞斯」稱乎自己。他說：「社會向來都用常態分配曲線來看事情。我離正常值有多遠？我要怎樣才能更融入？但是那個曲線的頂端是什麼？是平庸。如果我們堅持把差異看成病態，美國社會的命運就會變成這樣。」

二〇〇七年十二月，紐約大學兒童研究中心以綁票信的型式，為研究中心的治療方案製作了一系列廣告。有封信不懷好意地寫道：「你的孩子在我們手裡，我們會確保他這輩子無法照顧自己，也無法與社會互動。這不過是第一步。」上頭署名「自閉症」。另一封說：「你的孩子在我們手上。我們正逐漸破壞他的社交能力，讓他走向完全孤立的人生。一切就操之在你了。」署名則是「亞斯伯格症」。當時的中心主任柯波威茲希望如此一來，有精神健康問題但未受治療的兒童就能交付給專業醫師。然而許多人，包括位於自閉症光譜上的人都認為這些廣告十分辱人，充滿歧視。自閉症運動分子率先發起抵制運動，總召就是尼爾曼。他在自己的網站「自閉症自我倡權網路」上寫備忘錄給成員：「這系列電視廣告令人反感，利用社會最古老也最不尊重身心障礙者的刻板印象來嚇唬父母，讓他們不敢不使用紐約兒童研究中心的服務。雖然確診的自閉症及亞斯伯格症常有某方面的社交困難，但我們不是沒有能力，而且只要有人支持、接納、包容我們原本的樣子，我們的社交生活也可以有聲有色。」尼爾曼發起了一人一信的抗議活動，並且找來美國各大身心障礙團體支持他的立場。抗議活動很快就升級，引來《紐約時報》、《華爾街日報》、《華盛頓郵報》的報導。柯波威茲大感震驚。十二月十七日，他堅持繼續播出廣告，但反對聲浪越來越大，兩天後廣告就撤掉了。這是神經多樣性運動的勝利，也是身心障礙權利運動的勝利，極富意義。柯波威茲在潰敗後舉辦了一場線上公民大會，吸引了四百多人參加。

尼爾曼並非不懂得應對進退，但你能感覺他得很努力才能做到。他說：「神經典型的人際互動就像第二語言。第二語言可以學，也可以說得很流利，但就是不會像使用第一語言那麼自在。」高中時代的尼爾曼聰明過人但有社交缺陷，學習方式也異於常人，這讓他顯得既超能又無能，要找出他應該上哪些課就變得十分棘手。他說：「大家對亞斯光彩的一面有刻板印象，但一個人的學業表現不論是好是壞，你都得承認並尊重每個人的差異，還要認清人類的神經系統十分多元。從公關的角度看，弗農·史密斯有亞斯伯格症又得了諾貝爾經濟學獎，是件好事；提姆·佩吉有亞斯伯格症又得了普立茲獎也是好事。這些都能讓人支持並尊重人類神經多樣性的正當性。但如果說，一個人只有表現出特殊才能，他的不同之處才值得敬重，那就大錯特錯了。」二〇一〇年，尼爾曼二十歲的時候獲歐巴馬總統任命為「國家身心障礙委員會」會長，引發猛烈批評，批評者認為，他把自閉症描繪得如此正面，國家可能會刪減自閉症兒的治療預算。

278

「神經多樣性」一詞最早由澳洲社會學家辛格提出，她的母親和女兒都有亞斯伯格症，她自己也在自閉症光譜上。她說：「我那天去一個猶太會所參加工作坊，他們希望我們想出一套超越上帝的十誡，我的第一條就是『欽崇多元』。」辛格和美國記者布盧姆所見略同，而且雖然她是第一個使用這個詞彙的人，但布盧姆卻是第一個發表的人，時間是一九九八年。辛格說：「我們當時都注意到心理治療漸漸式微，而神經科學正慢慢崛起。我對神經科學在解放運動上的意義很有興趣。過去女權運動和同志權運動為自己人所做的事，神經科學也可以為神經狀態與眾不同的人做到。」自閉症光譜擴張了，自閉症者的溝通也更加密切，運動也隨之加速。辛格說：「對於沒有網路就失去社交的人而言，網路就是種修復裝置。」對任何為語言、社會規範所苦的人而言，這麼一個非即時的溝通系統無異於上天的禮物。

蔻拉克以「自閉症女歌伶」之名寫部落格已有多年。她被診斷出有亞斯伯格症，也是倡導神經多樣性的重要人物，此外還有個有自閉症及脊柱分裂的成年孩子。她說道：「自閉症的孩子很愛父母，你可能得學會分辨孩子怎麼表達情感，如果孩子不像一般兒童那樣表達愛意，也不要放在心上。聽障的孩子可能永遠說不出『我愛你』，聽障的父母也可能永遠聽不見這句話，但那並不代表聽障的孩子不愛父母。許多亞斯和自閉症者只要身旁有別人，就會像社交神經典型的正常人舉辦一場大派對一樣耗費心力。」許多自閉症者一與人四目交接便坐立難安。「神經多樣網」創立者賽德說她學會把目光別開，並把這當成尊重兒子的需求。反之，孩子則學會了肢體接觸，有時也會抱她一下，這些她都十分珍惜。

蔻拉克認為，神經多樣性的概念涵蓋的遠不止於自閉症。她在信中向我說：「有雙極情感疾患、思覺失調、閱讀障礙、妥瑞症等症狀的人都應該『簽名支持』。自閉兒的父母在思考孩子能做到什麼、不能做到什麼的時候應該要講理，也不應該預期孩子會變『正常』。自閉症者本身就有價值，而不是因為他們變得比較不自閉才有價值。」辛克萊寫道：「每個人和周遭互動的方式都不一樣。如果一味強求你所期待的正常，只會得到挫折、失望、不滿甚至憤怒及怨恨。與人交往時如能帶著尊重，不抱成見，並敞開心胸學習新事物，你就會發現一個想像不到的世界。」有個運動分子曾對我評論道，「治療」自閉症者的意圖有別於治療癌症，比較像是治療左撇子。

279

許多支持神經多樣性的運動分子都擔心一旦有了基因篩檢，選擇性墮胎就會造成「種族屠殺」。尼爾森有亞斯伯格症，創辦了「亞斯自由」網站，他說：「我不希望自己年老的時候發現，以後都不會有像我一樣的人出生。」墮胎議題和本書所有的症狀一樣，反映了身分認同和疾病模式兩者間的衝突。尼爾曼說道：「我們從不說自閉症並非障礙，而是說自閉症並非疾病。只要給自閉症者受教的機會，以及發展的機會，讓我們用自己的方式做好事情。」賽德則說：「我從不否認，基因研究或許有可能發現有效療法來處理自閉症者常遇到的問題。我完全贊成開發拮抗劑，這類藥物可能可以矯正口腔運動功能或血清素代謝功能缺陷，減輕長期焦慮，減少過度刺激或攻擊的傾向。但我還是最關心如何讓這些已經存在的、位於自閉症光譜上的人過得更好，而這一群人剛好也包括我的孩子。」

有些重度自閉兒的父母對這些口齒清晰的自我倡權者嗤之以鼻，認為他們根本不算真正的自閉症者。這裡有個核心矛盾。診斷比例變高了，這有利於主張自閉症是流行病，如此才能遊說政府增加研究資源。但診斷例是因為納入高功能自閉症者才得以衝高，而這些人卻往往反對前述研究。葛林克是喬伊絲的丈夫，也是《非異常心靈》的作者，該書主張根本沒有流行病。他說：「光譜的兩端都有反科學的看法，神經多樣派的人看到科學家想治療自閉症就大感光火，而反疫苗派的人看到科學家該做的研究不做也怒不可抑。兩者的前提迥異，不可能有真正的對話。他們無法和彼此對話的原因，就在於兩派人士的知識論及哲學基礎有天壤之別。」

因賽爾說：「這是我所知最分裂、最兩極的一群人。我覺得這些孩子有很嚴重的問題，而你一主張他們只需要別人接受他們的現狀，便是嚴重看扁他們，也看扁自己。如果是大多數的癌症或傳染病，我不認為我們會這麼做，而對這種腦部功能失調的人，我當然希望我們也不要這麼做。大多數父母都希望孩子的人生能盡可能豐富完滿，但如果你無法自行如廁，或不會使用任何語言，就不可能活得盡情淋漓。」

「請不要寫他們的事！」我提到神經多樣性的時候，《謝弗自閉症報告》的編輯謝弗如此對我說。「這一小群人意見多，媒體又常關注。他們總是把自閉症說得沒什麼大不了。說失明不是病，就像是從盲人乞討的錫杯裡偷錢。有些人原本應該要推動政治還有社會變革，一聽你這麼說就以為那根本不是問題。這樣會拖慢經費撥給和研究的速度。」其他批評者談起他們更是咬牙切齒。貝斯特有個自閉症的孩子，他也是「厭惡自閉症」的格主。這個部落格最近貼出一隻替自己口交的公猴，還附上一句「思考疫苗審判的神經多樣蠢蛋」。反神經多樣性、反基因論的部落格「自閉症時代」則貼出一張感恩節卡片，上面是用影像處理做出的畫面：艾莉森及因賽爾和不支持疫苗論的同夥正在享用感恩節大餐——一個嬰兒。

賽德表示，因賽爾說自閉症「帶走了孩子的靈魂」，她認為這樣的說法「裝腔作勢且充滿歧視」。她進一步說明道：「我不認為他曾舉出任何具體的例子證明有父母因為『過於接受現況』而忽視了孩子的醫療需求，或不讓孩子受適合的教育，或放任孩子沉淪到隨意便溺的世界中，或讓孩子無法盡其所能學習溝通，或妨礙某些與自閉症相關的研究，不讓人找出問題的成因與治療方式。像謝弗這樣的人，虛構了個無足輕重的敵人，然後說：『噢，這些神經多樣派的人只不過想要放自閉症孩子自生自滅，做的事對孩子一點幫助也沒有。』都是狗屁。任何神智正常的父母都不會放孩子自生自滅。」

另一方面，有兩個自閉症孩子的溫特勞布寫道：「我的孩子發育不正常，並不代表我不愛他們。不管是什麼問題，只要威脅到他們的未來和快樂，我都會盡一切所能幫助他們盡可能正常工作生活。注意，這裡的『正常』並不是指『一個模子印出來的機器人孩子，訓練成對我言聽計從』，而是指『像大部分沒有自閉症的人一樣，能夠過獨立、有意義的人生，能說話、能溝通、能與人建立並維持關係』。」

281

運動分子歌頌自閉症的某些層面，卻彷彿代表所有自閉症者發言，對此有些自閉症者十分不平。米契是自閉症者，他在部落格上不斷和神經多樣性運動開戰。他說：「許多自閉症光譜上的人都對社會沒有好感，而神經多樣論接觸的正是這群脆弱的聽眾。自閉症者感覺自己沒有價值、自我評價很低，而神經多樣性則讓他們有一個逃避的出口。同理，自閉兒的狀況有時可能十分嚴重，而他們的父母也希望眼中的孩子是沒有缺陷、沒出狀況的。」當然，涵蓋範圍更廣的身心障礙權運動也可能視科學為眼中釘。辛格就說：「我之所以脫離身心障礙權運動，就是因為這些人一切都講社會學。他們討厭生物學的程度，可以和主張神造萬物的創造論者比美。」不過，神經多樣性運動分子多數時候並不反對生物學。名字既然冠上「神經」二字，就很清楚顯示生物學也是他們論點的一部分。他們想探討的，是這部分生物學所代表的意義。

這些人之所以互相嫌惡，很大一部分是因為對愛的看法各有不同。推動應用行為分析或支持疫苗論的人，都認為不接受他們看法的家庭，就是不管小孩死活。很多主張神經多樣的運動分子則認為應用行為分析不人道，而疫苗論則是在侮辱人。蔻拉克就曾說，應用行為分析只適合用在動物身上。賽德則認為，父母若說自己的小孩是因為疫苗才得自閉症，無異於貶損自己的後代：「自閉症光譜上的人都中了毒的錯誤觀念不斷擴散，長期會對我的孩子產生深遠影響。從科學上來說，這是一派胡言，而且隱含傷人之意。」

有人批評自閉症的運動分子表現得很自閉症，包括乖僻、專注、注重細節，天生不善於想像聽眾聆聽之後的反應，而且除非以理性、有知識為證的理由說服他們，否則多半不太願意讓步等，這些批評未免失之天真。這些特質，多少讓自閉症者無法如願成為令人信服的運動人士，畢竟大抵而言，運動非常需要個人魅力之助。反神經多樣性運動為何如此激動，則比較難解釋。謝弗曾抱怨神經多樣分子「眼中的我們不懂得愛人、很邪惡，而我們根本不是這樣的人」。然而，在雅虎「傷害的證據」討論串中，罵另一方「懶惰」、「疫苗野蠻人」、「賤婊子」、「只為錢做事」，還有「自以為是的法西斯菌潔癖怪胎」，說他們四處散播「不懷好意的公關空話」的，也正是反神經多樣派的人。

史賓斯是美國國家精神衛生研究院的小兒神經科學家，她曾說：「當我們減緩了重度自閉症者的某些症狀時，他們看起來確實比較開心。從臨床醫師的角度來看，我真的不覺得他們喜歡待在『自己的世界』。他們想要走出來。我們也希望能配合神經多樣性的政治訴求，但科學和臨床的證據必須走在政治的前面。」拜倫科恩表示：「自閉症既是障礙，也是差異。我們必須找出方法減輕障礙，同時又尊重並珍惜這些差異。」

自閉症是一種光譜，想要套用非黑即白的原則，根本上就錯了。有些人因為溝通能力不佳而感到挫折，有些人似乎不放在心上。有些人接受了口語對自己而言很難或做不到的事實，改用鍵盤或其他輔助科技溝通。有些人則藉由仔細觀察，發展出過得去的溝通技能。有些人因為社交障礙而大受打擊，有些人對友誼興趣缺缺，有些人則用自己的方式結交朋友。有些人被自閉症給摧毀，有些人以有自閉症為榮，有些人則接受自閉症是生命的一部分。但這其中帶有社會制約，若你經常受到輕視，那麼相較於有人支持加油，就比較不可能有自信。個性也有影響，有些自閉症者生性樂觀開朗，有些人比較退縮抑鬱。一般神經狀態的人有哪些個性，自閉症者就有哪些個性。

海曼表示：「若狀況很嚴重，當然有影響。另一部分則取決於你的生命目標，以及能否達成目標。還有你是否因為現在的想法、感受，或不滿意自己現在的樣子，而感到沮喪、無力。」因賽爾說：「神經多樣性的說法，傷害的是失能十分嚴重的人。至於光譜另一端的人，則可能因為這種論點而接受自己，就像我們也會受到鼓勵去接受他們的獨特之處。我聽到這一派有部分人士的說法是，如果你願意接受我們本來的樣子，就代表你將會幫助我們盡力發揮潛能。」安娜的母親珍妮就滿懷熱情地談到前述宣言。「如果我能接受安娜寧願穿尿布也不願學會上廁所，就沒有什麼不能接受的事。要是她能發展出自我意識，足以加入神經多樣性的運動，我對她就再無所求了。如果安娜有一天能夠跟治療師說：『我媽那賤女人，這一切都是她逼我的。』我會覺得我成功了。」

葛蘭汀則主張，自閉症者和社會都必須調整自己。她描述無法溝通、上廁所有困難還常常自殘的人有多麼痛苦。「如果能夠預防最嚴重的幾種無口語自閉症，那很好。但如果你消滅了所有自閉症的基因，也就消滅了科學家、音樂家、數學家，最後只剩下枯燥乏味的公務員。我腦海中常出現一個畫面：一群原始人圍著火堆聊天，然後在一旁的角落，有個亞斯正忙著敲出第一個石矛，研究要如何把矛頭綁在樹枝上，並割下一些動物的肌腱想要綁上去。社交型的人製造不出科技。」

有人說，重度失能的自閉症者要經歷種種問題，而活躍於神經多樣派的人都只有部分問題。然而，有三個自閉症網站的站長共同發了聲明反駁，表示他們都無法獨立如廁，其中一人也沒有語言能力。「我們會不停揮舞雙手、彈手指、搖來搖去、扭來扭去、磨蹭、拍手、跳上跳下、尖叫、哼哼哈哈、大喊、嘶嘶喘氣、嘖嘖咂嘴。」他們如此寫道，並斷言這樣的行為並沒有讓他們不快樂。支持神經多樣性運動的巴格絲有重複行為，而且沒有口語能力，她在名喚《我的語言》的影片中說出她的看法：「我的思考及反應方式看起來、感覺起來跟一般的概念大相逕庭，有些人不覺得那稱得上思考。只有當我用你的語言打出東西時，你才覺得我的確在溝通。大家都以『神祕、難以捉摸』來形容像我這樣的人，而不願承認是他們自己無法理解。人之為人，有很多樣子，只有每種樣子都獲得承認時，才可能有正義和人權。」

邁耶汀被診斷出有亞斯伯格症，現在正任職華盛頓大學，她寫道：「如果自閉症光譜上的人全都『走出來』，努力讓制度變得更有彈性，最後能照顧到我們所有的『特殊需求』，那麼這個世界就會變成更舒適、不那麼排斥異己的地方，對任何人而言都是。在那個世界中，兒童有不一樣的學習方式，就像是有不同髮色、髮質一樣自然。在那個世界中，每個人都『有口音』。」喬伊絲談到，她女兒每回「吃力地說出不太能表達的事情時」，最後總會解釋道：「媽媽，我想這是因為我有自閉症。」像這樣的話，二十年前有可能聽到嗎？而這樣能夠接受自我的自省能力，是否代表成熟、解放，甚至戰勝疾病的里程碑？葛林克寫道：「每次有人因為我女兒而同情我，我都不懂為何要那樣。自閉症並不是羞於見人的疾病，而是一種要去適應的障礙。這並不是汙點，反映家人做得不好，而是人類各種生存方式中的一種。」

墨菲爾斯有個自閉兒，她寫道：「目前還沒有什麼東西能讓艾丹突然覺醒，能讓自閉症背後那個理想的孩子露臉。反而是我想通了，我被改造了，不但能用全新的眼光看艾丹本來的樣子，也能用全新的眼光看我自己。」賽德說：「『無法治癒』這四個字令人心碎，但你也可以想成自閉症很堅毅。從不同切面凝視這顆寶石，並不會貶低深度障礙的人所面對的各種難題。我想看的是事情的全貌，也包括美的一面。自閉症就像做夢的能力，都是人性的一部分。神展現了無限可能，而這就是世界各種可能當中的一種。這是人類處境的一部分，或者，也可能是人類諸多處境的一部分。」聽障的藥物和權利運動都不斷快馬加鞭，但自閉症呢？藥物和運動都舉步維艱。自閉症和聽障不同，即便在最開明的外界人士眼中，自閉症都還未發展成一種文化。自閉症也沒有語言學家承認的正式語言，更沒有哪所大學有教育自閉症者的悠久歷史——除非你把麻省理工學院也算進去。有了聽障劇、聽障社會習慣、聽障俱樂部等制度機構的支撐，聽障人士聲明有自己的文化，而這一切在自閉症世界中卻付之闕如。自閉症背後的科學十分複雜，也就代表自閉症的醫學進展要超越身分政治訴求，還有得等。但是神經多樣派人士應可從聽障模式中清楚看出，他們是在賽跑，而他們最大的優勢就是另一方的腳步慢如烏龜。然而，自閉症者無可置疑的實際貢獻也是自閉症的另一項優勢。雖然「回溯診斷」的科學根基並不穩固，但仍指出莫札特、愛因斯坦、安徒生、傑佛遜、牛頓等無數具有前瞻視野的人物，若在現代都有可能被診斷為自閉症。試想，世界上如果沒有海倫·凱勒，大部分的人可能不會覺得多遺憾，但如果世界上沒有這幾位天才，每個人的生命會變得多貧瘠。

• • •

比爾·戴維斯生長於紐約布朗克斯區，從街頭幫派一路混到組織犯罪。一九七九年的某一天，有個一心想當模特兒的女孩走進他管轄的夜店。「她從花瓶裡拿出一朵康乃馨，插在我的衣襟裡，然後說：『你跟我是一對。』我們從此一直在一起。」他說道。十年後，比爾跟潔搬到賓州的蘭開斯特，在那裡生了女兒潔西。五年後兩人的兒子克里斯也出生了。潔在家陪孩子，比爾顧酒吧。克里斯到了兩歲便不再說話。兩歲半的時候，他開始在角落前搖後晃。潔知道事情嚴重了，雖然她沒有駕照，但某天早上還是表示她要開車載克里斯去費城的濱海院，那是一家兒童醫院。她在那裡沒有得到滿意的答案，兩天後她說：「我要去巴爾的摩的甘迺迪克瑞格研究機構，如果沒效，我們就去紐澤西的哈登菲爾德，到班克羅夫特學校去。」比爾說：「妳不能無照駕車到處跑。」隔週她就通過駕訓考試。比爾說：「我後來發現，這些地方都是全國頂尖的，但她是什麼時候發現的？又是怎麼發現的？而且竟還同時學會交通規則？」

克里斯不睡覺，常擺動雙手，自殘，把糞便抹得全身都是，還拿糞便丟父母。他咬自己，他摳眼珠，他還盯著天花板的風扇看，一看就是幾小時。潔以直覺看出克里斯需要無比的耐心。他覺得難的事物，要用循序漸進的方式教他，包括親密關係。她和比爾把每件事都切成許多小任務。比爾說：「我們會說：『我可以碰你嗎？』『喔謝謝，你真棒。』他不肯走到下一個路口，我就帶他走到一半，然後說：『走得真好！』」

克里斯不太能理解因果關係。他喜歡車子移動的感覺，一停下來等紅燈他就尖叫。潔做了紅色和綠色的卡片，每回車子接近紅燈時，她就給克里斯看紅色的色卡；車子要開動時，就給他看綠色的色卡。一旦他明白了中間的關聯，就不再尖叫了。潔推斷，孩子可以吸收視覺資訊，於是她想出了一套閃示卡和符號系統，「我一直在注意他都看了哪些東西。」她對行為學家卡邦的研究很感興趣，於是開車到賓州州立大學，去他的辦公室堵他。他說：「女士，我得走了。」潔說：「你不懂。除非你答應幫我，不然我不會讓你走出辦公室。」在糾纏了一個小時之後，他告訴潔，她可以來上他的下一門課。她在那兒待了一週，然後花了幾年的時間用他的方法發展出許多有用的變化。卡邦對這些調整後的方法非常有興趣，還派了一支團隊到蘭開斯特去觀察她怎麼帶克里斯。克里斯六歲時，潔開始收其他的自閉兒。她發現其中有個不會說話的男孩喜歡鐘，於是買了幾個鐘給他，還讚美他有這樣的興趣。有一天，男孩突然對自己說：「胡安，做得好！」從此開始說話。

潔僱用了富蘭克林與馬歇爾學院還有羅格斯大學的實習生來幫忙實施她發明的技巧，在她家輔導並指導這些實習生。她在克里斯的房間架設了幾部相機，替這些實習生錄影，這樣他們做錯了她才能糾正。她還帶他們去參加會議以及訓練課程。他們申請研究所的時候，潔為他們寫推薦信。克里斯長大時，潔已經訓練了四十多名實習生。當地的其他家庭逐漸知道她的課程後，她也開始派學生去其他家庭實習。

潔不願意相信克里斯若到了五歲還不說話，就永遠也不會開口。克里斯在七歲開始吐出幾個字詞，十歲已能說出短句。他學會把美國總統的相片和他們的名字配在一起。為了讓他學會數學以及如何數錢，潔還製作了數學遊戲。我第一次看見克里斯的房間時，裡面全是學習教材，用來學數數的串珠和彈珠從束口袋裡滿出來，一個檔案櫃裡放著五百多張自製的閃示卡，到處都是樂器，還有一櫃又一櫃的碗，碗內放著各式各樣的東西，從硬幣到芝蔴街塑膠怪物都有。此外，還有大概四百多卷錄影帶堆在房間四處，擠在櫃子裡，塞在東西下方或旁邊，簡直就是卡帶版的亞歷山大圖書館。

每次有新的實習生來，潔就會說：「這裡有兩百元。你到隔壁房間去，我們在裡頭藏了某個東西。你得猜猜是什麼、在哪裡。」然後那個人走進昏暗的房間，其他實習生則開始尖叫、嘖嘖咂嘴、胡言亂語。新實習生越來越煩，最後會說：「我不懂你們在幹嘛？你們想要什麼？」然後潔就會說：「快，去找，找到我就給你兩百元！」等那個人終於憤而離開，潔就會說明：「自閉兒的日子就像這樣。」

比爾看潔這麼投入，也不甘示弱，一手包辦跟州政府打交道、申請治療補助。比爾回憶道：「地方上的學校都碰過激動的父母，父母會說：『我孩子需要四十小時的治療。』學校的人會說：『抱歉，沒辦法。』我則會說：『聽著，在埃瑟里奇對柯林斯的法院判例中……』他們都很討厭我。但我從小在紐約愛爾蘭幫派的大本營長大，我當然不怕一個蘭開斯特的學校老師。」比爾和潔如果能夠證明兩人在家所做的事比學區的課程更適合克里斯，學區就必須提供經費。比爾算出了年度預算：教材的花費、工作坊的成本、實習生的薪資。同時，開發各種治療法已經成了全家人的功課。克里斯的姊姊潔西會拿來兩個一樣的樂器，例如說三角鐵，然後在桌子底下敲奏，接著她要克里斯也敲同樣的樂器。這個訓練法背後有一套原理，潔曾經跟潔西解釋過。學區委派的第一位心理學家到家裡審查這家人提出的要求時，問八歲大的潔西：「妳在幹嘛？」她回道：「收集聲音辨識的資料。」心理學家告訴學區的委員會：「戴維斯家懂的比我還要多。他們申請什麼，就照准吧！」

然而，由於戴維斯一家人沒有健康保險，所以還是有很多東西要自費。克里斯上體操課、說話課，做醫院檢驗，還要向許多醫生諮詢，這些醫生都不加入低收入戶醫療保險。比爾說：「我做四份酒保的工作，每週帶回家的工資有時可以到二千五百元。可是，我對天發誓，我們還是付不起房租。山窮水盡的時候，我就在酒吧募款。我會去費城人隊要到一顆棒球，去飛人隊要一根冰上曲棍球棒，然後拿到酒吧賣，一次募到六千元。」

克里斯和很多自閉症者一樣，都有腸道問題。上廁所對他而言是酷刑，他常常能憋多久就憋多久。比爾說：「於是便意一直累積，然後接二連三爆發，他會說『洗澡』，然後抱住我。我把他清乾淨，然後消毒房間。老天，真夠髒的。裡頭堆滿老電影，而且他還踩在上頭，而且他剛剛還在那兒撒了泡尿。太恐怖了。可是只能這樣。」他們家感覺既骯髒卻又同時洋溢著愛。比爾告訴我，潔的童年過得很苦，因此有機會在完美的家庭中扶養孩子，一直是她寶貴的夢想。「要她放任屋子變成這樣，那可是真的下了決心。」他說。

克里斯九歲時，戴維斯夫婦決定讓他進入學校體制。學區同意由潔訓練戴維斯的老師。克里斯入學前那年暑假，他的導師來到家中。「她心胸非常開放，很願意學，而且人很好。我知道自己可以跟她合作。」潔說道。那年秋天，克里斯入學了，班上還有兩個小男生，潔訓練過的那位老師，以及四位助教。

克里斯入學之後，潔開始說她很累。「她常常早上六點起來，半夜三點上床睡覺。總是在寫東西，總是在上網，總是在打電話，總是到處跑。所以她竟然開口說：『你能送他去嗎？』我很驚訝。」後來她終於看了醫生，她才四十五歲，就長了惡性的子宮頸腫瘤，有葡萄柚大小，而且已經轉移到肺部還有脊椎，有顆腎臟已經失去功能。她還有輕微的心臟病，而且還因為內出血太多，必須緊急輸血五小時。

我認識潔時，醫生宣告她只能再活五個月。護士到家裡替她做化療，潔希望這樣能多爭取一些時間。即便沒了頭髮，而且有些瘦弱，她還是很美，而且有一種溫柔的氣質，正好和比爾的粗獷形成對比。雖然她的狀況不好，但她還是堅持要我去拜訪。她對我說：「我運氣好，克里斯已經開始上學了。他已經準備好照顧自己。他需要什麼，比爾一定會幫他。我能用他的眼光看事情，但比爾卻能體會他的感受。我該做的都已經做了。」她原本架了一個閉路電視的系統，用來監督克里斯的老師，現在系統還在，所以她不必起身也能看到樓上他房間內的一切。「對我來說，這樣的經驗真是太奇怪了，所有事情都擠在一起，我不行了，克里斯去上學了。其實，比起克里斯，我還比較擔心我女兒和丈夫。說真的，克里斯只是個快樂的孩子。不過，要讓他理解什麼是情緒很難，我很努力要讓他知道以後不會看到我了。」

克里斯一度變得很暴力，多半衝著比爾，他會咬他、搥他、用頭撞他。但他前陣子把很多的影片搬下樓，和影片窩在一起，陪著病榻上的母親。我到的那天，潔吃了藥，充滿哀悽惆悵，而克里斯很煩人、很吵，不斷打自己和身旁的東西。「不要打爸爸。」比爾說道，一手撫平克里斯緊皺的眉頭，另一手牽著潔的手。然後克里斯突然用他含糊的口齒對潔說：「我愛妳。」接著把頭放在她的胸前。

我見到她十天之後，在十月某個安靜的午後，潔過世了。她把自己的教材都留給幫助過她的幾所大學。比爾說：「把東西全寫下來也沒用，真正重要的是潔本人，而不是我記錄的東西。」潔過世前不久，蘭開斯特市頒給她「紅玫瑰獎」，肯定她的貢獻。曾經質疑過戴維斯家教育需求的「中間單位」宣布，每年將贊助十個家庭參加全國自閉症大會。富蘭克林與馬歇爾學院宣布舉辦「潔．戴維斯實習計畫」。賓州州立大學則宣布成立「潔．戴維斯父母獎學金」。至於「自閉症研究組織」則創辦了「潔．戴維斯紀念獎」。

比爾堅忍走過傷痛。「克里斯診斷出有自閉症那天，我倆的婚姻就已經完全改變。我們很少做愛，很少有親密或浪漫的時刻。如果兩人出外用晚餐——大概一年才去一次，談的也是克里斯。有些事就這樣取代了另一些事。如果克里斯永遠不工作，也不結婚，那又怎樣？讓克里斯做自己。所有的一切都是克里斯教的。他教我們怎麼應付他、他怎麼學習、怎麼讓他過自己的生活。前兩天晚上，我們開車去一個他母親和他以前常去的地方，然後他就哭了起來。我知道原因是什麼。我兒子不是一個謎。我確實知道他是什麼。」比爾一直很喜歡紋身，他開始把克里斯的障礙紋在自己身上。他的胸前刺了「自閉症」，還有一個超大的自閉症拼圖絲帶，那是「美國自閉症協會」的標誌，以及「解開自閉症」組織的標誌：一個U、一個A、一把鑰匙。

我和比爾失聯了一陣子，後來再次碰面時，比爾說道：「潔把克里斯逼得太緊。潔一過世後，他就說『不去學校』。我想，如果他真的只想要每天看電視，我們應該不斷逼他做別的事情嗎？」比爾因為克里斯曠課而遭到起訴。這家人被潔的醫藥費給拖垮了，無家可歸，有陣子就睡在蘭開斯特的公園長椅上。潔過世後十八個月，克里斯成熟了，亂塗糞便的狀況不再出現。他開始了解，世界有一套和他不一樣的規則，而他必須遵守。我們幾乎可以說，他需要一位嚴母無微不至的呵護，才能走出來和外界溝通，但要讓他看到溝通的目的，則需要父親的窘迫處境。彷彿母親給了他語言，而父親讓他開始使用語言。

比爾堅稱克里斯有語言能力，對此我一直難以置信。他只偶爾表現出能理解幾十個詞彙，而且大部分的時候只說名詞和死背起來的短句。我最後一次去拜訪的時候，看到他在電腦上打出複雜的句子，嚇了一大跳。我坐在那裡，看他登入拍賣網站，開始搜尋影片。克里斯其實認得很多字，只是並沒有表現出喜歡用字詞和人溝通的樣子。不過他情緒方面的能力也有所成長。我一走進去，他就開始揮動雙手，並且發出高頻率的聲音。我以為他是起了戒心，但後來我坐到沙發上，他也跑過來窩在我身旁。

葛蘭汀形容自己是「火星上的人類學家」，後來神經科學家奧立佛．薩克斯把這個詞借去當自己的書名。但克里斯就像是火星人，置身在擠滿人類學家的房間。比爾說：「我怕他其實一直都能感受到這一切，就把這些都跟他說了，還跟他說我全心、毫無保留地愛他。只是以防

290

萬一。」假定人類天生就嚮往渴求有人愛自己、讚美自己、接納自己，這算不算是神經典型人士的偏見呢？

・・・

現在有兩派傳說，走向相反，但造成的問題卻幾無二致。第一派傳說源於自閉症父母的各種奇蹟紀錄，其中最為極端的，是記敘美好的男孩女孩從病痛當中走出，彷彿一切不過是冬霜，春陽一出自會消融。經過父母轟轟烈烈的英勇戰鬥之後，他們蹦蹦跳跳走向開滿紫羅蘭的春日田野之中，語言能力完全正常，率真迷人，洋溢著清新的喜悅。這樣的故事給人錯誤期待，完全抹殺了家中有人診斷出自閉症所面對的煎熬。另一派傳說的主要劇情是孩子並未好轉，但父母卻不斷成長，最後不再想要改善他的狀況，反而加以歌頌，而他們對於這樣的轉變也十分滿意。這同樣粉飾了很多家庭面臨的困境，也可能讓人看不清自閉症的各種真實缺陷。雖然許多自閉症者的生活仍然神祕難解，但家中若有自閉兒，日子是眾所周知的辛苦。社會的歧視的確讓處境更艱難，但如果說一切都是社會歧視所引起，未免失之天真。家中若有孩子從不用你能理解的方式表達愛，讓人萬念俱灰；家中的孩子若整晚不睡，你得隨時隨地守著，他還時時尖叫鬧脾氣，卻又無法表達自己為何生氣，這些經驗會讓人不知如何是好、難以招架、筋疲力竭，而且得不到回報。治療及接納雙管齊下可能減輕這些問題，搭配的比例依個案的狀況而定。重點是，切忌一心只想著治療，或一心只想著接納，然後就一頭栽下去。

・・・

身心障礙的世界有很多殺害子女的案例。那些結束家中自閉兒生命的人，通常都說自己不想再讓孩子受苦。如果有人質疑自閉症權利運動，只要看看這些故事，就能明白主張自閉症者的生存權，的確是當務之急。

一九九六年，六歲的查爾斯安東尼被母親殺害。他母親沒有入獄服刑，而是在中途之家服務了一年，之後還獲蒙特婁的自閉症協會推選為民眾代表。一九九七年，七歲的卡西不願從橋上跳下去，被母親用浴袍的帶子勒死。「她格格不入。因為她跟別人不一樣，所以大家都很怕她。我很久之前就想動手了，我不該拖這麼久的。」她母親因殺人而被判十八個月有期徒刑。一九九八年，皮耶被母親推到水裡淹死，他母親被判三年緩刑。一九九九年，小詹姆士四歲，在所住的安置機構被父親持刀刺死。老詹姆士被判五年有期徒刑。同年，十三歲的丹尼爾被母親活活燒死，而他母親被判刑六年。二〇〇一年，加百列六歲，被父親拿東西悶死，屍體則被丟進湖裡，後來他父親對一項較輕罪名認罪，被判四年。同樣在二〇〇一年，雅德維加掐死自己十三歲的兒子強尼，她被判關入精神病院。法醫表示，她「對於優秀的標準極為嚴苛，可是她再也無法達到」。二〇〇三年，安潔莉卡的母親尤安娜本想將她電死，後來把她壓入水中淹死。尤安娜被關了三年。泰倫斯被母親和教會的教友送去驅魔，結果窒息而死。有個鄰居說明驅魔過程時談到他母親，說：「他們壓住他，過了快兩個小時，他幾乎無法呼吸。然後，雖然那孩子幾乎無法說話，但他母親說惡魔藉著他的嘴說話了，祂說：『殺了我，把我拿下。』她說教會的人告訴她，那是治好他的唯一辦法。」後來母親以不起訴處分，但主持驅魔儀式的牧師則被判兩年半有期徒刑及一千兩百元罰款。二〇〇三年，丹尼拉掐死自己十歲的兒子傑森，後來遭判緩刑五年。她的丈夫哀慟不已，在作證時表示：「一直到那天為止，她都是任何人夢寐以求的完美母親。」二〇〇五年，派崔克卅六歲，被母親用東西悶死，他母親被判兩年緩刑。同年，珍開槍射死廿七歲的自閉症女兒莎拉，然後放火燒了房子，連自己也一起燒死。《辛辛那提問詢報》說兩人都「死於無望」。二〇〇六年，克里斯多福被父母關在家中燒死。兩人各判六個月徒刑。二〇〇六年，荷西拿刀劃開兒子尤里西斯的喉嚨。他打電話報警，說：

「我再也受不了了。」荷西坐了三年半的牢。黛安殺害了五歲的兒子布蘭登。驗屍報告指出他死於頭骨破裂，以及過度服用泰諾止痛藥。他的兩腿布滿燙傷的傷痕——他母親為了管教他，常把他泡入滾水中。她被判刑十年。二〇〇八年，雅各被父親開槍射殺。他父親以喪失心神為由，拒不認罪。

292

從上述的判刑可以看出，法院一貫認為殺害子女是養育自閉兒的壓力所導致，雖說不幸，但其情可憫，量刑多半很輕，且法庭及媒體多半相信犯人的自白：殺人是出於無私利他的動機。莎維亞在毒死六歲的自閉症兒子後說：「要我眼睜睜看著我的兒子慢慢變成傻子，我實在辦不到。」法官希望能從輕量刑，勸說道：「她真正的懲罰，是必須活在自己罪行的陰影之下，只要活著一天，就會被記憶糾纏。」在談到查爾斯安東尼的謀殺案時，蒙特婁自閉症協會的會長表示這起案件「於理不容，於情可憫」。蘿拉說：「許多家庭都跟我們談過，他們說：『我們都有不可告人的黑暗念頭。』」卡蜜有個自閉症的孩子，她寫道：「把康復歌頌成傳奇的同時，我怕我們也設下了無法達到的高標準，讓五十萬名自閉兒的父母覺得自己很失敗。」卡蜜繼續寫道，自閉症的孩子可能可以有長足的進展，但如果你的預期是完全康復，也就是期待「孩子沒有自閉症應該有的樣子」，就會讓「情緒陷入危境」，甚至可能動手殺人。

然而，孩子死了便拍拍手走開，這種行為以無私來形容，其實大有問題。有份質性研究顯示，殺害身心障礙兒的父母當中，有將近一半的人並未服過任何刑。約爾是成年的自閉症者，他在部落格上寫道：「若有人感冒了，雖然你也可以結束他的性命，讓他不再受感冒之苦，但比較合適的做法還是提供醫療協助，讓他們多休息、多喝水，還有多關心他們。如果酒醉駕車意外撞死無辜的兒童都要關上一輩子，那麼為人父母計畫謀殺自己的孩子，當然應該要判處同樣的刑責。」

把身心障礙全然視為疾病，認為身心障礙完全與身分認同無關，是很危險的事，麥卡倫醫師的話便證明了這一點。二〇〇八年，她在悶死三歲女兒凱蒂後解釋自己為何這麼做，她說：

「自閉症把我掏空了。也許我可以用這種方法治好她，她在天堂裡會是個完整的人。」麥卡倫的朋友說：「凱倫沒有一晚能好好入睡。她每本書都讀。她這麼努力。」凱蒂的祖父對這樣的辯解大為不滿，他寫道：「有些報紙報導這麼做是要結束凱蒂的痛苦，我跟你保證凱蒂一點也不痛苦。她是個漂亮、珍貴、快樂的小姑娘。每一天都有人給她很多愛，而她也用擁抱、親吻還有笑聲來回應。我讀到一些人的言外之意都是要我們寬恕殺害我孫女的凶手，我絕對無法接受。」又有一次，他說：「如果這些人都是自閉症的『倡權者』，那麼『反對者』會是什麼樣子，我連想都不敢想。」

293

德雷克是「還未死」組織的研究分析師，他寫道：「六月九日，《芝加哥論壇報》登出麥卡倫一案，標題是〈殺女案引發各界關注自閉症的苦果〉，從標題便可明顯看出該文的主旨。文章花了很多篇幅悲憫麥卡倫，並從負面的角度談論自閉症。相較之下，受害者的描述及哀慟家屬的心聲就短多了。」《融合每日快報》的編輯雷諾茲就撰文談過這類報導。「每次一有這樣的案子，鄰居和親戚都說凶手是慈愛、全心奉獻的母親。每一個案子，凶手都被描繪成受害者，孩子有身心障礙，而社福制度又無法提供適當的協助。」雷諾茲埋怨，有人利用這類謀殺案來獲取治療課程的補助，並擔心這「將更讓人認為，這些孩子是父母及社會的沉重負擔。殺童就是殺童，沒有任何理由可以合理化這種罪行，也不應該同情殺人凶手。這些女人除了殺人之外，還有無數的選擇」。

其他人若聽到有人聲稱父母有無數的方法可以面對自閉兒，恐怕會大力反對。其實，這些最後對孩子下了狠手的父母，很多一開始曾努力尋找安置孩子的設施，結果卻落空了。海蒂曾經想和五歲的孩子同歸於盡，最後未遂，她說：「這個世界從家人到教育制度，所有人都不斷拒絕札克，我不能讓他活在這樣的世界。」約翰一度想要殺死廿六歲的兒子理查、妻子，然後自盡，但沒有如願。審判結束之後，他才終於替兒子找到安置機構。他太太說：「原本已走投無路，非要等到有人快送命了，他們才終於找了個地方安置理查這樣的人。」上述這類凶殺案發生時，我們多半很痛惜，顯示我們多少覺得自己對這些父母也有些責任。若果真如此，我們就應該要給他們及他們的孩子更多支持，讓他們在走到盡頭前有更多選擇。我們需要短期照護，還有免費且令人滿意的住宿型安置機構，還需要用正面的態度談論自閉症，如此一來，父母才不會急於終結自閉症，即使犧牲孩子，也在所不惜。

　　自閉兒的父母多半睡眠不足，也往往因為醫療費用而一貧如洗。他們的孩子隨時需要有人照看，讓他們無法招架。他們很可能離婚了，而且與外界隔絕。他們可能得花無數時間和健保單位及地方教育當局作戰，為孩子爭取資源。也許為了處理緊急狀況而太常缺勤，因此失去工作。孩子可能會破壞東西或者有暴力行為，因此他們和鄰居的關係也多半不好。壓力會使人走上極端，極端的壓力則會使人觸犯社會最重大的禁忌：殺害自己的孩子。殺害家中自閉兒這件事，有些人表示是因為愛，有些人則承認是出於恨，或是憤怒。黛博拉殺子未遂，她向警方自白道：「我等了十一年，等不到他說：『媽，我愛妳。』」情深則迷，這些父母這麼做，大多出於激烈的情緒，硬要區分那是愛抑或恨，乃是不當約化。父母當局者迷，不知所感為何物，只知感受強烈。

　　遇害的美國孩童中，有一半是父母下的手，而這些父母中，又有一半的人聲稱自己這麼做出於利他之心。社會對這種說法的包容已經出現可怕的後果。犯罪學家經常指出，生物倫理學家使用「利他」一詞，不止使殺害子女的案例增加，也使凌虐案件更常出現，使原本就有暴力傾向的父母更加肆無忌憚。若有哪個案件轟動社會，大家也支持犯罪的動機是出於無私利他，之後往往會有人仿效。美國聯邦調查局的罪犯側寫員認為，像這樣的殺人案，真正的動機常是權力欲和掌控欲。法院從輕發落，無異於告訴社會大眾、父母以及自閉症者，自閉症者的生命價值比其他人還要低。這套邏輯和優生學十分類似，令人心驚。

VI

第六章　思覺失調症

SCHIZOPHRENIA

唐氏症在孕期就會得知，也因此唐氏症的傷害是一開始就可能破壞父母與胎兒的感情。[295]

自閉症的難題則是在幼兒期出現或發現，當父母發現孩子出現變化時，通常已經對孩子產生感情。思覺失調症帶來的衝擊則是，這種症狀多在十七、八歲或二十歲初顯現，而父母必須接受這十多年來所認識、鍾愛的那個孩子，恐已找不回來，即便孩子表面上看起來仍是同一人。一開始，幾乎全世界的父母都會認為思覺失調症是入侵者，像一層遮蔽物掩蓋了自己鍾愛的孩子，因此必須設法把孩子從綑綁中釋放出來。但其實，思覺失調症很可能跟阿茲海默症一樣，不是一種「外加」的疾病，而是一種「取代」和「刪除」的病。這種病並未遮蓋原本的那個人，而是在某種程度上除去了這個人。然而，有些陳跡舊痕還是會殘存下來，個人生命史中頑強的部分尤其明顯。這麼說是因為，罹患思覺失調症的人往往會記得孩提時發生的事，而那時精神疾病的影響還不顯著。他會告訴父母他們做過（或努力做過）哪些對的事情，一如他們會說出受過的創傷。他會記得表親堂親的名字，也能保有某些技能，也許是打網球時一記厲害的反手球，也許是感覺驚訝或討厭時能豎起一邊眉毛。也許還能保有其他特質：幽默感、討厭吃青花菜、喜歡秋天的陽光、比較喜歡用原子筆。他最基本的人格特質也可能會留著，例如待人和善。

思覺失調症殘酷之處在於，哪些事物會消失而哪些不會，毫無道理可言。思覺失調症可能是讓人喪失情感能力，因而無法和人建立關係、愛人或信任他人，可能是讓人無法完全運用理性來思考，也可能是失去專業工作能力。患者有可能失去自理生活的基本能力，還可能喪失自我察覺及清楚分析的大部分能力。最廣為人知的一點，是患者會逐漸迷失在另一個世界的聲音中，誤以為這個聲音來自外界，而他和這些聲音的關係，會變得比真正的外在世界更真實、更重要。這些聲音多半很殘酷，還經常鼓勵患者做出奇怪或不適當的舉動。聽到聲音的人多半很害怕，幾乎全都變得偏執。有時，患者還會同時出現幻視及幻嗅，他的世界因此變得充滿實際威脅，他像是陷入無間地獄，無從逃脫。奇怪的是，很多患者會逐漸和妄想的對象建立感情，不過雖然如此，非妄想的世界逐漸淡去仍讓他們孤單無比，彷彿永遠隱居於某個危險的私人星球，永世不得離開，也不得有客人來訪。約有五至十三%的思覺失調症患者會自殺。不過，從某個角度來說，死亡還是苦難中最輕微的部分。有個思覺失調症患者羅傑最後自殺了，他的妹妹就說：「最後，羅傑的死，我母親放下了；但他所經歷的人生，我母親永遠也放不下。」

世界上最悲慘的事，莫過於把夢境視為真實。能夠從睡夢中醒來，逃離那令人恐懼的噩夢，伸懶腰迎接嶄新的一天，那種大鬆一口氣的感覺實在幸福。精神疾病很可怕，會打亂患者區分自我和現實的能力。幻想與現實之間原本有層隔膜，而思覺失調症患者的隔膜卻千瘡百孔，因此想到一件事跟經歷一件事變得幾無二致。患者在早期往往有憂鬱症的症狀，這是因為精神疾病本身就讓人痛苦，同時也因為患者腦中的想法在本質上就很令人絕望。這個時期自殺的可能性最高。之後的階段，患者整體情緒反應的能力都降低了，看起來可能會很茫然且沒有喜怒哀樂。

296

訪問思覺失調症患者的時候，我發現狀況嚴重的人似乎都不會自艾自憐，這跟我接觸過的憂鬱症等精神失調患者大相逕庭，後者經常唉聲嘆氣，我本人也是其一。思覺失調症患者在初期階段確實會害怕、悲傷，但久病的人卻不會如此。他們會抱怨某個妄想，或因為無法自理生活而覺得內疚，卻很少怪罪疾病本身。很多人原本正要邁向美好人生，例如有個面貌姣好的女性，她父母總念念不忘她原本可以盡情談戀愛，但她本人卻似乎未這樣想。有個年輕人性情溫和、高中時人緣極佳，他父母告訴我，他若有一輩子的朋友會有多快樂，但他本人從不這麼說。有個男人首次發病時正在哈佛就讀，成績優異，但他從未抱怨自己錯過了大好事業，為此遺憾的是他的父母。疾病彷彿把這些患者和上述的人生完全切割開來，所以他們對人生渾然不覺。面對疾病，他們有種堅定的雍容，我無時無刻不覺得感動。

・・・

我一認識哈利．華生，他就推翻了我對思覺失調症的原有印象。他已年屆卅八，卻俊美得難以置信，態度坦率，令人如浴春風，言談平易近人且妙趣橫生，倘若我事先不知情，根本不會察覺任何異樣。當時他正參加姊姊潘蜜拉的宴會，同行的還有母親凱蒂。潘蜜拉事業有成，凱蒂有股生俱來的優雅氣質，以及自然流露的智慧。電影《費城故事》若缺臨時演員扮演上流家庭，這三人簡直渾然天成。凱蒂日後告訴我：「我想他一直希望這件事能比實際上更有趣。他一開始是大量冒汗，第二天便幾乎下不了床。」

哈利除了潘蜜拉這個同母異父的姊姊，在父親比爾那裡也還有兩個同父異母的姊姊。他一九六九年出生於加州，是四個孩子中的么子，也是唯一的兒子，集家族的寵愛於一身。凱蒂說：「他棒球打得極好，十歲左右，教練要他當投手。哈利說：『我覺得自己沒辦法承受那種壓力。』這句話從十歲孩子的口中說出來，是不是很怪？他也告訴過我，即使在那麼小的時候，他也已經覺得有點不對勁。」

潘蜜拉是小說家，也是記者，她說：「這樣的故事大家也聽多了。他過去確實是天之驕子，會運動、人見人愛，是大家追捧的對象。他十二歲時，我母親和他父親（也就是我繼父）離婚了，那一年我正好離家上大學。他父親的家訓是不可以表現出軟弱的樣子，所以哈利雖然覺得自己不對勁，卻只能隱藏起來。」哈利高中畢業之前仍有朋友，看起來也像是正常的青少年。凱蒂說：「他表現出來的樣子比實際狀況好，所以即便經過診斷，他的幾個治療師也沒能看出他真正的狀況。他現在仍然覺得，如果他表現出正常的樣子，世界也會用比較正常的方式對待他。也就是說，他並沒有獲得足夠的幫助。」

潘蜜拉說：「我們有很長一段時間不知道發生了什麼事，所以並未採取行動，沒有替他安排合適的治療。結果很慘。我繼父替他找了一個貪心、無能又缺乏醫德的心理醫生，我們都不知道哈利的狀況有多糟。哈利一直要到多年後住院治療，才發現那傢伙是江湖術士，這簡直傷透了他的心。之後他再也無法像原先那樣信任其他治療師。」要辨識精神疾病需要循序漸進的過程。潘蜜拉說：「有很多年，哈利不論說了或做了什麼不太對勁的事，我都沒放在心上。我廿四歲那年他滿十八歲，變得落落寡歡、心事重重。我母親勸我回家過耶誕節，趁機跟他聊聊。我們就關在他房裡整整六小時。他跟我說所有人都認為他是同志。他很確定他女友這麼認為，他的所有朋友這麼認為，就連我母親和他父親也這麼認為。我說：『這太離譜了，沒人認為你是同志。』他吐露了真心話，看起來也解脫了，而我也很開心自己能幫上他的忙。現在回想，那其實是非常複雜的長年妄想。他真的需要好好治療。」哈利進了羅林斯學院，主修哲學，也修了心理學，凱蒂說：「他顯然想了解自己是怎麼回事。」隔年耶誕節，潘蜜拉和哈利去棕櫚泉找哈利的父親和幾個姊妹。潘蜜拉說：「哈利非常凶。一天晚上，他突然宣布他跟我一個妹妹一起吸了迷幻藥，吸了以後才發現，自己的腦袋一直都像吸了迷幻藥。基本上，那算是宣告他有思覺失調吧。」不過，哈利雖然在一九九二年畢業時出了幾件奇怪的小插曲，但似乎都還能撐著。

畢業後四年，他的精神病首度全面發作。他很畏懼自己腦內的思維。一九九六年春天，他住進舊金山的蘭利．波特精神病醫院。凱蒂說：「他當時瘋得很嚴重，我不知道該跟他聊什麼，於是我們玩起了拼字桌遊。他手指著街上的一輛廂型車，說那是ＦＢＩ藏匿設備之處。他認為護士都打算毒死他，他不想吃藥。他入院之後，我去了他的公寓一趟，亂成一團，彷彿反映了他腦內的狀態。」

哈利在醫院住了十天，出來後，找到一份電腦程式設計的工作。凱蒂說：「一開始還算順利，過了一陣子，他開始說自己的公寓遭到竊聽。原來他自行停了其中一種藥。我說：『你來我家過夜吧！』他說：『妳家也遭竊聽了，我告訴妳訊號發送器藏在哪裡。』於是他把我帶去洗衣間，指著一個地方，說東西就在那兒。於是我又把他拖去蘭利．波特醫院，之後幾年狀況就這樣反反覆覆。他一離開醫院，三天內你就可以發覺他自欺的情況越來越嚴重。」戰線逐漸失守。潘蜜拉說：「不幸的是，到那個時候，那些聲音已經控制住他。那些聲音這樣全天候轟炸，你怎麼打得贏？父母能及早發現孩子的心理疾病至關重要。如果我們在他十五歲就發現不對勁，結果可能會不一樣吧？我們卻是直到他三十歲，那麼無助、驚恐、以為所有妄想都是真的之後，才帶他去接受治療。」

凱蒂那一年彷彿墮入了地獄，而且越墮越深。她說：「他父親在那帕有棟房子。一九九七年哈利去那裡度了週末，然後就不肯離開。將近一年之後，有一天我出現在那裡，他看到我便尖叫：『妳在這裡幹嘛？』彷彿惡魔附身。我說：『我跟你爸覺得你應該要回城裡，定期去看醫生，跟我一起住在家裡，然後吃藥。』他說：『我不要。』我說：『你不要的話，我們就把你趕出去，讓你流落街頭。』我很怕他就這麼辦，所以找了私家偵探四處跟著他，確保他不會出事。他原本就會偏執，妄想ＦＢＩ的人在跟蹤他，現在我竟還找私家偵探跟著他。他對著我大吼，說他有多恨我。四十八小時之後，他搬回家。」潘蜜拉回憶道：「哈利還有酗酒的問題，在那帕的時候他喝個不停，龍舌蘭一瓶瓶地喝，喝到不省人事為止。他還活著真是奇蹟。他喝著喝著就會憂鬱起來，這時便開車上金門大橋，有時就站在橋上，想著要不要跳下去。他說有一次他差點就跳了。但他不喜歡冒險，所以他的自殺傾向可能沒我們想得那麼強烈。」

從那帕回來之後幾個月，哈利回到家，凱蒂大鬆一口氣，但又難以承受他瘋得這麼離譜。凱蒂說：「有時我帶人回家，卻不知道他什麼時候會冒出來。他經常自行停藥，結果又得住院。我會不時去他房裡轉一轉，這跟進入藥蟲的房間剛好相反，我若沒看到瓶子反而會緊張。」他很快就搬回自己的公寓。凱蒂說：「我會去按門鈴，但他不會應門，所以我就自己進去。我得走上非常陡峭的樓梯間，然後他會出現在上方。我很確定他不會把我推下樓梯，但他會尖叫，那叫聲很可怕。」潘蜜拉說：「他變得很胖、很凶、很愛生氣，任何人說什麼他都不信。他常一臉明顯的輕蔑，跟他說話很痛苦。他就像歌手吉姆·莫里森晚年的樣子，成天窩在家中，在沙拉碗裡裝滿義大利麵，然後坐在電視前面吃。怎麼看都無法想像他要以什麼方式、樣子、型態來好好活下去。」

從那帕回來三年後，哈利卅二歲，凱蒂想讓他重新開始，於是選了哈佛附設的麥克林精神醫院。潘蜜拉說：「把他從舊金山帶到麥克林真是了不起的成就，我還是不太知道我母親是怎麼辦到的。哈利那時成天縮在他舊金山那個小小的洞裡，而我母親只能勸他過去，因為她在法律上沒有任何權力強迫他。」哈利成了醫院長期住院的病患，開始吃新藥，也開始看治療師，同一個人一直看到現在。哈利個子不高，當時的體重卻有一百公斤。醫師說服他，說這樣不時髦也不健康。六個月後他開始節食，也開始跑步。每回他在麥克林醫院種滿青草的院區短跑衝刺時，其他病友就會哼起電影《洛基》的主題曲。

凱蒂說：「拖著沉重的身體行動，真是為難他了。」接著我突然想到，為什麼院內沒有健身中心？」於是凱蒂募款建了一個，哈利協助選器材。凱蒂之所以這麼做，有部分是因為她相信健身有益身心，但另一部分是這樣她就有藉口常常進出醫院，又不會讓哈利看出她是來查勤。

現在健身中心每個月有七百多人次使用。哈利住進麥克林之後瘦了廿七公斤。潘蜜拉說：「他每天跑步，也肯開口談自己的病情。說真的，和他離開舊金山之前的狀況相比，他現在的狀態真是光明得難以置信。」但是，從他精神病徵初次浮現到他住進麥克林醫院，中間相隔了太多年，有些問題已經開始出現。潘蜜拉解釋道：「不只浪費了時間，而且在精神病肆虐了十五年之後，他的腦袋也跟以前不一樣了。他遍體鱗傷，但你也能看出他有多聰明、能言善道又風趣，他的人生原本會多有意思、多有活力？他一方面病得太重，什麼事都無法做；但另一方面又康復得太好，知道自己錯過了多少事。他知道他不該跟別人說腦內的聲音是真的，但又無法說服自己那不是真的。他告訴我，他很擔心『理事會』很可能要對他下手了。我說：『老天，這些聲音真的很遜，竟然這麼無聊又無趣。理事會？最爛的電視連續劇恐怕還比較精彩。』然後我們就一起哈哈大笑。他還跟我討論一個他還沒克服的障礙，就是他其實並不真的希望那些聲音離開他。雖然那些聲音令他畏懼，但也已經成了他的朋友。」凱蒂則說：「哈利很辛苦，他無法決定自己究竟想待在真實世界，還是另一個世界。

哈利現在獨自一人住在劍橋的公寓，每天跑步一小時，看看電視，也常看電影、上咖啡館，定期看治療師。他對魚很有興趣，擁有一個淡水魚缸及一個海水魚缸。他還有份溫室的工作，那是麥克林職訓計畫的一部分。但在他的世界裡，所有事情都無法維持長期穩定。我有一次去拜訪凱蒂，她跟我說哈利不去溫室了，她說：「他的世界暫時沒有進展，就停在現在這個渺小狀態。」

凱蒂不斷想幫助哈利突破現狀，結果累得心力交瘁。雖然她已做得比預期的還要好，但她這樣不斷受挫，還是產生了不良影響。潘蜜拉說：「我生了孩子之後就解脫了，因為我真的無法日復一日活在驚嚇中。」潘蜜拉說話時，一面把手機放在我們中間的桌上。「我帶這支手機一半是為了他，一半是為了我的孩子。每當他覺得有幻覺、希望找人傾訴的時候，就會打電話給我。如果他沒打來，就表示一切都還好。」凱蒂也認為這樣比較好，但也常常為此感到沮喪。她說：「我一直希望潘蜜拉能多投入一些。」同時，凱蒂也覺得自己應該盡量擔起照顧哈利的責任，能做多久算多久。她說：「他很孤單，但只要一有人想跟他做朋友，他就會變得偏執。他跟我說他去跑步，有個人對他說：『哈利！哈利！』原來是他常去的小餐館裡負責做鬆餅的人，於是兩人便聊了一會兒。對此哈利表示：『我覺得我是群體的一份子。』」哈利和母親也常開玩笑。凱蒂幫麥克林重新裝修住院病房，一直和醫院有聯繫，哈利就對她說：「唔，媽，看來我替妳找到事業的第二春。」

要在鼓勵和壓力之間找到平衡，仍然近乎不可能。潘蜜拉說：「能做的，他已經盡量做了。有時候，我覺得我們就像雙胞胎。他所說的任何事，我都可以從自己的經驗推斷。我是小說家，他也算是小說家，只是他自成一格。他創造了另一個世界，有時自己就住進那個世界。裡頭有人物、有星球。他很有美感，這也引發了他的妄想。那是個很危險、駭人、寂寞的世界，但也有美麗的時刻。我母親功勞很大，她的功勞就是不肯放棄。我繼父無法待在那裡奮戰，對他而言太痛苦了，但這件事卻激發了我母親的鬥志。這一切是我母親、醫生的功勞，但更是哈利的功勞。事實證明他真的很堅韌，他是我的英雄。他是打了十五年越戰的人。他還是每天起床，找出值得開心的事情。我有勇氣過他這種生活嗎？我不確定。」

哈利生病之前，凱蒂一直過得很好。她說：「以前我凡事都不放心上，是經歷一番掙扎才百般不願地走進心理疾病的世界。現在我總是幫助別人，或者提供建議，或者幫他們找醫生。我確信這可以培養品格，但坦白說，我還是比較喜歡快快樂樂、輕輕鬆鬆日子。」她知道哈利會為自己影響了她的生活而內疚，所以她盡量不讓自己受影響。我問她，哈利耗去了她多少時間和心神，她眼眶立刻盈滿淚水，聳聳肩，勉強笑了一笑，幾乎是歉疚地說：「全部啊，全部。這是沒辦法的事。」

思覺失調可大致分為正性、負性和認知的症狀。正性症狀是出現精神幻覺，負性症狀和認知症狀則包含精神混亂、缺乏動力、情感遲鈍、失語、退縮、記憶限縮以及自理能力下降。有個專家這樣跟我形容，說這是「自閉加上妄想」。這種說法雖不完全貼切，卻也不無道理。有個病患這樣形容她的正性症狀：「可怕的畫面不斷向我襲來，一刻也不得喘息，這些畫面栩栩如生，我的身體都有確實的感覺。我無法說自己真正看到了影像，因為這些『影像』背後並沒有真正的事物。但我確實能感覺到，我的嘴裡似乎真的塞滿了鳥兒，然後我用牙齒把鳥咬碎，鳥羽、鳥血、碎鳥骨滿滿我的喉嚨。或是我看到人，我把這些人埋在牛奶瓶裡，任其腐爛，然後我吃下這些腐爛的屍體。或是我大口吞下一顆貓頭，然後貓頭同時也啃食我的重要器官。太血腥、太難忍受了。」

另一位病人則如此描述自己所經歷的負性及認知症狀：「不論何時，我對任何東西都沒有情緒反應，包括我自己。唯一剩下的，只有對四周事物還有我內心事件的抽象概念。就連這個刺穿我生命核心的疾病，我也只能客觀看待。我清醒地全程旁觀一名天資聰穎、教養良好的人就這麼漸漸毀壞，沒有什麼事比這更恐怖。而這，就是發生在我身上的事。」諾貝爾生理醫學獎得主坎德爾論及思覺失調症如何讓人失去對愉悅的期待，他說：「試想，有個人只要上館子用餐就會十分開心，卻提不起興趣上館子。」心理學的享樂原則說，人總是趨樂避苦，但對於有思覺失調症的人來說，這句話有一半不符合事實。

艾蜜莉．狄更生如此描述逐漸墮入精神疾病的狀態，刻畫鮮明得令人不寒而慄。

我感覺到心智劈出一道裂口——

猶如大腦裂開——
我試圖拼起——裂縫對上裂縫——
卻無法吻合對接。

之後的思想，我努力將其
與之前的相接——
但次序散亂不成調
像球一顆顆——
散落在地。

雖然思覺失調症出現時，大多數人的感覺就像是有東西突然把腦袋劈開，但思覺失調症其實是一種發展型的失調，出生之前就已刻入大腦。這是種退化型的症狀，相較之下，自閉症雖然全面且持久，但多半不會隨著時間惡化。思覺失調症的症狀鮮少出現在童年或青春期早期。一般而言，思覺失調症有五個可預測的階段，但在青春期發病之前是無跡可循的。然而晚近的研究指出，較晚走路及說話、喜歡自己玩、學業表現不佳、有社交焦慮，以及口語短期記憶較差都是徵兆。之後，正性症狀開始浮現，這是平均為時四年的前驅症狀期。這個階段的青少年或成人會開始改變認知、知覺、意志及運動機能，偶爾會有奇怪的念頭一閃而過，必須努力分辨不合邏輯的想法是真是假，也會變得猜疑而小心。有些患者似乎從小就和現實世界有些脫節，令人不太理解，後來他們逐漸陷入精神疾病。但大部分的人都是突然就變了，有時是因為創傷，有時則沒有明顯的觸發因素，突然就變了一個人。此時他們會進入思覺失調的發病期，開始出現幻覺或奇異的妄想，例如被控制妄想、思想插入、思想傳播、思想抽離。此階段好發於十五到三十歲之間，多半維持兩年。

目前還無法得知，究竟是成熟期的什麼事件觸發了精神病發作。主要有三種可能：一是青少年體內荷爾蒙激增，改變了腦內基因的表現。二是青少年時期大腦會以一層物質包覆神經纖維，使其功能發揮到最好，此過程稱為「髓鞘化」，而思覺失調症患者的髓鞘化出了問題。第三則是「突觸消除」（或突觸削減）出了狀況。嬰兒時期正常大腦發育的過程中，新的細胞會不斷游移、就定位，然後發展出突觸相連，此時會產生過多突觸。到了青春期，只有對特定個人十分有用的突觸會反覆加強，並因此保留下來，成為長久的神經架構。在不健康的大腦中，突觸可能會過度修剪、修剪不足或者修剪錯誤。

304

發病之後，漸進期的症狀還會進一步發生變化，除非有效利用藥物控制，否則會導致臨床退化。隨著病患每次發作，症狀就更加惡化，大概於五年後穩定下來，開始進入慢性的殘留症狀期。此時，大腦的灰質已經受損，無法復原。正性症狀多半會減輕，負性症狀則變得更嚴重。病患依舊失能，而且仍不斷出現症狀。在第一次發作時，八十％以上的病患對於抗精神病藥物的反應良好，但這個時期接受治療的病患，則只有五十％達成相應的反應。

・・・

珍妮絲·利伯一九五三年出生時，母親康妮患有妊娠毒血症（孕婦出現可能致命的高血壓），產程非常不順。珍妮絲似乎從一開始就對身邊的事無動於衷。康妮以為她可能有自閉症，小兒科醫生則說她心智遲緩。後來珍妮絲漸漸展露出數學的天賦，大家就更加認定她是自閉症。廿二歲那年，在她大學四年級時，珍妮絲精神病發作。父親史蒂夫把她帶回家，她一到家便把所有喜愛的東西全扔到窗外，說是有聲音叫她這麼做。康妮打電話給她的醫生，醫生開了「美立廉」（一種早期的精神病藥物）要她週末先吃。到了週一，珍妮絲去看了精神科醫師，確診為思覺失調症。

康妮決定要了解思覺失調症的一切，但是坊間並沒有太多資訊。後來她和史蒂夫到哥倫比亞大學參加一場思覺失調症的研討會，認識了「思覺失調症與憂鬱症研究聯盟」。該聯盟當時已籌募五萬美元要補助科學研究，康妮很快就當上會長，一當就是近二十年。她卸任之後，由一直負責投資基金的史蒂夫接任主席一職。利伯夫婦把聯盟打造成世界級私人機構，不斷資助精神及腦部研究，截至二〇一一年為止，已發出三千筆補助給卅一國的科學家，總計將近三億美元。利伯夫婦每年要審核一千多件研究申請案。兩人最關注的，是那些具有原創性但在別處無法申請到經費的年輕研究者。紐約長老會醫院的帕迪斯表示：「諾貝爾獎得主大多都能從利伯夫婦那兒學到科學新知。」

康妮和史蒂夫把時間都奉獻給了聯盟。珍妮絲的某個精神科醫師曾問她，介不介意父母這麼忙，珍妮絲說：「我沒辦法那麼常看到我母親，但我知道她在忙什麼。她把自己奉獻給我還有其他人。奉獻給人類。」史蒂夫則認為，兩人如此投入，也等於是在於向珍妮絲保證她是父母生命的重心，同時也減輕了孩子因為生病所感到的壓力。他說：「與其把她整個人都當成挑戰，不如將她視為挑戰的象徵，這樣比較健康。」利伯夫婦一開始以為大約十年後就能看到足以改變女兒生活的科學突破，結果期待落空，於是兩人決定轉而直接幫助珍妮絲。二〇〇七年，兩人在哥倫比亞大學開設了利伯門診，提供復健服務。珍妮絲也在那裡參加為思覺失調症患者開設的日間課程，學習實用的生活技能，包括與人相處時如何察言觀色等。雖然精神疾病仍舊纏身，但她做得非常好，現在已可獨立生活。

康妮給過數千名患者的父母建議。她說：「我的名字出現在很多資料上，我們也一向公開自己的電話。所有人都能找到我們，如果我幫得上忙，我就會幫。」她微微一笑。「有些人想占便宜，但我還是願意聆聽。」

思覺失調症和自閉症一樣，只是統稱。思覺失調症一詞由布魯勒於一九〇八年首創，當時他指的其實是多種思覺失調的症狀。一九七二年，傑出神經科學家普拉姆說了一句名言：「思覺失調是神經病理學家的墳墓。」意思是過去沒有人了解病原，未來也不會有。雖然我們對思覺失調症的了解已多於自閉症，但仍不清楚這種病症應該根據生物性（基因型）還是行為模式（表現型）來分類。雖然思覺失調症的基因型和表現型有很多種，卻找不出特定形式或發展過程與特定遺傳標記的關聯。有些人沒有基因缺陷，也得了此病；有些人有基因變異，卻沒患病。基因標記指的是可能的風險，但不是絕對會得。家族裡有某個人得了思覺失調症，有相同缺陷基因的另一人卻可能罹患雙極情感疾患或重度憂鬱。

思覺失調症顯然有家族遺傳。要預知未來是否會罹病，最可靠的方法就是看是否有一等親罹患此症。然而，大部分的思覺失調症患者都沒有家人得病。哈佛大學教授列維也是執業心理師，她表示：「事實一，大部分思覺失調症患者的父母都沒有思覺失調症。事實二，思覺失調症的案例並未減少，有些地方甚至增加。事實三：思覺失調症患者的生育率很低。如此一來，我們該如何解釋造成思覺失調症的基因為何一直存在？有個可能的解釋是，帶有並將思覺失調基因遺傳給後代的人，大部分都未罹患此症。」同卵雙胞胎的共病率僅略高於五十％，顯示兩人都有極高的罹病風險，卻不見得都會發作。雙胞胎不論有無患病，下一代罹患思覺失調的風險都一樣高。換言之，某個人可能攜帶了容易發病的基因，卻沒有發病，然後又把基因遺傳給孩子，而孩子就可能有思覺失調症。某些身上帶有基因的人是受到什麼保護才沒有發病，目前還無從得知。精神病的發病機制之一是神經傳導物質（尤其是多巴胺）失衡。思覺失調症患者的大腦前額葉及海馬體的體積都縮小了，而且還有紋狀體失調的現象。很可能是基因搭配環境因素，導致體內生物化學改變，然後對大腦構造產生退化性的影響。新的研究顯示，高風險基因很可能會因為某種寄生蟲而活化。

每個人的基因圖譜裡都有三千個左右的基因，但基因的表現如何，取決於染色體的設定，還取決於外在因素如何壓抑或增進基因表現。體內生化反應決定了基因是否活化，以及活化時間、方式還有程度。思覺失調的基因可能並未表現出來，而有保護作用的基因則可能過度表現。思覺失調和自閉症一樣，大部分的案例並非由單一基因異常所造成，而是由多個所謂「單一族系變異」，也就是「多個拷貝數變異」，每個變異很可能都足以造成此病。若父母是高齡得子，孩子較常出現這類變異，尤其是高齡的父親。另一套發病模式則是自發性基因突變，就和唐氏症產生的過程一樣。現在逐漸發現，思覺失調、自閉症、雙極情感疾患等患者都有某些自發性基因缺陷，可能是拷貝數突變，也可能是單一基因突變。精神疾病是否都位於同一光譜上，而不是一組組各不相干的疾病？耶魯大學精神病學主任暨著名期刊《生物精神病學》編輯克里斯托表示：「要我說，這比較像是格網。」

要確定基因缺陷究竟會造成什麼影響，最好的辦法就是實驗，將缺陷基因植入老鼠身上，觀察老鼠是否出現類似人類疾病的症狀，接著研究人員再設法了解該基因如何影響腦部發展。我們當然無法得知老鼠是否有幻覺，但有些基因轉殖的老鼠變得離群索居、極具攻擊性或缺乏社交能力，有些不願接近異性老鼠，或看到陌生老鼠會退縮。很多有食物獎勵的事情，正常老鼠會樂意嘗試，基轉的老鼠卻拒絕不做，即使拿食物獎勵也沒用，這點和思覺失調症患者失去生活動力的情況十分類似。坎德爾構思了這些架構龐大的研究方法，現在用他的話來說，已經找到「思覺失調症的典範轉移」。很多疾病都是因為某個基因持續表現所引起，關閉該基因，症狀就消失了。然而，思覺失調症的病原雖然也可能是基因，但是關閉基因並無助於減緩病症。思覺失調症一旦出現，就不會中止。

二〇一一年，我有幸聽到一位生化科技業主管和諾貝爾獎得主詹姆士．華生①的私下對話。華生有個思覺失調的兒子。該主管認為，現有的思覺失調研究既分散又混亂，而他有個偉大的計畫，要讓所有人一起合作，這樣該領域的研究者就能互通有無。他希望募集四億美元來解決問題，以期獲致突破性發展。華生說：「我們離攜手合作共創成果的階段還很遠。我們現在所知的還不夠多，也還沒有任何發現足以讓其他研究者跟進。我們需要的是嶄新洞見，而非只是修正已知。我如果有你這四億美元，我會找一百個聰明的年輕科學家，每人發四百萬。如果選對人，當中會有人做出點成果來。」

我遇到的患者家屬都很害怕前述這種難以預測的基因表現。有個男士告訴我，他女友不願跟他結婚，就是因為他哥哥患有思覺失調症，未來兩人的孩子有可能得病。沃爾許在她為患者親友所寫的指南中指出：「思覺失調症的歷史就是譴責的歷史。」而首先譴責的，就是母親。佛洛伊德從未說早年的創傷會導致思覺失調，也從未主張針對精神疾病進行精神分析，但「讓孩子得到思覺失調症的母親」這種惡毒說法，最早卻是由佛洛伊德學派的弗洛姆－賴克曼於一九四八年提出，隨後就有了譴責整個家庭的各式理論。有個作者寫道：「病患的疾病運作，就類似一位設法調解父母之間的情緒差異但還是失敗的調解人。」另一個英國社會科學家貝特森則表示，思覺失調症最有可能發生的情形是：「孩子一對母親撒嬌，母親就顯得焦慮退縮。」這樣的想法就是「系統取向家族療法」的前身，背後的概念是整個家族的心理病理都會顯現在某一個家人身上，成為精神疾病。

美國國家心理衛生研究院主任因賽爾說，一九五〇年以來最顯著的進步，就是終結「譴責和羞辱」這一套。但就我的經驗，那些要面對思覺失調症的人，仍然常被譴責及羞辱淹沒。一九九六年，家族系統理論已在學術圈內失寵二十年之後，一份全美民調卻發現，五十七％的受訪者仍相信，思覺失調症是父母的行為所造成。還有一堆氾濫成災的勵志書（例如超級暢銷書《秘密》）主張，只要正向思考，心靈就會健康。這類哲學先前就曾出現，並被寫入「基督教科學會」等美國十九世紀的形上學思潮，著名心理學家、宗教學者詹姆士稱之為「心靈健康者的宗教」，歌頌「所向披靡的勇氣、希望、信賴，也因此鄙夷一切懷疑、恐懼、憂慮」。這種觀念之所以風行，是因為這暗示著健康的人是以其勇氣贏得健康，但若是已經出狀況的人，這種說法暗指了他們是因為不善自律、個性軟弱才罹患疾病，這令他們十分痛苦。

當母親把外界的責怪內化，便或多或少阻斷了思覺障礙者最需要的支持。生物倫理學家巴克拉有個思覺失調症的兒子，她寫道：「我有時覺得自己胸前繡上了紅字S，這個字母可能代表『造成思覺失調症』(schizophrenogenic)，但也像是標示了個人的恥辱(shame)。」另有個母親寫道：「一整個世代的精神健康養成教育都要專家相信，思覺失調症的禍首是家庭。這些人至今還在治療我們的兒女，並繼續冤枉我們。」創辦「治療倡議中心」的精神科醫師托利認為，這種譴責的問題非常荒謬，他寫道：「養育過孩子的人都知道，父母不可能因為比較偏疼某個孩子或態度前後不一，就導致思覺失調症這麼嚴重的病。」

• • •

一九九〇年代，長島猶太醫院的醫生想邀請菲利浦和鮑比．史密瑟這對兄弟加入思覺失調症的基因研究，當時他們的母親大力反對。她問：「這對我們有什麼好處？」十年之後，菲利浦、鮑比以及兩人未得病的哥哥保羅都三十多歲了，這時保羅的妻子弗蕾妲想知道自己孩子的罹病風險有多高。她開始調查夫家的家族，才發現疾病無所不在：保羅的姑姑成年後因為「產後憂鬱」而一直待在療養院，有個叔叔「頭腦有病」，還有很多「怪怪的」堂親幾乎無法料理自己。雖然保羅和弗蕾妲高中就開始交往，但保羅不讓任何人見到他父親，而弗蕾妲在婚前也

1．和弗朗西斯．克里克共同發現DNA結構的美國分子生物學家，並因此獲諾貝爾生物醫學獎。——編注

只見過他一面。她說：「我們會以為，保羅的兩個弟弟一出現奇怪的行為，他母親就會跟醫生提到思覺失調症的家族病史。結果沒有，所以兩人花了好幾年才診斷出來。」

祕而不宣的習慣很難打破。保羅說：「每年我們都會先跟弗蕾妲的家人一起過感恩節，然後再跟我的家人一起過。如果兩家一起過，我會變得很防備，我母親也會很防備，怕有人對我弟弟指指點點，而且弗蕾妲的家人看到這些病患也不好過。即便是我最要好的朋友，我也不提這件事。我跟家裡其他人不一樣，我不否認這件事，只是不喜歡談。我對弟弟有感情，每天都想著他們，但我們的生活有關係嗎？不算有。他們藥吃得很凶。」保羅和弗蕾妲現在有兩個兒子，兩人每天都活在恐懼中，就怕兒子罹患思覺失調症。兩人想過用捐贈的精子，但後來實在辦不到。保羅說：「我們賭基因的骰子。」弗蕾妲說恐懼讓她心裡非常疲憊：「我們也算是在虐待他們。我讀到一篇文章，說有思覺失調症的人具有某些特徵，然後我們就把孩子脫光，徹徹底底檢查全身上下，並確認有沒有蹼趾。有人說思覺失調症患者多半出生於冬天，於是我們算準時間，讓孩子在夏天出生。很瘋狂，我知道，但某些方面來說，也算是種解脫。大家都想要自己的孩子最聰明、最會運動。但這些我們都不在乎，只要他們健康就好。」二〇〇八年，保羅和弗蕾妲同意參加一份思覺失調基因的意見調查。弗蕾妲說：「我們守在電話旁，等著要知道那是什麼基因，這樣就可以帶孩子去檢查。」

• • •

一六六八年，《天路歷程》的作者班揚寫道：「讓他們……去恢復他已然瘋癲的心智……能辦到者……便能得盡所想名望，便能高臥至正午方起。」思覺失調症的治療從班揚的時代到現代並沒有太多進展。幾個世紀以來，思覺失調症的治療一直沒有效果，而且有時十分野蠻殘酷。在十九世紀，他們把拔牙納入療法；二十世紀中葉，則把前額葉切除術納入療法。

治療精神病藥物的發展，始自一九五〇年的「冬眠靈」，從此治療思覺失調症患者的正性症狀有了奇蹟式的突破。可惜，這些藥物對於負性症狀的效用微乎其微。梅柏格是艾默理大學一項神經成像計畫的主持人，她說：「就好像現在有一棟房子失火了，你找來了消防車，在房子四處灑滿水。大火撲滅了。但即使火舌不再吞噬牆壁，房子還是燒焦了、燻黑了，處處淹水，結構搖搖欲墜，幾乎可說是無法住人。」

疾病造成的損害仍然存在，為了減少損害而採用的手法本身更是種折磨。冬眠靈削減人格特質的程度和前額葉切除術不相上下，新的藥物雖然比較好，但從自行停藥的人數就可以知道病患有多厭惡服藥。一九七〇年代，蘇聯政府利用精神病藥物來虐待並壓制囚犯，此舉還誘發出他們的心理障礙症狀。一位倖存者在美國參議院針對蘇聯政權濫用精神藥物的聽證會上說：「遭受這種處置之後，人會失去個人特質，腦袋變得遲鈍，情緒遭到摧毀，記憶喪失。個人的細微特色全被抹去。我雖怕死，但我寧願他們開槍射死我，也不過這種日子。」同一時期，美國的精神病患古特金也在精神病院系統中接受相同治療，她的描述與前者非常類似：「我和我自己、我的想法、我的人生遠遠相隔，我成了藥物和精神科治療把戲的囚徒。我的身體像大熊一樣沉重，每回想要挪動自己外在世界的體型就舉步維艱。這些藥不是用來治療或幫助人，是用來折磨和控制人。」另外一個病人說：「下巴肌肉發狂失控了，於是你狠狠咬住面頰內部的肉，下巴卻如上鎖般無法鬆開，只能任由疼痛陣陣襲來。一節節脊椎變得僵硬，頭和脖子都很難移動。有時背彎得像一把弓，站都站不直。疼痛鑽入你的每一絲纖維之中。你疼得坐立不安，覺得自己得站起來走一走，踱個步。一開始踱步，你又覺得自己得坐下休息。」這些談的都是比較早期的抗精神病藥物和精神抑制劑，但現代藥物的副作用程度雖然不同，本質依然類似。

• • •

我和麥爾坎．皮斯的家人見面時，他已經過世，五十二歲，死因不明。他死前的那十二年，是他成年後狀況最好的時光，然後有一天，團體之家的護士發現他蜷縮成一團，姿勢看起來很舒服，但全身冰冷，已經斷氣。他的弟弟道格說：「他嚴重過胖，主要是因為服藥。他一輩子酗菸。因為他還年輕，所以警察也來了，但他們在現場就幾乎排除了自殺的可能。」

皮斯家族在麥爾坎那一輩共有十七名孩子，當中四人患有重度精神疾病。很多人對這件事絕口不提，麥爾坎的母親潘妮對這種態度深惡痛絕。麥爾坎死時，潘妮八十五歲，她說：「我嘴上老掛著這件事，跟很多人都說。」

高中的時候，麥爾坎並未顯現出可據以推斷的病徵。潘妮回想道：「他真的很會運動，橋牌也打得極好，克里比奇牌也是。還有，噢，這孩子很愛競爭。他愛滑雪，他什麼都愛。我們完全想不到。」一九七五年的冬天，他在富蘭克林．皮爾斯大學就讀一年級時，開始聽到聲音，而且出現偏執的幻想。隔年三月，他的室友打電話告訴皮斯夫婦，情況非常不對勁，於是夫妻兩人把麥爾坎帶回家。潘妮說：「我們知道他問題大了，他做的事都沒什麼道理。」他的弟弟道格說：「他完全失控，他自己不知道原因，我們也不知道。」那一年的十一月，麥爾坎攻擊了他父親。道格說：「我父母把他送到康乃狄克州哈特福醫院的安生機構，那家已經是比較好的私人精神醫院。結果，醫院實際上就是把他關起來，餵他吃鎮靜劑。我哥哥變成了鬼魂，住在他原本的軀體裡，你伸手也摸不到，因為他變得太過痴呆。其他病患看起來就像電影《活死人之夜》。」沒多久，麥爾坎不聽勸告，自行出了院，而他的父母則不時循法律途徑把他送進醫院。幾年下來，他反覆入院出院好幾次。

不住院的時候，麥爾坎和父母同住。麥爾坎另一個弟弟彼得說：「我父母想辦法用愛讓他恢復健康。」但麥爾坎不肯按時吃藥。他的妹妹波莉說：「他一覺得自己變得正常，就會想：『我不用再吃了。』然後就出事了。一而再，再而三。」他一停藥，就會變得偏執。彼得說：「只要一有人走近，他就會想：『哼，你只是想把我送去醫院，逼我吃精神病的藥。』當然，他說的也沒錯。」

每個人都想讓他盡量維持正常狀態。道格說：「你唯一能做的，只有溫柔地告訴他實情。」波莉記得：「有一些真的很好笑。我記得有次他問我母親，金恩博士遭人開槍射殺的時候她人在哪裡，是否能證明人不是她殺的。」有時竟也帶點詩意。有一次他辦理住院，有人問他在想什麼，他說：「我不喜歡性，也不喜歡法式深吻。印度洋外有天然氣，北極深處有鑽石。」雖然瘋狂，但他的本性還是維持一致。潘妮說：「他並沒有消失，他還是喜歡動物，喜歡玩牌。他想念自己生病前的朋友。」波莉說：「他的所有特質都還在，他還是原本的那個他，只是你想找的時候不一定能找到。」

後來他越來越常住院。道格說：「年復一年，說的都是同一件事：『你一定要按時吃藥！』而麥爾坎不願意。不服藥，他覺得比較自由，比較有活著的感覺，有點亢奮，多半也會非常焦慮。你會寧願保持清醒、感覺活著，還是要當個活死人？他想找到兩者間的平衡點。」麥爾坎的父親得了癌症時，彼得決定該插手了。彼得說：「麥爾坎的本質，由我來照顧，我不會讓原本的他被後來的他取代。」

最早期的精神病藥物中，「可洛拉平」會使白血球的密度下降，造成顆粒性白血球缺乏症，因此在一九七五年下市。最後研究人員發現，可洛拉平是治療思覺失調症最為有效的方法，雖然可能有副作用，但對很多病人而言仍是利大於弊。一九九〇年可洛拉平重新上市的時候，麥爾坎開始服用這種藥。彼得說：「他一直都在，足以讓我去愛，但有時他被擠壓得很嚴重。有了可洛拉平以後，他又回來了。微笑、歡笑、幽默感都回來了。如果你知道某個人是什麼樣子，你就能帶他們找回自己。」麥爾坎和人相處時一直非常溫暖。波莉說：「他為每個人操心。」道格則表示他十分同情麥爾坎所要面對的現實：「他總覺得自己這一路上對不起很多人。我們發現了一封二〇〇二年的信，是最早為他看診的醫生寫的。三十年後，他在信上寫著：『親愛的麥爾坎：就我所知，沒有，你從來沒有傷害任何人。希望你一切安好。科夫醫生敬上。』」潘妮說：「這一點他從來沒變。我從未因為他生病而比較不愛他，也從未因此更愛他，甚至也從未用不同的方式愛他。」

麥爾坎卅九歲時，因為狀況不錯，去了弗明罕的輔助之家，並在連鎖超市找到幫顧客裝袋的工作。道格說：「這件事他應付得來，能這樣真是太好了！我們開心得都要在街上跳舞了。」麥爾坎吃可洛拉平以後，有五年狀況都很好，然後又開始出問題。道格說：「他總是把腦筋動到自己的藥上。他後來又入院了。有一天我去醫院看他，醫生說：『好了，麥爾坎能回家了，他會沒事的。』於是我把他帶回弗明罕。那天晚上他企圖自殺，吞了洗衣精。」麥爾坎立刻被送回醫院。彼得說：「想吃汰漬洗衣精自殺，真是荒唐。意象倒很有趣：我要把這個疾病洗出我的身體！」

波莉的第一任丈夫及彼得的第一任妻子一直很怕麥爾坎，也無法忍受他，這也使雙方的婚姻關係緊張，最後兩段婚姻都破裂了。然而，麥爾坎的那些甥姪都很喜歡他。彼得說：「他的存在方式太過獨特，就只是這樣。除了發瘋的時候，他並不奇怪。他狀況好的時候，大家一團和樂。」麥爾坎在弗明罕的那幾年是他比較快樂的日子。他已有數十年不願意開車，但開始服用可洛拉平之後，事情就有所改變。後來彼得替他買了一輛福特貨卡車，他說：「看見他臉上掛滿笑容，把車開出車行，是我這輩子最開心的時刻。」麥爾坎在弗明罕的團體之家也深受歡迎。團體之家的某個人告訴彼得：「每天早上，麥爾坎都會到交誼廳來，說：『莫里斯，今天帶你去哪裡玩？』」彼得說：「他的任務之一，就是用他那輛紅色貨卡載大家出去玩，就像開計程車一樣。」

麥爾坎的過世，沒人料到。彼得說：「當然，這個病會縮減你的壽命，還有藥，雖然對你有幫助，但也會減損你的壽命。但至少，他已竭盡所能讓自己達到最佳狀態。他的生活還不錯，因此我們能接受他的過世。」

麥爾坎原本參加了哈佛麥克林醫院的思覺失調症基因研究計畫。他死後，研究人員希望能研究他的大腦。潘妮對此深表贊成，道格則很喜歡提及自己在告別式上的一番話：「麥爾坎因病無法完成大學學業，但他最後進了哈佛，而且還給那裡的神經科學家上了堂課。」驗屍官室採了血液樣本，只是為了確定沒有人為疏失。幾個月後，麥爾坎的家人得知，那拯救他的可洛拉平，最後也害他送命。彼得在給我的信中寫道：「我們原先甚至不知道可洛拉平可能會致命，是後來才逐漸了解。看起來是因為他的肝臟無法代謝可洛拉平的毒素，毒素越累積越多。有些人跟我們提到，標準程序是要定期檢查肝功能，確保沒有毒素累積。也就是說，很可能有人為疏失，但我們不會去追究。可洛拉平的劑量若太高，會導致心律不整，還有昏迷或呼吸中止。現在我們要面對這最後的不幸：最後害他送命的，是我們逼他吃下的藥，是他大半輩子用盡全力抵抗的藥。在我們歌頌他的人生、辦告別式的時候，還不知道真正的死因，這也許是件好事。這個消息把我們擊垮了，我們無法再站起來歌頌讚美。」

• • •

一九六〇年代的解放運動質疑精神疾病這個概念是否有問題。傅柯就提出一套系統性質疑，認為精神錯亂不過是自詡精神正常者玩的權力遊戲。美國當代社會學家高夫曼則主張，精神病院讓人發瘋。蘇格蘭精神科醫師連恩說：「世上並沒有思覺失調症這種『病症』，這個標籤是社會事實，也是政治事件。」他說思覺失調症是「人在無法生存的狀態下發明出來的特殊生存策略」，並且主張「瘋狂不盡然是崩潰，也可能是突破。瘋狂有可能是解放和更新，也可能是奴役和存在意義上的死亡」。美國當代精神病學教授薩斯則大力鼓吹思覺失調症從來只是虛構。

上一代的人見證過一項大型的社會實驗「去機構化」，從此有急性精神疾病的患者不再住在國家級的大型機構中，也因此大幅減少了美國思覺失調症患者長期住院照護的人數，從一九五〇年代的五十萬人，下降到今日的四萬多人。這項運動集樂觀、經濟、意識形態於一身，十分耐人尋味。它的樂觀精神有其道理，經濟方面又能節省開支，意識形態卻十分僵化。雖然以往治療思覺失調症的方式很不人道，現行的治療方式卻又無關痛癢。上述機構關閉之後，本應改由社區的設施來提供服務，但人力和物力都沒有轉往社區設施。聯邦的指導綱領寫得無比模糊，至於監督則可說是不存在。

把治療視為社會控管的機制，惹惱了想全面推動治療政策的人。許多人批評思覺失調症所引起的相關社會現象，最受矚目的應數精神科醫師托利：「人有瘋狂之自由，這種自由是虛幻的自由，是不願清楚思考的人對於無法清楚思考的人做出的殘酷欺瞞。」一九九〇年，美國法官凱薩毫不留情寫道：「受治療的權利變成了不受治療的權利，結果我們使很多人活在安靜的絕望之中，破壞了愛他們、照顧他們的人的心理和情緒健康，也破壞了家庭，而於最終傷害、摧毀了障礙人士。」

治療師強森是《遠離瘋人院：去機構化的真相》一書的作者，他不滿地寫道：「說精神疾病是迷思，這件事本身才是迷思。」他主張去機構化是個政治結果。由於生物精神病學的出現，改變了民眾對於「不正常」的觀念，進而理所當然地認定精神醫療相關費用不需花費在監護式照護上。前述的政治考慮於是在這樣的背景下興起，幾乎全送往機構安置會招致嚴重後果，但幾乎全面去機構化也一樣不好。研究思覺失調的安德森指出，公立醫院「自成小型聚落，病患像家人一樣住在一起，而且有機會受僱到醫院附設的農場、廚房、洗衣店工作」。[315] 新制度的缺陷之一，就是太急著下指令。治療師強森寫道：「我的病人不適合立即進入現有的計畫，而他們可能適合的計畫又不存在。擬訂計畫的官僚往往連一個病人都沒見過，遑論治療。」制度當中一旦出現缺乏同理心的狀況，便會把還不懂如何進入團體生活的人送入團體，而團體可能也還不知道要如何應對。病人若缺乏支持，用藥又不規則，病情常會快速惡化。然而，若有家庭想終止這種情況，卻往往在法院那裡碰壁。有位思覺失調症患者的老父親就說：「當局說，如果他們要活得像流浪動物，那是他們的選擇和權利。為什麼快速自殺不合法，慢性自殺卻是種權利？」

・・・

瑪德琳．格蘭蒙特的哥哥威廉出現反常行為的時候，父親不願意接受現實。威廉在美國大學入學考試中數學考了滿分，進了哈佛，直接讀大二。到了大三結束時，他不得不離開學校。瑪德琳說：「我父親覺得十分丟臉。」威廉於是住到他們家位於新漢普夏州鄉間的房子。瑪德琳說：「他靠生大蒜維生，家裡到處都放了刀。他睡在地上。我父親替他在森林裡找了一間小房子，遠離夏天來度假的居民，這樣就沒人會看到他。事實上，我父親那三十年間也只見過他三次。」威廉每週會走路到鎮上的雜貨店一次，通常只圍了毛巾，一路自言自語。當地青少年會捉弄他。他的父親仍堅持他只是有點古怪，但他妹妹很擔心。後來霸道的父親逐漸衰老，瑪德琳便動身去探望威廉。她說：「到處都是老鼠屎，美乃滋罐子開了，放著爛。到處都是破盤子。他的臥房真的很噁心。他一臉好奇看著我，但他已經喪失了語言能力，只發出一點細碎的聲音，就這樣。」

於是，瑪德琳接手這件事。她請求擔任法定監護人，拿到思覺失調的診斷證明，帶威廉前往住宿型照護機構。他在那裡恢復了基本的口語能力。瑪德琳說：「我有次替他帶了花，幾朵百合，他湊過來聞了聞。之後我每一次去都會帶花，現在還是。我每兩三週帶他出門一趟。他沒辦法主動和人聊天，說的話也很少，但他能明白的事情似乎越來越多。基本上他到五十二歲才第一次接受治療。像我父親那樣否認病情的態度活生生侵蝕了他，現在他只是個空心的殘骸。他的一生就這樣一點一滴流失，但原本可以不用這樣的。」

大腦由灰質、白質、腦室組成：灰質由細胞體構成，白質是連接細胞體的軸突，並能創造突觸。腦室則是充滿液體的空間，讓腦脊髓液可以在當中流動循環。腦部組織一旦喪失，腦室的空間就會加大，思覺失調症的一大特色就是大腦側室變大。自閉症的特色是突觸連結過多，而思覺失調症則是突觸連結不足。思覺失調症患者的樹突棘較少，聯絡神經元也較少。樹突棘可以創造突觸，而聯絡神經元則能調節腦部活動的腦細胞。思覺失調症的正性症狀似乎和顳葉的不正常現象有關，顳葉負責聽覺還有情緒感知。負性症狀則似乎和前額葉受損有關，這兩個部位是認知還有注意力的中樞。

容易罹患思覺失調症的基因會受各種因素觸發，包括子宮環境中的各種變數。懷孕、臨產、分娩的各種併發症都對胎兒腦部發展有害，而思覺失調症的病患比較有可能有這樣的病史。孕婦若是感染了德國麻疹或流感等疾病也會增加風險。冬天出生的人罹患思覺失調症的機率較高，這很可能和第二孕期病毒感染比例較高有關。也有人指出懷孕期間遭遇壓力和思覺失調症相關，例如：母親懷孕期間國家遭逢軍事入侵，或者配偶過世。二戰期間，荷蘭鬧饑荒，二十年後思覺失調症的病例大增。科學家提出，可能是因為產前的壓力導致荷爾蒙增加，干擾胎兒的神經發展。壓力可能啟動母親的多巴胺系統，因而導致胎兒的多巴胺系統失調。

出生後的事件，例如幼年頭部創傷，也會增加罹患思覺失調症的風險。生活中的壓力也有影響。從未開發地區移居到城裡的人，要面對外在排山倒海而來的不熟悉事物，患病的機率尤其高。出生後的各項環境因素當中，和精神疾病症狀加劇最為穩定相關的，就是濫用娛樂性藥物，包含：酒精、甲基安非他命、迷幻藥、古柯鹼、大麻，若在青少年時期吸食，影響尤其大。日本人在戰後為了加速重建，讓工人吸食安非他命，結果誘發了流行性的精神疾病。雖然大部分的人在停止吸食後都已經康復，但有些人仍間歇發作，有的人則受到長期甚至永久性傷害。另外，一九八〇年一項開先河的研究則調查了五萬多名瑞典義務役軍人，發現吸食大麻超過五十次者，罹患思覺失調症的機率就躍升為他人的六倍。耶魯精神科醫師德蘇薩表示：「藥物濫用和精神病之間的關係很可能就像抽菸和肺癌，是促成的因素，但不是必要因素。不過有些研究認為，若是能完全杜絕吸食大麻，或許就能減少全球思覺失調症的比例，至少達十%。」

思覺失調症的案例中，某些基因和環境的組合使得神經傳導物質多巴胺、麩胺酸、正腎上腺素、血清素和γ-胺基丁酸失調，結果是某條多巴胺路徑的活性過高，誘發精神病及其他正性症狀。即便是健康的受試者，若因人為刺激而分泌太多多巴胺，也可能激發思覺失調症的症狀；壓抑分泌量，則可以減緩症狀。另一條多巴胺路徑的活性若太低，則會造成認知受損等負性症狀。大腦某些區域的神經傳導物質若過高，治療精神疾病的藥物能阻斷大腦處理這些物質；在另一些區域，則能模擬這些物質應有的分量。有效的精神病藥物都能減少多巴胺的量，但光是降低多巴胺，不一定每次都能消除思覺失調症的症狀，因此最新研究著重的藥物，多半以能夠影響麩胺酸等傳導物質的特定受體為主。哥倫比亞大學的阿比－達加姆正在釐清，哪些多巴胺受體受到過度刺激，哪些刺激不足，希望投藥時能標的出更確切的目標。

非化學的介入方式則可能扮演重要的輔助角色。某些症狀對藥物沒有反應，但談話治療可能會有幫助。認知行為療法教人如何整理目前的想法和行為，雖然這種療法追蹤記錄的成果最為豐碩，但其他談話療法也各有專家力倡。法學教授薩克斯記敘自己採用心理分析改善思覺失調症的經驗，讀來十分動人。你對大腦所做的事都會改變大腦，而你如果能讓思覺失調症患者維持理智一段時間，會有實質的正面影響。這裡的理論就是，如果因中風而失去語言能力的人能透過語言治療重新學會說話，那麼有精神病的人或許也能藉由訓練，讓自己多少走出來。

由於這個疾病和大腦灰質逐漸喪失有關，如果能夠及早發現、及早治療並加以維持，就能減輕病況，並避免無可挽回的傷害。哥倫比亞大學精神醫學研究中心的主持人暨紐約州精神醫學研究中心主任利柏曼表示：「治療界在二十世紀很長一段時間所瀰漫的那股虛無主義，已經站不住腳。現在已是人類史上對抗精神疾病最有利的時代，前提是你知道如何盡快找到好的治療方法，也知道去哪裡找。」就跟自閉症一樣，早期發現、早期介入很可能是關鍵。正是由於這樣的想法，催生了國際早期精神醫學會。早期行為介入可以減少自閉症症狀的表現，訓練似乎會影響大腦的實際發展。至於思覺失調，早期介入也可能也有幫助，只不過此處的「早」會是十八歲，而不是十八個月。麥格拉尚是耶魯大學的精神醫學教授，他提出在首次精神病發作時及早診斷並投藥，可能得以實際截斷大腦退化的過程，否則隨著思覺失調不斷加重，大腦也會不斷退化。

由於當前的療法並不足以對付思覺失調症，越來越多人把重點放在更早期的階段，也就是在前驅症狀期（發病前期）就加以預防。根據利柏曼的說法，這時候的病人就像英國童謠中危牆上的蛋形矮胖子，一不小心就會摔破。在此情況下，「以我們現有的方法，預防思覺失調症發病要比發病後再力求復原要容易得多」。康乃爾醫學院精神醫學系主任巴洽斯指出，病人的自理機能保持得越久，就能記得越多清醒的時刻。所以就算只能把思覺失調症初次發病的時間往後延，也有其價值。專家擬出了一份清單，列出前驅症狀期的狀況：多疑，不尋常、魔幻或怪異的想法，行為出現極端改變，自理能力下降，無法正常上學或工作。然而，這些也可能是青春期的正常症狀，讓人難以分辨。在許多研究中，被認為是前驅症狀期的個案最後只有三分之一確實罹患思覺失調症，不過其他個案有很多則是發展成其他嚴重的精神障礙。從二〇〇三年開始，麥格拉尚就讓顯然處於前驅症狀期的人服用精神病藥物「奧氮平」（商品名金普薩），結果顯示罹患思覺失調的比例略有下降，但同時也讓原本可能不會罹患思覺失調的人出現肥胖、遲緩、眼神空洞的問題。他說：「正面的成效只有略微提升，但負面效果卻很明顯。」很難說我們該拿這些數據怎麼辦，因為雖然強效藥物有可能避免精神病初發，但這些藥物的負面作用太多，不應該用在只是看起來脾氣暴躁的人身上。問題是我們無法分辨兩者。

英國和澳洲的研究都顯示，認知行為等非生物療法可以減輕症狀或者延後發病時間。抗氧化劑以及ω-3脂肪酸等保護神經的物質，都有可能延後精神病的發病時間，又不會導致副作用。麥格拉尚表示：「看來不管採用哪一種介入方式都沒關係，心理認知行為介入和用藥一樣有效。如果你能讓他們不斷參與，不斷和他人交流，並且不斷質疑自己所經歷的症狀，你就能延後急性精神病發作的時間。這可能是因為，大腦會因為學習而獲得連結，而上述行動有助於避免連結消失。」高風險的家庭應該要一一列出哪些注意事項，而醫師則要頻繁為病患看診，因為病患可能在幾天之內突然惡化為精神病。雖然在確定有精神疾病之前，不建議使用藥物治療，但仍要準備好在焦慮或憂鬱時採取比較激烈的手段。

之前有一股聲浪，要求在《精神疾病診斷與統計手冊》第五版（DSM-5）中，把前驅症狀期獨立劃分為一種疾病，稱為「精神病風險症候群」或「輕型精神病症候群」，但在二〇一二年的春天並沒有獲得採用。DSM-5是一本診斷及統計手冊，也是精神科醫師的聖經，如果能夠據以將前驅症狀期診斷為病症，則醫師在積極治療病人時，就能獲得保障和保險給付。但由於每個人罹患精神疾病的風險很難量化，編寫手冊的人最後決定，如此可能造成不必要、汙名化而且有害的治療。若可能罹患思覺失調症，的確應該以良性介入及密切監控來加以治療，但也不能忽視汙名化的議題，這項議題和自我形象以及醫療保險都有關係。麥格拉尚寫道：「我認為，至少應將精神病風險症候群視為真正的精神失調，此症候群確實存在，而且如果忽視，可能十分危險。」然而克里斯托指出：「任何心理疾病，在越早期的階段，醫生越難知道要對付的是什麼疾病。早期介入大多比較好，但也比較困難，而有時則因為太過困難，所以並沒有比較好。手冊上寫些什麼，就跟裙子的長短一樣，是潮流問題。但我們擁有的，卻是一分為二的醫療系統。好的臨床醫師如果認為病人看來確實生病了，可能會為了幫助病人申請保險並讓他們有資格接受治療，而在回報他們的症狀時撒謊。不好的醫師照著表格打勾，最後苦的卻是病人。」

就算早期發現，要維持終身治療也可能十分困難。利柏曼談到自己早年看過的一個病人：

「他當時廿一歲，就讀頂尖的常春藤盟校，班上前幾名，很受歡迎，愛運動，似乎注定成就斐然。他出現了精神病的症狀，我診斷為思覺失調症，開了藥給他。他幾乎完全復原，然後就想回去學校，而他不喜歡吃藥，所以把藥給停了。他又開始生病，又回來，我們給他治療，他有起色，又回學校，然後病情又再惡化。我們替他治療，他進步了。又來一次。然後再下一次，他沒有起色。之後再也沒有康復。」

320

・・・

喬治·克拉克是麻省理工學院的物理學家，研究理論天文物理。他人很好，而且整個人就像寫著聰明兩個字。他的妻子夏綠蒂經歷過苦日子，因此性格堅毅，既能批判人，又能同情人，彷彿她的習慣就是四處找尋缺點再加以原諒。她的細框眼鏡後面有一雙明亮的藍色眼睛，雪白的頭髮梳得一絲不苟，還有一雙靈活的手，一面說話就一面用手標示斷句。我認識兩人時，夫妻都已八十多歲，而我看到喬治把難題交給夏綠蒂處理時，心裡有多麼感激。

喬治和夏綠蒂於一九八〇年結婚，當時兩人各有一個問題女兒。喬治的女兒賈姬當時十九歲，四年前診斷出思覺失調症。夏綠蒂的女兒伊萊克塔和賈姬同年，脫序而令人讀不懂她，但一直要到十八年後才接受診斷。夏綠蒂告訴我，喬治的日子比她更難過，因為賈姬原本前途一片光明，而伊萊克塔一直很怪。夏綠蒂說：「我生下她那天就知道她不一樣，她四肢軟趴趴的，就像一袋糖。」夏綠蒂盡量像對待她其他孩子一樣對待她，要建立感情得格外努力。「她對周遭事物渾然不覺。其他孩子都很怕她，覺得她哪裡怪怪的。」伊萊克塔的父親當時在美國國際開發總署工作，全家住在巴基斯坦，幾個年紀較大的孩子在國際學校都適應良好，但五歲的伊萊克塔卻進度落後。一年後，她父親調到約旦，她也改上安曼的美國學校，請了一個家庭教師，還由夏綠蒂親自督導。夏綠蒂說：「到了八歲，她能讀書識字。但她就是不感興趣。說真的，她對什麼都不感興趣。」

伊萊克塔九歲那年，父親因心臟病驟逝，夏綠蒂帶著全家搬回華盛頓特區。伊萊克塔在當地學校讀四年級，結果遭同學霸凌。夏綠蒂把她轉去特殊學校，情況改善了，但時間不長。到了十四歲，她已經完全失控。她母親回想當年情況：「請恕我用語粗俗，那時誰想上她，她就讓誰上。她成績也差到快被退學。於是我把她送去寄宿學校。她在那裡很不快樂。我說：『妳在這裡我很不快樂。妳高中一定得畢業。』於是她拿到了高中同等學力證書。然後她說她要當美髮師。我心想：『美髮師？』但她很喜歡，也做得很好。那是她狀況最好的時候。但慢慢的、慢慢的，她就瘋了。」

某個晴朗的十月早晨，夏綠蒂打電話給當時卅七歲的伊萊克塔。伊萊克塔說：「我沒辦法在電話上說。」夏綠蒂說：「過來喝杯咖啡吧。」伊萊克塔到的時候又說：「我沒辦法在屋子裡說。」於是夏綠蒂說：「我們出去散個步。」伊萊克塔再度說她無法在人行道上說，只有走在馬路中間，她才能說。於是兩人一面閃躲車輛，伊萊克塔一面說麻省理工學院的黑手黨要抓喬治，而且他可能也是黑手黨。幾個月後，夏綠蒂接到一通電話，伊萊克塔有個朋友在健身房發現她縮成胎兒的姿勢哭泣。朋友把她帶到急診室，醫生想替她照心電圖，她大聲尖叫，身體扭動四肢亂甩，最後被送進精神科病房，她也終於在那裡正式診斷出思覺失調症，另外她也有酗酒問題。

接下來幾年，伊萊克塔的精神病都由藥物控制，但她也深受副作用之苦，體重暴增至一百四十公斤。夏綠蒂說：「她以前是家中的美女，現在卻胖到幾乎無法行走。」伊萊克塔的口齒也變得遲鈍，睡覺的時間變得很長。她認識了另外一個思覺失調症患者泰咪，兩人談起戀愛。二〇〇六年初，伊萊克塔吃了十年可洛拉平之後，症狀又開始惡化。夏綠蒂回憶道：「我記得我跟她說：『妳沒吃藥對不對？』她說：『我不需要吃藥！』口氣非常凶。」到了十月，她不應門，電話也不通。不管是泰咪還是夏綠蒂都不知道發生了什麼事。夏綠蒂說：「她有一張我的副卡，我非常需要看到帳單，這樣我才能知道她去了哪裡，也知道她還活著。但後來帳單突破一萬美元，我只好把卡取消。」

夏綠蒂終於說服法官批准警察破門而入。「水槽都塞住了，到處是食物，上面長滿了蛆。我又上了兩次法院才能將她送醫。她到了醫院，不肯進浴室，洗澡時還得要兩個護士架著。不過，藥物慢慢生效。她開始自己洗澡，之後也很開心見到我們。」伊萊克塔現在五十歲了，從上次崩潰之後就沒再工作過。夏綠蒂說：「她還是能剪頭髮，不過技術沒有以前好。我鼓勵她偶爾幫我剪頭髮，她也幫泰咪剪。這樣，某一部分的她才能繼續活著。」

夏綠蒂和喬治小時候就認識，之後失去聯絡。後來夏綠蒂喪夫，喬治離婚，有朋友為兩人重新牽線。兩人刻意買小一點的房子，空間不夠讓賈姬和伊萊克塔搬來同住。夏綠蒂說：「賈姬以前很美，非常有活力，也受歡迎。她小時候身上就已透出她爸爸聰明的影子。她長笛吹得極好，下棋得過冠軍。」賈姬十五歲的時候，一年前她還輕鬆解開的數學，突然就一籌莫展了。喬治還發現，以前賈姬能向他解釋的方程式，他現在再解釋給賈姬聽，賈姬卻聽不懂。喬治向麻省理工學院的主任治療師求助，他說賈姬得了思覺失調症。賈姬的母親於是離開父女倆，離開這段原本就已經問題重重的婚姻。

夏綠蒂和喬治在一起的時候，賈姬十九歲，剛剛被趕出團體之家。夏綠蒂說：「我那時正在考慮是否要跟喬治同居。我決定要。賈姬那時應該要吃冬眠靈，可是她把藥都沖進馬桶。我搬進去第一天，晚餐時，賈姬把一個盤子丟到房間另一頭。以前從沒有人在我的餐桌上這樣做，以後也沒有。」夏綠蒂開始訂定生活公約。賈姬剛滿二十歲不久，有天夏綠蒂叫她整理床鋪，然後她就爆發了。喬治聽到她大吼大叫，就到樓下來。夏綠蒂說：「喬治很強壯，賈姬也是。喬治把她的兩隻手腕抓住，她就朝他臉上吐口水。他就這麼一直抓著。終於，賈姬說：『爸，我不知道怎麼了。』」

幾個月後，賈姬從麻州一路搭便車到紐約，要給久別的母親一個驚喜。她母親問她這一路還順利嗎？她說她「只被強暴了五次」。夏綠蒂說：「當然，妳永遠不知道該相信什麼。妳不知道發生了什麼事，她也不知道。」接下來幾年，賈姬依據精神狀態，幾度進出精神病院、團體之家等地方。最後，她開始服用可洛拉平。夏綠蒂說：「她吃藥了，現在是個好孩子。」

我認識賈姬時，她四十九歲，服用可洛拉平已有十五年，和其他七位女性一起住在團體之家。她上日間課程，她稱這些課程為「社團」。如果她的社工師覺得有必要，她就去醫院住上幾天或幾週。她和大多數思覺失調症患者不一樣，並沒有因為服用精神病藥物而變得肥胖。她打網球、每天游一英里，還做瑜伽。伊莱克塔陰沉又了無生氣，賈姬則正好是對照組。

每週六，夏綠蒂和喬治都會邀賈姬和伊萊克塔到家裡來玩。伊萊克塔常帶泰咪來，賈姬則有時會找「社團」或團體之家的女性朋友一起來。夏綠蒂說：「幸好賈姬和伊萊克塔還處得來，至少以思覺失調症患者來說還算不錯。我實在不想說，我不想再當她們的母親了。但總有那麼一天，妳已經八十一歲，不應該再像照顧五歲小孩一樣照顧她們。我甚至不覺得這樣做她們會開心。伊萊克塔還記得自己健康時的樣子，因此開心不起來。賈姬則因為忘得太多，也開心不起來。」

我去夏綠蒂家用過一次午餐。賈姬一下子就很投入，不停說話，還端出一堆問題來問。伊萊克塔則像隻海牛，體型龐大，動作溫吞而緩慢。賈姬常無端自創用詞，例如稱她的車為「我的簽證」。午餐開動時，她面無表情用飛快的速度唸起里爾克的詩，等夏綠蒂要她再唸一次、唸清楚些，她又說：「我做不到，太痛苦了。」她很自豪地告訴我，自己是如何在浴缸裡背詩：「我都泡在冷水裡朗頌。」接著她侃侃而談運動對治療心理疾病的好處，說得有模有樣，然後又說：「我跟我姊姊打網球，都能看出她什麼時候作弊。她在計畫未來的時候都是這個樣子。那就是作弊。」

接下來的對話變得一團亂。我問賈姬服藥的情形，她向我解釋她不想得靜脈曲張，因此不能服避孕藥。她說：「但是我想，除了我爸的靈之外，沒有男人能讓我懷孕。那是他寫的聖經裡說的。我覺得自己有責任，就像耶穌基督遞了兩千根香菸出去時，也覺得自己身負重任——那才不是餅，我個人認為，那是兩千根香菸。這就是為什麼她一直殺害我和我爸的靈所生的幾個女兒。其中一個因為某個原因比我大十歲。另外一個，我給她一塊兩毛五買汽水。我比較喜歡替女人生孩子。大部分的人都不承認自己是同志，但他們其實是。在我看來，他們全都是同志。」

接下來她仔細打量我，突然說道：「你還要小黃瓜嗎？」然後把盤子遞給我。我拿了一些小黃瓜。她接著說：「我真的很喜歡白天上的課，而且我也真的對詩很有共鳴。我喜歡藝術創作。這些日子我真的很愉快。」剛才我們不著痕跡就進入精神病的狀態，現在又不著痕跡地回到現實世界。賈姬顯然對這樣的轉變渾然不覺。夏綠蒂後來說：「這毛病總是來來去去，似乎也沒對人造成傷害，包括她自己，只是要花點時間習慣。」

伊萊克塔很少有這樣天外飛來一筆的妄想。夏綠蒂說：「如果賈姬現在得的是思覺失調症，那麼我覺得伊萊克塔比較像是沒得這個病還吃藥。不過她當然有這個病，只是這個病症實在很難掌握。」伊萊克塔的負性症狀較明顯，她說：「我只覺得昏昏欲睡，我得努力打起精神才能去採買。一個月只去得了一次，所以我常吃很多不新鮮的東西。」我問她是不是有次停了藥，結果病得非常嚴重，她眼淚立刻湧現，說：「我只是想再體驗亢奮的感覺。」

324

此時賈姬插嘴：「我幫妳！妳在這兒等著。」她命令道，然後跑去找了幾首最近寫的詩。其中一首幾乎是胡言亂語，但是另外一首裡有幾句是這麼寫的：

而當我努力要找到
那個愛人，讓她看看
我有多愛她，找到的卻只有
空虛和狂亂

那背景裡嘈雜的聲音，
每四秒淹沒我說話的聲音……

「嘈雜的聲音」就是天外飛來的幻聽，毫不留情地湧上，淹沒想要保持理智的心，而這首詩就是出自理智清明的心。這個認為自己替父親懷了四百個孩子的人，竟然寫出如此充滿自覺的詩作，令人吃驚。我想到希臘神話裡復仇三女神追殺俄瑞斯忒斯，那種無盡的外在折磨中麻木的悲痛。我對夏綠蒂說：「妳確實忙到分身乏術。」

她回答：「有時人生沒得選擇。」

• • •

當病人無法持之以恆服用他厭惡的藥時，他可能會設法不讓家人發現或干涉，但家人往往還是會首先發現，並採取行動。父母的愛，總是希望能夠喚醒另一方對等的情緒。思覺失調症患者和自閉症患者一樣，往往被視為無法與人建立情感連結，但事實常常並非如此。哈佛大學教授列維表示：「情感遲鈍或者情緒空洞，已經變成思覺失調症的刻板印象，但其實情感並非總是遲鈍，而且在很多案例中，大部分的時候並不遲鈍。」思覺失調症專家戴維森和斯泰納寫道：「他們看起來也許像木頭、很空洞，也許連跟自己都十分疏離，但有思覺失調症的人常描述自己熱切企求愛和建立感情，這點與空殼的形象有極大差異。」父母應該要知道，淡淡的情意即便看似不能打穿思覺失調症患者的孤立，卻也能讓他們心安。

病患如果和某個人有互信關係，比較可能按時吃藥，這個人可能是父母、朋友，或是醫生。弗雷澤在麥克林醫院工作，主要負責年輕病患，她說：「我的病人大概有四十到五十%都不聽話，有時他們會來跟我說：『弗雷澤醫師，我覺得比較好了，我想停藥。』有些人看起來

325

一副不管我贊不贊成，他們都會去做的模樣。於是我說：『我不覺得這麼做很明智，你這樣很可能會復發。不過，也許在你療程的這個階段，我們應該要找出答案。』然後我們就列了個計畫，每週減少三十％的藥量。我會說：『你希望的事，我會幫你，但是你得答應我，如果你開始出現幻覺，你或你父母一定要立即打我的呼叫器。你得答應如果有這種情形，你就得立即服藥。』同時，我也會告訴病患家屬，病患可能會有自殺的念頭。幾乎所有病患的症狀都會復發，他們也因此明白自己真的需要藥物。這是個學習的過程。如果治療的效果完全消失，你會失去自覺。但如果是逐步消失，你就會知道出問題了。他們會感到害怕，然後，但願他們會告訴我。」

有個思覺失調症患者的母親告訴我，她兒子的治療師要他寫下座右銘，貼在家裡的冰箱上。她說：「上面寫著：『我是好人，別人也覺得我很好。』這句話對他的影響極大。」

・・・

喬治・馬柯羅在紐澤西讀高中時有很多朋友。他青少年時期常吸大麻，高三時試了迷幻藥LSD。數週後，他決定再試一次，但這次他吃的不是一顆，而是四顆。他回想道：「之後，一切都變得怪怪的。我猜我體內原本就有這個病，迷幻藥則加速病情發作。」在大學裡，喬治的物理學得非常好。他父親朱賽貝說：「他是我們家最聰明的人。」喬治記得：「一九九一年十一月一日，當時我在波士頓學院，有天起床覺得自己像吃了迷幻藥。但我什麼藥都沒吃，也什麼都沒做。這種感覺持續了八年都沒消失。」喬治向校內的醫生求診，醫生說這感覺會自然消失。當時喬治接受了這個說法，但他現在非常憤怒。「如果我聽到有人說：『我覺得自己像嗑了藥，但我明明沒有。』我會說：『我們最好安排你去檢查檢查。』」

他不願意告訴家人朋友發生了什麼事。「我怕他們覺得我發瘋了。我用喝酒、抽大麻來代替吃藥。所有感覺都被放大。東西嘗起來很難吃。如果我那時就開始吃藥，就不用過八年那樣的日子。」雖然出現種種症狀，但他的各門物理課平均成績還拿了三・七。喬治說：「但症狀逐漸增強，聲音變得越來越顯著。」他在華爾街的一家網路新創公司工作，幾個月後，他不去了，不論他父母怎麼說、怎麼做，他就是不肯回去上班。喬治的父母在他高中時離婚，之後他便和母親布莉姬同住。她向我解釋：「剛入社會的年輕人不知道怎麼過日子，總得有人推他們一把。我當時以為他也是，只是比較極端。我很擔心，有時還十分惱火，但我沒看到真正的問題。」一切變得越來越奇怪。朱賽貝回憶道：「他說他知道街坊鄰居在想什麼。」布莉姬則深感困惑，她說：「不過，我還是不覺得他得了思覺失調症。」

喬治的父母堅持要他去看治療師，大約四個月後他才透露自己一直聽到聲音。布莉姬說：「我太害怕了，連思覺失調症這個詞都沒想到。」她和喬治的父親花了數月才找到奈森，他是普林斯頓醫院的精神科醫生，主治思考障礙。他立刻看出喬治病得很重，開了藥給他。喬治除了大學畢業後在華爾街待過一陣子，之後都沒工作。

喬治以前常把藥含在嘴內，趁父母不注意時吐掉。有次復發，他撞車撞了三次。十年之後，他終於願意按時吃藥。聲音還是持續，但總是那幾種。他說：「有時他們會說一些很尖銳的話，但我可以假裝沒聽到。你知道嗎，有些聲音真的很混帳。有時同一段對話我得重複很多次，因為新來的聲音不知道你跟以前的聲音說過什麼。一開始，我還以為那些聲音來自身旁的人。後來發現，那些聲音說要做的事情都沒做。現在，我聽得到他們說話，也跟他們說話，但我才不信他們會怎麼樣。我跟你說話的時候，就能不理他們。服藥從未讓聲音消失，但讓我比較容易應付他們。我很喜歡跟某些聲音說話，但有些我就沒法忍受。雖然我很討厭這整件事情，但某些聲音如果不見了，我一定會很想念。」

喬治幾年前搬去和朱賽貝同住。朱賽貝幾乎把一生都給了這個么兒，他說：「我不找新對象，因為我不能分心。該為喬治做的，我全得去做。」喬治的哥哥表示，如果朱賽貝走了，

327

他會照顧喬治。我認識這家人的時候，喬治卅五歲，正服用可洛拉平，也定期量血壓。他說：「我狀況比以前好。到公共場合我還是有點偏執，但還能應付。我父母一直緊盯著我服藥，也很關心我的行為舉止。我也沒做什麼，基本上就是每天對聲音說話。如果爸回家的時候我正在跟他們說話，我就會去別的房間。我不喜歡別人看到我自言自語，就連我父親也不例外。」朱賽貝則找到應付這些聲音的方法。他說：「喬治和他們有說有笑的時候，我就說：『喬治，讓我也加入吧，我想知道大家都說了些什麼。』然後我們就拿這件事來說笑一陣。」布莉姬說：「感覺不是什麼太高層次的對話，就像是幾個人站在街角聊天。每回聽到我就心煩，但是我都會深吸口氣，從不叫他閉嘴。」

喬治每週找奈森醫師回診，而朱賽貝通常會一起去，並在診療時全程坐在一旁。喬治喜歡這樣的安排，這樣同一件事就不用跟父親說一次，又跟醫生重複一次。喬治說：「除了吃藥、看醫生，我也沒什麼能做的。只希望出狀況的頻率能降到最低。我的狀況讓我父母飽受壓力，我也知道不是我的錯，但我還是覺得不好受。」

朱賽貝說：「我不在乎這件事對我的影響，但我還是會坐在房裡哭，哭他錯過了這麼多。生命應該怎麼樣、可能怎麼樣，都跟他無關了。」布莉姬說：「他真的是非常好的人，懂分寸、心腸好，又溫柔。他值得擁有更好的生活。一開始我想：『他永遠也過不了正常生活。』然後又想：『什麼是正常生活？誰過的是正常生活？我們一個個都在做些什麼？我很以三個兒子為榮。大兒子有天分又有決心，小兒子做什麼像什麼。但喬治很懂分寸，你看他腦子裡這麼亂，卻能做到這樣。我或許最以他為榮。』」

• • •

隨著早期介入運動出現的，還有康復運動。這種運動主張用生物療法解決正性症狀，同時用心理社會方法改善負面及認知症狀。重點在於，即便臨床狀況不佳，也要協助患者改善生活品質，強調即便是有障礙的人，還是應該讓他們盡量發揮仍保有的能力。即使精神病症狀依舊持續、認知能力逐漸受損、社交能力有限，也應該確保有專人為個案處理健保問題，帶他們去看門診，而且有地方可住。應該要有人幫病患找到能夠包容並支持他們的工作地點。應該有復康計畫協助病患發展職業技能，有社交技能訓練教導他們應對進退。用電腦上的訓練協助病患增強記憶力、判斷力以及注意力。只要能讓病患和社會保持連結，任何方法都很珍貴。有個母親，她的兒子最近被診斷出思覺失調，某天她開車到加油站，看著正在加油的青少年。她向我說：「兩年前，我會覺得他的人生很悲哀、很浪費、很沒意義。我現在覺得：『唉，要是我兒子也能像他一樣就好。』」

・・・

瑪妮・卡拉漢的妹妹諾拉一直持續在跟英國歌手艾瑞克・克拉普頓說話。諾拉和瑪妮同住了一段時間，但有一天，瑪妮懷著八個月的身孕從自己的房間走出來，發現當時廿四歲的諾拉雙手拿著剪刀站在門口。瑪妮回想當時情景道：「我說：『妳在這做什麼？』她說：『我不知道我在這裡做什麼。妳是誰？』於是我在早上七點打了電話，說：『爸、媽，我現在立刻帶她回家。』」接下來的幾年，諾拉都和母親同住，藥有時吃，有時不吃，到最後藥已經無效。瑪妮說：「最後我母親中風了。我不敢說是諾拉造成的，因為我母親本來就有邊緣性高血壓，但和諾拉同住總是有害無益。諾拉把母親推到地上，導致她肩膀骨折，於是我去了緬因州政府，申請監護權。我每天都要跟她說話或做跟她有關的事情四五次以上。」諾拉現在五十三歲，住在輔助居家，但還是把她和克萊普頓的對話鉅細靡遺地告訴姊姊。雖然她現在這個自我仍是個飽受困擾也帶來困擾的自我，但以前的諾拉大多都保存了下來。瑪妮說：「她把人看得透徹。

彷彿是我們在自己這套社會秩序中學會了掩飾和隱瞞，而思覺失調的人卻能一眼看穿。她雖然愛爭吵，行為又荒腔走板，但她也只是盡她所能過日子，就跟我們所有人一樣。我不能遺棄她。我會去她那個簡單的小公寓看她，而就算這麼痛苦，她心裡還是有奮鬥的動力，每天還是努力過日子，維持尊嚴。這裡插幾朵花，那裡放些漂亮的東西。一點點的小巧思，那並沒有消失。」

• • •

哥倫比亞大學的利柏曼認為，我們並未充分利用手上的工具，並為此十分沮喪。他說：「問題在於，人是在慢性的荒原中變成心理疾病患者。窩在房間的一角，抽著菸，什麼都不做，一個月去看一次醫生，拿些藥。我們現在有醫療和社會的方法可以幫助人，但是因為資源有限、缺乏覺醒，再加上偏見，很多人都沒有獲得幫助。」他表示，思覺失調症患者中，只有一小部分屬於對藥物治療沒有反應的「頑固型」，需要長期住院。至於其他人，急性發作時有醫院照護，再加上足夠的社區服務，就足以應付。「我們院裡有些人被家人遺棄了，又無法獨立生活，我們也無法為他們找到有人監護的住所，只好把他們送去遊民收容所。」美國思覺失調症患者每年平均每五名就有一名無家可歸。這些人很快就會停藥，然後又因為急性發作而回到醫院。這對他們的醫療無益，對國家的財政也無益。

〈二〇〇八年全國藥物使用及健康調查〉的報告指出，嚴重心理疾病的醫療照護，最大障礙就是費用。美國的思覺失調症患者中，找醫生求診的不到一半，服用處方藥的略多於一半。未接受治療的人，有一半把問題歸咎到費用及保險上。我問弗雷澤，工作時要接觸思覺失調症患者，是否讓她心力交瘁？她說：「最讓我心力交瘁的是管理式照護。早就已經核准的精神病藥物，若想加重劑量還得再填一張表格。這件事真的會影響我提供的照護品質。」在美國，治療思覺失調症每年要花費八百億美元，如果能夠有計畫地積極接觸病患，這筆開銷就能控制。大部分的病患只要在協助下繼續接受適當治療，就不至於墮入極度瘋狂，也不需要後續昂貴的住院治療或監禁，而這些費用多半都由納稅人買單。但現在的做法是，病患的家人得自己組織互助團體、自己建社區中心、架網站，還得書寫充滿建議的回憶錄。

家屬唯有在患者會對自己或他人造成「立即」危害時，才能將患者送到機構安置。而雖然至少有五分之一的思覺失調症患者會試圖自殺，但家屬要證明仍然十分困難。有個男性患者停藥，然後因為犯了小罪而入監服刑，有人看到他在吃獄中馬桶裡的糞便。由於吃人類排泄物並不會導致死亡，因此他並不會對自己造成危害，法官於是不願讓他就醫。麻州心理健康部門前主任達克沃斯就說：「想進州立醫院比進哈佛醫學院還難。」因此，患者的家屬被迫定期編造[330]一些症狀，好獲得機構安置的服務。

思覺失調症患者有一半到三分之二的人與家人同住，或者主要由父母照顧。然而，根據最近的一份調查，這些家庭中只有三％認為這是合理的安排。利柏曼說：「問題在於人會逐漸心力交瘁，更何況患者似乎並不感激家人為他做了這麼多事。」家庭必須是治療中心、門診中心，同時還有很多雙眼睛幫忙看著，很多雙手幫忙煮飯、打掃、安撫或壓制。簡而言之，家庭同時是一套相互牽扯卻又不斷輪替的組織，有時訓練病患紀律，有時為病患提供庇護。

家人為了這項工作，往往必須放棄或犧牲事業，使得經濟陷入困境，而且時時要面對生病的家人，壓力也很大，用這個領域的話來說，就是要「不屈不撓地接觸」。哥倫比亞大學公衛學院的流行病學家蘇瑟就接觸過極為貧困的患者。他說：「一定要注意，別讓病患家屬覺得有道德壓力，因而強迫自己去做超出能力範圍的事。」雖然家人的參與有助於改善患者的生活，他們仍然不會因此就變回生病前的樣子，而家人也必須權衡代價和成效。

世界衛生組織最近進行了一項大型研究，想找出思覺失調症患者最好的治療成效出現在哪些地方。最好的短期成果出現在奈及利亞和印度。當地往往僅有極為基本的醫療，患者之所以改善，似乎是因為當地社會中固有家庭結構的支持。來自印度的德蘇薩說：「我一開始在這裡受訓時，很難理解為什麼會有家庭把兒子或女兒丟下來就走了。其他條件如藥物、劑量、照護機會、社經地位都一樣時，治療結果較好的，多半是與家人關係較好的患者。」如果是完全健康的人，開發中社會的這種親族制度是否適合西方人還有待商榷，但是大家庭比較容易分工，因此有心理疾病的人顯然能接受比較高品質的照護。在塞內加爾，如果有人入住精神病院，多半會有一個家人陪床，一直到他出院為止。這樣的習慣讓精神病患者能夠安心，知道自己永遠隸屬於這個社會。

西方則相反，家人多半會剝奪患者參與社會的權利。有些患者沒有病識感，因此得用強硬的手段處理，但有些卻可能是最了解自己症狀的專家，還有些人會建議家人該怎麼與自己互動。過去二十年來，社會漸漸不再歧視患者的家庭，相關互助團體因而快速增加。「丹佛社會互助團體」的創辦人立特本身患有思覺失調症，他的訴求是：「只給有建設性的批評。不要把所有衝突都歸結到疾病的症狀上。讓我們在家庭中找到立足之地，不要只是『生病的家人』。」有個互助團體的網站呼籲：「用一起探究的心情來面對妄想。如果對方開始生氣，就不要再逼問。」

雖然思覺失調症的正性症狀最令外界不安，也最嚇人，但是負性症狀往往帶給家人更多負擔，他們得處理兒女的敵意、不注重個人衛生，還有缺乏動力的問題。要提醒自己這些不是性格缺陷，確實相當難。有個思覺失調症患者的父親就說：「我那貼心、聰明、風趣的兒子不止病得很重，還變得疏離、冷漠、易怒、粗魯無禮。你很容易就會覺得，他非常討厭。」

廿五年後，這個父親還是為同樣的問題所苦惱：「兒子就像討厭的陌生人，你該怎麼繼續愛他？」有個母親說：「這些孩子已經死了，只是一直沒有埋葬。」一九八〇年代初期，幾個思覺失調症患者的家庭在麻州創立運動團體「心理疾病者家庭公社」，該團體表示：「生病的孩子住在另一個世界，而那個世界讓父母或有意或無意地感到害怕。」光靠鼓勵和愛無法治癒思覺失調症，但冷漠則可能讓病情嚴重惡化。

麥爾坎·泰特有嚴重偏執的思覺失調症，過去十六年不斷威脅要殺害家人，他的家人也不斷設法替他治療。他不斷住院，又太快出院，自己也不願意好好吃藥。終於，在一九九八年的十二月，他的母親和姊姊開車把他從南卡羅來納的家中載出門，姊姊在路邊開槍射死他，然後不停流淚。她在出庭受審時說：「我很怕有一天麥爾坎會完全失去理智，傷害我跟我女兒，而我真的不知道還能怎麼做。」後來她被判無期徒刑。

・・・

蘿絲瑪莉·巴里歐的家族布滿思覺失調症的痕跡。她的叔叔打完二戰回家時，變得有點「腦筋不正常」。他和蘿絲瑪莉的家人一起住在波士頓近郊的莫爾登，那裡是愛爾蘭勞工社區。蘿絲瑪莉還是小女孩時，很喜歡去叔叔房間。狀況好的時候，他會在自動鋼琴上放上彈奏紙卷，然後教孩子跳愛爾蘭踢踏舞；狀況不好的時候，他會和自己的幻覺吵架。蘿絲瑪莉將近三十歲時，弟弟強尼十七歲，開始出現精神病症狀。蘿絲瑪莉告訴母親，弟弟不太對勁，但母親聽不進去。後來強尼開始砸東西，還是蘿絲瑪莉把他帶去麻州綜合醫院。蘿絲瑪莉回憶道：「除了家人，母親不願意讓任何人看他，也不准我們告訴別人他有精神病，於是強尼就跟所有人斷了聯繫。」

蘿絲瑪莉最後生了九個孩子，老三喬伊是家中長子。她說：「他有一頭漂亮的紅棕色頭髮，一雙淺褐色的眼睛，還有酒窩，可愛極了。大家都好愛他。」高中的時候，喬開始出現問題，父母還以為他嗑藥。他成績一落千丈，一整晚不睡覺。蘿絲瑪莉說：「他十七歲的時候，我終於跟他說：『我跟爸爸要帶你去檢查，我們一定要找出是怎麼回事。』他怕極了。」那天晚上，他第一次崩潰。蘿絲瑪莉說：「廚房有個長長的儲物間，盡頭有扇窗戶，櫥櫃都是玻璃做的。我晚上回家，玻璃全破了，廚房天花板上全是血。」

蘿絲瑪莉發現喬伊被送進醫院，他手臂上的動脈被割斷了。蘿絲瑪莉趕到醫院，喬伊說：「對不起，媽，對不起。」見蘿絲瑪莉流淚，喬伊又勸道：「我在這裡，總比姊姊和妹妹在這裡好。」他住院住了一個月。

過去母親把強尼孤立起來，蘿絲瑪莉決心不再重蹈覆轍。「我很傷心，但生病就是生病了。我要直接面對事情的真相。」喬伊念完了高中，在照相館找到一份工作。有一天蘿絲瑪莉接到電話，說他衝進車陣當中，還前言不對後語地大吼。那次出院以後，蘿絲瑪莉決心替他找個中途之家，但不到一年他又病發。莫爾登的心理醫療服務由三市聯合政府部門負責，但承辦人員表示，他還知道自己的姓名和地址，代表他病得不夠重，因此無法讓他住院。他住到莫爾登山邊一座貧瘠、布滿岩石的山坡上。蘿絲瑪莉不讓他回家，擔心他可能傷害兄弟姊妹。「你能為了一個病得這麼重的人，犧牲其他八人嗎？他內心那麼溫柔，如果他真的傷害了誰，之後他能背負這件事繼續活下去嗎？我也得保護他。」

為了保持聯繫，她答應給喬伊菸錢。每次只給他一包的錢，這樣他就得每天到家裡來。蘿絲瑪莉說：「我先確定他有東西吃，然後把錢給他，他就走了。」她丈夫薩爾一直無法面對兒子的病。喬伊病發三十年後，我想前往訪談，蘿絲瑪莉堅持在她女兒家進行，因為她丈夫無法忍受她談喬伊的事。蘿絲瑪莉說：「有一年感恩節要到了，天氣實在很冷，我跟法院的書記官說：『你今天一定要讓我見到法官。』」在這同時，蘿絲瑪莉還得告訴喬伊，要他去法院領取菸錢。蘿絲瑪莉把喬伊拉到法官面前。「他的球鞋連鞋底都沒有。身上很髒，因為他一整晚都躺在地上。我對法官說：『當妳知道自己的兒子是以這副德行在過日子，還會有心情幫其他人過感恩節嗎？』法官這才同意讓他入院。」

他狀況穩定後出了院，搬去和八十多歲的祖父母同住。他們住在薩默維爾，為了維持心理健康，他得每天到八公里外的莫爾登注射「氟奮乃靜」。蘿絲瑪莉說：「第一天他從薩默維

333

爾搭公車到莫爾登，他一直等、一直等，都沒有人。他上了公車，又回去薩默維爾。他去了三天，但是負責人員請病假，也沒人跟我們說。喬伊一次針也沒打到。到了第四天，他開始出現幻覺。他到他祖父的後院，像動物一樣在地上爬。我公公走到後陽台，說：『喬伊，你進屋裡來，爺爺幫你。』」結果喬伊攻擊他祖父，老人家傷勢重到得住院動腦部手術。倘若他祖父因此過世，喬伊就會被控告謀殺罪。喬伊被送到醫院，在專門收容心理病患的布利吉華特州立醫院住了一年。

蘿絲瑪莉說：「唉，他確實病了。然後醫院的人發現他的保險給付用完了，於是第二天他就奇蹟似地康復了，被送回家中。我說：『如果有人因為你們今日的所作所為而受到任何傷害，我就把醫院告倒。』」結果喬伊被轉到另一家醫院，最後他終於恢復到可以出院的程度。這時，他已經廿五、六歲。蘿絲瑪莉倒不是不願讓他回家，只是，她一旦把他接回家，有些只提供給無家可歸者的服務，他就不能享用了。最後蘿絲瑪莉把喬治送到中途之家，和他叔叔強尼一起住。喬伊臨終前幾年把心思都放在為院友拍照上，他的影像呈現了荒蕪感，卻又懷著無比溫柔，十分撼動人心。他也畫素描，這是他自幼習得的技巧。他精神科的主治醫師至今仍在辦公室掛著他的畫，是他的墨水自畫像。我看到那幅畫時，她對我說：「你得非常仔細看才看得到，在喬伊的耳邊還有一個人，那就是對著他耳語的聲音。」二○○七年四月五日，強尼吃肉時噎到，過世了。兩天後，喬伊診斷出有肺癌。蘿絲瑪莉邊流淚邊說：「他一診斷出來，我們就讓他搬回家，管他結果會怎樣。他每天都要化療。醫院的人發現他腦部也有癌細胞，於是又進行另一種化療。後來癌細胞又跑回肺部，而他從來不抱怨。喬伊對我說：『媽，看來我是不行了。』他還說：『媽，如果我能撐，讓我撐。但如果我慢慢走了，就讓我慢慢走吧。』後來就是這樣。我坐在那兒，他就在我面前慢慢走了。」喬伊就葬在強尼旁邊。

我見到薩爾時，喬伊已經過世六個月，他整個人十分委頓，瘦到只剩五十公斤，既憔悴又傷心。蘿絲瑪莉有滿腔的心事要吐露，但薩爾的悲傷卻讓自己向內退縮。蘿絲瑪莉問：「我能讓薩爾好起來嗎？不能。我能讓他想活下去嗎？不能？我為喬伊奮鬥了卅二年，這一路上無時無刻不在保護他、為他奮鬥。我還是救不了他。我救不了他。」

在強尼因噎到而過世之前的六個月，蘿絲瑪莉把從小住的老家交付信託管理，而且無法撤銷。「這麼一來，萬一中途之家不經營了，而這兩人活得比我們還久，也不至於露宿街頭。現在既然已經安排好了，如果我哪個孫子孫女得了病——這是很可能發生的——他們也不會無家可歸。我們已經做好準備，等著看下一個是誰。」

•　•　•

思覺失調症患者的自我倡權和聾人權益、小個子政治及神經多樣性相比，截然不同，因為後三者的倡權者應該清楚知道自己是誰。他們最常受到的抨擊是，他們不懂主流的現實狀況：侏儒無法真的理解高個子的情況，自閉症患者也無法明白人際往來的樂趣。不過，他們通常都能完整理解自身的狀況，但思覺失調症最大的特色，就是妄想，而這會讓他們的身分認同主張變得非常複雜。若有人從自身的思覺失調症中獲得歸屬感，就表示他接納自己了嗎？抑或這只是否定現實的表現，是疾病症狀的一環？而病覺缺失又讓思覺失調症患者的決定變得更加複雜。所謂病覺缺失，就是你生了一種病，症狀之一是相信自己沒有生病。英國詹姆士一世時期的戲劇《誠實的蕩婦》中，劇作家托馬斯．德克爾就寫道：「你不知瘋，便證明你瘋。」

思覺失調症患者的自我倡權帶出了一個很尷尬的本體論問題：除了病人目前所經歷的一切，是否還有一個更真實的自我，是能夠和出現症狀的自我分離開來的？法學教授薩克斯在回憶錄中寫到自己的思覺失調症，他如此說：「選擇自我這件事，我們應該避開。」有個父親說：「我以為我兒子好起來的意思是他不會再聽到那些聲音，但那其實只代表他不再那麼常聆[335]聽那些聲音。」我有時覺得，我們強調精神病患能察覺病情，就像是強調罪犯幡然悔悟。自覺和懊悔都意味著，偏離常態的人雖然表現得行為異常，但他們的內在世界其實更接近我們，這令人大感安慰。可是，除非他們改變行為，否則處境一樣會很不利。

雖然一般而言，走出思覺失調症後，智商越高的人生活品質會越好，但高智商的人也比較容易自殺。深刻理解自己病情的患者常會失去自信，也更憂鬱，即使是比較能照料自己的人也一樣。此外，雖然有些人自殺是因為幻聽下的指令，但跟妄想消失的人相比，有妄想的人比較不容易自殺。主流社會希望思覺失調症患者有自覺，並因此能按照社會的期待行事，然而這件事不應遭到曲解。克里斯托說：「你絕對想不到，有多少和你互動的人其實腦內都有聲音在說話，只是他們有自覺不去理會那些聲音。我常常很敬佩我的病人，很多人雖然不斷出現幻覺，卻能自理得非常好。他們都知道自己發生了什麼事，這救了他們，卻無法讓他們快樂。」

近期的《紐約客》雜誌上有篇文章談到一位精神病患者琳達．畢修普，醫院的病歷上記載她「極為聰明」且「人非常和善」，還「完全否認自己有病」。她不願意在任何說她有心理疾病的文件上簽名。文章提到：「發作的時候，她認為自己是某個故事中的女主角，經歷了不平正的事情，這個角色讓她對自己有了信心，人生也有了目的。」琳達最後在一間廢棄空屋餓死自己，她相信這麼做是服從上帝的旨意，而且她顯然也和內心的瘋狂和平共處。從很多層面來說，她比克里斯托那些神智更清明的病患還要快樂。

「以瘋為榮」運動認為，應該要擴大「自決」這項基本人權，讓有思覺失調症等心理疾病的人也能享有。這項運動把罹患各樣精神疾病的人集結起來，為這群可能無法隸屬於其他任何群體的人創造出水平身分的認同感。參加的成員想要減少對精神病藥物的依賴，希望能拿回治癒的掌控權。錢柏林是首批運動人士之一，她說：「如果不是自願，那就不是治療。」葛拉瑟在《紐約時報》寫道：「同志運動把『酷兒』一詞收編為光榮的標記，而不再是恥辱。同樣的，這些運動分子也非常自豪地說自己瘋了，並表示自己的症狀並不會阻絕他們成為有用的人。」

以瘋為榮運動在全球各地都有人響應，這包含近年來在澳洲、南非及美國的抗議事件。這些抗議事件吸引了來自社會的支持者注意，和一群愛偷窺者來看好戲。北卡羅來納的以瘋為榮團體「阿什維爾基進心理健康公社」發起人就說：「以前只要一經確診，便被貼上標籤，一旦被人發現，職業生涯和人際交友就會遭判死刑。我們希望藉由討論這件事來改變一切。」

以瘋為榮運動的支持者提出了一系列促進健康的做法。歐克斯是國際心智自由組織的負責人，經確診得得了思覺失調症。他用運動、同儕諮商、改變飲食、健行來治療自己。他拒絕吃藥，也大力鼓吹其他人抵制精神病學的體制。他談到自己年輕時被迫吃藥的情形，說：「他們用破城的大鐵球來進攻我心靈的大教堂。」至於他後來所做的努力，他說：「人類的靈魂很古怪、很獨特，難以征服、難以理解，無法停下，而且極其美妙。所以真正重要的，其實就是在面對所謂正常的時候，能夠找回生而為人的意義。」「加州心理健康個案網絡」的辛曼表示：「歐克斯之於精神病倖存者運動，就像麥爾坎Ｘ之於黑人民權運動。他用最質樸純粹的方式說出了真相。」

歐克斯也的確讓體制注意到他的訴求。他曾經組織一次大罷工，抗議以生物學模型來解釋精神疾病，當時美國精神病學會出面和抗議群眾會談，卻找不到交集，最後發表了一份聲明：「這些障礙足以影響心理、腦部及行為，可惜在科學以及臨床醫療皆有長足進展的今天，仍有一小群個人及團體不斷懷疑真相與臨床醫學的公信力。」近來運動人士布利金更發起運動，反對使用精神疾病藥物，他表示：「病患看起來像是有進步，其實那是種失能，是喪失了腦部能力。」

要否定心理疾病的生物性本質（或者，應該說心理健康具有的生物性本質），非但荒謬，甚至可說是感情用事。但如果只把歐克斯及辛曼視為瘋子，不加理會，同樣令人惋惜。兩人之於傅柯和連恩，就像傑佛遜之於盧梭，或者列寧之於馬克思。先有想法，才有行動，但孕育出新概念的哲學家很少將之付諸實行。有句古話說：「瘋人執掌瘋人院。」現在以瘋為榮運動讓這句話成真了。這些運動人士認為自己是要拋開壓迫的枷鎖。他們都有嚴重的疾病，也承受過暴虐的壓制。現在的問題在於，他們有沒有辦法解決壓制的問題，又不會錯談心理疾病的本質。

主張以瘋為榮的人士大多批評醫界人士鼓吹以藥物作為主要的療法，但，即便如此，他們很多人還是得仰賴藥物才能正常生活，他們也支持其他人用藥或不用藥的自主權。他們堅稱，對於非得服藥的人，還有很多方法可以減輕副作用。有些運動人士則表示，說到藥物，他們「支持有選擇」。以藥物治療思覺失調症有其風險，可能導致神經損傷、代謝失常、慢性中毒、糖尿病、血液相關疾病，體重也可能快速上升。很多人罹患精神疾病後，最初的感受就是失去太多東西，因此會在私下自行評估治療的效用與引發的副作用。運動人士浩爾在《降低傷害指南：擺脫精神疾病藥物及戒斷》一書寫道：「一邊是藥廠的藥物宣傳，另一邊是某些運動人士反對藥物的主張，在這樣兩極的文化中，我們希望提供減少傷害的方式，讓大家能自己作決定。」

337

英國小說家艾倫寫道：「彷彿有某種協定，彷彿你首度崩潰時簽下了一張合約，倘若你真的走出瘋狂，回到『正常』世界，你得答應不再提發病的事。人們給失去心理健康貼上汙名，這不但剝奪了病患的自身經驗，也等於是在告訴他們，這些月這些年，或者這些反覆發生的片段時刻，他們都不存在。今日出現以瘋為榮這類團體，想要正視自信心的問題，這很奇怪嗎？」這項運動就如同本書記錄的其他運動，用意是支持那些遇到某種棘手症狀的人，協助他們，讓他們覺得自己完整、有價值。

以瘋為榮運動強調的是培養良好的自我照護技能，以此維護身心健康。運動人士的訴求並不是回到病發之前的狀態，而是要讓病患有能力採取具體的步驟，建立足以自理的生活，且誠實面對問題。有個網友在網上評論時如此回應艾倫：「根據醫生的說法，我瘋了。我也以自己為傲，而如果要假裝『瘋』不是我的一部分，那就太蠢了。」伊卡魯斯計畫的網站說明是這樣寫的：「這個網絡是由一群有共同經歷的人所組成，我們就活在這些經歷當中，也深受這些經歷影響。這樣的經歷常被診斷並歸類為精神疾病的症狀。我們認為這些經歷是需要修煉及照護的瘋狂天賦，而不是疾病或失調。」

不論自己的處境為何，都要接受自己。這話固然沒錯，但思覺失調症患者要做到這一點，困難尤其大。我遇到的某些人的確能在這種處境中找到意義，但似乎沒有人因此而喜不自勝。運動人士的言詞雖然動人，但是以瘋為榮運動的影響力卻遠比不上自閉症權利運動。我想，部分原因是思覺失調的痛苦太深，幾乎永無止境，更有甚者，患者通常都很晚才發病，這更是雪上加霜。自閉症患者無法想像自己沒有自閉症的樣子，別人也無法想像。自閉症成了他們密不可分的本質。思覺失調症患者卻能想像自己沒有思覺失調的樣子，因為大部分患者生命中的前二十年都沒有此症。如果他們主張「身心健康」，他們談的不是遙不可及的虛構情況，而是熟悉的過往。贊成以瘋為榮運動的人，會覺得這套說法很正面，也富有哲學意涵，但慢慢走入精神病狀態的人，在被負性症狀及精神病藥物麻痺之前，大多覺得這一切只是種折磨。

338

艾倫很認同以瘋為榮這類運動的必要性，但她也說：「人手上拿到什麼牌，就得打什麼牌，而在這個過程中，人就會逐漸變成某個樣子，成為他自己。但有人會真心希望自己的孩子心理健康出問題嗎？他們的伴侶呢？朋友呢？從我自己和朋友的經驗，以及我從病房發現的真實情況，伴隨知覺失調的，只有無望和絕望。」耶魯大學生物倫理跨學科中心的約斯特寫道，要把以瘋為榮運動跟身心障礙權相提並論，看似容易，「但其實，不論社會的偏見能消弭得多徹底，心理疾病永遠使人受苦。」

・　・　・

沃特・佛瑞斯特的兒子彼得在高二開始出現思覺失調，他總是和兄弟姊妹吵得很凶，最後家人不得不動手把他壓制住。沃特說：「感覺就像他的頭頂被吹走了。他一向很受歡迎，然後開始出現一些小問題，而現在我們得把他壓在地上。」幾週後，彼得在車上說：「爸，你不要這樣握方向盤，不然我要下車了。」沃特當時覺得一頭霧水。他說：「彼得一直有他自己的幽默感，所以我那時還在摸索是怎麼回事。過了幾天，彼得走入學校心理師的辦公室，然後就完全無助地崩潰了。」

彼得很快出現急性病症，沃特發現問題一天比一天嚴重。某天晚上，彼得突然攻擊沃特，還想把他推出窗外。最後，他拿出菜刀攻擊，沃特不得不報警。彼得在急性病房住了六個月。沃特和大部分父母一樣，花了許多心力才慢慢明白兒子的問題並不是暫時的。沃特說：「給我們最多協助的治療師說：『這就像你家有個四分衛明星球員。他被卡車撞到，四肢全斷。你現在該期待的，不是他未來還是四分衛明星球員，而是他還能行走。』」

彼得現在待在住宿型機構，一年回家看父親四次。沃特說：「我帶他外出用晚餐，他回家過個夜，然後回去。這樣的關係有什麼光明面嗎？有快樂的時光嗎？沒有。我希望他能做最低工資的工作，在超市幫顧客裝袋之類的，讓我覺得他做了些讓自己有價值的事。但他狀況越進步，感覺反而越糟，越令人難受，因為『原本可能可以怎樣』的想法會令你心碎。說真的，他若是死了，還好一些。對他比較好，對大家也比較好。世上大概沒有比這更狠心的話了吧。但他的日子過得非常非常苦，其他人也跟著苦。那輛卡車，與其造成這樣的傷害，何不乾脆把他撞死？」

沃特望著窗外好一陣子。「而現在，我快要哭了。跟你說吧，這件事就跟死了一樣。人能給其他人的東西不多，快樂是其中一項，尤其是給孩子快樂，而我完全無法給彼得快樂。」

有思覺失調症的人往往遭人排擠、嘲弄、誤會。發瘋、精神錯亂、怪人這類帶來汙名的字眼，在社會中也幾乎猖獗如故。《飛越杜鵑窩》這部電影影響了一整代人對思覺失調症的觀感。該片一九七五年於奧勒岡州立醫院拍攝時，原本有機會請真正的精神病患來當臨時演員，但製片拒絕了，說這些病患「看起來不夠奇怪，一般大眾對心理疾病患者的印象並不是這樣」。雖然心理疾病也應受到〈美國身心障礙者法案〉的保障，適用的保護措施卻不多。門診計畫及住院設施都少得可憐，能讓思覺失調症患者獨立生活的環境也不多。一九九〇年，美國有份研究顯示，如果知道想租房子的人有精神障礙，四十%的房東會立刻拒絕。表明自己有思覺失調症的人，即便已有多年未發病，多半也得不到工作機會。僅有約十至十五%的人能保住全職工作，但其實規律的工作型態對患者可能極有好處。有位頂尖的研究人員就說：「我見過的治療方式中，以工作最為有效。」屋主往往大力抗爭，不願讓心理疾病的治療和住宿機構進駐自家社區。美國國家心理衛生研究院的貝克就直言：「很多人無法忍受和慢性思覺失調症患者共事。醫生和護士也不喜歡治療無法康復的病患。」

這些患者雖然行為古怪，但大多對陌生人不構成危險。他們殺人的可能性是一般大眾的五至十八倍，多半和藥物濫用有關。然而，即使計入濫用藥物的人，也只有〇・三%的患者會真的動手殺人。一九九八年有份研究發現，非藥物濫用的精神病患有暴力傾向的比例和一般大眾一樣，但對家人施暴的可能性則高了五倍。患者若與家人同住，家人約有四分之一會遇到肢體傷害或威脅。然而，由於患者的暴力行為很可能是對幻覺的反應，因此也可能隨機對陌生人發作，給人類似飛機空難那種不知何時輪到我的感受。正因如此，即便機率比致死車禍還要低上許多，我們仍無比害怕。

340

二〇一一年，有兩件思覺失調症患者殺人的案件登上新聞頭條：迪雄・查波殺害負責照顧他的社工史蒂芬妮。賈瑞德・勞夫納在亞利桑那大開殺戒，共造成六死十三傷，其中美國眾議員吉佛斯身受重傷。事發之前，兩人都被認為有潛在的暴力問題，而這兩起案件也證明體制確實失靈了。

從小到大，迪雄的母親伊薇特都覺得他將來會當牧師。到了十九歲，他變了個人。伊薇特回想道：「他會說惡魔要他做某件事。他會談到詛咒、施法害人什麼的。」到了廿一歲，他覺得皮膚上總有東西在爬，於是不斷沖澡，晚上也總有東西吵得他無法入睡。然而，因為藥物的副作用，他無論如何不肯吃藥。他因傷害罪五度遭到逮捕後，才被轉到政府的心理健康部門。二〇〇六年十一月他之所以遭逮捕，是因為從小養育他的繼父把他開除，結果他把繼父左眼眼窩的骨頭打斷了三根。警方的報告上寫著，警察抵達時，他繼父「拿布按著頭，口中不停流出血來」。

雖然迪雄有暴力犯罪的前科，他還是在全州各地從一個機構轉到另一個機構，最後安置到一個團體之家。他過去的一切，這個機構只是一知半解。史蒂芬妮是個子嬌小的年輕女性，由於團體之家的經費不足，她一人得獨自照顧七個思覺失調症患者。是體制辜負了她，也辜負了攻擊她的人。二〇一一年一月二十日，迪雄在某個教堂的停車場毆打史蒂芬妮，然後拿刀刺死她，再將她半裸的屍體留在現場。她母親說：「她只不過是幫助別人，實在沒有必要因為這樣的工作而被殺。」伊薇特對史蒂芬妮的家庭深表同情。她解釋，多年來她一直努力讓兒子接受治療。

賈瑞德和迪雄不同，他從未入院。但是，早在吉佛斯眾議員於亞利桑那州土桑市的超市舉辦民眾見面會，而賈瑞德把現場鬧得天翻地覆之前，就已經有不少人知道他情緒很不穩定。他前一年還在皮馬社區大學就讀，當時行為就已十分古怪，還造成威脅，校方共報警處理了五次。在他開槍之前數月，有個學生在電子郵件中寫道：「我們班上有個精神不穩定的人，把我

341

嚇得要死。他根本像是那種會帶自動槍到學校，然後就上了新聞的那種人。」

二〇一〇年九月，學校強迫賈瑞德休學，並要他先取得精神狀況正常的證明，否則不能回去上課。一位教過他的教授告訴《華爾街日報》：「他很顯然有精神方面的問題。他說的是一種語言，其他人說的是另一種語言。」遭休學兩個月之後，賈瑞德買了支手槍。兩個月後，他動手了。與他同住的父母只是說：「我們也不明白為什麼會這樣。」

二〇一一年五月，攻擊事件的四個月之後，聯邦地方法院的伯恩斯判定賈瑞德的精神狀態無法出庭受審。《紐約時報》報導道：「廿二歲的賈瑞德坐在椅子上前搖後晃，審訊進行到一半，他把臉埋在手中，又突然一聲怒吼，打斷法官的話：『她就死在我面前。妳這個賣國賊。』」法庭委派的精神科醫師發現他「出現妄想、怪異想法，還有幻覺」。伯恩斯最後強制他接受藥物治療。他的律師表示：「根據正當法律程序，勞夫納先生享有身體權，可以拒絕接受非必要的強制性精神病藥物治療。」上訴法庭讓他停藥。之後賈瑞德十五個小時不睡，不斷來回踱步，把腳都磨破，還絕食。獄方以他會對自己造成傷害為由，重新給藥，而伯恩斯法官也判定獄方有權這麼做。

讓賈瑞德重新接受藥物治療的理由，是他會對自己造成傷害，但如果之後他恢復能力，得以接受審判，判決結果卻可能是死刑。全美刑事辯護律師協會的前任會長奧爾曾問道：「如果幫助某個人恢復能力的目的，是要他們為死罪或謀殺罪付出代價，這樣合乎道德嗎？適當嗎？」獄方的心理學家表示，她每次和賈瑞德會面，他總不由自主啜泣，並把臉遮住。最後他因能免除死刑而認罪，但他的罪行及病情本身就是懲罰，比司法制度所能判的任何刑罰都還要重。賈瑞德和迪雄一樣，都活在長期的煎熬中。

美國收容最多思覺失調症患者的機構是洛杉磯郡立監獄。監獄裡的患者人數，至少是醫院裡的三倍。美國監獄裡有將近三十萬人有各類心理疾病，其中大部分的人只要接受治療，就不至於犯下罪行。另外還有五十五萬人在觀護所。他們的罪行大多跟暴力無關，而只是各種小罪。這些人對於社會現況無動於衷，犯下這些小罪幾乎可以說是無可避免。負責處理他們的不是醫生，而是警察，然後是獄卒，以及其他犯人。美國矯正署統計，二〇一一年麻州有廿五%的囚犯需要心理治療，相較之下，一九九八年只有十五%。

省下心理醫療的錢，增加了獄政制度的負擔，兩相權衡，美國這種制定預算的方式顯然是省小錢花大錢，十分荒謬。迪雄案及賈瑞德案的審判，將花掉納稅人數十萬美元，讓人不免想，如果當初願意付這些費用的零頭，受害者是否就不會喪命？我們只能憑良心決定是否要配合有肢體障礙的人，但是用合適的方式對待有重度精神疾病的人，其實對雙方都有好處。換言之，即便不憑良心來忖度，好歹經濟上也對自己有利。

・・・

「其他小女生偷穿母親高跟鞋的時候，我把自己用繃帶一圈圈綁起來，覺得這樣很酷。」蘇珊・瓦恩里希如此回想。她以前總忍不住咬嘴唇，所以她嘴上若非有傷疤，便是新傷口還在流血。她覺得很丟臉，問母親芭比說：「為什麼我就是忍不住？」芭比說：「妳慢慢就不會這樣了。」但是一直要到一九七三年蘇珊進了羅德島設計學校，思覺失調症才完全顯現。

蘇珊說：「我一直都知道有些不對勁。但一直要到大一，其他人才看出來。」蘇珊大一那年，她父親離開了她母親。蘇珊說：「這衝擊太大了，於是症狀開始浮現。」她無法做功課，於是開始看一位佛洛伊德學派的心理分析師，治療方式包含回溯童年。不巧，蘇珊的症狀之一正是退化至童年階段，但她需要的是走出來，而不是越退越深。她說：「我非常依賴他，基本上我白天都在家，晚上才出門，在街上亂走、看月亮。我看到變形的身體、流血的臉、惡魔、樹上掛著屍體。我看到的真人都變得扭曲，不是缺胳膊就是少腿。我還記得柏油路上的汙漬，還有矮樹叢勾到的塑膠袋，這些都讓我覺得好可怕。」

343

大二的時候，蘇珊進了設計學院的玻璃吹製系。她說：「我極度渴望靠近火。」到了大三上學期，學校要她退學。「我當時爆發了，用香菸燙自己，用拳頭捶破窗戶。狀況比較好的時候，我會去布朗醫學院的圖書館，一直查、一直查，查我到底怎麼了。」蘇珊那年住了三次院。醫生跟她說，她這一生都得吃藥，但就是不願意告訴她，她究竟是怎麼了。而她，則拒絕把父母的聯絡方式告訴醫院。「雖然我當時完全不明白自己怎麼了，但我有非常非常強烈的欲望要保護家人。我當時相信自己有小寶寶胸部和大人胸部，小寶寶胸部之後會掉下來，由大人胸部取代。但我相信，如果我母親到我的公寓過夜，會有男男女女的小人從我胸部跑出來。男人拿著鐮刀，女人拿著粗麻布袋。他們會傷害她。我很怕我母親看到這些，這樣她就會知道我身上有惡魔。我無法忍受。」

大二升大三那年暑假，她哥哥去旅行，她幫忙照顧貓。那隻貓總躲在一張綠色的合成皮躺椅下。「我覺得那張椅子長滿跳蚤，然後跳蚤變成精子。我拿出一罐油漆，把整張椅子漆成白色，又拿菜刀不停往椅子戳。」她有好幾個月沒洗澡，而且後來整整十年沒刷牙。「我就像隻動物，頭髮油膩打結。我會拿刀割自己，然後用血在牆上亂畫。」

一九七九年，蘇珊的心理分析師終於判定她得住院，也許得住一輩子，於是打電話到蘇珊家，問蘇珊保的是哪一種險。在那之前，芭比從未聽過思覺失調症。蘇珊說：「這件事觸動了我母親的開關。她到羅德島來，把我推進車裡，逼我離開了這個人。」芭比帶蘇珊去求診，醫生說她得立刻住院。蘇珊的臉之前長出毛來，很可能是對藥物的反應，而她也決定留著這些毛。芭比說：「我看到我女兒，以前總希望她是個漂亮的小姑娘，結果她臉上竟然長了毛，這太可怕了。」蘇珊說：「我對於長毛這件事有各種妄想。那毛一直長到我的下巴，而且又濃又粗，像是性徵的毛。」芭比決定立刻帶蘇珊前往卡多納的四風醫院，那是開車不算太遠的醫院中最好的一家。負責診談的是院長格拉斯伯倫，蘇珊說：「我還記得那天我坐在他的診間，甚至記得我在靴子上刻的、綠T恤上畫的大衛之星。還有上面的香菸痕。他告訴我，我哪裡出了問題。他告訴我診斷的結果。」蘇珊住進了四風醫院。

當時，蘇珊的父親已經完全從她的生命中消失。很快，芭比再嫁。芭比說：「我希望我的人生能繼續前進。遇到朋友，我只說：『蘇珊有點問題，算是離婚引發的吧。』我真的很希望她能走出我的生活，有人接手後，我覺得鬆了口氣。我這麼說並不光采，但我記得當時就是這個感覺。我希望蘇珊生病時，我能認識某個跟今日的蘇珊一樣的人，那麼我就會覺得有希望。但當時沒有。」

蘇珊在四風醫院待了四個月，出院，然後入院待了六個月，最後一九八〇年在中途之家待了九個月，之後才搬回家，當時她廿四歲。芭比說：「有時我下班回家，她會躲在某個地方，叫她也不回應。格拉斯伯倫說：『妳得叫她離開。』我說：『但要怎麼做？』他說：『妳就跟她說，只要她能有起色，妳願意為她做任何事，但是現在這樣下去對她沒好處。』於是我跟她說，她非走不可。那大概是我這輩子做過最難的事。」芭比流著淚說道。「她走了，走之前寫了張紙條，說她要去自殺。然後她打電話給格拉斯伯倫，去了四風醫院。」

蘇珊欣喜若狂地形容四風醫院：「那是精神病的烏托邦。到處都有鴨子跑來跑去，還有一間雞舍。我常常一整天待在松樹林裡。如果今天有哪家保險公司聽到這件事，大概會嚇傻吧。格拉斯伯倫的治療方式很厲害。我是嬰兒。他安撫我、擁抱我。他在大雨中把我從路上的坑裡抱出來。」在那之前，格拉斯伯倫在精神病患的居處開辦了安寧療護計畫，收容生理疾病末期的非精神病病患。蘇珊說：「像我這樣的人，很明顯有精神病，無法活在現實中，而安寧療護計畫讓我們不得不面對最重大的現實，也就是死亡。即使那時我神智不清楚，也多少明白這件事，這事把我嚇得回到現實。我在這裡毀滅自己，然而這些人卻千方百計想活下去。讓我忍不問：妳呢，妳想活，還是想死？我明白，我比較想活下去。」

蘇珊的情感也開始復甦。「我記得經過這麼多事情之後，第一次感覺到愛。我甚至不記得對方是誰——可能是格拉斯伯倫。我只覺得開始知道愛一個人的感受，我記得我沒有欣喜若——

狂，就像是我小時候去釣魚，有時魚上鉤了，這時魚線的另一端會輕扯動，就像那種感覺。我把自我封閉了這麼多年，也和外界斷了聯繫，然後，藥物帶走了一些症狀，而隨著精神病慢慢消退，我的心多了成長的空間。之後精神病又發作了幾次，那些時候我就不太能感覺到愛。但是沒有發病時，我的同理心和人際關係就會擴增。」蘇珊又重拾畫筆，格拉斯伯倫則替她改造了一棟外屋，成為她的畫室。她說：「我的作品有陰鬱的一面。但作品最重要的還是創意，而創意就是賦予生命。」

蘇珊完成最密集的療程之後，接下醫院的一個職位。這個工作有津貼，而她臉上的毛，則由保險公司給付電解除毛費用。她當時廿六歲。她說：「要我準備面對外面的世界，還是太過勉強。我不知道總統是誰。自信心就像瑞士乳酪一樣千瘡百孔。我還是會看到災難性的畫面。我一點也不知道該怎麼照顧自己的身體。」她開始看治療師，跟了齊妮亞二十年。「她要我把每天的行事曆列出來。上面有『起床』跟『刷牙』，因為我根本不知道一天該怎麼過。」齊妮亞也答應要和芭比見面談談。芭比說：「那對我幫助極大。我真的得好好哭一哭，說說心裡的話。但是蘇珊的病不是我，是她自己。當我開始放手，她便逐漸走了出來。」

蘇珊將近四十歲時，病情算是頗為穩定了。「金普薩」這種藥讓她的生活「徹底翻轉」。她每晚睡十三小時，但說話仍有條理。最後她改吃「安立復」，鎮定效果不那麼強。蘇珊說：「我就像閃電般成長。你今天看到的，跟五年前完全是兩個人，身心發展、健康、外觀、語言能力，各方面都是。我很努力要從每個層面消除殘留的疾病。我還是會斷斷續續稍微發作，但只持續一兩天。感官過度刺激、有點偏執、認知錯誤，還有思考及視覺會扭曲。有些人一有壓力，背就出問題。我一有壓力，腦子就出問題。但之後就好了。我有很多事情都要追上進度，最難的可能是戀愛。」我認識蘇珊的時候，她已將近五十歲，但還沒有完全體驗過性愛。蘇珊笑道：「我很想體驗愛，但我知道愛是什麼嗎？到現在為止，我母親就是愛。我可憐的母親。她幫我報了三個交友服務——是同時。真是如坐針氈！但我把那當成成長的機會。思覺失調症——

讓我能夠找到內心的另一部分，如果沒有這個病，我可能無法探索這部分的自我。」

蘇珊也開始試著和久別的父親連絡。有一天，她跟我說她和父親通了電話，這是數十年來的第一次。她說：「我跟他說，我愛他。雖然他拋棄了我，但我還是想這麼說。他快八十了，所以我之前給他寫了封信，覺得這樣能讓他好過些。我想讓他知道，我之所以能爬出來，有一項工具是他給的，那就是藝術，是他培養了我的創造力。一週後他打電話來。我們很客套地談了談挖蛤蜊之類的事，總之就是他在那邊做的事，然後他有點泫然欲泣，突然冒出一句：『我永遠無法原諒自己就這樣離開了妳們！』我費了好大的勁才沒有立刻跳上車，開到他那裡。但我決定不再打電話給他。我和他太像了。」

芭比最後終於能夠接納、理解女兒，甚至以她為榮。她在旅遊業工作，把賺到的錢全給了蘇珊。而蘇珊，她賣那些豐富、古怪、美麗的藝術品，收入大部分都捐給了四風醫院。她也到公共場合演講。芭比聽過她在大中央車站對一場心理健康晚宴的來賓演講，她說：「我不敢相信。那裡大概有三百多人。這可是蘇珊啊。我是說，她是怎麼做到的？」蘇珊和芭比的心結已經幾乎完全解開。芭比說：「她真的比任何時候的我都還要堅強。是誰救了她？是她的藝術創作，是格拉斯伯倫醫生，是我跟她幾個哥哥的支持。但最重要的，是蘇珊自己。蘇珊心裡一直有什麼東西想要走出來。我應該得個獎牌，真的，但蘇珊應該得很多很多獎牌。她不得不經歷這麼多事情，我心裡真的很不好受。但我也明白，如果她沒有這些經歷，就不會是今天這樣子。而今天的她，是非常美好、迷人、美麗的女人。她以前常說：『媽，妳手上拿到的牌就是這樣啊。』我想我終於明白，如果妳學會和不愉快的事共處，那麼有時事情就會突然變得愉快了。」

思覺失調症患者的妄想不一定都殘酷無情。有個母親說：「我兒子玩填字遊戲，結果聲音一直告訴他答案，把他氣得半死。」有個年輕的印度男子跟我說，他有很正面的妄想，相當特別，他說：「我會聽到葉子念情詩給我聽。」還有個男人說：「我想找到一種藥，這種藥能趕走討厭的聲音，留下我喜愛的聲音。」人和聲音之間的關係，可能會因關愛或甚至只是多加注意而和睦一些。有位來自舊金山的母親就說：「就算他們不友善，也是他的朋友。這是很私人的事，而且他也很了解他們。他的精神科醫師跟他說，對這些聲音好一點，跟他們說話時把他們當孩子。」

雖然思覺失調症自古就出現在文獻中，並在一世紀前就定了名稱，但由於這項病症十分神祕，世上還是有各種迷思。美國加州大學柏克萊分校精神病學教授格林寫道：「當大家認為某種病十分費解、難以看穿之時，多半會有兩種極端反應，不是汙名化，就是浪漫化。真不知道哪一種比較糟。」沒有經歷過三度灼傷的人可能不知道那是什麼感覺，但若有一度灼傷的經驗，就多少能想像那種痛苦。憂鬱症是一般情緒的極端版本，思覺失調症則完全不同。德國存在主義的精神科醫師雅斯培指出精神病患者與一般人的思考有「天壤之別」。思覺失調症患者多半無法取用已知的語言，但就算可以，也沒有言語能夠形容那種狀態。我們只能藉由比喻來了解精神疾病有多可怕。

若有人的手足、兒女或朋友得了思覺失調症，愛他們的人都知道，這個人雖然因為基因而飽受折磨，但他所經歷的一切，總和起來就是他。傑寫了一本書談他弟弟的病，他在書中寫道：「在收費的專業人士眼中，羅伯特彷彿只是血肉做的容器，裡頭裝著（不好的）化學物質，該物質的量某天不知何故上升了，他因此生起病來，於是現在應該要在容器裡注入其他

（好的）化學物質，這就剝奪羅伯特還大量保有的東西，也就是他的人性。如果有人要把他的人性化約成生物特性，我們怎麼能不大聲反對？」雙極情感疾患作家柏曼說：「心理疾病無法脫離人而獨立治療，兩者環環相扣。『哪裡是心理疾病的終點，哪裡又是我的起點？』以我而言，兩者是一體的。我和敵人交了朋友。我的治療之所以成功，正是因為兼顧了我和我的心理障礙，而沒有切割兩者。」

有時，我們是從對藥物的反應中找到後見之明。如果你吃了帝拔癲，也有起色，那你罹患的就是雙極情感疾患。如果金普薩讓你狀況好轉，你很可能有思覺失調症。這些藥物雖然有用，但是相關的研究仍然眾說紛紜，各種未經證實的理論錯綜複雜，內容盡是探討各種神經傳導物質的模糊角色。用這種化約式的思考來探究心理疾病的本質，無異於認為疾病可以完全用化學來解釋，這樣的想法能讓贊助研究的人滿意，而研究也可能對患者有幫助，但這仍然沒有說出實話。思覺失調症沒有邊際，一旦入侵，就會成為被入侵者的一部分。

348

典型的思覺失調症是種很可怕的疾病，但說也奇怪，一旦知道你或孩子得的是什麼病，心反而就安定了下來。分類能塑造身分認同：世上有一群人罹患了或正在對抗這種疾病。然而，這個病症的運作方式確實有十分細微的差異，有時甚至是令人困惑的階段變化。起草《精神疾病診斷與統計手冊》第三版的精神分析師傅利曼說：「精神疾病診斷的問題，就在於我們已經從類比模式走到數位模式，現在的所有事情都沒有複雜程度之分，而是有很多的『是』或『否』，就像有很多的『0』跟『1』。把人分門別類有很多實際的好處，但是臨床的經驗顯示，人的思維不是這樣運作的。你要處理的，是很多層的連續現象。」

• • •

沒人能確切說出山姆·費雪究竟出了什麼問題。我認識他的時候，他卅三歲。把他介紹給我的精神科醫師正在為他治療思覺失調症，但另一位臨床醫師診斷他有亞斯伯格症。山姆顯然有情緒障礙，有些時候會極度憂鬱，偶爾出現一陣輕度狂躁，這不屬於精神障礙，但他會自視太高。他在社交互動上心機十分深沉，顯示出邊緣性人格障礙。他還很焦慮，有多種恐懼症，有強迫型與自戀型人格違常的徵狀，也長期受創傷後壓力症候群之苦。簡而言之，他的大腦集各種精神病症狀之大成，彷彿開了場團圓盛會。他說：「沒有人真的了解我。我太怪了。」

山姆出生時有黃疸，雖然足月，體重卻不到二千五百公克（低體重）。他不願意吃東西，醫生擔心他撐不下去。他的父母派翠西亞和溫斯頓在他的嬰幼兒時期幾乎都待在費城兒童醫院，那裡的醫生幫他檢查是否有腦部腫瘤或腎臟疾病。山姆還有脊椎側彎和隱睪症，必須動手術切除。他從來沒有爬過，也很晚才開始走路。他母親回想，他在幼年做了標準化測驗，顯示他是「語言天才，但拼圖能力則有遲緩問題」。

山姆在幼稚園時期首次看精神科醫師，醫師說他「走在深淵的邊緣」。小學的時候，山姆不會算數，也因為有協調問題而無法寫字、畫圖。派翠西亞記得：「我和溫斯頓都跟彼此說：『現在有計算機啊。不會運動或畫畫有什麼關係？』山姆說話是成段成段地說，說得很完整流利。到花店去，他能叫出所有罕見植物的名稱。在我們看來，那好極了，但那其實應該是種徵兆，代表的事情一點也不好。雖然專家一直告訴我們，在大部分的情況中，缺陷都會蓋過優點，但我們當時還是一心一意認為優點一定會蓋過缺點。」

山姆五年級的時候，有幾個高年級的學生把他綁在籬笆上，他尖叫了廿五分鐘之後，才有個老師發現了他。他還不止一次被踢下樓。父母把他轉到公立的特教學校，但他在那裡一樣格格不入。派翠西亞說：「山姆看來就像讀寫障礙的相反。他能寫也能讀，可是除此之外，他什麼都做不了。」

山姆發現自己是同志，但高中時堅不出櫃。後來學校的廁所出了一件事，山姆說有人「強暴未遂」，而且憤恨地說：「那個賤人輔導老師說：『他高中即將畢業，你小他一年，所以我們不會處理。』這件事幾乎毀了我的人生。」山姆覺得這件事被大事化小，但他父親卻覺得他小題大作。溫斯頓對這件事情的解釋是，有人對山姆露出下體，又主動對他求歡。不論發生了什麼事，山姆都深受傷害，並開始聽到聲音。他說：「那是我中學仇人的聲音，自此我從非常溫和變得非常好戰。」

家人帶他去看精神科醫師，但是山姆吃了藥之後，卻沒有立即而神速的進展。溫斯頓說：「嗎啉胍沒什麼用。安定文有幫助。理思必妥，太慘了，把他的協調能力都搞壞了。氟奮乃靜，一塌糊塗，他老是乾嘔。然後是美立廉。後來漸漸發現這是一場長期抗戰。」

到了他高中最後一年，山姆第一次半真半假地自殺。溫斯頓說：「他想把自己淹死，我把他從浴缸裡拉出來。不過他很可能一直憋氣。」山姆的自理能力似乎有所改善，但三年後他碰上了執法人員，結果被送進醫院。溫斯頓說：「他原本在自言自語，結果被警察盯上，他不是說了『我想殺人』，就是說了『我想自殺』。他遭到保護性拘留，結果他就爆發了。八個人壓上他才把他制住，然後給他吃了哈泊度。我十分無助。他說：『隨便給我什麼，讓我死。』太可怕了。」後來的山姆，用他自己的話說，進入了「肥豬山姆階段」。他解釋道：「我那時有嚴重的種族歧視，而且討厭所有人。從廿一到廿四歲，我只吃垃圾食物，一天大概吃八餐。我迷上冰上曲棍球，迷得無可自拔。我也不知道為什麼會變得這麼恐怖、噁心、討人厭，但我就是變成這樣。」

溫斯頓和派翠西亞帶山姆去古德農莊參觀。古德農莊是麻州的復健機構，山姆在那兒待了一晚，堅持要回家，說那裡的人「比我更肥、更噁心」。費雪夫婦不知如何是好。佛洛伊德說，了解自己的行為能幫助你改變行為，而山姆一個人就能否決這句話。他很清楚自己出了什麼問題，因此覺得自己比古德農莊裡的人更優越，但他無法處理這些問題，所以被送入了農莊。

他兒時迷植物學，肥豬時期迷曲棍球，後來改迷全盛時期的搖滾樂，這一點讓他和溫斯頓有共同話題。已經幾乎被世人遺忘的音樂，他尋根探源，把黑膠版本全找了出來，而且他認為收到訂購的唱片，是他唯一真正快樂的時刻。但自從他打了某個店員之後，普林斯頓唱片行就封鎖了他。溫斯頓通常負責善後。「我很喜歡和他在一起的時刻，但壓力真的太大了。我是他唯一的朋友。我們已經到了我不知道還能撐多久的階段。如果能把山姆留在古德農莊，他最後可能會很存在主義式地省悟，他若不想辦法過日子，就得待在醫院裡，但我們不忍心逼他。」只要山姆顯現出對其他人有任何興趣，溫斯頓和派翠西亞都盡量支持。問題是，這樣的原則似乎助長了他某些最令人困擾的缺陷。溫斯頓說：「有一次我們在一家唱片行看到刀子樂團某張專輯的封面，他十分害怕。我設法弄到主唱的電話號碼，山姆開始和他通電話。但他太常打去了，他總是這樣。通常都是對方的太太或女朋友說：『你不能再讓這孩子打電話來了，我快瘋了。』」本來一切都很理想，發現一張令他害怕的唱片，找到歌手，和歌手做朋友可望不再害怕，結果變成一場噩夢，讓他覺得自己很糟糕。」

山姆把時間都花在自己編造出來的搖滾樂團上，還替樂團製作專輯封面，畫圖、編歌單、寫專輯說明及歌詞。山姆說：「我的歌詞探討的是愛、恨、報復。都跟同性戀有關。」我跟山姆花了好幾個小時欣賞他的專輯封面。他在其中一張封面上如此寫道：「軌道上的遺忘。關於英國軍隊生活、外太空、怪異現象，還有性的冷酷現實，以及偶然的快樂。」他也玩電吉他，家裡有三把。

山姆還很迷軍人。他說：「他們是唯一了解我的一群人。他們直直看著我的眼睛，像是對我很有信心，也想讓我覺得自己毫不脆弱。他們跟我父母不同，我父母什麼都不做。」在溫斯頓看來，他迷軍人並非全無道理：「他總幻想有人保護他，所以他總是逼我幫他跟軍人碰面。」有人可能會質疑，他對旁人的迷戀，很可能會讓對方不堪其擾，這樣放任他，明智嗎？但這種「感應性精神疾病」②的狀況，部分成因就在溫斯頓加入了山姆那混亂的世界。溫斯頓說：「我找了份報社工作，然後發現自己可以去報導美軍迪克斯堡的基地。他們帶我們參觀。

351

他拍了這些士兵的照片，還跟他們見面、聊天。」山姆也對外國軍隊很有興趣。溫斯頓說：「我們去英格蘭的時候，就坐上火車前往布里斯托，讓他自由行動。後來他跟某個服役的男人聊得很開心。」對於這一切，派翠西亞覺得很矛盾，但也睜一隻眼閉一隻眼，畢竟她工作的時候，都是溫斯頓陪著山姆。她說：「山姆的精神科醫師要我強硬干涉。但溫斯頓想對他好，我要怎麼強硬干涉？」

山姆也打電話給軍人。溫斯頓替他弄到英國軍方的名錄。山姆說：「我知道這些軍人嚇到了，我也知道他們覺得自己在做重要的事。英格蘭的男孩和男人都很俊美。皮膚非常粉嫩好看。我第一次墜入愛河就是愛上英國軍人。那次經驗非常痛苦，但那是一見鍾情。我們聊了一個小時，我就想跟他共度終身。我後來再也沒見過他。他的是吉布斯中士。我那時廿七歲，他卅三歲。我想親親他，可是他手上拿著機關槍。之後我心碎了。我們養的第一隻貓在那之後死了。那段期間真的很難熬。」溫斯頓解釋道：「那個人就在海德公園旁邊某個高大的政府機關門口站崗。山姆跟他聊了二十分鐘，只知道他姓吉布斯。但是這個人成了他的夢中情人，好像兩人談了一場戀愛似的。」

派翠西亞說：「我們知道山姆為何這麼迷軍隊。這是一種性的固戀，很常見，但同時，他也認為自己住在戰區，而且覺得這些人知道活在戰爭時期是什麼感覺。我不敢相信他們居然會跟他聊天，但就是發生了。後來弄巧成拙，因為他一直打一直打。我說：『把每次打的電話都記下來，還要擬一張表，確定什麼時候可以打過去。』我打開電話帳單，有整整四頁。我說：『你不覺得你太常打了嗎？』他爆發了。『才沒有，沒有太常打，沒有。他們又不介意。』」派翠西亞終於強硬起來，說：「你不能繼續打這些電話。」結果山姆打了她。溫斯頓打電話報

2．意指一個有精神病症狀的人，將妄想的信念傳遞給另一人。——編注

警。但兩人還是擔心更嚴格的限制只會讓事情惡化。

溫斯頓說：「我跟山姆每年去一趟蒙特婁。我會帶他去看黑衛士兵團吹風笛。六年前，山姆問，他可不可以跟黑衛士兵團說話。他們派了一個人來，結果那人是同志。他跟山姆一直保持聯絡，我們第二年回去時，山姆一心一意要獻出童貞。我給了他幾個保險套，然後那個男人帶他去男同志澡堂。我在電話旁邊等著，會很糟呢，還是很好？結果什麼都沒發生。那男的發現自己不想負責。現在他成了仇人，山姆遇見的所有人都成了仇人。」

352

我第一次和山姆見面時，是在普林斯頓吃午餐。他和派翠西亞一起下廚，那是兩人最融洽的共同活動，最後確實做出一頓美味的餐點。山姆宣布：「今年冬天是我這輩子最慘的時刻，我自殺未遂六次。」同桌的派翠西亞說：「你只是想自殺，你根本沒試。」山姆說：「我刀子就放腰旁。我兩次情緒崩潰。我對藥物非常過敏。」派翠西亞說：「還有酒精。」溫斯頓說：「還有毒品。」派翠西亞說：「還有人。還有人生。」山姆領補助福利金，也就是殘障津貼，父母也給他零用錢，他現在正打算搬到英格蘭。「但是派翠西亞很賤。她簡直是烏鴉嘴。『不准你搬去英格蘭！想都別想！』一直這樣說個不停。我跟她說，如果我今年不去，我這輩子就完了。但不論我跟她說多少次，都沒有用。」

其實，這一對無所適從的父母身上流露出很多的愛和智慧。溫斯頓說：「我不相信有正常這件事。正常不過是極端的平均。」派翠西亞說：「他覺得命中注定的唱片一寄到家裡，他的問題就會解決了。或者，也許搬到英格蘭，他的病就好了。做事沒分寸，缺乏自制力，又沒辦法貫徹始終，那才是問題。其他的都是現實而已。他沒朋友，又沒工作。我和他父親的存在，只是證明了他有多麼依賴。如果他要什麼東西，我們不答應，那就是：『你們不讓我過自己的生活。』我們如果說：『我們最希望的，就是能讓你過自己的生活。』在他心裡就會變成：『你們想把我趕出去。』他分析現況的能力跟我一樣好，可是這改變不了現況。坦白說，幻覺的影響還是最小的。」

那天我離開普林斯頓，向山姆道別時我說：「嗨，謝了！我知道有外人到家裡問你一堆問題，可能讓人很不自在。」想不到山姆竟然給了我一個溫暖的擁抱，看著我的眼睛說：「我不覺得你像外人。」那一瞬間，我在房裡感到人與人建立情誼的能力，覺得十分感動，而他赤裸裸地展示那隱藏在疾病底下的部分自我，也觸動了我。接著，這一切突然又消失了，只剩下他喃喃說著我從未聽過，可能也不曾存在的一張唱片。

山姆有個醫生告訴我，他可能有神經性的症狀，而這症狀部分是源於胎兒時期的發育過 353
程，以我們目前還無法歸類的方式呈現出來。談到診斷，派翠西亞哼了一聲，既算是笑，也算是壓抑的嗚咽。她說：「最近日子很難過，一堆大吼大叫、摔門，血壓也上升了。我現在的心情是跟他吵，不然就逃，而我們不應該吵，我也不應該逃。我大部分的時候，除非特別特別累，不然都盡量忍住。山姆最近看的精神科醫師在某個會議上報告了他的個案，回來之後說：『大家都同意要讓他有規律。』我看著他，用眼神說：『你覺得我是什麼人，白痴嗎？』難道我沒想過要讓山姆有規律嗎？你到我家看看，看能不能弄點規律來！為了讓他有規律，人類知道的方法我們都試遍了。」

他們的進展就是不再期待進展，這樣日子比較清靜。派翠西亞說：「問題在於，我們年紀越來越大，又還沒寫遺囑，實在不知道該寫什麼。沒有人照顧山姆。我幻想我們能撐到他五十五歲，那時他就可以申請到輔助居家照護。也就是說，我得撐到八十歲。這對溫斯頓尤其苦，但我也很苦。可是山姆更苦。他能從小地方看出我們放棄了，他一定看得出來。他非常非常敏感。我希望不要讓他看到我們是這麼絕望。」

・・・

每個家庭都會面對不同的困難，卻仍舊努力以愛來跨越鴻溝，並且幾乎都能從任何挑戰中找到希望的訊息，以及成長或獲得智慧的機會。某些時候，思覺失調症以及相關的精神疾病可能也有些作用。然而，思覺失調症或許自成一格，本身就是無償的傷痛，得不到回報。聽障有豐富的文化；侏儒症以美國小個子為中心，獲得許多能量；許多唐氏症孩子天性極為善良可愛；自閉症倡權團體的自我實現。上述種種，卻不曾真正出現在思覺失調症的世界裡，即便有以瘋為榮的運動亦然。某些帶來問題的疾病同時會帶來豐富的認同，人們因而遲疑是否該加以治療。但思覺失調症卻幾乎無論如何都亟需治療。我在研究過程中遇到許多了不起的父母，如果沒有思覺失調症，他們和孩子都會過得更好。在我看來，他們所受的苦似乎永無止境，而且是罕見地結不出果實。

注解 | NOTES

書中所列注解為濃縮版，更詳盡內容請見：http://www.andrewsolomon.org/far-from-the-tree/footnotes。

以下針對注解說明。首先，受訪者皆有權選擇以真名或化名出現，使用化名者皆於注解中標出。雖然希望盡量真實呈現化名者身分，但若受訪者要求，部分個人資訊仍經調整以保護隱私。

引用文字如取自出版品，出處皆列於注解中。其他內容則引自一九九四至二〇一二年間所進行的採訪。

為避免本書篇幅過長或充滿刪節號，某些書面文字引用時有稍加濃縮，全文則置於網路版注解中。

CHAPTER 1 | 兒子 | SON

1 Winnicott's statement is in the paper "Anxiety associated with insecurity," on page 98 of *Through Paediatrics to Psycho-analysis* (1958).

2 My investigation of Deaf culture resulted in an article, "Defiantly deaf," *New York Times Magazine*, August 29, 1994.

3 The Cochlear corporation website (http://www.cochlear.com) contains numerous instances of the word *miracle*; see also, for example, Aaron and Nechama Parnes's report from the 2007 Cochlear Celebration, "Celebrating the miracle of the cochlear implant," at http://www.hearingpocket.com/celebration1.shtml. For the other side of the story, see Paddy Ladd, *Understanding Deaf Culture: In Search of Deafhood* (2003), page 415: "In the 1990s, genetic engineering has initiated the process of trying to identify 'the deaf gene,' thus bringing within theoretical reach what might be termed the 'final solution'—that of eradicating Deaf people altogether." Harlan Lane likened attempts to eliminate deafness to attempts to eliminate ethnic groups in Paul Davies, "Deaf culture clash," *Wall Street Journal*, April 25, 2005.

3 For more on the ideal age of implantation for cochlear implants, see Chapter II: Deaf in this book.

4 Studies establishing a heightened risk of abuse for children who do not resemble their fathers include Rebecca Burch and George Gallup, "Perceptions of paternal resemblance predict family violence," *Evolution & Human Behavior* 21, no. 6 (November 2000); and Hongli Li and Lei Chang, "Paternal harsh parenting in relation to paternal versus child characteristics: The moderating effect of paternal resemblance belief," *Acta Psychologica Sinica* 39, no. 3 (2007).

5 The theologian John Polkinghorne reported this interpretation in keeping with what he had learned from Dirac. From page 31 of Polkinghorne, *Science and Theology: An Introduction* (1998): "Ask a quantum entity a particle-like question and you will get a particle-like answer; ask a wave-like question and you will get a wave-like answer."

5 "All I know is what I have words for" comes from part 5.6 of Ludwig Wittgenstein, *Tractatus Logico-Philosophicus* (1922): "Die Grenzen meiner Sprache bedeuten die Grenzen meiner Welt." C. K. Ogden translates the sentence as "The limits of my language mean the limits of my world"; that version occurs on page 149 of Ludwig Wittgenstein, *Tractatus Logico-Philosophicus*, translated by C. K. Ogden (1922).

5 From the entry "apple" in *The Oxford Dictionary of Proverbs*, edited by Jennifer Speake (2009): "The apple never falls far from the tree: Apparently of Eastern origin, it is frequently used to assert the continuity of family characteristics. Cf. 16th cent. Ger. *der Apfel fellt nicht gerne weit vom Baume*."

6 From the opening of Leo Tolstoy, *Anna Karenina*: "Happy families are all alike; each unhappy family is unhappy in its own way." The line is the first in the book and occurs on page 5 of this edition: Leo Tolstoy, *Anna Karenina*, translated by Constance Garnett (2004).

7 Early development of gay children is discussed on pages 16–21 of Richard C. Friedman, *Male Homosexuality: A Contemporary Psychoanalytic Perspective* (1990).

7 For more information on gender-atypical color preference as a predictor of homosexuality, see Vanessa LoBue and Judy S. DeLoache, "Pretty in pink: The early development of gender-stereotyped colour preferences," *British Journal of Developmental Psychology* 29, no. 3 (September 2011).

10 The unforgettable last line, "Wherever they go, and whatever happens to them on the way, in that enchanted place on the top of the Forest a little boy and his Bear will always be playing," occurs on pages 179–80 of A. A. Milne, *The House at Pooh Corner* (1961).

11 See Amos Kamil, "Prep-school predators: The Horace Mann School's secret history of sexual abuse," *New York Times Magazine*, June 6, 2012.

13 The quotation about "wounded, confused people" is from a Facebook post by Peter Lappin.

14 For more information on surrogate partner therapy, see the website of the International Professional Surrogates Association, http://surrogatetherapy.org/.

15 The gay-damning quotation comes from "The homosexual in America," *Time*, January 21, 1966.

16 Hendrik Hertzberg, "The Narcissus survey," *New Yorker*, January 5, 1998.

16 On December 22, 2011, Michigan governor Rick Snyder signed House Bill 4770 (now Public Act 297 of 2011), the Public Employee Domestic Partner Benefit Restriction Act. The text and legislative history of House Bill 4770 can be found on the website of the Michigan legislature, http://

www.legislature.mi.gov/mileg.aspx?page=getobject&objectname=2011-HB-4770.

16 On Uganda, see Josh Kron, "Resentment toward the West bolsters Uganda's antigay bill," *New York Times*, February 29, 2012; and Clar Ni Chonghaile, "Uganda anti-gay bill resurrected in parliament," *Guardian*, February 8, 2012; see also, three notes down, reference to Scott Lively.

16 The description of torture and murder of gays in Iraq comes from Matt McAllester, "The hunted," *New York*, October 4, 2009.

17 The *This American Life* episode "81 Words" (at http://www.thisamericanlife.org/ radio-archives/episode/204/81-Words) is an absorbing account of the removal of homosexuality from the *Diagnostic and Statistical Manual of Mental Disorders*; see also Ronald Bayer, *Homosexuality and American Psychiatry: The Politics of Diagnosis* (1981).

17 The passage references Scott Lively, *Redeeming the Rainbow: A Christian Response to the "Gay" Agenda* (2009). Scott Lively has recently been sued by a Ugandan gay rights group, who have accused him of fomenting persecution of gays in their country; see Laurie Goodstein, "Ugandan gay rights group sues U.S. evangelist," *New York Times*, March 14, 2012.

17 The response of the surrogate-shopper to Ray Blanchard appears in "Fraternal birth order and the maternal immune hypothesis of male homosexuality," *Hormones & Behavior* 40, no. 2 (September 2001), and is described in Alice Domurat Dreger, "Womb gay," *Hastings Center Bioethics Forum*, December 4, 2008.

17 The debate over Maria Iandolo New's administration of dexamethasone to expectant mothers is chronicled in Shari Roan, "Medical treatment carries possible side effect of limiting homosexuality," *Los Angeles Times*, August 15, 2010.

18 For an example of African-American objections to the language of civil rights being used by gay people, see this statement by North Carolina minister Rev. Patrick Wooden, quoted in David Kaufman, "Tensions between black and gay groups rise anew in advance of anti-gay marriage vote in N.C.," *Atlantic*, May 4, 2012: "African-Americans are appalled that their Civil Rights movement has been co-opted by the so-called Civil Rights movement of the homosexuals. It is an insult, it is angering when LGBT groups say there is no difference between being black and being homosexual."

19 "If you bring forth what is within you . . ." is Saying 70 in Elaine H. Pagels, *Beyond Belief: The Secret Gospel of Thomas* (2003), page 53.

19 Maternal infanticide statistics occur on page 42 of James Alan Fox and Marianne W. Zawitz, "Homicide trends in the United States" (2007), in the chart "Homicide Type by Gender, 1976–2005." See also Steven Pinker, "Why they kill their newborns," *New York Times*, November 2, 1997.

19 Parental rejection of visibly disabled children is discussed on pages 152–54 of Meira Weiss, *Conditional Love: Parents' Attitudes Toward Handicapped Children* (1994). For a dated, albeit useful, review of literature on familial adjustment to severe burn scars in children, see Dale W. Wisely, Frank T. Masur, and Sam B. Morgan, "Psychological aspects of severe burn injuries in children," *Health Psychology* 2, no. 1 (Winter 1983).

19 A recent study from the CDC found that the majority of adopted children have significant health problems and disabilities. The report was put together by Matthew D. Bramlett, Laura F. Radel, and Stephen J. Blumberg and published as "The health and well-being of adopted children," *Pediatrics* 119, suppl. 1 (February 1, 2007).

20 The first occurrence of the term *commercial eugenics* appears to occur in M. MacNaughton, "Ethics and reproduction," *American Journal of Obstetrics & Gynecology* 162, no. 4 (April 1990).

20 See Francis Fukuyama, *Our Posthuman Future: Consequences of the Biotechnology Revolution* (2002).

21 Freud explores the polarities of emotion within love and hate in *The Ego and the Id* (1989).

21 See Matt Ridley, *Nature via Nurture: Genes, Experience, and What Makes Us Human* (2003).

22 The Clarence Darrow quotation comes from his closing argument for the defense in the Leopold-Loeb murder trial, republished in *Famous American Jury Speeches* (1925). From page 1050: "I know that one of two things happened to Richard Loeb; that this terrible crime was inherent in his organism, and came from some ancestor, or that it came through his education and his training after he was born."

22 Statistics on the incidence of disability occur on page 25 of Paul T. Jaeger and Cynthia Ann Bowman, *Understanding Disability: Inclusion, Access, Diversity, and Civil Rights* (2005).

22 The quotation by Tobin Siebers occurs on page 176 of *Disability Theory* (2008).

23 The idea that the most effortful years of dealing with a child with special needs are the first decade of his life, when the situation is still novel and confusing; the second decade, because it is adolescence; and the last decade of the parents' life, when they are old and weak and worry acutely about what will happen to their child after they are gone, is described as the U-shaped stress graph—high at the beginning and at the end. See the discussion by Marsha Mailick Seltzer and her colleagues in their chapter, "Midlife and later life parenting of adult children with mental retardation," in *The Parental Experience in Midlife*, edited by Carol Ryff and Marsha Mailick Seltzer (1996), pages 459–532.

23 The quotation from Simon Olshansky ("Most parents who have a mentally defective child . . .") occurs on page 190 of his paper "Chronic sorrow: A response to having a mentally defective child," *Social Casework* 43, no. 4 (1962).

23 Aaron Antonovsky discusses the "sense of coherence" extensively in *Health, Stress, and Coping* (1980).

23 The quotation from Ann Masten (". . . the ordinariness of the phenomenon") occurs on page 227 of her paper "Ordinary magic: Resilience processes in development," *American Psychologist* 56, no. 3 (March 2001).

24 Parents reported deterioration of their health due to caregiving demands in Bryony A. Beresford, "Resources and strategies: How parents cope with the care of a disabled child," *Journal of Child Psychology & Psychiatry* 35, no. 1 (January 1994).

24 The study finding cellular alteration in longtime caretakers is Elissa Epel et al., "Accelerated telomere shortening in response to life stress," *Proceedings of the National Academy of Sciences* 101, no. 49 (December 2004).

24 The statistic that fathers who described a significant caregiving burden died younger than fathers with a lighter caregiving burden appears on page 204 of *Cognitive Coping, Families and Disability*, edited by Ann P. Turnbull, Joan M. Patterson, and Shirley K. Behr (1993), in Tamar Heller's chapter "Self-efficacy coping, active involvement, and caregiver well-being throughout the life course among families of persons with mental retardation," citing B. Farber, L. Rowitz, and I. DeOllos, "Thrivers and nonsurvivors: Elderly parents of retarded offspring" (1987), paper presented at the annual meeting of

the American Association on Mental Deficiency, Detroit.

24 The study in which 94 percent of parent-participants reported that they were getting along as well as most other people is Douglas A. Abbott and William H. Meredith, "Strengths of parents with retarded children," *Family Relations* 35, no. 3 (July 1986).

24 The quotation about increased marital closeness and empathy occurs in Glenn Affleck and Howard Tennen's chapter, "Cognitive adaptation to adversity: Insights from parents of medically fragile infants," in *Cognitive Coping, Families, and Disability*, edited by Ann P. Turnbull, Joan M. Patterson, and Shirley K. Behr (1993), page 138.

24 The study in which participants overwhelmingly reported positive parenting experiences is Allen G. Sandler and Lisa A. Mistretta, "Positive adaptation in parents of adults with disabilities," *Education & Training in Mental Retardation & Developmental Disabilities* 33, no. 2 (June 1998).

24 Glenn Affleck and Howard Tennen compare optimistic and pessimistic parents in the chapter "Cognitive adaptation to adversity: Insights from parents of medically fragile infants," in *Cognitive Coping, Families, and Disability*, edited by Ann P. Turnbull, Joan M. Patterson, and Shirley K. Behr (1993), page 139.

24 See Miguel de Unamono, *The Tragic Sense of Life in Men and Nations* (1977), page 5: "It is not usually our ideas that make us optimists or pessimists, but our optimism or pessimism—of perhaps physiological or pathological origin, the one as well as the other—that makes our ideas."

24 The comparative happiness study is P. Brickman, D. Coates, and R. Janoff- Bulman, "Lottery winners and accident victims: Is happiness relative?," *Journal of Personal & Social Psychology* 36, no. 8 (August 1978); the subject is the central theme of Daniel Gilbert, *Stumbling on Happiness* (2006).

24 See Martha Nibley Beck, *Expecting Adam: A True Story of Birth, Rebirth and Everyday Magic* (1999).

24 The quotation from Clara Claiborne Park ("... it is still love") occurs on page 267 of *The Siege* (1967).

25 The quotation from the unnamed mother ("This thought runs like a bright golden thread ...") comes from page 56 of Mrs. Max A. Murray's 1959 article, "Needs of parents of mentally retarded children," reprinted in *Families and Mental Retardation*, edited by Jan Blacher and Bruce L. Baker (2002).

25 Marty Wyngaarden Krauss and Marsha Mailick Seltzer catalog pitfalls and resources for parents of disabled children in "Coping strategies among older mothers of adults with retardation: A life-span developmental perspective," in *Cognitive Coping, Families, and Disability*, edited by Ann P. Turnbull, Joan M. Patterson, and Shirley K. Behr (1993), page 177.

25 See, for example, Kate Scorgie and Dick Sobsey, "Transformational outcomes associated with parenting children who have disabilities," *Mental Retardation* 38, no. 3 (June 2000).

25 See, for example, Robert M. Hodapp and Diane V. Krasner, "Families of children with disabilities: Findings from a national sample of eighth-grade students," *Exceptionality* 5, no. 2 (1995); Rosalyn Roesel and G. Frank Lawlis, "Divorce in families of genetically handicapped/mentally retarded individuals," *American Journal of Family Therapy* 11, no. 1 (Spring 1983); Lawrence J. Shufeit and Stanley R. Wurster, "Frequency of divorce among parents of handicapped children," ERIC Document Reproduction Service no. ED 113 909 (1975); and Don Risdal and George H. S. Singer, "Marital adjustment in parents of children with disabilities: A historical review and meta-analysis," *Research & Practice for Persons with Severe Disabilities* 29, no. 2 (Summer 2004). Risdal and Singer's meta-study found that "there is a detectable overall negative impact on marital adjustment, but this impact is small and much lower than would be expected given earlier assumptions about the supposed inevitability of damaging impacts of children with disabilities on family well-being."

25 Dubious professionals abound in Jeanne Ann Summers, Shirley K. Behr, and Ann P. Turnbull, "Positive adaptation and coping strengths of families who have children with disabilities," in *Support for Caregiving Families: Enabling Positive Adaptation to Disability*, edited by George H. S. Singer and Larry K. Irvin (1989), page 29.

25 The quotation from the mother exasperated by her encounters with dubious professionals occurs in Janet Vohs, "On belonging: A place to stand, a gift to give," in *Cognitive Coping, Families, and Disability*, edited by Ann P. Turnbull, Joan M. Patterson, and Shirley K. Behr (1993).

26 For an in-depth exploration of institutionalization in the United States and campaigns to marshal support for families' efforts to care for their disabled children at home, see Joseph P. Shapiro, *No Pity: People with Disabilities Forging a New Civil Rights Movement* (1993).

26 Geraldo Rivera's 1972 investigation of conditions at the Willowbrook State School in Staten Island is included in the DVD video documentary *Unforgotten: Twenty-Five Years After Willowbrook* (2008).

26 The quoted description of conditions at Willowbrook comes from John J. O'Connor, "TV: Willowbrook State School, 'the Big Town's leper colony,'" *New York Times*, February 2, 1972.

26 Russell Barton used the term *mental bedsores* on page 7 of *Institutional Neurosis* (1959).

26 The observation about the "highly restrictive manner" in which many families find themselves living is made by Jan Blacher in "Sequential stages of parental adjustment to the birth of a child with handicaps: Fact or artifact?," *Mental Retardation* 22, no. 2 (April 1984).

27 The care of disabled people in preindustrial society is discussed on pages 2–3 of Lennard Davis, *Enforcing Normalcy: Disability, Deafness, and the Body* (1995).

27 Adolf Hitler is quoted on page 33 of *Exploring Disability: A Sociological Introduction*, edited by Colin Barnes, Geof Mercer, and Tom Shakespeare (1999), citing to M. Burleigh, *Death and Deliverance: Euthanasia in Germany, 1900–1945* (1994).

27 For a discussion of compulsory sterilization in Europe and the United States, see pages 34–35 of Richard Lynn, *Eugenics: A Reassessment* (2001).

27 The "Ugly Law" was Section 36034 of the Chicago Municipal Code (repealed 1974). It is discussed at length in Adrienne Phelps Coco, "Diseased, maimed, mutilated: Categorizations of disability and an ugly law in late nineteenthcentury Chicago," *Journal of Social History* 44, no. 1 (Fall 2010).

27 The Jim Crow comparison is expounded by Justice Thurgood Marshall in the 1985 Supreme Court decision *City of Cleburne, Texas v. Cleburne Living Center, Inc.,* in which he states of the mentally ill, "A regime of state-mandated segregation and degradation soon emerged that, in its virulence and bigotry, rivaled, and indeed paralleled, the worst excesses of Jim Crow." The decision can be found in its entirety at http://www.law.cornell.edu/supct/html/historics/ USSC_CR_0473_0432_ZX.html.

27 The quotation from Sharon Snyder and David T. Mitchell occurs on page 72 of *Cultural Locations of Disability* (2006).

27 Figures on educational attainment of disabled children and economic status of disabled adults rely on the discussion on pages 45–49 of Colin Barnes and Geof Mercer, *Disability* (2003).

28 The Royal College of Obstetricians and Gynaecology's proposal to establish guidelines for euthanasia of severely ill preemies is discussed in Peter Zimonjic, "Church supports baby euthanasia," *Times*, November 12, 2006.

28 The full text of the US Rehabilitation Act of 1973 (29 USC § 701) can be found online at http://www.law.cornell.edu/uscode/text/29/701, and the Americans with Disabilities Act (42 USC § 12101) at http://www.law.cornell.edu/usc-cgi/ get_external.cgi?type=pubL&target=101-336.

28 Vice President Biden's speech is described in "Biden praises Special Olympic athletes," *Spokesman-Review*, February 19, 2009.

28 For a scholarly discussion of disability law's shrinking protections, see Samuel R. Bagenstos, "The future of disability law," *Yale Law Journal* 114, no. 1 (October 2004). Note also, for example, the US Supreme Court decision in the case *Toyota Motor Manufacturing v. Williams*, 534 U.S. 184 (2002) (full text at http:// www.law.cornell.edu/supct/html/00-1089.ZO.html), which mandated a narrow interpretation of what constitutes "substantial limitation" of "major life activities."

28 Erving Goffman, *Stigma: Notes on the Management of Spoiled Identity* (1986).

28 The quotation from Susan Burch occurs on page 7 of *Signs of Resistance: American Deaf Cultural History, 1900 to World War II* (2004).

28 Michael Oliver's statement "Disability has nothing to do with the body, it is a consequence of social oppression" occurs on page 35 of *Understanding Disability: From Theory to Practice* (1996).

29 Figures on changes in life expectancy over time can be found in Laura B. Shrestha, "Life Expectancy in the United States," Congressional Research Service, 2006.

29 The quotation from Ruth Hubbard about abortion for Huntington's disease occurs on page 93 of her essay "Abortion and disability," in *The Disability Studies Reader*, 2nd ed., edited by Lennard Davis (2006).

29 Philip Kitcher is quoted on page 71 of James C. Wilson's essay "(Re)writing the genetic body-text: Disability, textuality, and the Human Genome Project," in *The Disability Studies Reader*, 2nd ed., edited by Lennard Davis (2006).

29 The quotation from Marsha Saxton occurs on pages 110–11 of her essay "Disability rights and selective abortion," in *The Disability Studies Reader*, 2nd ed., edited by Lennard Davis (2006).

29 The quotation from Sharon Snyder and David T. Mitchell occurs on page 31 of their book, *Cultural Locations of Disability* (2006).

29 William Ruddick discusses the "hospitality view" of women in his article "Ways to limit prenatal testing," in *Prenatal Testing and Disability Rights*, edited by Adrienne Asch and Erik Parens (2000).

29 The quotation from Laura Hershey comes from her article "Choosing disability," *Ms.*, July 1994.

30 The quotation from Ruth Hubbard occurs on page 232 of her article "Eugenics: New tools, old ideas," in *Embryos, Ethics, and Women's Rights: Exploring the New Reproductive Technologies*, edited by Elaine Hoffman Baruch, Amadeo F. D'Adamo, and Joni Seager (1988).

30 For criticism of the Human Genome Project, see Mary Jo Iozzio, "Genetic anomaly or genetic diversity: Thinking in the key of disability on the human genome," *Theological Studies* 66, no. 4 (December 2005); and James C. Wilson, "(Re)writing the genetic body-text: Disability, textuality, and the Human Genome Project," in *The Disability Studies Reader*, 2nd ed., edited by Lennard Davis (2006).

30 Donna Haraway refers to the "act of canonization" on page 215 of her *Simians, Cyborgs, and Women: The Reinvention of Nature* (1991).

30 Michel Foucault's reference to "a technology of abnormal individuals" occurs on page 61 of *Abnormal: Lectures at the College de France, 1974–1975* (2003); his reference to "physical vigor and the moral cleanliness of the social body" occurs on page 54 of *The History of Sexuality*, vol. 1 (1990); his discussion of error occurs on page 22 of his introduction to Georges Canguilhem, *The Normal and the Pathological* (1991).

30 All of the quotations in this passage come from Deborah Kent, "Somewhere a mockingbird," in *Prenatal Testing and Disability Rights*, edited by Erik Parens and Adrienne Asch (2000), pages 57–63.

32 John Hockenberry's view of "Jerry's kids" occurs on page 36 of *Moving Violations: War Zones, Wheelchairs and Declarations of Independence* (1996).

32 Rod Michalko likens helping to name-calling on page 20 of *The Difference That Disability Makes* (2002).

32 Arlene Mayerson discusses the danger of "benevolence" to the disabled in Nancy Gibbs, "Pillow angel ethics," *Time*, January 7, 2007.

32 Results of the happiness study are reported in David Kahneman et al., "Would you be happier if you were richer? A focusing illusion," *Science* 312, no. 5782 (June 30, 2006).

33 The quotation from Steven R. Smith occurs on page 26 of his paper "Social justice and disability: Competing interpretations of the medical and social models," in *Arguing About Disability: Philosophical Perspectives*, edited by Kristjana Kristiansen, Simo Vehmas, and Tom Shakespeare (2009).

34 For more information on the "pro-ana" and "pro-mia" movement, see Virginia Heffernan, "Narrow-minded," *New York Times*, May 25, 2008.

34 The quotation from Lucy Grealy occurs on page 157 of her *Autobiography of a Face* (1994).

35 See Dylan M. Smith et al., "Happily hopeless: Adaptation to a permanent, but not to a temporary, disability," *Health Psychology* 28, no. 6 (November 2009).

35 The failure-to-diagnose suit is described in Rebecca Allison, "Does a cleft palate justify an abortion?," *Guardian*, December 2, 2003.

35 The quotation from the mother of the child with a cleft palate comes from Barry Nelson, "Born with just a little difference," *Northern Echo*, December 2, 2003.

35 The quotation from Bruce Bauer occurs in Eric Zorn, "At 15, Lauren is coming forward for kids like her," *Chicago Tribune*, April 24, 2003.

35 Chris Wallace is profiled in Chris Dufresne, "Amazing feat," *Los Angeles Times*, October 8, 1997.

36 The quotation from Joanne Green comes from her article "The reality of the miracle: What to expect from the first surgery," *Wide Smiles*, 1996.

36 The passage by Alice Domurat Dreger occurs on pages 55–57 of *One of Us: Conjoined Twins and the Future of Normal* (2004). It has been condensed.

36 The French study finding an inverse relationship between tolerance for disability and socioeconomic status is Annick-Camille Dumaret et al., "Adoption and fostering of babies with Down syndrome: A cohort of 593 cases," *Prenatal Diagnosis* 18, no. 5 (May 1998).

36 The American study finding attitudinal differences toward disability among different socioeconomic strata is Elizabeth Lehr Essex et al., "Residential transitions of adults with mental retardation: Predictors of waiting list use and placement," *American Journal of Mental Retardation* 101, no. 6 (May 1997).

36 Studies on racial and socioeconomic disparities in rates of out-of-home placement of disabled children include the above-cited studies by Dumaret and Essex; Jan Blacher, "Placement and its consequences for families with children who have mental retardation," in *When There's No Place Like Home: Options for Children Living Apart from Their Natural Families*, edited by Jan Blacher (1994); Frances Kaplan Grossman, *Brothers and Sisters of Retarded Children: An Exploratory Study* (1972); Robert Hanneman and Jan Blacher, "Predicting placement in families who have children with severe handicaps: A longitudinal analysis," *American Journal on Mental Retardation* 102, no. 4 (January 1998); and Tamar Heller and Alan Factor, "Permanency planning for adults with mental retardation living with family caregivers," *American Journal on Mental Retardation* 96, no. 2 (September 1991).

37 The quotation from Jim Sinclair (". . . this is what we hear when you pray for a cure . . .") occurs in his 1993 essay, "Don't mourn for us," at http://www.jimsinclair.org/dontmourn.htm.

37 The quotation from Aimee Mullins occurs in Susannah Frankel, "Body beautiful," *Guardian*, August 29, 1998.

37 Bill Shannon is profiled in Bill O'Driscoll, "Turning the tables," *Pittsburgh City Paper*, March 29, 2007.

38 See "Oscar Pistorius hopes to have place at London Olympics," British Broadcasting Corporation, March 17, 2012; "Oscar Pistorius: The 'Blade Runner' who is a race away from changing the Olympics," Associated Press/*Washington Post*, May 16, 2012; and Tim Rohan, "Pistorius will be on South Africa's Olympic team," *New York Times*, July 4, 2012.

39 See Adam Doerr, "The wrongful life debate," *Genomics Law Report*, September 22, 2009.

39 The quotation from the French court decision comes from Wim Weber, "France's highest court recognizes 'the right not to be born,'" *Lancet* 358, no. 9297 (December 8, 2001); the aftermath is described in Lynn Eaton, "France outlaws the right to sue for being born," *British Medical Journal* 324, no. 7330 (January 19, 2002).

39 See Adam Doerr, "The wrongful life debate," *Genomics Law Report*, September 22, 2009; Ronen Perry, "It's a wonderful life," *Cornell Law Review* 93 (2008); and the decision in *Turpin v. Sortini*, 31 Cal. 3d 220, 643 P.2d 954 (May 3, 1982); that California Supreme Court case pertained to a suit with the deaf child named as plaintiff. The full text of the decision can be found on the Stanford Law School website, http://scocal.stanford.edu/opinion/turpin-v-sortini-30626.

39 *Curlender v. BioScience Laboratories*, 106 Cal. App. 3d 811, 165 Cal. Rptr. 477 (1980). The decision can be found in its entirety at http://law.justia.com/cases/ california/calapp3d/106/811.html.

39 The quotation from the wrongful-life lawsuit brought by the parents of a child with Tay-Sachs occurs in the court decision in *Miller v. HCA, Inc.*, 118 S.W. 3d 758 (Tex. 2003). The decision can be read in its entirety on the website of the Supreme Court of Texas, http://www.supreme.courts.state.tx.us/historical/2003/ sep/010079.pdf.

42 The quotation from Nigel Andrews comes from his review "Glowing wonder of an Anatolian epiphany," *Financial Times*, March 15, 2012.

42 The quotation about increased growth and maturity in parents of disabled children comes from Richard P. Hastings et al., "Factors related to positive perceptions in mothers of children with intellectual disabilities," *Journal of Applied Research in Intellectual Disabilities* 15, no. 3 (September 2002).

42 See Kate Scorgie and Dick Sobsey, "Transformational outcomes associated with parenting children who have disabilities," *Mental Retardation* 38, no. 3 (June 2000).

42 The study of mothers who saw advantages in their parenting experience is described on page 138 of *Cognitive Coping, Families, and Disability*, edited by Ann P. Turnbull, Joan M. Patterson, and Shirley K. Behr (1993), in Glenn Affleck and Howard Tennen's chapter, "Cognitive adaptation to adversity: Insights from parents of medically fragile infants."

42 The study comparing developmental outcomes in children of mothers who tried to find meaning in their experience is described on page 135 of *Infants in Crisis: How Parents Cope with Newborn Intensive Care and Its Aftermath*, edited by Glenn Affleck, Howard Tennen, and Jonelle Rowe (1991).

44 The quotation from Tobin Siebers about inclusion occurs on page 183 of *Disability Theory* (2008).

45 The quotation from Roy McDonald comes from Danny Hakim, Thomas Kaplan, and Michael Barbaro, "After backing gay marriage, 4 in G.O.P. face voters' verdict," *New York Times*, July 4, 2011; the quotation from Jared Spurbeck comes from his article "NY senator's grandkids made him realize 'gay is OK,'" *Yahoo! News*, June 26, 2011.

45 Personal communication with Doug Wright.

46 See Ann Whitcher-Gentzke, "Dalai Lama brings message of compassion to UB," *UB Reporter*, September 21, 2006.

47 This Western naivete about nirvana was explained to me by Robert Thurman in 2006.

47 Jalāl al-Dīn Rūmī (Maulana), *The Essential Rumi* (1995), page 142: "Don't turn away. Keep your gaze on the bandaged place. That's where the light enters you."

CHAPTER 2 | 聽障 | DEAF

49 "I was planning to write on the Deaf": My article "Defiantly deaf" was published in the *New York Times Magazine*, August 29, 1994.

49 Interactions between protesters and Lexington Center for the Deaf administrators were described in David Firestone, "Deaf students protest new school head," *New York Times*, April 27, 1994.

49 An index of state schools for the deaf in the United States can be found on the Laurent Clerc National Deaf Education Center's website, http://clerccenter .gallaudet.edu/Clerc_Center/Information_and_Resources/Info_to_Go/Resources/ Superintendents_of_Schools_for_the_Deaf_Contact_Information.html.

50 Figures on the percentage of deaf children with hearing parents come from Ross E. Mitchell and Michael A. Karchmer, "Chasing the mythical ten percent: Parental hearing status of deaf and hard of hearing students in the United States," *Sign Language Studies* 4, no. 2 (Winter 2004).

51 See St. Augustine, *Contra Julianum*: "We acknowledge, indeed, how much pertains to our own transgressions: from what source of culpability does it come that innocent ones deserve to be born sometimes blind, sometimes deaf, which defect, indeed, hinders faith itself, by the witness of the Apostle, who says, 'Faith comes by hearing (Rom. X, 17).'" This passage is from *Augustini, Sancti Aurelii, Hipponensis Episcopi Traditio Catholica, Saecula IV–V, Opera Omnia, Tomus Decimus, Contra Julianum, Horesis Pelagianea Defensorum, Liber Tertius, Caput IV–10. Excudebatur et venit apud J. P. Migne editorem,* 1865, cited in Ruth E. Bender, *The Conquest of Deafness: A History of the Long Struggle to Make Possible Normal Living to Those Handicapped by Lack of Normal Hearing* (1970), page 27.

51 Education of deaf children by noble families is the subject of Susan Plann, *A Silent Minority: Deaf Education in Spain, 1550–1835* (1997).

51 The history of the deaf in France and the work of the Abbe de l'Epee is the subject of James R. Knowlson, "The idea of gesture as a universal language in the XVIIth and XVIIIth centuries," *Journal of the History of Ideas* 26, no. 4 (October– December 1965); and Anne T. Quartararo, "The perils of assimilation in modern France: The Deaf community, social status, and educational opportunity, 1815–1870," *Journal of Social History* 29, no. 1 (Autumn 1995).

51 See Phyllis Valentine's chapter "Thomas Hopkins Gallaudet: Benevolent paternalism and the origins of the American Asylum," in *Deaf History Unveiled: Interpretations from the New Scholarship*, edited by John Vickrey Van Cleve (1999), pages 53–73.

51 For a detailed history of the Deaf community on Martha's Vineyard, see Nora Ellen Groce, *Everyone Here Spoke Sign Language: Hereditary Deafness on Martha's Vineyard* (1985).

51 The story of Gallaudet University is told in Brian H. Greenwald and John Vickrey Van Cleve, *A Fair Chance in the Race of Life: The Role of Gallaudet University in Deaf History* (2010).

51 Alexander Graham Bell set forth his proposals in "Memoir upon the formation of a deaf variety of the human race," a paper presented to the National Academy of Sciences on November 13, 1883, and published in the 1884 *Memoirs of the National Academy of Sciences*; and in "Historical notes concerning the teaching of speech to the deaf," *Association Review* 2 (February 1900).

51 Thomas Edison's interest in the oralist movement sprang in part from his experience as a hearing-impaired person. Edison served for a time as a member of the Advisory Board of the Volta Bureau, the organization founded by Alexander Graham Bell to promote education in "speech reading, speech and hearing" to the deaf; see John A. Ferrall's article "Floating on the wings of silence with Beethoven, Kitto, and Edison," *Volta Review* 23 (1921), pages 295–96.

51 Bell and the ascendancy of oralism are discussed in Douglas C. Baynton, *Forbidden Signs: American Culture and the Campaign against Sign Language* (1996); Carol Padden and Tom Humphries, *Inside Deaf Culture* (2005); and John Vickrey Van Cleve, *Deaf History Unveiled: Interpretations from the New Scholarship* (1999).

52 The quotation from George Veditz appears in Carol Padden and Tom Humphries, *Deaf in America: Voices from a Culture* (1988), page 36.

52 Patrick Boudreault is an assistant professor at California State University, Northridge. All quotations from Boudreault come from my interview with him in 2008 and subsequent communications.

52 Aristotle's conclusions about the comparative intelligence of the deaf and the blind were set forth in *The History of Animals* and *On Sense and the Sensible.* Aristotle contended that "of persons destitute from birth of either sense, the blind are more intelligent than the deaf and dumb" because "rational discourse is a cause of instruction in virtue of its being audible." These quotations occur at *Sense and Sensibilia* 437a, 3–17, on page 694 of *The Complete Works of Aristotle: The Revised Oxford Translation*, edited by J. Barnes (1984).

52 William Stokoe's *Sign Language Structure: An Outline of the Visual Communication Systems of the American Deaf* was originally published in 1960 by the University of Buffalo's Department of Anthropology and Linguistics and was reprinted in the *Journal of Deaf Studies & Deaf Education* 10, no. 1 (Winter 2005).

52 Hemispheric lateralization and sign language are discussed by Oliver Sacks in *Seeing Voices: A Journey into the World of the Deaf* (1989), pages 93–111; and in Heather P. Knapp and David P. Corina's chapter, "Cognitive and neural representations of language: Insights from sign languages of the deaf," in Kristin A. Lindgren et al., *Signs and Voices: Deaf Culture, Identity, Language, and Arts* (2008), pages 77–89.

52 The effect of left-hemisphere damage on the ability to produce Sign is the subject of Ursula Bellugi et al., "Language, modality, and the brain," in *Brain Development and Cognition*, edited by M. H. Johnson (1993); and Gregory Hickock, Tracy Love-Geffen, and Edward S. Klima, "Role of the left hemisphere in sign language comprehension," *Brain & Language* 82, no. 2 (August 2002).

52 Studies demonstrating that people who learn Sign in adulthood tend to use the visual part of their brain more include Madeleine Keehner and Susan E. Gathercole, "Cognitive adaptations arising from nonnative experience of sign language in hearing adults," *Memory & Cognition* 35, no 4 (June 2007).

53 The *Peter and the Wolf* study—J. Feijoo, "Le foetus, Pierre et le Loup"—originally appeared in *L'Aube des Sens*, edited by E. Herbinet and M. C. Busnel (1981), and was subsequently cited by Marie-Claire Busnel, Carolyn Granier-Deferre, and Jean-Pierre Lecanuet, "Fetal audition," *Annals of the New York Academy of Sciences* 662, Developmental Psychobiology (October 1992). Japanese acoustics researchers Yoichi Ando and Hiroaki Hattori described babies' prenatal acclimation to airport noise in "Effects of intense noise during fetal life upon postnatal adaptability," *Journal of the Acoustical Society of America* 47, no. 4, pt. 2 (1970).

53 Newborn language preferences are discussed in Jacques Mehler et al., "A precursor of language acquisition in young infants," *Cognition* 29, no. 2 (July 1988); and Christine Moon, Robin Panneton Cooper, and William P. Fifer, "Two-day-olds prefer their native language," *Infant Behavior and Development*

16, no. 4 (October– December 1993).

53 "Declining non-native phoneme perception" has been a major focus of study by infant psychologist Janet F. Werker of the University of Ottawa; her academic reports on the subject include "Cross-language speech perception: Evidence for perceptual reorganization during the first year of life," *Infant Behavior & Development* 25, no. 1 (January–March 2002); and "Infant-directed speech supports phonetic category learning in English and Japanese," *Cognition* 103, no. 1 (April 2007). A less technical description of her work can be found in her article "Becoming a native listener," *American Scientist* 77, no. 1 (January–February 1989).

53 For information on early language development, see Robert J. Ruben, "A time frame of critical/sensitive periods of language development," *Acta Otolaryngologica* 117, no. 2 (March 1997). Early rapidity in the acquisition of sign language is discussed in John D. Bonvillian et al., "Developmental milestones: Sign language acquisition and motor development," *Child Development* 54, no. 6 (December 1983). Studies on the decline in the brain's ability to acquire language over time include Helen Neville and Daphne Bavelier, "Human brain plasticity: Evidence from sensory deprivation and altered language experience," *Progress in Brain Research* 138 (2002); Aaron J. Newman et al., "A critical period for right hemisphere recruitment in American Sign Language processing," *Nature Neuroscience* 5, no. 1 (January 2002); Rachel I. Mayberry et al., "Age of acquisition effects on the functional organization of language in the adult brain," *Brain & Language* 119, no. 1 (October 2011); and Nils Skotara et al., "The influence of language deprivation in early childhood on L2 processing: An ERP comparison of deaf native signers and deaf signers with a delayed language acquisition," *BMC Neuroscience* 13, no. 44 (provisionally published May 3, 2012).

53 The deaf man who had no language at all until the age of twenty-seven is the subject of Susan Schaller, *A Man without Words* (1995).

53 The estimate of the incidence of hearing impairment in prisoners comes from Katrina Miller, "Population management strategies for deaf and hard-of-hearing offenders," *Corrections Today* 64, no. 7 (December 2002).

53 The rate of vocabulary acquisition of deaf children of hearing parents is reviewed in Raymond D. Kent, editor, *The MIT Encyclopedia of Communication Disorders* (2004), pages 336–37.

54 The Douglas Baynton quotation ("The difficulty of learning spoken English . . . a soundproof glass cubicle") comes from *Forbidden Signs: American Culture and the Campaign against Sign Language* (1996), page 5.

54 The observation that a mother must "impose herself upon his natural playlearning patterns, often against his will" comes from Eugene D. Mindel and McKay Vernon, *They Grow in Silence: The Deaf Child and His Family* (1971), page 58, as cited in Beryl Lieff Benderly, *Dancing Without Music: Deafness in America* (1990), page 51.

54 All quotations from Jackie Roth occurring in this chapter come from multiple interviews and communications with her since 1994.

54 Although it is often thought that IDEA mandates that children with disabilities be educated with their nondisabled peers, the law actually calls for the education of disabled children in such a way as to "ensure their access to the general curriculum to the maximum extent possible," in the "least restrictive environment" possible. See Sultana Qaisar, "IDEA 1997—'Inclusion is the law,'" paper presented at the Annual Convention of the Council for Exceptional Children, Kansas City, Missouri, April 18–21, 2001; and Perry A. Zirkel, "Does Brown v. Board of Education play a prominent role in special education law?," *Journal of Law & Education* 34, no. 2 (April 2005).

54 Statistics on the decline of residential schools come from Ross E. Mitchell and Michael Karchmer, "Demographics of deaf education: More students in more places," *American Annals of the Deaf* 151, no. 2 (2006).

54 Judith Heumann declared that separate education for deaf students was "immoral" in her article "Oberti decision is core of the ED's inclusion position," *Special Educator*, November 2, 1993, page 8, as cited in Jean B. Crockett and James M. Kaufmann, *The Least Restrictive Environment: Its Origins and Interpretations in Special Education* (1999), page 21.

55 Justice Rehnquist's words occur in *Board of Education v. Rowley*, 458 U.S. 176 (1982); the full text of the decision can be found at http://www.law.cornell.edu/ supremecourt/text/458/176.

55 Statistics on high school completion, college attendance, and earnings potential of deaf children and young adults come from Bonnie Poitras Tucker, "Deaf culture, cochlear implants, and elective disability," *Hastings Center Report* 28, no. 4 (July 1, 1998).

55 Studies finding superior performance of deaf children of deaf parents compared to deaf children of hearing parents include E. Ross Stuckless and Jack W. Birch, "The influence of early manual communication on the linguistic development of deaf children," *American Annals of the Deaf* 142, no. 3 (July 1997); Kenneth E. Brasel and Stephen P. Quigley, "Influence of certain language and communication environments in early childhood on the development of language in Deaf individuals," *Journal of Speech & Hearing Research* 20, no. 1 (March 1977); and Kathryn P. Meadow, "Early manual communication in relation to the deaf child's intellectual, social, and communicative functioning," *Journal of Deaf Studies & Deaf Education* 10, no. 4 (July 2005).

55 Helen Keller's observation is famous, but it may also be apocryphal. According to the tireless research librarians at Gallaudet University, this sentence appears to represent a distillation of sentiments expressed in two published sources. See Tom Harrington, "FAQ: Helen Keller Quotes," Gallaudet University Library, 2000, http://www.gallaudet.edu/library/research_help/research_help/frequently_ asked_questions/people/helen_keller_ quotes.html.

55 The quotation from Lennard Davis appears in *My Sense of Silence: Memoirs of a Childhood with Deafness* (2000), pages 6–8. It has been condensed. "To this day if I sign 'milk,' I feel more milky than if I say the word" occurs on page 6; the rest of the passage occurs two pages later.

56 Figures on the incidence of deafness come from "Quick statistics" on the website of the National Institute on Deafness and Other Communication Disorders, http://www.nidcd.nih.gov/health/statistics/quick.htm.

56 The quotation from Carol Padden and Tom Humphries ("Culture provides a way for Deaf people to reimagine themselves . . .") appears in *Inside Deaf Culture* (2005), page 161.

56 The Gallaudet protests were extensively covered by the mass media; one representative article is Lena Williams, "College for deaf is shut by protest

over president," *New York Times*, March 8, 1988. The Deaf President Now! story has since been told in depth in Jack Gannon, *The Week the World Heard Gallaudet* (1989); Katherine A. Jankowski, *Deaf Empowerment: Emergence, Struggle, and Rhetoric* (1997); and John B. Christiansen and Sharon N. Barnartt, *Deaf President Now!: The 1988 Revolution at Gallaudet University* (2003).

57 Gould's resignation was described in David Firestone, "Chief executive to step down at deaf center," *New York Times*, June 22, 1994.

60 This passage is based on my interview with Lewis Merkin in 1994 and subsequent personal communications.

60 All quotations by MJ Bienvenu come from my interviews with her in 1994 and subsequent communications.

60 For more information on the genes and epigenetic influences that contribute to deafness, see Lilach M. Friedman and Karen B. Avraham, "MicroRNAs and epigenetic regulation in the mammalian inner ear: Implications for deafness," *Mammalian Genome* 20, no. 9–10 (September–October 2009); and A. Eliot Shearer et al., "Deafness in the genomics era," *Hearing Research* 282, nos. 1–2 (December 2011).

60 Information on the genetics of deafness can be found in Kathleen S. Arnos and Pandya Arti's chapter, "Advances in the genetics of deafness," in *Oxford Handbook of Deaf Studies, Language, and Education*, edited by Marc Marschark and Patricia Elizabeth Spencer (2003); Mustafa Tekin, Kathleen S. Arnos, and Arti Pandya, "Advances in hereditary deafness," *Lancet* 358 (September 29, 2001); and W. Virginia Norris et al., "Does universal newborn hearing screening identify all children with GJB2 (Connexin 26) deafness?: Penetrance of GJB2 deafness," *Ear & Hearing* 27, no. 6 (December 2006). Also useful are two recent review articles on the practical applications of genetic research: Marina Di Domenico et al., "Towards gene therapy for deafness," *Journal of Cellular Physiology* 226, no. 10 (October 2011); and Guy P. Richardson, Jacques Boutet de Monvel, and Christine Petit, "How the genetics of deafness illuminates auditory physiology," *Annual Review of Physiology* 73 (March 2011).

61 Connexin 26 mutations on GJB2 were first reported in David P. Kelsell et al., "Connexin 26 mutations in hereditary non-syndromic sensorineural deafness," *Nature* 357, no. 6628 (1997).

61 Syndromal forms of deafness include Usher syndrome, Pendred syndrome, and Waardenburg syndrome; information on all three can be found on the website of the National Institute on Deafness and Other Communication Disorders, http:// www.nidcd.nih.gov/health/hearing/Pages/Default.aspx.

61 For authoritative background reading on gap junctions and their role in deafness, see Regina Nickel and Andrew Forge's entry in the *Encyclopedia of Life Sciences* (*ELS*), "Gap junctions and connexins: The molecular genetics of deafness" (2010); and H.-B. Zhao et al., "Gap junctions and cochlear homeostasis," *Journal of Membrane Biology* 209, nos. 2–3 (May 2006).

61 Increases in deafness due to assortative mating are discussed in Kathleen S. Arnos et al., "A comparative analysis of the genetic epidemiology of deafness in the United States in two sets of pedigrees collected more than a century apart," *American Journal of Human Genetics* 83, no. 2 (August 2008); and Walter J. Nance and Michael J. Kearsey, "Relevance of connexin deafness (DFNB1) to human evolution," *American Journal of Human Genetics* 74, no. 6 (June 2004).

61 The Hittites are mentioned in the article by Arnos cited above. An additional, more detailed source is M. Miles, "Hittite deaf men in the 13th century B.C." (2008). Descendants of the Hittites in modern Anatolia continue to possess the 35delG mutation; see Mustafa Tekin, "Genomic architecture of deafness in Turkey reflects its rich past," *International Journal of Modern Anthropology* 2 (2009).

61 The quotation from Nancy Bloch about the discovery of the GJB2 gene appears in Denise Grady, "Gene identified as major cause of deafness in Ashkenazi Jews," *New York Times*, November 19, 1998.

61 The quotation from Humphrey-Dirksen Bauman ("The question of what lives are worth living . . .") comes from *Open Your Eyes: Deaf Studies Talking* (2008), page 14.

61 All quotations from Christina Palmer come from my interview with her in 2008 and subsequent personal communications.

62 The Whorf-Sapir hypothesis was originally proposed by Benjamin Lee Whorf, whose writings have been anthologized in *Language, Thought, and Reality: Selected Writings of Benjamin Lee Whorf* (1956). Chris Swoyer, "The linguistic relativity hypothesis" in *The Stanford Encyclopedia of Philosophy* (2003) provides a convenient summary.

62 I met and interviewed William Stokoe in 1994.

62 The MJ Bienvenu quotation ("We do not want or need to become hearing . . .") comes from her article "Can Deaf people survive 'deafness'?" in *Deaf World: A Historical Reader and Primary Sourcebook*, edited by Lois Bragg (2001), page 318.

62 The Barbara Kannapell quotation ("I believe 'my language is me . . .'") comes from her article "Personal awareness and advocacy in the Deaf community," in *Sign Language and the Deaf Community: Essays in Honor of William C. Stokoe*, edited by Charlotte Baker and Robbin Battison (1980), pages 106–16.

62 The quotation from Carol Padden and Tom Humphries ("Deaf people's bodies have been labeled . . .") comes from *Inside Deaf Culture* (2005), page 6.

62 Edgar L. Lowell's "shepherd/wolf" statement is quoted in Beryl Lieff Benderly, *Dancing without Music: Deafness in America* (1990), page 4.

62 Tom Bertling's "baby talk" reference appears in *A Child Sacrificed to the Deaf Culture* (1994), page 84.

63 Beryl Lieff Benderly's "holy war" comment occurs in *Dancing without Music: Deafness in America* (1990), page xi.

63 The exhibit *History Through Deaf Eyes* is described in Jean Lindquist Bergey and Jack R. Gannon, "Creating a national exhibition on deaf life," *Curator* 41, no. 2 (June 1998); Douglas Baynton, Jack R. Gannon, and Jean Lindquist Bergey, *Through Deaf Eyes: A Photographic History of an American Community* (2001); and "Groundbreaking exhibition charts 'History Through Deaf Eyes,'" *USA Today*, February 2006. The quotation from Kristen Harmon (now a professor of English at Gallaudet University) comes from her paper "I thought there would be more Helen Keller: History through Deaf eyes and narratives of representation," in *Signs and Voices: Deaf Culture, Identity, Language, and Arts*, edited by Kristin A. Lindgren et al. (2008). It has been condensed.

63 An example of advocacy for the adoption of deaf children by deaf adults can be found in Barbara J. Wheeler, "This child is mine: Deaf parents and their adopted deaf children," in *Deaf World: A Historical Reader and Primary Sourcebook*, edited by Lois Bragg (2001).

63 The quotation about the Moonies is from Edward Dolnick, "Deafness as culture," *Atlantic Monthly*, September 1993.

63 Heppner is quoted in Edward Dolnick, "Deafness as culture," *Atlantic Monthly*, September 1993.

63 The "four stages of deaf identity" were originally enumerated in Neil S. Glickman, "The development of culturally deaf identities," in *Culturally Affirmative Psychotherapy with Deaf Persons*, edited by Neil S. Glickman and M. A. Harvey (1996), as cited in Irene Leigh's chapter, "Who am I?: Deaf identity issues," in *Signs and Voices: Deaf Culture, Identity, Language, and Arts*, edited by Kristin A. Lindgren et al. (2008), pages 25–26.

63 This passage is based on my interviews with Caro Wilson in 2007 and subsequent personal communications.

68 Kristen L. Johnson's dissertation, "Ideology and Practice of Deaf Goodbyes," earned her a PhD from the UCLA Department of Anthropology in 1994. She is currently affiliated with the English Department at Ohio State University.

69 For more information on Bi-Bi education, see Carol LaSasso and Jana Lollis, "Survey of residential and day schools for deaf students in the United States that identify themselves as bilingual-bicultural programs," *Journal of Deaf Studies & Deaf Education* 8, no. 1 (January 2003); and *The Oxford Handbook of Deaf Studies, Language and Education*, edited by Marc Marschark and Patricia Elizabeth Spencer (2003), page 45. A useful resource page for the layperson, "Bilingual bicultural deaf education," can be found on the Rochester Institute of Technology website, http://library.rit.edu/guides/deaf-studies/education/bilingual-bicultural-deafeducation. html.

70 The quotation from Harlan Lane ("The dilemma is that deaf people want access . . .") comes from his article "Do deaf people have a disability?," *Sign Language Studies* 2, no. 4 (Summer 2002), page 375.

70 This passage is based on my interview with Bridget O'Hara in 2010 and subsequent personal communications. Her name and all others in this passage are pseudonyms. Some other identifying details have been changed.

74 The story of the abuse of Catholic boarding-school students in Wisconsin was originally reported by Laurie Goodstein in "Vatican declined to defrock U.S. priest who abused boys," *New York Times*, March 25, 2010; the quotation comes from Goodstein's follow-up article, "For years, deaf boys tried to tell of priest's abuse," *New York Times*, March 27, 2010.

74 The show about sexual abuse in the Deaf community is Terrylene Sacchetti, *In the Now*; it was performed at Deaf Women United and subsequently on a thirtysix- city tour.

74 This passage is based on my interviews with Megan Williams, Michael Shamberg, and Jacob Shamberg in 2008 and subsequent interviews and personal communications. I note in the interests of full disclosure that I employed Jacob to assist me with research for this chapter.

79 This passage is based on my interview with Chris and Barb Montan in 2008 and subsequent personal communications.

82 Writings representing the anti-oralist pole include Humphrey-Dirksen Bauman, "Audism: Exploring the metaphysics of oppression," *Journal of Deaf Studies & Deaf Education* 9, no. 2 (Spring 2004); and Paddy Ladd, *Understanding Deaf Culture: In Search of Deafhood* (2003). Articles critical of their perspective include two by Jane K. Fernandes and Shirley Shultz Myers: "Inclusive Deaf studies: Barriers and pathways," *Journal of Deaf Studies & Deaf Education* 15, no. 1 (Winter 2010); and "Deaf studies: A critique of the predominant U.S. theoretical direction," *Journal of Deaf Studies & Deaf Education* 15, no. 1 (Winter 2010).

82 Total Communication is described in *Hearing, Mother Father Deaf*, edited by Michele Bishop and Sherry L. Hicks, (2009); and Larry Hawkins and Judy Brawner, "Educating children who are deaf or hard of hearing: Total Communication," *ERIC Digest* 559 (1997). Signed Exact English is the subject of Diane Corcoran Nielsen et al., "The importance of morphemic awareness to reading achievement and the potential of signing morphemes to supporting reading development," *Journal of Deaf Studies & Deaf Education* 16, no. 3 (Summer 2011). On Simultaneous Communication, see Nicholas Schiavetti et al., "The effects of Simultaneous Communication on production and perception of speech," *Journal of Deaf Studies & Deaf Education* 9, no. 3 (June 2004); and Stephanie Tevenal and Miako Villanueva, "Are you getting the message? The effects of SimCom on the message received by deaf, hard of hearing, and hearing students," *Sign Language Studies* 9, no. 3 (Spring 2009). For a comparison of ASL grammar and that of spoken languages, see Ronnie B. Wilbur, "What does the study of signed languages tell us about 'language'?," *Sign Language & Linguistics* 9, nos. 1–2 (2006).

82 Interview with Gary Mowl in 1994.

83 The anecdote about Benjamin Bahan is told in the 2007 film *Through Deaf Eyes* (2007), at 59.19–1.00.24.

83 For a useful resource in this area, see Tom Harrington and Sarah Hamrick, "FAQ: Sign languages of the world by country," on the Gallaudet University website, http://library.gallaudet.edu/Library/Deaf_Research_Help/Frequently_Asked_ Questions_%28FAQs%29/Sign_Language/Sign_Languages_of_the_World_by_Country.html.

83 Interview with Clark Denmark in 1994.

83 These sign languages are discussed in Humphrey-Dirksen Bauman, *Open Your Eyes: Deaf Studies Talking* (2008), page 16.

83 Bengkala is the focus of I Gede Marsaja, *Desa Kolok: A Deaf Village and Its Sign Language in Bali, Indonesia* (2008). The first report in the medical literature of the strain of deafness prevalent there is S. Winata et al., "Congenital non-syndromal autosomal recessive deafness in Bengkala, an isolated Balinese village," *Journal of Medical Genetics* 32 (1995). For a general, accessible discussion of syndromic deafness within endogamous communities, see John Travis, "Genes of silence: Scientists track down a slew of mutated genes that cause deafness," *Science News*, January 17, 1998. Additionally, for an opinionated overview of the academic research on the subject, see Annelies Kusters, "Deaf utopias? Reviewing the sociocultural literature on the world's 'Martha's Vineyard situations,'" *Journal of Deaf Studies & Deaf Education* 15, no. 1 (January 2010).

84 These complex webs of relations are the subject of Hildred and Clifford Geertz's oft-cited *Kinship in Bali* (1975).

87 This passage is based on my interviews with Apryl and Raj Chauhan in 2008 and thereafter, and personal communications.

89 Volta originally disclosed the findings of his 1790 experiment to the greater scientific community in a presentation to the Royal Society, "On the electricity excited by the mere contact of conducting substances of different kinds," *Philosophical Transactions of the Royal Society* 90 (1800).

90 Useful general references on the history of cochlear implants include Huw Cooper and Louise Craddock, *Cochlear Implants: A Practical Guide* (2006); the Deafness Research Foundation's "Cochlear implant timeline" at http://www .drf.org/cochlear+timeline; and National Institute on Deafness and Other Communication Disorders, "Cochlear implants" (last updated March 2011), http://www.nidcd.nih.gov/health/hearing/coch.asp. Fan-Gang Zeng et al., "Cochlear implants: System design, integration and evaluation," *IEEE Review of Biomedical Engineering* 1, no. 1 (January 2008), is a recent

scholarly review of the state of the science. For discussions of the ethical controversy surrounding implantation, see John B. Christiansen and Irene W. Leigh, *Cochlear Implants in Children: Ethics and Choices* (2002); and Linda R. Komesaroff, *Surgical Consent: Bioethics and Cochlear Implantation* (2007).

90 Figures on the numbers of individuals who have received cochlear implants come from the above-cited National Institute on Deafness and Other Communication Disorders fact sheet on cochlear implants, at http://www.nidcd.nih.gov/health/ hearing/coch.asp; and from Irene W. Leigh et al., "Correlates of psychosocial adjustment in deaf adolescents with and without cochlear implants: A preliminary investigation," *Journal of Deaf Studies & Deaf Education* 14, no. 2 (Spring 2009).

90 Statistics on the proportion of severely hearing-impaired children under the age of three who receive implants come from Kate A. Belzner and Brenda C. Seal, "Children with cochlear implants: A review of demographics and communication outcomes," *American Annals of the Deaf* 154, no. 3 (Summer 2009).

90 Figures on racial and socioeconomic disparity in the distribution of implants come from John B. Christiansen and Irene W. Leigh, *Cochlear Implants in Children: Ethics and Choices* (2002), page 328.

90 Cochlear's CEO made the remark about the as yet untapped market for implants in an interview with Bruce Einhorn, "Listen: The sound of hope," *BusinessWeek*, November 14, 2005.

91 Lorry G. Rubin and Blake Papsin, "Cochlear implants in children: Surgical site infections and prevention and treatment of acute otitis media and meningitis," *Pediatrics* 126, no. 2 (August 2010), indicates that postoperative surgical site infections occur in up to 12 percent of patients receiving cochlear implants; other complications include acute otitis media and bacterial meningitis. See also Kevin D. Brown et al., "Incidence and indications for revision cochlear implant surgery in adults and children," *Laryngoscope* 119, no. 1 (January 2009): "The revision rate was 7.3% for children and 3.8% for adults." Also, Daniel M. Zeitler, Cameron L. Budenz, and John Thomas Roland Jr., "Revision cochlear implantation," *Current Opinion in Otolaryngology & Head & Neck Surgery* 17, no. 5 (October 2009): "A small but significant percentage (3–8%) of all cochlear implant procedures requires RCI surgery. The most common indication for RCI is hard failure (40–80%), but other common indications include soft failures, wound complications, infection, improper initial placement, and electrode extrusions."

91 The R2-D2 comment is from personal communication.

91 The source of the anecdote about the woman who received a cochlear implant in early adulthood is Abram Katz, "The bionic ear: Cochlear implants: Miracle or an attack on 'deaf culture'?" *New Haven Register*, March 18, 2007.

91 HHS's position on hearing screening for newborns can be found in the National Institute on Deafness and Other Communication Disorders fact sheet "Newborn hearing screening" (last updated February 14, 2011), at http://report.nih.gov/ NIHfactsheets/ViewFactSheet.aspx?csid=104.

91 From the National Association of the Deaf's organizational history timeline (http://www.nad.org/nad-history): "1999 . . . The NAD successfully co-drafts and pushes for passage of the Walsh Bill (Newborn and Infant Hearing Screening and Intervention Act of 1999)." "2003 . . . Newborn and infant hearing screening hits 90%, as an outcome of NAD advocacy efforts."

91 The Australian study demonstrating improvement for children implanted before their first birthday is Shani J. Dettman et al., "Communication development in children who receive the cochlear implant under 12 months," *Ear & Hearing* 28, no. 2 (April 2007).

91 The study finding less progress in development of spoken language by children implanted at the age of four than in those implanted at two is Ann E. Geers, "Speech, language, and reading skills after early cochlear implantation," *Archives of Otolaryngology—Head & Neck Surgery* 130, no. 5 (May 2004).

91 The impact of cochlear implants upon brain plasticity is discussed in James B. Fallon et al., "Cochlear implants and brain plasticity," *Hearing Research* 238, nos. 1–2 (April 2008); and Kevin M. J. Green et al., "Cortical plasticity in the first year after cochlear implantation," *Cochlear Implants International* 9, no. 2 (2008).

92 Recent studies on adolescents implanted as children include Alexandra White et al., "Cochlear implants: The young people's perspective," *Journal of Deaf Studies & Deaf Education* 12, no. 3 (Summer 2007); Lisa S. Davidson et al., "Cochlear implant characteristics and speech perception skills of adolescents with long-term device use," *Otology & Neurology* 31, no. 8 (October 2010); Elena Arisi et al., "Cochlear implantation in adolescents with prelinguistic deafness," *Otolaryngology—Head & Neck Surgery* 142, no. 6 (June 2010); and Mirette B. Habib et al., "Speech production intelligibility of early implanted pediatric cochlear implant users," *International Journal of Pediatric Otorhinolaryngology* 74, no. 8 (August 2010).

92 The study of open speech discrimination in children receiving cochlear implants was conducted by Susan B. Waltzman et al., "Open-set speech perception in congenitally deaf children using cochlear implants," *American Journal of Otology* 18, no. 3 (1997), as cited by Bonnie Poitras Tucker in "Deaf culture, cochlear implants, and elective disability," *Hastings Center Report* 28, no. 4 (July 1, 1998). A 2004 study had similar findings: Marie-Noelle Calmels et al., "Speech perception and speech intelligibility in children after cochlear implantation," *International Journal of Pediatric Otorhinolaryngology* 68, no. 3 (March 2004).

92 The survey of parents' perceptions of their implanted children's hearing and verbal comprehension was conducted by Gallaudet Research Institute, *Regional and National Summary Report of Data from the 1999–2000 Annual Survey of Deaf and Hard of Hearing Children and Youth* (2001).

92 The review concluding that implants offer only coarse and degraded versions of sound, and that children with the implant perceive fewer fine distinctions of spoken language than their peers can be found in *Oxford Handbook of Deaf Studies, Language and Education* (2003), page 435.

92 In its brochures "The Reason to Choose AB" and "Hear Your Best," Advanced Bionics prominently quotes from Michael Chorost, author of *Rebuilt: My Journey Back to the Hearing World* (2006): "The Bionic Ear appeared to offer more potential for being upgraded in the future as new and better coding strategies and software became available so that I could conceivably have more and better hearing."

92 Interview with Robert Ruben, 1994.

92 Degrees of deafness and ways of classifying hearing loss are delineated in Richard J. H. Smith et al., "Deafness and hereditary hearing loss overview," *GeneReviews®* (1999–2012), at http://www.ncbi.nlm.nih.gov/books/NBK1434/.

93 Although NAD's 1993 position paper condemning "invasive surgery on defenseless children" does not appear to have been published on the NAD

website, the full text is archived on an Israeli website at http://www.zak.co.il/d/ deaf-info/old/ci-opinions.

93 The modification of NAD's position regarding cochlear implants was voted at the NAD's Board of Directors meeting held October 6–7, 2000; see National Association of the Deaf, "NAD position statement on cochlear implants," October 6, 2000. Additional resources on the debate within the Deaf community about cochlear implants: Marie Arana-Ward, "As technology advances, a bitter debate divides the deaf," *Washington Post*, May 11, 1997; Felicity Barringer, "Pride in a soundless world: Deaf oppose a hearing aid," *New York Times*, May 16, 1993; and Brad Byrom, "Deaf culture under siege," *H-Net Reviews*, March 2003.

93 Christina Palmer made this statement directly to me. The "deaf ethnicity hypothesis" is the subject of Richard Clark Eckert, "Toward a theory of deaf ethnos: Deafnicity ≈ D/deaf (Hómaemon • Homóglosson • Homóthreskon)," *Journal of Deaf Studies & Deaf Education* 15, no. 4 (Fall 2010).

93 This passage is based on my interview with Dan, Nancy, and Emma Hessey in 2007 and subsequent communications.

97 Figures for the cost of cochlear implantation come from the Alexander Graham Bell Association's FAQ "The cost of cochlear implants," at http://nc.agbell.org/ page.aspx?pid=723. Others estimate the total cost at $50,000 to $100,000; see the University of Miami School of Medicine's "Costs associated with cochlear implants," at http://cochlearimplants.med.miami.edu/implants/08_Costs%20 Associated%20with%20Cochlear%20 Implants.asp.

97 Figures on cost savings attributable to cochlear implantation come from two studies: Andre K. Cheng et al., "Cost-utility analysis of the cochlear implant in children," *Journal of the American Medical Association* 274, no. 7 (August 16, 2000); and Jeffrey P. Harris et al., "An outcomes study of cochlear implants in deaf patients: Audiologic, economic, and quality-of-life changes," *Archives of Otolaryngology—Head & Neck Surgery* 121, no. 4 (April 1995).

97 The quotation from the first mother ("If your child needs glasses . . .") comes from the article "Implants help child emerge from silent world," Associated Press/*Casper Star-Tribune*, April 24, 2006; the second ("If at 20 . . .") comes from Anita Manning, "The changing deaf culture," *USA Today*, May 2, 2000.

97 This passage is based on my interview with Bob Osbrink in 2008 and subsequent communications.

99 The quotation from Rory comes from Arthur Allen, "Sound and fury," *Salon*, May 24, 2000.

100 Teresa Blankmeyer Burke's statement occurs in her essay "Bioethics and the deaf community," in *Signs and Voices: Deaf Culture, Identity, Language, and Arts*, edited by Kristin A. Lindgren et al. (2008), pages 69–70.

100 Paula Garfield and Tomato Lichy describe their feelings about having a deaf daughter in Rebecca Atkinson, "'I hoped our baby would be deaf,'" *Guardian*, March 21, 2006.

101 This passage is based on my interview with Felix, Rachel, and Sharon Feldman in 2008 and subsequent personal communications. All names in this passage are pseudonyms.

103 Harlan Lane likens cochlear implantation to genital surgery on infants with intersex conditions in his paper "Ethnicity, ethics and the deaf-world," *Journal of Deaf Studies & Deaf Education* 10, no. 3 (Summer 2005).

103 See Paddy Ladd, *Understanding Deaf Culture: In Search of Deafhood* (2003), page 415: "In the 1990s, genetic engineering has initiated the process of trying to identify 'the deaf gene,' thus bringing within theoretical reach what might be termed the 'final solution'—that of eradicating Deaf people altogether."

103 Harlan Lane likened attempts to eliminate deafness to attempts to eliminate ethnic groups in Paul Davies, "Deaf culture clash," *Wall Street Journal*, April 25, 2005.

103 John B. Christiansen and Irene W. Leigh report that only half of the parents they surveyed had communicated with deaf adults prior to a decision to implant their children, and that some of those who did were met with hostility for even considering the procedure; see their paper "Children with cochlear implants: Changing parent and deaf community perspectives," *Archives of Otolaryngology— Head & Neck Surgery* 130, no. 5 (May 2004).

103 Gunilla Preisler discusses the Swedish practice of requiring parents of deaf children to learn about deafness from Deaf people in "The psychosocial development of deaf children with cochlear implants," in *Surgical Consent: Bioethics and Cochlear Implantation*, edited by Linda Komesaroff (2007), pages 120–36.

104 Studies describing both the social gains and difficulties faced by young people with cochlear implants include Yael Bat-Chava, Daniela Martin, and Joseph G. Kosciw, "Longitudinal improvements in communication and socialization of deaf children with cochlear implants and hearing aids: Evidence from parental reports," *Journal of Child Psychology & Psychiatry* 46, no. 12 (December 2005); Daniela Martin et al., "Peer relationships of deaf children with cochlear implants: Predictors of peer entry and peer interaction success," *Journal of Deaf Studies & Deaf Education* 16, no. 1 (January 2011); and Renee Punch and Merv Hyde, "Social participation of children and adolescents with cochlear implants: A qualitative analysis of parent, teacher, and child interviews," *Journal of Deaf Studies & Deaf Education* 16, no. 4 (2011).

104 J. William Evans used the phrase *culturally homeless* in "Thoughts on the psychosocial implications of cochlear implantation in children," in *Cochlear Implants in Young Deaf Children*, edited by E. Owens and D. Kessler (1989), page 312, as cited in Harlan Lane, "Cultural and infirmity models of deaf Americans," *Journal of the American Academy of Rehabilitative Audiology* 23 (1990), page 22.

104 References to physical enhancement as "cyborg" occur in Brenda Jo Brueggemann, "Think-between: A deaf studies commonplace book," in *Open Your Eyes: Deaf Studies Talking*, edited by Humphrey-Dirksen Bauman (2008), page 182.

104 The study in which two-thirds of parent-participants reported no resistance by their children to using implants was conducted at the Gallaudet Research Institute and reported in John B. Christiansen and Irene W. Leigh, *Cochlear Implants in Children: Ethics and Choices* (2002), page 168.

104 This passage is based on my interview with Barbara Matusky in 2008 and subsequent communications.

107 Kathryn Woodcock expressed her dissatisfaction with the disapproval of many in the Deaf community of the use of speech and hearing by other Deaf people in "Cochlear implants vs. Deaf culture?" in *Deaf World: A Historical Reader and Primary Sourcebook*, edited by Lois Bragg (2001), page 327.

107 The quotation from Irene Leigh comes from *A Lens on Deaf Identities* (2009), page 21.

107 Quotations from Josh Swiller occur on pages 14–15 and 100–101 of *The Unheard: A Memoir of Deafness and Africa* (2007). His personal website is at

http://joshswiller.com. See also Jane Brody's interview with Swiller, "Cochlear implant supports an author's active life," *New York Times*, February 26, 2008.

108 The first paper documenting the finding that sharks regenerate receptive hair cells is Jeffrey T. Corwin, "Postembryonic production and aging in inner ear hair cells in sharks," *Journal of Comparative Neurology* 201, no. 4 (October 1981). Further research is reported by Corwin in "Postembryonic growth of the macula neglecta auditory detector in the ray, *Raja clavata*: Continual increases in hair cell number, neural convergence, and physiological sensitivity," *Journal of Comparative Neurology* 217, no. 3 (July 1983); and in "Perpetual production of hair cells and maturational changes in hair cell ultrastructure accompany postembryonic growth in an amphibian ear," *Proceedings of the National Academy of Science* 82, no. 11 (June 1985).

108 Regeneration of cochlear hair cells in birds was first reported in Douglas A. Cotanche, "Regeneration of hair cell stereociliary bundles in the chick cochlea following severe acoustic trauma," *Hearing Research* 30, nos. 2–3 (1987).

108 Early experiments with the use of retinoic acid to stimulate hair cell regeneration are described in M. W. Kelley et al., "The developing organ of Corti contains retinoic acid and forms supernumerary hair cells in response to exogenous retinoic acid in culture," *Development* 119, no. 4 (December 1993). Retinoic acid and calf serum were administered to rats by Philippe P. Lefebvre et al., "Retinoic acid stimulates regeneration of mammalian auditory hair cells," *Science* 260, no. 108 (April 30, 1993).

108 For an example of work by Staecker's group, see Mark Praetorius et al., "Adenovector-mediated hair cell regeneration is affected by promoter type," *Acta Otolaryngologica* 130, no. 2 (February 2010).

109 Further research on the cultivation of auditory hair cells and their introduction into living organisms is reported in Huawei Li et al., "Generation of hair cells by stepwise differentiation of embryonic stem cells," *Proceedings of the National Academy of Sciences* 100, no. 23 (November 11, 2003); and Wei Chen et al., "Human fetal auditory stem cells can be expanded in vitro and differentiate into functional auditory neurons and hair cell-like cells," *Stem Cells* 2, no. 5 (May 2009). For a general review on the state of research into hair cell regeneration, see John V. Brigande and Stefan Heller, "Quo vadis, hair cell regeneration?," *Nature Neuroscience* 12, no. 6 (June 2009).

109 Exploring potential gene therapies to promote the growth of auditory hair cells: Samuel P. Gubbels et al., "Functional auditory hair cells produced in the mammalian cochlea by in utero gene transfer," *Nature* 455, no. 7212 (August 27, 2008); and Kohei Kawamoto et al., "Math1 gene transfer generates new cochlear hair cells in mature guinea pigs in vivo," *Journal of Neuroscience* 23, no. 11 (June 2003).

109 The ATOH1 gene figures large in Shinichi Someya et al., "Age-related hearing loss in C57BL/6J mice is mediated by Bak-dependent mitochondrial apoptosis," *Proceedings of the National Academy of Sciences* 106, no. 46 (November 17, 2009).

109 The transduction channel is the focus of Math P. Cuajungco, Christian Grimm, and Stefan Heller, "TRP channels as candidates for hearing and balance abnormalities in vertebrates," *Biochimica et Biophysica Acta (BBA)—Molecular Basis of Disease* 1772, no. 8 (August 2007).

109 Vaccine researcher Stanley A. Plotkin describes the history of rubella in the United States and attempts to staunch it in "Rubella eradication?" *Vaccine* 19, nos. 25–26 (May 2001).

110 Marvin T. Miller is quoted in Monica Davey, "As town for deaf takes shape, debate on isolation re-emerges," *New York Times*, March 21, 2005.

110 The comment that isolationism is no longer fashionable comes from Tom Willard, "*N.Y. Times* reports on proposed signing town," *Deafweekly*, March 23, 2005.

111 Statistics on the number of ASL users come from the Gallaudet University Library; see Tom Harrington, "American Sign Language: Ranking and number of users" (2004), http://libguides.gallaudet.edu/content.php?pid=114804&sid=991835.

111 The 432 percent increase in ASL courses in a decade is documented in Elizabeth B. Welles, "Foreign language enrollments in United States institutions of higher education, Fall 2002," *Profession* (2004).

111 For a representative work promoting teaching sign language to babies, see Joseph Garcia, *Signing with Your Baby: How to Communicate with Infants Before They Can Speak* (2002).

111 The term *Deafhood* was coined by the British Deaf activist Paddy Ladd, author of *Understanding Deaf Culture: In Search of Deafhood* (2003).

111 The quotation from Edna Edith Sayers decrying the trivialization of sign language and its appropriation by hearing persons occurs in *Deaf World: A Historical Reader and Primary Sourcebook*, edited by Lois Bragg (2001), page 116.

111 The passage by Harlan Lane ("The relation of the hearing parent to the young deaf child ...") occurs in *The Mask of Benevolence* (1992).

112 Jack Wheeler's remarks appear in a Deafness Research Foundation fund-raising brochure, "Let's Talk About Conquering Deafness" (2000).

112 Lawrence Hott and Diane Garey commented that "deafness is almost always one generation thick" in their film, *Through Deaf Eyes* (2007), which is available on DVD from Gallaudet University. The phrase *culture of converts* was first used by Frank Bechter in his essay "The deaf convert culture and its lessons for deaf theory," in *Open Your Eyes* (2008), pages 60–79.

113 From the introduction by Aina Pavolini to Amadou Hampate Ba, *The Fortunes of Wangrin* (1999), page ix: "After the independence of Mali in 1960, he formed part of his country's delegation to the UNESCO General Conference held that year in Paris; it was on this occasion that he made his passionate plea for the preservation of Africa's heritage with the famous statement, 'En Afrique, quand un vieillard meurt, c'est un bibliotheque qui brule' ('In Africa, when an old person dies, it's a library burning down')."

113 Estimates on the disappearance of languages come from Nicholas Evans, *Dying Words: Endangered Languages and What They Have to Tell Us* (2009); Evans's words come from Nicholas Evans and Stephen C. Levinson, "The myth of language universals: Language diversity and its importance for cognitive science," *Behavioral & Brain Sciences* 32 (2009), page 429.

113 For more commentary on the demise of Sign, see Lou Ann Walker, "Losing the language of silence," *New York*, January 13, 2008.

114 My first book was *The Irony Tower: Soviet Artists in a Time of Glasnost* (1991).

114 Carol Padden's question ("How can two conflicting impulses exist ...") occurs in *Inside Deaf Culture* (2005), page 163.

115 My primary sources for much of this chapter are Betty M. Adelson, *Dwarfism: Medical and Psychosocial Aspects of Profound Short Stature* (2005) and *The Lives of Dwarfs: Their Journey from Public Curiosity toward Social Liberation* (2005).

115 Proposals for towns for little people are discussed in John Van, "Little people veto a miniaturized village," *Chicago Tribune*, June 16, 1989; and Sharon LaFraniere, "A miniature world magnifies dwarf life," *New York Times*, March 3, 2010.

115 Victor A. McKusick was the founder of the discipline of medical genetics, and the leading investigator in the field of dwarfism among the Amish. For an accessible introduction to both Ellis–van Creveld syndrome and cartilage hair hypoplasia, see his review "Ellis–van Creveld syndrome and the Amish," *Nature Genetics* 24 (March 2000).

115 Because dwarfism is often not apparent at birth and does not always require medical intervention, calculations of incidence based on hospital records are inadequate, and even experts on dwarfism tend to offer figures rather tentatively. The renowned geneticist Dr. Victor McKusick told Betty Adelson in 1983 that he estimated that there were several million people in the world with dwarfism; see Betty M. Adelson, *The Lives of Dwarfs* (2005), pages 128–29. Joan Ablon comments that numbers range from twenty thousand to a hundred thousand, and quotes Charles Scott, a geneticist with a specialty in dwarfism, who estimated numbers at twenty thousand to twenty-five thousand; see Joan Ablon, *Little People in America: The Social Dimension of Dwarfism* (1984). Achondroplasia is said to occur in one in twenty thousand births, so if there is an American population of 318 million people, there should be about sixteen thousand Americans with achondroplasia, and Adelson told me that if you include all forms of skeletal dysplasia, the number approximately doubles, which would indeed give a number around thirty thousand, though she pointed out that this does not include hypopituitary disorders, Turner syndrome, juvenile arthritis, kidney disease, and various iatrogenic conditions, for which there are no precise figures; see Betty M. Adelson, *Dwarfism* (2005), pages 21–23. LPA has a membership of more than six thousand, some of whom are average-statured family members of dwarfs. With all of this in mind, it's impossible to say what proportion of dwarfs belong to LPA, but it seems likely that it is upward of 10 percent.

116 Betty Adelson's statement "The only permissible prejudice in PC America is against dwarfs" and subsequent statements from her, unless otherwise noted, are from correspondence and personal interviews conducted between 2003 and 2012.

116 The quotation from Mary D'Alton ("… you can fix that, right? …") comes from a personal interview in 2010.

116 This passage is based on my interview with Mary Boggs in 2003.

118 William Hay recalled his visit with a general in *Deformity: An Essay* (1754). On page 16, Hay described himself as a hunchback, "scarce five Feet high"—quite possibly a person with diastrophic dysplasia. He was also a member of the House of Commons. With the phrase "a worm and no man," Hay was quoting from the Bible, Psalms 22:6: "But I am a worm, and no man; a reproach of men, and despised of the people." For a recent article about Hay, see "William Hay, M.P. for Seaford (1695–1755)," *Parliamentary History* 29, suppl. s1 (October 2010).

118 Betty Adelson refers to Woody Allen's theory of the essential funniness of the word *dwarf* on page 6 of *Dwarfism: Medical and Psychosocial Aspects of Profound Short Stature* (2005). Allen's fondness for *dwarf* is apparent in *The Complete Prose of Woody Allen* (1991), which contains numerous examples of the word used in a humorous context.

119 For scholarly discussion of modern freak shows, see Michael M. Chemers, "Le freak, c'est chic: The twenty-first century freak show as theatre of transgression," *Modern Drama* 46, no. 2 (Summer 2003); and Brigham A. Fordham, "Dangerous bodies: Freak shows, expression, and exploitation," *UCLA Entertainment Law Review* 14, no. 2 (2007).

119 A post–World Cup dwarf-tossing event in New Zealand eventually led to a pink slip for British rugby player Mike Tindall after paparazzi spied him cavorting there; see Richard White, "Mike Tindall gropes blonde," *Sun*, September 15, 2011; Robert Kitson, "Mike Tindall defended by England after incident at 'dwarfthrowing' bash," *Guardian*, September 15, 2011; and Rebecca English, "After World Cup shame, a ⊠25,000 fine and humiliation for Tindall (and Zara's face says it all)," *Daily Mail*, January 12, 2012. In January 2012, Leopard's Lounge & Broil in Windsor, Ontario, hosted a dwarf-tossing event; see Sonya Bell, "Dwarftossing: Controversial event at Windsor strip club draws 1,000 fans," *Toronto Star*, January 29, 2012. At least one adult entertainer bills herself as "the world's smallest porn star"; see Allen Stein, "Stoughton cop resigns after he left beat to see dwarf porn star," *Enterprise News*, July 20, 2010.

119 Barbara Spiegel's recollections come from my interview with her in 2003 and subsequent communications.

119 Statistics on the percentage of skeletal dysplasias attributable to de novo mutations and recessive genes come from Clair A. Francomano, "The genetic basis of dwarfism," *New England Journal of Medicine* 332, no. 1 (January 5, 1995); and William A. Horton et al., "Achondroplasia," *Lancet* 370 (July 14, 2007).

119 For a scholarly review article on pituitary dwarfism, see Kyriaki S. Alatzoglou and Mehul T. Dattani, "Genetic causes and treatment of isolated growth hormone deficiency: An update," *Nature Reviews Endocrinology* 6, no. 10 (October 2010). Psychosocial dwarfism is discussed in Wayne H. Green, Magda Campbell, and Raphael David, "Psychosocial dwarfism: A critical review of the evidence," *Journal of the American Academy of Child Psychiatry* 23, no. 1 (January 1984); and the newspaper article "The little boy who was neglected so badly by his mother that he became a dwarf," *Daily Mail*, August 28, 2010.

119 The quotation from Marie-Helene Huet comes from pages 6–7 of her book *Monstrous Imagination* (1993).

119 John Mulliken is quoted in Allison K. Jones, "Born different: Surgery can help children with craniofacial anomalies, but it can't heal all of the pain," *Telegram & Gazette*, May 23, 1995.

119 Betty Adelson describes the thoughtless manner in which some doctors have broken the news of a child's achondroplasia to parents on page 160 of *Dwarfism: Medical and Psychosocial Aspects of Profound Short Stature* (2005).

119 The mother's recollection of doctors' attitudes toward her child comes from a Yahoo! discussion group post by Brenda, June 12, 2001.

120 Joan Ablon quotes the mother and father whose doctor told them, "I regret to tell you that your child is a dwarf," on page 17 of *Living with Difference: Families with Dwarf Children* (1988).

120 The quotation from Ginny Sargent ("No matter what we [as dwarfs] feel . . .") comes from a Yahoo! discussion group post, September 4, 2001.

120 Matt Roloff's reminiscence of his parents' lowered expectations of him comes from a personal interview in 2003; he makes a similar statement on page 28 of *Against Tall Odds: Being a David in a Goliath World* (1999).

120 This passage is based on my interview with Amy and Matt Roloff in 2003 and subsequent communications.

120 Descriptions of the Roloff children come from Virginia Heffernan, "The challenges of an oversized world," *New York Times*, March 4, 2006.

121 This passage is based on my interview with Lisa Hedley in 2008 and subsequent personal communications. Her documentary on dwarfism, *Dwarfs: Not a Fairy Tale*, was first broadcast as part of the HBO *American Undercover Sundays* series on April 29, 2001. Though I have kept Lisa's name because of the prominence of her film, her daughter's name, Rose, is a pseudonym.

121 One of the brochures Lisa Hedley was given was John G. Rogers and Joan O. Weiss, "My Child Is a Dwarf" (1977), published by LPA.

121 This quotation from Lisa Hedley ("With one word my husband and I became unwitting members of a community . . .") comes from her article "A child of difference," *New York Times Magazine*, October 12, 1997.

124 The quotation from Barbara Spiegel comes from my interview with her in 2003 and subsequent communications.

124 Alasdair G. W. Hunter reported on his evaluation of the comparative life satisfaction of dwarfs and their parents in "Some psychosocial aspects of nonlethal chondrodysplasias I: Assessment using a life-styles questionnaire," *American Journal of Medical Genetics* 78, no. 1 (June 1998).

125 Study participants tended to rate their achondroplasia as "not serious" in Sarah E. Gollust et al., "Living with achondroplasia in an average-sized world: An assessment of quality of life," *American Journal of Medical Genetics* 120A, no. 4 (August 2003).

125 LPA now explicitly concerns itself with disabling conditions often accompanying short stature and includes disability rights among the organization's advocacy areas. See http://www.lpaonline.org/mc/page.do?sitePageId=84634#Disability.

125 Paul Steven Miller's comment about LPA and disability occurs in chapter 6 of Dan Kennedy, *Little People: Learning to See the World Through My Daughter's Eyes* (2003) at http://littlepeoplethebook.com/online-edition/chapter-06/.

125 Rosemarie Garland Thomson's reference to "exclusionary discourse" occurs on page 6 of *Extraordinary Bodies: Figuring Physical Disability in American Culture and Literature* (1997).

126 The anonymous mother's concerns about the implications and ramifications of physical accommodations come from a personal interview in 2003.

126 Linda Hunt differentiates between dwarfism and disease in her letter in response to Lisa Hedley, "A child of difference," *New York Times Magazine*, November 2, 1997.

126 Joan Ablon describes the history of LPA in "Dwarfism and social identity: Selfhelp group participation," *Social Science & Medicine* 15B (1981); and Betty Adelson in both *Dwarfism* (2005), pages 187–90, and *The Lives of Dwarfs* (2005), pages 319–21.

126 William Safire discusses words used to describe little people in "On language: Dwarf planet," *New York Times*, September 10, 2006; see also Lynn Harris, "Who you calling a midget?," *Salon*, July 16, 2009.

126 Barnum's most famous performers were the proportionate dwarfs Charles Sherwood Stratton and his wife, Lavinia Bump Warren, known to audiences as "General and Mrs. Tom Thumb." Stratton is author of the extravagantly titled autobiography *Sketch of the Life: Personal Appearance, Character and Manners of Charles S. Stratton, the Man in Miniature, Known as General Tom Thumb, and His Wife, Lavinia Warren Stratton, Including the History of Their Courtship and Marriage, With Some Account of Remarkable Dwarfs, Giants, & Other Human Phenomena, of Ancient and Modern Times, Also, Songs Given at Their Public Levees* (1874). For a brief contemporary account of Stratton's career, see "Giants and dwarfs," *Strand Magazine* 8 (July–December 1894); for a modern analysis, see Michael M. Chemers, "Jumpin' Tom Thumb: Charles Stratton onstage at the American Museum," *Nineteenth Century Theatre & Film* 31 (2004). Lavinia Warren is the subject of Melanie Benjamin's recent novel *The Autobiography of Mrs. Tom Thumb* (2011).

126 The offending article: David Segal, "Financial fraud is focus of attack by prosecutors," *New York Times*, March 11, 2009. The public editor's follow-up: Clark Hoyt, "Consistent, sensitive and weird," *New York Times*, April 18, 2009.

126 Interview with Barbara Spiegel in 2003 and subsequent communications.

126 Betty Adelson's advice about names is quoted by Lynn Harris in "Who you calling a midget?," *Salon*, July 16, 2009.

126 This passage is based on my interview with Dan Kennedy, author of *Little People: Learning to See the World Through My Daughter's Eyes* (2003), in 2003 and subsequent communications.

127 For more information on the association between hearing loss and cognitive skills among dwarfs, see G. Brinkmann et al., "Cognitive skills in achondroplasia," *American Journal of Medical Genetics* 47, no. 5 (October 1993).

128 For authoritative and detailed information on dwarfing conditions, consult the National Organization for Rare Disorders (http://www.rarediseases.org), the National Library of Medicine's Genetics Home Reference (http://ghr.nlm .nih.gov), and the Mayo Clinic (http://www.mayoclinic.com/health/dwarfism/ DS01012).

128 Victor McKusick's estimates are quoted on page 128 of Betty M. Adelson, *The Lives of Dwarfs* (2005), citing Susan Lawrence, "Solving big problems for little people," *Journal of the American Medical Association* 250, no. 3 (March 1983).

128 The genetic mechanism of achondroplasia was first described by Clair A. Francomano et al., "Localization of the achondroplasia gene to the distal 2.5 Mb of human chromosome 4p," *Human Molecular Genetics* 3, no. 5 (May 1994); R. Shiang, et al., "Mutations in the transmembrane domain of FGFR3 cause the most common genetic form of dwarfism, achondroplasia," *Cell* 78, no. 2 (July 29, 1994); and Gary A. Bellus, "Achondroplasia is defined by recurrent G380R mutations of FGFR3," *American Journal of Human Genetics* 56 (1995), pages 368–73.

128 Achondroplasia prevalence rates come from Sue Thompson, Tom Shakespeare, and Michael J. Wright, "Medical and social aspects of the life course

for adults with a skeletal dysplasia: A review of current knowledge," *Disability & Rehabilitation* 30, no. 1 (January 2008).

129 Findings of increased mortality rates in children with achondroplasia come from Jacqueline T. Hecht et al., "Mortality in achondroplasia," *American Journal of Human Genetics* 41 no. 3 (September 1987); and Julia Wynn et al., "Mortality in achondroplasia study: A 42-year follow-up," *American Journal of Medical Genetics* 143A, no. 21 (November 2007).

129 Complications of hydrocephalus are discussed in Glenn L. Keiper Jr. et al., "Achondroplasia and cervicomedullary compression: Prospective evaluation and surgical treatment," *Pediatric Neurosurgery* 31, no. 2 (August 1999).

129 Dwarfism caused by inadequate iodine intake/uptake, known as cretinism, is discussed in Zu-Pei Chen and Basil S. Hetzel, "Cretinism revisited," *Best Practice & Research Clinical Endocrinology & Metabolism* 24, no. 1 (February 2010).

129 For more detailed scholarly resources on physical problems experienced by dwarfs, see Patricia G. Wheeler et al., "Short stature and functional impairment: A systematic review," *Archives of Pediatric & Adolescent Medicine* 158, no. 3 (March 2004).

129 Dental problems in short-statured children are described in Heidrun Kjellberg et al., "Craniofacial morphology, dental occlusion, tooth eruption, and dental maturity in boys of short stature with or without growth hormone deficiency," *European Journal of Oral Sciences* 108, no. 5 (October 2000).

130 Physical activities that create pressure on the spine and increase the risk of developing osteoarthritis are contraindicated for people with bone disorders; see Tracy L. Trotter et al., "Health supervision for children with achondroplasia," *Pediatrics* 116, no. 3 (2005).

130 See Richard Pauli et al., *To Celebrate: Understanding Developmental Differences in Young Children with Achondroplasia* (1991).

130 LPA facilitated its members' participation in a study by Jacqueline T. Hecht et al., "Obesity in achondroplasia," *American Journal of Medical Genetics* 31, no. 3 (November 1988). The problem of monitoring weight gain in children with atypical growth is addressed in Julie Hoover-Fong et al., "Weight for age charts for children with achondroplasia," *American Journal of Medical Genetics Part A 143A,* 19 (October 2007).

130 Useful scholarly articles on medical complications of dwarfism include Steven E. Kopits, "Orthopedic complications of dwarfism," *Clinical Orthopedics & Related Research* 114 (January–February 1976); Dennis C. Stokes et al., "Respiratory complications of achondroplasia," *Journal of Pediatrics* 102, no. 4 (April 1983); Ivor D. Berkowitz et al., "Dwarfs: Pathophysiology and anesthetic implications," *Anesthesiology* 7, no. 4 (October 1990); Cheryl S. Reid et al., "Cervicomedullary compression in young patients with achondroplasia: Value of comprehensive neurologic and respiratory evaluation," *Journal of Pediatrics* 110, no. 4 (1987); Rodney K. Beals and Greg Stanley, "Surgical correction of bowlegs in achondroplasia," *Journal of Pediatric Orthopedics* 14, no. 4 (July 2005); and Elisabeth A. Sisk et al., "Obstructive sleep apnea in children with achondroplasia: Surgical and anesthetic considerations," *Otolaryngology—Head and Neck Surgery* 120, no. 2 (February 1999).

131 This passage is based on my interview with Leslie Parks in 2003 and subsequent communications.

133 The cliche about cheery children is exemplified by Drash et al., who are regarded as "dated" and too narrowly focused by Thompson et al. See Philip W. Drash, Nancy E. Greenberg, and John Money, "Intelligence and personality in four syndromes of dwarfism," in *Human Growth*, edited by D. B. Cheek (1968), 568–81. Philadelphia: Lea and Febiger, 1968; and Sue Thompson, Tom Shakespeare, and Michael J. Wright, "Medical and social aspects of the life course for adults with a skeletal dysplasia: A review of current knowledge," *Disability & Rehabilitation* 30, no. 1 (January 2008), pages 1–12.

133 Studies by Joan Ablon have concluded that dwarf children often develop bright personalities to compensate for their social challenges; see *Living with Difference* (1988), page 17; and "Personality and stereotype in osteogenesis imperfecta: Behavioral phenotype or response to life's hard challenges?," *American Journal of Medical Genetics* 122A (October 15, 2003).

134 For findings of a relatively contented childhood, see Alasdair G. W. Hunter's three-part report, "Some psychosocial aspects of nonlethal chondrodysplasias," *American Journal of Medical Genetics* 78, no. 1 (June 1998); James S. Brust et al., "Psychiatric aspects of dwarfism," *American Journal of Psychiatry* 133, no. 2 (February 1976); Sarah E. Gollust et al., "Living with achondroplasia in an average-sized world: An assessment of quality of life," *American Journal of Medical Genetics* 120A, no. 4 (August 2003); and M. Apajasalo et al., "Health-related quality of life of patients with genetic skeletal dysplasias," *European Journal of Pediatrics* 157, no. 2 (February 1998).

134 Joan Ablon's comment about overprotectiveness occurs on page 64 of *Living with Difference* (1988).

134 Richard Crandall's words of warning about strollers occur on page 49 of his book *Dwarfism: The Family and Professional Guide* (1994).

134 For the Restricted Growth Association survey, see Tom Shakespeare, Michael Wright, and Sue Thompson, *A Small Matter of Equality: Living with Restricted Growth* (2007); conclusions about parental treatment and eventual emotional adjustment can be found on page 25.

134 A significant incidence of depression in young adults was found in Alasdair G. W. Hunter, "Some psychosocial aspects of nonlethal chondrodysplasias, II: Depression and anxiety," *American Journal of Medical Genetics* 78, no. 1 (June 1998); see also Sue Thompson, Tom Shakespeare, and Michael J. Wright, "Medical and social aspects of the life course for adults with a skeletal dysplasia: A review of current knowledge," *Disability & Rehabilitation* 30, no. 1 (January 2008). Hunter cautiously ventures that "adults who were born to unaffected parents may be at greater risk of depression than those who had an affected parent" (page 12).

135 Joan Ablon describes common emotional experiences associated with LPA membership in chapter 8 of *Little People in America: The Social Dimension of Dwarfism* (1984), "The encounter with LPA."

135 The study finding that dwarfs have lower self-esteem, less education, and lower annual incomes, and are less likely to be married is Sarah E. Gollust et al., "Living with achondroplasia in an average-sized world: An assessment of quality of life," *American Journal of Medical Genetics* 120A, no. 4 (August 2003).

135 The survey finding significant income disparity between people with dwarfism and their average-size family members is described in Betty Adelson, *Dwarfism: Medical and Psychosocial Aspects of Profound Short Stature* (2005), page 259.

135 Michael Ain describes his job-hunting difficulties in Lisa Abelow Hedley's documentary *Dwarfs: Not a Fairy Tale* (2001).

135 The quotation from Ruth Ricker was recounted to me by Dan Kennedy in 2003.

135 All quotations from John Wolin come from his article "Dwarf like me," *Miami Herald*, January 24, 1993.

135 The LP who described the experience of seeing other dwarfs for the first time was quoted in Ken Wolf, "Big world, little people," *Newsday*, April 20,

1989.

136 This passage is based on my interview with Janet and Beverly Charles in 2003.

137 This passage is based on my interview with Leslye Sneider and Bruce Johnson in 2005 and subsequent communications.

139 Basic sources on dwarf-tossing include Alice Domurat Dreger, "Lavish dwarf entertainment," *Hastings Center Bioethics Forum*, March 25, 2008; and Deborah Schoeneman, "Little people, big biz: Hiring dwarfs for parties a growing trend," *New York Post*, November 8, 2001.

139 The passage of New York's "Dwarf Tossing and Dwarf Bowling Prohibition" (1990 NY Laws 2744) was reported in Elizabeth Kolbert, "On deadline day, Cuomo vetoes 2 bills opposed by Dinkins," *New York Times*, July 24, 1990. For more on the French ban and challenge, see the report of the United Nations Human Rights Committee, *Views of the Human Rights Committee under article 5, paragraph 4, of the Optional Protocol to the International Covenant on Civil and Political Rights, Seventy-fifth session, Communication No. 854/1999, submitted by Manuel Wackenheim* (July 15, 2002); and Emma Jane Kirby's BBC report "Appeal for 'dwarftossing' thrown out," British Broadcasting Corporation, September 27, 2002. The Florida ban and challenge are described in "Dwarf tossing ban challenged," United Press International, November 29, 2001; and "Federal judge throwing dwarf-tossing lawsuit out of court," *Florida Times-Union*, February 26, 2002.

139 Law enforcement crackdowns against dwarf-tossers and bowlers are described in Steven Kreytak, "Tickets issued for dwarf-tossing," *Newsday*, March 11, 2002; and Eddie D'Anna, "Staten Island nightspot cancels dwarf-bowling event for Saturday," *Staten Island Advance*, February 27, 2008.

139 The Fidelity party and SEC penalty are described in Jason Nisse, "SEC probes dwarf-tossing party for Fidelity trader," *Independent*, August 14, 2005; and Jenny Anderson, "Fidelity is fined $8 million over improper gifts," *New York Times*, March 6, 2008.

139 For comparison of dwarf-tossing with contact sports, see Robert W. McGee, "If dwarf tossing is outlawed, only outlaws will toss dwarfs: Is dwarf tossing a victimless crime?," *American Journal of Jurisprudence* 38 (1993). The real-life consequence of the idea that dwarf-tossing is acceptable behavior was most recently demonstrated when a thirty-seven-year-old man with achondroplasia sustained permanent spinal cord damage after being unwillingly tossed by a boor at a British pub, likely inspired by the Mike Tindall escapade; news of the incident inspired a number of dwarf celebrities to speak out in solidarity and concern. See the news reports "Dwarf left paralysed after being thrown by drunken Rugby fan," *Telegraph*, January 12, 2012; "Golden Globes: Peter Dinklage cites Martin Henderson case," *Los Angeles Times*, January 16, 2012; and Alexis Tereszcuk, "The little couple slam dwarf tossing," *Radar Online*, March 20, 2012. See also Angela Van Etten, "Dwarf tossing and exploitation," *Huffington Post*, October 19, 2011.

139 The discussion of Radio City and LPA and the quotations by dwarf actors are all from Lynn Harris, "Who you calling a midget?," *Salon*, July 16, 2009. For more on the debate about dwarfs as entertainers, see Chris Lydgate, "Dwarf vs. dwarf: The Little People of America want respect—and they're fighting each other to get it," *Willamette Week*, June 30, 1999.

140 Herschel Walker's and Joan Rivers's offensive *Celebrity Apprentice* episode (season 8, episode 6) was broadcast on April 5, 2009. Jimmy Korpai's complaint to the FCC about *Celebrity Apprentice* is described in Lynn Harris, "Who you calling a midget?," *Salon*, July 16, 2009.

140 The first scientific studies on *Homo floresiensis* were Peter Brown et al., "A new small-bodied hominin from the Late Pleistocene of Flores, Indonesia," *Nature* 431, no. 7012 (October 27, 2004); and Michael J. Morwood et al., "Archaeology and age of a new hominin from Flores in eastern Indonesia," *Nature* 431, no. 7012 (October 27, 2004).

140 Alexander Chancellor's commentary occurs in his article "Guide to age," *Guardian*, November 6, 2004.

140 For information on the plight of Pygmies in modern Africa, see *Minorities under Siege: Pygmies Today in Africa* (2006); and African Commission on Human and Peoples' Rights International Work Group for Indigenous Affairs, *Report of the African Commission's Working Group on Indigenous Populations/Communities: Research and information visit to the Republic of Gabon, 15–30 September 2007* (2010).

140 Responses to proposals to ban use of the term *midget* are described by Lynn Harris in "Who you calling a midget?," *Salon*, July 16, 2009.

141 This passage is based on my many interviews with Betty Adelson between 2003 and 2012.

142 Quotations from mothers bereft at Kopits's passing were posted as reader comments at Bertalan Mesko, "Dr. Steven E. Kopits, a modern miracle maker," *Science Roll*, January 27, 2007, http://scienceroll.com/2007/01/27/dr-steven-e -kopits-a-modern-miracle-maker/.

144 For more information on cultural interpretations of physical difference, see David M. Turner, "Introduction: Approaching anomalous bodies," in *Social Histories of Disability and Deformity: Bodies, Images and Experiences*, edited by David M. Turner and Kevin Stagg (2006), pages 1–16.

144 Leviticus 21:16–24 (American Standard Version): "Then the Lord spoke to Moses, saying, 'Speak to Aaron, saying, "No man of your offspring throughout their generations who has a defect shall approach to offer the food of his God. For no one who has a defect shall approach: a blind man, or a lame man, or he who has a disfigured face, or any deformed limb, or a man who has a broken foot or broken hand, or a hunchback or a dwarf, or one who has a defect in his eye or eczema or scabs or crushed testicles. No man among the descendants of Aaron the priest who has a defect is to come near to offer the Lord's offerings by fire; since he has a defect, he shall not come near to offer the food of his God. He may eat the food of his God, both of the most holy and of the holy, only he shall not go in to the veil or come near the altar because he has a defect, so that he will not profane My sanctuaries. For I am the Lord who sanctifies them."' So Moses spoke to Aaron and to his sons and to all the sons of Israel."

144 Martha Undercoffer's comments were made in a Yahoo! discussion group post on September 23, 2002.

145 The quotation from the dwarf who uses an MP3 player to block out unwanted comments occurs on page 29 of Tom Shakespeare, Michael Wright, and Sue Thompson, *A Small Matter of Equality* (2007).

145 This passage is based on my interview with Harry Wieder in 2003 and subsequent communications. His memorial service is described in Susan Dominus, "Remembering the little man who was a big voice for causes," *New York Times*, May 1, 2010.

146 William Safire refers to "cruel folklore" and "Rumpelstiltskins" in "On language: Dwarf planet," *New York Times*, September 10, 2006.

146 Joan Ablon's comment about the magical status of dwarfs occurs on page 6 of *Living with Difference* (1988).

146 Anne Lamott's remark occurs on page 25 of Tom Shakespeare, Michael Wright, and Sue Thompson, *A Small Matter of Equality* (2007).

146 This passage is based on my interview with Taylor, Carlton, and Tracey van Putten in 2008 and subsequent communications.

148 The quotation from the LP about dwarfs' romantic difficulties occurs on page 241 of Betty M. Adelson, *Dwarfism* (2005).
148 John Wolin's remarks occur in his article "Dwarf like me," *Miami Herald*, January 24, 1993.
148 The comment about the sexual incongruity between LPs and APs comes from an LPA chat room, April 15, 2006.
149 The quotation from Harry Wieder comes from my interview with him.
149 Betty Adelson describes attitudes toward mixed-height marriages on pages 57–58 and page 246 of *Dwarfism* (2005).
149 Increased rates of depression in LPs in mixed-height marriages were reported by Alasdair Hunter in "Some psychosocial aspects of nonlethal chondrodysplasias, II: Depression and anxiety," *American Journal of Medical Genetics* 78, no. 1 (June 1998); and "Some psychosocial aspects of nonlethal chondrodysplasias, III: Selfesteem in children and adults," *American Journal of Medical Genetics* 78 (June 1998).
149 On dwarfs' marriage tendencies inside and outside LPA, I've relied on personal communications with Betty Adelson.
149 John Wolin's remarks occur in his article "Dwarf like me," *Miami Herald*, January 24, 1993.
149 For scholarly overviews of reproductive complications and anesthesia in achondroplastic dwarfs, see Judith E. Allanson and Judith G. Hall, "Obstetric and gynecologic problems in women with chondrodystrophies," *Obstetrics & Gynecology* 67, no. 1 (January 1986); and James F. Mayhew et al., "Anaesthesia for the achondroplastic dwarf," *Canadian Anaesthetists' Journal* 33, no. 2 (March 1986).
149 The quotation from the dwarf mother about rudeness from strangers comes from Ellen Highland Fernandez, *The Challenges Facing Dwarf Parents: Preparing for a New Baby* (1989).
149 Betty Adelson's remarks about dwarfs who bear children occur on page 249 of *Dwarfism* (2005).
150 This passage is based on my interviews and other communications with Cheryl, Clinton, and Clinton Brown Jr. between 2003 and 2010.
155 See the previously cited scholarly sources on genetics of dwarfism: Clair A. Francomano, "The genetic basis of dwarfism," *New England Journal of Medicine* 332, no. 1 (January 5, 1995); and William Horton, "Recent milestones in achondroplasia research," *American Journal of Medical Genetics* 140A (2006).
155 For more information on lethal skeletal dysplasias, double heterozygosity, and prenatal diagnosis, see Anne E. Tretter et al., "Antenatal diagnosis of lethal skeletal dysplasias," *American Journal of Medical Genetics* 75, no. 5 (December 1998); Maureen A. Flynn and Richard M. Pauli, "Double heterozygosity in bone growth disorders," *American Journal of Medical Genetics* 121A, no. 3 (2003); and Peter Yeh, "Accuracy of prenatal diagnosis and prediction of lethality for fetal skeletal dysplasias," *Prenatal Diagnosis* 31, no. 5 (May 2011).
155 The discovery of genes responsible for achondroplasia was first reported in Clair A. Francomano et al., "Localization of the achondroplasia gene to the distal 2.5 Mb of human chromosome 4p," *Human Molecular Genetics* 3, no. 5 (May 1994); R. Shiang et al., "Mutations in the transmembrane domain of FGFR3 cause the most common genetic form of dwarfism, achondroplasia," *Cell* 78, no. 2 (July 29, 1994); and Gary A. Bellus, "Achondroplasia is defined by recurrent G380R mutations of FGFR3," *American Journal of Human Genetics* 56 (1995), pages 368–73. The discovery of the gene responsible for diastrophic dysplasia was first reported in Johanna Hastbacka et al., "The diastrophic dysplasia gene encodes a novel sulfate transporter: Positional cloning by fine-structure linkage disequilibrium mapping," *Cell* 78, no. 6 (September 23, 1994); for pseudoachondroplasia, in Jacqueline T. Hecht et al., "Mutations in exon 17B of cartilage oligomeric matrix protein (COMP) cause pseudoachondroplasia," *Nature Genetics* 10, no. 3 (July 1995); and for SED, in Brendan Lee et al., "Identification of the molecular defect in a family with spondyloepiphyseal dysplasia," *Science*, New Series 244, no. 4907 (May 26, 1989). For background on the genetics and incidence of dwarfism, see Clair A. Francomano, "The genetic basis of dwarfism," *New England Journal of Medicine* 332, no. 1 (January 5, 1995); and R. J. M. Gardner's "A new estimate of the achondroplasia mutation rate," *Clinical Genetics* 11, no. 1 (April 2008).
155 John Wasmuth's remarks about the proper use of prenatal diagnosis are quoted on pages 17–18 of Dan Kennedy's *Little People* (2003).
156 The survey of attitudes toward abortion following prenatal diagnosis of achondroplasia was described in Jen Joynt and Vasugi Ganeshananthan, "Abortion decisions," *Atlantic Monthly*, April 2003.
156 John Richardson refers to couples who wish to screen out average-size fetuses on page 9 of his memoir, *In the Little World: A True Story of Dwarfs, Love, and Trouble* (2001).
156 The quotation from Darshak Sanghavi comes from his article "Wanting babies like themselves, some parents choose genetic defects," *New York Times*, December 5, 2006.
156 Betty Adelson and Joe Stramondo referred to "coercive eugenics" in an unpublished 2005 letter to the editor of the *New York Times*.
156 The anecdote about clinics' refusal to implant dwarf embryos comes from Andy Geller, "Docs' designer defect baby: Disabled by choice," *New York Post*, December 22, 2006.
156 The quotation from Carol Gibson comes from the article "Babies with made-toorder defects?," Associated Press, December 21, 2006.
156 This passage is based on my interview with Ginny Foos in 2003 and subsequent communications.
157 For discussion of potential economic disparity in the burden of disability resulting from the proliferation of prenatal diagnoses of dwarfing conditions, see Amy Harmon, "The problem with an almost-perfect genetic world," *New York Times*, November 20, 2005.
157 Tom Shakespeare's comments about impairment were made on the BBC radio program *Belief*, broadcast on December 30, 2005.
157 The LPA statement was issued in 2005 as "Little People of America on preimplantation genetic diagnosis" and can be found on the organization's website, http://data.memberclicks.com/site/lpa/LPA_PGD_Position_Statement_2007.doc.
157 All quotations from Ericka Peasley come from my interview with her in 2009.
157 For more information on Morquio syndrome, see Benedict J. A. Lankester et al., "Morquio syndrome," *Current Orthopaedics* 20, no. 2 (April 2006).
157 Gene therapy for chondrodysplasias is discussed in R. Tracy Ballock, "Chondrodysplasias," *Current Opinion in Orthopedics* 11, no. 5 (October 2000), pages 347–52.
158 The quotation from Virginia Heffernan ("... a cherished inheritance ...") comes from her article "The challenges of an oversized world," *New York Times*,

March 4, 2006.

158 The following passage is based on my interviews with Monique Duras, Oleg Prigov, and Anatole Prigov in 2004 and 2008 and other communications. Their names are pseudonyms. Some other identifying details have been changed.

160 On geographic differences in preference for limb-lengthening surgery, see P. Bregani et al., "Emotional implications of limb lengthening in adolescents and young adults with achondroplasia," *Life-Span & Disability* 1, no. 2 (July–December 1998).

161 The development of and controversy over limb-lengthening is discussed in David Lawrence Rimoin, "Limb lengthening: Past, present, and future," *Growth, Genetics & Hormones* 7, no. 3 (1991); Eric D. Shirley and Michael C. Ain, "Achondroplasia: Manifestations and treatment," *Journal of the American Academy of Orthopedic Surgeons* 17, no. 4 (April 2009); and Lisa Abelow Hedley, "The seduction of the surgical fix," in *Surgically Shaping Children: Technology, Ethics, and the Pursuit of Normality*, edited by Erik Parens (2006). The technique is described in detail in S. Robert Rozbruch and Svetlana Ilizarov, *Limb Lengthening and Reconstructive Surgery* (2007), http://www.jaaos.org/cgi/content/full/17/4/231.

161 Betty Adelson refers to the price of limb-lengthening surgery on page 95 of *Dwarfism* (2005).

162 The controversy within LPA about Dror Paley is described by Betty Adelson on pages 90–94 of *Dwarfism* (2005).

162 For Gillian Mueller's comments on limb-lengthening, see her article "Extended limb-lengthening: Setting the record straight," *LPA Online*, 2002, at http://www.lpaonline.org/library_ellmueller.html.

162 The quotation from the LPA executive about the need to wait until a child is old enough to consider thoughtfully the ramifications of limb-lengthening surgery occurs on pages 170–71 of Dan Kennedy, *Little People* (2003).

162 The therapeutic potential of limb-lengthening is discussed in Hui-Wan Park et al., "Correction of lumbosacral hyperlordosis in achondroplasia," *Clinical Orthopaedics & Related Research* 12, no. 414 (September 2003).

162 The quotation from Dan Kennedy about the benefits of longer arms occurs on page 186 of *Little People* (2003).

162 For more information on complications of limb-lengthening surgery, see Douglas Naudie et al., "Complications of limb-lengthening in children who have an underlying bone disorder," *Journal of Bone & Joint Surgery* 80, no. 1 (January 1998); and Bernardo Vargas Barreto et al., "Complications of Ilizarov leg lengthening," *International Orthopaedics* 31, no. 5 (October 2007).

163 The quotation from Arthur W. Frank about the imperative to "fix" comes from page 18 of his article "Emily's scars: Surgical shapings, technoluxe, and bioethics," *Hastings Center Report* 34, no. 2 (March/April 2004).

163 For more on Nicholas Andry and the history of orthopedic medicine, see Anne Borsay's chapter, "Disciplining disabled bodies: The development of orthopaedic medicine in Britain, c. 1800–1939," in *Social Histories of Disability and Deformity: Bodies, Images and Experiences*, edited by David M. Turner and Kevin Stagg (2006).

164 FDA approval of Humatrope for "unexplained shortness" was reported in Mark Kaufman, "FDA approves wider use of growth hormone," *Washington Post*, July 26, 2003.

164 Growth hormone treatment for short stature is discussed in Carol Hart, "Who's deficient, who's just plain short?" *AAP News* 13, no. 6 (June 1997); Natalie Angier, "Short men, short shrift: Are drugs the answer?" *New York Times*, June 22, 2003; "Standing tall: experts debate the cosmetic use of growth hormones for children," ABC News, June 19, 2003; and Susan Brink, "Is taller better?" and "When average fails to reach parents' expectations," *Los Angeles Times*, January 15, 2007.

164 Studies finding a positive correlation between height and income include Nicola Persico, Andrew Postlewaite, and Dan Silverman, "The effect of adolescent experience on labor market outcomes: The case of height," *Journal of Political Economy* 112, no. 5 (2004); Timothy A. Judge and Daniel M. Cable, "The effect of physical height on workplace success and income," *Journal of Applied Psychology* 89, no. 3 (2004); and Inas Rashad, "Height, health and income in the United States, 1984–2005," W. J. Usery Workplace Research Group Paper Series, Working Paper 2008-3-1. For a summary of the research in layperson's terms, see "Feet, dollars and inches: The intriguing relationship between height and income," *Economist*, April 3, 2008.

164 The quotation from Vitruvius ("For the human body is so designed by nature . . .") occurs on pages 72–73 of *The Ten Books on Architecture* (*De Architectura*) (1960).

164 The quotation from William Safire comes from his article "On language: Dwarf planet," *New York Times*, September 10, 2006.

164 John Richardson's comment on the abiding difference of dwarfs occurs on page 9 of *In the Little World* (2001).

164 This passage is based on my interview with Crissy and Kiki Trapani in 2008.

CHAPTER 4 | 唐氏症 | DOWN SYNDROME

169 Emily Perl Kingsley's inspirational essay "Welcome to Holland" was first featured in Dear Abby's column "A fable for parents of a disabled child," *Chicago Tribune*, November 5, 1989. For information on the concert band piece by Steven Barton, see http://www.c-alanpublications.com/Merchant2/merchant .mvc?Screen=PROD&Store_Code=CAPC&Product_Code=11770; for guitarist Nunzio Rosselli's 2006 CD *Welcome to Holland*, see http://www.cduniverse.com/ productinfo.asp?pid=7245475; for information on other adaptations, see http:// www.gosprout.org/film/prog07/bio.htm. The essay is featured in Jack Canfield, *Chicken Soup for the Soul: Children with Special Needs* (2007), and can also be found all over the Internet.

170 The President's Committee for People with Intellectual Disabilities (at http:// www.acf.hhs.gov/programs/pcpid) is my source for statistics on the number of people and families affected by intellectual disabilities.

170 Down syndrome prevalence estimates come from Jan Marshall Friedman et al., "Racial disparities in median age at death of persons with Down syndrome: United States, 1968–1997," *Morbidity & Mortality Weekly Report* 50, no. 22 (June 8, 2001); Stephanie L. Sherman et al., "Epidemiology of Down syndrome," *Mental Retardation & Developmental Disabilities Research Reviews* 13, no. 3 (October 2007); and Mikyong Shin et al., "Prevalence of

Down syndrome among children and adolescents in 10 regions," *Pediatrics* 124, no. 6 (December 2009).

170 Statistics on the rate of miscarriage in Down syndrome pregnancies come from Joan K. Morris, Nicholas J. Wald, and Hilary C. Watt, "Fetal loss in Down syndrome pregnancies," *Prenatal Diagnosis* 19, no. 2 (February 1999).

170 For general information on health problems associated with DS, see Don C. Van Dyke et al., *Medical and Surgical Care for Children with Down Syndrome* (1995); Paul T. Rogers and Mary Coleman, *Medical Care in Down Syndrome* (1992); and Claudine P. Torfs and Roberta E. Christianson, "Anomalies in Down syndrome individuals in a large population-based registry," *American Journal of Medical Genetics* 77, no. 5 (June 1998).

170 For more information on tumor resistance in Down syndrome, see Henrik Hasle et al., "Risks of leukemia and solid tumors in individuals with Down's syndrome," *Lancet* 355, no. 9119 (January 15, 2000); Quanhe Yang et al., "Mortality associated with Down's syndrome in the USA from 1983 to 1997: A population-based study," *Lancet* 359, no. 9311 (March 23, 2002); and Kwan-Hyuck Baek et al., "Down's syndrome suppression of tumour growth and the role of the calcineurin inhibitor DSCR1," *Nature* 459 (June 25, 2009). The decreased risk of arteriosclerosis in Down syndrome is discussed in Arin K. Greene et al., "Risk of vascular anomalies with Down syndrome," *Pediatrics* 121, no. 1 (January 2008), pages 135–40.

171 See Elizabeth H. Aylward et al., "Cerebellar volume in adults with Down syndrome," *Archives of Neurology* 54, no. 2 (February 1997); and Joseph D. Pinter et al., "Neuroanatomy of Down's syndrome: A high-resolution MRI study," *American Journal of Psychiatry* 158, no. 10 (October 2001): 1659–65.

171 The risk of depression in people with Down syndrome is discussed in Dennis Eugene McGuire and Brian A. Chicoine, *Mental Wellness in Adults with Down Syndrome* (2006).

171 Studies demonstrating the existence of Down syndrome in primates include Sunny Luke et al., "Conservation of the Down syndrome critical region in humans and great apes," *Gene* 161, no. 2 (1995); and Harold M. McClure et al., "Autosomal trisomy in a chimpanzee: Resemblance to Down's syndrome," *Science* 165, no. 3897 (September 5, 1969).

171 For more information on the history of prenatal testing, see Cynthia M. Powell, "The current state of prenatal genetic testing in the United States," in *Prenatal Testing and Disability Rights*, edited by Erik Parens and Adrienne Asch (2000).

171 The relative risks incurred in different methods of prenatal testing are discussed in Isabelle C. Bray and David E. Wright, "Estimating the spontaneous loss of Down syndrome fetuses between the times of chorionic villus sampling, amniocentesis and live birth," *Prenatal Diagnosis* 18, no. 10 (October 1998).

171 For more information on the triple screen, see Tim Reynolds, "The triple test as a screening technique for Down syndrome: Reliability and relevance," *International Journal of Women's Health* 9, no. 2 (August 2010); Robert H. Ball et al., "First- and second-trimester evaluation of risk for Down syndrome," *Obstetrics & Gynecology* 110, no. 1 (July 2007); and N. Neely Kazerouni et al., "Triple-marker prenatal screening program for chromosomal defects," *Obstetrics & Gynecology* 114, no. 1 (July 2009).

171 New developments in prenatal screening are the subject of Roni Rabin, "Screen all pregnancies for Down syndrome, doctors say," *New York Times*, January 9, 2007; and Deborah A. Driscoll and Susan J. Gross, "Screening for fetal aneuploidy and neural tube defects," *Genetic Medicine* 11, no. 11 (November 2009).

171 This passage is based on my interviews with Emily Perl Kingsley in 2004 and 2007, and additional communications.

173 Jason Kingsley and Mitchell Levitz, *Count Us In: Growing Up with Down Syndrome* (1994), page 28.

177 New York State's Residential Habilitation program is described at http://www .opwdd.ny.gov/hp_services_reshab.jsp; other states have similar programs.

179 Jean Marc Gaspard Itard described his efforts to educate a feral child in the early nineteenth century in *De l'Education d'un Homme Sauvage, ou Des Premiers Developpemens Physiques et Moraux du Jeune Sauvage de l'Aveyron* (1801), published in English under the title *The Wild Boy of Aveyron* (1962).

179 Edouard Seguin is quoted on page 9 of the *Handbook of Early Childhood Intervention*, edited by Jack P. Shonkoff and Samuel J. Meisels (2000). For more information on Seguin, and works on the history of mental retardation in the United States, see Edouard Seguin, *Idiocy and Its Treatment by the Physiological Method* (1866); *Mental Retardation in America: A Historical Reader*, edited by Steven Noll and James W. Trent (2004); and James W. Trent Jr., *Inventing the Feeble Mind: A History of Mental Retardation in the United States* (1995).

179 Samuel Gridley Howe's condemnation of disabled individuals was first published in his *Report Made to the Legislature of Massachusetts, upon Idiocy* (1848) and has been anthologized in *Mental Retardation in America: A Historical Reader*, edited by Steven Noll and James W. Trent (2004).

179 John Langdon H. Down's first description of the syndrome now associated with his name was published as "Observations on an ethnic classification of idiots," *London Hospital, Clinical Letters & Reports* 3 (1866), and has more recently been reprinted in *Mental Retardation* 33, no. 1 (February 1995).

179 Seminal documents in the history of the concept of "Mongolism" referenced in this section include John Langdon H. Down's above-cited report; Francis Graham Crookshank, *The Mongol in Our Midst: A Study of Man and His Three Faces* (1924); L. S. Penrose, "On the interaction of heredity and environment in the study of human genetics (with special reference to Mongolian imbecility)," *Journal of Genetics* 25, no. 3 (April 1932); L. S. Penrose, "The blood grouping of Mongolian imbeciles," *Lancet* 219, no. 5660 (February 20, 1932); and L. S. Penrose, "Maternal age, order of birth and developmental abnormalities," *British Journal of Psychiatry* 85, no. 359 (New Series No. 323) (1939). Contemporary historical analysis of the subject includes Daniel J. Kevles's chapter, "'Mongolian imbecility': Race and its rejection in the understanding of a mental disease," and David Wright's chapter, "Mongols in our midst: John Langdon Down and the ethnic classification of idiocy, 1858–1924," in *Mental Retardation in America: A Historical Reader*, edited by Steven Noll and James W. Trent (2004); and Daniel J. Kevles, *In the Name of Eugenics: Genetics and the Uses of Human Heredity* (1985).

179 The argument that Down's view was progressive is proposed in David Wright, "Mongols in Our Midst: John Langdon Down and the Ethnic Classification of Idiocy, 1858–1924," in Steven Noll and James W. Trent Jr., editors, *Mental Retardation in America: A Historical Reader* (2004), page 102.

179 The replacement of disabled workers in the job market by immigrants and historic classifications of intellectual impairment are both discussed in the introduction to Richard Noll, *Mental Retardation in America* (2004), pages 1–16.

180 Oliver Wendell Holmes declared that "three generations of imbeciles are enough" in *Buck v. Bell*, 274 US 200 (1927).

180 See Jerome Lejeune et al., "Etude des chromosomes somatiques de neuf enfants mongoliens," *Comptes Rendus Hebdomadaires des Seances de l'Academie des Science* 248, no. 11 (1959). Almost simultaneously, but independently, the gene was found by Patricia Jacobs in England; see Patricia Jacobs et al., "The somatic chromosomes in mongolism," *Lancet* 1, no. 7075 (April 1959).

180 Erik Erikson's institutionalization of his Down syndrome child is described in Lawrence J. Friedman, *Identity's Architect: A Biography of Erik H. Erikson* (1999).

180 See Simon Olshansky, "Chronic sorrow: A response to having a mentally defective child," *Social Casework* 43, no. 4 (1962).

180 The quotation from Albert Solnit and Mary Stark comes from their article "Mourning and the birth of a defective child," *Psychoanalytic Study of the Child* 16 (1961).

181 Arthur Miller and Inge Morath's institutionalization of their son with Down syndrome is described in Suzanna Andrews, "Arthur Miller's missing act," *Vanity Fair*, September 2007.

181 The statement that "a Down's is not a person" was made by Joseph Fletcher in his article (with Bernard Bard) "The right to die," *Atlantic Monthly*, April 1968.

181 See Ann Taylor Allen, "The kindergarten in Germany and the United States, 1840–1914: A comparative perspective," *History of Education* 35, no. 2 (March 2006).

181 For further information on the history and philosophy of Montessori education, see Gerald Lee Gutek, *The Montessori Method: The Origins of an Educational Innovation* (2004).

181 The history of disability service and education organizations (including the Association for Retarded Citizens) and the growth of the disability rights movement are examined in Doris Zames Fleischer and Frieda Zames, *The Disability Rights Movement: From Charity to Confrontation* (2001).

181 The full text of the Social Security Act of 1935 can be found at http://www.ssa .gov/history/35act.html. Matching federal funds for the care of the disabled is authorized in Section 514 (a): "From the sums appropriated therefor and the allotments available under section 512, the Secretary of the Treasury shall pay to each State which has an approved plan for services for crippled children, for each quarter, beginning the quarter commencing July 1, 1935, an amount which shall be used exclusively for carrying out the State plan, equal to one-half of the total sum expended during such quarter for carrying out such plan."

181 John Bowlby's groundbreaking works include *Maternal Care and Mental Health* (1952), *Child Care and the Growth of Love* (1965), and the "Attachment trilogy": *Attachment* (1969), *Separation: Anxiety and Anger* (1973), and *Loss: Sadness and Depression* (1980).

182 The establishment of the President's Panel on Mental Retardation in 1961 is chronicled on pages 83–86 of Edward Shorter, *The Kennedy Family and the Story of Mental Retardation* (2000); see also Fred J. Krause's official history, *President's Committee on Mental Retardation: A Historical Review 1966–1986* (1986), at http:// www.acf.hhs.gov/programs/pcpid/docs/gm1966_1986.pdf.

182 See Eunice Kennedy Shriver, "Hope for retarded children," *Saturday Evening Post*, September 22, 1962.

182 See Edward Zigler and Sally J. Styfco, *The Hidden History of Head Start* (2010).

182 The quoted passage comes from §504 of the Rehabilitation Act of 1973. For the full text of the law, see http://www.access-board.gov/enforcement/ rehab-act -text/title5.htm; for more information in layperson's language, see the website of the National Dissemination Center for Children with Disabilities, http://nichcy .org/laws/section504.

183 New York State's Statewide Early Intervention Program is described in the booklet *The Early Intervention Program: A Parent's Guide*, at http://www. health.ny.gov/ publications/0532.pdf; the state's comprehensive evaluation and intervention standards are promulgated in Demie Lyons et al., "Down syndrome assessment and intervention for young children (age 0–3): Clinical practice guideline: Report of the recommendations" (2005).

183 For more information on early intervention, see Dante Cicchetti and Marjorie Beeghly, editors, *Children with Down Syndrome: A Developmental Perspective* (1990); Demie Lyons et al., "Down syndrome assessment and intervention for young children (age 0–3): Clinical practice guideline: Report of the recommendations" (2005); Marci J. Hanson, "Twenty-five years after early intervention: A follow-up of children with Down syndrome and their families," *Infants & Young Children* 16, no. 4 (November–December 2003); and Stefani Hines and Forrest Bennett, "Effectiveness of early intervention for children with Down syndrome," *Mental Retardation & Developmental Disabilities Research Reviews* 2, no. 2 (1996).

184 This passage is based on my interview with Elaine Gregoli in 2005.

186 For discussion of the history of reform in the education of disabled children, see Richard A. Villa and Jacqueline Thousand, "Inclusion: Welcoming, valuing, and supporting the diverse learning needs of all students in shared general education environments," in *Down Syndrome: Visions for the 21st Century*, edited by William I. Cohen et al. (2002).

186 IDEA is also known as Public Law 94-142. For more information on this legislation, see US Congress, House Committee on Education and the Workforce, Subcommittee on Education Reform, *Individuals with Disabilities Education Act (IDEA): Guide to Frequently Asked Questions* (2005).

186 Michael Bérubé argues for the universal benefits of inclusion on pages 208–11 of *Life as We Know It* (1996).

187 This passage is based on my interview with Betsy Goodwin in 2004 and subsequent communications.

189 For further discussion of the "Baby Doe" legislation, see Kathryn Moss, "The 'Baby Doe' legislation: Its rise and fall," *Policy Studies Journal* 15, no. 4 (June 1987); and H. Rutherford Turnbull, Doug Guess, and Ann P. Turnbull, "*Vox populi* and Baby Doe," *Mental Retardation* 26, no. 3 (June 1988).

189 Peter Singer condones infanticide of profoundly disabled infants in his essay "Taking life: Humans," on pages 175–217 of *Practical Ethics* (1993); see also his book *Rethinking Life and Death: The Collapse of Our Traditional Ethics* (1994). Disabled individuals respond to Singer's pronouncements about the value of their lives in Not Dead Yet's "NDY Fact Sheet Library: Pete Singer" (at http:// www.notdeadyet.org/docs/singer.html); and Cal Montgomery, "A defense of genocide," *Ragged Edge Magazine*, July–August 1999.

189 The mother whose doctor suggested that she was being "defensive" by expressing satisfaction with her relationship with her Down syndrome child was quoted in Bryony A. Beresford, "Resources and strategies: How parents cope with the care of a disabled child," *Journal of Child Psychology & Psychiatry*

35, no. 1 (January 1994).

189 Marca Bristo's response to Peter Singer's philosophy occurs in Cal Montgomery, "A defense of genocide," *Ragged Edge Magazine*, July–August 1999.

189 The quotation from Adrienne Asch and Erik Parens comes from their essay "The disability rights critique of prenatal genetic testing: Reflections and recommendations," in *Prenatal Testing and Disability Rights* (2000); the quotation that follows comes from Adrienne Asch, "Disability equality and prenatal testing: Contradictory or compatible?," *Florida State University Law Review* 30, no. 2 (Winter 2003).

189 Leon Kass sets forth his objections to prenatal diagnosis in his essay "Implications of prenatal diagnosis for the human right to life," in *Intervention and Reflection: Basic Issues in Medical Ethics*, edited by Ronald Munson (2000).

190 The quotation from Janice McLaughlin ("Mourning the choice a woman is compelled to make . . .") comes from her paper "Screening networks: Shared agendas in feminist and disability movement challenges to antenatal screening and abortion," *Disability & Society* 18, no. 3 (2003).

190 My source for estimates of the numbers of abortions following prenatal diagnosis of Down syndrome, and the numbers of prenatally diagnosed DS babies born annually, is Brian Skotko, "Prenatally diagnosed Down syndrome: Mothers who continued their pregnancies evaluate their health care providers," *American Journal of Obstetrics & Gynecology* 192, no. 3 (March 2005).

190 The quotation from Tierney Temple Fairchild's doctor ("Almost everything you want to happen will happen") occurs on page 81 of Mitchell Zuckoff, *Choosing Naia: A Family's Journey* (2002).

190 The quotation from Tierney Temple Fairchild comes from her article "The choice to be pro-life," *Washington Post*, November 1, 2008; see also her speech "Rising to the occasion: Reflections on choosing Naia," *Leadership Perspectives in Developmental Disability* 3, no. 1 (Spring 2003).

190 Memoirs of parents of children with Down syndrome include Willard Abraham, *Barbara: A Prologue* (1958); Martha Nibley Beck, *Expecting Adam* (1999); Michael Bérubé, *Life as We Know It* (1996); Martha Moraghan Jablow, *Cara* (1982); Danny Mardell, *Danny's Challenge* (2005); Vicki Noble, *Down Is Up for Aaron Eagle* (1993); Greg Palmer, *Adventures in the Mainstream* (2005); Kathryn Lynard Soper, *Gifts: Mothers Reflect on How Children with Down Syndrome Enrich Their Lives* (2007); Mitchell Zuckoff, *Choosing Naia* (2002); and Cynthia S. Kidder and Brian Skotko, *Common Threads: Celebrating Life with Down Syndrome* (2001).

191 This passage is based on my interview with Deirdre Featherstone and Wilson Madden in 2007 and subsequent communications.

194 David Patterson discusses the genetic phenomena that give rise to such a wide variety of manifestations in Down syndrome in his chapter, "Sequencing of chromosome 21/The Human Genome Project," in *Down Syndrome: Visions for the 21st Century*, edited by William I. Cohen et al. (2003).

194 One study finding that people with Down syndrome are generally agreeable is Brigid M. Cahill and Laraine Masters Glidden, "Influence of child diagnosis on family and parental functioning: Down syndrome versus other disabilities," *American Journal on Mental Retardation* 101, no. 2 (September 1996).

194 For more on psychopathology in DS, see Ann Gath and Dianne Gumley, "Retarded children and their siblings," *Journal of Child Psychology & Psychiatry* 28, no. 5 (September 1987); Beverly A. Myers and Siegfried M. Pueschel, "Psychiatric disorders in a population with Down syndrome," *Journal of Nervous & Mental Disease* 179 (1991); Dennis Eugene McGuire and Brian A. Chicoine, *Mental Wellness in Adults with Down Syndrome* (2006); and Jean A. Rondal et al., editors, *The Adult with Down Syndrome: A New Challenge for Society* (2004).

195 The quoted study, finding that people with Down syndrome experience considerable emotional difficulty, is Elisabeth M. Dykens, "Psychopathology in children with intellectual disability," *Journal of Child Psychology & Psychiatry* 41, no. 4 (May 2000); see also Elisabeth M. Dykens, "Psychiatric and behavioral disorders in persons with Down syndrome," *Mental Retardation & Developmental Disabilities Research Review* 13, no. 3 (October 2007).

195 The sexual abuse of disabled individuals occurs not only at the hands of caretakers and nondisabled predators but also at the hands of other disabled individuals, especially in group settings; see Deborah Tharinger, Connie Burrows Horton, and Susan Millea, "Sexual abuse and exploitation of children and adults with mental retardation and other handicaps," *Child Abuse & Neglect* 14, no. 3 (1990); Eileen M. Furey and Jill J. Niesen, "Sexual abuse of adults with mental retardation by other consumers," *Sexuality & Disability* 12, no. 4 (1994); and Eileen M. Furey, James M. Granfield, and Orv C. Karan, "Sexual abuse and neglect of adults with mental retardation: A comparison of victim characteristics," *Behavioral Interventions* 9, no. 2 (April 1994).

195 Behavioral problems and parenting stress are discussed in R. Stores et al., "Daytime behaviour problems and maternal stress in children with Down's syndrome, their siblings, and non-intellectually disabled and other intellectually disabled peers," *Journal of Intellectual Disability Research* 42, no. 3 (June 1998); and Richard P. Hastings and Tony Brown, "Functional assessment and challenging behaviors: Some future directions," *Journal of the Association for Persons with Severe Handicaps* 25, no. 4 (Winter 2000).

195 For a recent review of progress in gene therapy for Down syndrome, see Cristina Fillat and Xavier Altafaj, "Gene therapy for Down syndrome," *Progress in Brain Research* 197 (2012).

195 The main promoter of multivitamin regimens—aka orthomolecular treatment— and the target of most of the referenced criticism was Henry Turkel (1903–92), whose treatment incorporated vitamins, antihistamines, and diuretics; see Henry Turkel, "Medical amelioration of Down's syndrome incorporating the orthomolecular approach," *Journal of Orthomolecular Psychiatry* 4, no. 2 (2nd Quarter 1975). Papers critical of supplementation include Len Leshin, "Nutritional supplements for Down syndrome: A highly questionable approach," *Quackwatch*, October 18, 1998, http://www.quackwatch.org/01QuackeryRelatedTopics/down.html; Cornelius Ani, Sally Grantham-McGregor, and David Muller, "Nutritional supplementation in Down syndrome: Theoretical considerations and current status," *Developmental Medicine & Child Neurology* 42, no. 3 (March 2000); Nancy J. Lobaugh et al., "Piracetam therapy does not enhance cognitive functioning in children with Down syndrome," *Archives of Pediatric & Adolescent Medicine* 155, no. 4 (April 2001); W. Carl Cooley, "Nonconventional therapies for Down syndrome: A review and framework for decision making," in *Down Syndrome: Visions for the 21st Century*, edited by William I. Cohen et al. (2002); and Nancy J. Roizen, "Complementary and alternative therapies for Down syndrome," *Mental Retardation & Developmental Disabilities Research Reviews* 11, no. 2 (April 2005). For more information on growth hormone, see Salvador Castells and Krystyna E. Wiesniewski, editors, *Growth Hormone Treatment in Down's Syndrome* (1993).

195 See Rolf R. Olbrisch, "Plastic and aesthetic surgery on children with Down's syndrome," *Aesthetic Plastic Surgery* 9, no. 4 (December 1985); Siegfried M.

Pueschel et al., "Parents' and physicians' perceptions of facial plastic surgery in children with Down syndrome," *Journal of Mental Deficiency Research* 30, no. 1 (March 1986); Siegfried M. Pueschel, "Facial plastic surgery for children with Down syndrome," *Developmental Medicine & Child Neurology* 30, no. 4 (August 1988); and R. B. Jones, "Parental consent to cosmetic facial surgery in Down's syndrome," *Journal of Medical Ethics* 26, no. 2 (April 2000).

195 The National Down Syndrome Society sets forth the organization's position on facial normalization surgery in "Cosmetic surgery for children with Down syndrome," http://www.ndss.org/index.php?option=com_content&view=article &id=153&limitstart=6. Mitchell Zuckoff also discusses the subject in *Choosing Naia: A Family's Journey* (2002).

195 This passage is based on my interview with Michelle Smith in 2004.

198 The percentage of instances of Down syndrome that arise from spontaneous genetic mutation comes from D. Mutton et al., "Cytogenetic and epidemiological findings in Down syndrome, England and Wales 1989 to 1993," *Journal of Medical Genetics* 33, no. 5 (May 1996). For a recent review of DS genetics, see David Patterson, "Genetic mechanisms involved in the phenotype of Down syndrome," *Mental Retardation & Developmental Disabilities Research Reviews* 13, no. 3 (October 2007).

198 For statistics on termination of DS pregnancies I have relied upon Caroline Mansfield et al., "Termination rates after prenatal diagnosis of Down syndrome, spina bifida, anencephaly, and Turner and Klinefelter syndromes: A systematic literature review," *Prenatal Diagnosis* 19, no. 9 (September 1999). Mansfield came up with a 92 percent rate, which has been the standard number for many years. A recent meta-analysis, however, suggests that Mansfield's estimate is inflated, and that the abortion rate is somewhat less than that; see Jaime L. Natoli et al., "Prenatal diagnosis of Down syndrome: A systematic review of termination rates (1995–2011)," *Prenatal Diagnosis* 32, no. 2 (February 2012).

198 Figures on life expectancy in Down syndrome come from David Strauss and Richard K. Eyman, "Mortality of people with mental retardation in California with and without Down syndrome, 1986–1991," *American Journal on Mental Retardation* 100, no. 6 (May 1996); Jan Marshall Friedman et al., "Racial disparities in median age at death of persons with Down syndrome: United States, 1968–1997," *Morbidity & Mortality Weekly Report* 50, no. 22 (June 8, 2001); and Steven M. Day et al., "Mortality and causes of death in persons with Down syndrome in California," *Developmental Medicine & Child Neurology* 47, no. 3 (March 2005).

199 The study finding that more than a quarter of respondents would not choose a cure for DS if one was available was described by Karen Kaplan, "Some Down syndrome parents don't welcome prospect of cure," *Los Angeles Times*, November 22, 2009. Kaplan was quoting and reporting on a paper presented by Angela Inglis, Catriona Hippman, and Jehannine C. Austin, "Views and opinions of parents of individuals with Down syndrome: Prenatal testing and the possibility of a 'cure'?," abstract published in Courtney Sebold, Lyndsay Graham, and Kirsty McWalter, "Presented abstracts from the Twenty-Eighth Annual Education Conference of the National Society of Genetic Counselors (Atlanta, Georgia, November 2009)," *Journal of Genetic Counseling* 18, no. 6 (November 2009).

199 For statistics on DS population trends, I have relied on a report by the US Centers for Disease Control, "Down syndrome cases at birth increased" (2009); Joan K. Morris and Eva Alberman, "Trends in Down's syndrome live births and antenatal diagnoses in England and Wales from 1989 to 2008: Analysis of data from the National Down Syndrome Cytogenetic Register," *British Medical Journal* 339 (2009); and Guido Cocchi et al., "International trends of Down syndrome, 1993–2004: Births in relation to maternal age and terminations of pregnancies," *Birth Defects Research Part A: Clinical and Molecular Teratology* 88, no. 6 (June 2010).

199 Figures on the percentage of children with Down syndrome born to women under thirty-five come from the National Down Syndrome Society. For more on the factors at play in decision-making following prenatal testing, see Miriam Kupperman et al., "Beyond race or ethnicity and socioeconomic status: Predictors of prenatal testing for Down syndrome," *Obstetrics & Gynecology* 107, no. 5 (May 2006).

199 Socioeconomic differences in attitudes toward parenting Down syndrome children are explored in Annick-Camille Dumaret et al., "Adoption and fostering of babies with Down syndrome: A cohort of 593 cases," *Prenatal Diagnosis* 18, no. 5 (May 1998).

199 Predictions that the population of people with DS might double by 2025 come from Jean A. Rondal, "Intersyndrome and intrasyndrome language differences," in Jean A. Rondal et al., *Intellectual Disabilities: Genetics, Behaviour and Inclusion* (2004).

199 The American College of Obstetricians and Gynecologists recommended universal nuchal translucency screening in "Screening for fetal chromosomal abnormalities," *ACOG Practice Bulletin* 77 (January 2007). Press reports on the recommendations include Roni Rabin, "Screen all pregnancies for Down syndrome, doctors say," *New York Times*, January 9, 2007; and Amy Harmon, "The DNA age: Prenatal test puts Down syndrome in hard focus," *New York Times*, May 9, 2007.

199 George Will used the phrase *search and destroy* in his article "Golly, what did Jon do?," *Newsweek*, January 29, 2007.

199 For a study of the impact of parent-to-parent contact on pregnant women's decisions on abortion after prenatal diagnosis of Down syndrome, see Karen L. Lawson and Sheena A. Walls-Ingram, "Selective abortion for Down syndrome: The relation between the quality of intergroup contact, parenting expectations, and willingness to terminate," *Journal of Applied Social Psychology* 40, no. 3 (March 2010). Advocacy for parent education is discussed in Adrienne Asch, "Prenatal diagnosis and selective abortion: A challenge to practice and policy," *American Journal of Public Health* 89, no. 11 (November 1999); Adrienne Asch and Erik Parens, "The disability rights critique of prenatal genetic testing: Reflections and recommendations," *Prenatal Testing and Disability Rights*, edited by Erik Parens and Adrienne Asch (2000); Lynn Gillam, "Prenatal diagnosis and discrimination against the disabled," *Journal of Medical Ethics* 25, no. 2 (April 1999); and Rob Stein, "New safety, new concerns in tests for Down syndrome," *Washington Post*, February 24, 2009.

199 Stephen Quake is quoted in Dan Hurley, "A drug for Down syndrome," *New York Times*, July 29, 2011. Quake's work is also discussed in Jocelyn Kaiser, "Blood test for mom picks up Down syndrome in fetus," *ScienceNOW Daily News*, October 6, 2008; Andrew Pollack, "Blood tests ease search for Down syndrome," *New York Times*, October 6, 2008; and Amy Dockser Marcus, "New prenatal tests offer safer, early screenings," *Wall Street Journal*, June 28, 2011.

199 Babak Khoshnood et al. anticipate an increase in economic stratification of families with Down syndrome children in "Advances in medical technology

and creation of disparities: The case of Down syndrome," *American Journal of Public Health* 96, no. 12 (December 2006).

200 Michael Berube discusses the long-term ramifications of reductions in support for families with DS children in Amy Harmon, "The problem with an almostperfect genetic world," *New York Times*, November 20, 2005.

200 The study finding that women who after testing knowingly choose to give birth to a child with Down syndrome are more harshly judged than those who had no opportunity for testing is Karen L. Lawson, "Perceptions of deservedness of social aid as a function of prenatal diagnostic testing," *Journal of Applied Social Psychology* 33, no. 1 (2003). The quotation appears on page 76.

200 The first quotation from Michael Berube ("So much depends . . .") occurs on page 78 of *Life as We Know It* (1996); the second comes from Amy Harmon, "The problem with an almost-perfect genetic world," *New York Times*, November 20, 2005.

200 Pharmaceutical advances in the treatment of Down syndrome are discussed in Dan Hurley, "A drug for Down syndrome," *New York Times*, July 29, 2011.

200 The study finding improvement in hippocampal development in mice administered Prozac is Sarah Clark et al., "Fluoxetine rescues deficient neurogenesis in hippocampus of the Ts65Dn mouse model for Down syndrome," *Experimental Neurology* 200, no. 1 (July 2006); for the memantine study, see Albert C. S. Costa et al., "Acute injections of the NMDA receptor antagonist memantine rescue performance deficits of the Ts65Dn mouse model of Down syndrome on a fear conditioning test," *Neuropsychopharmacology* 33, no. 7 (June 2008).

200 The study finding improvement in mice following elevation of norepinephrine levels is Ahmad Salehi et al., "Restoration of norepinephrine-modulated contextual memory in a mouse model of Down syndrome," *Science Translational Medicine* 1, no. 7 (November 2009).

200 See William J. Netzer et al., "Lowering β-amyloid levels rescues learning and memory in a Down syndrome mouse model," *PLoS ONE* 5, no. 6 (2010).

200 Quotations by William Mobley, Craig C. Garner, and Albert Costa come from Dan Hurley, "A drug for Down syndrome," *New York Times*, July 29, 2011.

201 This passage is based on my interview with Angelica Roman-Jiminez in 2007.

203 The quotation from Martha Nibley Beck ("If you'll cast your mind back to high school biology . . .") occurs on pages 327–28 of *Expecting Adam* (1999).

203 The quotation about babyfaceness comes from the study of the pitch of parents' voices: Deborah J. Fidler, "Parental vocalizations and perceived immaturity in Down syndrome," *American Journal on Mental Retardation* 108, no. 6 (November 2003).

204 Fathers' adaptation to Down syndrome is discussed in W. Steven Barnett and Glenna C. Boyce, "Effects of children with Down syndrome on parents' activities," *American Journal on Mental Retardation* 100, no. 2 (September 1995); L. A. Ricci and Robert M. Hodapp, "Fathers of children with Down's syndrome versus other types of intellectual disability: Perceptions, stress and involvement," *Journal of Intellectual Disability Research* 47, nos. 4–5 (May–June 2003); and Jennifer C. Willoughby and Laraine Masters Glidden, "Fathers helping out: Shared child care and marital satisfaction of parents of children with disabilities," *American Journal on Mental Retardation* 99, no. 4 (January 1995).

204 There are a great many studies of the experiences of siblings of disabled children. Researchers focusing on the subject include Brian G. Skotko, Jan Blacher, and Zolinda Stoneman.

204 The quotation from Colgan Leaming comes from her article "My brother is not his disability," *Newsweek Web Exclusive*, June 1, 2006.

205 This passage is based on my interviews with Susan Arnsten, Adam Delli-Bovi, Teegan Delli-Bovi, and William Walker Russell III in 2007 and subsequent communications. Susan's artwork may be seen at http://fineartamerica.com/ profiles/susan-arnstenrussell.html.

207 Exodus 37:9: "The cherubs were with wings spread upwards, sheltering the Ark cover . . . with their faces toward one another."

210 Statistics on the percentage of mentally retarded adults who live with their parents come from Tamar Heller, Alison B. Miller, and Alan Factor, "Adults with mental retardation as supports to their parents: Effects on parental caregiving appraisal," *Mental Retardation* 35, no. 5 (October 1997); see also Clare Ansberry, "Parents devoted to a disabled child confront old age," *Wall Street Journal*, January 7, 2004.

210 The quotation about nurturing and support comes from Arnold Birenbaum and Herbert J. Cohen, "On the importance of helping families," *Mental Retardation* 31, no. 2 (April 1993).

210 The relationship between severity of disability and out-of-home placement is explored in Jan Blacher and Bruce L. Baker, "Out-of-home placement for children with retardation: Family decision making and satisfaction," *Family Relations* 43, no. 1 (January 1994).

210 The fears of siblings following outplacement of a family member are discussed in Frances Kaplan Grossman, *Brothers and Sisters of Retarded Children: An Exploratory Study* (1972).

210 For my discussion of families and placement of children with Down syndrome, I have relied upon the following papers by Bruce L. Baker and Jan Blacher: "Out-of-home placement for children with mental retardation: Dimensions of family involvement," *American Journal on Mental Retardation* 98, no. 3 (November 1993); "For better or worse? Impact of residential placement on families," *Mental Retardation* 40, no. 1 (February 2002); "Family involvement in residential treatment of children with retardation: Is there evidence of detachment?," *Journal of Child Psychology & Psychiatry* 35, no. 3 (March 1994); and "Out-of-home placement for children with retardation: Family decision making and satisfaction," *Family Relations* 43, no. 1 (January 1994).

211 The quotation from the first mother ("I could never put my child in one of *those* places!") occurs on pages 229–30 of Jan Blacher, *When There's No Place Like Home: Options for Children Living Apart from Their Natural Families* (1994); the quotation from the second ("Calling the Regional Center was the scariest phone call I ever made") comes from Jan Blacher and Bruce L. Baker, "Out-of-home placement for children with retardation: Family decision making and satisfaction," *Family Relations* 43, no. 1 (January 1994).

211 For discussion of the appropriateness of young people with Down syndrome leaving the family home at a similar age to typical young people, see Zolinda Stoneman and Phyllis Waldman Berman, editors, *The Effects of Mental Retardation, Disability, and Illness on Sibling Relationships* (1993).

211 Figures for the reduction in numbers and proportion of children and youth living in residential institutions come from K. Charlie Lakin, Lynda Anderson, and Robert Prouty, "Decreases continue in out-of-home residential placements of children and youth with mental retardation," *Mental*

Retardation 36, no. 2 (April 1998). According to the State of the States in Developmental Disabilities Project report "Top Ten State Spending on Institutional Care for People with Disabilities" (at http://www.centerforsystemschange.org/view.php?nav_id=54), "Alaska, District of Columbia, Hawaii, Maine, Michigan, New Hampshire, New Mexico, Oregon, Rhode Island, Vermont, and West Virginia no longer fund state-operated institutions for 16 or more persons," leaving thirty-nine of the fifty states still funding state-operated institutions for sixteen or more persons. The increase in life expectancy of people with Down syndrome and other forms of intellectual disability is discussed in Matthew P. Janicki et al., "Mortality and morbidity among older adults with intellectual disability: Health services considerations," *Disability & Rehabilitation* 21, nos. 5–6 (May–June 1999).

211 Information on the number of institutions visited by families prior to placement, and criteria used in evaluating them, come from Jan Blacher and Bruce L. Baker, "Out-of-home placement for children with retardation: Family decision making and satisfaction," *Family Relations* 43, no. 1 (January 1994).

211 The quotation about abuses in residential facilities for the developmentally disabled in New York State comes from Danny Hakim, "At state-run homes, abuse and impunity," *New York Times*, March 12, 2011.

212 Information on trends in residential placement and statistics on public expenditures for people with intellectual disabilities come from Robert W. Prouty et al., editors, "Residential services for persons with developmental disabilities: Status and trends through 2004," Research and Training Center on Community Living, Institute on Community Integration/UCEDD College of Education and Human Development, University of Minnesota, July 2005; K. Charlie Lakin, Lynda Anderson, and Robert Prouty, "Decreases continue in out-of-home residential placements of children and youth with mental retardation," *Mental Retardation* 36, no. 2 (April 1998); and K. Charlie Lakin, Lynda Anderson, and Robert Prouty, "Change in residential placements for persons with intellectual and developmental disabilities in the USA in the last two decades," *Journal of Intellectual & Developmental Disability* 28, no. 2 (June 2003).

212 Parents describe their adult DS children as a comfort in Tamar Heller, Alison B. Miller, and Alan Factor, "Adults with mental retardation as supports to their parents: Effects on parental caregiving appraisal," *Mental Retardation* 35, no. 5 (October 1997); and Clare Ansberry, "Parents devoted to a disabled child confront old age," *Wall Street Journal*, January 7, 2004. Figures on the numbers of people with DS moved to residential placement after the death of their parents come from Marsha Mailick Seltzer and Marty Wyngaarden Krauss, "Quality of life of adults with mental retardation/developmental disabilities who live with family," *Mental Retardation & Developmental Disabilities Research Reviews* 7, no. 2 (May 2001).

212 The quotation from the father about his DS daughter's dwindling social life comes from a personal communication.

212 The study finding that adults with DS tend to socialize within their parents' network of friends is Marty Wyngaarden Krauss, Marsha Mailick Seltzer, and S. J. Goodman, "Social support networks of adults with mental retardation who live at home," *American Journal on Mental Retardation* 96, no. 4 (January 1992).

213 For more information on People First, see "History of People First," http://www .peoplefirstwv.org/aboutpeoplefirst/history.html. Figures on the number of selfadvocacy groups in the United States and the quotation given both come from the "People First Chapter Handbook and Toolkit" (2010), http://www.peoplefirstwv .org/images/PF_of_WV_Chapter_Handbook_final.pdf.

213 See Nigel Hunt, *The World of Nigel Hunt: The Diary of a Mongoloid Youth* (New York: Garrett Publications, 1967).

213 See Jason Kingsley and Mitchell Levitz, *Count Us In: Growing Up with Down Syndrome* (1994).

213 A transcript of Windy Smith's speech at the 2000 Republican National Convention is hosted on the ABC News website at http://abcnews.go.com/Politics/story?id=123241&page=1. The quotation about "grotesque political theater" comes from Tom Scocca, "Silly in Philly," *Metro Times*, August 9, 2000.

214 For an interview with Chris Burke, see Jobeth McDaniel, "Chris Burke: Then and Now," *Ability Magazine*, February 2007. Burke maintains a personal website at http://www.chrisburke.org; Bobby Brederlow's is at http://www.bobby.de/. Judith Scott is the subject of her sister Joyce Scott's memoir, *EnTWINed* (2006); see also John M. MacGregor, *Metamorphosis: The Fiber Art of Judith Scott: The Outsider Artist and the Experience of Down's Syndrome* (1999). For an interview with Lauren Potter, see Michelle Diament, "Down syndrome takes center stage on Fox's 'Glee,'" *Disability Scoop*, April 12, 2010.

214 For more information on short-term memory and information processing in Down syndrome, see Robert M. Hodapp and Elisabeth M. Dykens's chapter, "Genetic and behavioural aspects: Application to maladaptive behaviour and cognition," in Jean A. Rondal et al., *Intellectual Disabilities: Genetics, Behaviour and Inclusion* (2004).

214 Greg Palmer, *Adventures in the Mainstream: Coming of Age with Down Syndrome* (2005). Ned Palmer's poem appears in the book on page 40; the quotation appears on page 98.

215 The marriage saga of Corky (Chris Burke) and Amanda (Andrea Friedman) begins at season 4, episode 3, "Premarital Syndrome" (originally broadcast on October 4, 1992; see http://www.tvguide.com/tvshows/life-goes-on-1992/episode-3-season -4/premarital-syndrome/202678). For the backstory on this love story, see Howard Rosenberg, "There's more to 'life' than ratings," *Los Angeles Times*, April 18, 1992, and "They'll take romance," *People*, April 6, 1992.

215 This passage is based on my interview with Tom and Karen Robards in 2007 and subsequent communications.

CHAPTER 5 | 自閉症 | AUTISM

221 My source for historical information on autism prevalence, and autism in general, is Laura Schreibman, *The Science and Fiction of Autism* (2005). On March 30, 2012, the CDC upped its autism prevalence estimates from 1:110 to 1:88; see Jon Baio, "Prevalence of autism spectrum disorders: Autism and Developmental Disabilities Monitoring Network, 14 sites, United States, 2008," *Morbidity & Mortality Weekly Report (MMWR)*, March 30, 2012.

221 The quotation from Eric Kandel comes from my interview with him in 2009. He has spoken about this, also, in Eric Kandel, "Interview: biology of the

mind," *Newsweek*, March 27, 2006.

222 According to the Coalition for SafeMinds website at http://safeminds .org, "SafeMinds" stands for "Sensible Action for Ending Mercury-Induced Neurological Disorders."

222 The full text of the Combating Autism Act of 2006 (Public Law 109–416) can be found at http://thomas.loc.gov/cgi-bin/bdquery/z?d109:S843:; the text of the Combating Autism Reauthorization Act of 2011 (Public Law 112–32) can be found at http://thomas.loc.gov/cgi-bin/query/z?c112:H. R.2005:. The role of parent advocacy groups in promoting the bill is described in Ed O'Keefe's report for ABC News, "Congress declares war on autism," broadcast December 6, 2006. Cure Autism Now and Autism Speaks merged in 2007; see Autism Speaks' February 5, 2007, press release, "Autism Speaks and Cure Autism Now complete merger" (http://www.autismspeaks.org/about-us/press-releases/autism-speaks -and-cure autism-now-complete-merger).

222 Thomas Insel's remark was a personal communication.

222 The astonishing proliferation of books and films about autism is vividly revealed by WorldCat, a consolidated catalog of library holdings worldwide. A search of the keyword ***autism*** for 1997 yields 1,221 items; for 2011, 7,486 items.

222 The diagnostic criteria for autism ("299.00 Autistic Disorder"), Asperger syndrome ("299.80 Asperger's Disorder"), and PDD-NOS ("299.80 Pervasive Developmental Disorder Not Otherwise Specified") can be found in ***Diagnostic and Statistical Manual of Mental Disorders DSM-IV-TR***, 4th ed. (2000), pages 70–84.

222 For a reliable, basic introduction to autism, see Shannon des Roches Rosa et al., ***The Thinking Person's Guide to Autism*** (2011).

223 Sources of estimates on the incidence of regression in autism include C. Plauche Johnson et al., "Identification and evaluation of children with autism spectrum disorders," ***Pediatrics*** 120, no. 5 (November 2007); Gerry A. Stefanatos, "Regression in autistic spectrum disorders," ***Neuropsychology Review*** 18 (December 2008); Sally J. Rogers, "Developmental regression in autism spectrum disorders," ***Mental Retardation & Developmental Disabilities Research Review*** 10, no. 2 (May 2004); and Robin L. Hansen, "Regression in autism: Prevalence and associated factors in the CHARGE study," ***Ambulatory Pediatrics*** 8, no. 1 (January 2008).

223 Emily Perl Kingsley's 1987 essay, "Welcome to Holland," can be found all over the Internet, as well as in Jack Canfield, ***Chicken Soup for the Soul: Children with Special Needs*** (2007). Susan Rzucidlo's retort, "Welcome to Beirut," also selfpublished, can be found at http://www.bbbautism.com/beginners_beirut.htm and on a few dozen other websites.

224 My original work on neurodiversity may be found in my article "The autism rights movement," ***New York***, May 25, 2008.

224 This passage is based on numerous interviews with Betsy Burns and Jeff Hansen between 2003 and 2012 and other communications.

225 The neurologist was perhaps overly pessimistic to assert that Cece would never talk if she hadn't begun to do so after intensive early intervention; a 2004 paper concluded that 90 percent of autistic children develop functional speech by the age of nine: Catherine Lord et al., "Trajectory of language development in autistic spectrum disorders," in ***Developmental Language Disorders: From Phenotypes to Etiologies*** (2004).

225 Jim Simons, who has been a leading funder of autism research through the Simons Foundation, noted in a personal communication that when his daughter got a fever, her autism symptoms dissipated and she was able to function better than she usually could. That other bodily conditions might have some impact on the expression of autistic symptoms and might underlie sudden, nonpermanent transformations such as Cece's is a subject of investigation, though there is not enough science yet to make therapeutic use of the idea. For a discussion of the correlation between fever and behavioral improvement, see L. K. Curran et al., "Behaviors associated with fever in children with autism spectrum disorders," ***Pediatrics*** 120, no. 6 (December 2007); Mark F. Mehler and Dominick P. Purpura, "Autism, fever, epigenetics and the locus coeruleus," ***Brain Research Reviews*** 59, no. 2 (March 2009); and David Moorman, "Workshop report: Fever and autism," Simons Foundation for Autism Research, April 1, 2010, http://sfari.org/news-and-opinion/workshop-reports/2010/workshop-report-fever -and-autism.

226 The first quotation from Elizabeth (Betsy) Burns's 2003 novel, ***Tilt: Every Family Spins on Its Own Axis***, occurs on page 96, the second on pages 43–44.

226 Researchers have found a higher-than-average incidence of psychiatric conditions among family members of individuals with autism; e.g., Mohammad Ghaziuddin, "A family history study of Asperger syndrome," ***Journal of Autism and Developmental Disorders*** 35, no. 2 (2005); and Joseph Piven and Pat Palmer. "Psychiatric disorder and the broad autism phenotype: Evidence from a family study of multipleincidence autism families," ***American Journal of Psychiatry*** 156, no. 14 (April 1999).

231 The ***Oxford English Dictionary***, 2nd ed. (1989), offers the following passage from Eugen Bleuler's 1913 paper, "Autistic thinking," ***American Journal of Insanity*** 69 (1913), page 873: "When we look more closely we find amongst all normal people many and important instances where thought is divorced both from logic and from reality. I have called these forms of thinking autistic, corresponding to the idea of schizophrenic autismus."

231 The term ***childhood schizophrenia*** was coined in the 1930s and was loosely used to refer to a wide range of cognitive impairments manifesting in early childhood. Propagators of the term include Lauretta Bender, a child psychiatrist practicing at Bellevue Hospital, who published numerous reports of her clinical observations. For a contemporary expression of concern about the inappropriate application of the term, see Hilde L. Mosse, "The misuse of the diagnosis childhood schizophrenia," ***American Journal of Psychiatry*** 114, no. 9 (March 1958); Robert F. Asarnow and Joan Rosenbaum Asarnow review the history of the diagnosis in "Childhood-onset schizophrenia: Editors' introduction," ***Schizophrenia Bulletin*** 20, no. 4 (October 1994).

231 Leo Kanner's seminal 1943 report, "Autistic disturbances of affective contact," is included in an anthology of his papers, ***Childhood Psychosis: Initial Studies and New Insights*** (1973).

231 In 1943, Kanner noted the supposed coldness of the mothers of autistic children, but left open the possibility that the condition was inborn. See "Autistic disturbances of affective contact," in ***Childhood Psychosis: Initial Studies and New Insights*** (1973), page 42. By 1949, Kanner had more fully developed his parent-blaming theory; the term ***refrigerator*** appears twice in his 1949 article "Problems of nosology and psychodynamics in early childhood autism," ***American Journal of Orthopsychiatry*** 19, no. 3 (July 1949). But Kanner's attributions changed as understanding of the neurological basis of autism evolved. From a remembrance by his colleagues Eric Schopler, Stella Chess, and Leon Eisenberg, "Our memorial to Leo Kanner," ***Journal of Autism &***

Developmental Disorders 11, no. 3 (September 1981), page 258: "The man credited with the term 'refrigerator mother' explained to the members of the National Society for Autistic Children, at their annual meeting in 1971, that the blame for their child's autism implied by this term was now established as inappropriate and incorrect."

231 Bruno Bettelheim's notorious statement "The precipitating factor in infantile autism is the parent's wish that his child should not exist" occurs on page 125 of *The Empty Fortress: Infantile Autism and the Birth of the Self* (1967).

231 Interview with Isabelle Rapin in 2009.

231 Bernard Rimland posited a biological hypothesis of autism causation in *Infantile Autism: The Syndrome and Its Implications for a Neural Theory of Behavior* (1964).

231 Laura Schreibman, *The Science and Fiction of Autism* (2005), is the source of the refrigerator name-tag anecdote. From pages 84–85: "It is widely rumored that these first attendees wore name tags in the shape of little refrigerators."

231 The quotation from Eustacia Cutler occurs on page 208 of her autobiography, *A Thorn in My Pocket* (2004).

231 Asperger's original paper was published in German during World War II: Hans Asperger, "Die 'autistischen psychopathen' im kindesalter," *Archiv fur Psychiatrie & Nervenkrankheiten* (*European Archives of Psychiatry and Clinical Neuroscience*) 117, no. 1 (1944), pages 76–136. Uta Frith translated the paper into English in 1981, giving it the title "'Autistic psychopathy' in childhood"; that translation was later included in the anthology *Autism and Asperger Syndrome* (1991).

232 The *little professor* moniker's first appearance in the professional literature occurs in Hans Asperger, "Die 'autistischen psychopathen' im kindesalter," *Archiv fur Psychiatrie & Nervenkrankheiten* (*European Archives of Psychiatry and Clinical Neuroscience*) 117, no. 1 (1944). From page 118: "Die aus einer Kontaktstorung kommende Hilflosigkeit dem praktischen Leben gegenuber, welche den 'Professor' charakterisiert und zu einer unsterblichen Witzblattfigur macht, ist ein Beweis dafur."

232 On proposals for revisions to the *DSM-5* diagnostic criteria for autistic spectrum disorders, see Claudia Wallis, "A powerful identity, a vanishing diagnosis," *New York Times*, November 2, 2009; and Benedict Carey, "New definition of autism will exclude many, study suggests," *New York Times*, January 19, 2012. For scholarly discussions of the *DSM* changes, see Mohammad Ghaziuddin, "Should the DSM V drop Asperger syndrome?" *Journal of Autism & Developmental Disorders* 40, no. 9 (September 2010); and Lorna Wing et al., "Autism spectrum disorders in the DSM-V: Better or worse than the DSM-IV?," *Research in Developmental Disabilities* 32, no. 2 (March–April 2011).

232 All of these anecdotes about social deficits of individuals with Asperger syndrome come from personal communications.

232 Temple Grandin's story first came to widespread attention through the title essay in Oliver Sacks, *An Anthropologist on Mars* (1995), and through her autobiography, *Thinking in Pictures: And Other Reports from My Life with Autism* (1995). She has also been the subject of several television programs, including the 2006 BBC documentary *The Woman Who Thinks Like a Cow*, and the HBO biopic *Temple Grandin*. ASAN organizational website: http://www.autisticadvocacy.org/. For an interview with Ari Ne'eman, see Claudia Kalb, "Erasing autism," *Newsweek*, May 25, 2009.

233 Temple Grandin likened her mind to an Internet search engine in an interview with me in 2004. She had previously used the image in her autobiography, *Thinking in Pictures: And Other Reports from My Life with Autism* (1995), page 31.

233 The quotation from John Elder Robison occurs on page 2 of *Look Me in the Eye: My Life with Asperger's* (2007).

233 This passage is based on my interview with Jennifer Franklin in 2008 and subsequent communications. The quotations from poems are from her book *Persephone's Ransom* (2011).

235 My basic source on ABA is Laura Ellen Schreibman, *The Science and Fiction of Autism* (2005). Works by O. Ivar Lovaas include "Behavioral treatment and normal educational and intellectual functioning in young autistic children," *Journal of Consulting & Clinical Psychology* 55, no. 1 (February 1987); and "The development of a treatment-research project for developmentally disabled and autistic children," *Journal of Applied Behavior Analysis* 26, no. 4 (Winter 1993).

236 The passage from Scott Sea occurs in his article "Planet autism," *Salon*, September 27, 2003. It has been condensed.

237 Juliet Mitchell's comments are from personal communications. She has written about autism in *Mad Men and Medusas: Reclaiming Hysteria* (2000).

237 For a recent use of the changeling metaphor, see Portia Iversen, *Strange Son: Two Mothers, Two Sons, and the Quest to Unlock the Hidden World of Autism* (2006), pages xii–xiv. For scholarly discussion of changeling myths as a response to disability, see D. L. Ashliman, "Changelings," *Folklore & Mythology Electronic Texts*, University of Pittsburgh, 1997, at http://www.pitt.edu/~dash/changeling.html; and Susan Schoon Eberly, "Fairies and the folklore of disability: Changelings, hybrids and the solitary fairy," *Folklore* 99, no. 1 (1988). For two autistic activists' perspectives, see Amanda Baggs, "The original, literal demons," *Autism Demonized*, February 12, 2006, at http://web.archive.org/web/20060628231956/ http://autismdemonized.blogspot.com/; and Ari Ne'eman, "Dueling narratives: Neurotypical and autistic perspectives about the autism spectrum," 2007 SAMLA Convention, Atlanta, Georgia, November 2007, at http://www.cwru.edu/affil/ sce/Texts_2007/Ne'eman.html.

237 Martin Luther's assertion that changelings were only soulless pieces of flesh comes from *Werke, Kritische Gesamtausgabe: Tischreden* (1912–21), vol. 5, p. 9, as cited in D. L. Ashliman, "German changeling legends," *Folklore & Mythology Electronic Texts*, University of Pittsburgh, 1997, http://www.pitt.edu/~dash/changeling.html.

237 The quotation from Walter Spitzer comes from his article "The real scandal of the MMR debate," *Daily Mail*, December 20, 2001.

238 Amanda Baggs, *Autism Demonized*, privately published weblog, 2006.

238 This passage is based on my interview with Nancy Corgi in 2007. All names in this passage are pseudonyms.

241 Reviews of language impairment and language development in autism include Morton Ann Gernsbacher, Heather M. Geye, and Susan Ellis Weismer, "The role of language and communication impairments within autism," in *Language Disorders and Developmental Theory*, edited by P. Fletcher and J. F. Miller (2005); and Gerry A. Stefanatos and Ida Sue Baron. "The ontogenesis of language impairment in autism: A neuropsychological perspective," *Neuropsychology Review* 21, no. 3 (September 2011). For discussion on oral-motor function in autism, see Morton Ann Gernsbacher et al., "Infant and

toddler oral- and manualmotor skills predict later speech fluency in autism," *Journal of Child Psychology & Psychiatry* 49, no. 1 (2008).

241 Alison Tepper Singer's comments were made in an interview in 2007.

241 The quotations from Micki Bresnahan are from our interview in 2008; the unnamed mother expressed her view about learning Sign in a personal communication in 2008.

242 The quotations from Carly Fleischmann and her father come from two reports: John McKenzie, "Autism breakthrough: Girl's writings explain her behavior and feelings," ABC News, February 19, 2008; and Carly Fleischmann, "You asked, she answered: Carly Fleischmann, 13, talks to our viewers about autism," ABC News, February 20, 2008.

242 The passage about Harry and Laura Slatkin is based on my interview with them in 2008 and subsequent communications.

244 The scene described here appears in *Autism Every Day*.

245 The term *the autisms* was first proposed by Daniel H. Geschwind and Pat Levitt in "Autism spectrum disorders: Developmental disconnection syndromes," *Current Opinion in Neurobiology* 17, no. 1 (February 2007).

245 The "mindblindness" hypothesis was proposed by Simon Baron-Cohen in *Mindblindness: An Essay on Autism and Theory of Mind* (1995).

245 Mirror neuron dysfunction in autism is discussed in Lindsay M. Oberman et al., "EEG evidence for mirror neuron dysfunction in autism spectrum disorders," *Cognitive Brain Research* 24, no. 2 (July 2005); and Lucina Q. Uddin et al., "Neural basis of self and other representation in autism: An fMRI study of self-face recognition," *PLoS ONE* 3, no. 10 (2008).

246 The "weak central coherence" hypothesis is proposed in Uta Frith, *Autism: Explaining the Enigma* (2003).

246 Arousal hypotheses are discussed in Corinne Hutt et al., "Arousal and childhood autism," *Nature* 204 (1964); and Elisabeth A. Tinbergen and Nikolaas Tinbergen, "Early childhood autism: An ethological approach," *Advances in Ethology, Journal of Comparative Ethology*, suppl. no. 10 (1972). Numerous respected autism researchers subsequently challenged Tinbergen regarding his speculations; see, e.g., Bernard Rimland et al., "Autism, stress, and ethology," *Science*, n.s., 188, no. 4187 (May 2, 1975).

246 The quotations by Kamran Nazeer occur on pages 68 and 69 of *Send in the Idiots: Stories from the Other Side of Autism* (2006).

246 John Elder Robison speaks of his fondness for machines on page 12 of *Look Me in the Eye: My Life with Asperger's* (2007).

246 For the report of the Yale face-processing study, see Robert T. Schultz et al., "Abnormal ventral temporal cortical activity during face discrimination among individuals with autism and Asperger syndrome," *Archives of General Psychiatry* 57, no. 4 (April 2000).

246 The Digimon aficionado features in David J. Grelotti et al., "fMRI activation of the fusiform gyrus and amygdala to cartoon characters but not to faces in a boy with autism," *Neuropsychologia* 43, no. 3 (2005).

246 This passage is based on my interview with Bob, Sue, and Ben Lehr in 2008 and subsequent communications.

247 The seminal book on FC is Douglas Biklen's *Communication Unbound: How Facilitated Communication Is Challenging Traditional Views of Autism and Ability/Disability* (1993).

249 For more information on brain development in autism, see Stephen R. Dager et al., "Imaging evidence for pathological brain development in autism spectrum disorders," in *Autism: Current Theories and Evidence* (2008); Martha R. Herbert et al., "Localization of white matter volume increase in autism and developmental language disorder," *Annals of Neurology* 55, no. 4 (April 2004); Eric Courchesne et al., "Evidence of brain overgrowth in the first year of life in autism," *Journal of the American Medical Association* 290, no. 3 (July 2003); Nancy J. Minshew and Timothy A. Keller, "The nature of brain dysfunction in autism: Functional brain imaging studies," *Current Opinion in Neurology* 23, no. 2 (April 2010); and Eric Courchesne et al., "Brain growth across the life span in autism: Age-specific changes in anatomical pathology," *Brain Research* 1380 (March 2011).

250 Useful recent reviews of the state of the science in autism genetics include Judith Miles, "Autism spectrum disorders: A genetics review," *Genetics in Medicine* 13, no. 4 (April 2011); and Daniel H. Geschwind, "Genetics of autism spectrum disorders," *Trends in Cognitive Sciences* 15, no. 9 (September 2011).

250 Prenatal contributors to autism are discussed in Tara L. Arndt, Christopher J. Stodgell, and Patricia M. Rodier, "The teratology of autism," *International Journal of Developmental Neuroscience* 23, nos. 2–3 (April–May 2005).

250 For more information on the association between paternal age and autism, see Abraham Reichenberg et al., "Advancing paternal age and autism," *Archives of General Psychiatry* 63, no. 9 (September 2006); Rita M. Cantor et al., "Paternal age and autism are associated in a family-based sample," *Molecular Psychiatry* 12 (2007); and Maureen S. Durkin et al., "Advanced parental age and the risk of autism spectrum disorder," *American Journal of Epidemiology* 168, no. 11 (December 2008).

250 The possible contribution of genetic incompatibility to the development of autism is discussed in William G. Johnson et al., "Maternally acting alleles in autism and other neurodevelopmental disorders: The role of HLA-DR4 within the major histocompatibility complex," in *Maternal Influences on Fetal Neurodevelopment*, edited by Andrew W. Zimmerman and Susan L. Connors (2010).

250 For more on assortative mating hypotheses, see Simon Baron-Cohen, "The hyper-systemizing, assortative mating theory of autism," *Progress in Neuropsychopharmacology & Biological Psychiatry* 30, no. 5 (July 2006); and Steve Silberman, "The geek syndrome," *Wired*, December 2001.

250 A new multicenter sibling study has identified mutations in 279 genes occurring only in the autistic subjects; see Stephen Sanders et al., "De novo mutations revealed by whole-exome sequencing are strongly associated with autism," *Nature* 485, no. 7397 (May 10, 2012).

250 Influences on genetic expression are discussed in Isaac N. Pessah and Pamela J. Lein, "Evidence for environmental susceptibility in autism: What we need to know about gene x environment interactions," in *Autism: Current Theories and Evidence*, edited by Andrew Zimmerman (2008).

250 Variable penetrance is the subject of Dan Levy, Michael Wigler et al., "Rare de novo and transmitted copy-number variation in autistic spectrum disorders," *Neuron* 70, no. 5 (June 2011).

250 Figures on autism and genetic concordance in identical twins come from Anthony Bailey et al., "Autism as a strongly genetic disorder: Evidence from a British twin study," *Psychological Medicine* 25 (1995).

251 Studies on the broad autism phenotype, i.e., the manifestation of autistic traits in immediate and extended family members of people with autism, include Nadia Micali et al., "The broad autism phenotype: Findings from an epidemiological survey," *Autism* 8, no. 1 (March 2004); Joseph Piven et al., "Broader autism phenotype: Evidence from a family history study of multiple-incidence autism families," *American Journal of Psychiatry* 154 (February 1997); and Molly Losh et al., "Neuropsychological profile of autism and the broad autism phenotype," *Archives of General Psychiatry* 66, no. 5 (May 2009).

251 For scholarly discussion of the genome-wide incidence of autism-related genes, see Joseph T. Glessner et al., "Autism genome-wide copy number variation reveals ubiquitin and neuronal genes," *Nature* 459 (May 28, 2009).

251 This 20 to 30 percent statistic reflects risk to the sibling over general population risk as established by the CDC. Accepting an autism prevalence that is constantly being recalculated but that is hovering at about one in a hundred, and a risk for siblings is about one in five, we come up with this comparative statistic; see Brett S. Abrahams and Daniel H. Geschwind, "Advances in autism genetics: On the threshold of a new neurobiology," *Nature Review Genetics* 9, no. 5 (May 2008).

251 Interview with Matthew State, 2009.

251 Interview with Thomas Insel, 2010.

251 Interview with Michael Wigler and Jonathan Sebat, 2008.

252 More background on pleiotropism and autism can be found in Annemarie Ploeger et al., "The association between autism and errors in early embryogenesis: What is the causal mechanism?," *Biological Psychiatry* 67, no. 7 (April 2010).

252 For a study linking genes associated with autism and co-morbid conditions, see Daniel B. Campbell et al., "Distinct genetic risk based on association of MET in families with co-occurring autism and gastrointestinal conditions," *Pediatrics* 123, no. 3 (March 2009).

252 Sebat and Wigler's report on their autism genetics research is Jonathan Sebat et al., "Strong association of de novo copy number mutations with autism," *Science* 316, no. 5823 (April 20, 2007).

252 Jonathan Sebat's study of the association between microdeletions and increased head circumference is described in the Simons Foundation press release "Relating copy-number variants to head and brain size in neuropsychiatric disorders," at http://sfari.org/funding/grants/abstracts/relating-copy-number-variants-to -head-and-brain-size-in-neuropsychiatric-disorders.

253 The quotation from Daniel Geschwind comes from a personal interview in 2012. Geschwind's recent papers on the genetics of autism include "Autism: Many genes, common pathways?," *Cell* 135, no. 3 (October 31, 2008); and "The genetics of autistic spectrum disorders," *Trends in Cognitive Sciences* 15, no. 9 (September 2011).

253 For studies of rapamycin's effect on learning, memory deficits, and seizures in mice, see Dan Ehninger et al., "Reversal of learning deficits in a Tsc2+/- mouse model of tuberous sclerosis," *Nature Medicine* 14, no. 8 (August 2008); and L.-H. Zeng et al., "Rapamycin prevents epilepsy in a mouse model of tuberous sclerosis complex," *Annals of Neurology* 63, no. 4 (April 2008).

253 The quotation from Alcino Silva comes from a 2008 UCLA press release, "Drug reverses mental retardation in mice," at http://www.newswise.com/articles/drug -reverses-mental-retardation-in-mice.

253 The role of mGluR receptors in autism is discussed in Mark F. Bear et al., "The mGluR theory of fragile X mental retardation," *Trends in Neurosciences* 27, no. 7 (July 2004); and Randi Hagerman et al., "Fragile X and autism: Intertwined at the molecular level leading to targeted treatments," *Molecular Autism* 1, no. 12 (September 2010). For a study finding amelioration of behavioral abnormalities in genetically engineered mice administered mGluR antagonists, see Zhengyu Cao et al., "Clustered burst firing in FMR1 premutation hippocampal neurons: Amelioration with allopregnanolone," *Human Molecular Genetics* (published online ahead of print, April 6, 2012).

254 For a preliminary report of findings in a clinical trial of drug treatment for Rett syndrome, see Eugenia Ho et al., "Initial study of rh-IGF1 (Mecasermin [DNA] injection) for treatment of Rett syndrome and development of Rett-specific novel biomarkers of cortical and autonomic function (S28.005)," *Neurology* 78, meeting abstracts 1 (April 25, 2012).

254 For discussion of potential drug therapies for fragile X syndrome, see the recent review article by Randi Hagerman et al., "Fragile X syndrome and targeted treatment trials," *Results and Problems in Cell Differentiation* 54 (2012), pages 297–335. Recruitment efforts are under way for a new fragile X study; see the press release "Clinical trials of three experimental new treatments for Fragile X are accepting participants," FRAXA Research Foundation, March 22, 2012.

254 The quote by Geraldine Dawson comes from her presentation at the Alexandria Summit, "Translating Innovation into New Approaches for Neuroscience," in 2012. Dawson is chief scientific officer for Autism Speaks.

254 For the study finding similar genetic mutations in fragile X and in autism, see Ivan Iossifov et al., "De novo gene disruptions in children on the autistic spectrum," *Neuron* 74, no. 2 (April 2012); and Cold Spring Harbor Laboratory's press release about the study, "A striking link is found between the Fragile-X gene and mutations that cause autism," at http://www.cshl.edu/Article-Wigler/a-striking -link-is-found-between-the-fragile-x-gene-and-mutations-that-cause-autism.

254 Simon Baron-Cohen discusses his "empathizing/systemizing" hypothesis in "The extreme male brain theory of autism," *Trends in Cognitive Science* 6, no. 6 (June 2002); "Autism: The empathizing-systemizing (E-S) theory," *Annals of the New York Academy of Sciences* 1156 (March 2009); and "Empathizing, systemizing, and the extreme male brain theory of autism," *Progress in Brain Research* 186 (2010).

255 The association of high levels of fetal testosterone and autistic traits is discussed in Bonnie Auyeung and Simon Baron-Cohen, "A role for fetal testosterone in human sex differences: Implications for understanding autism," in *Autism: Current Theories and Evidence*, edited by Andrew Zimmerman (2008); and Bonnie Auyeung et al., "Foetal testosterone and autistic traits in 18 to 24-month-old children," *Molecular Autism* 1, no. 11 (July 2010).

255 The study of savants is the lifework of Darrold Treffert; for just two of his reports on the subject, see "The savant syndrome in autism," in *Autism: Clinical and Research Issues*, edited by Pasquale J. Accardo et al. (2000); and "The savant syndrome: An extraordinary condition. A synopsis: Past, present,

future," *Philosophical Transactions of the Royal Society*, Part B 364, no. 1522 (May 2009). The perfect map of Rome was created by Stephen Wiltshire and is displayed on his website, http://www.stephenwiltshire.co.uk/Rome_Panorama_by_Stephen_Wiltshire.aspx.

255 Michael Rutter reported on the impact of institutionalization on Romanian orphans in Michael Rutter et al., "Are there biological programming effects for psychological development?: Findings from a study of Romanian adoptees," *Developmental Psychology* 40, no. 1 (2004).

255 Bettelheim's comparison of autistic children to concentration camp inmates occurs on pages 66–78 of *The Empty Fortress* (1972).

255 Margaret Bauman's clinical experiences are discussed in Rachel Zimmerman, "Treating the body vs. the mind," *Wall Street Journal*, February 15, 2005.

255 Statistics on the percentage of autistic individuals with comorbid diagnoses of depression and anxiety were provided by Lonnie Zwaigenbaum at a 2009 presentation at Cold Spring Harbor Laboratory. Studies establishing a high frequency of comorbid psychiatric problems include Luke Tsai, "Comorbid psychiatric disorders of autistic disorder," *Journal of Autism & Developmental Disorders* 26, no. 2 (April 1996); Christopher Gillberg and E. Billstedt, "Autism and Asperger syndrome: Coexistence with other clinical disorders," *Acta Psychiatrica Scandinavica* 102, no. 5 (November 2000); and Gagan Joshi et al., "The heavy burden of psychiatric comorbidity in youth with autism spectrum disorders: A large comparative study of a psychiatrically referred population," *Journal of Autism & Developmental Disorders* 40, no. 11 (November 2010).

256 The quotation from Kamran Nazeer comes from pages 161–62 of *Send in the Idiots: Stories from the Other Side of Autism* (2006).

256 This passage is based on my interview with John Shestack and Portia Iversen in 2008.

257 The quotation from Daniel Geschwind comes from personal communication in 2011.

257 The quotation from Isabelle Rapin comes from a 2009 presentation at Cold Spring Harbor Laboratory.

257 Laura Schreibman discusses autism diagnostic instruments on page 68 of *The Science and Fiction of Autism* (2005).

257 I have taken the August Bier quotation from Victoria Costello, "Reaching children who live in a world of their own," *Psychology Today*, December 9, 2009. The original German is *Eine gute Mutter diagnostiziert oft viel besser wie ein schlechter Arzt* and may be found at http://dgrh.de/75jahredgrh0.html.

258 Interview with Kathleen Seidel in 2008. I note in the interest of full disclosure that I employed Kathleen Seidel to help me with research, citations, and the bibliography for this book starting in 2009.

258 This passage is based on my interview with Icilda Brown in 2005. All names in this passage are pseudonyms.

260 The Autism Society of America's estimates of the incidence of autism come from their organizational website, http://www.autism-society.org/.

260 For recent studies on autism prevalence, see Gillian Baird et al., "Prevalence of disorders of the autism spectrum in a population cohort of children in South Thames: The Special Needs and Autism Project (SNAP)," *Lancet* 368, no. 9531 (July 15, 2006); Michael D. Kogan et al., "Prevalence of parent-reported diagnosis of autism spectrum disorder among children in the US, 2007," *Pediatrics* 124, no. 5 (2009); and Catherine Rice et al., "Changes in autism spectrum disorder prevalence in 4 areas of the United States," *Disability and Health Journal* 3, no. 3 (July 2010).

260 Diagnostic substitution in California is the subject of Lisa A. Croen et al., "The changing prevalence of autism in California," *Journal of Autism and Developmental Disorders* 32, no. 3 (June 2002); see also Marissa King and Peter Bearman, "Diagnostic change and the increased prevalence of autism," *International Journal of Epidemiology* 38, no. 5 (October 2009).

260 Estimates of the lifetime cost of supporting individuals with autism come from Laura Ellen Schreibman, *The Science and Fiction of Autism* (2005), page 71; see also Michael Ganz, "The lifetime distribution of the incremental societal costs of autism," *Archives of Pediatric & Adolescent Medicine* 161, no. 4 (April 2007).

261 The quotation from Steven Hyman comes from a personal communication in 2008.

261 See Marissa King and Peter Bearman, "Diagnostic change and the increased prevalence of autism," *International Journal of Epidemiology* 38, no. 5 (October 2009), and Dorothy V. Bishop et al., "Autism and diagnostic substitution: Evidence from a study of adults with a history of developmental language disorder," *Developmental Medicine & Child Neurology* 50, no. 5 (May 2008).

261 For information on regression in autism, see Sally J. Rogers, "Developmental regression in autism spectrum disorders," *Mental Retardation & Developmental Disabilities Research Reviews* 10, no. 2 (2004); Janet Lainhart et al., "Autism, regression, and the broader autism phenotype," *American Journal of Medical Genetics* 113, no. 3 (December 2002); and Jeremy R. Parr et al., "Early developmental regression in autism spectrum disorder: Evidence from an international multiplex sample," *Journal of Autism & Developmental Disorders* 41, no. 3 (March 2011). For the idea that regression in autism may be the expression of an unfolding genetic process, see Gerry A. Stefanatos, "Regression in autistic spectrum disorders," *Neuropsychology Review* 18 (December 2008).

261 Eric Fombonne presented this in a talk at UCLA in 2012. It represents work by Judith Miller that reclassified old files using modern diagnostic criteria. Miller showed that prevalence was previously underestimated (i.e., at that time, many children were excluded from studies—as not meeting diagnostic criteria—who would now be included). She will be the first author on a paper that summarizes this work, which is not yet published.

261 Andrew Wakefield first proposed an association between the MMR vaccine and autism in "Ileal-lymphoid-nodular hyperplasia, non-specific colitis, and pervasive developmental disorder in children," *Lancet* 351 (1998).

261 Official figures on measles incidence and deaths in the UK following increasing rejection of the MMR vaccine can be found in the UK Health Protection Agency report "Measles notifications and deaths in England and Wales, 1940–2008" (2010).

261 Thomas Verstraeten et al., "Safety of thimerosal-containing vaccines: A twophased study of computerized health maintenance organization databases," *Pediatrics* 112, no. 5 (November 2003).

262 The *Lancet*'s apology for the 1998 paper by Andrew Wakefield was announced by editor in chief Richard Horton in "A statement by the editors of The Lancet," *Lancet* 363, no. 9411 (March 2004). The final retraction occurred six years later, after the UK General Medical Council announced the results of its investigation; see Editors of the Lancet, "Retraction—Ileal-lymphoid-nodular hyperplasia, non-specific colitis, and pervasive developmental disorder in children," *Lancet* 375, no. 9713 (February 2010). The story was reported by David Derbyshire, "Lancet was wrong to publish MMR paper, says editor," *Telegraph*, February 21, 2004; Cassandra Jardine, "GMC brands Dr Andrew Wakefield 'dishonest, irresponsible and callous,'" *Telegraph*,

January 29, 2010; and David Rose, "Lancet journal retracts Andrew Wakefield MMR scare paper," *Times*, February 3, 2010.

262 For a brief overview of the history of vaccine causation theories of autism, see Stanley Plotkin, Jeffrey S. Gerber, and Paul A. Offit, "Vaccines and autism: A tale of shifting hypotheses," *Clinical Infectious Diseases* 48, no. 4 (February 15, 2009).

262 The 20–50 percent regression estimate comes from Emily Werner and Geraldine Dawson, "Validation of the phenomenon of autistic regression using home videotapes," *Archives of General Psychiatry* 62, no. 8 (August 2005).

262 David Kirby, *Evidence of Harm: Mercury in Vaccines and the Autism Epidemic: A Medical Controversy* (2005).

263 The Wright family conflict was reported in Jane Gross and Stephanie Strom, "Autism debate strains a family and its charity," *New York Times*, June 18, 2007.

263 Jenny McCarthy's books include *Louder Than Words: A Mother's Journey in Healing Autism* (2007) and *Mother Warriors: A Nation of Parents Healing Autism Against All Odds* (2008).

263 The Hannah Poling case is discussed in Paul A. Offit, "Vaccines and autism revisited: The Hannah Poling case," *New England Journal of Medicine* 358, no. 20 (May 15, 2008).

263 The quotation from Lenny Schafer comes from a telephone interview with him in 2008.

264 For an example of papers promoting the hypothesis that autism is associated with environmental metals, see Mary Catherine DeSoto and Robert T. Hitlan, "Sorting out the spinning of autism: Heavy metals and the question of incidence," *Acta Neurobiologiae Experimentalis* 70, no. 2 (2010). In contrast, recent research demonstrates the absence of any association of autism with genes that regulate heavy metals in the body: Sarah E. Owens et al., "Lack of association between autism and four heavy metal regulatory genes," *NeuroToxicology* 32, no. 6 (December 2011).

264 See Yumiko Ikezuki et al., "Determination of bisphenol A concentrations in human biological fluids reveals significant early prenatal exposure," *Human Reproduction* 17, no. 11 (November 2002).

264 The study of twins and environmental factors is Joachim Hallmayer et al., "Genetic heritability and shared environmental factors among twin pairs with autism," *Archives of General Psychiatry* (July 4, 2011).

264 The quotation from Neil Risch comes from Erin Allday, "UCSF, Stanford autism study shows surprises," *San Francisco Chronicle*, July 5, 2011.

264 The quotation from Joseph Coyle comes from Laurie Tarkan, "New study implicates environmental factors in autism," *New York Times*, July 4, 2011.

264 The study finding an increased incidence of autism in children of mothers who used SSRIs during pregnancy is Lisa A. Croen et al., "Antidepressant use during pregnancy and childhood autism spectrum disorders," *Archives of General Psychiatry* 68, no. 11 (November 2011).

264 These results rely on complex models and specific assumptions that may not be met. Joachim Hallmayer's data show a 22 percent rate of concordance among dizygotic twins, and slightly more than 60 percent for monozygotic twins; see Joachim Hallmayer et al., "Genetic heritability and shared environmental factors among twin pairs with autism," *Archives of General Psychiatry* 68, no. 11 (November 2011). A simple and standard means of ascertaining heritability is Falconer's formula, which is hb2= 2(rmz–rdz), in which hb2 represents general heritability, rmz is monozygotic twin correlation, and rdz is dizygotic twin correlation. This would lead to a heritability estimate of about 70 percent, consistent with previous results. A recent very large study comparing siblings and half siblings supports a ratio of 60 percent or higher; see John N. Constantino et al., "Autism recurrence in half siblings: Strong support for genetic mechanisms of transmission in ASD," *Molecular Psychiatry*, epub ahead of print (February 28, 2012).

264 This passage is based on my interview with Mark Blaxill in 2008.

265 Blaxill is coauthor of Amy S. Holmes, Mark F. Blaxill, and Boyd E. Haley, "Reduced levels of mercury in first baby haircuts of autistic children," *International Journal of Toxicology* 22, no. 4 (July–August 2003); and Martha R. Herbert et al., "Autism and environmental genomics," *NeuroToxicology* 27, no. 5 (September 2006).

266 The reports of the Yale study of the responses of autistic subjects to *Who's Afraid of Virginia Woolf?* are in Ami Klin et al., "Visual fixation patterns during viewing of naturalistic social situations as predictors of social competence in individuals with autism," *Archives of General Psychiatry* 59, no. 9 (September 2002); and Ami Klin et al., "Defining and quantifying the social phenotype in autism," *American Journal of Psychiatry* 159 (June 2002).

266 See page 5 of Catherine Lord and James McGee, *Educating Children with Autism* (2005), in which she explains, "Although there is evidence that interventions lead to improvements, there does not appear to be a clear, direct relationship between any particular intervention and children's progress."

266 The quotation from Bryna Siegel occurs on page 3 of *Helping Children with Autism Learn: Treatment Approaches for Parents and Professionals* (2003).

266 Early reports by Charles B. Ferster on his work in behavioral conditioning include "Positive reinforcement and behavioral deficits of autistic children," *Child Development* 32 (1961); and "The development of performances in autistic children in an automatically controlled environment," *Journal of Chronic Diseases* 13, no. 4 (April 1961).

266 ABA is discussed at length in Laura Schreibman, *The Science and Fiction of Autism* (2005); and Michelle R. Sherer and Laura Schreibman, "Individual behavioral profiles and predictors of treatment effectiveness for children with autism," *Journal of Consulting & Clinical Psychology* 73, no. 3 (June 2005).

266 For a recent, comprehensive literature review on behavioral interventions for autism spectrum conditions, see Maria B. Ospina et al., "Behavioural and developmental interventions for autism spectrum disorder: A clinical systematic review," *PLoS One* 3, no. 11 (November 2008).

266 For more on Floortime, see Stanley I. Greenspan and Serena Weider, *Engaging Autism: Using the Floortime Approach to Help Children Relate, Communicate, and Think* (2006).

266 The AAP has concluded that the efficacy of AIT has not been established; see American Academy of Pediatrics Policy Committee on Children with Disabilities, "Auditory integration training and facilitated communication for autism," *AAP Policy Committee on Children with Disabilities* 102, no. 2 (1998).

267 The Rapid Prompting Method is described in Portia Iversen, *Strange Son: Two Mothers, Two Sons, and the Quest to Unlock the Hidden World of Autism* (2006); and Tito Rajarshi Mukhopadhyay, *The Mind Tree: A Miraculous Child Breaks the Silence of Autism* (2003).

267 Scholarly papers on service animals include Olga Solomon, "What a dog can do: Children with autism and therapy dogs in social interaction," *Ethos* 38,

no. 1 (March 2010); and Francois Martin and Jennifer Farnum, "Animal-assisted therapy for children with pervasive developmental disorders," *Western Journal of Nursing Research* 24, no. 6 (October 2002).

267 The first quote about Kaleb and Chewey comes from Amanda Robert, "School bars autistic child and his service dog," *Illinois Times*, July 23, 2009; the second is taken from the decision in *Nichelle v. Villa Grove Community Unit School District No. 302, Board of Education 302* (Appellate Court of Illinois, Fourth District, decided August 4, 2010; full text at http://caselaw.findlaw.com/il-court-of-appeals/1537428.html). For more on the outcome of the lawsuit filed by the parents against the school district, see Patrick Yeagle, "Dog fight ends with hall pass," *Illinois Times*, September 9, 2010.

267 For a popular work on the gluten- and casein-free diet, see Karyn Seroussi, *Unraveling the Mystery of Autism and Pervasive Developmental Disorder: A Mother's Story of Research and Recovery* (2000).

267 A recent Cochrane Review paper concluded, "There is no evidence of effect of SSRIs in children and emerging evidence of harm. There is limited evidence of the effectiveness of SSRIs in adults from small studies in which risk of bias is unclear"; see Katrina Williams et al., "Selective serotonin reuptake inhibitors (SSRIs) for autism spectrum disorders (ASD)," *Evidence-Based Child Health: A Cochrane Review Journal* 6, no. 4 (July 2011).

267 Statistics on the prevalence of seizure disorders in people with autism come from the National Institute of Neurological Disorders & Stroke's "Autism Fact Sheet" (2011), at http://www.ninds.nih.gov/disorders/autism/detail_autism.htm.

267 Psychopharmacological treatments are discussed in Melissa L. McPheeters et al., "A systematic review of medical treatments for children with autism spectrum disorders," *Pediatrics* 127, no. 5 (May 2011).

267 The passage from Kamran Nazeer occurs on page 28 of *Send in the Idiots* (2006).

267 This passage is based on my interview with Bruce Spade in 2007. All names in this passage are pseudonyms.

269 The quotation from Anton Chekhov comes from page 30 of David Mamet's translation of *The Cherry Orchard* (1987). From the original Russian: "Если против какой-нибудь болезни предлагается очень много средств, то это значит, что болезнь неизлечима." http://ilibrary.ru/text/472/p.1/index.html.

269 Barry Kaufman's books include *Son-Rise* (1976) and *Son-Rise: The Miracle Continues* (1995). Although the Option Institute's promotional materials cite anecdotal evidence of the Son-Rise Program's effectiveness, and refer to research soon to be featured in peer-reviewed journals, rigorous evaluations of the program have yet to be published; see Jeremy Parr, "Clinical evidence: Autism," *Clinical Evidence Online* 322 (January 2010). A 2003 survey conducted in the UK found that "involvement led to more drawbacks than benefits for the families over time." A 2006 follow-up concluded that "the programme is not always implemented as it is typically described in the literature," which significantly complicates the task of evaluation; see Katie R. Williams and J. G. Wishart, "The Son-Rise Program intervention for autism: An investigation into family experiences," *Journal of Intellectual Disability Research* 47, nos. 4–5 (May–June 2003); and Katie R. Williams, "The Son-Rise Program intervention for autism: Prerequisites for evaluation," *Autism* 10, no. 1 (January 2006). In March 2010, the UK Advertising Standards Authority ruled that an advertisement for an Option Institute lecture was misleading in that it implied that the Son-Rise Program could cure autism when, in fact, this has never been established; see "ASA adjudication on the Option Institute and Fellowship," issued March 3, 2010, http://www.asa.org.uk/Asa-Action/Adjudications/2010/3/The-Option-Institute-and-Fellowship/TF_ADJ_48181.aspx. For the allegation that the child was never autistic at all, see Bryna Siegel, *The World of the Autistic Child* (1996), pages 330–31. Siegel writes, "I've run across a couple of the professionals who were among those alleged to have diagnosed the boy as autistic, and both remain uncertain that the boy actually was autistic before treatment."

269 For more on Holding Therapy, see Jean Mercer, "Coercive restraint therapies: A dangerous alternative mental health intervention," *Medscape General Medicine* 7, no. 3 (August 9, 2005).

270 Rupert Isaacson, *The Horse Boy: A Father's Quest to Heal His Son* (2009).

270 The dangers of chelation are discussed in Saul Green, "Chelation therapy: Unproven claims and unsound theories," *Quackwatch*, July 24, 2007.

270 Mercury causation hypotheses are discussed in Karin B. Nelson and Margaret L. Bauman, "Thimerosal and Autism?," *Pediatrics* 111, no. 3 (March 2003).

270 The death of an autistic boy during IV chelation is reported in Arla J. Baxter and Edward P. Krenzelok, "Pediatric fatality secondary to EDTA chelation," *Clinical Toxicology* 46, no. 10 (December 2008).

270 For information about the "Lupron protocol" and state medical board disciplinary actions against its promoters, see Trine Tsouderos, "'Miracle drug' called junk science," *Chicago Tribune*, May 21, 2009; Steve Mills and Patricia Callahan, "Md. autism doctor's license suspended," *Baltimore Sun*, May 4, 2011; Meredith Cohn, "Lupron therapy for autism at center of embattled doctor's case," *Baltimore Sun*, June 16, 2011; Maryland State Board of Physicians, Final Decision and Order in the matter of Mark R. Geier, M.D. (March 22, 2012), at http://www.mbp.state.md.us/BPQAPP/orders/d2425003.222.pdf; Statement of Charges under the Maryland Medical Practice Act in the Matter of David A. Geier (May 16, 2011), at http://www.mbp.state.md.us/BPQAPP/orders/GeierCharge05162011.pdf; and out-of-state suspension notices and orders on the websites of the Medical Board of California, State of Florida Department of Health, Medical Licensing Board of Indiana, Commonwealth Board of Kentucky, New Jersey State Board of Medical Examiners, State Medical Board of Ohio, Virginia Department of Health Professions, and the State of Washington Department of Health Medical Quality Assurance Commission.

270 Melissa L. McPheeters et al., "A systematic review of medical treatments for children with autism spectrum disorders," *Pediatrics* 127, no. 5 (May 2011), discusses alternative as well as conventional treatments.

270 This passage is based on my interview with Amy Wolf in 2004 and subsequent communications. All names in this passage are pseudonyms.

272 The Musashino Higashi Gakuen School's organizational website is at http://www.musashino-higashi.org, and the Boston Higashi School website is at http://www.bostonhigashi.org.

273 The study of enhanced abilities in autism is a special focus of Laurent Mottron and his research team at Hopital Riviere-des-Prairies in Montreal. Reports of their work include M. J. Caron et al., "Cognitive mechanisms, specificity and neural underpinnings of visuospatial peaks in autism," *Brain* 129,

no. 7 (July 2006); Laurent Mottron et al., "Enhanced perceptual functioning in autism: An update, and eight principles of autistic perception," *Journal of Autism & Developmental Disorders* 36, no. 1 (January 2006); Robert M. Joseph et al., "Why is visual search superior in autism spectrum disorder?," *Developmental Science* 12, no. 6 (December 2009); and Fabienne Samson et al., "Enhanced visual functioning in autism: An ALE meta-analysis," *Human Brain Mapping* (April 4, 2011).

273 This and subsequent quotations by Joyce Chung come from my interview with her in 2008 and subsequent communications.

273 Thorkil Sonne's innovative business venture is described in David Bornstein, "For some with autism, jobs to match their talents," *New York Times*, June 30, 2011.

273 The quotation from John Elder Robison on being a savant occurs on page 209 of *Look Me in the Eye* (2007).

273 This passage is based on my interviews with Temple Grandin in 2004 and 2008.

274 The following quotations in this passage from Eustacia Cutler come from *A Thorn in My Pocket* (2004), page 38 ("tantrums are hard to handle"); page 106 ("God says be fruitful and multiply"); page 151 ("Adolescence is hard enough for any child"); page 164 ("slowly, with no innate concept"); and page 219 ("despite her extraordinary accomplishments").

274 The next quote ("You have to pull them out of the limbo") is from personal communication with Eustacia Cutler in 2012.

276 The quotation from Jim Sinclair comes from his essay "Don't mourn for us," *Our Voice* 1, no. 3 (1993).

276 The quotation from Jim Sinclair likening the expression *person with autism* to *person with maleness* comes from his 1999 essay "Why I dislike 'person-first' language," archived at http://web.archive.org/web/20030527100525/http://web.syr.edu/~jisincla/person_first.htm.

276 The quotation from Isabelle Rapin comes from a 2009 presentation at Cold Spring Harbor Laboratory.

276 The quotation from Alex Plank comes from my interview with him in 2008.

276 Quotations from Ari Ne'eman here and following are from my interview with him in 2008 and subsequent communications.

277 Ari Ne'eman's December 7, 2007, memo to Autistic Self Advocacy Network members, "An urgent call to action: Tell NYU Child Study Center to abandon stereotypes against people with disabilities," can be read in its entirety on the organization's website, http://www.autisticadvocacy.org/modules/smartsection/ print.php?itemid=21.

277 For news reports about the ransom notes protest, see Joanne Kaufman, "Campaign on childhood mental illness succeeds at being provocative," *New York Times*, December 14, 2007; Shirley S. Wang, "NYU bows to critics and pulls ransom-note ads," *Wall Street Journal Health Blog*, December 19, 2007; Robin Shulman, "Child study center cancels autism ads," *Washington Post*, December 19, 2007; and Joanne Kaufman, "Ransom-note ads about children's health are canceled," *New York Times*, December 20, 2007. In 2010, a scholarly paper was published about the ransom notes scandal: Joseph F. Kras, "The 'Ransom Notes' affair: When the neurodiversity movement came of age," *Disability Studies Quarterly* 30, no. 1 (January 2010).

278 Ne'eman's appointment to the National Council on Disability was announced in the December 16, 2009, White House press release "President Obama Announces More Key Administration Posts." The ensuing controversy is described in Amy Harmon, "Nominee to disability council is lightning rod for dispute on views of autism," *New York Times*, March 28, 2010.

278 This and subsequent quotations from Judy Singer come from an interview I did with her in 2008.

278 The first published use of the term *neurodiversity* occurs in Harvey Blume, "Neurodiversity," *Atlantic*, September 30, 1998. Judy Singer's first published use of the term *neurodiversity* occurs in her essay "Why can't you be normal for once in your life: From a 'problem with no name' to a new kind of disability," in *Disability Discourse*, edited by M. Corker and S. French (1999).

278 The quotations by Camille Clark come from personal e-mail communications.

279 The quotation from Jim Sinclair ("The ways we relate are *different*") comes from his essay "Don't mourn for us," *Our Voice* 1, no. 3 (1993).

279 The quotation from Gareth Nelson comes from Emine Saner, "It is not a disease, it is a way of life," *Guardian*, August 6, 2007.

279 The quotation from Richard Grinker, author of *Unstrange Minds: Remapping the World of Autism* (2007), comes from my interview with him in 2008.

280 The "baby-eating" image was created by Adriana Gamondes and published as "Pass the Maalox: An AoA Thanksgiving nightmare," *Age of Autism*, November 29, 2009 (removed from the blog, but archived at http://web.archive.org/ web/20091202093726/http://www.ageofautism.com/2009/11/pass-the-maalox -an-aoa-thanksgiving-nightmare.html).

281 The quotation from Kit Weintraub ("The fact that my children have an abnormality of development") comes from her 2007 essay, "A mother's perspective," published on the website of the Association for Science in Autism Treatment, http://www .asatonline.org/forum/articles/mother.htm.

281 The quotation from Jonathan Mitchell ("The neurodiverse reach a vulnerable audience") comes from his 2007 essay "Neurodiversity: Just say no," http://www .jonathans-stories.com/non-fiction/neurodiv.html.

282 Newsgroup posts characterizing ideological opponents in insulting terms come from the Evidence of Harm discussion group on Yahoo! and were quoted in Kathleen Seidel's May 2005 letter "Evidence of venom: An open letter to David Kirby," published at http://www.neurodiversity.com/evidence_of_venom.html.

282 The quotation from Sarah Spence comes from personal communication in 2011.

282 Simon Baron-Cohen's statement that "autism is both a disability and a difference" occurs in Emine Saner, "It is not a disease, it is a way of life," *Guardian*, August 6, 2007.

283 The passage from the autistics.org website appears in Amy Harmon, "How about not 'curing' us, some autistics are pleading," *New York Times*, December 20, 2004.

283 *In My Language*, MOV video, directed by Amanda Baggs, privately produced, January 14, 2007, http://www.youtube.com/watch?v=JnylM1hI2jc.

283 The quotation from Jane Meyerding ("If people on the autistic spectrum all came out") comes from her 1998 essay "Thoughts on finding myself differently brained," published online at http://www.planetautism.com/jane/diff.html.

284 The quote by Richard Grinker ("When people pity me for my daughter, I don't understand the sentiment") occurs on page 35 of his book *Unstrange*

Minds: Remapping the World of Autism (2007).

284 The quotation from Kate Movius ("Nothing has yielded a 'eureka' moment") comes from her article "Autism: Opening the window," *Los Angeles*, September 2010.

284 For speculation that various historic and literary figures might have been autistic, see Michael Fitzgerald, *The Genesis of Artistic Creativity: Asperger's Syndrome and the Arts* (2005).

285 This passage is based on my interview with Bill, Jae, Chris, and Jessie Davis in 2003, and further interviews with Bill, as well as other communications.

285 Vincent Carbone's method is described in Vincent J. Carbone and Emily J. Sweeney-Kerwin, "Increasing the vocal responses of children with autism and developmental disabilities using manual sign mand training and prompt delay," *Journal of Applied Behavior Analysis* 43, no. 4 (Winter 2010).

289 The Jae Davis Parent Scholarship program is described in Justin Quinn, "Local parents get scholarships to attend conference on autism," *Lancaster Intelligencer-Journal*, July 30, 2004; and "For mother and son, life lessons as death nears: Woman ravaged by cervical cancer prepares autistic son for her passing," *Lancaster Intelligencer-Journal*, August 20, 2003; the Jae Davis Internship Program is mentioned in Maria Coole, "Report recommendations could put Pa. at forefront in autism services," *Lancaster Intelligencer-Journal*, April 23, 2005. In September 2004, the Organization for Autism Research announced the establishment of the Jae Davis Memorial Award; see "OAR Seeks Nominations for Community Service Award in Honor of the Late Jae Davis," at http://www.researchautism .org/news/pressreleases/PR090204.asp.

289 Oliver Sacks, *An Anthropologist on Mars: Seven Paradoxical Tales* (1995).

290 News reports on murders and attempted murders of autistic children and adults by their parents that are described in this section: Charles-Antoine Blais: Peter Bronson, "For deep-end families, lack of hope can kill," *Cincinnati Enquirer*, October 9, 2005. Casey Albury: Kevin Norquay, "Autism: Coping with the impossible," *Waikato Times*, July 17, 1998; Paul Chapman, "Mom who strangled autistic child tried to get her to jump off bridge," *Vancouver Sun*, July 11, 1998; and "Murder accused at 'end of her tether,'" *Evening Post*, July 14, 1998. Pierre Pasquiou: "Suspended jail term for French mother who killed autistic son," *BBC Monitoring International Reports*, March 2, 2001. James Joseph Cummings: "Man gets five years in prison for killing autistic son," Associated Press, 1999. Daniel Leubner: "Syracuse: Woman who killed autistic son is freed," *New York Times*, May 12, 2005. Gabriel Britt: "Man pleads guilty to lesser charge," *Aiken Standard*, August 7, 2003. Johnny Churchi: Barbara Brown, "Mother begins trial for death of her son," *Hamilton Spectator*, May 5, 2003; and Susan Clairmont, "'Sending you to heaven' said mom," *Hamilton Spectator*, May 6, 2003. Angelica Auriemma: Nancie L. Katz, "Guilty in autistic's drowning," *New York Daily News*, February 19, 2005. Sentencing information comes from the New York State Department of Corrections and Community Supervision. Terrance Cottrell: Chris Ayres, "Death of a sacrificial lamb," *Times*, August 29, 2003. Jason Dawes: Lisa Miller, "He can't forgive her for killing their son but says spare my wife from a jail cell," *Daily Telegraph*, May 26, 2004. Patrick Markcrow and Sarah Naylor: Peter Bronson, "For deep-end families, lack of hope can kill," *Cincinnati Enquirer*, October 9, 2005. Christopher DeGroot: Cammie McGovern, "Autism's parent trap," *New York Times*, June 5, 2006. Jose Stable: Al Baker and Leslie Kaufman, "Autistic boy is slashed to death and his father is charged," *New York Times*, November 23, 2006. Brandon Williams: Cheryl Korman, "Judge: Autistic's mom to serve 10 years for 'torture of her vulnerable child,'" *Tucson Citizen*, September 19, 2008. Jacob Grabe: Paul Shockley, "Grabe gets life in son's murder," *Daily Sentinel*, March 31, 2010. Son of Zvia Lev: Michael Rotem, "Mother found guilty of killing her autistic son," *Jerusalem Post*, February 22, 1991.

292 The quotation from the president of the Montreal Autism Society comes from Debra J. Saunders, "Children who deserve to die," *San Francisco Chronicle*, September 23, 1997.

292 Laura Slatkin's remark about "that hidden, dark thought" is quoted in Diane Guernsey, "Autism's angels," *Town & Country*, August 1, 2006.

292 The quotation from Cammie McGovern comes from her article "Autism's parent trap," *New York Times*, June 5, 2006.

292 The quotation from Joel Smith comes from the essay "Murder of autistics," published on his weblog, *This Way of Life*, http://www.geocities.com/ growingjoel/ murder.html.

292 The quotation from Karen McCarron comes from the Associated Press reports "'Autism left me hollow,' says mother accused of murder," *Dispatch-Argus*, June 6, 2007; and "Mom convicted in autistic girl's death," *USA Today*, January 17, 2008.

292 Karen McCarron's friend is quoted in Phil Luciano, "Helping everyone but herself," *Peoria Journal Star*, May 18, 2006.

292 The quotations from Mike McCarron, Katie's grandfather, come from a discussion of Kristina Chew, "I don't have a title for this post about Katherine McCarron's mother," *Autism Vox*, June 8, 2006, at http://archive.blisstree.com/feel/i-dont -have-a-title-for-this-post-about-katherine-mccarrons-mother/comment-page -2/#comments/; and an interview with journalist Phil Luciano, "This was not about autism," *Peoria Journal-Star*, May 24, 2006.

293 Stephen Drake's and Dave Reynolds's remarks occur in Not Dead Yet's June 22, 2006, press release, "Disability advocates call for restraint and responsibility in murder coverage."

293 Heidi Shelton is quoted in Larry Welborn, "Mom who drugged son gets deal," *Orange County Register*, May 4, 2003.

293 John Victor Cronin's wife's comment appears in Nick Henderson, "Attack on wife: Mental health system blamed," *Advertiser*, October 13, 2006.

294 The quotation from Debra Whitson comes from the article "Woman charged with trying to kill son," *Milwaukee Journal Sentinel*, May 14, 1998.

294 Statistics on the percentage of filicides attributed by their perpetrators to "altruism" come from Phillip J. Resnick, "Child murder by parents: A psychiatric review of filicide," *American Journal of Psychiatry* 126, no. 3 (September 1969).

294 For a discussion of the impact of altruistic explanations for filicide, see Dick Sobsey, "Altruistic filicide: Bioethics or criminology?," *Health Ethics Today* 12, no. 1 (Fall/November 2001).

294 Possible motivations for filicide are discussed on page 111 of John E. Douglas et al., *Crime Classification Manual: A Standard System for Investigating and Classifying Violent Crimes* (1992).

CHAPTER 6 | 思覺失調症 | SCHIZOPHRENIA

296 Statistics on suicide risk in schizophrenia come from Maurizio Pompili et al., "Suicide risk in schizophrenia: Learning from the past to change the future," *Annals of General Psychiatry* 6 (March 16, 2007).

296 The quotation from the sister of a schizophrenic man comes from Carole Stone, "First person: Carole Stone on life with her schizophrenic brother," *Guardian*, November 12, 2005.

297 This passage is based on an interview with Kitty and Pamela Watson in 2007 and on subsequent communications. All names in this passage are pseudonyms.

302 Useful general introductions to schizophrenia include Christopher Frith and Eve Johnstone, *Schizophrenia: A Very Short Introduction* (2003); Michael Foster Green, *Schizophrenia Revealed: From Neurons to Social Interactions* (2001); Rachel Miller and Susan E. Mason, *Diagnosis: Schizophrenia* (2002); E. Fuller Torrey, *Surviving Schizophrenia* (2006); and the NIH booklet *Schizophrenia* (2007).

302 The quotation from the schizophrenic woman describing her positive symptoms ("I could find no rest, for horrible images assailed me . . .") occurs on page 37 of Marguerite Sechehaye, *Autobiography of a Schizophrenic Girl: The True Story of "Renee"* (1951).

302 The quotation from the patient describing negative symptoms of schizophrenia ("I am all the time losing . . .") occurs on page 2 of Christopher Frith and Eve Johnstone, *Schizophrenia: A Very Short Introduction* (2003).

302 The quotation from Eric Kandel is from a personal communication in 2009.

302 The poem quoted is Emily Dickinson's "I Felt a Cleaving in My Mind," no. 937 in *The Complete Poems of Emily Dickinson* (1960).

303 The life course of schizophrenia is described in greater detail in Elaine Walker et al., "Schizophrenia: Etiology and course," *Annual Review of Psychology* 55 (February 2004). See also figure 1 in Jeffrey A. Lieberman et al., "Science and recovery in schizophrenia," *Psychiatric Services* 59 (May 2008).

303 The contribution of hormones to the development of schizophrenia is discussed in Laura W. Harris et al., "Gene expression in the prefrontal cortex during adolescence: Implications for the onset of schizophrenia," *BMC Medical Genomics* 2 (May 2009); and Elaine Walker et al., "Stress and the hypothalamic pituitary adrenal axis in the developmental course of schizophrenia," *Annual Review of Clinical Psychology* 4 (January 2008).

303 For more information on white matter in schizophrenia, see G. Karoutzou et al., "The myelin-pathogenesis puzzle in schizophrenia: A literature review," *Molecular Psychiatry* 13, no. 3 (March 2008); and Yaron Hakak et al., "Genomewide expression analysis reveals dysregulation of myelination-related genes in chronic schizophrenia," *Proceedings of the National Academy of Sciences* 98, no. 8 (April 2001).

303 The synaptic-pruning hypothesis was originally proposed in I. Feinberg, "Schizophrenia: Caused by a fault in programmed synaptic elimination during adolescence?," *Journal of Psychiatric Research* 17, no. 4 (1983). For a recent review article on the subject, see Gabor Faludi and Karoly Mirnics, "Synaptic changes in the brain of subjects with schizophrenia," *International Journal of Developmental Neuroscience* 29, no. 3 (May 2011).

304 Statistics on response to antipsychotics over the short and long term come from Jeffrey A. Lieberman and T. Scott Stroup, "The NIMH-CATIE schizophrenia study: What did we learn?," *American Journal of Psychiatry* 168, no. 8 (August 2011).

304 This passage is based on my interview with Connie and Steve Lieber in 2008 and subsequent communications.

304 Brain & Behavior Research Foundation (formerly NARSAD) website: http:// bbrfoundation.org/.

304 Figures on grant-making come from the Brain & Behavior Research Foundation (formerly NARSAD), "Our history" (2011), http://bbrfoundation.org/about/our -history. As of 2012, the most recent NARSAD grant statistics were: total given, $275,947,302.20; total number of grantees, 3,117; total number of grants given, 4,061; total number of institutions, 426; total number of countries (other than the United States), 30.

304 Herbert Pardes made this remark at a NARSAD gala in 2010.

305 Bleuler's invention of the word *schizophrenia* is discussed in Paolo Fusar-Poli and Pierluigi Politi, "Paul Eugen Bleuler and the birth of schizophrenia (1908)," *American Journal of Psychiatry*, 165, no. 11 (2008).

305 Frederick Plum declared that "schizophrenia is the graveyard of neuropathologists" in his paper "Prospects for research on schizophrenia. 3. Neurophysiology: Neuropathological findings," *Neurosciences Research Program Bulletin* 10, no. 4 (November 1972).

305 For more information on the genetics of schizophrenia, see Nancy C. Andreasen, *Brave New Brain* (2001); and Yunjung Kim et al., "Schizophrenia genetics: Where next?," *Schizophrenia Bulletin* 37, no. 3 (May 2011).

305 The most comprehensive study of schizophrenia risk in relatives is the Roscommon (Ireland) Family Study; see Kenneth S. Kendler et al., "The Roscommon Family Study. I. Methods, diagnosis of probands, and risk of schizophrenia in relatives," *Archives of General Psychiatry* 50, no. 7 (July 1993); and numerous subsequent reports published by Kendler and his colleagues from 1993 to 2001. For a review and synthesis of twin studies discussing the various sorts of environmental influences that might contribute to the differential development of schizophrenia in twins, see Patrick F. Sullivan, Kenneth S. Kendler, and Michael C. Neale, "Schizophrenia as a complex trait: Evidence from a meta-analysis of twin studies," *Archives of General Psychiatry* 60, no. 12 (December 2003).

305 All quotations from Deborah Levy come from my interview with her in 2008 and subsequent communications.

306 Studies on dopamine function in schizophrenia include Anissa Abi-Dargham et al., "Increased baseline occupancy of D2 receptors by dopamine in schizophrenia," *Proceedings of the National Academy of Sciences* 97, no. 14 (July 2000); and Philip Seeman et al., "Dopamine supersensitivity correlates with D2High states, implying many paths to psychosis," *Proceedings of the National Academy of Sciences* 102, no. 9 (March 2005).

306 For more information on hippocampal function in schizophrenia, see Stephan Heckers, "Neuroimaging studies of the hippocampus in schizophrenia," *Hippocampus* 11, no. 5 (2001); and J. Hall et al., "Hippocampal function in schizophrenia and bipolar disorder," *Psychological Medicine* 40, no. 5 (May 2010).

306 Epigenetics of schizophrenia is explored in Karl-Erik Wahlberg et al., "Geneenvironment interaction in vulnerability to schizophrenia," *American Journal of Psychiatry* 154, no. 3 (March 1997); and Paul J. Harrison and D. R. Weinberger, "Schizophrenia genes, gene expression, and neuropathology: On the

matter of their convergence," *Molecular Psychiatry* 10, no. 1 (January 2005).

306 The question of parasites and schizophrenia, Jaroslav Flegr's hypothesis that schizophrenia is exacerbated by toxoplasmosis, is described in Kathleen McAuliffe, "How your cat is making you crazy," *Atlantic*, March 2012.

306 Copy number variations in schizophrenia are the focus of Daniel F. Levinson et al., "Copy number variants in schizophrenia: Confirmation of five previous findings and new evidence for 3q29 microdeletions and VIPR2 duplications," *American Journal of Psychiatry* 168, no. 3 (March 2011); Jan O. Korbel et al., "The current excitement about copy-number variation: How it relates to gene duplication and protein families," *Current Opinion in Structural Biology* 18, no. 3 (June 2008); and G. Kirov et al., "Support for the involvement of large copy number variants in the pathogenesis of schizophrenia," *Human Molecular Genetics* 18, no. 8 (April 2009). The contribution of paternal age to schizophrenia is discussed in E. Fuller Torrey, "Paternal age as a risk factor for schizophrenia: How important is it?," *Schizophrenia Research* 114, nos. 1–3 (October 2009); and Alan S. Brown, "The environment and susceptibility to schizophrenia," *Progress in Neurobiology* 93, no. 1 (January 2011).

306 For more information on spontaneous mutations and schizophrenia, see Anna C. Need et al., "A genome-wide investigation of SNPs and CNVs in schizophrenia," *PLoS Genetics* 5, no. 2 (February 2009); and Hreinn Stefansson et al., "Large recurrent microdeletions associated with schizophrenia," *Nature* 455, no. 7210 (September 11, 2008).

306 John Krystal's comments come from my interview with him in 2012.

306 The development of transgenic mice that display schizophrenia-associated traits was first described in Takatoshi Hikida et al., "Dominant-negative DISC1 transgenic mice display schizophrenia-associated phenotypes detected by measures translatable to humans," *Proceedings of the National Academy of Sciences of the United States of America* 104, no. 36 (September 4, 2007); and Koko Ishizuka et al., "Evidence that many of the DISC1 isoforms in C57BL/6J mice are also expressed in 129S6/SvEv mice," *Molecular Psychiatry* 12, no. 10 (October 2007). For a recent review article on transgenic mouse research, see P. Alexander Arguello and Joseph A. Gogos, "Cognition in mouse models of schizophrenia susceptibility genes," *Schizophrenia Bulletin* 36, no. 2 (March 2010).

307 The quotation from Eric Kandel comes from a personal communication. For a review of work by Kandel and his colleagues, see Christoph Kellendonk, Eleanor H. Simpson, and Eric R. Kandel, "Modeling cognitive endophenotypes of schizophrenia in mice," *Trends in Neurosciences* 32, no. 6 (June 2009).

307 Maryellen Walsh's observation ("The history of schizophrenia is the history of blame") occurs on page 154 of her book *Schizophrenia: Straight Talk for Family and Friends* (1985).

307 Frieda Fromm-Reichman introduced the concept of the "schizophrenogenic mother" in her paper "Notes on the development of treatment of schizophrenics by psychoanalytic psychotherapy," *Psychiatry* 11, no. 3 (August 1948); this was followed by the proliferation of the term throughout the scientific literature, e.g., Loren R. Mosher, "Schizophrenogenic communication and family therapy," *Family Processes* 8 (1969).

307 The source of the quotation characterizing the schizophrenic patient as an "unsuccessful mediator" between parents is Murray Bowen et al., "The role of the father in families with a schizophrenic patient," *American Journal of Psychiatry* 115, no. 11 (May 1959).

307 See Gregory Bateson et al., "Toward a theory of schizophrenia," *Behavioral Science* 1, no. 4 (1956).

307 Examples of parent-blaming in the literature of systems-oriented family therapy include Ruth Wilmanns Lidz and Theodore Lidz. "The family environment of schizophrenic patients," *American Journal of Psychiatry* 106 (November 1949); Murray Bowen, Robert H. Dysinger, and Betty Basamania, "The role of the father in families with a schizophrenic patient," *American Journal of Psychiatry* 115, no. 11 (May 1959); and Gregory Bateson et al., "Toward a theory of schizophrenia," *Behavioral Science* 1, no. 4 (1956). For an extended critique of parent-blame theories, see John G. Howells and Waguih R. Guirguis, *The Family and Schizophrenia* (1985).

308 The quotation from Thomas Insel ("blame and shame") comes from a personal communication in 2010.

308 The NAMI finding that 57 percent of respondents believed that schizophrenia is caused by parental behavior is described on page 41 of Peter Wyden, *Conquering Schizophrenia* (1998).

308 In the pop-psychology bestseller *The Secret* (2006), Rhonda Byrne declares unequivocally, "Humans have the power to intentionally think and create their entire life with their mind."

308 "The religion of healthy-mindedness" serves as the title of a chapter in William James, *The Varieties of Religious Experience* (1905). The quotation about "the conquering efficacy of courage, hope, and trust, and a correlative contempt for doubt, fear, worry" appears on page 95.

308 The quotation from Patricia Backlar ("I sometimes felt as though I wore a scarlet letter *S* . . .") occurs on pages 15–16 of her book *The Family Face of Schizophrenia* (1994).

308 The quotation beginning "An entire generation of mental health professionals" occurs on pages 160–61 of Maryellen Walsh, *Schizophrenia: Straight Talk for Family and Friends* (1985).

308 The quotation from E. Fuller Torrey ("Any parent who has raised a child . . .") occurs on page 152 of his book *Surviving Schizophrenia* (2006).

308 This passage is based on my interview with Paul and Freda Smithers in 2008. All names in this passage are pseudonyms.

309 The quotation from John Bunyan ("Let them . . . recover one to his wits that was mad . . .") comes from "The Jerusalem sinner saved, or, good news for the vilest of men," in *The Miscellaneous Works of John Bunyan*, edited by Richard L. Greaves and Robert Sharrock (1979).

309 For a layperson's reference on the history of treatments for schizophrenia, see Robert Whitaker, *Mad in America: Bad Science, Bad Medicine, and the Enduring Mistreatment of the Mentally Ill* (2003). Henry Cotton's theory of "focal infection" (for which tooth-pulling was supposedly a remedy) is described in Richard Noll, "The blood of the insane," *History of Psychiatry* 17, no. 4 (December 2006). For more information on the history of lobotomy, see Joel T. Braslow, "History and evidence-based medicine: Lessons from the history of somatic treatments from the 1900s to the 1950s," *Mental Health Services Research* 1, no. 4 (December 1999).

309 Thorazine is a trademark for chlorpromazine. For more information, see Thomas A. Ban, "Fifty years chlorpromazine: A historical perspective," *Neuropsychiatric Disease & Treatment* 3, no. 4 (August 2007).

309 The quotation from Helen Mayberg ("It's as though you have a house burning down . . .") comes from personal communication in 2011.

310 The quotation from the Russian political prisoner ("One loses his individuality, his mind is dulled . . .") comes from the samizdat publication *Chronicle of Current Events* 18 (March 5, 1971), translated from Russian and cited in John D. LaMothe, *Controlled Offensive Behavior: USSR*, Defense Intelligence Agency Report ST-CS-01-169-72 (1972). Soviet use of psychiatric medication was described in Carl Gershman, "Psychiatric abuse in the Soviet Union," *Society* 21, no. 5 (July 1984).

310 The quotation from Janet Gotkin ("I became alienated from my self . . .") occurs on page 17 of the Committee on the Judiciary report *Drugs in Institutions* (1977), which contains the transcript of hearings held on July 31 and August 18, 1975.

310 The quotation beginning "The muscles of your jawbone go berserk" occurs on pages 35–36 of Jack Henry Abbott, *In the Belly of the Beast* (1981).

310 This passage is based on interviews with Penny, Peter, Doug, and Polly Pease in 2008 and subsequent communications.

313 The McLean schizophrenia genetics study is ongoing; recruitment information is available on their website, http://www.mclean.harvard.edu/research/clinical/ study.php?sid=68.

313 For more information on clozapine intoxication, see Carl R. Young, Malcolm B. Bowers Jr., and Carolyn M. Mazure, "Management of the adverse effects of clozapine," *Schizophrenia Bulletin* 24, no. 3 (1998).

313 Foucault's treatise on mental illness is *Madness and Civilization: A History of Insanity in the Age of Reason* (1964).

314 See, for example, Erving Goffman, "The insanity of place," *Psychiatry: Journal of Interpersonal Relations* 32, no. 4 (November 1969).

314 The quotations from R. D. Laing occur on pages 115, 121, and 133 of *The Politics of Experience* (1967).

314 The seminal works of "antipsychiatry" include Erving Goffman's and R. D. Laing's works cited above, as well as Thomas Szasz's books *The Myth of Mental Illness* (1974) and *Insanity: The Idea and Its Consequences* (1987).

314 Figures on the reduction in institutionalized populations come from page 421 of E. Fuller Torrey, *Surviving Schizophrenia* (2006).

314 E. Fuller Torrey's statement "Freedom to be insane is an illusory freedom" occurs on page 34 of his book *Nowhere to Go: The Tragic Odyssey of the Homeless Mentally Ill* (1988).

314 Judge Berel Caesar is quoted on page 160 of Rael Jean Isaac and Virginia C. Armat, *Madness in the Streets: How Psychiatry and the Law Abandoned the Mentally Ill* (1990).

314 The quotations from Ann Braden Johnson ("the myth that mental illness is a myth" and "Bureaucrats who drew up programs . . .") occur on pages 4 and xiv, respectively, of *Out of Bedlam: The Truth About Deinstitutionalization* (1990).

314 Nancy C. Andreasen describes the function of hospitals as communities on page 32 of *The Family Face of Schizophrenia* (1994).

315 The quotation from the frustrated father ("The authorities say it is their choice and their right to live like stray animals . . .") occurs on page 11 of Rael Jean Isaac and Virginia C. Armat, *Madness in the Streets* (1990).

315 This passage is based on my interview with Madeline Grammont in 2008. All names in this passage are pseudonyms.

316 For a large-scale study of schizophrenia risk in twins, see Alastair G. Cardno et al., "Heritability estimates for psychotic disorders: The Maudsley twin psychosis series," *Archives of General Psychiatry* 56, no. 2 (February 1999): 162–68.

316 For a review of enlarged lateral ventricles in schizophrenia, see Danilo Arnone et al., "Magnetic resonance imaging studies in bipolar disorder and schizophrenia," *British Journal of Psychiatry* 195, no. 3 (September 2009).

316 The function of dendritic spines is described in detail in Anissa Abi-Dargham and Holly Moore, "Prefrontal DA transmission at D1 receptors and the pathology of schizophrenia," *Neuroscientist* 9, no. 5 (2003).

316 Temporal lobe function in schizophrenia is discussed in Christos Pantelis et al., "Structural brain imaging evidence for multiple pathological processes at different stages of brain development in schizophrenia," *Schizophrenia Bulletin* 31, no. 3 (July 2005).

316 For more information on synaptic connectivity and frontal lobe function in schizophrenia, see Gabor Faludi and Karoly Mirnics, "Synaptic changes in the brain of subjects with schizophrenia," *International Journal of Developmental Neuroscience* 29, no. 3 (May 2011); and Francine M. Benes, "Amygdalocortical circuitry in schizophrenia: From circuits to molecules," *Neuropsychopharmacology* 35, no. 1 (January 2010). Synaptic connectivity in autism is discussed in Carlos A. Pardo and Charles G. Eberhart, "The neurobiology of autism," *Brain Pathology* 17, no. 4 (October 2007).

316 For discussion of the contribution of maternal infection to schizophrenia, see Douglas Fox, "The insanity virus," *Discover*, June 2010; and Alan S. Brown and Ezra S. Susser, "In utero infection and adult schizophrenia," *Mental Retardation & Developmental Disabilities Research Reviews* 8, no. 1 (February 2002).

316 Studies documenting an increase in schizophrenia in offspring of women who experienced the death or life-threatening illness of a close relative during pregnancy include Ali S. Khashan et al., "Higher risk of offspring schizophrenia following antenatal maternal exposure to severe adverse life events," *Archives of General Psychiatry* 65, no. 2 (2008); and Matti O. Huttunen and Pekka Niskanen, "Prenatal loss of father and psychiatric disorders," *Archives of General Psychiatry* 35, no. 4 (1978). Unforeseen mental health consequences of war are documented in Jim van Os and Jean-Paul Selten, "Prenatal exposure to maternal stress and subsequent schizophrenia: The May 1940 invasion of the Netherlands," *British Journal of Psychiatry* 172, no. 4 (April 1998); and Dolores Malaspina et al., "Acute maternal stress in pregnancy and schizophrenia in offspring: A cohort prospective study," *BMC Psychiatry* 8 (2008). Schizophrenia following famine is discussed in Hans W. Hoek, Alan S. Brown, and Ezra S. Susser, "The Dutch famine and schizophrenia spectrum disorders," *Social Psychiatry & Psychiatric Epidemiology* 33, no. 8 (July 1998); and David St. Clair et al., "Rates of adult schizophrenia following prenatal exposure to the Chinese famine of 1959–1961," *Journal of the American Medical Association* 294, no. 5 (2005).

316 Prenatal stress hormones and dopamine activation in schizophrenia are explored in Alan S. Brown, "The environment and susceptibility to schizophrenia," *Progress in Neurobiology* 93, no. 1 (January 2011); and Dennis K. Kinney et al., "Prenatal stress and risk for autism," *Neuroscience & Biobehavioral Reviews* 32, no. 8 (October 2008).

316 For a recent study finding an increased risk of schizophrenia following traumatic brain injury, see Charlene Molloy et al., "Is traumatic brain injury a risk

factor for schizophrenia?: A meta-analysis of case-controlled population-based studies," *Schizophrenia Bulletin* (August 2011).

316 Meta-analyses of studies on increased risk of schizophrenia in immigrant populations include Elizabeth Cantor-Graae and Jean-Paul Selten, "Schizophrenia and migration: A meta-analysis and review," *American Journal of Psychiatry* 162, no. 1 (January 2005); and Jean-Paul Selten, Elizabeth Cantor-Graae, and Rene S. Kahn, "Migration and schizophrenia," *Current Opinion in Psychiatry* 20, no. 2 (March 2007).

316 For studies establishing an association between severity of schizophrenic symptoms and recreational use of cocaine, methamphetamine, and cannabis, see, e.g., Killian A. Welch et al., "The impact of substance use on brain structure in people at high risk of developing schizophrenia," *Schizophrenia Bulletin* 37, no. 5 (September 2011); and P. A. Ringen et al., "The level of illicit drug use is related to symptoms and premorbid functioning in severe mental illness," *Acta Psychiatrica Scandinavica* 118, no. 4 (October 2008).

316 Methamphetamine use and psychosis in postwar Japan are discussed in Hiroshi Suwaki, Susumi Fukui, and Kyohei Konuma, "Methamphetamine abuse in Japan," in *Methamphetamine Abuse: Epidemiologic Issues and Implications*, edited by Marissa J. Miller and Nicholas J. Kozel (1991); and Mitsumoto Sato, Yohtaro Numachi, and Takashi Hamamura, "Relapse of paranoid psychotic state in methamphetamine model of schizophrenia," *Schizophrenia Bulletin* 18, no. 1 (1992).

317 For the Swedish cannabis/schizophrenia study, see Stanley Zammit et al., "Self reported cannabis use as a risk factor for schizophrenia in Swedish conscripts of 1969: Historical cohort study," *British Medical Journal* 325, no. 7374 (November 23, 2002).

317 The quotation from Cyril D'Souza comes from my interview with him in 2007. One of his recent articles that addresses this topic is R. Andrew Sewell, Mohini Ranganathan, and Deepak Cyril D'Souza, "Cannabinoids and psychosis," *International Review of Psychosis* 21, no. 2 (April 2009).

317 Dysregulation of neural transmitters is described in Paul J. Harrison and D. R. Weinberger, "Schizophrenia genes, gene expression, and neuropathology: On the matter of their convergence," *Molecular Psychiatry* 10, no. 1 (January 2005).

317 Studies and review articles by Anissa Abi-Dargham and her colleagues include Anissa Abi-Dargham et al., "Increased baseline occupancy of D2 receptors by dopamine in schizophrenia," *Proceedings of the National Academy of Sciences* 97, no. 14 (July 2000); Anissa Abi-Dargham and Holly Moore, "Prefrontal DA transmission at D1 receptors and the pathology of schizophrenia," *Neuroscientist* 9, no. 5 (October 2003); Bernard Masri et al., "Antagonism of dopamine D2 receptor/beta-arrestin 2 interaction is a common property of clinically effective antipsychotics," *Proceedings of the National Academy of Sciences* 105, no. 36 (September 9, 2008); Nobumi Miyake et al., "Presynaptic dopamine in schizophrenia," *CNS Neuroscience & Therapeutics* 17, no. 2 (April 2011); and Robert W. Buchanan et al., "Recent advances in the development of novel pharmacological agents for the treatment of cognitive impairments in schizophrenia," *Schizophrenia Bulletin* 33, no. 5 (2007).

317 Elyn Saks credits talk therapy with saving her life in *The Center Cannot Hold: My Journey Through Madness* (2007). Cognitive behavioral therapy for schizophrenia is discussed in Xavier Amador, *I Am Not Sick, I Don't Need Help* (2007); Jennifer Gottlieb and Corinne Cather, "Cognitive behavioral therapy (CBT) for schizophrenia: An in-depth interview with experts," Schizophrenia.com (February 3, 2007); Debbie M. Warman and Aaron T. Beck, "Cognitive behavioral therapy," National Alliance on Mental Illness (2003); Susan R. McGurk et al., "A metaanalysis of cognitive remediation in schizophrenia," *American Journal of Psychiatry* 164, no. 12 (2007); and Sara Tai and Douglas Turkington, "The evolution of cognitive behavior therapy for schizophrenia: Current practice and recent developments," *Schizophrenia Bulletin* 35, no. 5 (2009).

318 The quotation from Jeffrey Lieberman ("There is no better time in the history of mankind to have a mental illness than now . . .") comes from my interview with him in 2008.

318 International Early Psychosis Association website: http://www.iepa.org.au.

318 Thomas McGlashan discusses the potential benefits of early treatment in an article written with Scott Woods, "Early antecedents and detection of schizophrenia: Understanding the clinical implications," *Psychiatric Times* 28, no. 3 (March 2011).

318 Jeffrey Lieberman's comment about the "Humpty-Dumpty situation" comes from the article "A beacon of hope: Prospects for preventing and recovering from mental illness," *NARSAD Research Quarterly* 2, no. 1 (Winter 2009).

318 The quotation from Jack Barchas comes from a personal communication in 2010.

318 Early symptoms of schizophrenia are described in Nancy C. Andreasen, "Schizophrenia: The characteristic symptoms," *Schizophrenia Bulletin* 17, no. 1 (1991); and Tandy J. Miller et al., "The PRIME North America randomized double-blind clinical trial of olanzapine versus placebo in patients at risk of being prodromally symptomatic for psychosis II: Baseline characteristics of the 'prodromal' sample," *Schizophrenia Research* 61, no. 1 (March 2003).

318 Thomas McGlashan and his colleagues reported their findings in Thomas H. McGlashan et al., "Randomized, double-blind trial of olanzapine versus placebo in patients prodromally symptomatic for psychosis," *American Journal of Psychiatry* 163, no. 5 (May 2006); and Keith A. Hawkins et al., "Neuropsychological course in the prodrome and first episode of psychosis: Findings from the PRIME North America double blind treatment study," *Schizophrenia Research* 105, nos. 1–3 (October 2008). McGlashan's assessment of the results as only "marginally significant" comes from Benedict Carey, "Mixed result in drug trial on pretreating schizophrenia," *New York Times*, May 1, 2006.

319 Studies from the UK and Australia finding benefit in cognitive-behavioral therapy include Patrick D. McGorry et al., "Randomized controlled trial of interventions designed to reduce the risk of progression to first-episode psychosis in a clinical sample with subthreshold symptoms," *Archives of General Psychiatry* 59, no. 10 (October 2002); Mike Startup, M. C. Jackson, and S. Bendix, "North Wales randomized controlled trial of cognitive behaviour therapy for acute schizophrenia spectrum disorders: Outcomes at 6 and 12 months," *Psychological Medicine* 34, no. 3 (April 2004); Mike Startup et al., "North Wales randomized controlled trial of cognitive behaviour therapy for acute schizophrenia spectrum disorders: Two-year follow-up and economic evaluation," *Psychological Medicine* 35, no. 9 (2005); P. Kingsep et al., "Cognitive behavioural group treatment for social anxiety in schizophrenia," *Schizophrenia Research* 63, nos. 1–2 (September 2003); and Andrew Gumley et al., "Early intervention for relapse in schizophrenia: Results of a 12-month randomized controlled trial of cognitive behavioural therapy," *Psychological Medicine* 33, no. 3 (April 2003).

319 For more information on prevention of psychosis by omega-3 fatty acids, see K. Akter et al., "A review of the possible role of the essential fatty acids and fish oils in the aetiology, prevention or pharmacotherapy of schizophrenia," *Journal of Clinical Pharmacy & Therapeutics* (April 19, 2011); Claire B. Irving

et al., "Polyunsaturated fatty acid supplementation for schizophrenia: Intervention review," *Cochrane Library* 9 (January 20, 2010); and Max Marshall and John Rathbone, "Early intervention in psychosis," *Cochrane Library* 15, no. 6 (June 2011).

319 The quotation from Thomas McGlashan comes from my interview with him in 2007.

319 The concept of a "psychosis risk syndrome" was first developed by Thomas McGlashan and incorporated into the design of the PRIME study: Keith A. Hawkins et al., "Neuropsychological course in the prodrome and first episode of psychosis: Findings from the PRIME North America double blind treatment study," *Schizophrenia Research* 105, nos. 1–3 (October 2008). McGlashan and his colleagues argue for the establishment of the syndrome as a diagnostic category in Scott W. Woods et al., "The case for including Attenuated Psychotic Symptoms Syndrome in DSM-5 as a psychosis risk syndrome," *Schizophrenia Research* 123, nos. 2–3 (November 2010). Their proposals attracted considerable opposition; see, e.g., Cheryl M. Corcoran, Michael B. First, and Barbara Cornblat, "The psychosis risk syndrome and its proposed inclusion in the DSM-V: A risk-benefit analysis," *Schizophrenia Research* 120 (July 2010); and Allen Frances, "Psychosis risk syndrome: Far too risky," *Australian & New Zealand Journal of Psychiatry* 45, no. 10 (October 2011). For a scholarly review of the controversy, see Barnaby Nelson and Alison R. Yung, "Should a risk syndrome for first episode psychosis be included in the DSM-5?," *Current Opinion in Psychiatry* 24, no. 2 (March 2011); for a journalistic discussion, see Sally Satel, "Prescriptions for psychiatric trouble and the DSM-V," *Wall Street Journal*, February 19, 2010. A report of the decision of the DSM working committee finally to drop the diagnosis is presented in Benedict Carey, "Psychiatry manual drafters back down on diagnoses," *New York Times*, May 8, 2012.

319 The quotation from John Krystal ("What they do in the *DSM* is a fashion question . . .") comes from a personal communication in 2012.

319 The anecdote from Jeffrey Lieberman about an anonymous patient comes from my interview with him in 2007.

320 This passage is based on my interviews with George Clark, Charlotte Clark, Electa Reischer, and Jackie Clark in 2008 and subsequent communications.

324 The quotation from Deborah Levy comes from my interview with her in 2008.

324 The quotation from Larry Davidson and David Stayner ("While perhaps appearing wooden and vacant to others . . .") comes from their paper "Loss, loneliness, and the desire for love: Perspectives on the social lives of people with schizophrenia," *Psychiatric Rehabilitation Journal* 20, no. 3 (Winter 1997).

325 The quotation from Jeanne Frazier comes from my interview with her in 2008.

325 The quotation from the unnamed mother whose son's therapist proposed a motto is from a personal communication, 2008.

325 This passage is based on my interviews with George, Giuseppe, and Bridget Marcolo in 2008 and subsequent communications. All names in this passage are pseudonyms.

327 For more information on recovery and the recovery movement, see Robert Paul Liberman et al., "Operational criteria and factors related to recovery from schizophrenia," *International Review of Psychiatry* 14, no. 4 (November 2002); Jeffrey A. Lieberman et al., "Science and recovery in schizophrenia," *Psychiatric Services* 59 (May 2008); and Kate Mulligan, "Recovery movement gains influence in mental health programs," *Psychiatric News* 38, no. 1 (January 2003).

328 The quotation from the unnamed mother ("Two years ago, I would have thought he was living a sad, wasted, pointless life . . .") comes from a personal interview in 2009.

328 This passage is based on my interview with Marnie Callahan in 2008. All names in this passage are pseudonyms.

328 The quotation from Jeffrey Lieberman ("The problem is . . .") comes from my interview with him in 2011.

329 Statistics on homelessness among people with schizophrenia occur on page 3 of E. Fuller Torrey, *Out of the Shadows: Confronting America's Mental Illness Crisis* (1997).

329 See the US Department of Health and Human Services, Substance Abuse and Mental Health Services Administration, *Results from the 2008 National Survey on Drug Use and Health: National Findings* (2008).

329 The quotation from Jeanne Frazier ("The thing that makes me emotionally drained . . .") comes from my interview with her in 2008.

329 Estimates of costs associated with schizophrenia come from Eric Q. Wu et al., "The economic burden of schizophrenia in the United States in 2002," *Journal of Clinical Psychiatry* 66, no. 9 (September 2005).

329 Elevated rates of suicide in schizophrenia are reported in Kahyee Hor and Mark Taylor, "Suicide and schizophrenia: A systematic review of rates and risk factors," *Journal of Psychopharmacology* 24, no. 4 suppl. (November 2010); and Alec Roy and Maurizio Pompili, "Management of schizophrenia with suicide risk," *Psychiatric Clinics of North America* 32, no. 4 (December 2009). See also Maurizio Pompili et al., "Suicide risk in schizophrenia: Learning from the past to change the future," *Annals of General Psychiatry* 6 (March 16, 2007).

329 The anecdote about the feces-eating prisoner who remained uncommitted following a petition to the court occurs on page 142 of E. Fuller Torrey, *Out of the Shadows* (1997).

329 The quotation from Kenneth Duckworth ("It's harder to get into a state hospital than into Harvard Medical School") comes from Deborah Sontag, "A schizophrenic, a slain worker, troubling questions," *New York Times*, June 17, 2011.

330 Figures for the percentage of individuals with schizophrenia who live with their families rely on Richard S. E. Keefe and Philip D. Harvey, *Understanding Schizophrenia: A Guide to New Research on Causes and Treatment* (1994) (estimating 65 percent, page 173); Agnes B. Hatfield, *Family Education in Mental Illness* (1990) (estimating 65 percent, page 15; the family survey finding that only 3 percent of responders thought their schizophrenic relatives should live in the family home is discussed on pages 16–17); and Ellen Lukens, "Schizophrenia," in *Handbook of Social Work Practice with Vulnerable and Resilient Populations*, 2nd ed., edited by Alex Gitterman (2001) (estimating 50–70 percent, page 288). For more information on living arrangements and parent satisfaction, see Benedicte Lowyck et al., "Can we identify the factors influencing the burden family-members of schizophrenic patients experience?," *International Journal of Psychiatry in Clinical Practice* 5, no. 2 (January 2001).

330 The quotation from Jeffrey Lieberman ("The problem is that people burn out . . .") comes from my interview with him in 2009.

330 The quotation from Ezra Susser ("You have to be really careful . . .") comes from my interview with him in 2008.

330 The referenced WHO study is Dan Chisholm et al., "Schizophrenia treatment in the developing world: An interregional and multinational cost-effectiveness analysis," *Bulletin of the World Health Organization* 86, no. 8 (July 2008). A 1999 study from Nigeria disputes the claim that schizophrenia outcomes are better in developing countries; see Oye Gureje and Rotimi Bamidele, "Thirteen-year social outcome among Nigerian outpatients with schizophrenia," *Social Psychiatry & Psychiatric Epidemiology* 34, no. 3 (March 1999).

330 The quotation from Cyril D'Souza ("It was very difficult for me to understand . . .") comes from my interview with him in 2007.

330 The description of treatment of mental patients in Senegal is based on personal reporting I did there in 2000.

331 The quotation from Esso Leete ("Criticize only constructively . . .") comes from her article "Interpersonal environment: A consumer's personal recollection," in *Surviving Mental Illness: Stress, Coping, and Adaptation*, edited by Agnes B. Hatfield and Harriet P. Lefley (1993).

331 The advice to "approach delusions in a spirit of shared inquiry" is made at East Community's "Family and friends" webpage, http://www.eastcommunity.org/home/ec1/smartlist_12/family_and_friends.html.

331 The quotation from the father ("My loving, bright, amusing son . . .") occurs on page 34 of Raquel E. Gur and Ann Braden Johnson, *If Your Adolescent Has Schizophrenia: An Essential Resource for Parents* (2006); the quotation from the mother ("These kids die but they never get buried") occurs on page 96.

331 The quotation "The sick child inhabits a different world . . ." occurs on page 3 of Nona Dearth and Families of the Mentally Ill Collective, *Families Helping Families: Living with Schizophrenia* (1986).

331 The murder of Malcolm Tate is described on page 79 of E. Fuller Torrey, *Out of the Shadows: Confronting America's Mental Illness Crisis* (1997). A judgment in *Lothell Tate v. State of South Carolina*, affirming Lothell Tate's conviction for the murder of her brother, was issued by the South Carolina Supreme Court on April 13, 1992.

331 This passage is based on my interview with Rosemary Baglio in 2008.

334 Anosognosia is the subject of Xavier Francisco Amador, *I Am Not Sick, I Don't Need Help!* (2007).

334 "That proves you mad, because you know it not" occurs in act 4, scene 3 of Thomas Dekker's 1604 play, *The Honest Whore*, reissued by Nick Hern Books in 1998.

334 The quotation from Elyn Saks ("We should not be in the business of choosing selves") occurs on page 2 of her book *Refusing Care: Forced Treatment and the Rights of the Mentally Ill* (2002).

335 For more information on IQ and outcomes in schizophrenia, see Janet C. Munro et al., "IQ in childhood psychiatric attendees predicts outcome of later schizophrenia at 21 year follow-up," *Acta Psychiatrica Scandinavica* 106, no. 2 (August 2002); and Maurizio Pompili et al., "Suicide risk in schizophrenia: Learning from the past to change the future," *Annals of General Psychiatry* 6, no. 10 (2007).

335 The quotation from John Krystal ("You have no idea how many people you interact with who are hearing voices . . .") comes from my interview with him in 2012.

335 Linda Bishop is the subject of Rachel Aviv, "God knows where I am: What should happen when patients reject their diagnosis?," *New Yorker*, May 30, 2011.

335 Judi Chamberlin's comment ("If it isn't voluntary, it isn't treatment") occurs in David Davis, "Losing the mind," *Los Angeles Times*, October 26, 2003. Chamberlin is the author of *On Our Own: Patient-Controlled Alternatives to the Mental Health System* (1978).

335 The Mad Pride movement is discussed in Gabrielle Glaser, "'Mad pride' fights a stigma," *New York Times*, May 11, 2008.

336 The quotation from the Asheville Radical Mental Health Collective organizer ("It used to be you were labeled . . .") comes from Gabrielle Glaser, "'Mad pride' fights a stigma," *New York Times*, May 11, 2008.

336 The quotation from David Oaks ("They took a wrecking ball to the cathedral of my mind"), Sally Zinman's praise of Oaks, and the American Psychiatric Association's response come from David Davis, "Losing the mind," *Los Angeles Times*, October 26, 2003.

336 Peter Breggin describes drug-induced improvement in schizophrenics as a "disability, a loss of mental capacity" on page 2 of *Psychiatric Drugs: Hazards to the Brain* (1983).

337 Psychiatric drug "pro-choice" advocates are featured in I. A. Robinson and Astrid Rodrigues, "'Mad Pride' activists say they're unique, not sick," ABC News, August 2, 2009.

337 The quotation from Will Hall occurs on page 3 of his book *Harm Reduction Guide to Coming Off Psychiatric Drugs* (2007).

337 This quotation from Clare Allan ("There seems to be some sort of agreement . . .") and the one that follows ("Rightly or wrongly, the truth was I didn't feel proud . . .") come from her article "Misplaced pride," *Guardian*, September 27, 2006; "According to my doctor, I'm mad . . ." appears in the comments section of that article.

337 The statement "We are a network of people living with . . ." occurs on the Icarus Project website, http://theicarusproject.net/.

338 Alison Jost discusses Mad Pride in her article "Mad pride and the medical model," *Hastings Center Report* 39, no. 4 (July–August 2009).

338 This passage is based on my interview with Walter Forrest in 2008. All names in this passage are pseudonyms.

339 The anecdote about the casting difficulties involved in the production of *One Flew Over the Cuckoo's Nest* occurs on page 38 of Otto F. Wahl, *Media Madness: Public Images of Mental Illness* (1995).

339 The survey finding that 40 percent of landlords immediately rejected mentally ill applicants for apartments is reported in Joseph M. Alisky and Kenneth A. Iczkowski, "Barriers to housing for deinstitutionalized psychiatric patients," *Hospital & Community Psychiatry* 41, no. 1 (January 1990).

339 For details on the miserable employment prospects of people with schizophrenia, see Eric Q. Wu et al., "The economic burden of schizophrenia in the United States in 2002," *Journal of Clinical Psychiatry* 66, no. 9 (September 2005); and David S. Salkever et al., "Measures and predictors of community-based employment and earnings of persons with schizophrenia in a multisite study," *Psychiatric Services* 58, no. 3 (March 2007).

339 The effectiveness of employment as therapy was noted by Stephen Marder in Mark Moran, "Schizophrenia treatment should focus on recovery, not

just symptoms," *Psychiatric News* 39, no. 22 (November 19, 2004). Marder is a coauthor of Robert S. Kern et al., "Psychosocial treatments to promote functional recovery in schizophrenia," *Schizophrenia Bulletin* 35, no. 2 (March 2009).

339 The quotation from James Beck ("Many people can't tolerate working with chronic schizophrenics . . .") occurs on page 97 of Rael Jean Isaac and Virginia C. Armat, *Madness in the Streets* (1990).

340 Statistics on risk of homicide by people with schizophrenia come from Cameron Wallace et al., "Serious criminal offending and mental disorder: Case linkage study," *British Journal of Psychiatry* 172, no. 6 (June 1998).

340 For the 1998 study on violence in psychiatric patients, see Henry J. Steadman et al., "Violence by people discharged from acute psychiatric inpatient facilities and by others in the same neighborhoods," *Archives of General Psychiatry* 55, no. 5 (May 1998).

340 Increased risk of violence to family members of people with schizophrenia is documented in Annika Nordstrom and Gunnar Kullgren, "Victim relations and victim gender in violent crimes committed by offenders with schizophrenia," *Social Psychiatry & Psychiatric Epidemiology* 38, no. 6 (June 2003); and Annika Nordstrom, Lars Dahlgren, and Gunnar Kullgren, "Victim relations and factors triggering homicides committed by offenders with schizophrenia," *Journal of Forensic Psychiatry & Psychology* 17, no. 2 (June 2006).

340 The murder of Stephanie Moulton by Deshawn Chappell is discussed in Deborah Sontag, "A schizophrenic, a slain worker, troubling questions," *New York Times*, June 17, 2011; and John Oldham's letter to the editor in response to "How budget cuts affect the mentally ill," *New York Times*, June 25, 2011.

341 Quotations that appear in this account of Jared Loughner's shooting spree and the aftermath come from the following sources: "We have a mentally unstable person in the class . . .": Matthew Lysiak and Lukas I. Alpert, "Gabrielle Giffords shooting: Frightening, twisted shrine in Arizona killer Jared Lee Loughner's yard," *New York Daily News*, January 10, 2011. "It seemed obvious that he had mental problems" and "We don't understand why this happened": Leslie Eaton, Daniel Gilbert, and Ann Zimmerman, "Suspect's downward spiral," *Wall Street Journal*, January 13, 2011. Loughner "rocked back and forth," "experienced delusions, bizarre thoughts . . .": Mark Lacey, "After being removed from court, Loughner is ruled incompetent," *New York Times*, May 25, 2011. "Mr. Loughner has a due process right . . .": Mark Lacey, "Lawyers for defendant in Giffords shooting seem to be searching for illness," *New York Times*, August 16, 2011. "Is it ethical and proper . . .": Mark Lacey, "After being removed from court, Loughner is ruled incompetent," *New York Times*, May 25, 2011.

341 Judicial authorization for continued medication for Jared Loughner is reported in "Judge allows forced medication for Arizona shooting suspect," *New York Times*, August 28, 2011.

341 Loughner's guilty plea was reported in Fernanda Santos, "Life term for gunman after guilty plea in Tucson killings," *New York Times*, August 7, 2012.

342 The Los Angeles County Jail is described as the facility containing the largest number of schizophrenics in the United States in the article "Treatment not jail: A plan to rebuild community mental health," *Sacramento Bee*, March 17, 1999. For a comprehensive general source on mental health and the criminal justice system, see the Council of State Governments report *Criminal Justice / Mental Health Consensus Project* (2002).

342 Statistics on the total number of people with schizophrenia in jail and on probation come from Paula Ditton, *Mental Health and Treatment of Inmates and Probationers* (1999).

342 Massachusetts statistics come from the most comprehensive available study of mental illness in incarcerated persons: Sasha Abramsky and Jamie Fellner, *Ill- Equipped: U.S. Prisons and Offenders with Mental Illness* (2003).

342 This passage is based on my interviews with Susan Weinreich and Bobbe Evans in 2007 and subsequent communications.

346 The four quotations about voices and delusions come from personal communications.

347 The quotation from Michael Foster Green ("When an illness is viewed as inexplicable and impenetrable . . .") occurs on the first page of his book *Schizophrenia Revealed* (2001).

347 Karl Jaspers uses the phrase *abyss of difference* on page 219 of *General Psychopathology* (1963), as cited by Christopher Frith and Eve Johnstone on page 123 of *Schizophrenia: A Very Short Introduction* (2003).

347 The quotation from Jay Neugeboren ("For paid professionals to act as if Robert were merely a vessel of flesh . . .") occurs on pages 136–39 of his book about Robert's schizophrenia, *Imagining Robert: My Brother, Madness, and Survival* (2003). It has been condensed.

347 Andy Behrman describes his experiences with bipolar disorder in his essay "Mental health recovery: A personal perspective," About.com, December 29, 2011.

348 The quotation from Richard C. Friedman ("The problem in psychiatric diagnosis . . .") comes from personal communication in 2011.

348 This passage is based on my interview with Patricia, Winston, and Sam Fischer in 2008, and subsequent communications. All names in this passage are pseudonyms, except the name of David Nathan.

名詞對照｜ GLOSSARY

人名

第一章｜ CHAPTER 1

丹諾｜ Clarence Darrow
包爾｜ Bruce Bauer
卡米爾｜ Amos Kamil
史奈德｜ Sharon Snyder
史密斯｜ Steven R. Smith
尼布爾｜ Reinhold Niebuhr
布蘭查德｜ Ray Blanchard
皮斯托利斯｜ Oscar Pistorius
安東諾夫斯基｜ Aaron Antonovsky
安德魯斯｜ Nigel Andrews
米契｜ David Mitchell
艾默｜ Elmer
西貝斯｜ Tobin Siebers
狄拉克｜ Paul Dirac
貝克｜ Martha Beck
貝特罕｜ Bruno Bettelheim
辛克萊｜ Jim Sinclair
亞吉能｜ Algernon
帕克｜ Clara Claiborne Park
哈洛威｜ Donna Haraway
柏奇｜ Susan Burch
夏農｜ Bill Shannon
夏農｜ Bill Shannon
娜齊妲・康斯坦丁諾夫｜ Nadezhda Konstantinova
格林｜ Joanne Green
烏納穆諾｜ Miguel de Unamuno
索布希｜ Dick Sobsey
高夫曼｜ Erving Goffman
基契爾｜ Philip Kitcher
梅斯頓｜ Ann S. Masten
梅爾森｜ Arlene Mayerson
麥唐諾｜ Roy J. McDonald
麥凱｜ Anne MacKay
傅柯｜ Michel Foucault
傑勒斯｜ Benjamin Jealous
提勒｜ George Tiller
斯科吉｜ Kate Scorgie
華生｜ James D. Watson
華萊士｜ Chris Wallace
賀伯德｜ Ruth Hubbard
鈕｜ Maria New
奧利維｜ Michael Oliver
瑞德里｜ Matt Ridley
葛雷莉｜ Lucy Grealy
路易斯｜ Jerry Lewis
福山｜ Francis Fukuyama
維根斯坦｜ Ludwig Wittgenstein
赫胥｜ Laura Hershey
德雷格｜ Alice Domurat Dreger
慕琳｜ Aimee Mullins
歐宣斯基｜ Simon Olshansky
魯迪克｜ William Ruddick
賴特｜ Doug Wright
霍肯貝瑞｜ John Hockenberry
鮑比｜ Bobby Finkel
邁查克｜ Rod Michalko
黛比｜ Debbie Camacho
黛博拉｜ Deborah Keń
薩克斯頓｜ Marsha Saxton
蘇貝克｜ Jared Spurbeck

第二章｜ CHAPTER 2

古爾德｜ R. Max Gould
丹・赫西｜ Dan Hessey
丹馬克｜ Clark Denmark
巴罕｜ Benjamin Bahan
巴維列克｜ Alan Barwiolek
比安維努｜ MJ Bienvenu
加芮｜ Diane Garey
加菲｜ Paula Garfield
卡辛堡｜ Jeffery Katzenberg

柯比雅｜ Kebyar
柯坦奇｜ Douglas Cotanche
柯爾文｜ Jeffery T. Corwin
約登｜ I. King Jordan
埃里耶斯｜ Charles Eyriès
埃迪娜・榭爾斯｜ Edna Eidth Sayers
夏勒｜ Susan Schaller
格里克曼｜ Ken Glickman
桑迪｜ Sandi
桑提亞｜ Santia
班德利｜ Beryl Lieff Benderly
索拉普查｜ Suara Putra
高立德牧師｜ Reverend Thomas Gallaudet
基什內爾｜ Carl Kirchner
寇特曼－戴維斯｜ Mary Courtman-Davies
崔西｜ Spencer Tracy
康納派爾｜ Barbara Kannapell
梅根・威廉斯｜ Megan Williams
莫爾｜ Gary Mowl
連恩｜ Harlan Lane
麥可・蕭柏格｜ Michael Shamberg
喬荷諾｜ André Djourno
惠勒｜ Jack Wheeler
斯多基｜ William Stokoe
普萊德｜ Curtis Pride
湯姆・威茲｜ Tom Waits
菲立克斯・費德曼｜ Felix Feldman
雅各｜ Jacob Shamberg
瑞秋｜ Rachel Feldman
葛姿｜ Genie Gertz
詹姆斯・瓊斯｜ James Earl Jones
賈姬・羅斯｜ Jackie Roth
路克・奧哈拉｜ Luke O'Hara
路易斯・默金｜ Lewis Merkin
路德納｜ Aaron Rudner
漢夫瑞斯｜ Tom Humphries
瑪莉｜ Mary Osbrink
瑪莉・奧卡拉｜ Mary O'Hara
瑪蒂達｜ Matilda O'Hara
維迪茨｜ George Veditz
豪斯醫生｜ Dr. Howard House
赫勒｜ Stefan Heller
赫普納｜ Cheryl Heppner
墨菲神父｜ Lawrence C. Murphy
德雷佩神父｜ Abbé de l'Épée
褒曼｜ Dirksen Bauman
魯本｜ Robert Ruben
卡蘿・威爾森｜ Caro Wilson
史代克｜ Hinrich Staecker
史威勒｜ Josh Swiller
史賓賽｜ Spencer Montan
史賓賽・崔西｜ Spencer Tracy
尼可拉｜ Nicholas
尼可拉・伊凡斯｜ Nicholas Evans
尼爾斯｜ Nils Montan
布來汶｜ Phil Bravin
布洛赫｜ Nancy Bloch
布莉姬｜ Bridget O'Hara
布萊妮｜ Brittany
布萊格｜ Bernard Bragg
布德侯｜ Patrick Boudreault
布魯貝克｜ Joyce Brubaker
伊凡斯｜ William Evans
伍德考克｜ Kathryn Woodcock
伏特｜ Alessandro Volta
休曼｜ Judith Heumann
吉德｜ I Gede Marsaja
米莉安｜ Miriam Feldman
艾斯特｜ Esther Feldman
艾斯納｜ Michael Eisner
艾普若・楚罕｜ Apryl Chauhan
艾瑪｜ Emma Hessey
克里斯・蒙坦｜ Chris Montan
希爾巴克｜ Greg Hlibok
李｜ Irene Leigh
李奇｜ Tomato Lichy
沃特｜ Walter Roth
貝恩頓｜ Douglas Baynton
貝特林｜ Tom Bertling
貝爾｜ Alexander Graham Bell
那格達｜ Ngarda
奈曼｜ Alec Naiman
帕克斯｜ Rosa Parks
帕頓｜ Carol Padden
帕瑪｜ Christina Palmer
拉吉・楚罕｜ Raj Chauhan
肯尼｜ Ray Kenny
肯塔｜ Kanta
芭芭拉・馬楚斯基｜ Barbara Matusky
芭芭拉・蒙坦｜ Barbara Montan
阿滿都・漢帕帖・巴｜ Amadou Hampâté Bâ
南西・赫西｜ Nancy Hessey
威廉・布雷克｜ William Blake
柏克｜ Teresa Blankmeyer Burke

亞布隆｜ Joan Ablon
奇權斯｜ Lee Kitchens
帕里｜ Dror Paley
彼得・汀克萊傑｜ Peter Dinklage
法蘭克｜ Arthur Frank
芭芭拉｜ Barbara Kennedy
金妮｜ Ginny Foos
阿納托爾｜ Anatole
哈利・韋德｜ Harry Wieder
哈瑞斯｜ Lynn Harris
哈瑞絲｜ Lynn Harris
威廉・黑爾｜ William Hay
柯林頓・布朗｜ Clinton Brown
珍娜｜ Janet
科彼茨醫生｜ Dr. Steven Kopits
約翰・沃林｜ John Wolin
約翰・理察森｜ John Richardson
迦勒｜ Caleb
唐娜｜ Donna
夏綠蒂｜ Charlotte Wieder
桑哈維醫生｜ Dr. Darshak Sanghavi
泰勒・馮普登｜ Taylor van Putten
索爾｜ Saul
茱蒂・嘉蘭｜ Judy Garland
馬克・波維內利｜ Mark Povinelli
莫利肯｜ John Mulliken
莫妮克・莒哈絲｜ Monique Duras
許特｜ Marie-Hélène Huet
麥庫西克｜ Victor McKusick
麥特・羅洛夫｜ Matt Roloff
傅柯｜ Michel Foucault
傑克｜ Jack Kelly
傑若米｜ Jeremy
凱瑞｜ John Kerry
喬許｜ Josh
湯森｜ Rosemarie Garland Thomson
琦琦・佩克｜ Kiki Peck
琳達・杭特｜ Linda Hunt
萊絲莉・帕克｜ Leslie Park
賀弗蘭｜ Virginia Heffernan
奧列格・皮列戈夫｜ Oleg Prigov
愛咪｜ Amy
瑞佛斯｜ Joan Rivers
達斯汀・霍夫曼｜ Dustin Hoffman
瑪莉・柏格斯｜ Mary Boggs
瑪莉・達爾頓｜ Mary D'Alton
瑪莎・安德卡弗｜ Martha Undercoffer
盧｜ Lou Marino
賴德｜ Paddy Ladd
鮑伯｜ Bob Osbrink
戴維斯｜ Lennard Davis
薩拉｜ Zahra Chauhan
藍奎斯特法官｜ Justice William Rehnquist
藍恩｜ Harlen Lane
羅夫・寇門戛｜ Ralph Comenga
羅伯・羅斯｜ Rob Roth
羅利・歐斯布林克｜ Rory Osbrink
羅威爾｜ Edgar L. Lowell
羅倫・克雷｜ Laurent Clerc
蘇柯絲蒂｜ Cening Sukesti
蘇達瑪｜ Sudarma
蘇臘亞薩｜ Suarayasa
蘿絲｜ Rose Roth

第三章｜ CHAPTER 3

大衛｜ David
小珊｜ Sam
丹｜ Dan Kennedy
巴納姆｜ P. T. Barnum
卡爾登｜ Carlton van Putten
卡蘿｜ Carol Gibson
史匹格爾｜ Babara Speigel
史特拉蒙多｜ Joe Stramondo
史瑪特｜ Elizabeth Smart
布魯斯｜ Bruce Johnson
札克｜ Zach
瓦斯穆茲｜ John Wasmuth
皮絲莉｜ Ericka Peasley
吉米｜ Jimmy Korpai
安｜ Anne Lamott
安迪｜ Andy
安娜・阿德森｜ Anna Adelson
安德里｜ Nicholas Andry
安諾德｜ Gary Arnold
米勒｜ Paul Steven Miller
艾因｜ Michael Ain
克里斯・凱利｜ Chris Kelly
克莉西・特里帕尼｜ Crissy Trapani
克蘭德爾｜ Richard Crandall
沃克｜ Herschel Walker
沙斯比亞｜ Tom Shakespeare
貝弗莉・查爾斯｜ Beverly Charles
貝蒂・阿德森｜ Betty Adelson

威爾森・麥頓｜ Wilson Madden
查爾斯・金斯利｜ Charles Kingsley
柯斯塔｜ Alberto Costa
派特森｜ David Patterson
珍・波莉｜ Jane Pauley
約翰・甘迺迪｜ John F. Kennedy
約翰・柯川｜ John Coltrane
約翰・唐｜ John Langdon Down
迪德麗・斐瑟斯通｜ Deirdre Featherstone
格林加德｜ Paul Greengard
格林伯格｜ Ann Greenberg
格瑞・帕瑪｜ Greg Palmer
索爾尼特｜ Albert Solnit
茱蒂絲・史考特｜ Judith Scott
勒瓊｜ Jérôme Lejeune
荷蘭・亞比該｜ Holland Abigail
莫布里｜ William C. Mobley
莫拉絲｜ Inge Morath
莫爾頓｜ Arden Moulton
麥可・貝呂比｜ Michael Bérubé
麥可・班尼｜ Michael Bennett
麥克勞林｜ Janice McLaughlin
傑夫｜ Jeff
傑森｜ Jason
傑森・金斯利｜ Jason Kingsley
凱倫・羅巴茲｜ Karen Robards
凱斯｜ Leon Kass
凱薩琳｜ Catherine Madden
勞倫・波特｜ Lauren Potter
喬｜ Joe Marie
湯姆・羅巴茲｜ Tom Robards
琳｜ Lynn Marie
費爾查德｜ Tierney Temple Fairchild
楊・德里－波菲｜ Jan Delli-Bovi
溫蒂・史密斯｜ Windy Smith
路克・齊默爾曼｜ Luke Zimmerman
路易斯・卡羅｜ Lewis Carroll
瑪莎・貝克｜ Martha Beck
蒙特梭利｜ Maria Montessori
蜜雪兒・史密斯｜ Michelle Smith
歐宜斯基｜ Simon Olshansky
潘洛斯｜ Lionel Penrose
霍姆斯｜ Oliver Wendell Holmes
鮑爾比｜ John Bowlby
賽岡｜ Édouard Séguin
羅夫・（巴比）・柏得羅｜ Rolf "Bobby" Brederlow
蘇珊・安斯坦｜ Susan Arnsten
歐巴馬｜ Barack Obama
黎敏｜ Colgan Leaming
穆勒｜ Gillian Mueller
錢思樂｜ Alexander Chancellor
蕾貝卡・甘迺迪｜ Rebecca Kennedy
蕾思麗・施耐德｜ Leslye Sneider
薩金特｜ Ginny Sargent
薩菲爾｜ William Safire
麗莎・赫德立｜ Lisa Hedley
露絲｜ Ruth Ricker
蘿絲｜ Rose

第四章｜ CHAPTER 4

艾蜜莉・金斯利｜ Emily Pearl Kingsley
大衛｜ David
小甜甜布蘭妮｜ Britney Spears
山繆・豪威｜ Samuel G. Howe
尤妮絲｜ Eunice Kennedy Shriver
加納｜ Craig C. Garner
古德溫｜ Betsy Goodwin
史塔克｜ Mary Stark
尼爾｜ Neil Erikson
布里斯托｜ Marca Bristo
伊塔爾｜ Jean Marc Gaspard Itard
伊蓮・格萊格里｜ Elaine Gregoli
吉伯特與沙利文｜ Gilbert and Sullivan
安潔莉卡・拉蒙－希梅內斯｜ Angelica Roman-Jiminez
米契・拉維茲｜ Mitchell Levitz
米勒｜ Arthur Miller
米德｜ Margaret Mead
艾瑞卡｜ Erica
艾瑞克森｜ Erik Erikson
佛萊徹｜ Joseph Fletcher
克里斯・柏克｜ Chris Burke
克里斯多福｜ Christopher
狄倫｜ Dylan
辛格｜ Peter Singer
亞許｜ Adrienne Asch
亞當｜ Adam
亞當・德里－波菲｜ Adam Delli-Bovi
奈德｜ Ned
帕仁斯｜ Erik Parens
芭芭拉・錢德勒｜ Barbara Chandleer
奎克｜ Stephen Quake
威廉・羅素三世｜ William Walker Russell III
威爾｜ George Will

克里斯多福｜ Christopher DeGroot
坎德爾｜ Eric Kandel
希奧塞古｜ Nicolae Ceau escu
杜夫｜ Dov
狄蜜特｜ Demeter
貝妥衡｜ Bruno Bettelheim
貝斯特｜ John Best
貝琪・伯恩斯｜ Betsy Burns
貝瑟芬妮｜ Persephone
辛格｜ Judy Singer
亞斯伯格｜ Hans Asperger
亞歷珊卓｜ Alexendra
林蘭德｜ Bernard Rimland
肯納｜ Leo Kanner
南西・柯基｜ Nancy Corgi
咬咬｜ Chewy
哈利・史拉特金｜ Harry Slatkin
契訶夫｜ Anton Chekhov
拜倫科恩｜ Simon Baron-Cohen
施賴布曼｜ Laura Schreibman
查爾斯安東尼｜ Charles-Antoine Blais
柯林｜ Ami Klin
柯波威茲｜ Harold Koplewicz
派崔克｜ Patrick Markcrow
珍・內勒｜ Jan Naylor
珍妮・麥卡錫｜ Jenny McCarthy
珍妮佛｜ Jennifer Franklin
科比｜ David Kirby
科爾｜ Joseph Coyle
約爾｜ Joel Smith
約翰｜ John Victor Cronin
胡安｜ Juan
韋克菲爾德｜ Andrew Wakefield
席格｜ Bryna Siegel
席爾瓦博士｜ Dr. Alcino Silva
格林斯潘｜ Stanley Greenspan
格斯溫德｜ Daniel Geschwind
泰倫斯｜ Terrance Cottrell
海曼｜ Steven Hyman
海蒂｜ Heidi Shelton
班恩｜ Ben Lehr
納希爾｜ Kamran Nazeer
郝邁爾｜ Joachim Hallmayer
馬丁・路德｜ Martin Luther
馬文・布朗｜ Marvin Brown
馬可士｜ Marcus
馬克・布萊希｜ Mark Blaxill

第五章｜ CHAPTER 5

大衛｜ David
小詹姆士｜ James Joseph Cummings Jr.
丹尼拉｜ Daniela Dawes
丹尼爾｜ Daniel Leubner
天寶・葛蘭汀｜ Temple Grandin
尤安娜｜ Ioanna
尤絲塔西亞｜ Eustacia Cutler
巴格絲｜ Amanda Baggs
比爾・戴維斯｜ Bill Davis
加百列｜ Gabriel Britt
卡西｜ Casey Albury
卡邦｜ Vincent Carbone
卡莉｜ Carly Fleischmann
卡蜜｜ Cammie McGovern
史匹哲｜ Walter O. Spitzer
史考特｜ Scott Sea
史賓斯｜ Sarah Spence
史戴特｜ Matthew State
尼爾曼｜ Ari Ne'eman
尼爾森｜ Gareth Nelson
布魯勒｜ Eugen Bleuler
布魯斯・斯貝德｜ Bruce Spade
布盧姆｜ Harvey Blume
布蘭登｜ Brandon Williams
弗農・史密斯｜ Ver-non Smith
皮耶｜ Pierre Pasquiou
伊弗森｜ Portia Iversen
因賽爾｜ Thomas Insel
安娜｜ Anna Livia Nash
安琪拉｜ Angela
安潔莉卡｜ Angelica Auriemma
托基爾｜ Thorkil Sonne
米契｜ Juliet Mitchell
米契｜ Jonathan Mitchell
米琪｜ Micki Bresnahan
考夫曼夫婦｜ Barry Neil Kaufman and Samahria Lyte Kaufman
自閉症女伶｜ Autism Diva
艾力克斯｜ Alex Plank
艾美・吳爾芙｜ Amy Wolf
艾索達｜ Icilda
艾莉森｜ Alison Tepper Singer
艾琳｜ Ilene Lanier
艾爾頓・強｜ Elton John
克里斯｜ Chris Davis

黛博拉｜ Debra L. Whitson
羅法斯｜ O. Ivar Lovaas
羅賓｜ Robin
羅賓斯｜ John Elder Robison
蘇・里爾｜ Sue Lehr
蘿拉｜ Laura Slatkin

第六章｜ CHAPTER 6

大衛・奈森｜ David Nathan
山姆・費雪｜ Sam Fischer
巴克拉｜ Patricia Backlar
比爾｜ Bill
古特金｜ Janet Gotkin
史蒂芬妮｜ Stephanie Moulton
布利金｜ Peter Breggin
布莉姬｜ Bridget
弗洛姆－賴克曼｜ Frieda Fromm-Reichmann
弗朗西斯・克里克｜ Francis Crick
弗雷澤｜ Jeanne Frazier
弗蕾妲｜ Freda Smither
立特｜ Esso Leete
吉布斯中士｜ Sergent Gibbs
吉佛斯｜ Gabrielle Giffords
吉姆・莫里森｜ Jim Morrison
安立復｜ Abilify
安德森｜ Nancy Andreasen
托馬斯・德克爾｜ Thomas Dekker
朱賽貝｜ Giuseppe
伊萊克塔｜ Electa
艾倫｜ Clare Allan
艾瑞克・克拉普頓｜ Eric Clapton
伯恩斯｜ Larry A. Burns
克里斯托｜ John Krystal
利柏曼｜ Jeffrey Lieberman
沃特・佛瑞斯特｜ Walter Forrest
貝克｜ James Beck
貝特森｜ Gregory Bateson
辛曼｜ Sally Zinman
彼得｜ Peter
肯尼斯・達克沃斯｜ Kenneth Duckworth
芭比｜ Bobbe Evans
金恩博士｜ Martin Luther King
金普薩｜ Zyprexa
阿比－達加姆｜ Anissa Abi-Dargham
俄瑞斯忒斯｜ Orestes
哈利・華生｜ Harry Watson
馬勒｜ Margaret Mahler
偉格勒｜ Michael Wigler
強尼｜ Johnny Churchi
畢爾｜ August Bier
荷西｜ Jose Stable
莎維亞｜ Zvia Lev
麥卡倫博士｜ Dr. Karen McCarron
傑夫・韓森｜ Jeff Hansen
傑米｜ Jamie Pagliaro
傑森｜ Jason
凱勒伯｜ Kaleb
凱蒂｜ Katie Wright
凱蒂｜ Katie
喬伊絲｜ Joyce Chung
提姆・佩吉｜ Tim Page
斯帝爾曼｜ Bruce Stillman
費斯特｜ Charles Ferster
費歐娜｜ Fiona
雅各｜ Jacob Grabe
雅德維加｜ Jadwiga Miskiewicz
馮克瑪｜ Fred Volkmar
奧立佛・薩克斯｜ Oliver Sacks
溫特勞布｜ Kit Weintraub
瑞許｜ Neil Risch
瑞賓｜ Isabelle Rapin
葛林克｜ Roy Richard Grinker
路克｜ Luke
道森｜ Geraldine Dawson
雷諾茲｜ Dave Reynolds
福克瑪｜ Fred Volkmar
福瑞斯｜ Uta Frith
蓋瑞特｜ Garrett
墨菲爾斯｜ Kate Movius
德雷克｜ Stephen Drake
慕哈帕德海｜ Soma Mukhopadhyay
歐普拉｜ Oprah Winfrey
潔｜ Jae
克拉克｜ Camille Clark
褒曼｜ Margaret Bauman
鮑伯・里爾｜ Bob Lehr
謝弗｜ Lenny Schafer
謝斯塔克｜ John Shestack
賽巴特｜ Jonathan Sebat
賽德｜ Kathleen Seidel
邁耶汀｜ Jane Meyerding
韓娜・保玲｜ Hannah Poling
黛安｜ Diane Marsh

歐克斯｜ David W. Oaks
潘蜜拉｜ Pamela
諾拉｜ Nora Callahan
錢柏林｜ Judi Chamberlin
鮑比・史密瑟｜ Philip Smithers
戴維森｜ Larry Davidson
黛博拉・列維｜ Deborah Levy
薩克斯｜ Elyn Saks
蘇珊・瓦恩里希｜ Susan Weinreich
蘇瑟｜ Ezra Susser
蘿絲瑪莉・巴里歐｜ Rosemary Baglio

地名

第一章｜ CHAPTER 1

古拉格｜ Gulag
地獄廚房｜ Hell's Kitchen
杜懷特｜ Dwight
狄根少校高速公路｜ Major Deegan Expressway
河岸區｜ Riverdale
威利斯大道橋｜ Willis Avenue Bridge
萊辛頓大道｜ Lexington Avenue
賀若思曼｜ Horace Mann
羅斯福東河公園大道｜ FDR Drive

第二章｜ CHAPTER 2

弗雷明漢｜ Framingham
本卡拉｜ Bengkala
哈特福｜ Hartford
柏本克｜ Burbank
柏克郡｜ Berkshire
紐約布朗克斯區｜ Bronx
紐約皇后區｜ Queen's Borough
密爾瓦基｜ Milwaukee
康乃狄克州｜ Connecticut
普萊西德湖｜ Lake Placid
圓石郡｜ Boulder
愛因斯坦醫學中心｜ Albert Einstein Medical Center
瑪莎葡萄園島｜ Martha's Vineyard
德沙寇洛｜ Desa Kolok
諾克斯維爾｜ Knoxville

柏曼｜ Andy Behrman
派翠西亞｜ Patricia
珍妮絲・利伯｜ Janice Lieber
約斯特｜ Alison Jost
迪雄・查波｜ Deshawn James Chappell
夏綠蒂｜ Charlotte Clark
浩爾｜ Will Hall
班揚｜ John Bunyan
高夫曼｜ Erving Goffman
格拉斯伯倫｜ Sam Klagsbrun
強森｜ Ann Braden Johnson
梅柏格｜ Helen Mayberg
連恩醫師｜ R. D. Laing
麥克・格林｜ Michael Foster Green
麥格拉尚｜ Thomas McGlashan
麥爾坎・皮斯｜ Malcolm Pease
麥爾坎・泰特｜ Malcolm Tate
麥爾坎 X ｜ Malcolm X
傅利曼｜ Richard C. Friedman
傅柯｜ Michel Foucault
傑・紐伯倫｜ Jay Neugeboren
凱蒂｜ Kitty
凱薩法官｜ Judge Berel Caesar
喬治・克拉克｜ George Clark
喬治・馬柯羅｜ George Marcolo
富勒・托利｜ E. Fuller Torrey
復仇三女神｜ Erinyes
斯泰納｜ David Stayner
普拉姆｜ Frederick Plum
湯瑪斯・薩斯｜ Thomas Szasz
琳達・畢修普｜ Linda Bishop
雅斯培｜ Karl Jaspers
菲利浦・史密瑟｜ Bobby Smithers
奧爾｜ Cynthia Hujar Or
溫斯頓｜ Winston
葛拉瑟｜ Gabrielle Glaser
詹姆士｜ William James
詹姆士・華生｜ James Watson
賈瑞德・勞夫納｜ Jared L. Loughner
賈姬｜ Jackie
道格｜ Doug
瑪妮・卡拉漢｜ Marnie Callahan
瑪莉蓮・沃爾許｜ Maryellen Walsh
瑪德琳・格蘭蒙特｜ Madeline Grammont
赫伯・帕迪斯｜ Herbert Pardes
齊妮亞｜ Xenia Rose
德蘇薩｜ Cyril D'Souza

布里斯托｜ Bristol
弗明罕｜ Framingham
安曼｜ Amman
那帕｜ Napa
海德公園｜ Hyde Park
莫爾登｜ Malden
麥克林醫院｜ Mclean Hospital
棕櫚泉｜ Palm Springs
新漢普夏｜ New Hampshire
薩默維爾｜ Somerville

組織機構

第一章｜ CHAPTER 1

大衛營｜ Camp David
太陽馬戲團｜ Cirque du Soleil
印地安沃克鞋店｜ Indian Walk Shoes
老派珍寧斯先生餐廳｜ Old-Fashioned Mr. Jennings
兒童紀念醫院｜ Children's Memorial Hospital
查理叔叔的上城｜ Uncle Charlie's Uptown
皇家婦產科學院｜ Royal College of Obstetricians and Gynaecologists
美國全國有色人種協進會｜ National Association for the Advancement of Colored People，NAACP
美國國家廣播公司｜ NBC
匿名戒酒會｜ Alcoholics Anonymous, AA
賀若思曼中學｜ Horace Mann School
蒂埃里・穆勒｜ Thierry Mugler
魔幻森林秀｜ Varekai

第二章｜ CHAPTER 2

三腳學校｜ Tripod
中蘭開夏郡大學｜ University fo Central Lancashire
巴黎聾校｜ Institute for the Instruction of Deaf-Mutes
加州大學聖地牙哥分校｜ University of California at San Diego
加州州立大學北嶺分校｜ California State University, Northridge
北維吉尼亞資源中心｜ Northern Virginia Resource Center
史密森尼學會｜ the Smithsonian
全國聽障協會｜ National Association of the Deaf (NAD)

第三章｜ CHAPTER 3

巴魯特｜ Beirut
史泰頓島｜ Staten Island
弗洛勒斯島｜ Flores
亨茨維爾｜ Huntsville
波威｜ Poway
長島｜ Long Island
阿布奎基市｜ Albuquerque
威斯特徹斯特郡｜ Westchester
麥克萊恩｜ McLean
雷諾市｜ Reno
赫希爾｜ Hershey
蘭開斯特｜ Lancaster

第四章｜ CHAPTER 4

布魯克林區｜ Brooklyn
阿米尼亞｜ Amenia
阿貝倫｜ Aveyron
哈茲戴爾｜ Hartsdale
威羅布克｜ Willowbrook
綺色佳｜ Ithaca
翠貝卡區｜ Tribeca

第五章｜ CHAPTER 5

巴爾的摩｜ Baltimore
加菲市｜ Garfield
弗農山｜ Mount Vernon
明尼亞波里斯｜ Minneapolis
長島海灣｜ Long Island Sound
哈登菲爾德｜ Haddonfield
陶斯｜ Taos
萊塞齊耶德泰阿克｜ Les Eyzies-de-Tayac
塔利｜ Tully
聖路易斯園｜ St. Louis Park
道奇｜ Dodge
達豪｜ Dachau
戴維斯女士獎學金｜ Jae Davis scholarships
露德｜ Lourdes
鱈魚角｜ Cape Cod

第六章｜ CHAPTER 6

土桑｜ Tuscon
卡多納｜ Katonah

小個兒基金會｜ Short Stature Foundation
公平就業機會委員會｜ Equal Employment Opportunity Commission
加州大學洛杉磯分校｜ UCLA
全國公共廣播電臺｜ National Public Radio (NPR)
成長限制協會｜ Restricted Growth Association (RGA)
伯明罕兒童醫院｜ Birmingham Children's Hospital
貝斯以色列醫院｜ Beth Israel Hospital
侏儒孩子的父母｜ Parents of Dwarf Children
法蘭德利餐廳｜ Friendly's
約翰・霍普金斯醫院｜ John Hopkins Hospital
美林證券｜ Merrill Lynch
美國小個子｜ Little People of America (LPA)
美國小矮子｜ Midgets of America
美國共同資本管理公司｜ Mutual of America Capital Management Corporation
差異中的差異｜ Difference With Diifference
紐約大都會運輸署｜ New York Metropolitan Transportation Authority
國證券交易委員會｜ Securities and Exchange Commission (SEC)
密西根大學附設醫院｜ University of Michigan Hospital
密西根州立大學｜ Michigan State University
救世軍｜ Salvation Army
產科及遺傳學學系｜ Department of Obstetrics and Gynecology
莫爾門診｜ Moore Clinic
喜劇中心頻道｜ Comedy Central
富達證券｜ Fidelity Investments
無線電城音樂廳｜ Radio City
學習頻道｜ Learning Channel
霍夫斯特拉大學｜ Hofstra University
聯邦通訊委員會｜ Federal Communications Commission
魔法基金會｜ MAGIC Foundation

第四章｜ CHAPTER 4

『一家人』公社｜ the Family
Arc ｜ Association for Retarded Citizens (Arc)
YAI ｜ YAI
不治者安養院｜ Hospice des Incurables
比佛利山莊高中｜ Beverly Hills High
主教紐約總教區｜ Archdiocese of New York
史丹佛大學唐氏症研究與治療中心｜ Center for Research and Treatment of Down Syndrome
白原市公共圖書館｜ White Plains Public Library
全食超市｜ Whole Foods
米蘭會議｜ Congress of Milan
沉默騎士｜ Silent Knights
亞利桑那大學｜ University of Arizona
東北大學｜ Northeastern University
波士頓大學｜ Boston University
帝國聾人協會｜ Empire State Assocaition of the Deaf
洛杉磯兒童醫院｜ LA Children's Hospital
洛杉磯道奇隊｜ the Dodgers
皇家藝術學院｜ Royal College of Art
科利耳公司｜ Cochlear
科羅拉多兒童醫院｜ Children's Hospital Colorado
約翰・崔西診所｜ John Tracy Clinic
約翰・崔西診所｜ John Tracy Clinic
約翰霍普金斯大學｜ Johns Hopkins University
美國聽障口語教學協會｜ American Association to Promote the Teaching of Speech to the Deaf
美國聾人教育庇護所｜ American Asylum for the Education and Instruction of the Deaf
迪士尼音樂公司｜ Walt Disney Music
哥倫比亞長老教會醫院｜ Columbia Presbyterian Hospital
紐約聽障劇院｜ New York Deaf Theatre
馬里蘭啟聰學校｜ Maryland School for the Deaf
高立德大學｜ Gallaudet University
國家聾人技術學院｜ National Technical Institute for the Deaf
細胞與分子聽力研究實驗室｜ Laboratory of Cellular and Molecular Hearing Research
猶太聾人社區中心｜ Jewish Deaf Community Center
絕對劇團｜ Definitely Theater company
萊辛頓聽障中心｜ Lexington Center for the Deaf
視覺藝術學院｜ School of Visual Arts
圓石郡愛滋計畫｜ Boulder County AIDS Project
愛荷華大學｜ University of Iowa
瑪莉・海爾啟聰學校｜ Mary Hare School for the Deaf
蒙提費歐里醫學中心｜ Montefiore Medical Center
豪斯耳科｜ House Ear Institute
德州啟聰學校｜ Texas School for the Deaf
聽障研究基金會｜ Deafness Research Foundation
聽障機師協會｜ Deaf Pilots Assocaition
聾星旅遊｜ Deafstar Travel
聾樂旅遊｜ Deaf Joy Travel

第三章｜ CHAPTER 3

人類成長基金會｜ Human Growth Foundation
人類成長基金會｜ Human Growth Foundation

Institute for Human Genetics
甘迺迪克瑞格研究機構｜ Kennedy Krieger Institute
立即治療自閉症｜ Cure Austism Now
立即治療自閉症基金會｜ Cure Autism Now
全國自閉症大會｜ National Conference on Autism
全國自閉症兒童協會｜ National Society for Autistic Children
自閉症之聲｜ Autism Speaks
自閉症自我倡權網絡｜ Autistic Self Advocacy Network
自閉症協會｜ Société de l'autisme
自閉症研究組織｜ Organization for Autism Research
自閉症特許學校紐約中心｜ New York Center for Autism Charter School
自閉症國際網路｜ Autism Network International
克雷公司｜ Cray
冷泉港實驗室｜ Cold Spring Harbor
沃爾瑪超市｜ Walmart
里德學院｜ Reed Academy
亞特蘭大聯邦索賠法院｜ Atlanta Court of Federal Claims
杭特學院｜ Hunter College
波士頓兒童醫院｜ Boston Children's Hospital
長大成人（智庫）｜ Transitioning to Adulthood
美國自閉症協會｜ Autism Society of America
美國自閉症協會｜ Autism Society America
美國疾病管制中心｜ Centers for Disease Control and Prevention（CDC）
美國國家心理衛生研究院｜ National Institute of Mental Health
美國教育部｜ US Department of Education
美國精神醫學學會｜ The American Psychiatric Association
美國聯邦調查局｜ FBI
耶和華見證人教派｜ Jehovah's Witness
耶魯兒童研究中心｜ Child Study Center
英國法律援助公司｜ UK Legal Aid Corporation
英國皇家自由醫院｜ Royal Free Hospital
英國醫學總會｜ UK General Medical Council
飛人隊（冰上曲棍球隊）｜ the Flyers
倫敦大學學院｜ University College, London
海斯立鄉村學校｜ Hesley Village and College
班克羅夫特學校｜ Bancroft School
神經行為學中心｜ Center for Neurobehavioral Genetics
神經基因學計畫｜ Program on Neurogenetics
納蘇郡精神醫學協會｜ Nassau County Mental Health Association
紐約大學兒童研究中心｜ NYU Child Study Center
全國身心障礙人士協會｜ National Institute for People with Disabilities
全國唐氏症協會｜ National Down Syndrome
全國唐氏症協會｜ National Down Syndrome Society
好夥伴健走活動｜ Buddy Walk
邦諾書店｜ Barnes& Noble
居家復健｜ residential habilitation (ResHab)
威羅布克州立學校｜ Willowbrook State School
洛克斐勒大學｜ Rockefeller University
美國國家兒童健康與人類發展中心｜ National Institute of Child Health and Human Development，NICHD
美國婦產科醫師學會｜ American College of Obstetricians and Gynecologists
美國教育局｜ US Office of Education
美聯銀行｜ Wachovia Bank
家德寶賣場｜ Home Depot
庫克中心｜ Cooke Center
庫克基金會｜ Cooke Foundation
特殊孩童科｜ Section of Exception Children
紐約州心智遲緩及發展障礙處｜ The New York State Office of Mental Retardation and Developmental Disabilities
國立衛生院｜ National Institute of Health，NIH
國際唐氏症協會｜ International Down Syndrome Society
國際遺傳學大會｜ International Congress of Genetics
曼哈頓家長互助團體｜ Manhattan Parents Support Group
智障公民協會｜ Association for Retarded Citizens
新堡大學｜ University of Newcastle
新聞集團｜ News Corporation
福斯｜ Fox
舞動新英格蘭｜ Dance New England
衛生及公共服務部｜ Department of Health and Human Services
學習與孩子｜ Learning and Children
總統生命倫理委員會｜ President's Council on Bioethics
總統智力障礙人士委員會｜ President's Committee for People with Intellectual Disabilities

第五章｜ CHAPTER 5

「自閉症基因研究交換計畫」｜ Autism Genetic Research Exchange
中間單位｜ Intermediate Unit
心安｜ SafeMinds
加州大學舊金山分校人類基因研究院｜ UCSF

安生機構｜ Institute of Living
艾默理大學｜ Emory University
治療倡議中心｜ Treatment Advocacy Center
波士頓學院｜ Boston College
長島猶太醫院｜ Long Island Jewish Hospital
阿什維爾極端心理健康公社｜ Asheville Radical Mental Health Collective
哈特福醫院｜ Hartford Hospital
思覺失調症與憂鬱症研究聯盟｜ National Alliance for Research on Schizophrenia, NARSAD
洛杉磯郡立監獄｜ Los Angeles County Jail
美國國家心理衛生研究院｜ National Institute of Mental Health
美國國際開發總署｜ United States Agency for International Development, USAID
美國精神病學會｜ American Psychiatric Association
美國矯正署｜ US. Department of Correction
迪克斯堡｜ Fort Dix
哥倫比亞大學精神醫學研究中心｜ Department of Psychiatry at Columbia
病覺缺失｜ anosognosia
紐約州精神醫學研究中心｜ New York State Psychiatric Institute
紐約長老會醫院｜ NewYork-Presbyterian Hospital
國際心智自由｜ MindFreedom International
國際早期精神醫學會｜ International Early Psychosis Association
基督教科學會｜ Christian Science
康乃爾醫學院精神醫學系｜ Department of Psychiatry at Cornell
麥克林醫院｜ Mclean Hospital
麻州心理健康部門｜ Massachusetts Department of Mental Health
麻州綜合醫院｜ Massachusetts General Hospital
富蘭克林・皮爾斯大學｜ Franklin Pierce University
普林斯頓唱片行｜ Princeton Record Exchange
費城兒童醫院｜ Children's Hospital of Philadelphia
黑衛士兵團｜ Black Watch
奧勒岡州立醫院｜ Oregon State Hospital
感應性的精神病｜ folie à deux
補助福利金｜ Supplementary Security Income
羅林斯學院｜ Rollins College
羅德島設計學校｜ Rhode Island School of Design (RISD)
蘭利・波特精神醫院｜ Langley Porter Psychiatric Hospital
紐約自閉症中心｜ New York Center for Autism
馬里蘭醫學會｜ Maryland Board of Physician
國家身心障礙委員會｜ National Council on Disability
國家疫苗傷害賠償計畫｜ National Vaccine Injury Compensation Program
國稅局｜ Internal Revenue Service，IRS
康乃爾大學醫學中心｜ Cornell University Medical Center
第五十號公立學校｜ PS 50
雪城大學｜ Syracuse University
麥基爾大學｜ McGill University
麻省理工學院｜ MIT
富蘭克林與馬歇爾學院｜ Franklin and Marshall College
猶他州兒童及家庭服務處｜ Utah Division of Child and Family Services
費城人（棒球隊）｜ the Phillies
雅可比醫院｜ Jacobi Hospital
解開自閉症｜ Unlocking Autism
睿俠電器行｜ RadioShack
賓州州立大學｜ Penn State University
戴維斯女士紀念獎｜ Jae Davis Memorial Award
戴維斯女士實習計畫｜ Jae Davis Internship Program
戴維斯女士獎學金｜ Jae Davis scholarships
還未死（組織）｜ Not Dead Yet
羅格斯大學｜ Rutgers University

第六章｜ CHAPTER 6

Stop & Shop 超市｜ Stop & Shop
刀子樂團｜ The Knife
三市聯合政府部門｜ Tri-City Authority
大中央車站｜ Grand Central Station
丹佛社會互助團體｜ Denver Social Support Group
心理疾病者家庭公社｜ Families of the Mentally Ill Collective
世界衛生組織｜ World Health Organization, WHO
加州心理健康個案網絡｜ California Network of Mental Health Clients
古德農莊｜ Gould Farm
四風醫院｜ Four Winds Hospital
布利吉華特州立醫院｜ the Bridgewater State Hospital
生物倫理跨學科中心｜ Interdisciplinary Center for Bioethics
皮馬社區大學｜ Pima College
伊卡魯斯計畫｜ Icarus Project
全美刑事辯護律師協會｜ National Association of Criminal Defense Lawyers

專有名詞

第一章｜ CHAPTER 1

人類基因體計畫｜ Human Genome Project，HGP
土耳其糖汁海綿蛋糕｜ ekmek kadayiff
土耳其鮮奶油｜ kaymak
心智褥瘡｜ mental bedsore
兄弟出生順序效應｜ fraternal birth order effect
交織性｜ Intersectionality
地塞米松｜ dexamethasone
多元主義｜ multiculturalism
多默福音｜ gospel of St. Thomas
多囊性腎病變｜ polycystic kidney disease
亨丁頓舞蹈症｜ Huntington's disease
沙利竇邁｜ thalidomide
享瘦｜ thinspiration
制度主義｜ institutionalization
制度主義｜ institutionalism
放任式優生學｜ laissez-faire eugenics
社會體｜ social body
思覺失調症｜ schizophrenia
美國性｜ Americanness
家外安置｜ out-of-home placement
脊柱分裂｜ Spina bifida
涵化｜ acculturation
錯誤生育｜ wrongful birth
錯誤生命｜ wrongful life
不當致死｜ wrongful death
損害｜ impairment
腦水腫｜ hydrocephalus
端粒｜ telomerre
障礙｜ disability
德國麻疹症候群｜ rubella syndrome
親厭食｜ pro-ana
親暴食｜ pro-mia
戴薩克斯症｜ Tay-Sachs disease
靈知派｜ Gnosticism
鬱血性心衰竭｜ Congestive Heart Failure, CHF

第二章｜ CHAPTER 2

「此刻就要聾人校長」運動｜ The Deaf President Now (DPN)
ATOH1 基因｜ ATOH1 gene
A 酸｜ retinoic acid
口手語並用｜ Simultaneous Communication
口語教育｜ oralism
反向回歸主流｜ reverse mainstreaming
手語教育、比手畫腳｜ manualism
以聽障為榮運動｜ Deaf pride
卡塔寇洛｜ Kata Kolok
巨細胞病毒｜ cytomegalovirus
石牆事件｜ Stonewall riots
米許教派｜ Amish
沙皮亞—沃爾福假說｜ Whorf-Sapir hypothesis
波斯手語｜ Persian Sign Language
哈西德派猶太人｜ Hasidic Jews
指拼｜ finger spelling
美國手語｜ American Sign Language (ASL)
美國食品藥品管理局｜ U S Food and Drug Administration，FDA
胎牛血清｜ calf serum
音素｜ phoneme
氧化壓力｜ oxidative stress
神經幹｜ neuritic stem
茶館手語｜ Tea House Sign Language
混和英語手語｜ Pidgin Signed English
猶太教大學｜ yeshiva
象草｜ elephant grass
概念式手打英語｜ Conceptually Accurate Signed English
腦皮質聽覺區｜ auditory cortex
電傳打字機｜ teletypewriter (TTY)
精確英語手語｜ Signed Exact English
精確語意英語手語｜ Conceptually Accurate Signed English
綜合溝通｜ Total Communication
蒙狄尼氏症｜ Mondini malformation
隙型連接｜ gap junctions
魁北克手語｜ Québécois Sign Language
德麻暴漲｜ Rubella Bulge
頭孢子菌素｜ cephalosporin
轉化療法｜ conversion therapy
雙語—雙文化｜ bilingual and bicultural (Bi-Bi)
聾人｜ the Deaf
聾人之道｜ Deafhood
聾父母的聾小孩｜ Deaf of Deaf

第三章｜ CHAPTER 3

人類生長激素｜ human growth hormone，HGH
切羅基族｜ Cherokee
勻稱型侏儒｜ proportional dwar

第四章｜ CHAPTER 4

（猶太教傳統）十三歲成年禮｜ bar mitzvah
乙型澱粉樣蛋白｜ β amyloid
三指標篩檢｜ triple screening
三染色體 21 ｜ Trisomy 21
干擾行為問題｜ disruptive-behavior disorder
中度智障｜ imbecile
心智遲緩｜ mental retardation
主流化｜ mainstreaming
以人為先（組織）｜ People First
四指標篩檢｜ quadruple screening
正腎上腺｜ norepinephrine
甲胎蛋白｜ alpha-fetal protein
白人盎格魯薩克遜新教徒｜ WASP
先鋒計畫｜ Head Start Program
百憂解｜ Prozac
肌陣攣性癲癇｜ myoclonic seizures
自我倡權｜ self-advocacy
乳糜瀉｜ coeliac disease
依附理論｜ attachment theory
怡諾思｜ Effexor
阿韋龍省的野男孩｜ Wild Boy of Aveyron
重度智障｜ moron
重積性癲癇｜ status epilepticus
家德寶賣場｜ Home Depot
校園國王皇后選舉｜ homecoming court
核糖核酸｜ RNA
海馬回｜ hippocampus
特許學校｜ charter school
胼胝體｜ Corpus callosum
接觸即興｜ contact improvisation
淋巴腺熱｜ mononucleosis
紳寶渦輪敞篷車｜ Saab turbo convertible
智力障礙｜ Intellectual disability
無屁豆｜ Beano
絨毛取樣｜ CVS
腎上腺皮質刺激素｜ aderlocortical tropic hormone (ACTH)
補充保障收入｜ supplemental security income，SSI
過動｜ ADHD
對立性反抗症｜ Oppositional Defiant Disorder, ODD
輕度智障｜ idiot
億必佳｜ memantine
請讓我們有選擇（會議）｜ May We Have a Choice
遷徙創傷｜ transfer trauma
融合｜ inclusion
心理社會性侏儒症｜ psycho-social dwarfism
正常化｜ normalizing
先天性脊椎骨骺發育不良｜ spondyloepiphyseal dysplasia congenita (SED)
多元性別｜ LGBT
成長遲緩｜ failure to thrive
羊膜穿刺｜ amniocentesis
克尼斯克發育不良｜ Kniest dysplasia
侏儒妖｜ Rumpelstiltskin
季肋發育不全｜ hypochondroplasia
延髓頸髓壓迫｜ cervicomedullary compression
表現型｜ phenotype
阿卡｜ Aka
保護與倡導制｜ Protection and Advocacy System
垂體性侏儒症｜ pituitary dwarfism
柯茲洛斯基型｜ Kozlowski type
胎糞｜ meconium
致死性畸胎｜ thanatophoric dysplasia
俾格米人｜ Pygmies
原基性侏儒症｜ primordial dwarfism
埃非｜ Efé
脊柱幹骺端發育不良｜ spondylometaphyseal dysplasia
脊椎狹窄｜ spinal stenosis
骨骼延長手術｜ limb-lenghtening
骨骼延長手術｜ extended limb-lengthening (ELL)
假性軟骨發育不全｜ pseudoachondroplasia
桶狀胸｜ barrel chest
第二型膠原蛋白｜ type II collagen
第四型黏多醣症｜ Morquio syndrome
軟骨發育不全｜ achondroplasia
絨毛取樣｜ chorionic villus sampling, CVS
賀勒氏症｜ Hurler's syndrome
想像論｜ imaginationism
畸形發育不良｜ diastrophic dysplasia
矮行星｜ dwarf planet
腦脊髓液｜ cere brospinal
腹股溝疝氣｜ Inguinal Hernia
磁性學校｜ magnet school
穆布提｜ Mbuti
優猛茁｜ Humatrope
臍疝氣｜ umbilical hernia
霹靂舞｜ break dance
纖維母細胞生長因子第三型受體｜ fibroblast growth factor receptor 3 (FGFR3)

妥瑞症｜ Tourette
妥解鬱｜ trazodone
抗精神病藥物｜ neuroleptics
沙利竇邁｜ thalidomide
迅速激勵法｜ Rapid Prompting Method (PRM)
兒童期自閉症評量表｜ Childhood Autism Rating Scale (CARS)
兒童期崩解症｜ childhood disintegrative disorder
固著行為｜ stereotypies
帕羅西汀｜ Paxil
注意力過度反應｜ verarousal
社會與溝通疾患的診斷訪談｜ Social and Communication Disorders(DISCO)
帝拔癲｜ Depakote
帝拔癲｜ valproate
思樂康｜ Seroquel
拷貝數｜ copy-number
柳菩林｜ Lupron
突觸｜ synapse
紅玫瑰獎｜ Red Rose Award
美立廉｜ Mellaril
苯海拉明｜ Benadryl
苯酮尿症｜ Phenylketonuria，PKU
修飾基因｜ modifier gene
效應值｜ effect size
泰諾止痛藥｜ Tylenol PM
神經元修剪｜ neuronal pruning
神經多樣性｜ neurodiversity
神經傳導物質｜ neurotransmitter
神經纖維瘤｜ Neurofibromatosis
排除過敏原的飲食｜ elimination diet
理思必妥｜ Risperdal
硫柳汞｜ thimerosal
粒線體｜ mitochondrial
麻州收費公路｜ Mass Pike
麻州醫療保險｜ MassHealth
麻疹、腮腺炎、德國麻疹三合一疫苗｜ measles-mumps-rubella vaccine (MMR vaccine)
提摩西症候群｜ Timothy syndrome
發展取向、注重個別差異、以關係為基礎的治療模式｜ Developmental, Individual Difference, Relationship-Based
結節性硬化症｜ tuberous sclerosis
診療程序｜ protocol
順勢療法｜ homeopathic remedy
愛萌計畫｜ Son-Rise Program
感覺統合治療｜ Sensory Integration Therapy
頸部透明帶｜ nuchal translucency
顱薦椎治療｜ craniosacral therapy

第五章｜ CHAPTER 5

〈傷害的證據〉｜ Evidence of Harm
「應用行為分析」｜ applied behavior analysis (ABA)
mGluR5 受體｜ mGluR5 receptor
X 染色體脆折症｜ Fragile X Syndrome
一般神經狀態｜ neurotypical
三階儲存單元｜ TLC
上位基因｜ epistatic gene
小教授｜ little professors
分裂病型｜ schizotypal
反應不足｜ underarousal
巴斯卡賭注｜ Pascal's Wager
心盲｜ mindblindness
幼兒自閉症檢查表｜ Checklist for Autism in Toddlers (CHAT)
未分類廣泛性發展障礙｜ Pervasive Developmental Disorder Not Otherwise Specified （PDD-NOS）
生殖系新生突變｜ germ line de novo mutation
白質｜ white matter
仿說｜ echolalia
全國績優獎學金｜ National Merit
冰箱母親｜ refrigerator mother
印地安土屋建築｜ pueblo
回溯診斷｜ retrospective diagnosis
地板時間｜ DIR®/Floortime™
多效性｜ pleiotropic
好度液｜ Haldol
安立復｜ Abilify
安定文｜ Ativan
安拿芬尼｜ clomipramine
安納福寧｜ Anafranil
朱伯特氏症｜ Joubert syndrome
灰質｜ grey matter
百憂解｜ Prozac
自閉症行為檢核表｜ Autism Behavior Checklist (ABC)
自閉症診斷性訪談｜ Autism Diagnostic Interview-Revised (ADI-R)
自閉症診斷觀察量表｜ Autism Diagnostic Observation Schedule Generic (ADOS—G)
自發性｜ idiopathic
低收入戶醫療保險｜ Medicaid
克憂果｜ Paxil
妥泰｜ Topamax

怪異思考｜ bizarre thinking
表現型｜ phenotype
金普薩｜ Zyprexa
前額葉｜ frontal cortex
前額葉｜ prefrontal lobe
前驅症狀期｜ prodromal stage
哈泊度｜ Haldol
哈特福醫院｜ Hartford Hospital
思考障礙｜ thought disorder
思想被剝奪｜ thought withdrawal
思想插入｜ thought insertion
思想傳播｜ thought broadcasting
拷貝數變異｜ copy-number variation, CNV
氟奮乃靜｜ Prolixin
突觸削減｜ synaptic pruning
突觸消除｜ synaptic elimination
美立廉｜ Mellaril
美國大學入學考試｜ SAT
負性症狀｜ negative symptoms
海馬體｜ hippocampus
病覺缺失｜ anosognosia
紋狀體｜ striatum
退縮｜ withdrawal
高中同等學力證書｜ GED
基因型｜ genotype
康復運動｜ recovery movement
情緒耗竭｜ emotionally draining
被控制妄想｜ delusion of control
造成思覺失調症的母親｜ schizophrenogenic mother
傅柯｜ Michel Foucault
創傷後壓力症候群｜ post-traumatic stress disorder
單一族系變異｜ private mutation
富蘭克林·皮爾斯大學｜ Franklin Pierce University
殘留症狀期｜ residual phase
發病前期｜ pre-psychotic
軸突｜ axon
黑衛士兵團｜ Black Watch
嗎酮｜ Moban
奧氮平｜ olanzapine
感應性精神疾病｜ folie à deux
腦室｜ ventricle
腦脊髓液｜ cerebrospinal fluid
補助福利金｜ Supplementary Security Income
頑固型｜ refractory
漸進期｜ progressive phase
福特 Ranger 貨卡車｜ Ford Ranger
管理式照護｜ managed care
睪固酮｜ testosterone
解壓舒眠錠｜ Calms Forté
路徑｜ pathway
雷帕黴素｜ Rapamycin
雷特氏症｜ Rett Syndrome
輔助溝通法｜ facilitated communication
鳳頭鸊鷉｜ great crested grebe
樂命達｜ Lamictal
樂復得｜ Zoloft
導盲犬服務｜ Seeing Eye Dogs
擁抱治療法｜ Holding Therapy
褪黑激素｜ melatonin
選擇性血清回收抑制劑｜ Selective serotonin reuptake inhibitor (SSRI)
選擇療法｜ Option Therapy
螯合療法｜ Chelation
邊緣系統｜ limbic system
聽力統合訓練｜ audio-integration training
聽覺統合訓練｜ Auditory Integration Training
讀寫障礙｜ dyslexia

第六章｜ CHAPTER 6

γ-胺基丁酸｜ GABA
大腦側室｜ lateral ventricle
小個子政治｜ LPA politics
幻覺｜ hallucination
他人輔助住所｜ assisted housing
以瘋為傲｜ Mad Pride
冬眠靈｜ Thorazine
去機構化｜ deinstitutionalization
可洛拉平｜ clozapine
失語｜ alogia
正性症狀｜ positive symptoms
正腎上腺素｜ norepinephrine
全國藥物使用及健康調查｜ National Survey on Drug Use and Health
共病率｜ concordance rate
妄想｜ delusion
安生機構｜ Institute of Living
血清素｜ serotonin
妊娠毒血症｜ preeclampsia
抗精神病藥物｜ antipsychotics
抗精神病藥物｜ neuroleptics
汰漬洗衣精｜ Tide
系統取向家族療法｜ systems-oriented family therapy
身體權｜ bodily integrity

《聾人之眼》｜ Through Deaf Eyes

第三章｜ CHAPTER 3

《下一站，幸福》｜ The Station Agent
《小個子，大世界》｜ Little People, Big World
《小個子：從我女兒的眼睛看世界》｜ Little People: Learning to See the World Through My Daughter's Eyes
《名人學徒》｜ Celebrity Apprentice
《沙龍》雜誌｜ Salon
《侏儒：非童話》｜ Dwarfs: Not a Fairy Tale
《侏儒生活及侏儒症》｜ The Lives of Dwarfs and Dwarfism
《侏儒的生活》｜ The Lives of Dwarfs
《哈斯汀中心報告》｜ Hastings Center Report
《紐約時報雜誌》｜ New York Times Magazine
《骨科百科全書》｜ Orthopaedia
《規訓與懲罰》｜ Discipline and Punish
《超完美告別》｜ Death at a Funeral
《新聞日報》｜ Newsday
《與差異共處》｜ Living with Difference
《價值六百萬的男人》/《無敵金剛》｜ Six Million Dollar Man
《矯正及預防兒童畸形之道》｜ the Art of Correcting and Preventing Deformities in Children
《邁阿密先鋒報》｜ Miami Herald
《權力遊戲》｜ Game of Thrones

第四章｜ CHAPTER 4

《大西洋月刊》｜ Atlantic Monthly
《小麵包機歷險記》｜ The Brave Little Toaster
《心靈雞湯》｜ Chicken Soup for the Soul
《日子照樣過》｜ Life Goes On
〈我是如何愛你〉｜ How do I love thee
《奈傑爾・杭特的世界：一名蒙古症青年的日記》｜ The World of Nigel Hunt: The Diary of a Mongoloid Youth
《青春密語》｜ The Secret Life of the American Teenager
《屋頂上的提琴手》｜ Fiddler on the Roof
《班戰斯的海盜》｜ Pirates of Penzance
《紐約郵報》｜ New York Post
《等待亞當》｜ Expecting Adam
《週六晚間郵報》｜ Saturday Evening Post
《新聞週刊》｜ Newsweek
《運動畫刊》｜ Sports Illustrated
《歌舞線上》｜ A Chorus Line

精神病風險症候群｜ psychosis risk syndrome
精神混亂｜ psychic disorganization
認知行為療法｜ cognitive behavioral therapy, CBT
認知症狀｜ cognitive symptoms
輔助居家照護｜ assisted care
輕型精神病症候群｜ attenuated psychosis syndrome
輕度狂躁｜ hypomania
談話療法｜ talk therapy
麩胺酸｜ glutamate
樹突棘｜ dendritic spine
遲鈍反應｜ blunted affect
錯覺｜ illusion
聯絡神經元｜ interneuron
顆粒性白血球缺乏症｜ agranulocytosis
額葉｜ frontal lobe
邊緣性人格障礙｜ borderline personality disorder
邊緣性高血壓｜ borderline high blood pressure
魔奇思考｜ magical thinking
髓鞘形成｜ myelination
顳葉｜ temporal lobe

出版品

第一章｜ CHAPTER 1

《不可兒戲》｜ The Importance of Being Earnest
《汙名》｜ Stigma
《美國心理學家》｜ American Psychologist
《耶路撒冷聖經》｜ Jerusalem Bible
《紐約客》｜ New Yorker
《紐約時報》｜ New York Times
〈寧靜禱文〉｜ Serenity Prayer
《維尼角的房子》｜ The House at Pooh Corner
《臉的自傳》｜ Autobiography of a Face

第二章｜ CHAPTER 2

《大寒》｜ The Big Chill
《手語語言結構》｜ Sign Language Structure
《彼得與狼》｜ Peter and the Wolf
《星艦奇航》｜ Star Trek
《科學》期刊｜ Science
《商業週刊》｜ Business Week
《被聾人文化犧牲的孩子》｜ A Child Sacrificed to the Deaf Culture

& Withdrawal
《飛越杜鵑窩》｜When One Flew Over the Cuckoo's Nest
《秘密》｜The Secret
《華爾街日報》｜Wall Street Journal
《費城故事》｜The Philadelphia Story
《誠實的蕩婦》｜The Honest Whore
《瘋人院之外：去機構化的真相》｜Out of Bedlam: The Truth About Deinstitutionalization
《精神疾病診斷與統計手冊》第五版｜The Diagnostic and Statistical Manual of Mental Disorders, Fifth Edition (DSM-5)

法案

第一章｜CHAPTER 1

《公務人員眷屬福利限制法》｜Public Employee Domestic Partner Benefit Restriction Act
吉姆・克勞法｜Jim Crow Laws
克蘭德訴生物實驗室｜Curlender v. Bio-Science Laboratories
《復健法》｜Rehabilitation Act

第二章｜CHAPTER 2

《美國身心障礙者法案》｜Americans with Disabilities Act (ADA)
「教育局對羅利」案｜Board of Education v. Roley
《殘障人士教育法案》｜Individuals with Disabilities Education Act (IDEA)

第四章｜CHAPTER 4

《社會安全法》｜Social Security Act
《身心障礙者教育法案》｜Individuals with Disabilities Education Act，IDEA
《復健法》｜Rehabilitation Act
《無名寶寶修正案》｜Baby Doe Amendment

第五章｜CHAPTER 5

〈埃瑟里奇對柯林斯〉｜Ethridge vs. Collins
《戰勝自閉症法案》｜Combating Autism Act
《算我們一份》｜Count Us In
《與天使有約》｜Touched by an Angel
〈獨一無二〉｜One
〈親愛的艾比〉｜Dear Abby
〈歡迎來到荷蘭〉｜Welcome to Holland
《歡樂合唱團》｜Glee

第五章｜CHAPTER 5

《一般精神病學檔案》｜Archives of General Psychiatry
《石板》雜誌｜Slate
《自閉兒的一天》｜Autism Every Day
《我的語言》｜My Language
《把智障送進來》｜Send in the Idiots
《辛辛那提問詢報》｜Cincinnati Enquirer
《刺絡針》期刊｜The Lancet
《芝加哥論壇報》｜Chicago Tribune
《花花公子》｜Playboy
《非異常心靈》｜Unstrange Minds
《看我的眼睛》｜Look Me in the Eye
《家族》雜誌｜Family Circle
《傾斜》｜Tilt
《當好人遇上壞事》｜When Bad Things Happen to Good People
《遠山遠處》｜The Horse Boy
《融合每日快報》｜Inclusion Daily Express
《嬰幼兒自閉症：自閉症症候群及其對行為神經學理論的意義》｜Infantile Autism: The Syndrome and Its Implications for a Neural Theory of Behavior
《幫助自閉症孩童學習》｜Helping Children with Autism Learn
《謝弗自閉症報告》｜Schafer Autism Report
《櫻桃園》｜The Cherry Orchard
〈歡迎來到貝魯特〉｜Welcome to Beirut
《靈欲春宵》｜Who's Afraid of Virginia Woolf?

第六章｜CHAPTER 6

〈二〇〇八年全國藥物使用及健康調查〉｜National Survey on Drug Use and Health
《生物精神醫學》｜Biological Psychiatry
《洛基》｜Rocky
《活死人之夜》｜Night of the Living Dead
〈美國身心障礙者法案〉｜Americans with Disabilities Act
《降低傷害指南：擺脫精神疾病藥物及戒斷》｜Harm Reduction Guide to Coming off Psychiatric Drugs

網站

第二章｜ CHAPTER 2

聽障週報網｜ Deafweekly.com

第三章｜ CHAPTER 3

小個子的雙親與侏儒症｜ Parents of Little People and Dwarfism

第五章｜ CHAPTER 5

eBay 拍賣｜ eBay
自閉症自我倡權網路｜ Autistic Self Advocacy Net- work
自閉症時代｜ Age of Autsim
亞斯自由｜ Aspies For Freedom
神經多樣網｜ Neurodiversity.com
傷害的證據｜ Evidence of Harm
厭惡自閉症｜ Hating Autism
錯誤星球｜ Wrong Planet

背離親緣㊤

那些與眾不同的孩子、他們的父母，以及他們尋找身分認同的故事

FAR FROM THE TREE: Parents, Children and the Search for Identity

作者　安德魯・所羅門 | Andrew Solomon
譯者　謝忍翾
審訂　廖克煌

責任編輯　宋宜真
協力編輯　郭純靜、廖怡理
行銷企畫　陳詩韻
總編輯　賴淑玲

設計　井十二設計研究室
排版　謝青秀
校對　魏秋綢

社長　郭重興
發行人　曾大福

出版者　大家出版
發行　遠足文化事業股份有限公司

住址　新北市 231 新店區民權路 108-4 號 8 樓
電話　02-2218-1417
傳真　02-8667-1851

劃撥帳號　19504465
戶名　遠足文化事業有限公司

法律顧問　華洋法律事務所／蘇文生律師

定價　新臺幣 500 元
初版　2015 年 9 月
三刷　2016 年 1 月
ISBN　978-986-6179-969

國家圖書館出版品預行編目 (CIP) 資料

背離親緣 . 上 : 那些與眾不同的孩子、他們的父母，以及他們尋找身分認同的故事 / 安德魯 . 所羅門 (Andrew Solomon) 著 ; 謝忍翾譯 . -- 初版 . -- 新北市 : 大家出版 : 遠足文化發行 , 2015. 09

面 :　公分

譯自 : Far From the Tree: Parents, Children and the Search for Identity

ISBN 978-986-6179-96-9 (平裝)

1. 身心障礙者　2. 特殊兒童心理學　3. 親子　4. 認同

548.2　　104010365

讀者回函 QR code